국가정보원 · 군무원 시험대비

김덕원

국가정보학 관련
최신 이론 및
경향 반영

국가 정보학

2008~2019 기출문제 수록 / 국가보안법 해설 및 문제수록

김덕원 편저

공채 시험 시작과 마무리는 공시마와 함께

동영상 강의 http://www.gongsima.co.kr

도서출판 공시마

•P•R•E•F•A•C•E•

국가안보 현장에 종사하며 그동안의 연구와 강의 경험을 토대로
본 교재를 엮게 되어 너무나도 기쁘게 생각합니다.

최근의 정보직 시험은 난이도가 대폭 상향되고
단순 암기에서 벗어난 상식과 법령문제까지 폭넓게 출제되고 있습니다.

이러한 경향에 맞추어 본 교재는 과거 기출과 단원별 고난도 문제는 물론
최종모의고사로 스스로 성취도를 점검할 수 있도록 하였습니다.

부디 마지막까지 이 책을 손에 놓지 말고 계속 정진하여
최종합격의 영광을 누리시길 바랍니다.

사랑하는 가족과 정찬영 원장님, 박정현 실장님, 한다원 실장님, 임지만 팀장님과
정현성 대표님, 정찬형 님을 비롯한 출간을 도와주신 모든 분들께 진심으로 감사드립니다.

2019년 4월
저자 씀

•목 차•

•출제 경향•

국가정보학의 영역	주요내용
1. 국가정보학의 개념	· 국가안보와 국가정보의 개념 · 국가정보학의 기능과 필요성 · 정보의 구분과 대외환경의 변화 · 연구방법 및 연구부진 이유
2. 정보순환의 개념과 특징	· 정보생산자와 정보소비자 · 정책결정과정 내 정보의 기능 · 정보의 순환단계와 보고서 작성 · 정책결정자와 정보의 실패
3. 정보활동의 4가지 영역	· 정보수집의 종류와 특징 · 정보분석의 종류와 특징 · 방첩활동의 특성과 방법 · 비밀공작의 특성과 방법
4. 국내외 정보 기구 (미국, 아시아, 유럽, 북한)	· 미국, 일본, 중국의 정보기구 · 러시아, 영국, 프랑스의 정보기구 · 독일, 이스라엘, 북한의 정보기구 · 한국의 정보기구
5. 정보기구의 감독과 통제	· 국회, 행정부, 언론에 의한 통제 · 관련 법령(휴즈-라이언 법 등)

•일러두기•

01 정보직 출제경향

① 기본적으로 출제 기준 및 경향은 입사 후 실무 연계성이므로 정보직 유경험자인 필자가 정리한 것을 학습하면 흐름을 잡는데 도움이 될 것입니다.

② 국가정보학은 학문적 체계화가 계속 진행 중이고 각 자료별 출처의 상이성도 존재하므로 다양한 교재를 통해 시험을 준비하는 것이 바람직합니다.

③ 기존의 단순 암기형 뿐만 아니라 국내외 관련 법령, 정보 및 방첩 사례, 관련 인물, 정보 상식 등의 다양한 문제가 출제되므로 철저한 준비가 필요합니다.

02 교재의 특징

① 기출 파트 위주로 요약 및 심화학습 후 최신기출 및 고난도 실전문제 풀이

② 상이한 용어의 개념 정립과 정확한 구분 및 실무와 연계한 구체적 설명

③ 최신 이론 수용 및 북한 및 각국의 최근 정보기구 개편 반영

03 참고사항

• 공부법, 참고자료, 기타 질문 등은 cafe.daum.net/nis79 참고.

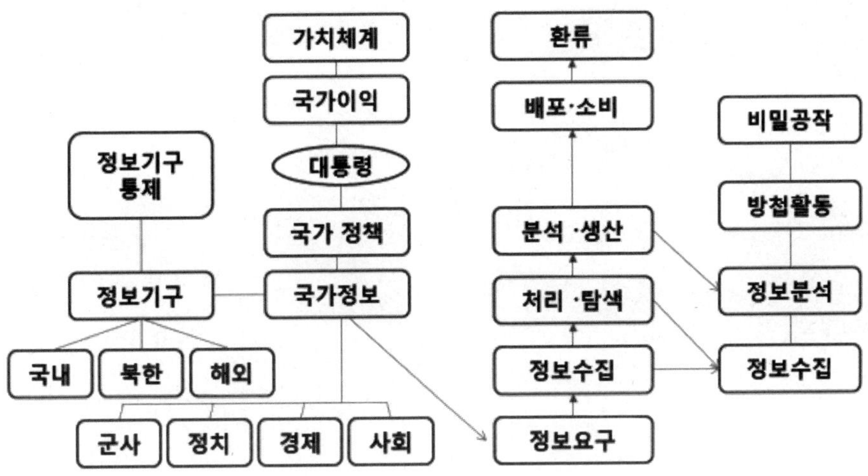

< 수험 국가정보학의 구조 >

NATIONAL INTELLIGENCE STUDIES

국가정보의 개념과 분류

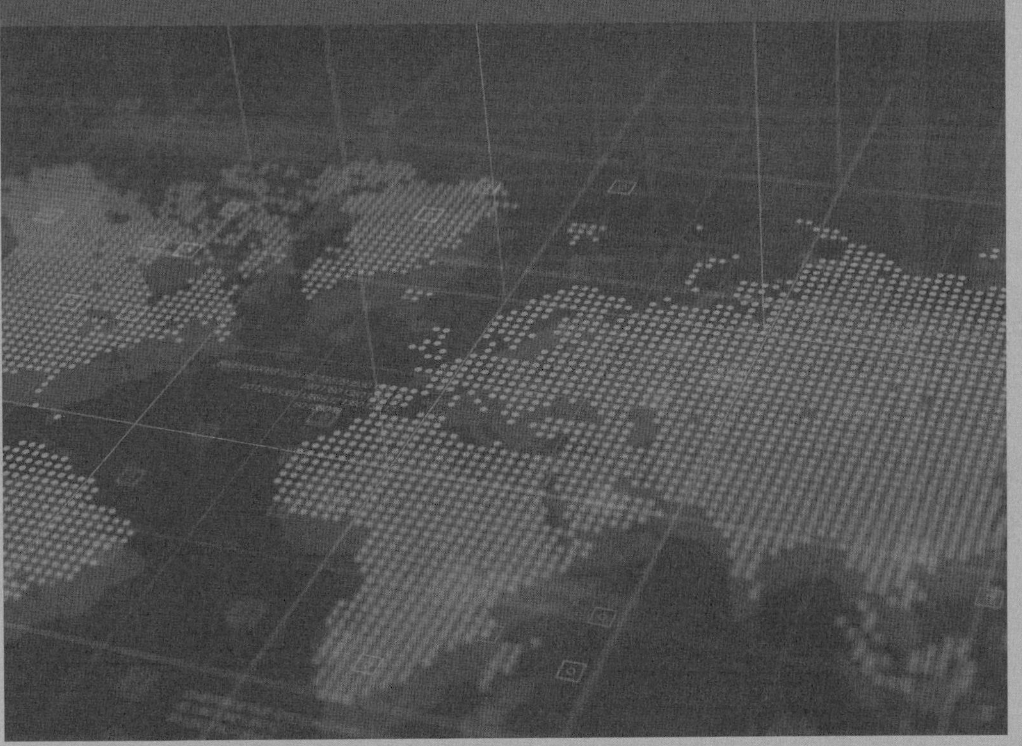

01 정보의 개념

01 정보의 분류

(1) 데이터(Data)는 어떤 기준이나 변수를 기준으로 분류되고 정리되기 이전의 원재료(raw data)로 사진, 녹음테이프, 대화기록, 통신신호 등이 있음.

(2) 첩보(Information)는 원재료를 편집하여 다시 정리되고 걸러 내어 내용을 확인하여 발표하는 자료로 일간신문, 책, 방송, 잡지, 뉴스 등이 있음.

(3) 정보(Intelligence)는 분석 및 평가, 해석과정을 거쳐 타당성을 검증한 첩보로 정보기관이나 국가기관에서 사용하는 국가안보상의 비밀을 담고 있는 첩보이며 기업정보(Business intelligence)는 다루지 않음.

(4) 지식(Knowledge)은 정책결정 단계에서 영향을 줄 수 있는 정보임.

(5) 정보성 첩보(intelligence information)는 분석과정 없이 정보로 사용될 수 있는 수준의 첩보로 영상정보(IMINT)는 그 자체가 정보이나 신호정보(SIGINT)는 처리(processing) 및 탐색(exploitation) 과정(P&E)을 거쳐서 정보가 됨.

더 알아보기

정보의 일반적 특성

- 비이전성은 정보는 타인에게 전달하여도 본인에게 그대로 남아 있는 것임.
- 누적효과성은 정보는 생산 및 축적될수록 가치가 커지는 것임.
- 신용가치성은 같은 정보라도 출처의 신뢰도가 높을수록 그 가치가 높아지는 것임.
- 무한가치성은 물질이나 에너지는 하나의 상품에 하나의 가치밖에 없지만 정보는 그 내용이 한 가지라 할지라도 필요한 사람이면 누구에게나 가치가 있는 것임.

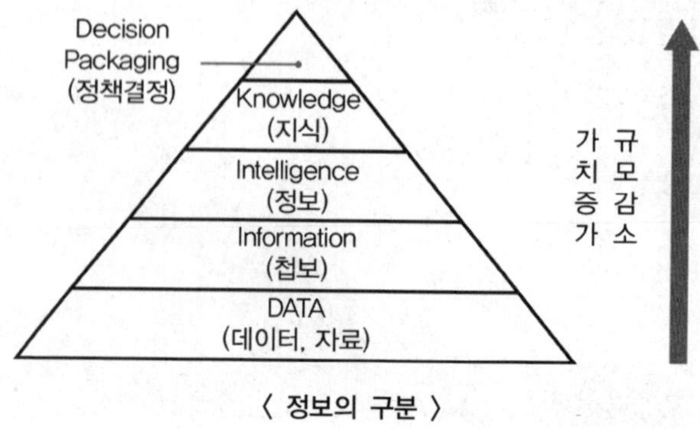

〈 정보의 구분 〉

02 정보의 분류시 유의사항

(1) 정보와 지식을 하나로 묶어서 데이터, 첩보, 정보 세 가지로 분류하기도 하며 첩보와 정보처럼 꼭 엄격히 분류하지 않고 혼용해서 쓰기도 함.

(2) 결국, 정보(intelligence)란 다양한 데이터, 첩보를 분석관을 통해 국가정보기관의 전문적인 분석 과정을 거쳐서 정책결정자의 결정에 도움을 주기 위해 분석된 지식, 즉 국가 차원의 정책결정을 위해 첩보를 수집 및 분석하여 배포하는 정보보고서 임.

03 정의에 대한 정보학자의 정의

(1) 셔먼 켄트(Sherman Kent)는 정보는 지식(knowledge)이며 조직(organization) 이며 활동(activity)임.

(2) 마크 로웬탈(Mark M. Lowenthal)는 모든 정보는 첩보이지만 모든 첩보가 정보는 아님.

(3) 제프리 리첼슨(Jeffery T. Richelson)은 정보는 지식의 수집, 처리, 종합, 분석, 평가 및 해석으로 얻어진 결과임.

(4) 제니퍼 심스(Jennifer Sims)는 정보는 정책결정자(소비자, 사용자)를 위해 수집되고 조직화되고 분석된 지식임.

(5) 아브라함 슐스키(Abram N. Shulsky)는 정보는 잠재적 위협으로부터 국가안보 이익에 대한 위협에 대처하는 정부 정책과 관련된 지식임.

(6) 마이클 허만(Michael Herman)은 정보는 정보활동과 목표의 비밀보호 노력 간의 경쟁 사이에 위치한다. 정보는 모든 종류의 첩보자료를 활용하지만 기본적으로 끝없는 은폐와 기만으로 가득찬 부분을 꿰뚫고자 하는 노력임.

(7) 잭 데이비스(Jack Davis)는 정부는 정보(intelligence)가 다른 첩보(information)나 조언(advice)보다는 '비교우위'를 가질 경우 관심을 갖게 됨. 즉 'intelligence'는 다른 어떤 첩보나 조언보다 질적으로 우수해야 한다. ⇛ 전통적인 개념에 입각하여 intelligence는 국가안보와 관련되며 비밀성을 내포하는 '지식'과 '활동'을 지칭하는 것으로 한정함.

더 알아보기

마크 로웬탈(Mark M. Lowenthal)의 정보의 정의(Intelligence : From Secret to Policy)

- 과정으로서의 정보는 일정한 유형의 첩보가 소요되고 요청되며 수집되어 분석되고 배포되는 과정에 의하여 만들어지는 지식이라고 생각할 수 있음.
- 조직으로서의 정보는 정보과정과 정보활동을 수행하는 기능적인 단위 집단임.
- 산물로서의 정보는 정보활동(정보수집, 정보분석, 방첩활동, 비밀공작)을 통해서 만들어진 산물임.

02 국가정보의 분류

01 사용자 수준

(1) 국가정보(National Intelligence)는 외교, 국방, 경제 등 국가정책의 수립과 안전보장의 필요에 의해 생산된 종합적인 정보 또는 국가의 최고 정책결정자의 필요나 요구에 따라 제공되는 정보로서 특정부처의 권한이나 필요를 넘어선 높은 수준의 종합적 정보임.

(2) 부문정보(National Department Intelligence)는 국방, 외교, 통일 등 어느 특정부처의 필요와 요구에 따라서 생산되는 정보임.

02 정보 수준

(1) 전략정보(Strategic Intelligence, STRATINT)

- 국가안보유지와 국익확대를 위한 국가전략을 수립하는데 기여하며 수립된 국가전략을 실현하기 위한 정책들을 효과적으로 수행하기 위해 사용되는 장기적이고 포괄적인 정보로 사회정보, 경제정보, 군사력정보, 군사지리정보 등이 있음.
- 최고정책결정권자에 의해서 사용되는 정보, 국제적 사안에 대해 결정을 하는 고위정책입안자의 장기적이고 폭넓은 관심에 관한 정보임.
- 특별한 주제의 현상에 대해 양상, 영향, 전망 등에 대한 깊은 이해를 추구하기 위해서 정부 내 외에서 상상할 수 있는 모든 출처로부터 첩보를 수집함 .
- 첩보의 범주와 분석의 형태를 결정하기 위해 상당한 시간을 소요하게 되며 실질적인 증거가 없거나 통계적 신뢰성이 없는 곳에서도 의미를 발견할 수 있는 질적 첩보를 특별히 다루게 됨.
- 장기적인 정책과 관련된 결정을 지원하기 위해 만들어지며 현재의 정책계획에 직접적인 영향을 줄 수 있는 미래의 위협요소들에 대한 예측을 제고하여 정책 목적을 지원하는 수단을 제공하고 업무환경을 파악하고 위험, 위협, 기회를 밝혀줌.
- 국가외교와 국방정책을 만들고 적용하는 고위정책 결정자에 의해 사용되는 것으로 절차, 생산, 조직화에 기여하며 사활적 국가이익 관련 즉각적인 위협에 대한 경보와 장기적인 국가이익의 변화추세에 대한 판단을 제공함.
- 상대방에 대한 종합적인 지식을 요구하며 정책결정자들에게 미래를 내다보고 계획하는 데 필요한 보다 큰 그림을 보여주며 장기간에 걸친 예측을 제공함.

- 단기적이라도 전략의 개념을 포함한다면 전략정보로 보기도 함. 냉전 기간 미국이 소련의 변화를 분석하기 위해 추세분석, 예측, 평가를 위해 다년간 전략정보를 생산하면서 전략정보는 장기적이라는 편견이 생겼다고 보는 관점임.
- 냉전 이후 전략정보의 중요한 기능과 역할들이 감소하고 이에 기초한 판단정보 생산에 소홀해지면서 정책결정과정에서 전략적 판단 지원 기능이 제대로 역할을 하지 못하여 국가전략과 정책결정과정과의 연계성이 약화되고 임기응변적인 정책들이 나타남.

(2) 전술정보(Tactical Intelligence)

- 개별적인 작전의 기획과 운영을 주관하는 중간급 정책입안자에 의해 사용되는 단기적이고 보다 좁은 관심에 대한 정보로 단기적이고 보다 협소한 범위의 정보임.
- 전술정보는 생산자가 부문정보기관 목표확인에 관심을 두고 있어 개개의 사항, 연관사항, 계획, 능력 등에 중점을 두게 됨.
- 일반적으로 진행 중인 정책 및 작전을 지원하며 작전지휘부를 위해 신속하고 세부적인 조언에 응답하는데 중점을 두는 작전정보(Operational Intelligence)와 같은 개념임.

03 대상 지역

(1) 국내정보(Domestic intelligence)는 국내 국방, 경제, 사회, 과학 등 국가내부 정책결정에 필요한 정보, 특별히 국내 침투 간첩이나 반국가세력의 안보 위협으로부터 국가를 보호하는데 필요한 정보임.

(2) 해외정보(Foreign intelligence)는 외국의 정치, 경제, 사회, 군사, 과학 등에 관한 정보, 특별히 외국 정보기관의 조직, 활동방법, 활동목표 등을 탐지하는 정보임.

04 요소 또는 부문

(1) 정치정보(Political Intelligence)

- 국내정치정보와 해외정치정보가 있으며 보통은 해외정치정보를 의미하며 정보의 정치화(Politicization of Intelligence) 또는 정치화된 정보(Politicized Intelligence)와는 다름.

(2) 경제정보(Economic Intelligence)

- 산업정보, 기업정보, 무역정보, 방산기술정보 등 재화와 용역의 생산·분배 및 소비, 노동, 금융, 조세제도 및 국제경제 체제와 관련된 정보임.

(3) 군사정보(Military Intelligence)

- 적국이나 우방국의 총체적인 군사력에 관한 정보임.

(4) 사회정보(Sociological Intelligence)

- 사회구조와 사회조직 문제에 관한 정보로 출산율 저하 및 노령화, 세대갈등, 가치체계 및 이념갈등, 지역갈등, 빈부격차 등이 있으며 정치정보와 군사정보와도 밀접하게 연관되어 있으나 민간사찰의 개념은 아님.

(5) 환경·보건정보(Environmental Health Intelligence)

- 온실효과 및 기후변화, 자연재해, 주거환경, 전염병이나 난치병 등 생태적 조건에 대한 정보임.

05 시계열

(1) 셔먼 켄트(Sherman Kent)의 분류

(가) 기본정보(Basic descriptive Intelligence)

- 과거의 정보로 정태적 지식에 대한 정보로 지역특성, 정치제도, 경제시스템 등

(나) 현용정보(Current reportorial Intelligence)

- 현재의 정보로 시간에 따라 동태적으로 변화되는 사실에 대한 정보로 경제 및 산업정책 변화, 군사 상황의 변화, 인물 동향 등

(다) 판단정보(Evaluative Intelligence)

- 미래의 정보로 과거와 현재를 바탕으로 미래를 예측하는 정보로 전쟁동원 능력 정보, 외교협상 정보, 국제정세에 대한 국민인식 정도

(2) 케빈 스택(Keven P. Stack)의 분류

- 기본정보, 현용정보, 전략경보정보, 예측정보(판단정보)로 분류함.
- 전략경보정보(경고정보)는 특별한 사전징후를 통해 예상되는 피해를 중단시키거나 피하기 위해 재평가가 요구되는 안보위협의 중요한 특징변화를 분석하여 정책 결정자에게 효과적으로 전달하는 것을 목적으로 함.
- 전술경고는 군사공격, 테러, 대량살상 무기 전개, 불법거래, 해외의 정치적 위기 등 안보이익을 위협하는 사건들에 초점을 둠.

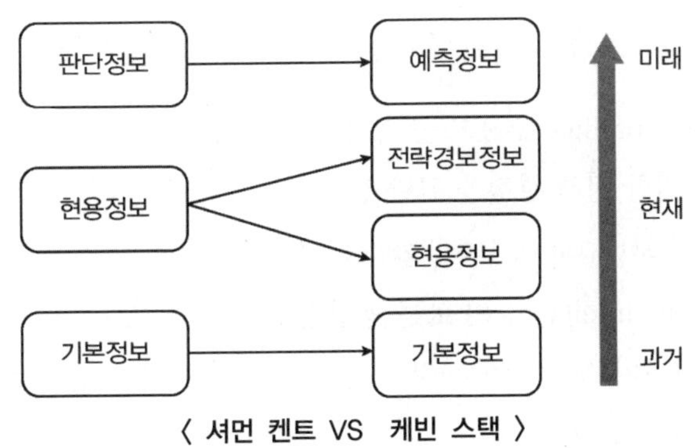

〈 셔먼 켄트 VS 케빈 스택 〉

06 정보수집 출처

(1) 인간정보(HUMINT, Human Intelligence)는 정보수집 기지가 인간인 출처 (정보원, 탈출자, 망명자)로부터 수집하는 정보임.

(2) 기술정보(TECHINT, Technical Intelligence)는 정보수집기지가 과학기술 장비인 출처로부터 수집하는 정보임.

① 신호정보(SIGINT)는 통신정보(COMMINT), 전자정보(ELINT), 원격전자정보 (TELINT), 외국기기신호정보(FISINT)임.

② 영상정보(IMINT)

③ 징후계측정보(MASINT)는 핵정보(NUSINT), 레이더 정보(RADINT), 적외선 정보(IRINT), 화학및생물학정보(CBINT), 해저정보(ACOUSTINT)임.

(3) 공개출처 정보(OSINT, Open Sources Intelligence)는 신문, 방송, 인터넷, 학술 논문 등 공개출처를 통해 수집하는 정보임.

더 알아보기

정보 출처에 따른 분류

1. 근본출처정보(직접정보)와 부차적 출처정보(간접정보)

• 근본출처정보(직접정보)는 정보수집에 있어 중간매체가 개입되지 않는 정보관이 직접 체험한 정보이며 부차적 출처정보(간접정보)는 TV, 라디오, 신문 등의 중간매체를 통해 정보를 감지하는 정보임.

2. 정기출처정보와 우연출처정보

• 정기출처정보는 정기적으로 정보를 획득할 수 있거나 정보입수의 시점을 정보관이 통제하는 정보이며 우연출처정보는 정보관이 의도한 입수시점과 무관하게 부정기적으로 입수되는 정보임.

07 사용목적

(1) 정책정보(Policy Intelligence) 또는 국가정보(National Intelligence)는 국가이익 증대 및 안전보장을 위한 정책 결정을 위한 정보기관에서 생산하는 대부분의 국가정보와 부문정보로 적극정보(Positive Intelligence) 라고도 함.

(2) 보안정보(Security Intelligence) 또는 방첩정보 또는 대정보는 국가의 안전보장에 위해가 되는 모든 대내외 세력과 국가의 보안적 취약성에 대한 정보로 소극정보(Negative Intelligence) 라고도 함.

더 알아보기

셔먼 켄트(Sherman Kent)의 3대 국가정보

- 고차원적(high-level)인 정보는 국가의 장기비젼을 제시할 수 있는 전략정보 임.
- 해외(foreign)정보는 해외정보 수집이 국가정보기관의 주된 임무임
- 적극(positive)정보는 방첩정보(보안정보)를 제외한 정책집행을 위한 정보임.

셔먼 켄트와 아브라함 슐스키(Abram N. Shulsky)의 국가정보 분류 비교

- 셔먼켄트는 저차원의 현용정보나 국내정보, 방첩정보를 국가정보에서 제외하였고 비밀성 추구를 위해 공개정보의 중요성을 간과해서는 안된다고 주장함.
- 아브라함 슐스키는 현용정보나 전술정보, 국내정보, 방첩정보는 모두 반드시 필요한 국가정보의 영역이며 비밀성은 정보와 다른 활동을 구분하는 중요한 요소라고 반론을 제기함.

08 사용 수준

(1) 장기정보(Long-Range)는 국가전체적인 수준에서 필요한 정보임.

(2) 중기정보(Medium-Range)는 개별 행정부처 수준의 정책수행을 위해서 필요한 정보임.

(3) 단기정보(Short-Range)는 개별 행정부처의 구체적인 현안문제 해결을 위한 담당자 수준의 구체적인 현안 해결을 위해 필요한 정보임.

09 국방정보(national defense intelligence)

(1) 국방정보의 특성

- 국방정보는 개념적으로는 국가정보의 하위에 있으나 냉전시대처럼 군사안보가 곧 국가안보인 경우는 국방정보가 곧 국가정보임.
- 국방정책에 필요한 정보지원, 작전운영과 무기획득을 위한 정보로 국방부에 부과된 국가정보 임무에 대응하는 국가수준의 정보소요에 응하는 것임.

(2) 국방정보의 분류

- 국방전략정보는 전쟁의 승리를 이해 필요하고 준비하는 예측·판단정보로 군사력정보, 전투전략정보, 군사지리정보 등이 있음.
- 국방전술정보(전투정보 또는 작전정보)는 개별전투의 승리를 위해 필요한 단기적이고 지엽적인 정보임.

더 알아보기

국방전술정보의 종류

- 전투서열정보는 각 부대의 구성, 배치, 병력에 대한 정보임.
- 군사능력분석정보는 전략분석정보, 작전능력분석정보, 전술능력분석정보 임.

군사능력분석정보의 종류

- 전략분석정보는 상대의 총체적 전략, 군 통수권자의 목표와 실행의지를 분석한 정보임.
- 작전능력분석정보는 상대의 부대가 유기적 협조 등에 의한 작전수행능력이나 실제 운용 가능한 전력을 분석한 정보임.
- 전술능력분석정보는 상대의 전술을 운용할 수 있는 전장지역정보와 C4I (Command, Control, Communication, Computer, Intelligence)정보를 포함함.

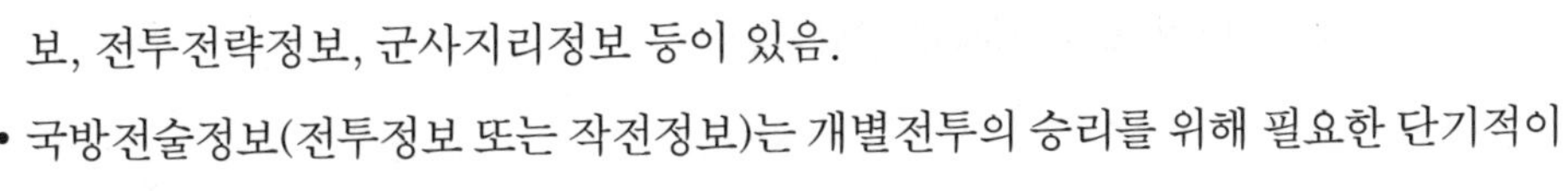

03 국가정보의 특징

01 국가정보에 대한 오해

(1) 국가정보와 국가정책은 같다.(X)

- 국가정책(Policy)은 정부 및 공공기관이 사회문제의 바람직한 해결 또는 공익달성을 위한 일련의 행위 및 장기적인 행동지침이며 국가정보학은 경제정책, 노동정책, 사법정책, 과학기술 정책, 주택 정책 등 여러 가지 국가정책 중 안보정책을 다룸.
- 정책과정(Policy Process)은 문제 확인-계획-정책결정-집행과 평가의 단계로 정책을 만들어 내는데 관련된 조직구조 내부의 일련의 활동과 상호작용 임.
- 국가정보는 정책과정을 지원하는 기능을 담당함.
- 국가정보관(Intelligence officer)은 정부의 정책을 결정하지 않으나, 정부의 정책을 결정하고 계획하여 집행하는 정책 결정자에게 정보를 제공함.

(2) 국가정보활동은 비밀공작이다. (X)

- 국가정보 업무는 비밀공작이 주된 업무가 아니라, 요구되는 첩보를 수집, 분석, 연구하여 정책결정자(VIP)에게 전달하는 주된 일임.

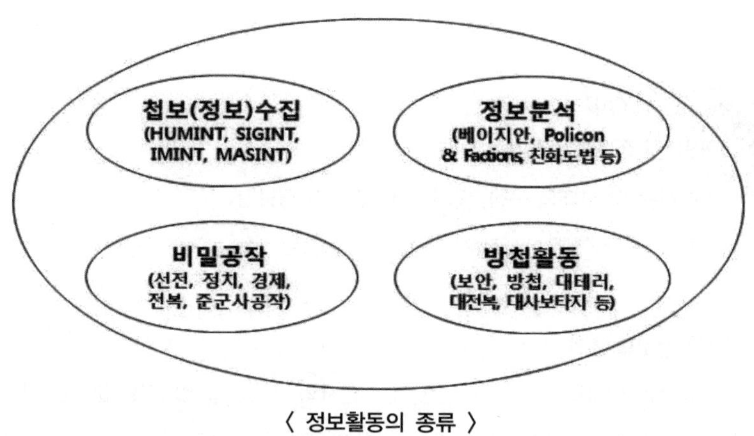

〈 정보활동의 종류 〉

(3) 국가정보는 국가정보기관에서만 취급한다. (X)

- 정보는 국가정보원에서 다루는 것 뿐 아니라 국방부, 법무부, 외무부, 경찰청 등 다른 정부기관의 국가부문정보기구에서도 다루고 있음. 국가정보원은 모든 국가 정보를 담당할 수 없으며 서로 업무에 맞는 역할 분담을 하고 있음.

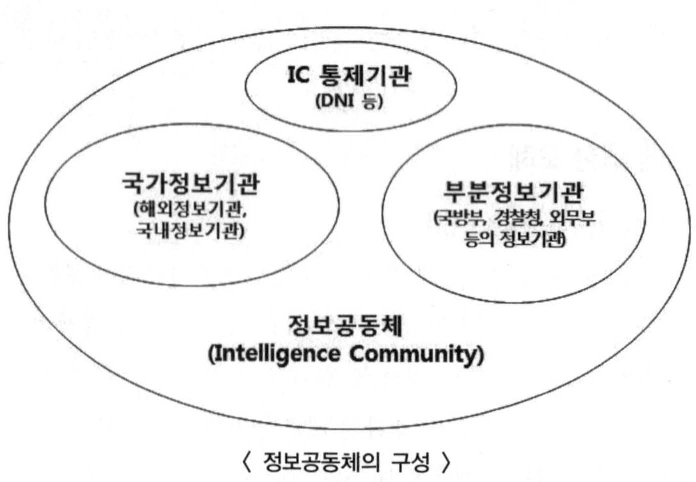

〈 정보공동체의 구성 〉

04 국가정보학의 이해

01 국가정보학의 기능

- 합리적 역할분담과 임무수행의 학문적 논의 등 국가정보활동을 체계화 함.
- 테러방지법, 보안업무규정, 국가보안법, 군사기밀보호법 등 정보활동의 법적 근거 마련을 위한 학계 차원의 활발한 논의와 공감대를 형성함.
- 정권안보가 아닌 국가안보 차원의 정치사찰이 아닌 해외정보 수집 방안을 모색하는 등 정보의 정치화를 차단하고 국익에 부합할 수 있도록 건전하고 합리적인 비판을 담당함.
- 미국과 영국의 합리적인 시스템을 도입하고 선진적인 발전 방향을 제시하는 등 선진 정보기관의 벤치마킹 통한 정보활동 발전 촉진함.

02 국가정보학 연구 방법

- 역사적 접근은 사례연구(Case studies) 또는 시계열에 따라 역사를 나열하거나 회고록, 문헌자료를 활용하는 것으로 영국식에 가까움.
- 기능적 접근은 정보활동(정보수집, 정보분석, 방첩활동, 비밀공작)에 대한 연구이며 산물로서의 정보를 다룸.
- 구조적 접근은 정보기관의 조직에 관한 연구를 다루며 국가정보기관과 (국가)부문 정보기관을 다룸.
- 정치적 접근은 정보 순환(Intelligence Cycle)을 통해 정책과정에서 정보의 지원 역할과 정책소요단계에 있어서의 정치적 측면을 연구하는 것으로 과정으로서의 정보이며 미국식에 가까움.

03 국가정보학의 연구 부진 이유

- 자료의 기밀성으로 활용자료 부족
- 법적·제도적 접근의 어려움
- 부정적 인식(정권안보, 권력남용, 사찰)
- 전문가 부족으로 이론 정리 미흡

05 탈냉전 시대의 새로운 패러다임

01 국가안보의 새로운 패러다임

- 냉전시대 군사안보 중심에서 탈냉전 시대 경제, 사회, 생태안보, 사이버 안보가 부각되는 등 국가안보가 다원화 되고 전쟁의 공포에서 벗어나 국민들이 삶의 질을 중시하게 되어 국민복지에 대한 위협의 차단을 안보로 인식하게 됨.
- 탈냉전 시대에는 국가 간 경계가 모호해지고 위협주체도 국가에 국한되지 않고 테러조직, 국제범죄조직, 다국적기업, 비정부조직(NGO), 조직적인 해커 집단 등 국제질서에 영향력 행사하는 국제사회의 새로운 행위자가 등장함.
- 탈냉전 후 안보의 영역이 확대되면서 안보홍수가 나타나고 대부분의 국가 활동을 안보 영역화 하게 되면 국민생활 전반의 정보영역화로 귀결되어 빅 브라더(Big Brother) 같은 새로운 국가감시체제가 등장할 위험이 있음.
- 민주화의 진전으로 국민의식의 고양되고 언론 및 시민단체의 감시와 정보기관의 민주적인 통제가 강화됨.

02 정보기관의 뉴 패러다임(정보기관의 성격 변화)

- 과학기술 혁명과 정보화 시대로 인간정보 뿐 아니라 기술정보를 통한 과학적 정보수집 활동이 중요해짐.
- 상업위성, 민간위성 발사, 민간기업의 자료수집능력 증대로 비밀생산과정이 변화하고 공개출처가 증가됨.
- IC간 정보 공유의 제도화, 정보체계의 상호 운용성 강화, 외부로부터의 아웃소싱을 통한 정보조직 역량 확대 등 정보공동체간(IC, Intelligence Community)간 정보통합문화가 구축됨.
- 인터넷 가상공동체에 참여하는 집단지성(collective intelligence)의 중요성을 인식하고 정보공동체의 공개출처정보(OSINT)를 보다 중요시 함.
- 정보는 연결과 생산(connect and production)의 존재로 정보공급자의 힘은 약해지고 이를 활용하는 정보소비자(정책결정권자, 의회, 연구 · 학술단체, 사기업 등)의 힘이 더 강해지는 정보생산에서 정보소비시대로의 변화가 일어남.

01 단원별 퀴즈

1. '정보는 지식이며 조직이며 활동이다' 라고 포괄적 개념으로 정의한 학자는 (   )이다.

2. 국제정세에 관한 국민의 인식정도를 나타내는 것은 분석형태(시계열)에 따른 정보 분류 중 (   )이다.

3. 기본정보, 현용정보, 판단정보 중에서 전쟁동원능력 정보는 (   ), 경제 및 산업정책의 변화는 (   )이다.

4. 전술정보와 전략정보 중에서 군사력 정보는 (   )이고 군사능력정보와 전투서열정보는 (   )이다

5. Sherman Kent와는 달리 Keven P. Stack은 현용정보를 다시 현용정보와 (   )로 세분하였다.

6. 정보(intelligence)는 적시성이 요구되지만 첩보(information)은 적시성이 꼭 필요하지 않다.

7. 첩보의 출처 개척 시 전 정보출처를 활용하면 보안성이 제고될 수 있다.

8. 전술정보에는 전투서열정보와 군사능력정보가 있으며 군사능력정보는 다시 군대의 구성, 배치, 병력으로 분류할 수 있다.

9. 개인이나 기업도 예산과 조직규모만 갖춘다면 일반정보와 국가정보를 모두 다룰 수 있고 정보(intelligence)를 생산할 수 있다.

10. 국가정보학은 매우 이론적인 학문으로 추상적 설명에 의해 지식을 체계화 하고 있다.

11. 냉전이후 최근의 국가안보는 경제안보가 군사안보보다 더욱 중요해지고 있다.

12. 정치정보 수집과 정치활동에 관여하는 것 모두 국가정보기관의 업무이다.

13. 탈냉전시대의 국가안보능력은 냉전기간 보대 상대적으로 강화되었다.

14. 국가정보는 국가정보기관만이 생산할 수 있고 부문정보기관은 생산할 수 없다.

01 기출 및 유사문제

01. 국가정보학 연구방법으로 적절하지 않은 것은?

① 정부 체계와 정책의 순환과정을 분석한다.
② 정보기구에 대한 법적 통제 및 감시체계를 분석한다.
③ 정보기구에 대한 구조와 기능을 분석한다.
④ 정보활동 사례를 연구한다.

02. 다음 중 정보 분류의 기준이 다른 것은?

① 기본정보(basic intelligence)
② 현용정보(current intelligence)
③ 정책정보(policy intelligence)
④ 판단정보(evaluative intelligence)

03. 국가정보의 부분별 기준에 따른 분류가 아닌 것은?

① 정치정보 ② 국외정보 ③ 경제정보 ④ 군사정보

04. 주기적으로 생산되는 일일정보나 주간정보 보고서는 어떤 정보에 속하는가?

① 기본정보 ② 현용정보 ③ 전략정보 ④ 판단정보

05. 국가정보학의 기능으로서 적절하지 않은 것은?

① 국가정보활동을 체계적인 학문으로 발전시키는 연구이다.
② 국가정보활동의 성공과 실패 사례를 연구하여 합리적인 정보활동을 위한 지침과 근거를 마련한다.
③ 비밀활동을 주로 연구하여 향후 성공가능성을 높인다.
④ 선진 정보기관들의 조직체계 및 운용 방안을 연구하여 벤치마킹 한다.

06. 국가정보학에 들어가지 않는 분야는?

① 정보수집 ② 정보분석 ③ 비밀공작 ④ 대테러활동

07. 국가정보학의 특성에 대한 설명이 아닌 것은?

① 국가차원의 정보활동을 연구의 대상으로 하고 있다.
② 연구대상에 대한 기술적 설명을 위주로 지식을 체계화하고 있다.
③ 자료와 연구대상에 대한 학문적 접근의 제약을 갖고 있다.
④ 실용적인 학문이 아니다.

08. 다음 정보를 정의한 학자를 바르게 채워 놓은 것은?

> ( )는 정보는 지식이며 조직이며 활동이다.
> ( )은 모든 첩보가 반드시 정보는 아니다.
> ( )은 정보는 지식의 수집, 처리, 종합, 분석, 평가 및 해석으로 얻어진 결과이다.
> ( )는 정보는 정책결정자(소비자, 사용자)를 위해 수집되고 조직화 되고 분석된 지식이다.
> ( )는 정보는 잠재적 위협으로부터 국가안보 이익에 대한 위협에 대처하는 정부 정책과 관련된 지식이다

① Sherman Kent, Mark M. Lowenthal, Jeffery T. Richelson, Jennifer Sims, Abram N. Shulsky
② Mark M. Lowenthal, Sherman Kent, Jeffery T. Richelson, Jennifer Sims, Abram N. Shulsky
③ Sherman Kent, Mark M. Lowenthal, Jennifer Sims, Jeffery T. Richelson, Abram N. Shulsky
④ Abram N. Shulsky, Sherman Kent, Mark M. Lowenthal, Jennifer Sims, Jeffery T. Richelson

09. 국가정보의 분류 중 맞지 않은 것은?

① 목적에 따라 국가정보와 정책정보로 나눈다.
② 시계열적 특성에 따라 기본정보, 현용정보, 판단정보로 나눈다.
③ 요소별 기준에 따라 정치정보, 경제정보, 군사정보, 과학기술정보, 사회정보로 나눈다.
④ 수집수단에 따라 인간정보수집, 기술정보수집, 공개출처정보수집으로 나눈다.

10. 다음 중 정보(intelligence)를 설명한 것이 아닌 것은?

① 어떤 현상의 의미가 분석 및 평가 과정을 거쳐 타당성이 검증된 지식
② 군사적 위협에 관한 첩보나 비밀 내용을 담은 지식
③ 국가 안보와 관련되며 비밀성을 내포하고 있는 지식과 활동
④ 다양한 분야에서 사용되는 지식

11. 전략정보에 대한 설명으로 잘못된 것은?

① 국가안보유지와 국익확대를 위한 국가전략을 수립하는데 기여하는 장기적이고 포괄적인 정보이다.
② 최고정책결정권자에 의해서 사용되는 정보로 국제적 사안에 대해 결정을 하는 고위정책입안자의 폭넓은 관심에 관한 정보이다.
③ 특별한 주제의 현상에 대해 양상, 영향, 전망 등에 대한 깊은 이해를 추구하기 위해서 정부 내외에서 상상할 수 있는 모든 출처로부터 첩보를 수집한다.
④ 진행 중인 정책 및 작전을 지원하며 개별적인 작전의 기획과 운영을 주관하는 중간급 정책입안자에 의해 사용되는 정보이다.

12. 다음을 정보 가치의 감소 순으로 구분한 것으로 맞는 것은?

가. 어떤 기준이나 변수를 기준으로 분류되고 정리되기 이전의 원재료
나. 분석 및 평가, 해석과정을 거쳐 타당성을 검증한 첩보,
다. 원재료를 편집하여 다시 정리되고 걸러 내어 내용을 확인하여 발표하는 자료
라. 정책결정 단계에서 영향을 줄 수 있는 정보

① 라-나-다-가
② 라-다-나-가
③ 라-가-나-다
④ 라-가-다-나

실전문제

13. 정보(intelligence)에 대한 설명 중 맞지 않는 것은?

① 국가정보기관의 전문적인 분석 과정을 거쳐서 정책결정자의 결정에 도움을 주기 위해 분석된 지식이다.
② 국가차원의 정책결정을 위해 첩보를 수집·분석하여 배포하는 정보보고서 이다.
③ 정보성 첩보의 예로는 MASINT가 있다.
④ 정보는 정보활동과 목표의 비밀보호 노력 간의 경쟁 사이에 위치한다.

14. 지식으로서의 정보를 가장 잘 설명한 것은?

① 외국의 정부, 정치, 경제, 군사 등 여러 분야에 은밀히 개입하여 자국에 유리한 여건을 조성하는 행위
② 정보활동을 수행하는 전반적인 시스템을 의미하는 것
③ 정책결정자의 필요에 부응하는 지식으로 이를 위해 수집하여 가공하는 것
④ 관련 대상국과 지역에 관한 획득 가능한 지식을 수립, 처리, 종합, 분석 및 해석하는 것

15. 국가정보의 생산 활동을 잘 설명한 것은?

① 공개출처를 통해 첩보를 수집하는 활동
② 국가정보기관이 인공위성을 이용하여 영상 및 신호정보를 수집하는 활동
③ 공작원 탈출자 망명자 같은 인간출처로부터 정보를 수집하는 활동
④ 국가안보정책을 입안하고 집행하는데 필요한 첩보를 수집하고 분석하는 활동

16. 국가정보학의 연구대상이 아닌 것은?

① 세계 각국의 정보기구
② 정보의 정책결정과정
③ 국가차원의 정보활동
④ 정보활동의 성공과 실패 사례

17. Intelligence와 Information 에 대한 설명으로 옳지 않은 것은?

① Intelligence와 Information는 꼭 엄격히 분류하지 않고 혼용해서 쓰기도 한다.
② 정보기관과 국가정보학에서 사용하는 정보는 intelligence로 국가정책이나 국가안보에 관한 지식을 의미한다.
③ intelligence는 정치적 목적을 가지고 가공된 지식으로 비밀성을 갖는다
④ intelligence는 information을 분석 및 평가과정을 거쳐 종합·해석한 지식이다

18. 정보에 관한 셔먼 켄트(Sherman Kent)의 설명으로 적절하지 않은 것은?

① 정보는 지식(knowledge)이며 조직(organization)이며 활동(activity)이다.

② 정보를 시계열에 따라 기본정보, 현용정보, 판단정보로 구분하였다.

③ 국가정보를 고차원적인 정보, 해외정보, 긍정 정보로 구분하고 방첩정보(보안정보)를 국가정보에 포함시켰다.

④ 정보는 정책결정을 안내하기 위해 필요한 만큼 밀접해야 하나, 판단의 독립성을 보장하기 위해서 충분히 거리를 유지해야 한다고 주장하였다.

19. 국방정보에 대한 설명으로 맞지 않는 것은?

① 국방정보는 개념적으로는 국가정보의 하위에 있으나 냉전시대처럼 군사안보가 곧 국가안보인 경우는 국방정보가 곧 국가정보이다.

② 국방전략정보는 전쟁의 승리를 이해하는데 필요하고 준비하는 예측·판단정보로 군사력정보, 전투전략정보, 군사능력분석정보가 있다.

③ 국방전술정보는 개별전투의 승리를 위해 필요한 단기적이고 지엽적인 정보로 각 부대의 구성, 배치, 병력에 대한 정보인 전투서열정보가 있다.

④ 전략분석정보는 상대의 총체적 전략, 군 통수권자의 목표와 실행의지를 분석한 국방전술정보이다.

20. 국가정보에 대한 설명으로 맞지 않은 것은?

① 국가정보는 국가정책과정을 지원한다.

② 국가정보활동은 비밀공작을 포함한다.

③ 국가정보는 국가정보기관에서만 취급한다.

④ 국가정보의 주업무는 요구되는 첩보를 수집, 분석, 연구하여 정책결정자에게 전달하는 것이다.

21. 국가정보의 기능과 역할을 설명한 내용으로 가장 적합하지 않은 것은?

① 국가정보는 개별국가의 안보와 국익을 중시하여 국가 간 갈등을 방지하고 평화 증진에 기여한다.

② 국가정보는 위험과 위협의 경고를 통해 전략적 기습을 예방하여 국가와 국민의 생존과 번영을 담보하는 기능을 수행한다.

③ 국가정보는 국가의 최고정책결정자가 국가적 차원에서 활용하는 측면에서 볼 때 전략정보라 할 수 있다.

④ 국가정보와 정책의 거리가 가까울수록 국가정책의 합리성이 제고되고 정보의 정치화 현상을 예방할 수 있다.

22. 정보의 요건에 대한 설명으로 잘못된 것은?

① 정보에 대한 객관적 입장을 유지하지 않으면 정보사용자가 선호하는 정책을 합리화하는 도구로 전락한다.
② 국익을 최대화 하려면 대안을 선택하는 각 과정에서 정확성을 최대한 높여야한다.
③ 정보가 간결하고 이해하기 쉽게 생산되어야 정보보고서의 활용 가능성이 높아진다.
④ 정보의 적합성을 추구를 위해 자료의 수집, 처리, 분석, 생산, 배포 등 모든 정보과정의 적합성에 초점을 맞추어야 한다.

23. 정보의 요건에서 적시성의 기준이 되는 시점은?

① 정보사용자의 요구시점
② 정보생산자의 생산시점
③ 정보사용자의평가시점
④ 정보사용자의 사용시점

24. 정보의 요건에서 정확성의 판단시점으로 적당한 것은?

① 정보생산자의 수집시점
② 정보사용자의 평가시점
③ 정보생산자의 생산시점
④ 정보사용자의 사용시점

25. 판단정보에 대한 설명으로 옳지 않은 것은?

① 판단정보는 정보사용자에게 장래 발생할 일에 대한 판단을 제시하는 정보이다.
② 판단정보는 특정문제에 대해 체계적이고 실증적으로 연구하여 미래의 어떤 상태를 전망평가한 정보이다.
③ 판단정보는 정보사용자에게 현실의 동태적 변화나 추이, 양상을 보고하기 위한 정보이다.
④ 어떤 사실의 장래를 예고하고 정보사용자에게 사전지식을 주는 기획정보 라고도 하며 국가정보판단서(NIEs)가 대표적인 예이다.

26. 다음 보기가 설명하는 정보의 특성으로 적절한 것은?

물질이나 에너지는 하나의 상품에 하나의 가치밖에 없지만 정보는 그 내용이 한가지라 할지라도 필요한 사람이면 누구에게나 가치가 있는 것임.

① 누적효과성
② 신용가치성
③ 비이전성
④ 무한가치성

27. 전략정보와 전술정보에 대한 설명으로 적절하지 않은 것은?

① 전략정보는 국가정보로 국가의 기본 종합정보이고 전술정보는 원래 군사부문의 전투관리와 직결되는 정보로 세부적이고 하부적인 부문정보이다.
② 전술정보는 전략정보라는 기본적인 방침 하에서 이를 구체적으로 수행하기 위한 세부적이고 부문적인 정보이다.
③ 전략정보와 전술정보는 국가정보기관이나 부문정보기관에서 생산하며 대부분 적극정보의 성격을 가지고 있다.
④ 전략정보의 사용자는 대통령뿐만 아니라 각 정부부처나 기관의 정책결정자도 포함된다.

28. 다음 중 소극정보(보안정보)에 속하지 않는 것은?

① 자국민 또는 자국 내 거주하는 외국인의 국내법 위반 범죄행위 정보
② 외국에서 침투하는 간첩이나 기타 비밀활동자의 색출을 위한 정보
③ 국익 증대를 위한 국가정책 수행에 필요한 정보
④ 마약사범, 밀수업자, 밀입국자의 예방과 적발을 위한 정보

29. 다음 정보를 출처에 따라 분류 시 적절하지 않은 것은?

① 간접정보는 직접정보에 비해 출처의 신빙성과 내용의 신뢰성이 낮게 평가될 수 있다.
② 정기출처는 정기적으로 정보를 얻을 수 있는 출처로 정기간행물, 방송, 신문 등이 있다.
③ 비밀출처는 공작원, 외교관 등이 포함되나 국가정보기관이나 부문정보기관에 종사하는 정보관은 해당되지 않는다.
④ 공개출처에서 얻은 첩보라고 해서 항상 비밀출처에서 얻은 첩보보다 가치가 떨어지는 것은 아니다.

01 정답 및 해설

단원별 퀴즈 정답 및 해설

01. 셔먼켄트

02. 판단정보, 국제정세에 관한 국민의 인식정도를 나타내는 것은 판단정보이다.

03. 판단정보, 현용정보

04. 전략정보, 전술정보

05. 전략경보정보

06. X, 첩보 또한 적시성이 필요하다

07. X, 첩보의 출처 개척 시 전 정보출처를 활용하면 신뢰성이 향상된다.

08. X, 전투서열정보는 다시 군대의 구성, 배치, 병력으로 분류할 수 있다.

09. X, 국가기관이 정책적 목적을 가지고 분석 평가되어 가공한 지식이 정보이다. 국가정보학에서는 개인이나 기업이 다루는 비즈니스 정보(business intelligence)는 다루지 않는다.

10. X, 국가정보학은 연구지식을 체계화하여 이론적인 틀을 발전시키는데 기여하고 있으며 연구 대상에 대한 기술적 설명을 위주로 하는 매우 실용적이고 현실적인 학문이다.

11. X, 냉전이후 최근의 국가안보는 경제안보가 군사안보 만큼 중요성이 부각되고 있다.

12. X, 정치정보 수집 중에서도 특히 해외정치정보 수집이 국가정보기관의 업무이다.

13. X, 탈냉전시대는 국제화의 영향으로 국가 간 전통적 경계선이 약화되면서 적대국가와 우호 국가의 구분이 모호해지고 있다.

14. X, 국가정보는 국가정보기관 뿐만 아니라 부문정보기관도 생산할 수 있으며 모든 국가기관은 정보생산자 뿐만 아니라 정보소비자의 역할을 할 수 있다.

기출 및 유사문제 정답 및 해설

01. 답 1.. 정보조직과 정보순환과정을 분석한다.

02. 답 3.. Sherman Kent는 기본정보, 현용정보, 판단정보로 구분하였다. 정책정보는 보안정보와 대비되는 개념으로 사용된다.

03. 답 2. 국외정보는 대상지역으로 분류하는 국내정보와 국외정보가 있다.

04. 답 2.. 일일정보보고서는 정기보고서로서 현용정보에 속한다.

05. 답 3.. 국가정보학의 주된 활동영역이 비밀활동 연구는 아니다.

06. 답 4. 국가정보학의 분야는 4가지 정보활동의 영역인 정보수집, 정보분석, 비밀공작, 방첩활동이다.

07. 답 4.. 실용적인 학문이다.

08. 답 1..

09. 답 1.. 목적에 따라 정책정보와 보안정보로 나눈다.

10. 답 4.. 정보는 다양한 분야가 아닌 국가정책이나 국가안보 관련 분야의 정보기관(정부기관)이 사용한다.

11. 답 4.

12. 답 1. 가 – 데이터, 나 – 정보, 다 – 첩보, 라 – 지식

실전문제 정답 및 해설

13. 답 3. 정보성 첩보의 예로는 분석과정 없이 정보로 사용될 수 있는 수준의 첩보인 영상정보(IMINT)가 있다.

14. 답 3.. ①은 공작활동으로서의 정보, 2는 조직으로서의 정보, 4는 첩보수집 활동으로서의 정보이다.

15. 답 4.

16. 답 2. 정보는 국가정책을 결정 수행하는데 필요한 지원 역할을 하는 것으로 정책결정 과정에 참여하지는 않아야 한다

17. 답 3. 정치적 목적이 아닌 정책적 목적이다.

18. 답 3. 셔먼켄트는 보안정보(Security Intelligence)는 침입자로부터 국가를 지키는 국가경찰기능을 위한 정보로 고차원적인 국가정보가 아니라고 하였고 이에 반해 슐스키는 방첩정보의 필요성을 인식하고 국가정보에 포함시켰다.

19. 답 2. 군사능력분석정보는 국방전술정보이다.

20. 답 3. 국가정보는 국가정보기관 뿐 아니라 국가부문정보기관에서도 담당한다.

21. 답 4. 국가정보와 정책의 거리는 적정해야 정책의 합리성이 제고되고 정보의 정치화를 예방할 수 있다.

22. 답 4. 적시성이 더 적합하다.

23. 답 4. 정보의 적시성은 정보사용자가 필요한 시점에 사용할 수 있도록 하는 것이다.

24. 답 3. 정보는 완벽하게 정확할 수는 없으나 정보가 생산되는 시점에서 최대한 정확할 수 있도록 노력해야한다.

25. 답 3. 정보사용자에게 생동하는 현실의 동태적 사실을 알리기 위한 정보는 현용정보이다.

26. 답 4. 무한가치성에 대한 설명이다.

27. 답 4. 전략정보의 사용자는 최고통수권자인 대통령이다.

28. 답 3. 적극정보(정책정보)에 대한 설명이다.

29. 답 3. 국가정보기관이나 부문정보기관에 정보의 수집과 분석을 담당하는 정보관과 이들이 관리하는 공작원이나 협조자, 귀순자, 외교관, 주재관은 모두 비밀출처에 해당한다.

국가정보와 정보순환

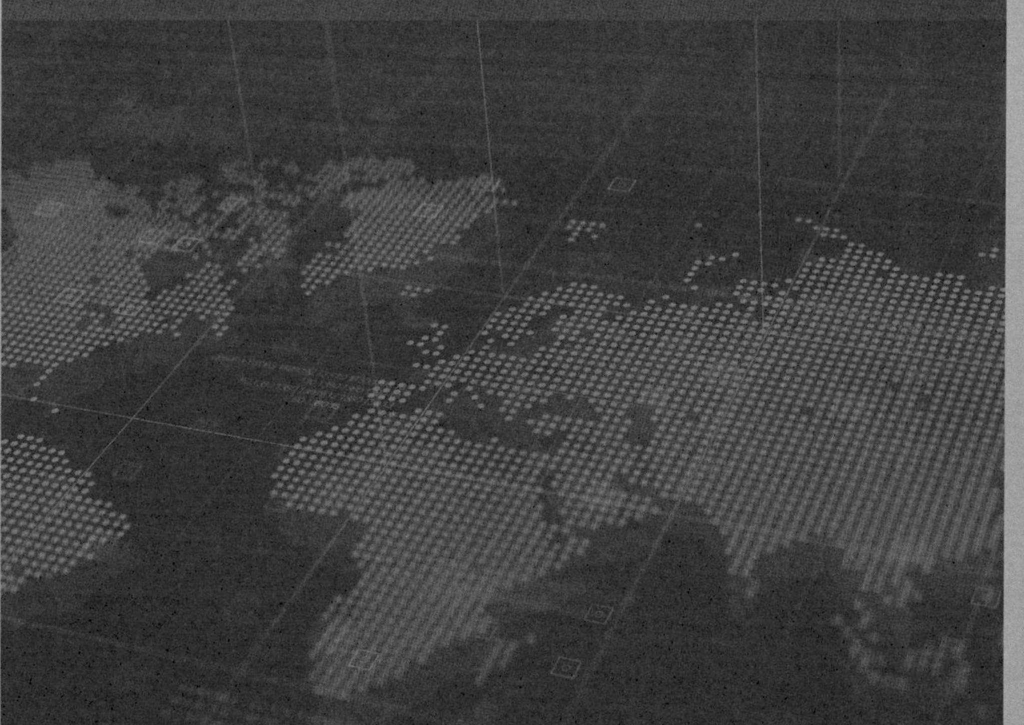

01 국가이익과 국가전략

01 국가이익(NI, National Interests)

(1) 국가이익의 특성

• 국가이익은 가치체계에 의해 확인된 정보활동을 위한 하나의 기준 및 근거로 정부가 국제환경을 자국에게 이롭게 조성하거나 이에 잘 적응하여 자국의 이익을 도모하고 증진하는 것임.

• 프랑스어 레종데타(Raison d'etat)에서 유래하였으며 주권국가의 대외정책 집행 시 중심개념으로 시대상황에 따라 변할 수 있는 상대성을 지님.

• 현실론자인 정치 지도자들이 전쟁을 일으키거나 개입하기 위한 명분으로 활용되며 국가목표, 국가가치, 국가이성, 국가야망이라고도 함.

• 국가이익은 좁은 의미는 국가의 안보를 확보하고 체제를 위협하는 이질적인 사상과 외래자본의 침투로부터 국가를 보존하고 존립을 꾀하는 것임.

• 국가이익의 넓은 의미는 국가의 번영과 발전, 국민의 보호와 국위선양, 자국에 유리한 국제 질서의 마련 등이 포함됨.

• 정책결정자는 국가정책이 언제나 국가이익을 보호해야 한다는 전제 하에 정책을 입안해야 정당화 될 수 있고 서로 배치되는 국가적 가치체계 중 어떤 것을 먼저 보호할 것인지 우선순위를 정해야 함.

(2) 국가이익의 종류(Donald Nuechterlein)

• 사활적 이익(survival interest)은 국가의 존립을 위협하는 사태나 국가 간 전쟁과 같은 상황에서 대통령의 깊은 주의와 결단, 신속한 조치가 필요함.

• 핵심적 이익(vital interest)은 국가의 안전보장과 질서에 치명적인 손실을 초래할 우려가 있는 사항으로 가능한 한 단시일 내에 강력한 대응을 강구해야 하며, 행정부의 긴급한 기획 및 대통령의 깊은 관심, 주의가 필요함.

• 중요한 이익(major interest)은 적절한 대응을 하지 아니하고 방치할 경우, 심각한 손실이 예상되는 사항으로 지속적이고 광범위한 대책 강구가 필요함.

• 지엽적 이익(peripheral interest)은 방치하더라도 비교적 적은 손실만이 예상되는 사항으로 주의 깊게 관망하는 자세가 필요함.

02 국가전략(national strategy)

- 가치체계(value system)는 국가의 근본적 본질이며 그 사회의 기본적 성격으로 상호간 충돌도 가능하며 국가이익(국익)은 이를 실현하는 것으로 자유(freedom) , 생존(survival), 번영(prosperity), 위신(prestige), 국민의 생명과 재산 등이 있음.
- 국가전략은 가치체계를 반영하는 국가이익의 추구를 위해 국가가 성취해야 할 전략적 목표이며 구체적인 정책 및 수단을 연결하는 국가활동의 추진계획으로 가변적인 국내외 환경 요인과 VIP의 성향, 관료제의 특성 등에 따라 그 내용과 추진방법이 달라질 수 있음.
- 국가전략은 대내외 환경의 변화 속에서 국가이익이라는 목표를 달성하기 위해 국력(NP, National Power)을 개발 · 통합 · 조정 · 배분 · 사용하기 위한 종합적이고 체계적인 방향을 제시하여 국가정책을 통한 국가활동의 구체화에 기여함.

02 국가안보(national security)와 국가정책(public policy)

01 국가안보의 특성

- 안보(安保)는 안전보장(安全保障)의 줄임말로 외부로부터 도전을 막고 국가 안전을 보호하는 것으로 1차적으로는 군사적 위협에 대응하는 군사적 방어이고 그 이외에 경제안보, 외교안보, 사회 안보, 생태안보를 포함함.
- 탈냉전 시대의 국가안보는 국가 및 시민의 핵심적 가치가 대 · 내외적으로 위협 받는 상황을 방지하여 심리적이고 물리적인 안정을 확보하는 것임. (Robert Mandel)
- 탈냉전 시대에는 군사력 뿐 아니라 경제적, 외교적, 사회적, 생태적 측면을 고려하며 현존하거나 잠재적인 위협에 대응하여 국가안보 위협 수준을 인지하므로 절대적이 아닌 상대적 관점으로 국가안보를 예측함. (Arnold Wofers)
- 외교, 경제, 군사 문제를 중심으로 다루는 국가안보전략이나 국가안보정책은 국가이익을 어떻게 보는 지에 따라 방향이 달라질 수 있으며 늘 변화하는 국제적 국내적 환경을 고려하여 결정됨.
- 한국은 반세기 이상 미국의 국가안보 정책과정(동북아 내 안보위협의 유사성)과 함께 발전해왔기 때문에 현실적으로 미국의 영향을 받음.

• 국내 정치지도자의 리더십(VIP) 스타일에 따라서 국가안보 정책의 적응성(국제)과 유연성(국내)의 상이함을 보여줌. (윤정석)

02 국가안보의 다원적 구조

• 군사안보는 영토보호 및 주권보존을 위한 것으로 전면전, 국지전, 테러 등으로부터의 보호임.

• 경제안보는 경제안정 및 성장을 위한 것으로 시장 유린, 환투기, 외화 밀반출 등으로부터의 보호임.

• 사회안보는 사회안정을 위한 것으로 빈부갈등, 세대갈등, 지역갈등, 마약, 테러리즘 등으로부터의 보호임.

• 생태안보는 편안한 생활을 위한 것으로 의식주, 환경을 말하며 인구폭발, 자원결핍, 환경 파괴 등으로부터의 보호임.

• 사이버안보는 통신, 인터넷 및 네트워크 안정을 위한 것으로 디도스(DDos), 해킹, 개인정보 유출 으로부터의 보호임.

03 국가정책의 결정

• 국가정책은 국내외 환경의 상호작용이 만들어 낸 결과로서 국내정책과 국제 정책은 과거보다 훨씬 뚜렷하게 서로 연계(linkage)되어 있음.

• 국제적 환경은 군사적인 위협만 있는 것이 아니며 경제(식량, 천연자원), 테러리즘, 국제범죄, 마약과 같은 다양한 위협이 발생하고 있어 국가정보 활동이 중요하게 됨.

• 국내적 환경은 국가안보수행을 위한 필요한 자원의 배분 즉 경제력의 정도, 국민적 지지(여론). 국가안보정책 입안 시의 조직구조 및 정치체제와 같은 제약에 영향을 받음.

• 국내외 환경이나 상황을 국가가 결정할 수는 없지만 정책적 선택에 따라 국가안보 득실이 결정될 수 있음.

• 예로서 미국의 이라크 참전이 미국 정부에게 중대한 가치이며 근본적인 이익인가 또는 중동에 민주주의 정부를 세우는 것이 미국 국익에 절대적인가에 대한 판단을 통해 결정함.

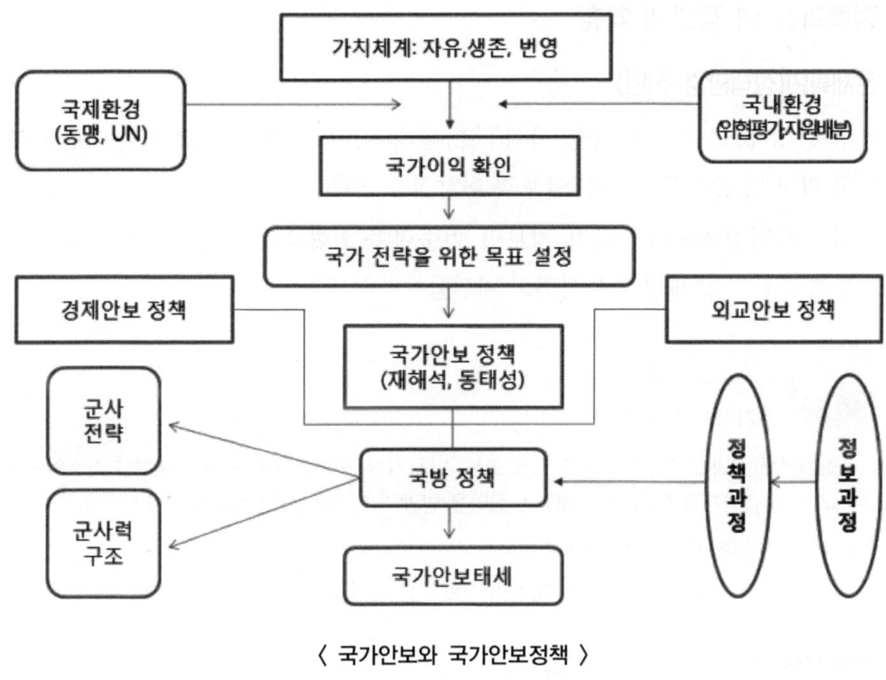

〈 국가안보와 국가안보정책 〉

03 국가정보활동

01 국가정보활동의 필요성

- 현재의 위협을 해결하고 미래의 위협에 대비하는 국가안전보장을 위해 필요함.
- 정책과정에서 단계별 지원과 피드백 제공을 통한 국가정책의 합리적 선택 지원
- 무기정보, 산업정보, 사이버 정보, 식량 및 천연자원 등 정보 지원을 통한 국가경쟁력 확보를 위해 필요함.
- 군축협상, 무역협상, 국제조약 검증(이행 여부 감시 및 평가) 지원을 통한 외교 협상력 제고를 위해 필요함.
- 국가정보기관은 지엽적 이익보다는 보다 중요하고, 핵심적이고, 사활적인 국가 이익 실현을 위해 필요함.
- 국가정보활동은 통합적 · 직관적 · 고객 지향적이고 상식과 교양을 갖춘 비전문가를 포함하는 수평적 네트워크로 변모해 가고 있음.

02 정책과정 내 정보의 역할

(1) 문제확인(정책환경 진단)

- 정치, 경제, 군사, 과학기술, 사회구조, 환경 등 국가이익 증대를 위한 여건을 분석하고 외교 및 군사활동 관련 안보적 취약점을 진단함.
- 적국 및 가상적국의 군사력, 정보력, 기술력 등 위협을 분석 및 평가하고 조기 경보를 통해 드러난 문제점을 분석하고 지원함.

더 알아보기

조기경보의 어려움

- 조기경보는 과도하면 안보정국 조성 또는 '양치기 소년'이라는 비판이 대두하고 과소하면 국민과 정책 결정자로 부터 무능하다는 질타를 받게 되어 정보기관 무용론까지 대두함.
- 정확한 판단을 통한 적절한 경보 제공이 그만큼 어려운 것이며 정보분석을 위한 첩보가 충분하기 못할 경우 정보판단의 오류 발생이 가능함을 보여줌.

(2) 정책계획(정책의 수립 및 조정)

- 정책수립 시 내부조직의 인력, 예산, 조직의 역량, 주변국 반응 등을 파악하고 조정의 필요성이 있는지에 정책수립의 제약성과 한계, 문제점 등에 대한 판단의 근거를 제공함.

(3) 정책결정(최적의 정책 선택)

- 제시된 정책 중 한정된 국가자원을 가장 효율적으로 사용할 수 있도록 효용이 큰 정책안을 검토하고 선택하는데 필요한 기준을 제시함.
- 미래에 가능한 시나리오를 예측하여 최적의 정책을 선택할 수 있는 기반을 제공함.

(4) 집행과 평가(정책 집행시기 판단 및 집행 후 평가)

- 정책을 집행할 가장 적절한 시기를 판단하고 집행과정에서 부처할거주의(parochialism), 각종 정책집행에 영향을 주는 변수와 갈등요소 등에 대한 모니터링을 통해 정책조정 및 부작용 최소화에 기여
- 무역협정, 군축협정, 외교조약 등의 준수여부 확인 및 검증하기 위한 정확한 정보를 제공함.
- 집행 중인 정책의 효과, 반응, 문제점에 대한 정보제공으로 정책을 평가할 수 있도록 하고 국내 뿐 아니라 주변국 반응을 살펴 정책의 다면적 평가를 통한 정책과정의 피드백을 제공함.

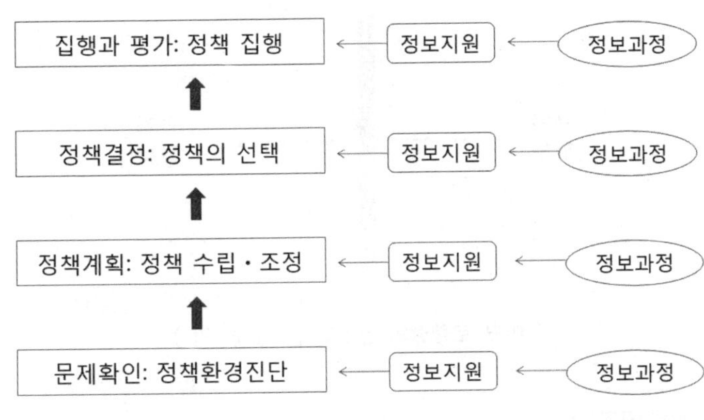

〈 정책과정과 정보과정 〉

03 정보와 정책의 관계(전통주의 vs 행동주의)

(1) 독립성설(전통주의)

- 민주주의 국가에서 정보와 정책에 대한 전통적인 입장이며 정책공동체와 정보공동체간의 절연과 상호간 독립성을 주장함.
- 정보는 정책결정과 반드시 거리를 두어야 하며 각종 상황에 대해 독립적인 판단을 내리고 정책결정자의 이데올로기적 편향성이나 선호 정책을 만족 시키는 정보판단을 하면 안된다는 입장임.

(2) 유기적 조화설

- 정보공동체와 정책공동체가 공생관계까지는 아니지만 상호 절연된 독립관계는 아니라는 견해로 정보는 정책의 투입변수이지만 정책은 해당 정보이외의 다른 결정요소를 고려하여 추진될 수 있는 양자의 관계를 나타내며 정보의 정책에 대한 소극적 지원을 나타냄.
- 셔먼 켄트(Sherman Kent, 1903~1986)는 정보는 정책결정을 안내하기 위해 필요한 만큼 밀접해야 하나, 판단의 독립성을 보장하기 위해서 충분히 거리를 유지해야 한다고 주장함.
- 마크 로웬탈(Mark M. Lowenthal, 1948~)의 '정보의 반투과성 막'은 정보와 정책은 쌍방향이 아닌 한 방향으로 움직이는 것으로 정보는 정책을 통과 (지원이 아닌 개입, 정보와 정책영역의 red line 설정)할 수 없으나 정책은 정보에 개입할 수 있다는 의미임.

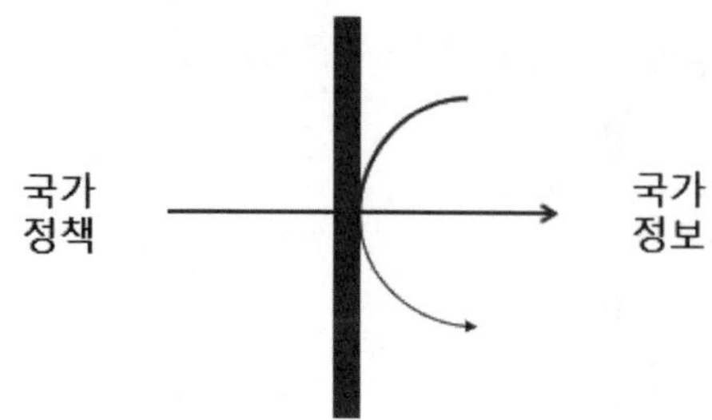

〈 마크 로웬탈의 정보의 반투과성 막 〉

(3) 공생관계설(행동주의)

- 정보와 정책은 밀접한 공생관계에 있기 때문에 서로의 영역을 넘어서라도 상호 간에 긴밀하게 연결되어 있어야 한다고 보는 시각으로 정보의 정책에 대한 적극적 지원을 강조함.
- 로저 힐스만(Roger Hilsman, 1919~2014)은 정책결정자(VIP) 관심이슈에 대한 정보기관의 자원이 동원 되어야 하고 이를 위해 정보와 정책간의 환류 체계가 있어야 한다고 주장함.

04 정보생산자와 정보소비자

01 정보생산자와 정보소비자의 구분

- 정보생산자는 국가정보의 생산을 담당하는 국가정보기구 임.
- 정보소비자는 정책결정자, VIP, 행정부 최고수반과 정보공동체(IC)와 국가안전보장회의(NSC), 각 행정부처, 의회, 방산업체, 일반 사기업 등 다양함.

02 정보생산자와 정보소비자의 이슈

(1) 정보생산자의 이슈

- 정보가 정보소비자가 필요한 시점에 배포되는 적시성의 문제가 있으며 정보의 수집과 분석이 제때 완료가 되어야 하므로 매우 어려운 문제임.
- 정책결정자의 이해도와 성향, 시간적 제약, 업무이해도를 감안한 적합한 형태의 보고서가 작성되어야 정보 활용성이 높아짐.

- 분석과정에서 발생하는 개인적 편견(mirror imaging), 집단적 편견(group think)을 최소화하고 객관성을 유지할 수 있어야 함.
- 정보기관과 정책부서(관료제)와의 갈등이나 복수의 출처를 가지고 있는 정보기관 간 경쟁(Swarm Ball, 정책결정자가 원하는 종류의 정보만 생산) 과정에서 왜곡이 있을 수 있음.
- 안보환경의 다원화로 인해 정보판단의 불명확성이 있을 수 있고 정보기관의 정치적 편향성으로 인한 정보 왜곡이나 조직 내 집단 이기주의적 태도로 정보의 실패를 야기할 수 있음.

(2) 정보소비자의 이슈

- 정책결정자의 바쁜 일정으로 인한 시간적 제약성
- 정책결정자의 자존심
- 정보판단에 대한 주관적 선호도(Killing the messenger, 즉 전령 죽이기)
- 정책결정자가 갖고 있는 정보에 대한 과도한 기대나 불신
- 정보환경의 다변화로 인해 정책과정 상 정보 활용의 불확실성 증대
- 정보 및 정보과정에 대한 이해도 부족

05 정보의 순환

01 정보순환(Intelligence cycle, intelligence process)의 특징

- 국가정책의 수립과 집행을 지원하기 위해 여러 첩보를 수집하여 정책결정에 필요한 정보로 생산하는 과정임.
- 정책결정자(정보생산자, 정보수요자)가 인식하는 첩보(information)소요로부터 정보기관이 이들에게 정보보고서를 전달하기까지의 일련의 단계와 과정임.
- 대상(target)에 대한 의문이 생기고 그것에 대한 충분한 해답을 찾으면서 끊임없는 순환과정이 반복되며 한 순환의 끝은 다음의 순환과정의 시작임.
- 자료의 수집과 분석이 전 출처(all-source)에 근거한 훌륭한 보고서라도 정보사용자에게 납득되지 않으면 의미가 없으므로 정보생산자와 정보소비자의 지속적인 대화와 의견교환(환류)을 통해 정보순환의 효율을 높여야 함.

- 실제로는 정보순환과정이 단선형으로만 이루어지지 않고 정보순환의 어느 과정에서든 이전의 단계로 되돌아 가거나 단계별 내부(자체적) 정보순환 과정을 거칠 수 있음.

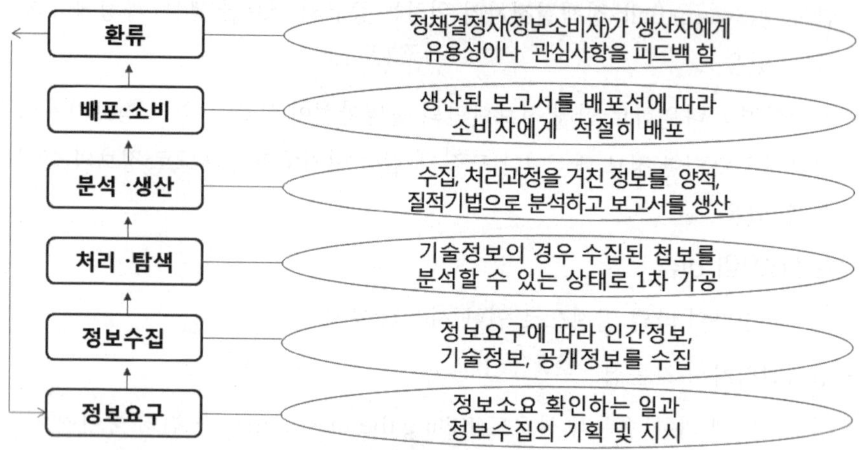

〈 마크 로웬탈의 정보순환 〉

02 정보순환의 분류

(1) 마크 로웬탈(Mark M. Lowenthal)의 정보순환

- 요구(requirements) - 수집(collection) - 처리 및 탐색(processing and exploitation) - 분석 및 생산(analysis and production) - 배포(dissemination) - 소비(consumption) - 환류(feedback)

(2) CIA 5단계 정보순환 또는 제프리 리첼슨(Jeffrey T. Richelson)의 분류

- 기획 및 지시(planning and direction)-수집(collection)-처리(processing)-분석 및 생산(analysis and production)-배포(dissemination)
- CIA 정보순환은 정보요구 단계가 기획 및 지시과정이며 정보의 환류 과정이 없고 제프리 리첼슨의 분류와 동일함.

(3) 브루스 베르코위즈와 앨런 구즈만(Bruce D. Berkowiz and Allen. E. Goodman)

- 정보요청- 수집목표 및 과제 설정-수집-분석-생산된 정보의 배포

06 정보순환의 단계별 내용 및 이슈

01 정보요구(requirements)

(1) 정보요구의 특징

- 국가이익을 둘러싼 갈등이나 이해관계의 차이 즉 국제관계의 역동성은 국가정보의 우선순위를 재조정하게 만듦.
- 국가정보의 우선순위는 반드시 정책의 우선순위를 반영해야하며 가장 이상적인 것은 정책결정자가 정책의 우선순위에 대한 충분한 이해를 바탕으로 의견제시를 하는 것임.
- 대체로 고위 정책결정자는 정보의 생산자가 정보수요를 더 잘 이해한다고 생각하여 적절한 정보요구를 하지 않아 정보기관 자체적으로 소요판단을 하게 어 주무장관과의 적대적 관계, 정보기관 간 경쟁구도, 월권, 정보실패의 책임소재 등의 문제가 발생할 수 있음.
- 정보기관의 자체적인 정보요구는 정보기관의 난제이나 정보기관이 전통주의에서 행동주의로 변화하게 되는 배경 중의 하나로 볼 수 있음.
- 정보요구의 3가지 경로는 정보소비자(정책결정자), 자체적 판단(정보과정에 따른 자체 수요발생), 타 정보기관(출처비교 및 상호정보교환)이 있음.
- 정보소요 판단의 불확실성으로 우선순위가 낮은 정보요구를 반영하여 정보 수집과 분석의 역량이 낭비하지 않도록 제도적 개선에 관심 필요

(2) 정보요구의 종류

(가) 국가정보목표우선순위(PNIO, Priority of National Intelligence Objectivity)

- 국가정보기관이 국가안보정책 수립과 실행에 관련된 정보소비자의 요구에 대응하기 위해 만드는 것으로 첩보수집과 분석을 위한 관계기관(통일부, 외교통상부, 행정안전부, 법무부, 국방부, 문화체육관광부, 국토해양부, 과학기술부 ☞ 정보및보안업무기획·조정규정 제 5조)간 협력에 의해 수립한 국가안전보장이나 정책 관련 가장 중요한 지침, 즉 정보수집 우선순위 임.
- 국가정보원에서 PNIO를 작성하고(정보및보안업무기획·조정규정 제 4조 3항), 미국은 ODNI(국가정보장실, 원래 DCI가 작성하였으나 2004년 정보개혁법으로 DNI로 바뀜)이 작성하여 16개 정보공동체(Intelligence Community)에 배포함.

- 연간 기획된 각 정부부처(국가부분정보기관)의 기본정책 과정 상 필요한 정보 로서 각 기관이 먼저 업무수행을 위해 필요한 정보가 무엇인지를 알려주고 이를 국정원이 취합하여 정보수요의 내용과 기관의 역량을 고려하여 우선순위 를 결정·하달하는 모든 정보기관들의 기본지침 임.
- 미국은 원래 DCI가 PNIO를 작성하였으나 2004년 정보개혁법으로 DNI(국가정보장)가 작성하여 16개 정보공동체(Intelligence Community)에 배포하며 우리나라는 국가정보원에서 PNIO를 작성하여 부문정보기관에 배포함. (정보및보안업무기획·조정규정 제4조 3항).

(나) 첩보기본요소(EEI, Essential Element of Information)

- 부분정보기관이 국가정보목표우선순위(PNIO)에 근거하여 해당 기관의 첩보활동을 위해 수립한 지침으로 지속적, 반복적으로 수집할 사항임.
- PNIO가 작성되면 각 부처는 EEI라는 해당 기관만의 지침을 사전에 따로 작성하고 이를 첩보수집계획서에 반영하여 첩보를 수집함.
- 통계자료와 같이 공개적인 것이 많고 문서화되어 있는 경우가 대부분으로 광범위한 지역에 걸쳐 수집되어야 할 항시적 요구사항임.

(다) 기타정보요구(OIR, Other Intelligence Request)

- 급격한 정보환경 변화에 따라 정책을 수정하거나 새로운 정보수요가 발생할 경우 PNIO에 우선하여 작성해야 할 정보목표임.
- 국가정보목표 우선순위 중 우선순위의 변동이 가능한 정보요구임.

(라) 특별첩보요구(SRI, Special Requirement for Information)

- 돌발적인 사태나 첩보의 변동에 따라 필요한 첩보로 제한된 기간 내에 수집해서 제공해야 하는 특정 상황에 대한 단기적 해결을 위한 임시적이고 단편적인 첩보요구임.
- 급변하는 국내외 안보환경의 변화에 따라 때로는 융통성을 요구하거나 의외의 능력을 필요로 할 수 있기 때문에 현실적 정보소요 판단을 통해 구체적이고 전문성이 요구되는 단편적인 사항에 대한 첩보가 요구됨.
- 사전에 첩보수집계획서를 작성하지 않으며 다른 첩보에 비해 우선적으로 수집되어야 하는 실무적으로 가장 일상적이고 실용적인 첩보지시 방법으로 정보기관의 주요 활동이 됨.
- SRI 하달 시 정보수요가 발생된 상황이나 배경, 수집할 첩보의 내용, 수집기관별 주요 목표, 첩보 보고기한을 명확히 정해주어야 함.

- SRI는 OIR에 입각하여 하달하거나 자체 정보과정에서 기본에 수집된 첩보에 추가적으로 필요한 사항에 대해서 요구하는 경우에 하달하기도 함.
- SRI는 EEI를 지침으로 하여 작성되는 것은 아니며 PNIO, EEI에 포함되지 않으면서도 필요한 첩보를 입수하기 위해 수시로 하달됨.

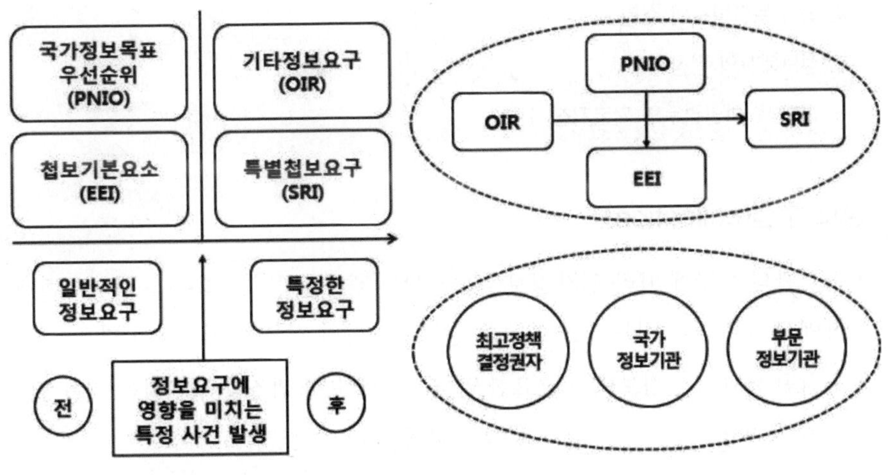

〈 정보요구의 종류 〉

(3) 정보요구의 쟁점

(가) 선취권 잠식(Priority Creep)의 문제

- 정보활동의 우선권은 영향력 있는 정책담당자나 정보분석관에 의해 우선권을 박탈당하여 다른 부분이 우선권을 확보하게 되는 현상임.
- 선취권의 잠식은 기존의 정보활동의 우선순위를 무시하여 국가정보 활동의 균형을 상실하게 하고 정보활동에 악영향을 끼침.

(나) 정보활동의 임시특별권(Ad hocs)

- 특별한 첩보요구가 발생하면 정보활동 우선순위가 재조정되어 특별한 첩보 요구가 정보활동의 우선순위가 되는 것임.
- 선취권의 잠식과 달리 정당하지만 지나치면 국가정보활동에 혼란을 줄 수 있어 마크로웬탈은 특별권의 독재(tyranny of ad hocs)라고 언급함.

더 알아보기

국정원장의 정보 및 보안업무에 관한 기획업무의 범위 (정보및보안업무기획·조정 규정 제4조)

1. 국가 기본정보정책의 수립
2. 국가 정보의 중·장기 판단
3. 국가 정보목표 우선순위의 작성
4. 국가 보안방책의 수립
5. 정보예산의 편성
6. 정보 및 보안업무의 기본지침 수립

02 정보 수집(collection)

- 분석관의 요구에 따라 인간정보, 기술정보, 공개출처정보 활동을 하며 제한된 능력 하에서 효과적인 정보수집을 통해 정보보고서의 질을 향상시켜야 함.
- 수집된 광범위한 정보에서 중요한 알곡과 불필요한 껍질을 구분하는 것을 밀과 겉겨의 문제(wheat VS chaff problem)라고 함.

03 처리 및 탐색(processing and exploitation)

- 1차로 수집된 방대한 기술정보(TECHINT)를 분석관이 분석하기에 적합한 상태로 변환하는 작업으로 신호정보(SIGINT)는 암호화된 신호를 해독·번역하고 영상정보(IMINT)는 원하는 지역과 목적에 따라 분류·편집·처리되어야 함.
- 실시간으로 수집되는 정보수집의 양과 정보기관 내에서 처리 및 탐색할 수 있는 능력의 불균형으로 상당한 첩보가 사장되는데 이를 정보의 홍수(embarrassment of riches)라고 함.
- 특히 지형정보(GEOINT)인 경우에는 정보의 TPED(Tasking, Processing, Exploitation and Dissemination)를 지속적으로 충족시키는데 한계가 있음.

04 분석 및 생산(analysis and production)

- 가설(hypothesis)과 검증과정을 거쳐 정책결정권자를 위한 정보보고서를 작성하는 과정임.
- 양적분석(통계학적 방법)과 질적분석, 장기분석(추세분석)과 단기분석의 균형이 필요하며 정보관 개인이나 정보조직 내에서의 분석이 오류를 피해야만 정보 왜곡을 최소화할 수 있음.

05 배포 및 소비(dissemination and consumption)

- 생산된 정보보고서를 정보수요자(정책 집행권자)에게 전달하는 과정으로 정보는 생산 자체가 목적이 아니라 배포되어 소비되어야 의미가 있는 것으로 정보 생산자와 정보소비자의 효율적인 소통이 필요 함.
- 보안을 유지하며 해당 정책담당자에게 시의 적절하게 적합한 내용의 정보 보고서를 적정수준의 깊이로 지속적으로 배포하는 것으로 정보배포 원칙에는 적시성, 적합성, 비밀성, 계속성이 있음.

06 환류(feedback)

- 환류는 정보를 제공받은 정보소비자가 이후 문제점이나 보완할 점을 정보생산자에게 제공하는 피드백으로 상호간의 소통이 중요하며 편도가 아닌 양방향으로 이루어진 왕복의 개념이자 입체적인 과정임.
- 정보순환은 한 방향으로만 진행되는 것이 아니라 진행된 이후라도 정보오류가 발생하거나 새로 드러난 문제점을 수정·보완하거나 급격한 상황·국면의 변화로 인한 새로운 정보 수요가 발생할 수 있어 필요 시 소급하여 다시 진행 가능함.
- 환류과정을 제외하면 협의의 정보순환이라고 하고 환류과정을 포함하면 광의의 정보순환이라고도 함.

07 정보의 실패

01 정보실패(Intelligence Failure)의 개념

- 정보실패는 국가정보기구가 국가안보와 국가이익에 대한 위협을 제대로 예측 하거나 판단하지 못하여 국가안보나 국가이익에 위협이나 손해를 끼치는 정보 과정 상의 실패를 의미함.
- 정보의 실패는 같은 사건이라도 아군과 적군, 장단기적 효과, 정보활동의 주체, 주관적 해석, 중점을 두는 부분에 따라 성공이 될 수도 있음.
- 대통령이나 의회의 보고나 승인 없는 정보활동의 실패는 정보기구의 통제로 이어지게 됨.

02 정보의 실패 원인

(1) 정보실패의 내적 요인

- 정보수집 능력의 한계
- 정보분석의 오류(Received Opinion, clientism, layering, mirror imaging, group think 등)
- 정보분석 능력 부족(Capability failure)

(2) 정보실패의 외적 요인

- 정보의 정치화
- 정책부서와의 갈등
- 관료주의적 경직성
- 정보 배포의 문제
- 정보공동체간 정보공유의 문제

(3) 정보실패의 사례와 상대성

- 1941년 진주만 기습은 일본 내 미국대사관에서 공습정보를 인지하였으나 제때 공유하지 않아 배포의 실패이나 일본으로서는 정보 판단의 성공임.
- 1950~1953년 한국전쟁은 미국이 공격 징후를 제대로 파악했지만 한국군과 공유하지 않아서 정보의 배포 실패이나(또는 처음부터 미국군과 한국군이 오판하여 징후를 무시했다면 정보 판단의 실패) 열세를 극복하고 인천상륙작전 등을 통해 남침 방어하여 공산화를 막았으니 정보판단의 성공임.
- 1946~1954년 미국의 베트남 전쟁은 군부가 CIA정보를 무시하고 전쟁승리를 낙관하여 백악관이 정치적 목적으로 승인한 정보 판단의 실패이나 베트남으로서는 게릴라 전술 등을 배합하여 미군을 유인한 정보 판단의 성공임.
- 1953년 CIA의 모사데크 축출은 단기적으로 성공했으나 이후 이란 팔레비 왕조가 붕괴되고 호메이니에 의한 반미정권이 수립되어 장기적으로 실패임.
- 1961년 피그만 침공은 CIA가 난민을 훈련시켜 쿠바를 침공하였으나 공격계획이 누설되고 이에 대한 소극적 대처 등으로 실패했으나 쿠바 입장에서 보면 정보활동의 성공임.
- 1965~1972년 미국의 피닉스 작전은 마을 주민으로 위장한 베트공 세력을 약화시키는 데는 단기적으로 성공했지만 베트남의 공산주의화는 막지 못했으므로 장기적으로 실패임.

- 1967년 이스라엘의 3차중동전쟁(6일전쟁)은 이집트의 전시성 공격 압박을 실제 선제공격 징후로 오판한 이스라엘의 정보 판단의 실패이나 신속한 선제공격으로 전쟁에 성공했으므로 정보 판단의 성공임.
- 1970년 미국의 손타이작전의 경우 포로구출이라는 목적에서 보면 정보의 실패이나 중국고문관 사살이라는 측면에서 보면 성공임.
- 1973년 이스라엘의 4차중동전쟁(욤키프르전쟁)은 모사드의 이집트 공격징후를 무시한 군부 정보기관인 아만과 골다 메이어 총리의 오판에 따른 정보판단 실패이나 이집트는 거짓동원령과 공격협박 등 효과적 기만작전을 수행한 정보 판단의 성공임.
- 1979년 중국과 베트남의 국경분쟁은 등소평이 베트남 북부의 열대산악지형에 대한 불리한 전쟁정보를 무시한 정보판단의 실패이나 베트남은 효과적인 전략수립으로 전쟁에 승리한 정보 판단의 성공임.
- 이외에도 1941년 독일의 러시아 침공과 일본의 필리핀 기습, 1962년 중국의 인도침공, 1968년 8월 체코슬로바키아 사태, 1982년 아르헨티나의 영국령 포틀랜드 침공, 1990년 이라크의 쿠웨이트 침공, 인도(1974년)와 파키스탄(1998년)의 핵무기 개발 성공, 2001년 알카에다의 9.11테러 등이 있음.

02 정보의 정치화(Politicization of Intelligence)

(1) 정보의 정치화의 특성

- 정책결정자의 행위를 중심으로 보면 자신의 정책을 뒷받침하는 정보를 선별 하거나 압력을 통해 정보를 왜곡하는 행위로 규정할 수 있음.
- 분석관의 행위를 중심으로 보면 정책결정자의 요구를 만족시키기 위해 자의적 으로 분석을 변형하는 행위로 규정할 수 있음.
- 대표적 사례로 맥아더 장군의 압록강 북진에 동조했던 극동군 사령부 정보담당자 찰스 월로비(Charles A. Willoughby)를 포함한 군 정보조직과 2003년 부시행정부 때 이라크 전쟁의 근거를 제공한 대량살상무기(WMD)와 알카에다와의 연계성에 대한 CIA의 정보보고의 왜곡을 들 수 있음.

더 알아보기

정보의 정치화는 정보실패의 외적요건인가? 내적요건인가?

- 정보실패는 정보가 행정부 또는 입법부에 적절한 시점에 제공되지 못하여 정부가 국익에 부적절하거나 비생산적인 조치를 취하도록 상황을 오인하도록 하는 것으로 해당 정보소비자가 정책결정을 하는데 제대로 도움을 주지 못한 것을 의미함. (Shulsky and Schmitt, Silent Warfare: Understanding the World of Intelligence).
- 정보실패의 내적요인은 순수하게 정보 수집 및 분석과정의 요인이라고 볼 수 있으며 정보기구 내 내적 통제가 가능한 것임.
- 정보실패의 외부요인은 내적 통제로 불가하며 외부자 즉 정책결정자나 정책부서 (행정부처) 또는 타 정보기구의 영향력이 강력하게 미칠 수 있는 것으로 정보의 정치화, 정책부서와의 갈등, 관료주의적 경직성, 정보 배포의 문제, 정보공동체간 정보공유의 문제 등이 있음.
- 정보의 정치화(또는 정보기관의 정치적 편향성으로 언급하기도 함)의 경우 정보 실패의 외부요인으로 구분할 수 있으나 정보분석 간 내적 통제장치가 제대로 작동되지 않아 발생한 것으로 내적요인도 포함됨.

(2) 정보의 정치화 유형(Gregory Treverton)

- 직접압력(direct pressure)은 고위정책결정자들이 자신의 정책 또는 선호하는 정책을 뒷받침하는 특정한 정보판단이 나오도록 직접적인 압력을 가하는 행동으로 정보 선진국에서는 흔하지 않은 형태임.
- 질문던지기(question asking)는 정책결정자가 특정질문을 반복적으로 분석관 에게 제기함으로써 답변의 틀을 규정하는 방식으로 분석관은 정책결정자의 관심에만 초점을 맞추게 되어 궁극적으로 분석이 왜곡될 수 있음.
- 체리피킹(cherry-picking)은 정책결정자가 다양한 정보판단 중에서 자신이 선호하는 정보판단을 취사선택하는 행동을 의미하며 보편적인 형태임.
- 조직방침(house line)은 정보공동체가 특정 이슈에 대해서 가지고 있는 고정관념으로서 분석과정에서 이에 반하는 분석이 억제되거나 무시되는 현상임.
- 공유마인드세트(shared mindset)는 정보공동체는 물론 정책공동체도 특정 이슈에 대해 강한 고정관념을 공유하고 있는 현상으로 '조직방침'과 마찬가지로 외압보다는 내부요인에 의해 스스로 형성되는 형태임.

03 정보의 조작(Intelligence manipulation)

- 정보조작은 정책결정권자 판단을 잘못되게 하거나 특정 행동을 유도하기 위해 또는 정책결정권자의 정치적 선호도에 부응하기 위해 오류가 있는 정보를 전달하는 것으로 정책결정권자나 정보공동체의 주도나 협력으로 이루어짐.
- 정보조작의 유형에는 정보위작(falsification, 진실에 반하는 허위내용의 정보를 만드는 것), 정보왜곡(distortion, 정보내용을 변질시키는 것), 정보누락(정보의 일부를 생략하고 참고자료의 전달을 보류)이 있음.
- 정보실패는 정책실패로 귀결되나 정보조작은 대외정책의 타당한 근거를 마련하여 정책성공을 유도할 수 있음. 정보조작은 일시적으로는 정보기구의 능력이나 권위를 나타낼 수도 있지만 장기적으로 부메랑이 되어 돌아옴.

더 알아보기

2003년 이라크 전쟁에서의 정보조작

미국은 이라크 전쟁의 명분으로 이라크 내의 대량살상무기의 존재를 내걸었으나 결과적으로 WMD의 존재에 대한 입증에 실패하였음. 이것이 정보실패일 수도 있으나 석유수급권 확보 등 중동지역에서의 지속적인 영향력을 확보하기 위한 의도적 정보조작이라면 정보의 실패가 아닌 정보의 성공으로 볼 수도 있음.

02 단원별 퀴즈

01. 정보판단의 불명확성은 정보의 생산자와 소비자 중 (　　　) 측면에서 발생하는 정보의 제약요소이고, 정보환경의 급격한 변화에 따른 정보의 불확실성 증대로 인해 정책결정시 정보 활용이 어려운 점은 정보의 (　　　) 측면의 이슈이다.

02. 테러 또는 국지도발 같은 급격한 안보환경 변화에 따라 필요한 정보(Intelligence)를 수집하도록 요청하는 것은 (　　　)이고, 정책 수정이나 보완이 필요할 때 필요한 임시적이고 단편적인 특별한 첩보(information)를 요구하는 것은(　　　)이다.

03. 우리나라에서 국가정보목표우선순위(PNIO)의 작성권한은 (　　　)에게 있다.

04. 정보와 정책의 관계를 비교한 전통주의와 행동주의 관점 중에서 정책결정자에게 의미 있는 이슈들에 대한 정보를 제공하기 위해 모든 자원이 동원되는 것은 (　　　주의)이다.

05. 정보 왜곡으로 인한 실패의 원인 중 (　　　)는 정보소비자 선호에 부응하기 위해서 나타나는 것이며 (　　　)는 분석자 자신의 선호에 부응하기 위한 것이다.

06. 정보는 정책수립과정에만 사용되어야 하고 정책평가 시에는 따로 사용되지 않는다.

07. 셔먼켄트의 전통주의 시각에서는 현용정보보고서 생산에 중점을 두어왔고 이러한 흐름은 냉전 이후 현재까지 대부분의 국가정보기관에서 채택하고 있다.

08. 미래 정보 분석의 트렌드는 직관적, 통합적, 고객지향적, 전문가 기반분석, 수평적 네트워크이다.

09. 국가 부문정보기관에서 작성하는 정보요구는 PNIO, EEI, OIR, SRI가 있다.

02 기출 및 유사문제

01. 다음의 설명 중 가장 적절한 것은?

① 정보수요자가 정보 생산자에게 정보보고서와 관련한 피드백이나 의견제시를 하는 것은 불필요하다.
② 국가정보기구에 대해 정보요구를 할 수 있는 것은 대통령 이외에도 가능하다.
③ 국가정보목표우선순위(PNIO)는 보통 5년 단위로 작성된다.
④ 부문정보기관은 국가정보목표우선순위(PNIO)와 관계없이 해당 부처의 정책수립 지원을 위해 첩보기본요소(EEI)를 작성한다.

02. 급격한 정보환경 변화에 따라 필요한 첩보(information)를 수집하도록 요구하는 것은 무엇인가?

① 국가정보목표우선순위(PNIO)
② 특별첩보요구(SRI)
③ 특정정보요청(OIR)
④ 첩보기본요소(EEI)

03. 우리나라 국가정보목표 우선순위(PNIO)의 작성 권한은 누구에게 있는가?

① 대통령
② 국무총리
③ 국가정보원장
④ 국가안보실장

04. 정보의 배포단계의 고려사항에 대한 설명 중 옳지 않은 것은?

① 생산된 정보가 적시적으로 정보수요자에게 전달되어야 한다.
② 정보수요자의 요구에 따른 적합한 내용을 보고해야 한다.
③ 공개적으로 투명하게 해당 정보수요자에게 제공되어야 한다.
④ 어떤 형태의 보고를 해야 하는가를 고려해야한다

05. 정보의 순환과정에 대한 설명으로 맞지 않는 것은?

① 정보요구의 주체는 국정최고책임자와 행정부처의 담당자도 포함된다.
② CIA는 정보순환과정을 요구- 수집-처리- 분석- 배포로 분류하였다.
③ 배포는 순환과정의 마지막이며 환류가 이루어지는 연결 단계이다
④ 분석단계는 평가-분석-종합-해석 또는 판단의 과정을 거치게 된다.

06. 국가정보목표 우선순위(PNIO)에 대한 설명 중 맞지 않는 것은?

① 국가정보기관은 PNIO를 작성하여 부문정보기관에게 배포한다.
② 부문정보기관은 PNIO를 바탕으로 EEI를 작성한다.
③ 한국의 PNIO 작성권한은 국가정보원에 있다.
④ SRI는 PNIO에 따라 작성한다.

07. CIA의 정보순환체계로 맞는 것은?

① 기획 및 지시 - 수집 - 처리 - 분석 및 생산 - 배포
② 수집계획 수립 - 수집 및 분석 - 배포 및 사용자 반응 탐색
③ 요구 - 수집 - 처리 및 개발 - 분석 및 생산 - 배포 및 활용 - 환류
④ 요청 - 요구 및 임무부여 - 수집 - 분석 - 생산과 배포

08. 정보생산 우선순위에 대한 설명으로 옳은 것은?

① 중요 국가정책 추진의 우선순위를 반영하여 각급 정보기관의 활동우선순위를 규정한 것을 PNIO라 한다.
② OIR은 SRI를 구체화하여 첩보를 수집하게 된다.
③ 국가정보기관의 연간첩보수집에 관한 모든 정보기관들의 일반지침을 EEI라한다.
④ 급격한 정보환경 변화에 따라 첩보를 특별히 수집요청 하는 것을 OIR이라한다.

09. 냉전기간과 냉전이후의 미국의 정보실패 사례를 바르게 짝지은 것은?

① 9.11테러, 이라크 침공
② 쿠바의 피그만 침공, 이란-콘트라스캔들
③ 칠레의 아옌데 암살 작전, 워터게이트 사건
④ 이란-콘트라 스캔들, 이라크 침공

10. 행동주의 학파에 대한 설명으로 맞지 않는 것은?

① 정보와 정책의 밀접한 연관과 공생을 강조하였다.
② 미국 CIA의 과도한 현용정보보고서 쏠림에 대한 반발로 50년대 후반부터 형성되기 시작하였다.
③ 정책결정권자의 정보요구에 대한 무관심도 하나의 요인이다.
④ 셔먼 켄트와 마크 로웬탈의 시각이다.

11. 정보순환과정을 순서대로 올바르게 나열한 것은?

가. 정보소요 확인하는 일과 정보수집의 기획 및 지시
나. 정책결정자(정보소비자)가 생산자에게 유용성이나 관심사항을 피드백
다. 생산된 보고서를 배포선에 따라 소비자에게 적절히 배포
라. 처리·탐색 과정을 거친 정보를 양적, 질적기법으로 분석하고 보고서를 생산
마. 기술정보의 경우 수집된 첩보를 분석할 수 있도록 1차 가공
바. 정보요구에 따라 인간정보, 기술정보, 공개정보를 수집

① 가-나-다-라-마-바
② 가-바-마-라-다-나
③ 나-가-다-라-바-마
④ 가-바-마-다-라-나

12. 정보소비자와 정보생산자의 이슈에 대한 설명으로 맞지 않는 것은?

① 정보생산자의 이슈로 정보가 정보소비자가 필요한 시점에 배포되는 적시성의 문제가 있다.
② 정보생산자의 이슈로 정보소비자의 시간적 제약, 업무이해도를 감안한 적합한 형태의 보고서 작성의 문제가 있다.
③ 정보생산자의 이슈로 정책결정자가 갖고 있는 정보에 대한 과도한 기대나 불신이 있다.
④ 정보생산자의 이슈로 복수의 출처를 가지고 있는 정보기관 간 경쟁 과정 에서의 왜곡의 문제가 있다.

13. 정보와 정책의 관계에 대한 설명으로 맞지 않는 것은?

① 셔먼 켄트(Sherman Kent) 정책공동체와 정보공동체간의 절연과 상호 독립성을 주장한다.
② 행동주의는 정보의 정책에 대한 적극적 지원을 강조한다.
③ 마크 로웬탈(Mark M. Lowenthal)에 의하면 정보와 정책은 쌍방향이 아닌 한 방향으로 움직이는 것이다.
④ 로저 힐스만(Roger Hilsman)은 정책결정자의 관심이슈에 대한 정보기관의 자원이 동원 되어야 하며 이를 위해 환류 체계가 있어야 한다고 주장하였다.

02 실전문제

14. 정보요구에 대한 설명으로 맞지 않는 것은?

① PNIO는 국가정보기관이 국가안보정책 수립과 실행에 관련된 정보소비자의 요구에 대응하기 위해 만드는 것이다.

② PNIO는 부처간 협력에 의해 수립한 국가안전보장이나 정책 관련 가장 중요한 지침, 즉 정보 수집 우선순위이다.

③ PNIO 하달 시 정보수요가 발생된 상황이나 배경, 수집할 첩보의 내용, 수집기관별 주요 목표, 첩보 보고기한을 명확히 정해주어야 한다.

④ SRI는 EEI를 지침으로 하여 작성되는 것은 아니며 PNIO, EEI에 포함되지 않으면서도 필요한 첩보를 입수하기 위해 수시로 하달한다.

15. 정보활동의 우선권이 영향력 있는 정책담당자나 정보분석관에 의해 우선권을 박탈당하고 다른 부분이 우선권을 확보하게 되는 현상은?

① 선취권 잠식(Priority Creep)의 문제

② 정보활동의 임시특별권(Ad hocs)

③ 미션크립(Mission Creep)

④ 정보조작(Intelligence manipulation)

16. 정보순환과정의 주요 이슈로 옳지 않은 것은?

① 요구단계에서 정보활동의 임시특별권(Ad hocs)의 문제

② 수집단계에서 밀과 겉겨의 문제(wheat VS chaff problem)

③ 분석 및 생산단계에서 ~TPED(Tasking, Processing, Exploitation & Dissemination)의 문제

④ 분석 및 생산단계에서 미러 이미지(mirror image)나 집단사고(group think)

17. 정보의 정치화의 유형 중 정보공동체가 특정 이슈에 대해서 가지고 있는 고정관념으로 분석과정에서 이에 반하는 분석이 억제되거나 무시되는 현상은?

① 직접압력(direct pressure)

② 체리피킹(cherry-picking)

③ 질문던지기(question asking)

④ 조직방침(house line)

18. 정보조작과 정보실패에 대한 설명 중 다른 것은?

① 정보조작의 유형에는 정보위작, 정보왜곡, 정보누락이 있다.
② 정보실패는 정책실패로 귀결되나 정보조작은 대외정책의 타당한 근거를 마련하여 정책성공을 유도할 수 있다.
③ 정보의 실패는 정책의 실패와 구분된다.
④ 정보실패의 내적요인으로 정보의 정치화가 있다.

19. 정책과정 상 정보의 역할로 옳지 않은 것은?

① 문제확인은 대내외적 위협 분석 및 안보적 취약점을 진단한다.
② 계획단계는 무역협정, 군축협정, 외교조약 등의 준수여부 확인 및 검증하기 위한 정확한 정보를 제공한다.
③ 정책결정은 미래 가능한 시나리오를 예측하여 최적의 정책을 선택할 수 있는 기반을 제공한다.
④ 집행과 평가는 정책 집행시기와 집행 후 평가에 대한 피드백을 제공한다.

20. 다음을 통해 드러난 문제점을 분석 및 지원하는 것은 어떤 정책 과정에서의 정보의 역할인가?

- 과도하면 안보정국 조성 또는 '양치기 소년'이라는 비판 대두하고 과소하면 국민과 정책 결정자로 부터 무능하다는 질타를 받게 되고 정보기관 무용론까지 대두함.
- 정보분석을 위한 첩보가 충분하기 못할 경우 정보판단의 오류 발생이 가능함을 보여줌.

① 문제확인 ② 정책계획 ③ 정책결정 ④ 집행과 평가

21. 정보의 역사에서 볼 때, 각 시대와 그 특징의 연결이 잘못된 것은?

① 고대에는 초자연적인 정보원에 의탁하는 한편 정보활동의 기본적인 활동을 전개했다.
② 중세에는 국가정보기구가 체계화되고 재외공관에 의한 정보활동을 시작했다.
③ 근대에는 국제정치 발전과 더불어 다양한 부문정보기구가 설립되었다.
④ 현대에는 무선통신 암호화와 해독활동이 발전하고 부문정보기능의 통합조정을 위해 중앙정보 활동이 강화되고 있다.

22. 인간정보수집(HUMINT)와 관계없는 자는?

① 정보기관에 소속되어 있는 정보관
② 정보관의 정보수집업무를 보좌하는 기피인물(Persona non grata)
③ 정보관에게 첩보를 제공하는 출처로서 자발적 협조자
④ 정보관이 물색·고용하는 공작원

23. 정보순환과정에 대한 설명으로 틀린 것은?

① 정보의 순환과정을 단계별로 분류하는 것은 정보학자마다 다르다.
② 정보의 순환은 요구, 수집, 처리, 분석, 배포의 5단계가 순환하면서 이루어진다.
③ 정보의 순환과정에 따라 정보활동의 성패가 결정된다.
④ 정보의 순환은 단계별로 독립적이며 전단계가 불연속적으로 이루어진다.

24. SRI(특별첩보요구)에 대한 설명 중 틀린 것은?

① 사전의 수집계획서가 필요치 않고 수시로 단편적 사항을 요구하는 것이다.
② PNIO에 없는 특별한 첩보수집으로 통상 정보기관의 첩보수집 지시의 의미로 변했다.
③ 갑작스런 정세변화로 새로운 첩보수집 요구가 발생할 경우 수행하는 기능이다.
④ OIR에 의해 수행해야 할 장기적이고 지속적인 첩보요구사항이다.

25. EEI(첩보기본요소) 에 대한 설명으로 잘못된 것은?

① 해당 정보기관의 정보활동 순위를 규정한 일반지침이다.
② PNIO와 소속부처의 정책방향을 기초로 한 첩보수집 요구의 가장 기본적 지침으로 수집기관, 수집시기, 구체적인 수집사항을 명시한다.
③ 계속적이고 반복적이며 수집계획서를 작성하여 첩보수집명령을 내린다.
④ 첩보요구형식은 긴급한 사항이므로 구두를 원칙으로 한다.

26. EEI와 SRI에 대한 설명으로 적절하지 않은 것은?

① EEI는 사전에 반드시 첩보수집계획서를 작성한다.
② SRI는 단기적인 문제해결에 필요한 첩보요구이다.
③ EEI는 우선적으로 필요한 가장 기본적인 사항으로 첩보수집계획서의 핵심이다.
④ SRI는 계속적이고 반복적으로 요구된다.

27. 다음은 어떤 정책집행 단계에서의 정보의 역할인가?

미국은 9·11 테러 이후 테러와의 전쟁을 선포하고 북한에 대한 대륙간탄도미사일(ICBM) 위협에 대한 NIEs보고서를 바탕으로 악의 축(axis of evil) 국가를 지정하여 대외정책을 수립하였다.

① 문제확인
② 정책계획
③ 정책결정
④ 집행과 평가

28. 정보생산자와 정보소비자에 대한 비교로 적절하지 않은 것은?

① 정책생산자는 정보소비자가 요구하는 수준의 정보를 항상 수집할 수는 없다.
② 정보소비자는 현용정보보다 판단정보를 집중적으로 요구한다.
③ 정보소비자는 자신이 선호하는 정책대안을 지지하는 정보판단을 기대한다.
④ 정보생산자와 정보소지자는 상호간의 시각차를 인정하고 정보불신이나 정보의 정치화를 경계해야 한다.

29. 정보생산자와 정보소비자의 제한요인으로 적절한 것은?

① 정책결정자의 시간적 제약성, 정책결정자의 선호정보
② 정책결정자의 자존심, 편향적인 정보분석
③ 적시성의 문제, 적합성의 문제
④ 정보판단의 불명확성, 정보에 대한 과도한 기대

02 정답 및 해설

단원별 퀴즈 정답 및 해설

01. 생산자, 소비자

02. OIR, SRI

03. 국정원장, 정보및보안업무기획·조정규정 제4조 3항 참고

04. 행동주의, 로저 힐스만은 정책결정자에게 의미있는 이슈를 위해 자원을 동원 하여야 하며, 정보분석가들은 정책과정과 정보투입의 효과를 보다 철저히 연구해야 한다고 하였음.

05. 정보의 정치화, 미러이미지

06. X, 정보는 정책수립과정 뿐만 아니라 정책평가 시에는 따로 사용된다

07. X, 냉전 이후 대부분의 국가정보기구는 정부와 정책이 공생관계에 있으며 상호간에 밀접하게 연결 되어 있어야 한다고 주장하는 행동주의적 관점을 택하고 있다.

08. X, 미래 정보 분석의 트렌드는 전문가 뿐만 아니라 상식과 교양을 갖춘 비전문가 까지 참여시켜 정보 분석 시 균형감을 유지하고, 예상치 못한 새로운 측면을 발견하고자 노력하고 있다.

09. X, 국가 부문정보기관에서 작성하는 정보요구는 EEI이며 PNIO는 국가정보 기관이 작성하는 정보요구이다. OIR과 SRI는 정보소비자가 작성한다.

기출 및 유사문제 정답 및 해설

01. 답 2.

02. 답 2.. 첩보(information)임에 주목한다. OIR은 정보(intelligence)의 요구이다.

03. 답 3. 우리나라는 국정원장의 정보 및 보안업무에 대한 기획업무의 범위에 국가 기본정보정책의 수립, 국가 정보의 중·장기 판단, 국가정보목표 우선순위의 작성, 국가 보안방책의 수립, 정보예산의 편성, 정보 및 보안업무의 기본지침 수립이 있음. (정보및보안업무기획·조정규정 제4조)

04. 답 3. 정보보고서는 보안을 유지하여 꼭 필요한 배포선에만 배포되어야 한다.

05. 답 2. CIA는 기획 및 지시–수집–처리–분석 및 생산–배포의 5단계로 분류한다.

06. 답 4. SRI는 갑작스런 정세변화로 새로운 첩보수집 요구가 발생하는 것을 PNIO가 관장하기 어려운 부문을 보충하는 기능을 수행한다.

07. 답 1. ②은 M. Herman ③는 M. Lowenthal ④는 B. Berkowitz 의 주장이다

08. 답 1. ②은 OIR→SRI로 구체화 ③ PNIO ④ SRI

09. 답 4.

10. 답 4. 셔먼켄트와 마크로웬탈은 정보와 정책이 일정한 거리를 유지하는 전통주의적 시각이고 Roger Hilsman이 행동주의 학자이다.

11. 답 2.

12. 답 3. 정보소비자의 이슈이다.

13. 답 1. 셔먼 켄트(Sherman Kent, 1903~1986)는 정보는 정책결정을 안내하기 위해 필요한 만큼 밀접해야 하나, 판단의 독립성을 보장하기 위해서 충분히 거리를 유지해야 한다고 주장함.

14. 답 3. SRI에 대한 내용이다.

15. 답 1. 선취권의 잠식은 기존의 정보활동 우선순위를 무시함으로서 국가정보 활동의 균형을 상실 하게 하여 정보활동에 악영향을 끼친다. 미션 크립(Mission Creep)은 임무일탈로 초기성공 이후에 원래 목표를 넘어서 임무나 프로젝트를 계속 확장하는 것으로 최종적으로 재앙에 가까운 실패를 겪고서야 중지되는 바람직하지 못한 현상으로 간주된다. 1993년 소말리아 전쟁 당시 UN의 평화유지 임무가 변질되어 미군이 직접 전투에 참가한 모가디슈 전투에 대한 비판으로 워싱턴포스트와 뉴욕타임즈 기사에 실린 mission creep에서 처음 등장하였다.

16. 답 3. 처리 및 탐색 단계의 이슈이다.

17. 답 4. 직접압력(direct pressure)은 정보선진국에서 흔하지 않은 형태이고, 체리피킹(cherry–picking)은 정책결정자의 선호도에 따른 취사선택, 질문던지기(question asking)는 정책결정자가 특정질문을 반복하여 분석관에게 제기하는 간접적인 방식이다.

18. 답 4. 정보의 정치화는 정보실패의 외적요인이다.

19. 답 2. 무역협정, 군축협정, 외교조약 등의 준수여부 확인 및 검증하기 위한 정확한 정보를 제공은 집행과 평가과정에서의 정보의 역할이다. 계획단계는 정책의 정책수립 시 내부조직의 인력, 예산, 조직의 역량, 주변국 반응 등을 파악하고 조정의 필요성이 있는지에 정책수립의 제약성과 한계, 문제점 등에 대한 판단의 근거를 제공한다.

20. 답 1. 적국 및 가상적국의 군사력, 정보력, 기술력 등 위협분석 및 평가하고 조기 경보를 통해 드러난 문제점을 분석 및 지원하는 것은 문제확인 과정이다.

21. 답 3. 근대에는 군사기술발전과 더불어 군사 분야에 최초로 정보기구가 설립되었다.

22. 답 2. 기피인물은 대사나 공사 등의 외교사절을 접수국의 정부가 어떤 이유로 받아들이기 어려울 때 이유를 밝히지 않고 선언할 수 있는 것이다.

23. 답 4. 정보의 순환은 정보생산의 여러 단계가 유기적으로 조직되어 상호보충 작용에 의해 형성된다. 정보순환과정은 각 단계가 순환적으로 처리되는 과정을 말하며 전단계가 연속적으로 이루어지며 전단계가 동시에 발생 할 수도 있다.

24. 답 4. SRI는 OIR에 의해 기간을 정해 특별한 시점에 첩보수집을 지시하는 것이다.

25. 답 4. EEI는 전체적인 의미를 가진 계속적이고 반복적으로 수집해야할 내용이므로 사전계획서에 의해 서면으로 요구한다.

26. 답 4. EEI에 대한 설명이다.

27. 답 3. 미래상황의 예측에 대한 판단을 제공하는 것은 정책결정이다.

28. 답 2. 정보소비자는 장기적인 판단정보보다 현용정보를 요구하나 정보생산자는 향후 정보소비자가 관심을 가져야 할 정책분야에 대한 충분한 사전정보를 제공하여 새로운 정책수립이나 기존 정책의 조정에 대한 판단에 기여해야 한다.

29. 답 4. 정보판단의 불명확성은 정보생산자의 제한요인이고 정보에 대한 과도한 기대는 정보소비자의 제한요인이다. ①은 정보소비자, ② 정보소비자, 정보생산자, ③ 정보생산자의 제한요인이다.

03

첩보수집

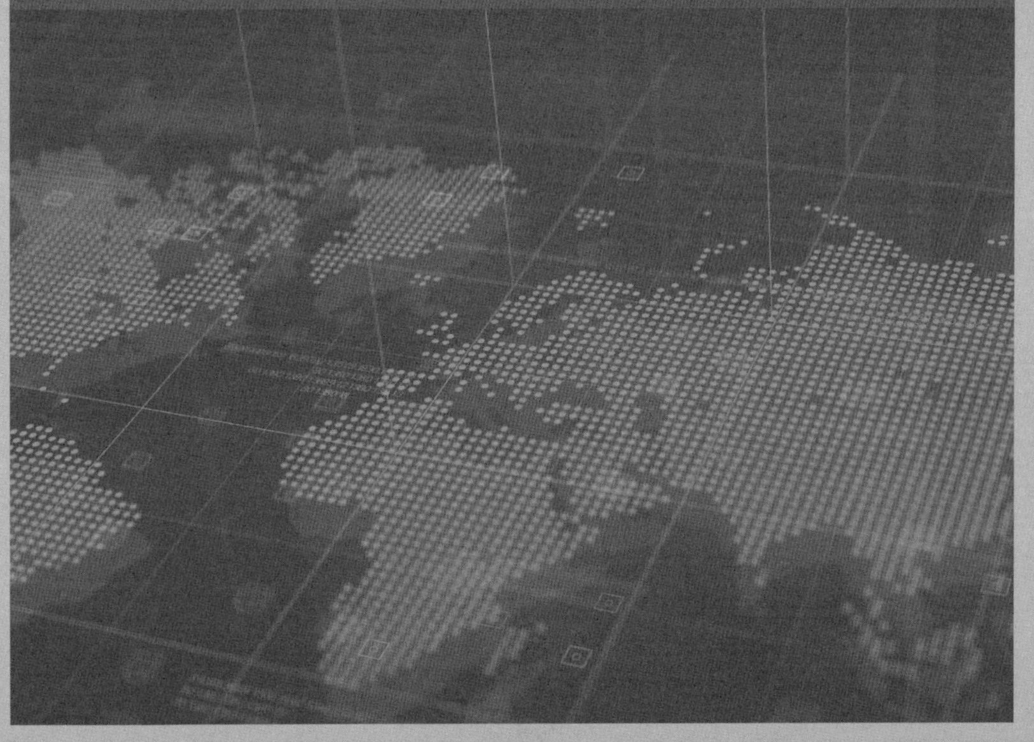

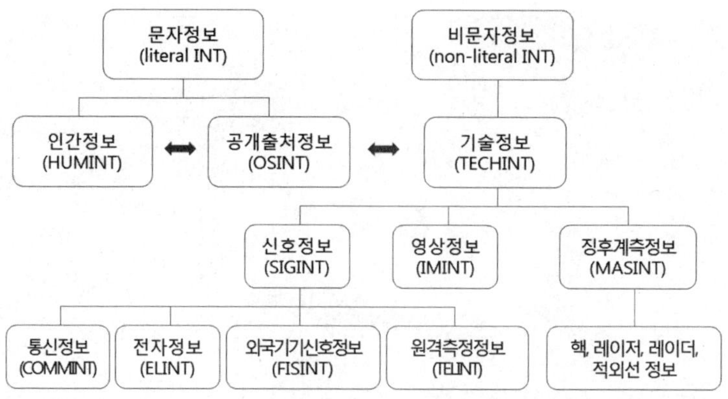

〈 수집출처에 따른 정보의 분류 〉

01 인간정보(HUMINT, Human Intelligence)

01 인간정보 활동의 기원

(1) 인간정보의 역사

- 인간정보 수집은 가장 고전적인 첩보수집 유형으로 인류의 탄생과 더불어 시작되었으며 왕권강화, 국가안보를 위해 정보활동이 본격화 됨.
- 기원전(BC) 2000년 경 고대 이집트의 신성문자(돌이나 나무에 새긴 상형문자, Egyptian hieroglyphs)에 바눔의 정보활동이 기록되어 있음.
- 구약성서 민수기 13장에는 BC 1400년 경, 모세가 가나안 땅을 정복하기 위해 12부족장을 선발하여 적정을 수집하였고 여호수아는 여리고 지방 공격시 지형과 성에 관련한 정보를 수집하여 첩보활동과 정보판단(분석)의 중요성을 강조함.
- 트로이 전쟁(BC 1200년경)은 10년째 지지부진 하던 전쟁을 그리스 연합군 (아가멤논, 오디세우스, 아킬레우스 등)이 철수하는 척하며 트로이 목마를 성안으로 들여 트로이군을 섬멸한 기만 공작의 사례임.
- 중국 고대의 손자병법에는 첩보기관이 적의 동태를 살피는 방법으로 먼지가 원통모양으로 높이 피어오르면 전차가, 낮고 넓게 퍼지면 보병이 가까이 오고 있는 것이고 새들이 진지 위로 모여들면 비어있는 곳이라 하였음.
- BC. 356~223 알렉산더 대왕, 군내 서신검열을 통한 방첩, 외국 방문자 조사를 통한 정보를 수집함.

- 13세기 몽고의 유럽정벌(1162~1227) 당시 징키스칸은 상인으로 위장한 선발대로 적정을 탐지하고 공포와 회유에 기반한 선전공작활동을 병행함. ("저항하면 모두 죽인다. 항복하면 백성으로 받아들인다.")
- 고구려 장수왕의 첩자인 도림이 백제의 개로왕을 바둑으로 현혹하여 왕궁 확장과 한강 제방쌓기 등 무리한 토목공사를 일으켜 국력을 소모시킴.
- 고려시대는 문화, 농업품종, 산업기술 정보를 수집함.
- 조선시대는 해외정보 수집에는 사신, 통신사, 통사(통역관), 압송관, 조선 관리로 임명한 여진인, 포로, 귀화인, 도피자 등을 활용했다면 국내정보 수집은 암행어사, 보부상을 활용함.

(2) 중국의 손자병법(孫子兵法, BC 600년경)

(가) 손자병법 모공편(謀攻篇)은 정보의 중요성 강조함.

- 故上兵伐謀, 其次伐交, 其次伐兵, 其下攻城.
  (고상병벌모, 기차벌교, 기차벌병, 기하공성)
  최상의 병법은 적의 책모를 벌초하여 적의 의도를 봉쇄하는 것이고 차선은 적의 외교를 봉쇄하는 것이며 그 다음 차선은 적의 군대를 직접 공격하여 봉쇄하는 것으로 최하의 방법은 적의 성을 공격하여 아군의 피해가 발생하는 것임.
- 知彼知己, 百戰不殆, 不知彼而知己, 一勝一負, 不知彼不知己, 每戰必殆
  (지피지기, 백전불태, 부지피이지기, 일승일부, 부지피부지기, 매전필태)
  적을 알고 나를 알면 백번 싸워도 위태롭지 않음. 적의 상황을 모르고 나의 상황만 알고 있다면 한번은 승리하고 한번은 패배함. 적의 상황을 모르고 나의 상황도 모르면 매번 전쟁을 할 때마다 필히 위태로워짐.

(나) 손자병법 용간편(用間篇)은 첩자를 5가지로 분류하여 설명함.

- 향간(鄕間): 대상국의 국민을 스파이로 활용하는 것으로 수집목표가 위치한 지역에 장기간 거주하며 그 지역 실정에 밝은 사람이 첩보원으로 기용되어 첩보수집 및 비밀공작을 전개함.
- 내간(內間)은 대상국의 관리를 스파이로 활용함.
- 반간(反間)은 대상국의 스파이를 생포, 설득하여 이중스파이로 활용하는 것으로 가장 중요한 간자로 간주되며 다른 간자 활용의 토대가 됨.
- 사간(死間)은 적을 기만, 선동, 폭동을 일으키기 위해 거짓정보를 제공할 목적으로 파견되는 것으로, 공작원은 자신이 지득한 정보가 진실이라고 믿고 적진에 전파하다 적에 붙잡혀 살해됨.

• 생간(生間)은 대상국에 파견되어 정보활동을 한 후 복귀하여 보고하는 스파이로 오늘날 대부분의 정보원 임.

더 알아보기

손자병법 용간편에 나타난 반간(反間)의 중요성

• 적인데도 아군 측에 와있는 간첩을 반드시 찾아내어 회유하고 유도하여 적국으로 돌려보냄으로서 반간을 얻어 활용할 수 있는데 이로 인해 적의 내부사정을 알게 되어 향간과 내간도 부릴 수 있게 됨.

• 이들을 통해 적의 상황을 알 수 있으므로 사간은 거짓된 일들을 만들어 적에게 전할 수도 있고 생간에게 기일을 정해 보고하게 할 수도 있음.

• 다섯 유형의 간첩에 관한 일은 군주라면 반드시 알고 있어야 하고 그것을 알아내는 데는 필히 반간에게 달려있으므로 반간은 후히 대하지 않으면 안됨.

(3) 36계

(가) 승전계(勝戰計, 제1계~제6계)는 전쟁에서 이길 때 적을 압도하는 계략임.

• 제1계 만천과해(瞞天過海)는 하늘을 가리고 바다를 건너는 것으로 상대의 시야에서 벗어난다는 것임.

• 제2계 위위구조(圍魏救趙)는 위나라를 포위하여 조나라를 구하는 것으로 적을 공격하는 것은 분산시키느니만 못하고, 공개적으로 공격하는 것은 비밀리에 공격하느니만 못하다는 것임.

• 제3계 차도살인(借刀殺人)은 남의 칼을 빌어 사람을 죽이는 것으로 직접 싸우지 말고 타인을 이용하는 것임.

• 제4계 이일대로(以逸待勞)는 잘 쉬고 지친 적과 싸우는 것으로 상대가 공격하다 지칠 때를 기다리는 것임.

• 제5계 진화타겁(趁火打劫)은 불이 난 틈에 때려잡는다는 것으로 적이 중대한 위기에 처해 있을 때, 그 기회를 이용하여 적을 패배시키는 것임.

• 제6계 성동격서(聲東擊西)는 소리는 동쪽에 내고 서쪽을 때린다는 것으로 적을 교란하여 통제 불능의 상태를 노려 공격하는 것임.

(나) 적전계(敵戰計, 제7계~제12계)는 전쟁에서 아군과 적군의 세력이 비슷할 때 묘한 계략으로 적군을 무너뜨리는 계략임.

• 제7계 무중생유(無中生有)는 무에서 유를 창조하는 것으로 기만하면서 기만하지 않는 것처럼 보이게 하여 적을 혼란에 빠트리는 것임.

- 제8계 암도진창(暗渡陳倉)은 한고조가 은밀히 진창으로 진군하여 항우의 기선을 제압하고 한나라를 세운 것으로 적을 제어하기 위해 행동을 고의로 노출시키고 기습공격을 통해 주도권을 장악하는 것임.
- 제9계 격안관화(隔岸觀火)는 강 건너 불보듯 하는 것으로 적의 내부에 심각한 내분이 발생했을 때, 조용히 그 혼란이 극에 달하기를 기다리는 것임.
- 제10계 소리장도(笑裏藏刀)는 웃음 속에 칼날을 품는 것으로 적으로 하여금 우릴 믿게 안심시킨 후 비밀리에 일을 도모하는 것임.
- 제11계 이대도강(李代桃畺)은 오얏나무가 복숭아나무 대신에 말라죽는 것으로 작은 것을 희생시켜 전체의 이로움을 구하는 것임.
- 제12계 순수견양(順手牽羊)은 기회를 틈타 양을 슬쩍 끌고 가는 것으로 적의 미세한 틈이라도 반드시 장악하여 조그만 이익이라도 반드시 취하는 것임.

(다) 공전계(攻戰計, 제13계~제18계)는 전쟁에서 자신을 알고 적을 안 다음 적을 공격할 때 사용하는 계략임.

- 제13계 타초경사(打草驚蛇)는 풀을 때려 뱀을 놀라게 하는 것으로 적에게 어떤 의심이 생기면 반드시 가서 살펴본 후에 행동한다는 것임.
- 제14계 차시환혼(借尸還魂)은 죽은 사람의 영혼이 다른 사람의 시체를 빌려 부활하는 것으로 이용할 수 없는 것이라도 이용해서 원하는 바를 하는 것임.
- 제15계 조호이산(調虎離山)은 범을 산 속에서 유인해내는 것으로 자연조건이 적에게 불리해지기를 기다리고 기만으로 그를 유혹하는 것임.
- 제16계 욕금고종(欲擒故縱)은 큰 것을 얻기 위해 작은 것을 풀어주는 것으로 적을 지나치게 몰아 세우면 적이 도리어 맹렬하게 반격할 수 있으니 공격을 지연시켜 적 스스로 자멸하게 만드는 것임.
- 제17계 포전인옥(拋塼引玉)은 돌을 던져서 구슬을 얻는 것으로 지극히 유사한 것으로 적을 미혹시킨 다음 공격하는 것임.
- 제18계 금적금왕(擒賊擒王)은 적을 잡으려면 우두머리부터 잡는 것으로 적의 주력을 궤멸시키고, 그 괴수를 사로잡아 적을 와해시키는 것임.

(라) 혼전계(混戰計, 제19계~제24계)는 전쟁에서 적이 혼란할 때 사용하는 계략임.

- 제19계 부저추신(釜低抽薪)은 가마솥 밑에서 장작을 꺼내는 것으로 강한 적을 만났을 때는 정면으로 공격하지 말고 가장 약한 곳을 찾아내 공략하는 것임.
- 제20계 혼수모어(混水摸魚)는 물을 휘저어 탁하게 만들고 고기를 잡는 것으로 적을 혼란에 빠트린 뒤 핵심인물을 제거하는 등 공격하는 것임.

- 제21계 금선탈각(金蟬脫殼)은 매미가 허물을 벗듯 감쪽같이 몸을 빼 도망하는 것으로 진지를 보존하고 군대가 여전히 주둔하고 있는 것처럼 하여 상황을 모면하는 것임.
- 제22계 관문착적(關門捉賊)은 문을 잠그고 도적을 잡는 것으로 적을 포위하여 적을 섬멸하라는 것임.
- 제23계 원교근공(遠交近攻)은 먼 나라와 친교를 맺고 가까운 나라를 공격하는 것으로 멀리 있는 적보다는 가까이에 있는 적을 공격하는 편이 유리하다는 것임.
- 제24계 가도멸괵(假途滅虢)은 길을 빌려 괵나라를 멸하는 것으로 두 개의 강대국 틈에 끼인 소국이 적의 위협을 받게 되면 즉시 군대를 보내 구해줌으로써 영향력을 확대시키는 것임.

(마) 병전계(并戰計, 25계~30계)는 전쟁에서 적을 밀어낼 때 사용하는 계략임.

- 제25계 투량환주(偸梁換柱)로 대들보를 빼돌려 기둥으로 바꾸어 넣은 것으로 주력부대를 빼내어 스스로 붕괴하기를 기다려 그 틈을 타 적을 공격하는 것임.
- 제26계 지상매괴(指桑罵槐)는 뽕나무를 가리키며 회화나무를 욕하는 것으로 강한 자가 약한 자를 굴복시킬 때 우회적인 방법으로 경고하여 회유하는 것임.
- 제27계 가치부전(假痴不癲)은 어리석은 척하되 미치지는 않는다는 것으로 무지한 척 가장하되 총명한 척하며 경거망동하지 말라는 것임.
- 제28계 상옥추제(上屋抽梯)는 지붕 위에 유인한 뒤 사다리를 치우는 것으로 고의로 약점을 노출시켜 적을 우리 진영 안으로 들어오게 하는 것임.
- 제29계 수상개화(樹上開花)는 나무에 꽃을 피게 한다는 것으로 일부러 세력을 크게 부풀려 적을 물러나게 하는 것임.
- 제30계 반객위주(反客爲主)는 손님이 도리어 주인 노릇 한다는 것으로 기회를 엿보아 발을 들여놓고 관건을 파악하여 차츰차츰 영향력을 확대하면 마침내 주도권을 장악하는 것임.

(바) 패전계(敗戰計, 31계~36계)는 전쟁에서 지고 있을 때 사용하는 계략임.

- 제31계 미인계(美人計)는 미녀를 이용하여 적을 대하는 계략으로 아름다운 여인의 색정을 이용하여 전투의지를 잃게 하는 것임.
- 제32계 공성계(空城計)는 빈 성으로 유인해 미궁에 빠뜨리는 것으로 아군의 군대가 열세일 때 오히려 방어하지 않는 것처럼 보이게 하여 적을 의심하게 하고 혼란에 빠뜨리는 것임.
- 제33계 반간계(反間計)는 적의 첩자를 이용하는 것으로 적의 첩자를 역이용하여 아무런 손실 없이 적을 물리치는 것임.

- 제34계 고육계(苦肉計)는 자신의 희생해 적을 안심시키는 것으로 자신의 몸을 상하게 하여 적의 신임을 얻어내는 것임.
- 제35계 연환계(蓮環計)는 여러 계책을 연결하는 것으로 적의 병력이 강할 때는 무모하게 공격하지 않고 다양한 계책을 계속 사용하여 적의 내부를 교란시키고 그 세력을 약화시킨다는 것임.
- 제36계 주위상계(走爲上計)는 도망치는 것도 뛰어난 전략으로 강한 적과 싸울 때는 퇴각하여 다시 공격할 기회를 기다리는 것도 허물이 되지 않는다는 것임.

02 암호(Cryptograph)체계의 발전

- 암호는 통신 내용을 감추기 위해서 사용하는 말이나 기술로 첩보수집 지시와 더불어 수집된 첩보를 안전하게 전달하기 위한 방법으로 암호 체계가 발전함.
- 문헌상 인류 최초의 암호는 스키탈레(Skytale)로 BC 5세기경 스파르타에서는 일정한 너비의 종이테이프를 원통에 감아 테이프 위에 통신문을 기입하여 원시적인 형태의 군사용 암호를 통신수단으로 사용함.
- 그리스의 극작가 폴리비우스(Polybius, BC 200~118)는 아라비아 숫자와 로마자(라틴문자, 영자, 알파벳)를 조합하는 방법을 활용하여 획기적인 암호체계를 고안하였고 이후 수천년에 걸쳐 활용됨.
- BC 1세기경 로마의 시저(Julius Caesar)는 키케로(Cicero) 또는 그의 친구들 에게 알파벳의 배열순서를 2글자 건너 3번째에 위치한 문자로 바꾸는 방식으로 암호편지를 교환함.
- 중세 아랍지역에서는 아라비아 문자의 언어구조의 특성을 활용하여 암호 해독술을 보다 심층적으로 연구함.
- 19세기 미국의 남북전쟁 때 조지 워싱턴의 북군은 메시지를 사라지게 한 후 이를 재현하는 보이지 않는 잉크(Sympathetic Stain)를 사용하여 연락을 주고 받음.

더 알아보기

스파르타의 스키탈레(skytale)

- 스키탈레 또는 스키테일은 파피루스나 가죽, 양피지 등의 얇은 줄로 둘러 싼 길고 얇은 봉으로 감긴 줄에 메시지를 적고 이 끈을 풀어 이를 전령이 전달함.
- 스파르타인들은 주로 벨트 대신 이 줄을 맸으며 이 끈은 오로지 같은 크기의 봉에 감아야 원래 적힌 문자를 알아볼 수 있었음.

03 인간정보의 특성

(1) 인간정보 활동의 수단

- 인간정보는 사람을 정보수집의 기지로 이용하여 정보를 수집하는 것으로 정보원이나 공작원 등은 정식 고용된 직원 보다는 임시직이나 계약직임.
- 공작원은 계약을 통해 활동하고 대가(실경비 및 인센티브)를 지불하며 협조자는 자발적으로 협조하고 대가를 지불하지 않으나 필요시 실경비를 지급할 수 있음.
- 협조자는 배후조종 및 이중간첩의 가능성이 있으며 망명자와 체제이탈자, 이민자 등을 활용한 정보원이나 공작원은 신뢰성 검토가 반드시 필요함.

(2) 인간정보의 수집단계

- 1단계는 출처개척으로 정보를 알고 있는 유력한 정보원을 포섭하는 과정임.
- 2단계는 수집활동으로 비공식적 대화, 면담, 도청, 감시, 추적, 사진촬영을 통해 정보를 수집하는 과정임.
- 3단계는 첩보전달로 수집한 첩보를 공식적, 비공식적 연락수단을 활용하여 보고하는 과정임.

(3) 스파이 획득주기

- 1단계는 목표확정으로 원하는 정보에 접근이 가능한 인물을 확인함.
- 2단계는 평가로 고용 시 의구심과 약점을 평가하고 확신함.
- 3단계는 고용으로 돈, 자국에 대한 불만 활용, 위협, 협박 등의 수단으로 정보원과 관계를 설정함.
- 4단계는 관리로 고용한 정보원을 잘 관리하는 단계로서 지속적 모니터링을 실시함.
- 5단계는 고용종료로 정보원에 대한 불신, 목표 정보에 대한 접근권 상실, 정보수요의 변경 등의 이유로 고용을 종료함.

(4) 연락수단의 분류

- 정상선(normal line)은 정상적 상태의 일반적 연락수단임.
- 보조선(supplementary line)은 정상선을 보조하는 연락수단으로 정상선 사용이 어렵거나 노출을 최소화하기 위해 사용빈도를 줄이고자 할 때 사용함.
- 예비선(reserve line)은 정상선이나 보조선의 사용이 어려운 임시적으로 사용하는 연락수단임.
- 비상선(emergency line)은 공작망이 위험에 처했을 때 이를 알리기 위해 사용하는 비상적인 연락수단임.

(5) 정보관의 분류

(가) 공직가장 정보관(Official Cover)

- KGB에 의해 백색정보관(legal officer) 또는 백색까마귀(white crow)라 불리며 외교관 등 해외 공직 직함을 가진 정부 관료로서 임무를 수행함.
- 장점은 외교적 면책특권이 있으며 주재국 정부관리나 다른 외교관과의 접촉과 통신, 활동비 수령 등 행정편의 지원이 용이하고 일상적인 활동을 통해 정보원천에 자연스럽게 접근이 가능함.
- 단점은 주재국의 집중적 방첩대상이 되어 쉽게 신분 발각의 위험이 있고 외교관 신분으로 근무처 내에서 지휘 통솔이 힘들며 외교 단절로 정보공작이나 네트워크가 소멸되면 정보원천의 큰 손실이 발생함.

(나) 비공직가장 정보관(Non-official Cover)

- KGB에 의해 흑색정보관(illegal officer) 또는 흑색까마귀(black crow)라 불리며 상사주재원, 신문기자, 여행자, 선교사, 무역대표부 직원, 학술회의 참석자 등으로 임무 수행을 함.
- 장점은 다양하고 광범위한 정보출처에 접촉 가능하고 파견된 국가의 시민과 같은 역할을 할 수 있으며 신분 은폐가 용이하고 외교 관계가 단절되어도 계속 주재 가능하나 외교관처럼 법적 보호를 받지 못하여 신분상 위험이 수반됨.
- 단점은 정보소통 및 경비 · 행정지원이 어렵고 정보수집보다 은폐활동 시간이 더 많이 소요될 수 있음.

더 알아보기

NOC(비공직가장)와 OC(공직가장)의 구분

- NOC(nonofficial cover, 비공직가장, 비공직정보관, 비공식정보관, 흑색정보관, black crow)와 OC(official cover, 공직가장, 공직정보관, 공식정보관, 백색정보관, white crow)는 모두 신분을 가장(cover)하는 점에서 같음.
- 가장의 수단이 비공식적(상사원, 기자, 선교사 등) 즉 공직이 아닌 사기업 이나 개인신분인 경우 NOC 이고, 공식적으로 외교관 같은 공식직함 즉 공직(government work)과 관련된 공무원 신분이라면 OC 임.
- Illegal officer(비합법정보관)과 Legal office(합법정보관)의 경우 각각 NOC과 OC와 유사하나 엄밀히는 연락방식의 차이가 기준으로 정보관과 정보기관이 직접 연락하면 비합법이고 정보관이 대사관을 거쳐서 연락하면 합법임.

* 출처: Abram Shulsky and Gary Schmitt, Silent Warfare: understanding the world of intelligence

(6) 정보기구의 인적자산(정보원 또는 협조자)과 포섭방법

- 인적자산이란 상대국의 정보를 수집하여 제공해주는 현지의 정보 제공인으로 협조 내용에 대한 보안을 잘 유지할 수 있는지가 중요하나 법률적으로 협조 내용을 특정할 수 없어 통제가 어려움.
- 자국 정부를 반대하여 이념적인 문제로 협조하거나 금전 등 경제적 대가를 바라고 협조하거나 약점을 잡혀 협박을 받고 협조하거나 실제로 자신이 정보원으로 활용되고 있는지 모르고 정보를 제공하는 경우가 있음.
- 정보원 포섭방법에는 MICE 즉, Money(돈), Ideology(사상), Compromise (약점과 타협), Ego(자존심)을 활용할 수 있으며 특히 사상, 종교, 애국심과 같은 자연스런 공감대 형성을 통한 설득이 효과적임.

(7) 인간정보의 장단점

- 장점은 인간정보는 막대한 비용이 들지 않고 소규모 예산으로 운용 가능하며 기술정보의 사각지역에 투입 가능함.
- 단점은 정보출처에 직접 접근해야 하므로 적국의 방첩활동으로 발각되기 쉽고 발각 시 정보원의 신분위험과 정치적 문제가 발생함.
- 현재 추세는 기술정보에 대한 의존이 심화되고 있으나 인간정보의 중요성이나 수요가 감소한 것은 아니며 특히 미국, 러시아 등과 같이 첨단 기술정보 수집 수단을 보유하지 못한 나라는 인간정보에 의존할 수밖에 없음.

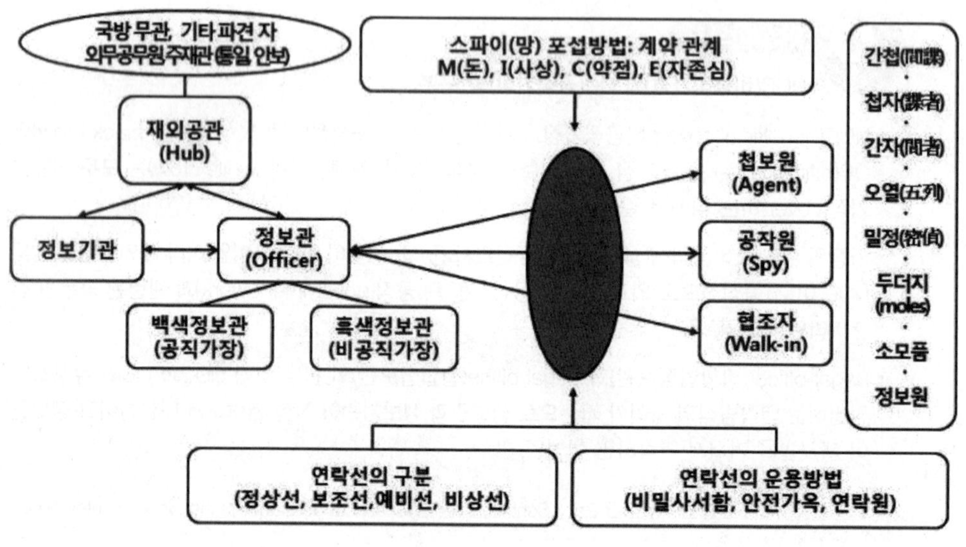

〈 인간정보의 개요 〉

(8) 인간정보의 사례

(가) 리하르트 조르게(Richard Sorge, 1895–1944)

- 조르게는 첩보사상 최고의 스파이로 불리며 러시아 태생으로 독일 베를린에서 교육을 받고 소련 군 정보기관인 GRU에 소속됨.
- 독일 신문의 특파원으로 가장하여 중국, 일본에서 첩보활동 전개하여 체포 직전 스탈린에게 소련 극동지역은 일본의 공격으로부터 안전할 것이라는 보고를 함.
- 소련이 주력을 분산시키지 않고 서부전선을 지켜내어 2차대전시 독일로부터 승리하는데 결정적 기여한 것으로 평가됨.

(나) 코논 몰로디(Konon Molody. 1922~1970) 또는 고든 론즈데일(Gordon Lonsdale)

- 론즈데일은 포틀랜드 스파이링(Portland Spy Ring)의 수장으로 모스크바 태생으로 미국에서 공부하다 공산주의의 이상향에 심취하여 소련으로 귀국함.
- 해군 정보부에서 일하다가 KGB 공작원으로 영국에서 슬롯머신 임대회사를 차리면서 스파이 조직을 꾸렸고 영국 해군의 기밀정보 등을 빼내다 적발됨.

(다) 레오폴드 트레퍼(Leopold Trepper, 1904~1982) 또는 레이바 돔(Leiba Domb)

- 트레퍼는 폴란드 태생 유대인으로 소련 GRU 소속으로 대 독일 스파이 조직인 Red Orchestra의 수장으로 활약했음.
- 1939년부터 유럽에서 유령 민간업체를 설립하여 광범위한 정보를 수집하고 독일의 소련 공격 시점을 포함하여 독일군의 병력배치 및 작전계획 등 동향을 파악하여 스탈린에게 전달함.
- 독일 방첩조직에 체포되고 소련으로 탈출하였으나 당국의 의심을 사서 10년간 복역 후 시오니스트로 전향하여 레이바 돔으로 불리는 유대인 지도자로 활동함.

(라) 엘리 코헨(Elie Cohen, 1924–1965)

- 엘리 코헨은 이집트 태생의 유대인으로 모사드에서 근무하다 아랍 사업가로 신분을 세탁하여 시리아 출신의 국외 추방자와 친밀한 관계를 맺은 후 시리아 최고 지배 권력층에 침투함.
- 전직 대통령 밀사 역할까지 담당했고 시리아 정부 내각에서 관료로 지명될 정도의 위치까지 올라갔음.
- 골란고원의 전략적 요새를 촬영한 지도를 보고하여 3차 중동전쟁(6일전쟁) 승리의 결정적 기여를 함.

(마) 슐라 코헨(Shula Cohen, 1917~2017) 또는 Shulamit Kishik-Cohen, Shulamit Cohen-Kishik)

- 슐라 코헨은 암호명 진주(Pearl)인 중동의 마타하리로 불리는 이스라엘의 모사드 소속 여성 첩보원으로 지역의 유대인 공동체에서 일하면서 레바논 등 아랍국가의 유대인을 이스라엘로 밀입국 시키는 일을 담당함.
- 1947년부터 1961년까지 레바논과 시리아로부터 정보를 수집했으며 1차 중동 전쟁(1948년) 초기에는 레바논 군사활동 정보를 하가나 본부에 전달함.
- 슐라미트 코헨 키사크, 슐라미트 키사크 코헨 모두 동일 인물이며 7명의 자녀가 있는 유대인 주부로 그의 아들은 이집트 주재 이스라엘 대사이기도 하였음.

(바) 권터 기욤(Guneter Guillaume, 1927–1995)

- 기욤은 동독 슈타지 해외담당 기관인 HVA소속 정보관인 파울 라우퍼(Paul Lauper)에게 발탁되어 스파이 교육을 받고 망명자로 가장함.
- 서독에서 활동하며 빌리브란트 수상의 최측근 비서로 일했으며 동독에 여러 기밀문서를 제공하였고 브란트는 기욤이 스파이인 사실에 충격을 받고 사임함.

(사) 안나 채프먼(Anna Chapman, 1982~)

- 러시아 해외정보부(SVR) 요원으로 미국에서 신분 위장 하에 스파이 활동을 해오다 2010년 6월 FBI에 적발됨.
- 러시아 스파이들의 신분세탁·비밀연락 기법 등이 알려지게 된 계기가 되었고 미국과 러시아의 스파이 교환으로 석방되어 러시아로 송환됨.

(아) 케임브리지 5인방(Cambridge Spy Ring 또는 Magnificent Five 또는 Cambridge Five)

- 케임브리지 5인방은 2차대전부터 1950년대 초까지 소련에 기밀정보를 유출한 영국의 케임브리지 대학 출신의 스파이들인 킴 필비(MI6), 가이 버지스(MI6), 안소니 블런트(MI5), 도널드 매클린(외무부), 존 케른크로스(GCHQ) 임.
- 반미 세계혁명을 위한 사명감으로 스파이가 되고자 했고 영국 방첩기관의 감시 대상자와 감시 방법까지 모두 KGB에 보고 함.

(자) 로젠버그 부부(Julius Rosenberg, 1918~1953 / Ethel Greenglass Rosenberg, 1915–1953)

- 로젠버그 부부는 미국의 공산주의자로 미국과 영국이 주축이 된 인류 최초의 핵무기 개발계획인 맨하튼 프로젝트(Manhattan Project)의 정보를 소련에 넘김.
- 단기간에 소련이 핵무기 개발을 하는데 기여했으며 미국 역사상 처음으로 스파이 혐의로 사형을 받은 민간인이기도 함.

(차) 알드리치 에임스(Aldrich Ames, 1941~)

- 에임스는 CIA 분석관으로 1989년부터 수백만달러의 공작금을 받고 소련에서 활동하며 미국 측 이중간첩 명단 등을 소련에 넘김.

- 세계2차대전 이후 최대의 스파이 사건으로 CIA 비밀요원 10여명의 사망과 200건 이상의 비밀공작 와해 등 엄청난 피해를 끼쳤으며 FBI와도 책임소재를 놓고 공방을 벌인 계기가 됨.

(카) 로버트 한센(Robert Hanssen, 1955~)

- FBI 방첩관으로 25년간 근무하면서 1985년부터 15년간 러시아에 미국의 주요기밀을 누설함.
- 워싱턴 주재 소련 대사관 내부에 도청 장치, 위기 시 미국 최고 지도자들의 은신처, 소련의 미사일 전력에 대한 미국의 평가와 같은 1급 정보를 수백만 달러에 팔아 넘김.

(타) 조너선 폴라드(Jonathan Pollard, 1954~)

- 미국에서 태어난 유태인으로 해군 정보부 분석관으로 근무하면서 미국의 원자력 관련 비밀과 군사기밀을 훔쳐 이스라엘에 제공함.
- 수만건의 1급 기밀정보를 이스라엘에 전한 혐의로 체포되었다가 2015년 석방되었으며 이스라엘의 정보조직인 라캄(LAKAM) 해체의 계기가 됨.

(파) 제프리 들라일(Jeffrey Delisle, 1971~)

- 캐나다 해군정보장교로 근무하다 2007년 7월 캐나다 주재 러시아 대사관을 찾아가 자발적 스파이 활동의사를 표명(Walk-in)함.
- 2012년 1월 체포될 때까지 금전적 보상을 받고 스톤 고스트(STONE GHOST, 애슐론과 유사한 미국 DIA의 영미권 군사 SIGINT 프로그램) 접근권 등을 러시아에 제공함.

02 공개출처정보(OSINT, Open Source Intelligence)

01 공개출처정보의 특성과 가치

- OSINT는 공개적이고 은밀하지 않으며 비밀이 아닌 수단으로 수집한 첩보로 누구나 요청, 구매하여 합법적으로 수집 가능한 정보임.
- 공개출처 정보는 비밀정보 수집을 위한 수집요구 계획 수립 전 전반적이고 개괄적인 정보수집 임무를 선정하기 위한 기초 조사용으로 활용 가능함.
- 즉, 국가정보기관은 공개출처 첩보를 통해 밑그림을 찾아내고 그 내용을 확인할 수 있는 기관이어야지 스파이들의 모임이 되어서는 안됨.

- 공개출처 정보는 비밀출처 정보(인간정보, 기술정보)와 서로 대립되거나 모순되는 것이 아니라 비밀출처 정보를 보완하여 더 정확하고 신뢰성 있는 정보 생산 시 필요함.

02 공개출처의 종류

- 일간신문, 잡지, 라디오, 텔레비전, 인터넷과 같은 대중매체
- 정부보고서, 정부예산이나 국방백서 같은 공식적 자료, 청문회 회의록, 연설문, 국회 회의록, 기자회견 기록과 같은 공공자료
- 학회 발표자료, 심포지엄 출판물, 논문, 전문가의 글과 같은 전문적 · 학술적 자료

03 공개출처정보의 장단점

- 장점은 속도 및 접근성이 양호하고 정보수집 비용이 낮으며 퍼즐 놀이판 가장자리 채우기와 같은 기본적인 역할이 가능함.
- 단점은 언어적 문제(영어), 정보량의 과다 문제, 정보 질의 저하 문제, 출처의 불확실성(적국의 거짓정보일 가능성), 테러단체니 북한 같은 폐쇄적 집단은 공개출처 정보 수집이 불가능 하므로 인간정보나 기술정보 사용이 기본이 됨.

04 마크 로웬탈 및 NATO의 공개출처 첩보와 정보의 분류

(1) 공개출처 자료(Open Source Data, OSD)는 정리되지 않은 원재료(raw data)로 사진, 녹음테이프, 대화기록 등이 있음.

(2) 공개출처 첩보(Open Source Information, OSI)는 원재료를 편집하여 간단한 편집과정을 거쳐서 다시 정리되고 걸러내어 내용을 확인하여 발표하는 자료로 일간신문, 책, 방송, 잡지 등이 있음.

(3) 공개출처 정보(Open Source Intelligence, OSINT)

- 공개출처첩보가 처리 과정을 통해 전문 분석관에 의해 분석되어 특정정보 요청을 지원할 수 있는 정보 임.
- 비밀출처 정보와 융합되어 더 이상 공개출처 정보라고 할 수 없는 경우가 많아 공개출처 첩보와 정보를 엄격히 구분하는 것은 의미가 반감됨.

05 CIA의 공개정보 활동

- 미국 CIA의 정보보고서 가운데 약 40%가 공개출처 정보이고 미국 국방부의 보고서는 약 30%, 캐나다의 정보보고서는 약 80%가 공개출처 정보를 근거로 한 것이라고 함.
- 하지만 이 중 인터넷 출처는 OSINT활동의 중심이 아니며 미국 IC에서도 극히 일부분(3~5%)만 활용됨.
- 정보화 시대에 발맞추어 공개출처 정보를 신속하고 효과적으로 검색할 수 있도록 전문인력을 양성하고, 수직적 계층구조를 고수하기 보다는 수평적 네트워크 형태의 조직구조로 변화하는 노력도 필요함.
- 2005년 11월 CIA가 수집과 분석을 주관하는 공개정보센터가 설립되어 80여개 외국어 번역, 출처와 추세 및 언론 분석, 특별영상 및 지리공간 분석, 특정 문화 및 주제에 대한 전문지식 등을 제공함.

03 기술정보(TECHINT, Technical collection of Intelligence)

01 기술정보의 특징

- 정보의 기술적 수집으로 비문자적 첩보의 수집, 처리, 탐색하는 것으로 정보수집 기지(platform)가 사람이 아닌 첨단기술 장비인 정보로 인간의 소통에 이용되는 형식이 아닌 분석을 위한 특별한 자료처리 과정이 필요함.
- BC 1274경 카데시 전투(Battle of Kadesh, 레바논 근처)에서 이집트의 왕(파라오) 람세스 II 세가 정찰기구로 패권을 다투던 히타이트(Hittite, 현 터키지역) 군대를 관측한 것이 최초의 기술정보 활동으로 기록됨.
- 2번의 세계대전을 경험하면서 다양한 과학기술을 적용한 군사장비의 개발과 함께 신호정보를 비롯한 기술정보 활동도 비약적으로 발전하게 됨.

02 신호정보(SIGINT, Signals Intelligence)

(1) 신호정보의 특징

- 신호정보에는 각종 통신장비 및 전자장비에서 방출되는 전자기파(신호)를 감청하여 취득되는 정보로 통신정보(COMMINT), 전자정보(ELINT), 외국기기신호정보(FISINT), 원격측정정보(TELINT)가 있음.

- 기술정보 출처 중 가장 전통이 길지만, 암호전보나 방송은 암호해독 기술이 필요하며 세계2차대전 이래로 적 정보를 취득하는 가장 중요한 수단임.
- 최근 일반 전화선보다 도청이 어려운 광케이블을 사용하고 특히 테러리스트 조직은 발진 출력이 약한 장비를 사용하거나 감청을 우려하여 전화를 한번만 사용하고 폐기하므로 신호정보 수집이 어려워지고 있음.

(2) 신호정보의 종류

(가) 통신정보(Communication Intelligence, COMINT)

- 각종 유무선 통신장비를 운용하며 송수신 되는 내용 중 의미 있는 문구나 내용을 수집, 분석, 처리하여 생산된 정보, 주요 통신수단으로 음성, 모르스 부호, 무선텔렉스, 팩스가 있음.
- 대부분 무선통신을 감청하고 유선통신은 보통 암호화(encryption)되어 있어 발각 위험 때문에 꼭 필요한 경우가 아니면 하지 않으나 비용·기술적 문제로 평문 전송하는 경우도 있어 수집이 용이하기도 함.
- 영어권 국가의 비밀감청프로그램 애셜론(ECHELON)은 미국 국가안보국(NSA) 주도 하에 전세계 무선통신, 위성통신, 전화, 팩스, 이메일을 감청하고 있음.(2013년 에드워드 스노든의 폭로 사건)

(나) 전자정보(ELINT, Electronics Intelligence)

- 적의 통신장비 및 레이더와 같은 군사기기로부터 방출되는 전자파 신호를 추적, 분석해서 취득되는 정보로서 적국의 방공레이더, 지휘통제센터 등 주요 군사 시설에 대해 지속적인 감시 및 추적활동 전개가 가능함.
- 교신분석(traffic analysis, 통화량 분석) 또는 무선신호 발신지 추적기법에 활용 될 수 있는데 암호를 풀지 못해 통신내용을 파악할 수 없을 때 적국의 교신 패턴을 분석하여 유용한 정보를 생산할 수 있음.
- 예를 들면, 지휘본부와 예하부대 간 통화량이 갑자기 증가하면 주요 작전이 진행되고 있음을 예측, 지상의 해군기지와 잠수함간의 무선 교신량의 증가할 경우 잠수함 위치 추적 가능, 정보기관의 미행감시활동 시 증가하는 교신량을 바탕으로 회피활동이 가능함.

(다) 외국기기신호정보(FISINT, Foreign Instrumentation Signals Intelligence)

- 외국의 여러 기기 또는 하드웨어에서 발진되는 신호와 전자파, 컴퓨터 단말기에서 생산되는 무선원격제어 신호를 랜(LAN)을 통하여 획득하는 정보임.

- 무선원격제어 신호에 대한 원격측정(telemetry), 전파측정(beacontry), 그리고 이에 관련된 신호들의 수집과 처리에서 획득되는 기술적이고 정보적 첩보임.
- 외국기기신호정보를 과거에는 단순하게 전자정보(ELINT)라고 불렀으나 현재에는 대체로 FISINT라고 따로 분류함.

(라) 원격측정정보(TELINT, Telemetry Intelligence)

- 외국기기신호정보(FISINT, 외국장비에서 방출되는 신호를 포착하여 수집하는 정보)의 일종으로 미사일, 항공기가 지상기지로 보내는 일련의 신호를 측정하여 미사일, 위치, 속도, 엔진상태, 탄두중량 등을 파악하는 정보임.
- 통신정보와 달리 감청 대상이 사람의 대화가 아니고 시험 발사된 미사일과 지상 통제소 간의 교신이라는 점이 다름.
- 전자정보와 달리 특별히 접근이 곤란한 원거리이거나 위험성 있는 무기로부터 발진하는 전자신호를 원격 측정하는 것임.
- 과거 미국은 소련의 대륙간탄도미사일(ICBM)에 관한 원격측정정보를 취득하여 미사일 성능을 파악하였으나 시험 발사된 무기와 지상관측소의 교신은 암호화 되어 파악하기가 매우 어려움.

더 알아보기

미사일의 발사 및 궤적에 관련된 신호를 수집하는 것은 어떤 정보인가?

- 전자정보(ELINT)는 원격측정정보(TELINT)를 포함하며 ELINT 〉 FISINT 〉 TELINT의 관계로 모두 신호정보의 일종으로 엄밀히 TELINT가 정확하고 만약 TELINT가 없다면 FISINT나 ELINT도 정답이 될 수 있음.
- ELINT는 주로 유선이나 근거리의 통신장비 및 군사기기로부터 방출되는 전자파 신호를 추적, 분석해서 취득되는 정보이며 TELINT는 외국기기신호정보(FISINT, 외국장비에서 방출되는 신호를 포착하여 수집하는 정보)의 하위 부류로 미사일, 항공기가 지상기지로 보내는 일련의 신호(미사일 위치, 속도, 엔진상태) 정보임.
- TELINT는 COMINT와 거의 유사하지만 감청 대상이 사람간의 대화가 아니고 시험 발사된 미사일과 지상 통제소 간의 교신를 수집하는 것이 다른 점으로 ELINT가 기기에서 발진되는 전자파 신호를 수집하는 것인데 반해 특별히 접근이 곤란하거나 위험성이 있는 무기로부터 발진하는 전자신호를 원격측정하는 것을 말하기도 함.
- 과거에는 FISINT도 ELINT의 일종이었으나 지금은 따로 위와 같이 특성을 나누어 분류함.

(3) 신호정보 수집기지

(가) 인공위성

- 위성은 적국 레이더 및 유무선 통신, 타 위성의 송신정보 감청을 목표로 하여 전자정보를 수집하는데 중점을 두며 수집 성능은 안테나 크면 클수록 낮은 출력의 신호까지 감청이 가능함.

- 미국 NRO(국가정찰국)은 비용 절감 및 효과적인 임무수행을 위해 다양한 유형의 신호정보 위성을 통합하여 새로운 통합형 신호정보 위성을 개발 중임.
- 최초의 신호정보 위성은 팝피(POPPY, 1962~1971)로 소련지역에 설치된 레이더를 대상 목표로 하여 전자정보를 수집하였음.

(나) 정찰기

- 미국에서 주로 사용되는 정찰기는 RC-135(리벳조인트)로 일부 기종은 영상 정보까지 수집 가능하며 오늘날은 군사작전 외에 테러리즘, 마약 등 새로운 안보위협에 대비하여 활용 중임.
- 위성이나 지상기지 보다 기동성이 좋아 선박보다 광범위한 지역에서 신속하게 신호를 수집할 수 있는 장점이 있음.

(다) 지상기지

- 지상기지는 냉전기간 미국이 주로 소련과 동유럽 국가에 대한 감청을 목적으로 NSA의 주도하에 20여 개국 60개의 기지를 운용했으며 냉전 이후 기지수가 감소하였으나 여전히 유럽, 중남미, 아프리카, 아시아 등 전세계에 걸쳐서 신호정보 수집용 지상기지를 운용 중임.
- 주재국 대사관(국가외교, 의전)과 영사관(비자발급, 교민안전 실무) 내 신호정보 감청기지가 있으며 구축함이나 잠수함, 밴, 트럭에 특수장비를 갖추고 신호정보 수집도 가능함.

(4) 신호정보의 사례

- 세계1차대전 당시 독일 외무상 짐머만의 전신 전보를 영국이 감청하여 미국에 전달하여 미국이 세계1차대전에 참가하는 계기가 됨.
- 세계2차대전 당시 독일의 암호체계인 에니그마(Enigma)를 해독하기 위한 영국의 울트라(Ultra)와 미국의 인디고(Indigo), 일본의 암호체계 퍼플(Purple)을 해독하기 위한 미국의 매직(Magic), 냉전기간 소련의 암호해독을 위한 미국의 베노나(VENONA) 프로그램이 있음.
- 프랑스에는 앵글로-색슨계의 애셜론(ECHELON) 체계에 대응하는 독자 신호 정보 감시체계인 프렌첼론(Frenchelon)을 해외안보총국(DGSE)에서 담당함.

03 징후계측정보(MASINT, Measurement and Signature Intelligence)

(1) 징후계측정보의 특징

- 기술적으로 영상정보 및 신호정보로부터 파생된 정보로 감시대상지역에서 발생하는 통신신호 이외의 다양한 요소(핵 방사선, 적외선, 열 등)를 계측기기 등을 활용하여 수집하며 대상목표의 위치·이동·동향을 확인하고 묘사함.
- 적기에서 반사되는 레이더 신호, 레이저나 유도에너지 빔, 가시광선보다 파장이 긴 적외선, 핵폭발로 인한 동위원소 물질의 징후(Signature)를 포착·측정 ·계측하여 분석함.
- 징후계측용 감지장치로부터 나오는 신호나 징후자료에 대한 양적 및 질적 분석을 통해 획득되는 정보로서 적국 무기체계를 탐지하고 그 특징과 성능 등을 파악하는데 활용됨.
- 신호정보나 영상정보와 다른 유형(범주)의 정보로 종류는 매우 많지만 아직은 덜 발전된 정보 체계이며, 영상정보나 신호정보 출처보다 훨씬 더 기술적으로 성숙되어 생성되는 첩보자료로서 정보분석의 복잡하고 다양한 측면을 보여줌.
- 핵무기 등 대량살상무기의 확산을 감시할 수 있고, 화학무기의 생산공장에서 배출되는 가스와 폐기물을 확인할 수 있으나 미국 정책결정자들에게도 아직 영상정보나 신호정보보다 덜 친숙함.
- 미 국방성에서 1986년도 최초로 정보수집방법으로 인정하였고 1997년 담당 기구인 중앙징후계측정보실(Central MASINT Office)가 창설되었으며 국가영상지도국(NIMA)를 거쳐 현재는 국방정보국(DIA)에서 전담함.

(2) 징후계측정보의 종류

- 레이더정보(Radar Intelligence, RADINT), 핵정보(Nuclear Intelligence, NUCINT), 레이저정보(Laser Intelligence, LASINT), 적외선정보(Infrared Intelligence, IRINT), 화학 및 생물학정보(Chemical and Biological Intelligence, CBINT), 해저정보(Acoustic Intelligence, ACOUSTINT) 등이 있음.

04 영상정보(Imagery Intelligence, IMINT)

(1) 영상정보의 특징

(가) 영상정보의 장점

- 지상 또는 공중에서 영상획득 감지기를 사용하여 획득된 첩보를 분석하여 생산된 정보로서 시각적 사진, 레이더, 적외선, 레이저, 전자광학으로부터 생성됨.

- 영상정보는 정책결정자가 이해하기 쉽고 익숙하며, 정찰위성의 지구순회나 항공기의 항공시간 동안 계속해서 정보를 지상의 정보수집 기지에 직접 전송하므로 많은 양의 영상을 생산할 수 있음.
- 최근 촬영 영상은 필름회수 후 디지털화의 과정이 필요한 필름 방식이 아닌 전자광학 카메라를 이용하는 방식으로 전자파 형식으로 변환한 뒤 지상기지에 전송하므로 실시간에 가까운 영상을 얻을 수 있음.
- 초기에는 광학렌즈 카메라를 사용하여 야간이나 구름 낀 날은 제대로 된 영상을 얻기 힘들었으나 현재는 다중센서를 복합적으로 이용하여 레이더나 적외선을 활용하여 영상 촬영이 가능함.

(나) 영상정보의 단점

- 영상사진이 촬영된 후 최종분석이 이루어지기까지 상당한 시간이 지체되어 고정된 군사시설의 탐색은 상관없으나 이동표적의 경우 갑작스런 적의 공격을 탐지할 수 없음.
- 영상정보가 생생하고 압도적이라 전문적인 정보분석가도 다른 정보를 간과 하거나 오판할 수 있고 수집을 회피하기 위한 위장이나 모조품 활용 등이 가능하여 기만공작에 취약함.
- 영상정보는 엄밀하게 특정 순간에 특정구간의 스냅샷으로 영상을 찍기 전과 후에 무엇이 어떻게 전개되었는지에 대한 의미 전달이 없는 단점이 있음.

(2) 영상정보 수집 수단

(가) 유인 항공기

- U-2기는 1960년 소련의 영공 불법침범 후 격추된 정찰기로 주한미군에도 배치되어 20여㎞ 고공에서 휴전선을 따라 동서로 한번에 8~9시간씩 비행하며 북한군의 동향을 감시하고 있음.
- SR-71은 U-2의 후속기로 고고도로 마하3의 속도로 지속적인 비행이 가능하여 4차 중동전쟁 시 진가를 발휘되었으나 전략무기 감축 협정(SALT, Strategic Arms Limitation Talks)에 의해 폐기되어 현재 후속기를 연구 중임.

(나) 무인정찰기

- 글로벌 호크(RQ-4)는 고고도 장거리 비행이 가능하며 SIGINT와 IMINT 모두 수집 가능한 인공위성 급의 정찰기로 주한미군이 운용 중인 U-2기를 대체할 예정임.
- 2017년 12월 글로벌호크를 활용한 공군정보부대인 공군항공정보단(Air Intelligence Wing)이 창설되어 4기로 구성된 1개부대를 운용할 예정임.

- 스카우트(SCOUT), 헤론(Heron), 서처 II(Searcher Mk II System)는 모두, 이스라엘의 중고도 정찰기이며 하피(Harpy)는 이스라엘의 공격용 자폭 무인기로 모두 국내에 도입된 정찰기임.

(다) 정찰위성

- 스프트니크(Sputnik, 1957)는 세계최초의 인공위성 임.
- 익스플로러(Explorer, 1958)는 미국 최초의 인공위성 임.
- 코로나(Corona, 1959)는 세계최초의 정찰위성으로 디스커버리호로 위장함.
- 제니트(Zenit, 1962)는 소련 최초의 정찰위성으로 코스모스호로 위장함.
- KH-11(Key Hole, Crystal 또는 Kennan, 1976)은 미국 최초의 디지털 방식의 정찰위성으로 실시간 정찰이 가능하며 디지털 정보는 미국 군사위성 데이터 시스템 네트워크를 통해 전송됨.
- 얀타(Yantar, 2003)는 러시아의 두 번째 정찰위성으로 제니트처럼 필름회수 방식을 고수하나 수명이 길고 자동으로 파괴되는 것이 특징임.
- FSW(Fanhui Shi Weixing, 1976)는 중국 최초의 정찰위성 임.
- ZY(Zi Yuan, 2004)는 중국 최초의 디지털 방식의 정찰위성 임.
- 오펙(Ofeq, 1995)은 이스라엘의 최초의 정찰위성 임.

더 알아보기

한국의 정찰위성

- 아리랑 1호는 1999년 발사된 6.6m급 해상도의 우리나라가 최초의 다목적실용 인공위성으로 한반도 정밀지도(축적 1/25,000) 제작, 한반도 주변의 해양 자원 및 해양 환경관측 등의 국토 개발 자료 임무를 수행함.
- 아리랑 2호는 2006년 발사된 1m급 해상도의 관측위성으로 대규모 자연재해 감시, 각종 자원의 이용 실태 조사, 지리정보시스템 구축 지원, 지도 제작, 군사용 정찰 등에 사용됨.
- 아리랑 3호는 2012년 발사된 0.7m급 해상도의 국내기술 주도로 개발된 위성으로 현재 우리나라가 운용중인 위성 중 가장 정밀함.
- 아리랑 5호는 2013년 발사된 1m급 해상도의 위성으로 날씨에 상관없이 전천후로 지구 관측이 가능하여 해양 유류사고, 화산 폭발 같은 재난 감시와 지리정보시스템(GIS) 구축 군사정보 수집 등에 활용됨.

(라) 상업위성

- 랜드셋(LANDSAT, 1972)는 미국 NASA가 제작한 지구관측을 위한 최초의 민간목적의 원격탐사위성임.

- 스팟(SPOT, 1986)는 프랑스 국가항공국이 제작한 위성으로 걸프전쟁과 북한 미사일 발사 정보를 제공하였음.
- 에로스(Eros, 2006)는 이스라엘의 본격적인 상업위성임.

(마) 민간위성회사

① 디지털 글로브(Digital Globe, 미국 기업)

- IKONOS는 1999년 발사된 최초의 상업위성으로 도시계획, 환경감시, 지도제작, 자연재해 범위측정, 원유 및 가스탐사, 통신망 구축 등에 필요한 정보를 제공함.
- WorldView-4 (2016)는 디지털 글로브 사의 30cm 해상도를 갖춘 최신위성임.

② 플래닛 랩(Planet Labs, 미국 기업)

- Flock은 2014년 발사한 3~5m 해상도의 집단 위성
- RapidEye 2008년 발사한 5m 해상도 위성
- SkySat 2017년 발사한 2m 해상도 위성

05 기술정보 수집 간 주요 이슈

(1) 기술정보 수집의 예산문제(Zero-sum game)

- 정부의 예산제약으로 수집수단의 한정이 문제임. 특히 인공위성 발사의 경우 많은 예산이 소모되며 신호정보나 영상정보는 서로 다른 유형의 위성시스템이 사용되므로 좀 더 효율적인 정보수집체계를 택하기 위한 결정이 필요함.
- 위성에서 송출하는 자료 분석을 위한 처리 및 탐색(P&E, processing and exploitation) 경비도 포함시켜야 함.

(2) 정보수집의 시너지 효과

- 여러 정보수집 체계를 통해 전 출처 정보(all-source intelligence)를 동원하고 상이한 출처로부터 획득한 정보를 상호보완적으로 혼용(fusion intelligence)하여 분석함으로서 정보 누락이나 차질을 방지하고 기만을 회피할 수 있음.

(3) 기술정보의 수집과다 문제(Vacuum Cleaner Issue, TPED)

- 인공위성으로부터 수집되는 모든 정보를 분석하려면 이를 추출하여 처리, 탐색 할 만큼 많은 인원이 필요한데 현실적으로 인력충원의 어려움이 있고 계속 전송되는 정보자료를 축소할 수도 없어 문제임.

(4) 정보수집 출처의 다양성에 따른 정보 활용의 우선순위 문제

- 경쟁적 수단을 동원하여 수집된 정보에 대한 정보 판단 시 수집출처가 다른 정보를 활용하는 우선순위의 결정으로 긴급한 상황 시 정찰기, 첩보위성, 스파이 등 다양한 출처의 정보 중 무엇에 의존해야 할 것인가의 문제임.

(5) 첩보출처와 정보수집 보호의 문제

- 정보수집능력은 최상급 보안유지가 필요한 비밀이기 때문에 등급을 정하여 출처와 수집방법(정보수집기지 설치 방법, 정보원, 협조자)을 보호하며 이러한 정보등급유지를 위해서는 문서 보안, 인원보안, 시설보안, 정보통신보안 등 많은 경비가 소요됨.

(6) 공개정보와 전(全) 출처정보의 통합적 이용문제

- 다양한 수집수단을 갖고 있는 정보기구에서 입수된 정보가 혼용되지 못하여 통합적인 정보분석 및 판단에 기여하지 못하는 stovepipe 효과가 나타남.
- 공개출처정보의 점진적 확대로 정보수집이 용이해졌으나 공개출처정보에 대한 정보기관의 편견으로 정보의 통합적 이용이 제한됨.

(7) Swarm Ball현상

- 정보수집을 담당하는 정보기관이 자신의 기본적 임무는 망각한 채 정책 결정자(VIP)가 선호하는 이슈나 목표에 대한 수집활동에 집중하는 현상임.

(8) 기만파악의 어려움

- 통신정보(거짓으로 위치통보), 전자정보(허위 교신량 및 전자신호 발생), 영상 정보(모조품 비행기, 인공위성 활동시간, 정찰위성의 범위를 피해여 군사훈련 실시 등), 인간 정보(이중스파이, 허위정보 유포) 수집 시 적국의 기만 파악이 어려움.

(9) 제지공장(Paper Mill)

- 첩보원들이 금전적 이익을 추구하기 위해 첩보를 꾸며내거나 공개적으로 이용 가능한 자료를 각색하고 다시 포장하여 마치 내부 고위 정보원으로부터 나온 것처럼 꾸미는 행위임.

03 단원별 퀴즈

01. 손자병법 용간편에서 말하는 스파이중 적을 기만하기 위해 그릇된 정보를 제공할 목적으로 파견되는 스파이는 ( )이다.

02. 공작망이 위험에 처했을 때 이를 알리기 위해 사용하는 비상연락수단은 ( )이다.

03. 명예, 승진 등 공작원이 원하는 것을 제공하거나 약점을 잡아 이를 이용하여 협조하게 하는 방법으로 공작원을 포섭하는 방법은 구소련 KGB의 MICE 중 ( )즉 타협이다.

04. 소련의 미사일로 미국의 U-2기가 격추된 사건과 관련된 기술정보는 ( )이며, 정책결정자가 쉽게 이해할 수 있는 장점이 있다.

05. 첩보원들이 금전적 이익을 추구하기 위해 첩보를 꾸며내거나 공개적으로 이용 가능한 자료를 각색하고 다시 포장하여 마치 내부 고위정보원으로부터 나온 것처럼 꾸미는 행위를 ( )이라고 한다.

06. 첨단기술의 발전에 따라 인간정보는 기술정보로 대체될 수 있어 점차 중요성이 감소하고 무용론도 대두되고 있다.

07. 특정장소, 특정대상에 대한 특정시간의 정지된 정보로서 수집 당시의 전후 상황파악이 어려운 정보는 전자정보이다.

08. 해외정보를 다루기 위해 언어전문가가 필요한 정보는 공개정보이다.

09. 간첩, 오열, 밀정, 스파이, 소모품, 두더지, 기피인물 모두 같은 의미로 쓰이고 있다.

10. 공개정보는 비밀정보의 주관적 편견 및 오류 검증의 효과를 가지고 있다.

11. 전자정보(ELINT), TELINT(원격측정정보), 외국기기신호정보(FISINT), MASINT(징후계측정보)는 모두 신호정보의 일종이다.

03 기출 및 유사문제

01. 징후계측정보(흔적계측정보, MASINT)에 대한 설명으로 적절하지 않은 것은?

① 상대세력의 무기보유량과 화력, 제조무기 등 산업활동 실태를 파악하기 위해 개발되었다.
② MASINT의 대상은 레이더신호, 음향, 지진, 자기 등의 지질물질, 핵 방사선 등이 있다.
③ MASINT는 영상정보나 기술정보와 비교하여 구성요소의 기술적 성숙도와 다양성이라는 특성을 가지고 있다.
④ 원격측정정보라고도 하며 미사일, 항공기가 지상기지로 보내는 일련의 신호를 측정하여 미사일, 위치, 속도, 엔진상태, 탄두중량 등을 파악한다.

02. 다음 설명으로 알 수 있는 적절한 사람은?

- 암호명 진주(Pearl)인 중동의 마타하리로 불리는 이스라엘의 모사드 소속 여성 첩보원으로 지역의 유대인 공동체에서 일하면서 레바논 등 아랍국가의 유대인을 이스라엘로 밀입국 시키는 일을 담당하였음.
- 모사드에서 근무하다 아랍 사업가로 신분을 세탁하여 시리아 출신의 국외 추방자와 친밀한 관계를 맺은 후 시리아 최고 지배 권력층에 끼어들어 전직 대통령 밀사역할 까지 했으며 골란고원의 전략적 요새를 촬영한 지도를 보고하여 3차 중동전쟁(6일전쟁) 승리의 결정적 기여를 함.
- 소련 GRU 소속으로 대 독일 스파이 조직인 Red Orchestra의 수장으로 활약했으며 1939년부터 유럽에서 유령 민간업체를 설립하여 광범위한 정보를 수집하고 독일의 소련 공격 시점을 포함하여 독일군의 병력배치 및 작전계획 등 동향을 파악하여 스탈린에게 전달함.

① Shulamit Kishik-Cohen, Leopold Trepper, Julius Rosenberg
② Shulamit Kishik-Cohen, Elie Cohen, Leopold Trepper
③ Leopold Trepper, Elie Cohen, Leiba Domb
④ Leopold Trepper, Shulamit Kishik-Cohen, Leiba Domb

03. 신호정보의 특징으로 적절하지 않은 것은?

① 신호정보는 각종 통신장비 및 전자장비에서 방출되는 전자기파(신호)를 감청하여 취득되는 정보이다.
② 기술정보 출처 중 가장 전통이 길며 암호전보나 방송은 암호해독 기술이 필요하며 세계2차 대전 이래로 적 정보를 취득하는 가장 중요한 수단이다.
③ 대부분 유선통신을 감청하고 무선통신은 보통 암호화(encryption)되어 있어 발각 위험 때문에 꼭 필요한 경우가 아니면 하지 않는다.
④ 통신정보(COMMINT), 전자정보(ELINT), 외국기기신호정보(FISINT), 원격측정정보(TELINT)가 있음.

04. 다음 괄호 안에 들어갈 적절한 단어는 무엇인가?

• 세계2차대전 당시 독일의 암호체계인 에니그마(Enigma)를 해독하기 위한 영국의 ( )와 미국의 ( ), 일본의 암호체계 퍼플(Purple)을 해독하기 위한 미국의 ( ), 냉전기간 영국과 미국의 대 소련 암호해독을 위한 ( )가 있다..

① 울트라(Ultra), 인디고(Indigo), 베노나(VENONA), 매직(Magic)
② 울트라(Ultra), 매직(Magic), 인디고(Indigo), 베노나(VENONA)
③ 울트라(Ultra), 인디고(Indigo), 매직(Magic), 베노나(VENONA)
④ 울트라(Ultra), 인디고(Indigo), 베노나(VENONA), 매직(Magic)

05. 인간정보수집(HUMINT)을 위해 활동하는 사람들이 아닌 것은?

① 정보기관에 소속되어 있는 정보관
② 정보관의 정보수집업무를 보좌하는 비서
③ 정보관에게 첩보를 제공하는 출처로서 자발적 협조자
④ 정보관이 물색·고용하는 공작원

06. 정보수집을 위한 목표 분석철에 포함되지 않는 것은?

① 수집목표의 기본정보 사항
② 수집목표의 현용정보 사항
③ 수집목표의 목표접근 방안
④ 수집목표의 판단정보 사항

07. 인간정보 수집의 주체가 아닌 것은?

① 분석관 ② 정보관 ③ 수집관 ④ 협조자

08. 중국 진나라 때 정치인 두예(杜預)가 예시한 '매수 가능성이 높은 자'에 해당되지 않는 것은?

① 현명하면서도 능력이 있으나 보직을 받지 못하고 있는 자
② 임금의 총애를 받지 못하면서 재물에 탐욕을 부리고 있는 자
③ 제 나라를 팔아서 제 자신의 능력을 펴보고자 하는 자
④ 능력이 있으면서도 낮은 지위에 있는 자

09. 협조자에 대한 설명으로 적절하지 않은 것은?

① 정보관과 계약을 맺지 않고 자유스런 신분에서 자발적으로 정보관의 수집 활동을 도와준다.
② 자발적인 정보관의 협박과 약점 조성으로 채용되어 첩보 수집을 협조한다.
③ 자발적인 협조자 가운데는 주재국 정보기관에 의해 배후 조종되는 자도 있다.
④ 자발적인 협조자가 제공하는 첩보는 허위정보이거나 기만정보일 가능성이 있다.

10. 다음은 인간정보의 비밀연락에 대한 설명으로 적당하지 않은 것은?

① 정보관계자들이 물자를 주고받을 때 이미 포섭한 제3자를 중간에 두며 제3자가 수수자가 된다.
② 편의주소(관리인)는 비밀연락을 위한 우편물을 전달하는 사람 또는 시스템이다.
③ 풋토스는 전달자와 수령자가 스쳐 지나가면서 전달물을 주고받는 방법이다.
④ 카토스는 달리는 자동차나 기차에서 계획된 지점에 전달물을 던지면 이를 회수해가는 방법이다.

11. 첩보보고 시 고려할 사항으로 틀린 것은?

① 적시성을 고려해야 한다.
② 객관적 시각을 유지해야 한다.
③ 수집 내용의 진위여부를 판단하여 정확하게 보고해야 한다.
④ 보고시점에서 가장 신선한 내용으로 작성해야 한다.

12. 첩보를 수집한 후 첩보보고 시 판단기준에 대한 설명으로 맞지 않는 것은?

① 첩보보고는 6하원칙에 의한 첩보보고 형식의 판단기준이 정해져 있으므로 보고 대상의 수준에 관계없이 통일된 보고 양식에 따른다.
② 대부분 지휘계통을 통해 보고하지만 정보기관의 속성상 중간단계를 거치지 않고 상부에 직접 보고하는 경우도 있어 보고 경로를 잘 판단해야 한다.
③ 첩보의 긴급성 및 중요성에 따라 원형 그대로 보고할 것인지 또는 요약, 부분 발췌 보고할 것인지 등 형태를 판단해야 한다.
④ 전달과정에서의 보안문제로 구두, 서면, 암호사용을 판단하여 결정해야 한다.

13. 냉전 시 미·소간의 정찰위성 개발에 대한 설명으로 틀린 것은?

① 1957년 소련이 스푸트니크 위성을 최초로 궤도에 발사했다.
② 1958년 미국은 정찰위성 개발인 디스커버리계획에 착수하여 1959년 코로나 위성을 발사했다.
③ 1960년 미국은 아폴로 12호에 이르러 정찰위성에서 촬영한 영상정보를 회수하는데 성공했다.
④ 1976년 미국은 KH-11로 전자광학시스템을 장착하여 수집된 영상정보를 실시간에 디지털 신호로 전환하여 지상기지로 전송했다.

14. 기술정보수집의 특징이 아닌 것은?

① 미국 등 선진국을 제외하고는 기술이나 예산 부족으로 수집수단을 충분히 확보할 수 없다.
② 수집대상이 많고 수집한 정보의 의미 해석과 판독이 어렵다.
③ 수집목표에 즉각적으로 접근할 수 없다.
④ 계획 수립에서 첩보수집에 이르기 까지 많은 시일이 소요된다.

15. 정보기관이 비밀정보를 수집하는 이유를 설명한 것으로 적절하지 않은 것은?

① 상대방의 의도, 능력, 취약점, 행동방책을 적시에 정확하게 판단할 수 있기 때문이다.
② 비밀정보가 정보의 우위를 확보하여 국력을 결정짓는 중요한 요소가 될 수 있기 때문이다.
③ 군사사항이나 테러조직 등 특수조직에 관한 사항을 정확하게 파악할 수 있기 때문이다.
④ 공개정보만으로는 적대국의 의도를 파악하기 어렵고 비밀정보 수집만이 정보기관의 업무이기 때문이다.

16. 다음 중 병법 36계에 대한 설명으로 옳지 않은 것은?

① 반간계(反間計)는 적의 첩자를 이용하는 것으로 적의 첩자를 역이용하여 아무런 손실 없이 적을 물리치는 것이다.
② 혼수모어(混水摸魚)는 물을 휘저어 탁하게 만들고 고기를 잡는 것으로 적을 혼란에 빠트린 뒤 핵심인물을 제거하는 등 공격하는 것이다.
③ 미인계(美人計)는 미녀를 이용하여 적을 대하는 계략으로 아름다운 여인의 색정을 이용하여 전투의지를 잃게 하는 것이다.
④ 타초경사(打草驚蛇)는 풀을 때려 뱀을 놀라게 하는 것으로 자연조건이 적에게 불리해지기를 기다리고 기만으로 그를 유혹하는 것임.

17. 다음 중 우리나라의 정찰위성에 대한 설명 중 옳지 않은 것은?

① 아리랑 1호는 1999년 발사된 6.6m급 해상도의 우리나라가 최초의 다목적실용 인공위성이다.
② 아리랑 2호는 2006년 발사된 1m급 해상도의 관측위성으로 대규모 자연재해 감시, 각종 자원의 이용 실태 조사, 군사용 정찰 등에 사용된다.
③ 아리랑 3호는 2012년 발사된 0.7m급 해상도의 국내기술 주도로 개발된 위성으로 현재 우리나라가 운용중인 위성 중 가장 정밀하다.
④ 아리랑 5호는 2013년 발사된 0.5m급 해상도의 위성으로 날씨에 상관없이 전천후로 지구 관측이 가능하다.

03 실전문제

18. 다음은 무엇에 대한 설명인가?

> 출처로부터 획득한 첩보의 내용의 신뢰성 검토를 위해 둘이상의 출처를 개척하고 이러한 출처들로부터 입수한 첩보를 대상으로 상호 검증을 거치는 과정이 필요하다.

① 보안성　② 이중성　③ 경제성　④ 신속성

19. 다음은 어떤 첩보출처에 대한 설명인가?

> • 일본의 왓카나이 분견대는 1983년 9월 대한항공 007편의 민항기가 사할린 상공에서 구소련 방공군에 의해 격추되었을 때 파일럿과 사할린 통제센터 간 교신기록을 보유하였고 이에 소련은 대한 항공기의 격추사실을 시인할 수밖에 없었다.

① 공개정보(OSINT)　② 인간정보(HUMINT)
③ 영상정보(IMINT)　④ 신호정보(SIGINT)

20. 다음 중 HUMINT에 해당하는 내용이 아닌 것은?

① 최첨단 정보수집장비가 있으나 역용공작은 HUMINT만 가능하다.
② 국제테러나 범죄조직 파악 및 검거는 TECHINT로 한계가 있다
③ 배신과 음모의 가능성이 상존하여 기만정보나 역정보의 위험이 있다.
④ 활용했던 정보관이나 협조자의 처리가 비교적 용이하다.

21. 첩보출처 개척에 대한 설명으로 적절하지 않은 것은?

① 정보요구의 형태를 고려하여 첩보출처를 결정해야 한다.
② 첩보출처의 신뢰성과 신빙성을 고려해야 한다.
③ 첩보출처의 경제성과 신속성을 고려해야 한다.
④ 비밀출처는 어떤 경우에도 공개출처로 대체가 불가능하다.

22. 공개출처정보(OSINT)의 특징으로 적절하지 않은 것은?

① 공개출처정보는 접근성, 비용효율성, 상대적 안정성이 우수하며 특별한 보호조치가 요구되지 않는다.
② 공개출처정보의 장점이자 단점은 방대한 양으로 밀과 겉겨의 문제(wheat and chaff problem)를 야기할 수 있다.
③ 공개출처정보는 비밀출처정보보다 신뢰성이 높지 않다.
④ 공개출처정보는 적시에 공개되지 않는 경우가 있어 적시성의 한계가 있다.

03 정답 및 해설

단원별 퀴즈 정답 및 해설

01. 사간

02. 비상선

03. 타협(compromise), MICE는 공작원 포섭방법으로 돈(money), 이데올로기 (ideology), 타협(compromise), 에고(ego)가 있음.

04. 영상 정보(IMINT), SR-71은 U-2의 후속기로 4차중동 전쟁당시 진가가 발휘 되었으나 전략무기 감축협정에 의해 폐기됨.

05. 제지 공장(Paper Mill), 인간정보 출처인 첩보원들의 정보왜곡은 정보의 신뢰성에 큰 타격을 줄 수 있음.

06. X, 기술정보에 대한 의존이 심화되고 있으나 인간정보의 중요성이 감소하는 것은 아님.

07. X, 영상정보는 엄밀히 특정 순간에 특정구간의 스냅샷으로 영상을 찍기 전과 후에 무엇이 어떻게 전개 되었는지에 대한 의미 전달이 없어 정보 파악이 어려움.

08. O, 공개정보는 해당국가의 언어로 되어 있기 때문에 해외정보를 다루기 위한 언어전문가가 필요함.

09. X, 간첩, 오열, 밀정, 스파이, 소모품, 두더지는 같은 의미로 쓰이나 기피인물(Persona non grata)은 반드시 간첩 행위를 통해서 상대국이 받아들이지 않는다고 할 수는 없음.

10. O, 공개출처정보는 비밀출처정보(인간정보, 기술정보)와서로 대립되거나 모순되는 것이 아니라 비밀출처 정보를 보완하여 더 정확하고 신뢰성 있는 정보생산 시 필요함.

11. X, 징후계측정보(MASINT)는 신호정보나 영상정보와 다른 유형(범주)의 정보로 징후계측정보의 수집과 분석은 미국에서도 기술적으로 훈련된 국방정보국(DIA)에서 담당함.

기출 및 유사문제 정답 및 해설

01. 답 4. 원격측정정보(TELINT, Telemetry Intelligence)는 신호정보의 일종이다.

02. 답 2. Leopold Trepper은 후에 Leiba Domb이란 이름으로 시오니스트 활동을 하였으며 Julius Rosenberg는 미국의 공산주의자로 미국과 영국이 주축이 된 인류 최초의 핵무기 개발계획인 맨하튼 프로젝트 (Manhattan Project)의 정보를 소련에 넘겨줘 단기간에 소련이 핵무기 개발이 가능하도록 도와주었다.

03. 답 3. 대부분 무선통신을 감청하고 유선통신은 암호화 되어 발각위험 때문에 꼭 필요하지 않으면 하지 않는다.

04. 답 3.

05. 답 2. 정보수집을 위해서는 정보관이 공작원과 협조자를 운영한다.

06. 답 4. 목표 분석철은 목표분석을 통해 획득한 대상 목표의 현황과 실체를 총망라하여 정리한 자료로 수집목표의 성격을 불문하고 수집목표의 기본정보 사항, 현용정보사항, 목표접근 방안 등이 포함되어야 한다.

07. 답 1. 정보 분석관은 인간정보 수집의 주체가 아니라 정보분석의 주체이다.

08. 답 2. 임금의 총애를 받으면서 재물에 탐욕을 부리고 있는 자, 죄과가 있어 형벌을 받은 자, 능력이 있으면서 낮은 지위에 있는 자 등이 포섭 가능성이 크다. 그러나 임금의 총애를 받지 못한 자는 중요한 자리에 있을 가능성이 적어 포섭할 가치가 거의 없다.

09. 답 2. 협조자는 첩보원과 달리 정보관과 계약관계를 맺고 있지 않으나, 자유로운 신분에서 자발적으로 수집활동을 도와주는 사람이다.

10. 답 3. 풋토스는 전달자가 걸어가면서 특정 장소에 전달물을 던지면서 회수자가 이를 찾아가는 방법이고, 전달자와 수령자가 스쳐지나가면서 전달물을 주고받는 방법은 브러시패스이다.

11. 답 4. 보고시점에서 가장 완전한 내용으로 작성해야 한다.

12. 답 1. 보고의 대상이 본부 데스크, 분석부서 또는 최종 보고자인지 대상의 수준을 판단해야 한다.

13. 답 3. 1960년 미국은 디스커버리 12호에 이르러 정찰위성에서 촬영한 영상정보를 회수하는 성공했다. 1962년 소련은 코스모스4호(Zenit)를 발사하여 영상정보를 획득했다.

14. 답 3. 기술정보수집의 장점으로 수집목표에 즉각적으로 접근할 수 있고, 공작원의 접근이 어려운 지역을 원거리에서 관찰할 수 있고, 방대한 자료를 수집할 수 있다.

15. 답 4. 정보기관이 공개정보를 수집하는 것은 정보기관의 고유업무가 아니고 정보기관은 비밀정보를 수집해야 한다고 주장하는 이도 있다. 그러나 현대에 들어서는 정보기관들이 공개정보 수집을 새로운 중요한 정보업무 분야로 평가하고 있다.

16. 답 4. 타초경사는 적에게 어떤 의심이 생기면 반드시 가서 살펴본 후에 행동한다는 것임. 자연조건이 적에게 불리해지기를 기다리고 기만으로 그를 유혹하는 것은 범을 산 속에서 유인해내는 조호이산(調虎離山)이다.

17. 답 4. 아리랑 5호는 1m급 해상도의 위성이다.

18. 답 2. 보기의 설명은 이중출처 개척의 원칙을 설명한 것으로 이중성 또는 가외성(加外性) 이라고도 한다.

19. 답 4. 신호정보는 영상정보로 획득할 수 없는 상대방의 내심과 목적을 원거리에서 파악할 수 있으나 쌍방의 통신이나 통화가 전제되어야 한다는 점에서 당사자가 침묵하거나 보안조치를 강구하면 작동이 불가하다.

20. 답 4. 임무종료시 해고된 첩보원이나 협조자가 금품을 요구하거나 정치적 협박을 할 수도 있다.

21. 답 4. 출처의 신빙성, 접근성, 경제성이 담보된다면 공개출처를 우선적으로 활용하고 상황에 따라 비밀출처로 보완할 수 있다.

22. 답 3. 비밀출처는 기만과 역용의 위험이 있고 공개출처 정보도 검증이 필요한 경우가 많다. 일례로, 소련은 1988년 자국의 보안을 위하여 공개자료 일부(특정 지역에 대한 지도)를 조작한 바 있다.

04

정보분석

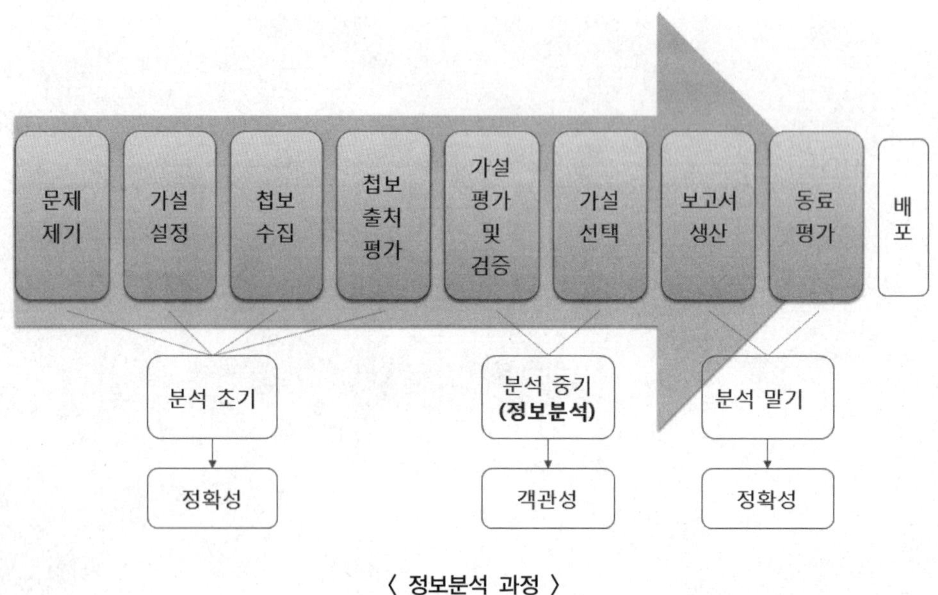

〈 정보분석 과정 〉

01 정보 분석(과정)의 개념

01 정보분석의 특징

- 정보분석은 현재 또는 장래의 국가위협은 물론 국가이익과 관련된 문제들에 대해 관료들이 보다 잘 이해하고 효과적으로 대처하며, 국가가 처한 불확실성을 줄일 수 있도록 도와줌으로써 국가정책 결정과정을 지원하는데 활용됨.
- 국내외 환경에 대한 첩보를 획득하여 확인된 사실관계를 기초로 향후 파급 영향을 판단하고 전략적, 전술적 중요성을 판단하여 정책추진의 기회를 모색하고 국가차원의 대응책을 마련하는 것임.
- 수집된 첩보로부터 의미있는 사실이나 결론을 도출하기 위해 첩보를 체계적으로 검토하고 국가의 정책수행환경을 고려해서 국가나 정책결정자가 취할 장래의 방책을 마련하는 과정임.
- 정보와 정책이 만나는 지점으로 수집한 첩보의 체계적 검증을 통해 정책결정 권자가 국가안보정책에 활용할 수 있도록 필요한 국가정보를 생산하는 일련의 활동임.

- 수집된 첩보에서 국가이익과 관련된 중요한 내용을 추출하고 의미를 평가하는 과정으로서 기술적인 동시에 가치지향적인 판단작업으로 분석관의 지식과 경험, 이성적 판단과 직관이 총동원 됨.
- 정보분석은 순수한 과학과 같은 정확성과 예측성을 가질 수 없으나 과학적 방법(관찰, 분류, 가설설정, 가설 검증)을 정보분석에 적용하여 가설을 설정하고 검증할 수 있으며 이것이 정보분석의 핵심적 기능임.
- 우선 수집된 첩보 평가에서 출처의 신뢰성과 자료의 가치를 점검한 다음 종합 및 해석을 통해 중요한 사실관계를 확인해야 하며 이를 위해서는 엄밀하고 객관적인 분석기법이 필요함.
- 정보활동의 정보분석은 분석 그 자체뿐만 아니라 분석전반에 이르는 과정을 말하는 정보 분석과정(단계)을 말하며 여기에는 내부의 자체 순환과정이 있음.
- 정보분석 시에는 대부분 양적기법과 질적기법을 함께 사용하며 먼저 양적 기법을 통해 기본적인 사실(fact)나 자료(data)를 전반적으로 검토하고 이후 문제의 복잡한 특성을 고려하여 가치판단이 개입되는 질적분석 방법을 주로 사용함.
- 분석관은 객관성 및 열린 사고를 유지하고 정보분석의 인식 함정(cognitive traps of intelligence analysis) 즉 오류를 피할 수 있어야 함.

02 분석할 정보의 종류(Bruce Berkowitz and Allan E. Goodman)

- 알려진 사실(known facts)은 사실로 인정되거나 타당성이 검증된 지식으로 OECD나 UN에서 발표한 기초통계, 저명연구소에서 발표한 문건, 언론에서 발표하는 외국 지도자의 연설 내용
- 비밀(Secrets)은 비밀첩보는 외국정부나 집단이 자신들 외에 누구에게도 알려지지 않도록 보안을 유지하고 있는 첩보로 테러집단 명부, 외국전투기의 성능기록, 인간정보, 기술정보
- 기만정보(Disinformation)는 자국의 비밀정보 보호를 위해 고의로 허위정보를 누설하거나 이중스파이를 통한 역용공작이나 기만공작에 의한 역정보로 분석관에게 혼란을 야기하는 것으로 세계2차대전시 영국의 더블크로스작전 사례가 있음.
- 미스터리(mysteries 또는 난제)는 정보수집과 분석 등 모든 수단을 동원해도 해결을 확신할 수 없는 문제로 속성상 1회에 그치는 것이 아니라 지속적 사회불안을 야기할 수 있는 것으로 정치지도자의 의도나 생각

03 셔먼켄트의 정보분석 단계(정보분석의 가설이론, The analytic process)

(1) 1단계 문제 확인

- 문제를 정확하게 정의하고 현안이 무엇이며 왜 문제가 발생했고 어떤 정보가 필요한지 문제를 제기하는 것임.
- 정책결정자의 정보요구는 애매 하여 분석관이 이해하기 어려운 경우도 있어 먼저 정보표적이 되는 정보수요자의 성향과 의문점을 확인해야 함.

(2) 2단계 가설설정

- 제기된 문제나 상황에 대해 다양한 가설을 도출하는 것으로 마치 연구논문을 쓰듯 사건의 인과관계에 따라 어떤 결과가 나오는지 가설을 설정함.

(3) 3단계 첩보수집

- 설정된 가설이 정확한지를 검증하기 위해 어떤 출처의 첩보(기술첩보, 인간 첩보, 공개출처정보)를 사용할 것인지 정하고 이에 따라 첩보를 수집 및 평가 하는 것임.
- 기만정보가 아닌지 첩보 출처에 대한 신뢰성 평가가 이루어져야 하며, 첩보 부족 시에는 보고서에 첩보부족이라고 밝혀둠.

(4) 4단계 가설평가

- 실질적인 분석의 단계로 첩보를 바탕으로 여러 분석기법을 활용하여 가설을 검증하며 분석관의 선입견, 조직의 집단사고 오류 등을 차단하고 최대한 객관적으로 가설을 평가함.

(5) 5단계 가설선택

- 가설 검증을 통해 최선의 가설이 아니더라도 차선을 선택하고, 과거 성공과 실패 사례를 활용하여 기존 입장에서 크게 변하지 않는 대안적 가설을 채택하는 점진주의적 방식을 사용함.

(6) 6단계 모니터링

- 분석한 내용이 정확한지, 오류는 없는지 가설을 지속적으로 검증함.

더 알아보기

정보분석 이후의 과정

- 적시성, 적합성, 비밀성, 계속성에 의하여 보고서를 생산하게 되며 정보수요자에게 보고서 배포 전 다른 동료가 검증하고 의견을 제시하는 동료평가(Peer Review)의 과정을 거치게 됨.
- 배포 후 정보수요자 반응에 따라 보고서 평가가 이루어지며 수요자와 생산자간 의사소통, 환류, 피드백을 통해 다시 분석과정을 거쳐 보고서를 배포하게 됨.

02 정보분석 과정에서 고려할 사항

01 정보분석의 요건

- 적시성(timeliness)은 정보가 정책결정이 이루어지는 시점에 비추어 가장 적절한 시기에 존재하는 것으로 정보 사용자의 활용시기에 제공되는 것임.
- 적합성(pertinence) 또는 적절성(relevance)은 정보와 당면문제와의 관련성으로 정보수요자의 요구사항에 적합하고 타당한 필요성 임.
- 간결성(brevity) 또는 이해성(digestibility)은 정보수요자가 이해할 수 있는 최소한의 분량으로 작성되는 것임.
- 명료성(clarity) 또는 명확성은 분석 결과, 분명하게 밝혀진 사실과 밝혀지지 않은 사실을 명확히 밝히고 전달하고자 하는 내용을 분명하게 표현하는 것
- 객관성(objectivity)은 정보가 국가정책의 결정과정에서 사용될 때 국익증대와 안보추구라는 목표를 위해 객관적 입장을 유지해야 한다는 것으로 분석관 개인, 생산부서나 생산기관의 이익을 위해 정보를 왜곡하지 않는 것임.
- 현실성(reality)은 특정 조치나 제시된 대안이 현재의 여건과 상황에서 구현 가능해야 함.
- 신뢰성(reliability)은 수집된 각종 첩보가 믿을만한 출처의 자료인지 적국의 기만정보가 아닌지 확인하는 것임.
- 정확성(accuracy)은 내용이 얼마나 사실과 부합하는지를 나타낸 것으로 정보분석 자체의 주요 기준은 아님
- 완전성(completeness)은 정보가 그 자체로서 정책결정에 필요하고 가능한 모든 내용을 망라하고 있는 성질로 그 정보를 해석하거나 해당 정책과 관련된 의사결정을 하는데 추가적인 정보를 필요로 하지 않는 것임.

02 정보분석 과정 내 단계별 요건

(1) 분석 초기단계

- 정보분석시 문제제기 요건은 정확성, 적합성, 적시성
- 정보분석시 자료 평가기준은 정확성, 적합성, 신뢰성

(2) 분석 중기단계(분석단계)

- 정보분석의 조건은 객관성, 적시성, 명료성

(3) 분석 말기단계

- 정보보고서 원칙은 적시성, 적합성, 정확성, 간결성, 현실성, 명료성

(4) 전체 분석단계

- 정보의 질적가치(질적요건)는 적합성, 적시성, 정확성, 객관성, 완전성
- 마크 로웬탈의 좋은 정보의 요건은 적시성, 적절성, 이해성, 명확성
- 정보보고서의 배포원칙은 적시성, 적합성, 비밀성, 계속성

03 수집기구와 분석기구의 관계

- 수집과 분석은 밀접히 연관되어 있으며 수집부서도 때로는 분석을 하고 분석부서도 수집을 할 수 있으나 대부분의 정보기관들은 수집과 분석부서를 분리하여 운용하고 있음.
- 해외정보 분야는 수집과 분석을 분리하지만 국내방첩 분야는 보고서의 생산· 배포보다 간첩활동의 탐지 및 색출에 목표를 두고 있어 대부분 별도의 분석부서를 운용하지 않아 수집과 분석의 구분이 없음.
- 수집과 분석이 통합되어 있으면 신속하고 객관적이며 종합적인 정보판단이 가능하나 KGB처럼 수집과 분석의 구분이 모호한 경우 첩보의 종합적인 검증 부족으로 정책결정자의 정확한 판단을 위한 정보제공이 어려웠을 수 있음.

04 분석관과 정책결정자(정보사용자)의 관계

- 정보사용자와 생산자는 복잡한 관계로서 정보는 정책에 대한 조언자로서 역할을 수행해야 하나 정책결정의 중심에서는 거리를 두어야 함.
- 분석관과 정책결정자가 너무 가까우면 정책결정자의 선호에 맞추어 정보를 왜곡하는 정보의 정치화(politicized intelligence)의 위험성이 높고 너무 멀어지면 현실감이 떨어지는 보고서가 생산되어 어렵게 생산된 정보가 무용지물이 될 수 있음.
- 미국 의회의 경우 정보소비자로서 보다 적극적으로 정보기관에 정보를 요구하는 편으로 정보기관은 예산승인 시 의회의 영향력을 감안해 적절히 요구에 부응해야 하나 기본적으로 정책결정권자 지원의 임무를 부여받았으므로 행정부를 우선 지원해야 함.

알렉산더 조지(Alexander L. George)의 가설선택 방식

- 최선보다는 차선이지만 충분히 만족할 만한 가설을 채택한다.
- 점진주의 방법으로 기존 입장에서 크게 변하지 않는 대안적 가설을 채택한다.
- 최대의 지지와 합의가 도출된 가설을 선택한다.
- 과거의 성공과 실패사례를 참조하여 유추적으로 선택한다.
- 좋은 대안과 나쁜 대안에 대한 기준을 정하여 가설을 설정한다.

03 정보분석 기법의 종류

01 과학적 방법(Scientific Research Method)

- 연역법(Deduction)은 하나의 보편적 명제(전제)를 제시하고 이를 부분 경험적 사례에 적용하여 구체적으로 검증하는 방법으로 삼단논법이 활용됨.
- 귀납법(Induction)은 개별적 관찰을 통해 보편적 일반화를 도출해 내는 방법임.
- 변증법(Dialectics)은 정(正)명제와 반(反)명제를 사용하여 이들 간에 모순되는 주장의 합(合)명제를 찾는 방법임.

02 자료형 분석기법과 개념형 분석기법

(1) 자료형 분석기법

- 전통적인 분석기법으로 모자이크 이론에 근거하여 가능한 모든 첩보를 수집 하고 큰 그림을 그리는 방식으로 기술정보 옹호론자가 선호함.
- 가급적 많은 첩보를 수집해야 정확한 분석이 가능하다고 보며, 수집에 우선 순위를 두지만 현안에 대한 첩보 부족 시 정보판단의 단순화가 우려됨.
- 완전한 첩보를 수집하기 위해 모든 역량을 투입해야 하는 문제가 발생하나 기술정보의 경우는 오히려 대량으로 첩보가 수집되어 이를 처리하고 선택하는 능력이 부족할 수 있음.

(2) 개념형 분석기법

- 분석관이 먼저 하나의 큰 그림을 그리고 세부 첩보수집과 분석을 하는 방식으로 자료형 분석기법의 대안으로 등장함.
- 하나의 이론적 모델을 설정하고 필요한 첩보가 부족하더라도 이론에 의거하여 추정 및 예측하거나 다수의 경합이론을 제시하고 이를 단계적으로 검증해 나가면 분석의 정확도가 높아질 수 있음.
- 최근 대부분의 정보분석관들은 자료형에서 개념형 분석기법으로 옮겨가고 있으며 보편이론적 접근, 비교역사 모델, 내재적 접근 등의 방법을 활용하고 있음.

03 양적분석 기법과 질적 분석기법

(1) 양적분석 기법

- 양적분석은 수집된 자료의 수량화 통계화가 가능한 경우에 사용되며 객관적 · 가치중립적 · 실증적 · 경험주의적 방법으로 도시화 추세, 인구구성 등에 활용할 수 있음.
- 반복적 사회현상이나 사회제도 및 구조 분석 시 사용되나 현실적으로 양적분석 기법만으로 분석할 수 있는 사례가 많지 않아 질적기법을 통한 보완이 필요함.

(2) 질적분석 기법

- 질적분석은 단편적인 자료만 입수 가능할 때 인간의 사유에 의하여 추론하는 능력을 주로 활용하는 방법으로 객관성 확보를 위해 양적 분석기법 과의 상호 보완이 필요함.
- 구조주의, 후기실증주의, 해석주의 방법론에 기초하고 개별적, 문화적, 사회현상 및 행위자의 주관적 의도 분석 시 적합하며 지도자 성격이나 사고방식 분석 시 활용할 수 있음.

더 알아보기

귀납법과 연역법 vs 양적분석과 질적분석 vs 자료형 분석기법과 개념형 분석기법

- 귀납법은 여러가지 구체적인 관찰과 정보를 입수해서 그런 사실들을 일반화 할 수 있는 결론을 이끌어 내며 섣불리 결론을 먼저 내지 않고 통계적 수치를 사용해서 충분히 검증한 다음 일반화된 결론을 내림.
- 양적분석이나 자료형 분석기법도 이와 비슷하며 마치 수집된 첩보를 하나하나 붙여서 하나의 큰 그림을 완성하는 방법이나 이것은 그럴 수 있다는 결론이지 반드시 논리적이지는 않음.
- 하지만 연역법은 일반화된 내용(대전제)을 제시하고 삼단논법과 같은 일정한 논리체계 안에서 구체적 결론을 내리며 질적분석이나 개념형 분석기법과 유사함.

- 연역법은 큰 그림을 먼저 그리고 나서 그러한 결론을 뒷받침할 수 있는 자료들을 입수해 나가며 이때, 대전제가 틀리면 결론도 엇나가게 됨.
- 왜냐하면, 연역법에서 이끌어낸 결론은 처음 그린 그림의 틀, 즉 논리를 넘어설 수 없기 때문이며 이 대전제는 인간의 경험 즉 주관적 영역으로 해석한 것이어서 통계처럼 객관적이지는 못함.
- 결론적으로, 자료나 첩보가 많아서 이를 통계화 해도 그것이 논리적으로 맞지 않을 수 있고(귀납법의 함정) 자료나 첩보가 부족해서 귀납법을 사용해도 객관성을 잃어버릴 수 있음.(연역법의 함정)
- 따라서, 정보분석시에는 연역법적 성격을 가진 질적분석과 귀납법적 성격을 가진 양적분석을 서로 보완해서 사용하게 됨.

04 양적분석 기법(Quantitative Analytic Techniques)

01 베이지안 기법(Bayesian)

- 베이지안 기법은 사전정보를 반영하여 선행확률을 가정하고 (복수)가설을 세운 후 새로 발생한 사건이나 추가정보 입수에 따라 베이즈 공식에 대입하고 확률을 재산정하여 각 가설의 확률변화 추이를 통계학적 방법으로 추론하는 방법임.
- 분석관들의 주관적 확률을 수렴하여 주관적 판단의 위험을 완화하고 객관적 판단이 가능하며 주관적 확률론, 조건부 확률이라고도 함.
- 심리학, 사회학, 경제학이론에 많이 응용되고 있으며 1969년 중국과 소련간의 국경분쟁 당시 전쟁 발발 가능성을 평가하거나, 1974~1976년 이스라엘과 아랍국가간 전쟁 가능성 평가하는데도 사용됨.
- 일례로 탐문조사 후 A가 범인일 확률 0.3이라고 가정하면 아닐 확률은 0.7임. 이때 압수수색 결과 A의 집에서 결정적 증거인 북의 지령문과 암호문이 발견되었음. 이때 베이즈 공식을 통해 선행확률을 수정함.

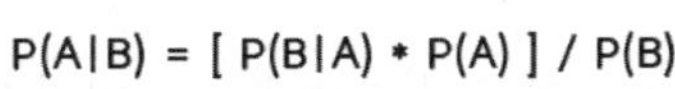

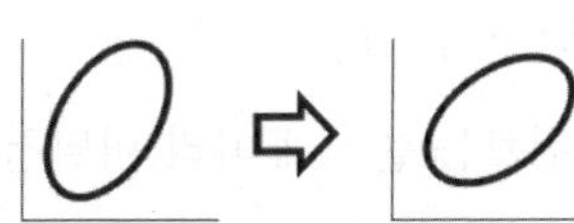

〈 베이지안 기법 〉

02 폴리콘과 팩션기법(Policon & Factions) 또는 정세전망기법

- 국가정치, 정책방향 예측(위기수준, 정치지도자 행동패턴분석, 정치적 사건)을 위해 게임이론이나 합리적 선택이론을 이용하여 어떤 국가가 선택할 국가 정책을 예측하고 향후 정치 전개방향과 정치지도자의 정책선택, 당파에 의한 정책조정을 전망하는 프로그램 임.
- 1982년부터 폴리콘(Policon)이라는 민간프로그램을 정보분석에 활용하다가 CIA에서 이를 도입 후 자체분석환경에 맞게 수정하여 팩션(Factions)를 개발하였으며 30여 개국 이상의 중요정책 분석을 실시하여 분석의 오류를 줄이고 예측력을 향상시켰다고 자평함.

03 의사결정나무 기법(Decision tree)

- 가능한 모든 대안을 나뭇가지 형태로 분류하고 도식화하여 의사결정자가 복잡한 문제를 단순 명확하게 통찰할 수 있도록 하여 전체적인 상황을 쉽게 이해하고 파악하는데 유용함.
- 분류를 수행하고 각 대안에 대한 점수화를 통해 확률계산을 할 수 있는 객관적 방법으로 논리적 판단을 가능하게 해주며 불확실성이 존재할 때 가능한 옵션들에 함축된 의미를 평가하는데 사용되는 도식화 및 계산기법으로 숫자형과 범주형의 데이터 모두를 다룰 수 있음.
- 의사결정나무를 만들기 위해서는 먼저 어떤 질문을 어떤 순서로 할 것인지 정해야 하며 예측하려는 대상에 대해 가장 많은 정보를 담고 있는 것이 가장 좋은 질문임.
- 일련의 단순한 의사결정 규칙과 패턴을 적용시켜 큰 레코드의 집합을 작은 레코드의 집단으로 나누는데 쓰이는 구조이나 최적의 의사결정나무 자체를 찾는 것이 쉽지 않고 새로운 데이터에 대한 예측 및 일반화 성능이 좋지 않음.
- 정책의 전제와 가치에 대하여 다른 사람과 의사소통을 원활하게 하는데 도움이 되므로 합리적 정책토론을 유발시키는 대안이 될 수 있으나 대안이 망라되지 못하고 빠져 있다거나 확률 값의 적용을 잘못하게 되면 의사결정 결과를 계량화 하는 기법 자체가 무의미 해질 수 있음.
- 일례로, 첩보는 출처에 따라 비밀첩보와 공개출처 첩보가 있고 비밀첩보는 기술첩보와 인간첩보로 나뉘고 기술첩보는 신호정보와 영상정보, 징후계측 정보로 나눌 수 있음.

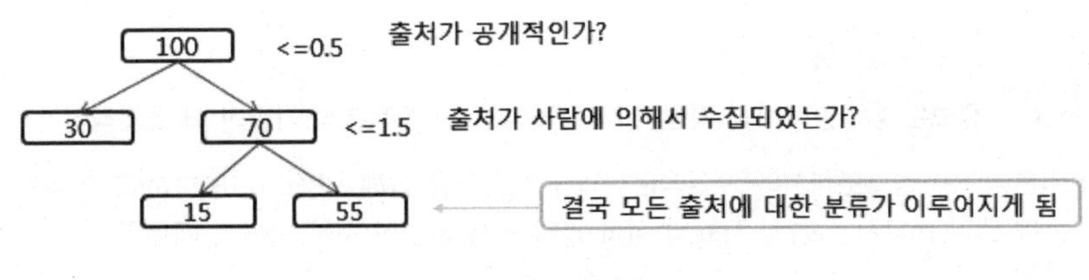

〈 의사결정나무 기법 〉

04 시뮬레이션(Simulation)

- 어떤 과제를 해결하는데 실제 모형을 만들어 반복 작동시켜서 여러 문제점과 해결책을 찾아내는 방법으로 실험환경에 많은 비용이 소요되나 일단 만들어 놓게 되면 저렴하고 안전하게 수행할 수 있음.
- 적대국 간의 전쟁처럼 실제상황에 대한 실험이 불가능한 경우나 너무 복잡하고 다양한 변수가 포함되어 있어서 수학적인 표현이 불가능할 경우 사용되며 아날로그(실제모형), 디지털(시스템의 수치분석), 몬테카를로(난수를 발생)의 방법이 있음.
- 장점은 과학적인 다른 방법으로 다룰 수 없는 복잡하고 동적인 현상을 모형화 할 수 있고 실제 사건을 압축할 수 있어(1년간의 상태를 불과 몇 분이나 몇 초에 실행) 복잡한 수학적 지식이 없이 경영진들이 이해할 수 있어 정책 결정자의 의사결정도구로 적합함.
- 단점은 많은 비용이 요구되고 표본의 크기나 실행시간이 짧을 경우 표본 오류(sampling error)가 발생할 수 있으며 통계적 이론 등 배경지식이 필요함.

05 게임이론(Game theory)

- 경쟁상대의 반응을 고려해 자신의 최적 행위를 결정해야 하는 상호의존적이고 전략적인 상황에서 의사결정 행태를 연구하는 기법으로 서로 다른 국가나 집단이 경쟁상태에서 이해가 상충하는 방안을 놓고 서로 최선의 이익을 얻기 위해 어떤 방안을 선택할 것인지 찾는 방법임.
- 협조게임(담합)과 비협조게임(죄수의 딜레마)이 있으며 이기적이고 합리적인 행위자 간의 관계를 체계적으로 설명해 준다는 장점이 있으나 분석 대상조직의 내부 문제나 행위자의 소통을 간과하는 단점이 있음.
- 죄수의 딜레마(PD, Prisoner's Dilemma)는 협력하면 서로에게 이익이나 개인적인 욕심으로 서로에게 불리한 상황을 선택하는 것으로 팃포탯(TFT, Tit for Tat)은 협력하되 배신은 반드시 응징하고 응징 후엔 용서하는 죄수의 딜레마의 강력한 협력전략임.

더 알아보기

정보분석시 양적분석 기법이 더 효과적인가? 질적분석 기법이 더 효과적인가?

- 기본적으로 정보분석시에는 질적분석과 양적분석을 함께 사용하여야 하며 그 이유는 특정 이슈에 대한 보고서 작성시 자료의 질과 양이 항상 충분한 것은 아니기 때문임.
- 또한 거의 모든 문제는 통계나 양적 척도로는 불충분하며, 분석관의 가치판단이나 견해도 이론적 틀을 차용하여 내재되기 마련임.
- 양적분석은 주로 통계를 활용하므로 주관성이 개입할 여지는 적으나 현실적으로 정보보고서에는 이렇게 기존의 데이터를 단순히 분석해서 해결할 수 있는 문제는 많지 않음.
- 예를 들어 북한 지도자의 성향이나 북한 핵 협상의 전망 이런 문제들은 수학공식으로 풀 수 있는 것은 아님.
- 따라서 양적분석기법의 한계를 보완해 줄 수 있는 국제정치이론을 활용하거나 과거의 역사적 사례를 통해서 비교 분석한다든지 하는 방법을 사용함.
- 또한 우리가 배웠던 질적분석기법들, 예를 들면 브레인스토밍부터 전문가들의 델파이기법, 더 나아가 인과고리기법 등과 같은 질적기법을 활용함.
- 정보분석을 객관적으로 해야하는 것과 객관적인 기법을 주로 사용해야 한다는 별개의 문제로 양적기법은 주로 기본적인 팩트등을 전반적으로 검토할 때 사용하고 이후는 문제의 복잡한 특성을 고려하여 질적분석방법을 주로 사용할 수밖에 없음.
- 양적기법 즉 통계를 통해서 쉽게 해결할 수 있는 문제라면 그것은 이미 정보기관이 수행해야할 만한 수준의 업무 영역은 아닐 것임.

05 질적분석 기법(Qualitative Analytic Techniques)

01 브레인스토밍(Brain Storming)

- 참가자 전원이 자유스런 의견을 비판 없이 개진하여 최적의 아이디어를 찾아 내는 집단사고의 자유연상기법 임.
- 독창성과 직관을 활용하며 단시간 내 많은 양의 아이디어를 창출 가능하나 참가자의 의지와 리더의 자질이 부족할 경우 효과를 발휘하기가 어려움.
- 소련의 붕괴가능성 판단, 향후 대테러전 전개 전망, 북한 핵문제 전개방향 등 복잡한 문제에 대한 상황점검 및 접근방향 모색 시 사용함.

02 역할연기(Role Playing)

- 분석과제에 대해 잘 알고 있는 다수의 전문가에게 각각의 협상주제 역할을 담당하여 연기를 진행하면서 그 결과를 토대로 분석하는 방법임.
- 당사자 간 이해관계를 고려하므로 다자간 회의시 협상결과를 예측하는데 유용하며 분석관의 편견과 한계를 극복할 수 있으나 실제 상황이 아닌 연기라서 진지해지지 않거나 정확도가 떨어질 수 있음.

03 핵심판단 기법(Key judgment) 또는 린치핀 분석기법(Linchpin Analysis)

- 분석대상에 대한 다수의 가설 설정 후 각 가설을 뒷받침 해주는 증거를 수집 평가하여 소수가설 압축하고 선택된 가설을 중심으로 비교 분석하여 핵심적인 판단을 찾아내는 방법임.
- 복잡한 과제에서 무엇을 우선적으로 분석해야 하는 지 판단하는데 유용하나 도출할 수 있는 최대한의 가설을 검토해야 하며 선입견이나 편견으로 특정 가설을 선호하지 않아야 함.
- 복잡한 분석과제에 대해 핵심적인 사항을 우선적으로 선별하고 이것을 고정 변수 수준으로 설정하여 주변 분석을 하는 방법으로 미국 CIA가 이란, 이라크 전쟁 시 이란의 항복 가능성을 판단하기 위해 사용됨.

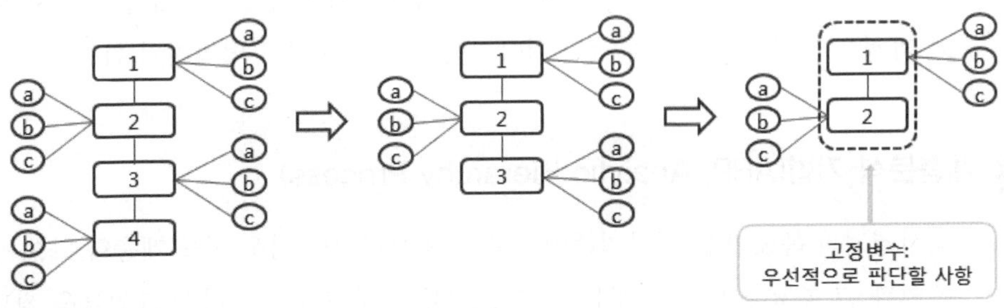

〈 핵심판단 기법 〉

04 경쟁가설 분석(ACH, Analysis of Competing Hypotheses)

- 경합관계에 있는 복수가설을 동시 평가하기 위해 모든 가설을 행렬표(matrix)로 작성하고 이와 관련된 첩보 및 증거와의 일치 여부를 판단하여 상대적으로 경쟁력 있는 가설을 선택하는 방법임.

- 핵심판단기법과 유사하나 사실관계를 판단한 과정과 근거를 명확히 하여 민감한 사안을 객관적으로 판단하는 방법으로 근거가 요구되고 복잡하고 불확실한 문제를 판단할 때 유용하며 시간적 변화추이를 비교 분석하면 조기경보 업무에도 활용이 가능함.

	증거의 신뢰도	A 가설	B 가설
A 증거	양호	일치	불일치
B 증거	양호	일치	불일치
C 증거	양호	일치	일치

〈 경쟁가설 분석 〉

05 델파이 기법(Delphi, 전문가 합의법)

- 설문조사를 통해 여러 전문가 패널의 의견을 수렴하고 이를 종합한 후 다시 전문가에게 제공하여 각자 의견을 조정한 뒤 이를 다시 설문, 취합하여 다시 배포하는 과정을 반복하면서 전문가들의 의견을 접근·수렴시켜 합의된 의견을 도출하는 식으로 미래를 예측하는 방법임.
- 의견 취합시 응답자의 익명을 보장하여 민감한 사항에 대한 솔직한 의견을 표명할 수 있도록 하고 합의를 보지 못하는 연구자는 합의 촉진자로서 적극적으로 개입하여 의견 차이를 좁힐 수 있도록 함.
- 특정주제에 대한 다수의 전문적 판단을 환류 과정을 거쳐 체계적으로 유도하는 장점이 있으나 학자적 자존심으로 인해 합의에 이르는 과정이 길고 지루할 수 있어 이러한 과정을 거친 합의도 원론적인 이야기만 남아 실용성이 떨어지기 쉬움.

06 계층분석 기법(AHP, Analytic Hierarchy Process)

- 의사결정의 목표 또는 평가기준이 다수이며 복합적인 경우 이를 계층화 하여 주요 요인과 그 주요 요인을 이루는 세부 요인들로 분해하고 이러한 요인들을 쌍비교(Pairwise Comparison)를 통해 가중치로서 중요도를 산출하는 분석 방법임.
- 복잡한 의사결정의 전 과정을 단계별로 분석하여 최종적인 의사결정에 이르는 방법으로 문제 상황에 대한 근본적 발생 원인을 추적하고 단계별 세부추론에 의해 정책 문제를 구조화하고 이에 따른 해결방법을 강구하는 기법임.
- 직관적으로 다수의 속성들을 계층적으로 분류하고 각 속성의 중요도를 파악하여 최적의 대안을 선정하는 방법으로 정성적, 정량적 자료를 동시에 비율 척도로 관찰할 수 있다는 장점이 있음.

- 미국 연방정부, World Bank, 정부기관 및 한국개발연구원(KDI)과 같은 연구 기관, 산업은행 등 금융기관, LG전자 등 민간기업에서 각급 조직의 판단과 선택, 성과의 측정 평가, 의사결정 정책결정, (사업)타당성 분석 및 검증, 갈등의 조정 해소, 그룹 의사결정의 통합 등에 폭넓게 활용되고 있음.

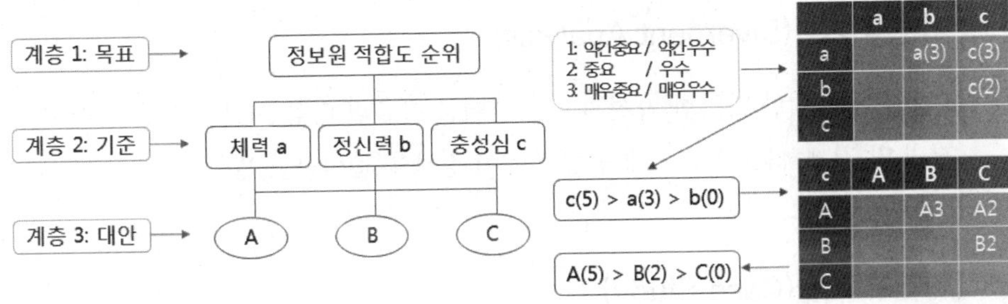

〈 계층분석 기법 〉

Chapter 04

07 인과고리 기법(CLD, Casual Loop Diagram)

- 사실관계에 영향을 미치는 변수를 최대한 도출하고 이를 인과관계에 따라 도식하여 사태발생의 직접적, 간접적 요인을 규명하고 향후 추세를 전망할 수 있는 분석기법임.
- 변수 추출 시 가능한 다수의 분석관이 브레인스토밍과 같은 방법을 활용하여 추출하는 것이 바람직하고 변수들의 인과관계를 도표로 그려두고 인과관계를 추정하고 미래를 예측함.

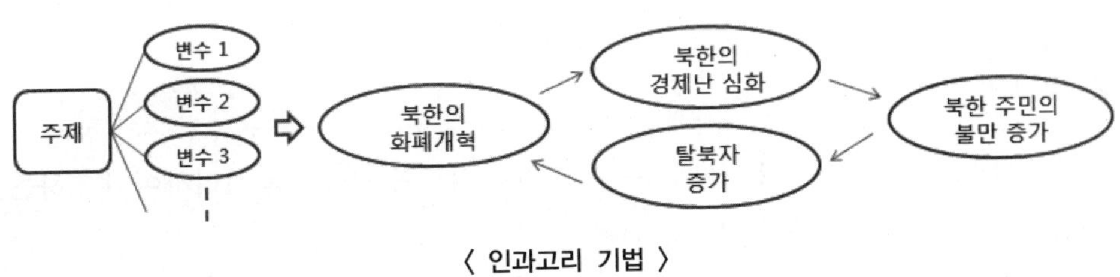

〈 인과고리 기법 〉

08 목표지도작성 기법(Objectives Mapping)

- 정책목표와 정책대안과의 관계 및 장애요인 등을 도표화하여 최적의 방법을 도출하는 기법으로 포괄적인 국가정책을 수립하고 각각의 기본정책 방향에 따라 체계적인 세부 추진대책을 착안하는데 유용한 방법임.
- 정책집행의 복잡성을 도식화 할 수 있고 목표달성을 왜 해야 하는 지 생각하게 하여 행위의 목적을 명료하게 하는 효과가 있음.

정책 목표	정책 대안 1	정책 대안 2	정책 대안 3	장애 요인
A	a	b	c	d
B	e	f	g	h

〈 목표지도작성 기법 〉

09 분기분석 기법(Divergent Analysis)

- 분석주제에 대한 다양한 가설과 아이디어를 창출한 다음 시간적 여유를 갖고 이를 정리 및 정제하는 과정을 계속 반복하여 정보를 분석하는 방법임.

10 사례연구 기법(Case Study)

- 분석주제와 유사한 성격의 과거사례 중 하나를 집중적으로 검토하여 문제해결을 위한 정책결정과정과 대응방안 등으로부터 응용할 수 있는 법칙이나 교훈을 도출하는 기법임.

11 유추법(Analogy)

- 설명하기 어려운 현상이나 대상을 알기 쉽게 말하기 위해 평소에 알고 있는 이론이나 과거사례를 상호 비교하여 설명하거나 예측하는 방법으로 같은 범주가 아닌 다른 범주의 대상을 비교함.

12 문제발견 기법

(1) 체크리스트는 가능한 모든 문제점을 빠뜨리지 않도록 일람표를 정리하여 대조하는 방법임.

대항목	소항목	확인	일시
인원보안	a : 신원조사를 철저하게 했는가?	△	
	B : 내부자 보안관리를 하고 있는가?	O	
	c : 재산의 급격한 변화가 있는가?	X	

〈 체크리스트 〉

(2) 특성열거법은 개선하고자 하는 문제점에 대해 특성을 열거하고 개선을 시도하는 방법임.

(3) 5W1H는 세계2차대전 중 미 육군이 개발한 것으로 why, who, where, when, what, how를 파악 하여 문제를 해결하는 방법임.

13 친화도법(Affinity Diagram) 또는 KJ분석법(가와기타 지로법)

- 장래의 문제나 미지의 문제를 수집한 정보를 상호 친화성에 의해 그룹화하여 해결해야 할 문제를 명확히 하는 방법으로 이질의 데이터 속에서 의미 있는 맥락과 결합을 발견하여 새로운 발상, 문제점, 가설, 상황을 촉진하는 방법임.
- 복잡하게 얽혀있는 자료를 언어 데이터로 포착하여 문제 사이의 관계와 상대적 중요성을 이해하는 데 도움을 주고 작성단계에서 멤버간의 팀워크 강화와 문제해결을 유도함.
- 자료 수집 후 상호관계가 있는 것을 그룹화하고 이를 소그룹에서 대그룹으로 정리해 가면 되고 이때 특이한 것은 그대로 둠.

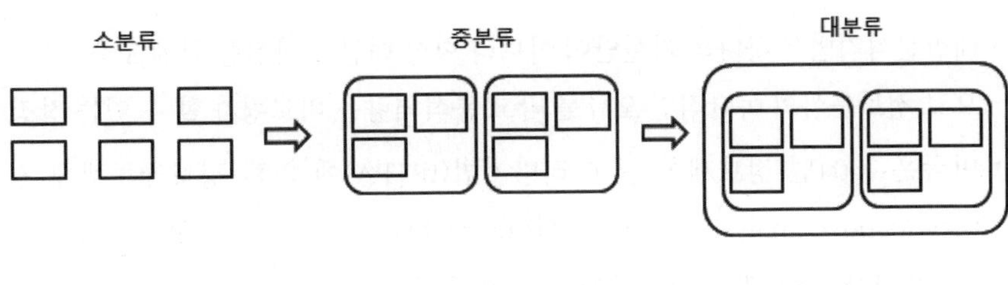

〈 친화도법 〉

14 위원회 토의 기법(Committee Discussion)

- 분석관 혹은 업무 관련자들이 위원회를 구성하여 특정이슈나 문제를 협동적으로 생각하여 최적의 해결방안을 찾는 방법으로 문제의 확정, 문제의 이해, 해결 방안의 모색, 해결방안의 결정 순으로 합의를 도출함.
- 위원회가 의사결정권이 있어야 토의를 통해 합의 도출이 가능하며, 용어가 불분명하거나 토의 내용이 공감되지 않는다면 사전에 협의하여 일치를 봐야 함. 예로 국정원 개혁발전위원회, 원자력 공론화 위원회 등이 있음.

15 경쟁분석 기법(Competitive analysis)

- 동일한 주제에 대해서 복수 이상의 정보기구들이 또는 동일한 정보기구 내에서 복수 이상의 정보분석 팀이 각자의 전문성을 바탕으로 분석한 다음 분석결과를 상호 비교하는 것임.
- 분석기구의 유형 중 혼합형 또는 경쟁적 분석형(competitive analysis)에서 사용하는 방식으로 체리피킹(cherry-picking)에 따른 정보의 정치화나 위험을 과대평가하는 강경파의 의견을 선호할 위험성이 있음.

06 대안분석 기법(Alternative analysis)

01 대안분석기법의 특징

- 대안분석기법은 하나의 가설만이 아니라 항상 대안적 가설을 함께 도출하는 분석방법으로 정보분석의 독단적인 오류를 막고 분석역량을 비교평가 할 수 있는 장점이 있음.
- 미국은 2004년 정보개혁 및 테러방지법(IRTPA)에 의해 정보공동체에 경쟁 분석(Competitive analysis)과 대안분석(alternative analysis)을 통한 분석 보고서가 반드시 정책담당자에게 제공되도록 절차 마련을 요구함.

> **더 알아보기**
>
> **정보개혁 및 테러방지법(IRTPA: the Intelligence Reform and Terrorism Prevention Act)**
>
> 정보개혁 및 테러방지법은 9.11테러진상조사위원회의 권고로 2004년 12월 제정된 법률로 16개 정보기관의 공동체(IC)를 통솔하는 장관급의 국가정보장(DNI)과 국가정보장실(ODNI), 국가대테러센터(NCTC)와 합동정보공동체위원회(JICC) 창설의 근거가 됨.(국가대테러센터)와 JICC (합동정보공동체위원회) 창설의 근거가 됨.

02 대안분석기법의 종류

(1) 악마의 대변인(Devil's Advocate) 또는 악마의 변론(Devil's Advocacy)

- 일부러 반대 입장을 취하는 사람으로 조직 내부 인력들과 함께 실제 앞으로 예상되는 이슈에 대해 전략적 대응 논리와 메시지를 만들 때 유용함.

- 사람들의 사고에 깊이 고착되어 상식처럼 인정받는 주장이나 논리에 도전하여 뒤집고자 할 때 사용되며 의도적으로 자신에게 유리한 증거만 취사선택하여 활용하기도 함.

(2) 레드팀(Red Team) 또는 레드셀(Red Cell)

- 조직 내부의 전략 수립에 개입되지 않은 독립적인 팀이 상대방의 입장에서 시뮬레이션 하여 기존에 세워진 가설 검증, 취약점 확인 및 대처방안을 분석 하는 과정을 거쳐 이미 발생하거나 발생 가능성이 있는 문제점에 대해 새로운 시각으로 해결책을 제시하는 것임.
- 본래 미군이 적의 입장(레드팀)에서 아군을 공격하게 하고 여기서 드러난 취약점을 개선하는 데서 시작된 것으로 자체적으로 찬성, 반대로 팀을 나눠서 특정 주제에 대한 논쟁을 벌이는 방식으로 집단사고 방지효과가 있음.
- 조직 내부의 '악마의 대변인(Devil's Advocate)'과 같은 역할을 하는 레드팀은 이미 해외에서는 보편화된 제도로서 군대의 합동작전뿐만 아니라 정부와 기업의 다양한 영역에 활용되고 악마의 대변인 보다 효과적인 방법으로 간주되며 특히 고위험 저확률의 예측하지 못한 사건에 대한 해결책 제시가 가능함.
- 레드팀은 적국의 정치체제와 문화를 잘 알고 있는 지역전문가나 분석관들로 구성되어 외국정부의 고위관료 역할을 대행하며 이를 활용하여 자국의 외교 안보목표 실현을 어렵게 만드는 여러 가지 행동 방식과 역할을 수행시켜 적의 입장에서의 행동을 파악함.
- 레드팀은 의견 일치를 보는 것보다는 자국의 전략적인 사고방식에서 벗어나 적의 입장을 반영한 분석이 가능하여 독창적인 전략계획을 수립하는데 기여하고 이를 통해 정책결정자와 전략가들의 상상력을 자극하고 관심과 호응을 이끌어 내는데 목적이 있음.

(3) 핵심 전제조건 점검(Key Assumption Checks)

- 결론에 이르게 된 기본전제와 그렇게 가정하게 된 주요 요인이 무엇인지 밝혀 결론을 내린 논리를 알 수 있게 하는 것으로 정보소비자로 하여금 결론을 내리는데 필요한 조건들이 타당한지 또 그러한 판단을 바꿀 수 있는 증거가 있는지를 파악하게 함.

(4) 시나리오 전개기법(Scenario Development)

- 장차 발생할 수 있는 다양한 시나리오를 구상해 보는 방법으로서 정보적 차원에서 다양한 의문점을 도출하여 정책결정자가 상식적으로 어떤 일이 발생할 지 예상해 볼 수 있도록 하며 그러한 사건이 발생했을 때 피해를 최소화 할 방책에 대해서 생각해 보도록 한다는 장점이 있음.

- 전문가 집단이 먼저 브레인스토밍을 거쳐 사건에 영향을 미칠 수 있는 변수를 도출해 보고 일단 상식적인 판단이나 일반적 가정에 기초하여 사건의 전개방향을 예측해 봄.
- 2개 이상의 핵심적인 불확실 요소를 선택하여 두 축으로 삼고 대안적 시나리오 행렬을 작성하여 네가지 유형의 조건이 만들어지면 각기 다른 조건에서 어떻게 어떤 행동이 예측되는지 밝혀낼 수 있으며 상식에 벗어난 시나리오, 가장 위협적인 시나리오 등도 알 수 있음.

(5) 돌발적인 사건의 출현을 가정한 분석(Contingency what if analysis)

- 발생할 가능성이 가장 높은 사건이나 결과를 분석하는 것이 아니고 별로 발생할 가능성이 없는 사건의 원인과 결과를 분석하는데 초점을 둠.
- 다양한 시각에서 의문을 제기해 봄으로서 분석관이나 정책결정자들 스스로 자신이 알고 있는 것만큼 실제로 모르는 부분을 인식하게 되어 기존의 사고방식이나 고정관념을 벗어날 수 있게 해줌.
- 악마의 대변인(악마의 변론) 기법은 상대의 논리가 장점을 가지고 있더라도 무조건 반박하는데 중점을 두지만 what if 기법은 다소 엉뚱한 질문으로 시작하여 추가적으로 필요한 의문사항(첩보수집능력, 기만 가능성, 판단을 내리게 된 핵심가정)을 제기하도록 유도하는데 중점을 둠.

(6) High-Impact / Low-Probability Analysis(HI/LP)(가능성은 적지만 발생하면 충격이 큰 이슈)

- What if기법과 유사하게 발생 가능성이 적은 사건에 초점을 맞추지만 사건이 발발할 경우 그 파장이 엄청나게 큰 점에서 차이가 있음.

03 대안분석 기법의 한계

- 대부분 정책결정자는 분석기법에 대한 전문성이 부족하고 관련 이슈에 대해 잘 모르는 경우가 많아 방법론적으로 모호한 대안분석기법에 따라 작성된 보고서를 무시할 수 있음.
- 대안분석기법은 상식적인 판단을 뒤집기보다 최초 작성보고서가 결국 옳았다는 것을 재확인하는 차원에 그치거나 충성경쟁에 따른 정보의 정치화의 위험성이 있어 도움이 되지 않을 수도 있음.
- 대안분석기법은 자원집약적인 특성이 있어서 지나치게 많이 활용할 경우 제한된 분석자원을 낭비할 수 있어 사소한 이슈보다는 이란, 이라크, 북한 등과 관련된 사안처럼 많은 노력을 투자해야 유의미한 결과가 나오는 사안에 적용하는 것이 적절함.

• 분석팀 간 충분한 상호이해 없이 한 팀에서 제시한 대안적 분석이 현재의 분석과 대립되는 결론을 주장하는 경우 분석관들의 분열과 반발을 조장할 수 있음.

07 분석기구 유형

01 분산형과 중앙집중형

(1) 분산형(confederate)

• 분산형은 각 정보기관이 자체적으로 수집 및 분석기능을 가지고 필요한 정보를 생산하는 것으로 세계2차대전 이전의 미국은 국무성, 육군, 해군이 각자 수집 및 분석기능을 가지고 부서 간 교류 없이 활동함.

• 단점은 정보분석의 중복, 소요자원의 분산 투자에 따른 조기경보 실패이며 1941년 진주만 공격(Attack on Pearl Harbor)을 받을 당시 미국 정보공동체의 정보판단 오류의 원인으로 지적받음.

(2) 중앙집중형(centralized)

• 중앙집중형은 첩보의 수집과 분석을 철저히 이원화하여 정보 분석은 중앙 분석 부서(예: ODNI 산하 NIC)에서 부문정보기구의 첩보 자료를 모두 취합하고 협의한 후 보고서(예: NIEs)를 작성함.

• 중앙분석 부서에서 국가의 모든 정보 자료를 활용할 수 있고 중요한 사안을 포괄적으로 다룰 수 있으며 중복투자를 방지할 수 있으나 독점적 정보분석의 오류 가능성도 상존함.

(3) 혼합형 또는 경쟁적 분석형(competitive analysis)

• 혼합형 또는 경쟁적 분석형은 개별 부분 정보기구가 정보분석 기능을 보유함과 동시에 국가 전체적 이슈인 국가정보 보고서 작성은 중앙분석부서가 담당함.

• 중앙분석 부서는 국가정보기관 및 부분정보기관들로부터 분석관을 소집하여 A팀과 B팀으로 나누어 동일사안에 대해 경쟁분석(competitive analysis)하게 하여 결과를 비교함.

• 분산형과 중앙집중형의 절충형으로 상호간의 장점을 최대한 살려 정보분석의 질을 높일 수 있음.

02 영국형과 미국형

(1) 영국형

- 영국형은 합동정보위원회(JIC, Joint Intelligence Committee)에서 부분정보기관 간 협력과 합의를 통해 정보판단을 조율하며 의견 불일치를 허용하지 않음.
- 영국의 JIC(의장은 처음에 외교부 고위관료에서 수상이 임명한 내각사무처 관료로 바뀜)는 1936년 설립되어 세계2차대전 간 해외정보를 객관적으로 평가하고 부문정보기관 간 협력을 성공적으로 이끌어 냄.
- 영국은 JIC에서 국가정보판단보고서(NIEs)를 생산하고 있으며 각 부분정보기관 요원들은 물론 외무부, 재무부 등 관련부처 정책결정권자가 참여하여 이들의 경험과 지식이 정보판단에 충분히 반영되도록 하고 있음.

(2) 미국형

- 미국형은 국가정보장실(ODNI, 구. DCI)과 같은 중앙정보기구를 설치하여 부문정보기관 간 판단을 조율함.
- 미국은 냉전을 거치며 영국식 모델인 합동참모위원회에서 탈피하여 1947년 국가안보법(National Security Act)에 따라 CIA를 창설하여 CIA의 수장이 중앙정보장(DCI, Director of Central Intelligence)이 되어 부문정보기구를 통제하였음.
- 9.11테러 이후 DCI 체제를 극복하고자 정보개혁 및 테러방지법(IRTPA)에 따라 2004년 국가정보장(DNI, Director of intelligence)과 국가정보장실(ODNI, Office of Director of intelligence)을 신설함.
- ODNI는 수평적 정보공유를 통해 부분정보기관들 간 합의를 도출하고 기관 간 업무조정 및 통제를 담당하면서도 다수의 부문정보기관의 다양성을 인정하여 의견이 다르면 각주(footnote)를 통해 다른 견해를 표현할 수 있음.
- 미국은 정보와 정책이 상대적으로 분리된 시스템으로 영국과 달리 정책 담당자는 참석하지 않고 부분정보기구의 요원들만 참석함.
- ODNI 산하에 국가정보위원회(NIC, National Intelligence Council)는 영국의 JIC와 유사한 역할을 수행하며 국가정보판단보고서(NIEs)를 생산하고 있어 미국은 사실상 두 가지 유형의 특징을 모두 갖고 있음.

08 정보분석 학파

01 기술학파

- 기술학파는 기술정보 분석에 유용하며 소련의 정보기관들이 선호한 방식으로 비밀리 수집된 첩보에 대한 전문가적 견해를 정책결정자들에게 전달하는 것임.
- 분석관은 영상첩보나 암호첩보를 기술적으로 해석해주고 그 의미를 소비자에게 전달하는 기술적 조언자 역할에 국한되며 정보분석의 엄격한 객관성, 중립성을 강조함.

02 과학적 예측학파

- 미국의 CIA의 시각으로 사회과학적인 방법을 통해 이미 발생한 사건의 인과관계를 규명하고 이를 근거로 예측 판단하는 형태로 셔먼켄트(Sherman Kent), 윌리엄 콜비(William Colby)의 입장임.
- 정책결정자의 요구에 주목할 필요는 있으나 지나치게 그들의 요구에 부합하여 연구결과가 정치화되거나 또는 객관성이 상실되는 것은 회피하여 정보의 정치적 중립성에 있어서 절충적 입장임.

03 기회분석학파

- 정보분석은 정책결정자들의 목표를 달성하기 위한 수단으로 적대국 지도자들의 위협과 취약점을 파악하고 이를 정책결정자들의 정책목표 달성을 위한 기회로 활용하는 형태로 윌모어 켄달(Wilmore Kendall)의 시각임.
- 분석관은 정책결정자들과 밀접한 관계를 유지하면서 그들이 선호하는 정보를 제공하며 정보분석의 정치적 중립성보다는 정책결정자와의 협조를 강조함.

09 셔먼켄트의 정보분석 9계명(Kent's Analytic Doctrine)

(1) 정책입안자의 관심사항에 주목하라(Focus on Policymaker Concerns)

- 정책결정권자의 결정주기에 맞추어 위협억제와 정책기회 포착에 필요한 정보를 제공하라는 것임.

(2) 분석관 자신의 의제를 추구하지 말라(Avoidance of a Personal Policy Agenda)

- 외견상 가능성이 적은 결과에도 관심을 기울이고 대안 선택은 정책결정자에게 맡겨두라는 것임.

(3) 정보의 엄격성(Intellectual Rigor)

- 불확실성이나 정보격차를 피하고 유효하고 실질적인 자료, 오픈 마인드에 근거한 가정과 예측을 통해 엄격하게 분석을 하라는 것임.

(4) 분석적 편향을 피하기 위한 의식적 노력(Conscious Effort to Avoid Analytic Biases)

- 분석과정에서 고착된 인지적 편견을 극복하고 정책이나 정치적 편향성을 최소화 하도록 의식적으로 노력하라는 것임.

(5) 다른 판단을 고려할 의지(Willingness to Consider Other Judgments)

- 최상의 보고서를 만들기 위해 정보의 강약점을 파악하고 다양한 견해에 대한 논쟁과 반대를 격려하라는 것임.

(6) 외부전문가의 체계적 활용(Systematic Use of Outside Experts)

- 분석의 편향을 방지하기 위해 정책고객의 발표나 판단에 주의를 기울이고 광범위한 외부전문가의 조언과 언론매체의 보도 경향을 참고하라는 것임.

(7) 판단에 대한 집단책임(Collective Responsibility for Judgment)

- 정보관의 정보판단에 대한 자율성 뿐 아니라 판단결과에 대해 집단 책임을 보장하고 분석관은 개인적인 견해와 조직의 의견을 구분하여 말하라는 것임.

(8) 정책지원 정보와 판단 간의 효과적인 의사소통(Effective communication of policy-support information and judgments)

- 짧고 정확한 보고서를 배포하되 분석관이 만들어 낸 혼란과 불확실성을 배제하고 발생 가능성에 대한 언어구사를 정확히 하라는 것임.

(9) 실수의 솔직한 인정(Candid Admission of Mistakes)

- 성공적 분석을 보장하는 이론은 없으므로 실수와 성과를 체계적으로 연구하여 개선된 방법을 모색하라는 것임.

10 정보분석의 주요이슈

01 미러 이미지(Mirror imaging)

- 외재적 접근으로 다른 사회의 정치 지도자가 분석관과 비슷한 동기와 목표를 가지고 행동할 것이라는 생각하고 이를 극복 하기 위해 내재적 접근법이 도입됨.

02 고객 과신주의(Clientism)

- 분석관이 믿을만한 첩보출처에 대한 일종의 안심과 순응 또는 기존에 처리한 경험이 있거나 유사한 분석주제에 대한 과잉 신뢰로 정보에 대한 비판 능력을 잃어버리는 현상임.

03 인질 담보(False hostages, 허위 인질삼기)

- 협상을 위해 의도적으로 이의 제기할 사항을 만드는 것으로 A정보기관이 B 정보기관의 이슈에 대해 강력히 반대하는 척하다가 이슈를 수용해 주는 대가로 A정보기관이 관철시키고자 하는 이슈를 수용하도록 상호 합의하는 것임.

04 상부상조(Backstitching and Log-rolling 또는 Backscratching and Logrolling)

- 정보기관 간의 타협적인 협력(담합)을 통해 정보기관 간의 상호 지분을 확보하는 것으로 정보보고서 내에서 A정보기관이 B정보기관의 의견을 받아주면 B정보기관이 A정보기관의 의견을 받아주는 타협임.

05 각주 전쟁(Footnote Wars)

- 상부상조나 인질담보를 통해 각주(페이지 하단에 붙이는 주석)보다 비중이 큰 본문을 차지하기 위한 경쟁이나 무지를 호도하기 위한 방편으로 본문이 아닌 각주에 추가 의견을 개진하는 것임.

06 늑대소년 효과(Cry Wolf Effect, 암시와 경고의 문제)

- 중요하지 않은 사실이나 의도적이지는 않지만 부정확한 경고를 남발하게 되면 정책결정자의 주의력이 분산되거나 약화되어 실제 중요한 경고가 효과를 발휘하지 못하는 현상으로 정보분석관의 판단능력 문제임.

07 인식론적 경직성(stereotype)

- 고정관념으로 분석관이 처음 세운 가설이나 분석에 몰입하거나 자신의 생각과 배치되는 정보를 의식적으로 배척하여 자신이 옳다고 생각하는 것을 반영 하려고 노력하는 행태

08 레이어링(Layering)

- 포함되어 있는 어떤 정보의 불확실성을 감안하지 않고 다른 정보분석 시 해당 정보를 판단의 기준으로 분석하는 현상으로 불충분하게 수집된 첩보를 바탕으로 분석된 것이라면 더욱 위험함.

09 최소공통분모(Lowest Common Denominator Language)

- 분석관 간 의견이 다를 때 타협하여 모호한 용어로 작성된 보고서로 복지부동, 무사안일을 나타낼 때도 사용함.

10 인정된 견해(Received Opinion, 정설이론)

- 충분한 조사나 분석 없이 일반적으로 옳은 사실로 간주되는 의견임.

11 밀과 겉겨의 문제(Wheat vs Chaff problem)

• 분석이 막대한 수집정보에 미치지 못하는 불균형 문제 또는 정보수집단계에서 중요한 알곡과 불필요한 껍질을 구별하는 것이 제대로 안된 경우의 문제임.

12 정보분석 집단 또는 정보기관의 오류

• 집단사고(Group Think)는 분석 부서 내에서 개인의 소수의견 무시되는 현상이며 부처이기주의(ministry selfishness)는 타 부처의 의견을 반영하지 않고 견제하거나 자신들이 속한 부서의 영향력을 강화하는 것임.

더 알아보기

후광효과

• 후광효과(Halo Effect)는 일반적으로 어떤 사물이나 사람에 대한 평가 시 그 일부의 긍정적, 부정적 특성에 주목하여 대상에 대한 객관적인 판단을 하지 못하는 인간의 심리적 특성으로 일종의 사회적 지각의 오류임. (Fisicaro & Lance, 1990)

• 후광효과는 개인이나 대상이 가지고 있는 하나의 두드러진 특성이 그 사람이나 대상이 가지고 있는 다른 특성(업무수행 평가, 인상형성 혹은 다른 사람들의 특성 등)을 평가하는데 영향을 미치는 평가자의 경향임.

• 후광효과는 개인이나 대상이 가지고 있는 하나의 현저한 특성에 대한 평가가 그 사람이나 대상의 다른 덜 현저한 특성들에 대한 평가에 영향을 미치게 하는 평가자의 경향임.

• 후광효과는 특정 사람이나 대상이 갖는 개념적으로 명확하고 독립적인 특성들을 구분하지 못하는 평가자의 오류임.

• 명문대생 출신이면 똑똑하고 유능하다고 생각하거나 연예인이 직접 사용한다고 하면 더욱 신뢰한다거나 하는 것이며 부정적 후광효과(또는 역후광효과, reverse halo effect)는 평가 대상에게 불리하게 작용함.

04 단원별 퀴즈

01. 정보분석시 문제제기의 요건에는 (　　　), (　　　), (　　　)이 있다.

02. 정보분석시 자료평가 기준에는 (　　　), (　　　), (　　　)이 있다.

03. 정보분석의 조건에는 (　　　), (　　　), (　　　)이 있다.

04. 마크로웬탈의 좋은 정보의 요건에는 (　　　), (　　　), (　　　), (　　　)가 있다.

05. 정보의 질적가치에는 적합성, 완전성, (　　　), (　　　), (　　　)이 있다.

06. 정보보고서 배포의 원칙에는 (　　　), (　　　), (　　　) 비밀성이 있다.

07. 정보보고서의 역할은 징후경고, 위협분석, 대안분석을 통해 불확실성을 감소 시키는 것이다.

08. 셔먼켄트의 시각으로서 사회과학적인 방법을 통해 이미 발생한 사건의 인과관계를 규명해 내고 이를 근거로 미래예측을 하는 정보분석학파는 기술학파이다.

09. 정보가 국가의 이슈에 대해서 경고만 하고 적극적으로 다루지 않는다는 비판을 한 학파는 기회분석학파이다.

10. 모자이크이론을 근거로 가능한 모든 첩보를 수집하고 이를 하나의 그림으로 완성해 나가는 기법은 개념형 분석기법이다.

11. 주관적 확률론(또는 조건부 확률론)이라고도 하며 복수가설 설정 후 추가정보 입수를 통해 확률을 재산정하는 양적기법은 의사결정나무기법이다.

12. 게임이론과 합리적 선택이론의 조합으로 정책방향을 예측하는데 사용되는 것은 Policon & factions 기법이다.

13. 대안분류 및 도식화를 통해 전체상황을 파악하는 통찰력을 제공하는 도구로 활용되는 것은 게임이론이다.

14. 모든 가설의 행렬표를 작성하고 가설과 근거의 일치여부를 판단하여 복잡한 문제를 판단하고 여러 가설 중 가장 좋은 가설을 선택하는 방법은 핵심판단기법이다.

15. 친화도법(KJ분석법)은 자료 수집 후 상호관계가 있는 것을 그룹화하고 이를 소그룹에서 대그룹으로 정리해 가면 되고 이때 특이한 것은 그대로 둔다.

16. 레드팀(Red Team)은 고위험 저확률의 예측하지 못한 사건에 대한 해결책 제시가 가능하다.

17. 정보분석시 특정 이슈에 대해 두가지 이상의 견해를 내면서 책임을 회피하고 정책결정자들의 판단에 혼란을 주는 것은 Lowest Common Denominator Language이다.

18. 정보분석관은 치밀하고 명백한 분석논리를 마련하여 다른 분석관의 견해로부터 끝까지 주관을 지켜내어야 한다.

19. Clientism은 타협이나 책임전가 또는 관료제의 문제점을 지적한 것이다.

04 기출 및 유사문제

01. 정보분석 과정을 설명한 것으로 옳지 않은 것은?

① 수집된 첩보를 평가하여 출처의 신뢰성과 자료의 가치를 점검한 다음 종합·해석을 통해 중요한 사실관계를 확인한다.
② 확인된 사실관계를 기초로 전후관계의 의미를 판단하고 이에 대한 국가정책을 결정한다.
③ 정보분석은 정보분석관의 지식과 경험, 이성적 판단과 직관 등이 총동원된 판단 및 가치탐색의 과정이 수반된다.
④ 수집된 첩보에서 국가이익과 관련된 중요한 내용을 추출하고 의미를 평가하는 과정으로서 기술적인 동시에 가치지향적인 판단작업이다.

02. 양적분석을 설명한 것으로 잘못된 것은?

① 실증주의와 과학적 경험주의 전통에 기초한 것이다.
② 정치현상도 규칙성을 보이므로 계량화 할 수 있고 일단 계량화가 되면 자연 과학적 방법을 통해 변수들 간의 관계를 설명하고 예측할 수 있다는 것이다.
③ 양적 분석은 인간의 행동을 인위적으로 분해하는 결과를 초래할 수 있으나 연구자가 선호하는 방향으로의 왜곡하는 것은 불가능하다.
④ 가치중립적이고 비편견적인 분석방법을 추구하는 것이다.

03. 질적분석기법에 속하지 않는 것은?

① 인과고리 기법　② 역할연기 기법
③ 분기분석 기법　④ 의사결정나무 기법

04. 게임이론과 합리적 선택이론을 이용하여 어떤 국가가 선택할 국가정책을 예측하고 향후 정치의 전개방향을 전망하는 프로그램은?

① 사회조사방법　② 폴리콘 기법
③ 베이지안 기법　④ 델파이 기법

05. 정보분석 대상에 대한 판단기준인 가치판단과 우선순위에 해당되지 않는 것은?

① 국가가 지향하는 이념이나 가치체계와의 일치 여부
② 정치적 감각으로 정권의 안정과 수호에 적합한가의 여부
③ 도덕적 감각으로 정책의 정당성과 국민적 공감대의 여부
④ 법률적 감각으로 정책의 합법성의 여부

06. 정보보고서에 대한 설명으로 적절하지 않은 것은?

① 정보보고서는 국가이익과 관련된 사항을 종합, 판단하여 국가정책을 수립·집행하는 정보수요자에게 전달하기 위해 생산하는 문서이다.
② 정보보고서는 정보사용자의 정책자료이며 미래의 행동방책을 제공하는 문서이다.
③ 정보보고서는 생산자의 입장에서 체계적으로 분석하여 명확하고 이론적이고 전문성을 드러낼 수 있어야 한다.
④ 정보보고서는 적시성, 정확성, 완전성, 결과지향성 등의 요건을 충족시켜야 한다.

07. 가능한 모든 대안을 도식화하여 문제의식을 단순하고 명확하게 하는데 유용한 분석방법은?

① 인과고리분석기법　　② 경쟁가설기법
③ 브레인스토밍기법　　④ 의사결정나무기법

08. 다음 중 양적분석기법인 것은?

① 브레인스토밍(Brain Storming)
② 핵심판단 기법(Key Judgement)
③ 베이지안 기법(Bayesian Method)
④ 경쟁가설 기법(Competing Hypotheses)

09. 질적 분석기법 중 브레인스토밍 기법의 기본원칙이 아닌 것은?

① 제안된 의견에 대해 판단을 유보한다.
② 양보다는 질을 우선한다.
③ 비록 엉뚱한 생각이라도 받아들인다.
④ 타인의 사고를 수용하고 자신의 의견을 개진한다.

10. 다음의 분석기법 중 복수의 가설을 동시에 평가하여 증거와 가설의 일치 여부를 판단하는 방법은?

① 경쟁기법　　② 핵심판단 기법
③ 인과고리 기법　　④ 경쟁가설 기법

11. 가설에 대한 가능성을 확률로 판단한 다음 통계학적 방법으로 추론하는 분석방법은?

① 베이지안 기법　　② 경쟁가설 기법
③ 역할연기 기법　　④ Policon & Faction

12. 정보분석 학파에 대한 설명으로 맞지 않는 것은?

① 미국은 기술학파와 기회분석학파의 절충적 입장에 가깝다.
② 과학적 예측학파는 미국의 CIA의 시각으로 사회과학적인 방법을 사용하여 사건의 인과관계를 규명하고 이를 근거로 예측 및 판단한다.
③ 기회분석학파는 분석관이 정보분석의 정치적 중립성보다는 정책결정자와의 협조를 강조한다.
④ 셔먼켄트(Sherman Kent), 윌리엄 콜비(William Colby), 윌모어 켄달(Wilmore Kendall)는 모두 과학적 예측학파이다.

13. 정보분석에 대한 설명으로 적절하지 않은 것은?

① 정보분석의 적합성은 사용자에게 그 문제에 대한 지식과 이해를 넓혀주고 사용자를 공감시켜 정책에 반영되어야 가치를 높일 수 있다.
② 정보분석은 학문적 분석과 달리 현상 및 상황의 제3자의 입장에서 객관적으로 사실을 규명하는데 주안을 둔다.
③ 정보는 제때에 전달되지 않으면 무용지물이 되므로 완전성과 정확성의 문제보다 적시성의 문제가 가장 중요하다.
④ 분석관은 다양한 가능성에 열린 자세로 대해야 하며 정보사용자가 교체되거나 정책방향이 변하는 경우에도 빈틈없는 정보를 생산해야 한다.

14. 정보분석 과정 내 단계별 요건으로 빈칸에 적절한 것은?

- 정보분석시 문제제기 요건은 정확성, 적합성, (　)
- 정보분석시 자료 평가기준은 (　), 적합성, 신뢰성
- 정보분석의 조건은 (　), 적시성, 명료성
- 정보의 질적가치는 (　), 적시성, 정확성, 객관성, 완전성
- 마크 로웬탈의 좋은 정보의 요건은 적시성, 적절성, (　), 명확성

① 적시성-정확성-적합성-객관성-명확성
② 적시성-정확성-객관성-적합성-이해성
③ 명확성-적시성-정확성-이해성-적절성
④ 명확성-적시성-이해성-적절성-완전성

15. 국가정보학 연구방법에 대한 설명중 적절하지 않은 것은?

① 역사적 접근은 시계열에 따라 역사를 나열하거나 회고록, 문헌자료를 활용하는 것으로 영국식에 가깝다.
② 기능적 접근은 정보활동(정보수집, 정보분석, 방첩활동, 비밀공작)에 대한 연구이며 산물로서의 정보를 다룬다.
③ 구조적 접근은 정보기관의 조직에 관한 연구를 다루며 국가정보기관과 (국가)부문정보기관을 다룬다.
④ 정치적 접근은 정보 순환의 사례를 연구하는 것으로 과정으로서의 정보이며 미국식에 가깝다.

16. 다음 중 양적-질적-대안 정보분석 기법을 바르게 분류한 것은?

① 인과고리기법-경쟁가설기법-악마의 대변인
② 의사결정나무기법-목표지도작성기법-역할연기기법
③ 경쟁가설기법-사례연구기법-친화도법
④ 정세전망기법-계층분석기법-레드셀

17. 셔먼켄트의 정보분석 9계명에 포함되지 않는 것은?

① 정책결정권자의 결정주기에 맞추어 위협억제와 정책기회 포착에 필요한 정보를 제공하라
② 분석관 자신의 의제를 추구해서는 안되며 외견상 가능성이 적은 결과에도 관심을 기울이고 대안을 선택하는 것은 정책결정자에게 맡겨 두어라
③ 분석의 편향을 방지하기 위해 정책고객의 발표나 판단보다는 광범위한 외부전문가의 조언과 언론매체의 보도 경향을 참고하라
④ 정보관의 정보판단에 대한 자율성 뿐 아니라 판단결과에 대해 집단 책임을 보장하고 분석관은 개인적인 견해와 조직의 의견을 구분하여 말하라

18. 정보분석관의 오류에 대한 구분으로 적절하지 않은 것은?

① 다른 사회의 정치 지도자가 분석관과 비슷한 동기와 목표를 가지고 행동할 것이라는 생각은 미러 이미지이다.
② 분석관이 믿을만한 첩보출처에 대한 일종의 안심과 순응 또는 기존에 처리한 경험이 있거나 유사한 분석주제에 대한 과잉 신뢰는 고객과신주의이다.
③ 협상을 위해 의도적으로 이의제기 할 사항을 만드는 것은 인질담보이다.
④ 정보기관 간의 타협적인 협력(담합)을 통해 정보기관 간의 상호 지분을 확보하는 것은 각주 전쟁이다.

19. 셔먼켄트의 정보분석 6단계에 대한 설명으로 옳지 않은 것은?

① 문제 확인은 문제를 정확하게 정의하고 현안이 무엇이며 왜 문제가 발생했고 어떤 정보가 필요한지 문제를 제기하는 것이다.
② 가설설정은 제기된 문제나 상황에 대해 다양한 가설을 도출하는 것으로 마치 논문을 쓰듯 사건의 인과관계에 따라 어떤 결과가 나오는지 가설을 설정한다.
③ 가설평가는 첩보를 바탕으로 양적분석 기법을 활용하여 가설을 검증하며 최대한 정확하게 가설을 평가한다.
④ 가설선택은 가설 검증을 통해 최선의 가설이 아니더라도 차선을 선택하고 기존 입장에서 크게 변하지 않는 대안적 가설을 채택한다.

20. 다음 정보실패의 유형으로 적절한 것은?

① 미국의 진주만 공습 대비 실패원인은 일종의 후광효과라 할 수 있다.
② 이스라엘의 욤키프르전쟁은 모사드의 이집트 공격징후를 무시한 군부 정보기관인 아만과 골다 메이어 총리의 오판에 따른 정보판단의 실패이다.
③ 미국의 피닉스 작전은 마을 주민으로 위장한 베트공 세력을 약화시키는 데는 단기적으로 성공했으나 베트남의 공산주의화는 막지 못했으므로 장기적으로 실패이다.
④ 미국의 베트남 전쟁은 군부가 CIA정보를 무시하고 전쟁승리를 낙관하여 백악관이 정치적 목적으로 승인한 정보 판단의 실패이다.

04 실전문제

21. 다음 사례의 분석관이 범하고 있는 오류는?

> 10년 동안 북한정보를 담당하는 A분석관은 그동안 북한의 핵협상 전략에 대해 누구보다 잘 안다고 자신하고 이번 남북정상회담에서도 과거와 같은 성동격서와 벼랑끝전술(Brinkmanship)을 사용할 것이며 포괄적 접근이후에 이슈를 분할하여 추가적인 양보를 요구(salami tactics)할 것이라고 단언하였다. 그러한 판단의 근거에는 중국 단동에서 장기간 운용 중인 믿을 만한 대북 첩보망이 입수한 정보가 있다.

① layering　　② mirror image

③ group think　　④ clientism

22. 정보분석 기법 중 2004년 미국 정보개혁 및 테러방지법(IRTPA)이 법적으로 요구한 분석기법 2가지는 무엇인가?

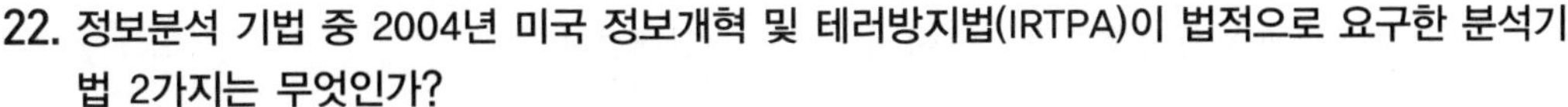

① 베이지언기법, 정세전망기법

② 대안분석, 경쟁분석

③ 린치핀분석, 레드팀기법

④ 시나리오전개기법, 위원회토의기법

23. 정보분석 시 분석관들이 정책담당자들의 관심을 끌만한 최신의 단편첩보에만 집착하고 매진하는 현상은?

① 수집정보의 홍수

② 정보의 정치화

③ 암시와 경고의 문제

④ 현행사건 증후군

24. 부문정보기관들 간의 정보판단 조율의 2가지 모델(영국식과 미국식)에 대한 설명으로 적절하지 못한 것은?

① 영국은 정책결정권자가 함께 참여하며 의견불일치를 허용한다.

② 영국은 합동정보위원회(JIC)를 통해 정보판단을 조율한다.

③ 미국은 중앙정보기구인 국가정보장실(ODNI)를 통해 정보판단을 조율한다.

④ 미국은 국가정보위원회(NIC)를 통해 JIC와 비슷한 역할을 수행한다.

25. 다음 중 분석기구의 유형에 대한 설명으로 적절하지 못한 것은?

① 분산형은 각 정보기관이 자체적으로 수집 및 분석기능을 가지고 필요한 정보를 생산한다.
② 중앙집중형은 첩보의 수집과 분석을 이원화하여 중앙의 분석부서에서 부문정보기구의 첩보를 취합한 후 독점적으로 보고서를 작성한다.
③ 혼합형은 개별 부분 정보기구가 정보분석 기능을 보유함과 동시에 국가 전체적 이슈인 국가정보 보고서 작성은 중앙분석부서가 담당한다.
④ 경쟁적 분석형은 정보분석의 중복, 소요자원의 분산 투자에 따른 조기경보 실패 가능성이라는 단점을 가지고 있다.

26. 알렉산더 조지(Alexander L. George)의 가설선택 방식에 대한 설명으로 옳지 않은 것은?

① 분석관은 점진주의 방법으로 기존 입장에서 크게 변하지 않는 대안적 가설을 채택한다.
② 분석관은 검증을 통과하지 못했더라도 큰틀에서 사건의 인과관계 흐름을 제대로 반영하고 있는 최선의 가설을 선택한다.
③ 차선의 가설이라도 최대의 지지와 합의가 도출된 가설을 선택한다.
④ 과거의 성공과 실패사례를 참조하여 유추적으로 선택한다.

27. 다음 중 정보의 질적요건을 바르게 연결한 것은?

- 정보는 정보사용자의 사용목적과 관련된 것이어야 한다.
- 정보가 생산자나 사용자의 의도에 따라 주관적으로 왜곡되면 선호정책의 합리화 도구로 전락할 수 있다.
- 첩보와 정보를 구분하는 기준이 될 수 있다.
- 정보는 사용자가 필요한 때에 사용할 수 있도록 제공되어야 한다.

① 적합성, 객관성, 완전성, 적시성
② 객관성, 적합성, 완전성, 적시성
③ 적합성, 완전성, 적시성, 객관성
④ 적합성, 완전성, 객관성, 적시성

28. 다음은 정보의 질적가치 중 무엇을 설명한 것인가?

징기스칸은 전쟁 전 다양한 인종과 계층에서 간첩을 선발하여 상인으로 변장시킨 후 주변 각지의 부족에 침투시켜 첩보를 수집하였고 이를 여러 경로로 확인한 후 공격을 감행하였다.

① 완전성　② 적합성　③ 정확성　④ 적시성

29. 다음은 정보의 질적가치 중 무엇과 관련이 있는가?

> 미국과 영국의 정보기구는 이라크 내 대량살상무기의 존재를 확인했다고 밝혔으나 전쟁 이후 WMD가 발견되지 않자 양국 의회는 위원회를 구성하여 이에 대해 정식으로 조사하였다.

① 완전성과 객관성
② 적합성과 정확성
③ 정확성과 객관성
④ 적시성과 완전성

30. 다음 보기와 거리가 가장 먼 정보의 질적요건은?

> 사마의는 수시로 촉한군의 진영을 염탐해 제갈량이 음식을 지나치게 적게 먹으면서 일은 새벽부터 밤늦게까지 직접 처리하고 있다는 것을 파악하고 제갈량이 죽음에 임박해 있음을 알았다. 하지만 제갈량이 마침내 사망했다는 정보를 입수한 후에도 부하를 보내서 다시 확인시켰다.

① 정확성 ② 완전성 ③ 객관성 ④ 적합성

04 정답 및 해설

단원별 퀴즈 정답 및 해설

01. 적합성, 적시성, 정확성, 정보분석 시 문제제기의 요건은 자체 분석단계에 의하면 정보분석 단계에서 초기과정이므로 객관성은 빠지게 된다.

02. 정확성, 적합성, 신뢰성, 적시성은 자료평가단계에서 이루어지는 것은 아니며 이미 분석초기 단계인 문제제기 단계에서 이루어졌다고 가정한다.

03. 객관성, 적시성, 명료성. 실제 정보분석인 중기 분석단계에서는 정확성이 아닌 객관성을 담보로 하여 정보분석을 실시한다.

04. 적시성, 적절성(적합성), 이해성(간결성), 명확성(명료성)이 있다.

05. 적시성, 정확성, 객관성

06. 적시성, 적합성, 계속성

07. X, 정보보고서의 역할은 징후경고, 위협분석, 대안분석을 통해 불확실성을 감소시키는 것이다

08. X, 과학적예측학파는 셔먼켄트(CIA)의 시각으로서 사회과학적인 방법을 통해 이미 발생한 사건의 인과관계를 규명하고 이를 근거로 예측 판단한다. 정보의 정치적 중립성에 있어서 절충적 입장이다.

09. X, 정보가 국가의 이슈에 대해서 경고만 하고 적극적으로 다루지 않는다는 비판을 한 학파는 기회분석학파이다. Wilmore Kendall 의 시각으로 정보분석에 중립성은 있을 수 없다는 시각이다.

10. X, 모자이크이론을 근거로 가능한 모든 첩보를 수집하고 이를 하나의 그림으로 완성해 나가는 기법은 자료형 분석기법이다. 개념형 분석기법은 반대로 분석관이 먼저 하나의 큰 그림을 그리고 세부 첩보수집과 분석을 하는 방식으로 자료형 분석기법의 대안으로 등장하였다.

11. X, 베이지안기법은 사전 정보를 반영하여 선행확률을 가정하고 (복수)가설을 세운 후 새로 발생한 사건이나 추가 정보 입수에 따라 베이즈공식에 대입 하고 확률을 재산정하여 각 가설의 확률변화 추이를 통계학적 방법으로 추론하는 방법이다. 분석관들의 주관적 확률을 수렴할 수 있어 주관적 판단의 위험을 완화하고 객관적 판단이 가능하다.

12. O, 폴리콘 앤 팩션기법은 게임이론과 합리적 선택이론의 조합으로 만들어지며 국가정치, 정책 방향 예측하는 데 사용한다.

13. X, 대안분류 및 도식화를 통해 전체상황을 파악하는 통찰력을 제공하는 도구로 활용되는 것은 의사결정나무기법이다.

14. X, 모든 가설의 행렬표를 작성하고 가설과 근거의 일치여부를 판단하여 복잡한 문제를 판단하고 상대적으로 경쟁력 있는 가설을 선택하는 방법은 경쟁가설기법이다.

15. O, 친화도법이라고도 불리는 KJ분석법은 유사한 데이터들끼리 그룹을 묶을 때 특이하거나 이상한 것들은 그대로 두고 제거하지 않아도 무방하다.

16. O, 정보분석시 레드팀을 운용하는 형태는 고위험 저확률 사건 분석시 사용하면 효과적이다.

17. X, 정보기관에서는 현재 쟁점의 중요성과 상관없이 두 가지 견해를 유지하려고 하지만 정책 결정자에게는 무의미하고 혼란을 초래할 수 있는 행태 또는 정보기간 관 이견 조정을 위한 어려움과 경쟁을 표현한 것은 주석전쟁이다. 분석관 간 의견이 다를 때 타협하여 모호한 용어로 작성된 보고서로 복지부동, 무사안일을 나타내는 것은 최소공통분모(Lowest Common Denominator Language)이다.

18. X, 분석관은 나름대로의 분석논리를 갖고 있어야 하지만, 어떤 정보분석관도 완벽하지 않으므로 열린 자세로 분석에 임해야 한다. 정보분석관은 객관성 및 열린 사고를 유지하고 정보분석의 인식 함정(cognitive traps of intelligence analysis), 즉 오류를 피할 수 있어야 한다.

19. X, Clientism은 정보분석관이 너무 오래 특정이슈에 머물러 몰입하게 되면서 생기는 이슈에 대해 무비판적인 경향을 보이는 것이다.

기출 및 유사문제 정답 및 해설

01. 답 2. 확인된 사실관계를 기초로 향후의 파급영향을 판단하고 이에 대한 국가 차원의 대응책을 모색한다는 점에서 다분히 가치지향적인 판단을 수반한다.

02. 답 3. 양적분석은 인위적으로 분해하고 실재의 현상을 계량화함으로써 연구자가 선호하는 방향으로 왜곡하는 경향이 있다.

03. 답 4. 의사결정나무기법은 각 대안에 대해 확률계산을 도입한 양적분석 기법이다.

04. 답 2. 폴리콘 기법은 정치지도자가 어떤 정책을 선택할 것인가를 예측하는 것이다.

05. 답 2. 정보활동의 기준은 국가이익, 가치체계(이념), 도덕, 법률적 감각에 둔다.

06. 답 3. 정보보고서는 사용자의 입장에서 간결하고 명확하고 평이해야 한다.

07. 답 4. 의사결정나무기법은 문제의식을 단순, 명확하게 하고 각 대안에 대해 확률 계산이라는 객관적 방법으로 논리적 판단을 가능하게 해주는 기법이다

08. 답 3. 양적분석에는 베이지안 기법, Policon & Factions(정세전망기법), 의사결정나무 등이 있다.

09. 답 2. 질적분석 기법의 기본원칙은 "질보다 양을 우선한다" (多多益善)이다.

10. 답 4.

11. 답 1.

12. 답 4. 셔먼켄트(Sherman Kent), 윌리엄 콜비(William Colby)는 과학적 예측학파이고 윌모어 켄달은 기회분석학파이다.

13. 답 2. 학문적 분석은 현상 및 상황의 제3자의 입장에서 객관적으로 사실을 규명 하는데 주안을 둔다면, 정보 분석은 조작 및 변화가 가능한 요소들의 분석에 중점을 두어 주체적 입장에서 상황에 대한 미래예측과 이에 대한 대책을 찾는데 주안을 둔다.

14. 답 2. 적합성은 적절성과 유사하고 간결성은 이해성과 유사하며 명료성은 명확성과 유사한 개념으로 본다.

15. 답 4. 정치적 접근은 정보순환(Intelligence Cycle)을 통해 정책과정에서 정보의 지원 역할과 정책소요단계에 있어서의 정치적 측면을 연구하는 것으로 과정으로서의 정보이며 미국식에 가깝다.

16. 답 4. 양적분석기법에는 베이지안기법, 정세전망기법(폴리콘&팩션), 의사결정나무기법이 있고 대안분석기법에는 레드팀(레드셀), 악마의 대변인, 핵심전제조건점검, 시나리오 전개기법 등이 있다.

17. 답 3. 분석의 편향을 방지하기 위해 정책고객의 발표나 판단에 주의를 기울이며 광범위한 외부전문가의 조언과 언론매체의 보도 경향을 참고하라는 것이다.

18. 답 4. 정보기관 간의 타협적인 협력(담합)을 통해 정보기관 간의 상호 지분을 확보하는 것은 상부상조이다. 각주전쟁은 무지를 호도하기 위한 방편으로 본문이 아닌 각주에 추가의견을 개진하는 것이다.

19. 답 3. 가설평가는 실질적인 분석의 단계로 양적기법으로만 이루어지지 않으며 최대한 객관적으로 평가해야 한다.

20. 답 1. 진주만 기습(1941년)은 일본 내 미국대사관에서 공습정보를 인지하였으나 제때 공유하지 않아 방비를 못하였으므로 배포의 실패라 할 수 있음. 후광효과는 일부의 긍정적, 부정적 특성에 주목하여 대상에 대한 객관적인 판단을 하지 못하는 사회적 지각의 오류이다

실전문제 정답 및 해설

21. 답 4. 고객과신주의(클라이언티즘)은 분석관이 믿을만한 첩보출처에 대한 일종의 안심과 순응 또는 기존에 처리한 경험이 있거나 유사한 분석주제에 대한 과잉 신뢰로 정보에 대한 비판 능력을 잃어버리는 현상이다.

22. 답 2. IRTPA는 경쟁분석(Competitive analysis)과 대안분석(alternative analysis)을 통한 분석보고서가 반드시 정책담당자들에게 제공될 수 있도록 절차를 마련하도록 요구하였다.

23. 답 4. 현행사건증후군(Current Events Syndrome)은 처치위원회(Church committee) 보고서에 나타난 용어로 CIA의 현용정보 집중현상을 의미한다. 암시와 경고의 문제는 늑대소년 효과(Cry Wolf Effect)를 말한다.

24. 답 1. 영국식은 소수의 부문정보기관들과의 협력과 합의를 중요시 하는 체계로서 의견 불일치를 허용하지 않는 반면 미국식은 DNI가 다수의 부문정보 기관들의 다양성을 인정하고 의견이 다를 경우 주석(footnote)을 통해 다른 견해를 표현할 수 있다.

25. 답 4. 분산형에 대한 설명이다. 경쟁적 분석형은 혼합형과 같은 범주의 방식으로 중앙분석 부서는 국가정보기관 및 부분정보기관들로부터 분석관을 소집하여 A팀과 B팀으로 나누어 동일사안에 대해 경쟁분석(competitive analysis)하게 하여 결과를 비교한다.

26. 답 2. 염두에 둔 최선의 가설보다는 가설을 통과한 충분히 만족할 만한 차선의 가설을 채택한다.

27. 답 1. 정보는 정보의 질적요건을 충족할 때 정보로서 인정받을 수 있으며 이러한 요건을 갖추지 못하면 첩보의 수준에 머무르거나 정보로서의 가치가 없다.

28. 답 3. 다양한 정보원을 통해 수집한 첩보를 여러 경로로 확인하는 것은 정보의 정확성과 관련이 있음.

29. 답 3. 보기와 같은 정보조작(또는 정보의 실패)의 경우는 객관성과 정확성의 문제가 발생한다.

30. 답 4. 적합성(적절성 또는 적실성)은 정보가 당면 문제와 관련된 성질이다.

05 정보보고서의 생산 및 배포

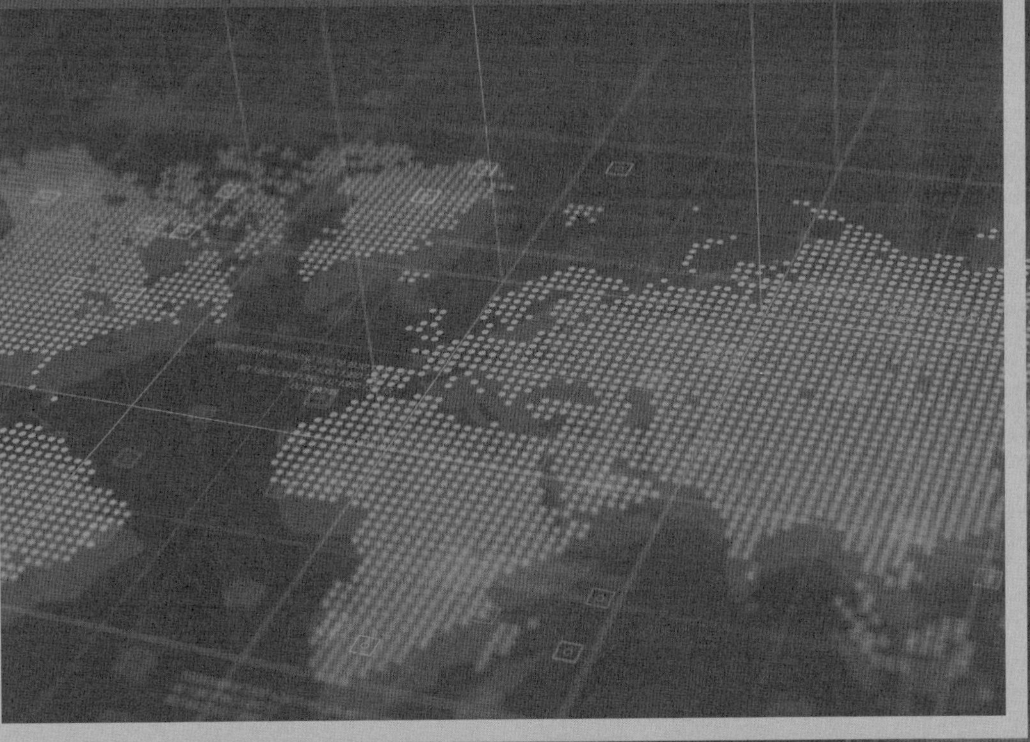

01 정보보고서의 역할과 요건

01 정보보고서의 역할

(1) 당면하거나 예상되는 위협에 대한 경고

- 정책결정자에게 어떤 일이 있으며 이로 인해 국가의 안보에 긍정적, 부정적 결과가 생길 것이라는 것을 판단하여 경고하고 잠재적 위협으로 어떤 결과가 생길 것이라는 것을 미리 알려줌.

(2) 정책기회 및 대안분석

- 정책목표를 달성하기 위해 정책결정자에게 기회를 제공하며 이는 분석관이 정보 소비자의 정책목표를 잘 알고 있을 때 가능함.
- 정보기관의 외곽단체 격인 연구소(한국의 국가안보전략연구원, 중국의 현대국제 관계연구원) 또는 지역전문가에게 연구프로젝트를 위탁할수도 있음.
- 합리적인 정책 기회와 다양한 대안을 평가하여 정책목표 달성을 지원하고 정책 수행 시 수반되는 여러 부담요소를 고려할 수 있도록 충분한 정보를 제공하여 정책집행자가 현장에서 선호하는 적절한 정책을 선택할 수 있도록 함.

(3) 국가정보의 평가

- 미국의 경우 국가안보의 특정 이슈와 관련된 정보에 대하여 국가정보장(DNI)의 권위있는 평가를 제공하기 위해 국가정보평가서(NIEs)를 작성하여 대통령 및 고위직에 배포함.
- ODNI(국가정보장실) 산하의 국가정보위원회(NIC, National Intelligence Council)는 정보출처에 대한 적극적인 평가를 위해 16개 정보공동체(IC, Intelligence Community)와의 협의를 통해 정보기관 상호간의 의견 차이를 해소하고 판단의 신뢰도를 향상시킨 미래 예측 및 판단을 제시함.
- 우리나라는 국가정보의 중·장기 판단을 국가정보원에서 함.

02 정보보고서의 요건

(1) 분석관이 정보보고서에 밝혀야 할 요건(Thomas Fingar)

- 분석관은 관료에게 주는 정보보고서에 따라 정책집행과 집행의 효율성이 결정되는 것을 인지하고 있어야 함.

- 정보보고서는 문제점에 대해서 무엇을 알고 또 무엇을 모르고 있는지 밝혀야 함.
- 정보보고서는 입수 가능한 첩보의 질과 양이 어느 정도인지 밝혀야 함.
- 정보보고서는 어떤 가정을 가지고 정보의 미비점을 연결했는지 밝혀야 함.
- 정보보고서는 어떤 대안을 생각하고 있는지 밝혀야 함.
- 정보보고서는 제시한 증거와 판단에 대해서 어느 정도의 신뢰성이 있는지 밝혀야 함.
- 정보보고서는 적절한 질문에 대하여 해답을 가지고 있는지 밝혀야 함 .
- 정보보고서는 문제에 대한 통찰력을 제시할 수 있는지 밝혀야 함.

(2) 좋은 정보(보고서)의 요건

- 정보보고서 생산원칙(작성요건)은 적시성, 적합성, 정확성, 간결성, 현실성, 명료성(명확성) 임.
- 정보 보고서 배포원칙은 적시성, 적합성, 비밀성, 계속성 임.
- 정보의 질적가치는 적합성, 적시성, 정확성, 객관성, 완전성 임.
- 마크로웬탈의 좋은 정보의 요건은 적시성, 적절성(적합성), 이해성(간결성), 명확성 임.

02 정보보고서의 종류

01 기본정보 보고서

- 특정 국가의 특수성을 간파할 수 있는 충분한 지식을 보유하기 위하여 수집하는 백과사전식 정보로 기후, 지리정보, 정당, 정치구조, 국민소득, 군사장비, 인구분포 등이 있음.
- CIA Worldfactbook, 영국 JIC참고보고서 등

02 현용정보 보고서

- 기본정보에서 변화하는 모든 동태적인 사항에 관련된 정보로 인물 동향, 정책변화, 기업조직의 변화, 인구증감 추이, 군 편제의 변화, 환경협약의 준수 동향 등이 있음.

(1) 대통령 일일브리핑(PDB, President' s Daily Briefing)

- 중요한 국가안보 이슈와 관련한 대통령의 요구에 응하여 DNI(구. CIA)가 제작하는 맞춤식 보고서 임.

- 주 6회 발행하며 대통령, 부통령, 고위정책 결정자들에게만 배포하고 매일 업무가 시작될 무렵 10~15분간 브리핑할 수 있도록 작성됨.

(2) 국가일일정보(NID, National Intelligence Daily)

- 국가정보장(DNI)이 현재의 핵심 현용정보를 모아서 주 6회 발행하는 조간 보고서로 중앙정보국(CIA), 국방정보국(DIA), 국가안보국(NSA), 정보조사국(INR)의 협의 하에 작성되며 이견이 있을 시 별도 기재가 가능함.
- 제한된 수요자들의 요구에 맞게 다양한 형태와 보안수준으로 배포되며 주요 군 지휘관에게도 배포됨.

(3) 고위정책정보요약(SEIB, Senior Executive Intelligence Brief)

- 다수의 고위 관료를 위한 정보공동체의 일일신문으로 DNI(구. CIA) 주도로 IC와 협의 하에 작성되며 수백명의 정책담당자들에게 주 6회 제공됨.

(4) 일일경제정보요약(DEIB, Daily Economic Intelligence Brief)

- 국가 안보국 (NSA)의 애셜론을 통해 수집한 경제정보를 CIA가 주 5회 발행하며 백악관을 포함하여 정부기관 내 국장급 이상에게 제공됨.

(5) 정보보고(IR, Intelligence Report)

- 모든 계층의 정책부서의 다양한 요구에 대한 CIA의 정보보고서로 기본적인 연구보고서, 전술적 행동보고, 리더십 예측, 제재 감시보고서, 상황보고서 등임.

(6) 특별정보보고(SIR, Special Intelligence Report)

- CIA가 생산하여 최고위 정책결정자에게 제공하는 극도로 중요한(extremely important) 이슈나 사건에 대한 요약보고서 임.

(7) 정보메모(IM, Intelligence Memorandum)

- CIA가 정책부서의 요구에 의해 생산하는 짧은 보고서로 해당 부처와 관련된 이슈는 좀 더 상세히 분석함.

(8) 국무장관조간요약(Secretary's Morning Summary)

- 국무부 정보조사국(INR)이 대외 정책에 대해 주 7회 발행함.

(9) 군사정보요약(MID, Military Intelligence Digest)

- DIA가 지역 안보, 핵 확산, 전략 및 자원안보 같은 군사관련 현안 이슈에 대해 국가정책 수준의 결정자에게 주 5회 제공하는 보고서임.
- 하드카피(출력본)는 제한적으로 배포되고 군 지휘관에게는 소프트카피(파일) 형식으로 선별된 정보를 제공함.

(10) 고위간부 하이라이트(EH, Executive Highlights)

- DIA와 NSA로부터 수집된 정보를 통한 세계 군사위험지역 및 위험예상지역에 대한 정보 분석으로 주 5회 발행함.

(11) 국방테러정보요약(DITSUM, Defense Intelligence Terrorism Summary)

- 국방요인이나 시설에 영향을 주는 테러리즘 위협에 대한 짧은 메모와 심도있는 특별 분석을 포함하며 주 5회 작성하며 야전지휘관의 월간 테러요약(monthly terrorism review)도 포함됨.

(12) 국방정보요약(DIR, Defense Intelligence Report)

- 고위 정책담당자나 사령관들의 관심 주제에 대한 요약식 리포트임.

(13) 신호정보요약(SIGINT Digest)

- 매일 NSA가 수집한 주요 신호정보를 수록하여 주 5회 발행함.

(13) 세계영상보고(World Imagery Report)

- 세계각지에서 수집된 영상정보를 국가 지형정보국(NGA)에서 비디오 형태로 생산하여 배포함.

03 경보정보 보고서(현용정보의 일종)

(1) 경고경계목록(Warning Watchlist)

- 향후 6개월 내 미국의 안전과 정책에 위협가능성을 추정하여 주간으로 작성하며 종종 특별경고(special warning notice)를 게시하기도 함.

(2) 경고메모(Warning Memorandum)

- 국가이익에 특별히 중대한 영향을 끼칠 수 있는 잠재적 위협을 경고하는 내용으로 정보공동체(IC)가 위협을 제기하면 국가정보위원회(NIC)에서 생산함.

(3) 주간 정보 전망(Weekly Intelligence Forecast)

- 전 세계 미군 지휘관이 위협을 판단할 때 도움이 되는 정보를 제공하며 현지 지휘관들의 예측도 함께 수록함.

(4) 경고보고서(Warning Report)

- DIA가 제작하는 워싱턴 고위관료가 즉각적으로 알아야 할 경고임.

(5) 워치콘 변동(Watch Condition Change)

- DIA가 제작하는 가장 중요한 보고서로 정책결정자가 알아야할 높은 위협 상황 및 이슈에 대한 즉각적인 경고 보고서임.

(6) 국방경고체계전망(Defense Warning System Forecasts)

- 주간경고 전망(Weekly Warning Forecast), 반기경고전망(The quarterly Warning Forecast), 연간경고전망(The Annual Warning Forecast) 등임.

04 판단정보 보고서

- 기본정보와 현용정보를 바탕으로 미래의 일을 예측하거나 중요정보를 예측, 판단하여 생성한 정보로 전략적 능력, 국가동원능력, 단합력 등이 있음.

(1) 국가정보판단서(NIEs, National Intelligence Estimates)

- NIEs는 정책결정자들이 큰 관심을 가지는 안보 이슈에 대한 정보공동체의 가장 권위 있는 예측전망보고서로 현용정보보고서와는 달리 특정 주제가 장래 미국 정책에 미칠 영향과 여러 시나리오를 검토함.
- 정보공동체의 회의를 통해 국가정보위원회(NIC, National Intelligence Council)에서 작성하고 이는 다양한 형태로 가공되어 대통령 및 대외정책 부서, NSC, 그외 고위 정책결정자에게 제공. 작성 시 보통 수개월에서 1년까지 소요되기도 함.
- 특히 NIEs가 수정 또는 취소될 경우 정보의 정치화가 이루어지지 않았는지 의원들의 질문을 받게 됨. 예를 들면 1993~1995년 러시아의 미사일 위협에 대한 NIEs가 발표된 이후 공화당은 클린턴 대통령의 미사일 방위체계에 대한 지원을 위해 보고서 내용이 정치화 되었다고 비판하였고 이라크 대량살상무기 개발에 관한 NIEs와는 달리 이라크 전쟁 후에도 WMD가 발견되지 않아 민주당은 NIEs가 이라크 침공에 대한 정치적 지지였다고 비판함.

(2) 특별국가정보판단(SNIEs, Special National Intelligence Estimates)

- 긴박한 정책결정을 앞두고 해당 정보소비자에게 제공될 특정 이슈에 대한 가장 짧은 형태의 보고서로 NIC에서 생산함.

(3) 글로벌트렌드보고서(Global Trends Report)

- 향후 20년간 세계의 주요 이슈와 불확실성에 대한 분석 보고서로 고위 정책결정자들의 장기계획 수립에 도움을 주기 위해 NIC에서 4년마다 제작함.

(4) 국방정보평가(DIA, Defense Intelligence Assessments)

- DIA가 군사적으로 중요하거나 영향을 끼칠 수 있는 이슈에 대해 분석한 보고서임.

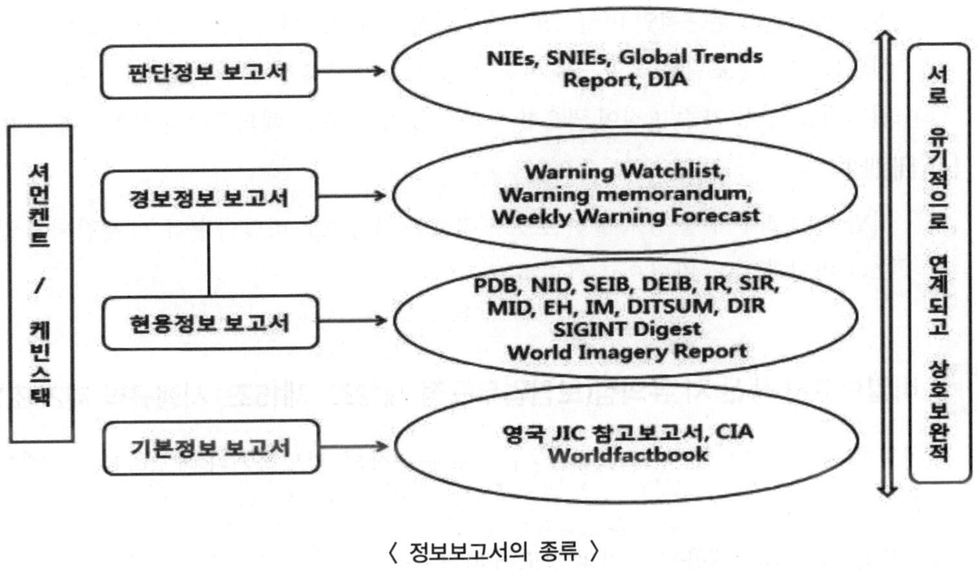

〈 정보보고서의 종류 〉

03 비밀 정보보고서의 생산

01 비밀의 구분(보안업무규정 제4조, 보안업무규정 시행규칙 제17조)

(1) Ⅰ급비밀(Top secret)

- 비밀 누설 시 외교단절, 전쟁을 유발하며 국가의 방위계획, 정보활동 및 국가방위상 필수 불가결한 과학기술 개발을 위태롭게 할 우려가 있는 비밀임.
- 전쟁수행에 필요한 전략계획, 국내외 특수정보활동 계획, 비밀조약·협정이나 비밀 합의 내용, 비밀무기(핵무기 등)의 설치 및 사용계획, 전시소요 계획 및 비밀무기의 저장량 또는 중요한 과학기술 등의 발전계획, 비밀 군사원조정책 등이 있음.

(2) Ⅱ급비밀(Secret)

- 비밀 누설 시 국가안전보장에 막대한 지장을 초래할 우려가 있는 비밀임.
- 조약, 회의 등의 부분적인 사항 등 국제 관계에 중대한 영향을 미치는 비밀 활동, 장비의 성능·수량 등을 포함하는 국방상 중요한 사항, 국가안전보장 상 중요한 첩보를 포함하는 통신수단 및 암호자재 등이 있음.

(3) Ⅲ급비밀(Confidential)

- 비밀 누설 시 국가안전보장에 손해를 끼칠 우려가 있는 비밀임.

- 발표되기 전의 부분적인 비밀외교 사항, 일시적인 보호가 필요한 외사 관계 사항, 가치있는 정보를 포함하고 있는 문서 교범 및 보고가 필요한 연구발표 계획, 부분적 동원계획, 보안상 자주 변경이 필요한 주파수 및 호출부호, 해외공관의 설치계획 등임.

(4) 대외비

- 비밀 외에 직무 수행 상 특별히 보호가 필요한 사항으로 비밀의 분류 시 포함되지 않으나 비밀과 같은 방법으로 관리하는 것임.

02 비밀보고서 생산 시 유의점(보안업무규정 제12조, 제15조, 시행규칙 제20조)

(1) 비밀은 적절히 보호할 수 있는 최저등급으로 분류하되, 과도하거나 과소하게 분류해서는 안됨.

(2) 비밀은 그 자체의 내용과 가치의 정도에 따라 분류하여야 하며, 다른 비밀과 관련하여 분류해서는 안되고 세부분류지침에 의거하여 독립적으로 분류함.

(3) 외국 정부나 국제기구로부터 접수한 비밀은 그 생산기관이 필요로 하는 정도로 보호할 수 있도록 분류하여야 함.

(4) 비밀의 재분류 권한은 발행기관의 기관장에게 있으나 발행기관이 불분명한 때는 접수기관의 직권에 따라 재분류 가능하나, 1급비밀의 재분류는 국정원장만 허용함.

03 비밀의 표시(보안업무규정 시행규칙 제23조~제29조)

(1) 인화한 사진은 각 표면의 위·아래 및 뒷면의 중앙에 적절한 크기의 비밀등급을 표시함.

(2) 지도·항공사진·괘도 및 그 밖의 도안은 각 면의 위·아래의 중앙에 적절한 크기의 비밀등급을 표시하고, 접거나 말았을 때에도 비밀임을 알 수 있도록 그 뒷면의 적절한 부위에 비밀등급을 표시함.

(3) 고착식 상황판 또는 접거나 말 수 없는 현황판 등은 지도 및 괘도처럼 비밀 등급을 표시하고 비밀표시를 한 가림막을 쳐야 하나, 가림막에 비밀표시를 하는 것이 오히려 비밀을 보호하는데 해를 끼치거나 가림막이 없어도 충분히 위장된 때에는 비밀 표시를 하지 아니할 수 있음.

(4) 수사 상 증거물 등과 같이 그 원형을 그대로 보전할 필요가 있는 때에는 그 자체에 비밀등급을 표시하지 아니하고, 별지 서식에 따른 비밀표지를 등급에 따라 반영구적으로 첨부하고 취급함.

(5) 비밀을 녹음할 때(비밀을 구두로 설명하거나 전달하는 경우를 포함)에는 처음과 끝에 그 비밀등급과 허가되지 아니한 사람에게 전달 또는 누설하는 때에는 관계 법령에 따라 처벌한다는 경고를 포함하여 비밀 표시가 되어있는 봉투나 이에 준하는 용기에 넣어 보관함.

(6) 재분류한 비밀은 기존의 비밀 표시를 대각선으로 줄을 쳐서 삭제하고, 그 측면이나 위·아래의 적당한 여백에 변경된 비밀등급을 다시 한번 표시하고 근거를 그 비밀의 첫면 적당한 여백에 기입하고 날인함.

(발행처)

직권으로 재분류(. .) 직위 성명	인

(접수처)

에 따라 재분류(. .) 직위 성명	인

〈 비밀의 재분류 〉

04 예고문(보안업무규정 시행규칙 제18조)

- 모든 비밀에는 다음과 같은 예고문을 기재하여야 하고 비밀의 보호기간은 보호되어야 할 필요가 있는 적정한 기간으로 정하여야 함.
- 보존기간이 시작되는 일자는 비밀원본을 생산한 날이 속하는 해의 다음 해 1월 1일로 하며 이 경우 보존기간은 보호기간 이상으로 정하여야 함.

원본	보호기간: , ~로 재분류 (일자 또는 경우)	보존기간: 년
사본	파기: , ~로 재분류 (일자 또는 경우)	

〈 예고문 〉

05 비밀 정보보고서의 보관과 공개(보안업무규정 시행규칙 제33조, 제34조)

- 비밀의 원본은 그 예고문에 의하여 파기해야 할 경우에도 발행자는 직권으로 계속 보관 가능함.
- 비밀은 일반문서나 자재와 혼합 보관할 수 없고 보관용기에 비밀의 보관을 알리는 어떠한 표시를 해서는 안되며 특히, I 급비밀은 반드시 금고에 보관하고 타 비밀과 혼합보관 할 수 없음.

- 국가안전보장을 위해 국민에게 긴급히 알려야 할 필요가 있거나 공개하여 국가안전보장, 국가이익에 현저한 도움이 된다면 공개할 수 있음.
- 비밀 공개는 보안심사위원회의 심의를 거쳐 공개여부를 결정하고 Ⅰ급비밀 공개 시에는 국가정보원장과 사전에 협의해야 함.

06 비밀 정보보고서 파기(보안업무규정 제14조)

(1) 비밀의 파기는 비밀 소각, 용해 또는 기타 방법으로 원형을 완전히 소멸시키는 것으로 보관책임자 또는 그가 지정하는 비밀취급 인가자의 참여 하에 그 비밀의 처리 담당자가 행하며 비밀관리기록부의 파기 확인란에는 참여자의 파기 확인을 받아야 함.

(2) 비밀문서는 반드시 문서 세단기로 세단하여 처리하고 세단종이의 재활용은 금지되며 반드시 지정한 소각로에서 소각 처리해야 함.(암호기자재는 파괴하지 않고 용해 함.)

(3) 예고문과 관계없이 파기할 수 있는 경우는 긴급 부득이한 사정으로 비밀을 계속 보관하거나 안전하게 지출할 수 없을 때, 국정원장의 요청이 있을 때, 보안유지를 위하여 예고문의 파기시기까지 계속 보관할 필요가 없을 때이며 당해 소속 비밀취급 인가권자의 사전 승인을 얻어야 함.

(4) 암호자재란 정보통신 보안을 위하여 암호기술을 적용하여 만들어진 장치나 수단으로서 Ⅰ·Ⅱ급비밀 및 Ⅲ급비밀 소통용 암호자재로 구분함.

비 밀 관 리 기 록 부

부처명 : 보관책임자 :

관리번호	생산 · 접수			문서번호	비밀등급	형태	건명	사본번호	예고문	보존기간	보관장소	처리방법				확인	
	년월일	생산처	수신처(처리담당)									등급변경	파기	보호기간만료	일반재분류	근거(처리일자)	처리자(인)

〈비밀관리 기록부〉

04 정보보고서의 배포

01 정보보고서의 배포 형태

- 정보보고서는 배포선에 따라 해당 수요인원과 부서에 배포 되며 적시성, 적합성, 비밀성, 계속성의 원칙을 따름.

(1) 보고서(Report)

- 가장 일반적인 서류형태로 현용정보보고서(일일정보보고서), 경고 정보보고서, 평가 및 분석보고서, 판단보고서 등으로 나뉘며 가급적 간결하게 작성해야 함.

(2) 메모(Memorandum)

- 정책결정 지원을 위해 정책분석 내용을 배포하는 압축된 형식의 보고서로 문제에 대한 반응, 배경지식, 예상되는 문제점 및 정책추진 시 고려사항, 대안 제시, 상반된 관점을 다룸.

(3) 백서(white paper)

- 정부가 특정 사안이나 주제에 대해서 조사한 결과를 정리한 것임.(Green paper는 임시적 정부정책 제안 보고서 임)

(4) 브리핑(Briefing)

- 구두 설명으로 하는 정보보고로 정보 검토 시 시간적 여유가 없거나, 해당 정보에 대한 이해도가 낮은 정보소비자를 위해 브리핑과 브리핑 자료로 설명, 정보담당관이 고위층 또는 다수인원을 대상으로 직접 설명하는 것임.

(5) 정기간행물(Weekly, Priodicals)

- 주간, 격주, 월간, 분기, 연간 기준으로 주기적인 정보보고 시 사용함.

(6) 연구과제 보고서(Research Report)

- 특정주제에 대한 연구결과를 학술논문 형태로 정리한 것으로 장기간의 전략정보 등 심층적이고 학술적인 분석이 필요한 경우나 미래예측을 위한 판단정보 보고서 작성 시 주로 사용됨.

(7) 외교전문(diplomatic cable 또는 diplomatic telegram)

- 해외공관에서 본국으로 돌발적이고 긴급을 요하는 정보배포 시 사용되고 한번만 사용할 수 있도록 암호화 된다고 함.

02 정보보고서 배포기술

(1) 브러쉬 패스(Brush Pass)

- 사람이 붐비는 공공장소에서 서로 스치듯이 지나치면서 중요한 서류나 물건을 건네는 방법임.

(2) 데드 드롭(Dead Drop)

- 간첩 관련 물품이나 정보를 비밀장소에 두고 상호 교환하는 방법으로 직접 만나지 않고 보안을 유지할 수 있음. 반대는 라이브 드롭(Live Drop)임.
- 데드드롭에 사용되는 장소는 속이 빈 벽돌이나 도서관의 책 속, 나무 구멍, 펜 속 등으로 다양하며 상대가 찾기 쉽도록 표시를 해두기도 함.
- 알드리치 에임스 같은 경우는 편지함(mail box는 미국식, letter box는 영국식) 위에 초크를 사용하여 소련 정보원이 인식하도록 하였음.
- 단점은 방첩기관이 심문 등을 통해 인식하면 이중스파이를 활용하여 잘못된 정보를 넣도록 하는 등 기만이나 역용할 수 있는 점임.
- 드보크(Devoke)는 간첩 물품 은닉장소란 뜻의 러시아어이며 우리나라는 북한의 간첩의 활동을 언급할 때 보통 무인포스트(무인함) 또는 수수소(授受所)라 하나 의미는 모두 같음.

(3) 비밀잉크(Secret Writing)

- 일반적인 편지지나 용지에 비밀잉크를 사용하여 중요내용을 전달하는 방법, 수령자는 물이나 특수 화학약품 등을 이용해서 숨겨진 정보를 해독함.

(4) 미세축소사진(Microdots)

- 주요 설계도나 시설사진을 찍어서 손톱보다 작은 축소필름에 담아 다른 소포물에 은닉하여 정보를 전달하는 방법

(5) 스테가노그라피(Steganography)와 디지털 스테가노그라피(Digital Steganography)

- 사진, 편지글 등 다른 매체(cover)에 메시지를 숨겨서 전달하는 비밀삽입 기술로 전자문서, 웹페이지 등 전자매체에 데이터를 삽입, 은폐하는 디지털 스테가노그라피 기술도 있음.

(6) 사이버드보크(Cyber Devoke)

- 스파이들의 온라인 상 연락소 또는 온라인 무인함 임.

03 비밀정보보고서 배포

(1) 비밀의 접수와 발송(구. 수발)의 방법(보안업무규정 제17조, 시행규칙 제31조)

① 암호화 하여 정보통신망(구. 전신)으로 접수, 발송

② 취급자가 직접 접촉하여 인계인수

③ 각급 기관의 문서수발 계통에 의하여 접수, 발송

④ 등기우편으로 수발

(2) 비밀의 접수와 발송 시 유의사항(보안업무규정 제17조, 시행규칙 제31조)

① 비밀을 최대한 보호할 수 있는 방법을 이용하여야 하며 비밀은 정보통신망, 전화 등의 통신수단에 의해 평문으로 수발되어서는 안됨.

② 모든 비밀을 접수하거나 발송할 때에는 그 사실을 확인하기 위하여 접수증을 사용하며 동일 기관 내에서의 비밀의 접수·발송 또는 전파절차는 그 기관의 장이 정하되, 비밀이 충분히 보호될 수 있도록 정하여야 함.

③ 비밀의 접수·발송 업무에 종사하는 사람은 II급 이상의 비밀취급 인가를 받은 사람이어야 함.

④ I급비밀 및 I·II급 비밀 소통용 암호자재는 암호화하여 정보통신망으로 수발, 또는 취급자의 직접 접촉으로 수발하고 II급비밀, III급비밀은 각급 기관의 문서 수발 계통이나 등기우편(이중봉투 사용)으로 수발 가능하며 대외비의 접수와 발송은 III급비밀에 준함.

내 부 봉 투(앞)	외 부 봉 투
비밀등급 문서번호 제 목 수 신 참 조 발 신 비밀등급	문서번호 제 목 수 신 참 조 발 신

〈 이중봉투: 내부봉투와 외부봉투 〉

(3) 접수증(보안업무규정 제17조, 시행규칙 제31조, 32조)

① 모든 비밀을 접수하거나 발송할 때에는 그 사실을 확인하기 위하여 접수증을 사용하며 발송문서의 내부봉투와 외부봉투 사이에 접수증을 삽입하여 발송하되 취급자가 직접 접촉하는 경우에는 직접 교부함.

② 접수기관은 비밀을 접수한 즉시 접수증을 생산기관에 반송하여야 하고 접수증을 반송받은 비밀 생산기관은 그 접수증을 비밀송증에 원형대로 첨부하여 보관함.

①일련번호		비밀접수증	②접수일자	20 . . .
③수신		④참조		
⑤건명				
⑥사본번호		⑦수량	⑧등기번호	
⑨이상시의 사유				
⑩접수자	소속		성명	(인)
	직위 직명			

〈 비밀접수증 〉

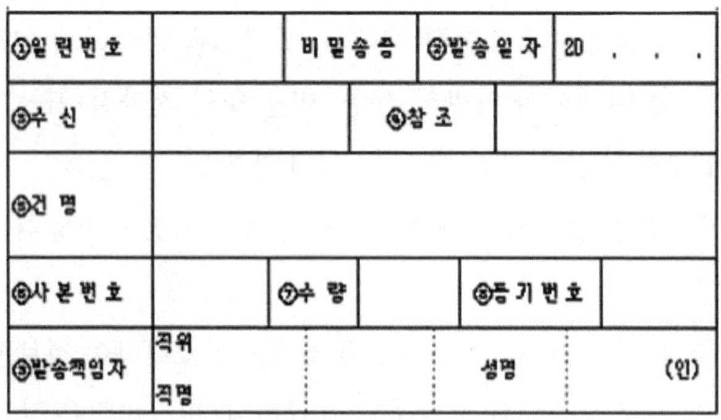

①일련번호		비밀송증	②발송일자	20 . . .
③수신		④참조		
⑤건명				
⑥사본번호		⑦수량	⑧등기번호	
⑨발송책임자	직위 직명		성명	(인)

〈 비밀 송증〉

04 정보보고서 배포 이슈

(1) Pearl Harbor(진주만)의 교훈

- 필요한 정보가 수요자에게 배포되지 못하여 진주만에 주둔하고 있던 미국 해군이 일본군의 전쟁 준비 상황이나 공격가능성을 사전에 인지하지 못함.
- 미국은 일본의 외교암호를 해독하는 매직(Magic)작전으로 침공 가능성을 어느 정도 예측하였으나 첩보가 각 기관으로 분산되어 통합되지 못하면서 미국 최악의 정보실패가 발생함.
- 이후 미국은 1942년 정보조정국(OCI)을 개편한 전략정보국(OSS)를 창설하였고 이는 2차 대전 동안 비밀첩보, 특수공작, 대외방첩에 걸친 많은 노하우를 쌓으며 CIA의 초석이 되었음.

(2) 정보의 사일로 효과(Silo Effect)

- 사일로는 원래 곡식저장 창고로서 원통형 창고를 뜻하나 독자적인 능력을 갖추고 있어서 타 부서와 협력하거나 활발한 의사소통을 하려는 의지가 부족한 현상, 혹은 부서 자체를 말하며 부서이기주의, 조직 내 소통 부족, 정보전달 체계이상을 의미함.
- 조직의 각 부서들이 사일로처럼 서로 다른 부서와 담을 쌓고 자기 부서의 이익만 추구하는 현상을 경영학 용어로 사일로 효과(silo effect)라고 함.
- 조직의 분권화를 통해 고객의 요구에 일사분란하게 대응할 수 있는 유연한 조직이 되었으나 조직 내 갈등과 부서이기주의가 만연하거나 조직에 필요한 정보가 제대로 전달되지 않아 분석이나 활용이 제대로 안 되는 현상도 나타나게 됨.

(3) 정보사용자의 정보제공에 대한 불만 사항

- 적시성이 없거나 정보보고서가 시야가 좁고 학술적이거나 정보기관 간 정보공유 및 협조가 부족한 점임.

05 단원별 퀴즈

1. 대통령일일브리핑(PDB), 국가일일정보(NID), 일일경제브리핑(DEIB)는 현용정보 보고서이고 국가정보판단(NIEs)는 (　　정보)보고서이다.

2. 국가정보판단(NIEs)과 특별국가정보판단(SNIEs)은 (　　　)에서 생산·배포한다.

3. (　　　)은 DNI(구 CIA)가 현재의 핵심 현용정보를 모아서 주 6회 발행하는 조간보고서이다.

4. (　　　)은 특정한 장소에 중요한 서류나 물건을 보관하여 두면 수령자가 차후에 가져가는 방법이다.

5. (　　　)은 부서이기주의란 뜻으로 조직 내 소통이 부족하거나 정보전달 체계가 이상이 있는 상태이다.

6. 모든 비밀을 접수하거나 발송할 때는 그 사실을 확인하기 위해 (　　　)을 사용한다.

7. 비밀보고서 생산 시 유의할 점은 현재시점이 아닌 미래를 예측하여 최소의 수량을 최저등급으로 분류해야 한다는 것이며 비밀분류 시 비밀의 재분류 권한은 접수기관의 기관장이며 단, Ⅰ급비밀은 국정원장만이 가능하다.

8. Ⅰ급비밀 및 Ⅰ·Ⅱ급 비밀 소통용 암호자재는 암호화하여 정보통신망으로만 수발이 가능하다.

9. 방송 등 공개된 매체를 활용하여 비밀 연락할 수 있는 방법이 없다.

10. 군사Ⅰ급비밀지정권자는 보안업무규정 상Ⅰ급비밀 취급 인가권자 및 그가 지정하는 사람, 국방부장관, 방위사업청장, 합동참모의장, 국방정보본부장, 육군·해군·공군본부의 장관급장교 및 그 직할부대장이 있다.

05 기출 및 유사문제

01. 정보배포의 요건이 아닌 것은?

① 공개성 ② 계속성
③ 적합성 ④ 적시성

02. 다음 중 정보보고서 생산원칙으로 적절하지 않은 것은?

① 적시성 ② 간결성
③ 명확성 ④ 객관성

03. 다음 설명하는 정보보고서 배포기술은?

• (　　)는 특정한 장소에 중요한 서류나 물건을 보관하여 두면 수령자가 차후에 가져 가는 방법으로 Letter Box(비밀사서함, 공공장소 보관함), Devoke 등을 활용함.

① Diplomatic Telegram ② Dead Drop
③ Secret Writing ④ Steganography

04. 다음 중 국가정보원장의 기본분류지침표에 따른 비밀의 올바른 분류가 아닌 것은?

① 국내외 특수정보활동 계획은 Ⅰ급비밀이다.
② 전시소요계획 및 비밀무기의 저장량은 Ⅰ급비밀이다.
③ 통신수단 및 암호자재는 Ⅰ급비밀이다.
④ 보안상 자주 변경이 필요한 주파수 및 호출부호는 Ⅲ급비밀이다.

05. 보안업무규정에 따른 비밀등급에 대한 설명 중 옳지 않은 것은?

① Ⅰ급비밀(Top secret)은 비밀 누설 시 외교단절, 전쟁을 유발하며 국가의 방위계획, 정보활동 및 국가방위상 필수 불가결한 과학기술 개발을 위태롭게 할 우려가 있는 비밀이다.
② Ⅱ급비밀(Secret)은 비밀 누설 시 국가안전보장에 막대한 지장을 초래할 우려가 있는 비밀이다.
③ Ⅲ급비밀(Confidential)은 비밀 누설 시 국가안전보장에 손해를 끼칠 우려가 있는 비밀이다.
④ 대외비는 비밀 외에 직무수행 상 특별히 보호가 필요한 사항으로 비밀처럼 암호자재를 사용하여 접수·발송할 필요는 없다.

06. 다음 중 비밀보고서 생산방법으로 옳은 것은?

① 비밀은 적절히 보호할 수 있는 최고등급으로 분류하되, 과도하거나 과소하게 분류해서는 안 된다.

② 비밀은 그 자체의 내용과 가치의 정도에 따라 분류하여야 하며, 다른 비밀과 관련하여 분류할 수 있다.

③ 외국 정부나 국제기구로부터 접수한 비밀은 그 접수기관이 필요로 하는 정도로 보호할 수 있도록 분류하여야 한다.

④ 비밀의 재분류 권한은 발행기관의 기관장에게 있으나 발행기관이 불분명한 때는 접수기관의 직권에 따라 재분류 가능하며 Ⅰ급비밀의 재분류는 국정원장만 허용한다.

07. 비밀의 관리에 대한 설명으로 올바르지 않은 것은?

① 모든 비밀에는 예고문을 기재하여야 한다.

② 비밀은 일반문서나 자재와 혼합 보관할 수 없으며 보관용기에 비밀의 보관을 알리는 어떠한 표시를 해서는 안된다.

③ Ⅰ급비밀은 반드시 금고에 보관해야 하며 타 비밀과 혼합보관 할 수 없다.

④ 비밀로 지정된 이후에는 어떠한 경우에도 외부에 공개될 수 없으나 국가정보원장과 사전에 협의하면 공개할 수 있다.

08. 미국 정보기관의 보고서로 옳지 않은 것은?

① PDB는 중요한 국가안보 이슈와 관련한 대통령의 요구에 응하여 DNI(구 CIA)가 제작하는 맞춤식 보고서로 주 6회 발행한다.

② SIR은 DNI가 생산하여 최고위 정책결정자에게 제공하는 극도로 중요한 이슈나 사건에 대한 요약보고서 이다.

③ Intelligence Memorandum은 CIA가 정책부서의 요구에 의해 생산하는 짧은 보고서로 해당 부처와 관련된 이슈는 좀 더 상세히 분석한다.

④ Warning Memorandum은 국가이익에 특별히 중대한 영향을 끼칠 수 있는 잠재적 위협을 경고하며 정보공동체가 위협을 제기하면 NIC에서 생산함.

09. 다음 중 현용정보보고서와 판단정보보고서를 바르게 짝지은 것은?

① DIR, DIA
② NIEs, SNIEs
③ MID, Warning Memorandum
④ Watch Condition Change, DIA

10. 마크로웬탈의 좋은 정보의 요건과 정보의 질적가치 중 중복되는 요건은?

① 명확성, 객관성
② 간결성, 완전성
③ 적시성, 적합성
④ 정확성, 객관성

05 실전문제

11. 분석관이 정보보고서에 밝혀야 할 요건으로 적절하지 않은 것은?

① 정보보고서는 입수 가능한 첩보의 질과 양이 어느 정도인지 밝혀야 한다.
② 정보보고서는 문제점에 대해서 모르는 것보다는 알고 있는 점 위주로 밝혀 질문에 대한 해답을 제시해야 한다.
③ 정보보고서는 어떤 대안을 생각하고 있는지 밝혀야 한다.
④ 정보보고서는 제시한 증거와 판단에 대해서 어느 정도의 신뢰성이 있는지 밝혀야 한다.

12. 다음 중 CIA가 생산에 관여하는 보고서가 아닌 것은?

① DEIB
② Warning Report
③ Intelligence Memorandum
④ Intelligence Report

13. 다음 중 DIA가 작성하는 보고서는 몇 개인가?

- Warning Report
- Watch Condition Change
- Military Intelligence Digest
- President's Daily Briefing
- National intelligence Daily

① 1개 ② 2개 ③ 3개 ④ 4개

14. 정보배포 방법 중 해외공관에서 정보를 전달하는 경우 활용되는 방법은?

① 메모 ② 전문 ③ 보고서 ④ PDB

15. 비밀의 표시방법으로 적절하지 않은 것은?

① 인화한 사진은 각 표면의 위·아래 및 뒷면의 중앙에 적절한 크기의 비밀등급을 표시한다.
② 지도·항공사진·괘도 및 그 밖의 도안은 각 면의 위·아래의 중앙에 적절한 크기의 비밀등급을 표시한다.
③ 고착식 상황판 또는 접거나 말 수 없는 현황판 등은 지도 및 괘도처럼 비밀 등급을 표시하고 비밀표시를 한 가림막을 칠 필요가 없다.
④ 수사 상 증거물은 그 자체에 비밀등급을 표시하지 않고 별도 서식에 따른 비밀표지를 등급에 따라 반영구적으로 첨부한다.

16. 비밀의 생산과 파기에 대한 설명으로 옳지 않은 것은?

① 비밀의 원본은 그 예고문에 의하여 파기해야 할 경우에도 발행자는 직권으로 계속 보관 가능하다.

② Ⅰ급비밀은 반드시 금고에 보관해야 하며 타 비밀과 혼합보관 할 수 없다.

③ 비밀의 파기는 비밀 소각, 용해 또는 기타 방법으로 원형을 완전히 소멸시켜야 한다.

④ 암호자재란 정보통신 보안을 위하여 암호기술을 적용하여 만들어진 장치나 수단으로서 Ⅰ급비밀 및 Ⅱ · Ⅲ급비밀 소통용 암호자재로 구분한다.

17. 예고문과 관계없이 파기할 수 있는 경우가 아닌 것은?

① 긴급 부득이한 사정으로 비밀을 계속 보관하거나 안전하게 지출할 수 없을 때 파기할 수 있다.

② 국정원장의 요청이 있을 때 파기할 수 있다.

③ 보안유지를 위하여 예고문의 파기시기까지 계속 보관할 필요가 없을 때 파기 할 수 있다.

④ 소속 비밀취급 인가권자의 사후 승인을 받아 파기할 수 있다.

18. 비밀접수와 발송의 방법으로 적절하지 않은 것은?

① 보통우편으로 수발

② 취급자가 직접 접촉하여 인계인수

③ 각급 기관의 문서수발 계통에 의하여 접수·발송

④ 암호화 하여 정보통신망으로 접수·발송

19. 비밀의 접수와 발송 시 유의사항으로 적절하지 않은 것은?

① 비밀을 최대한 보호할 수 있는 방법을 이용하여야 하며 비밀은 정보통신망, 전화 등의 통신수단에 의해 평문으로 수발되어서는 안된다.

② 모든 비밀을 접수하거나 발송할 때에는 그 사실을 확인하기 위하여 접수증을 사용한다.

③ Ⅰ급비밀 및 Ⅰ · Ⅱ급 비밀 소통용 암호자재는 암호화하여 정보통신망으로 수발, 취급자의 직접 접촉, 또는 이중봉투를 사용한 등기우편으로 수발 가능하다.

④ 비밀의 접수·발송 업무에 종사하는 사람은 Ⅱ급 이상의 비밀취급 인가를 받은 사람이어야 한다.

20. 다음을 나타내는 정보현상을 무엇이라고 하는가?

> • 원래 곡식저장 창고로서 원통형 창고를 뜻하나 독자적인 능력을 갖추고 있어서 타 부서와 협력하거나 활발한 의사소통을 하려는 의지가 부족한 현상, 혹은 부서 자체를 말하며 부서 이기주의, 조직 내 소통 부족, 정보전달 체계이상을 의미함.

① Cry Wolf Effect
② Stove pipe effect
③ Silo Effect
④ Synergic effect

21. 다음 중 최장기 생산보고서는?

① DIA
② Global Trends Report
③ NIEs
④ Warning Watchlist

22. 다음과 같은 정보보고서의 배포기술은 무엇인가?

> 사진, 편지글 등 다른 매체(cover)에 메시지를 숨겨서 전달하는 방법으로 전자문서, 웹페이지 등 전자매체에 데이터를 삽입, 은폐하는 디지털 방식의 기술도 개발되었다.

① Devoke
② Steganography
③ Secret Writing
④ Brush Pass

23. 다음 중 군사 I 급비밀 지정권자가 아닌 자는?

① I 급비밀 취급 인가권자 및 그가 지정하는 사람
② 국방부장관, 방위사업청장, 합동참모의장
③ 국방부 직할부대 및 기관의 장·편제상 장관급장교인 참모
④ 국방정보본부장, 군사안보지원사령관, 국군정보사령관

24. 정보보고서의 역할로 적절하지 않은 것은?

① 당면하거나 예상되는 위협에 대한 경고
② 정책기회 및 대안분석
③ 국가정보의 평가 및 예측·판단
④ 적절한 정책의 선택과 집행

25. 미국 정보공동체(IC)의 보고서인 SEIB에 대한 설명으로 옳지 않은 것은?

① 다수의 고위 관료를 위한 정보공동체의 일일신문이다.
② DNI(구. CIA) 주도로 IC와 협의 하에 작성된다.
③ 수백명의 정책담당자들에게 주 6회 제공된다.
④ CIA, DIA, NSA, INR의 협의 하에 작성되며 이견이 있을 경우 별도로 기재할 수 있다.

05 정답 및 해설

단원별 퀴즈 정답 및 해설

01. 판단정보

02. ODNI 산하 NIC

03. 국가일일정보(NID, national intelligence Daily), CIA, DIA, NSA, INR의 협의 하에 작성되며 이견이 있을 경우 별도로 기재할 수 있음. 제한된 수요자들의 요구에 맞게 다양한 형태와 보안수준으로 배포 되며 주요 군 지휘관에게도 배포됨.

04. Dead Drop

05. 정보의 사일로 현상(Silo Effect)

06. 접수증(비밀영수증)

07. X, 비밀보고서 생산 시 유의할 점은 비밀은 적절히 보호할 수 있는 최저 등급으로 분류하되, 과도하거나 과소하게 분류해서는 안된다. 또한 비밀은 그 자체의 내용과 가치의 정도에 따라 분류하여야 하며, 다른 비밀과 독립해서 분류하여 함. 비밀의 재분류 권한은 발행기관의 기관장에게 있으나 발행기관이 불분명한 때는 접수기관의 직권에 따라 재분류 가능. 단, Ⅰ급비밀의 재분류는 국정원장만 허용한다.

08. X, Ⅰ급비밀 및 Ⅰ·Ⅱ급 비밀 소통용 암호자재는 암호화하여 정보통신망으로 수발, 또는 취급자의 직접 접촉으로 수발하고 Ⅱ급비밀, Ⅲ급비밀은 각급기관의 문서 수발계통이나 등기우편(이중봉투 사용)으로 수발 가능하다. 대외비수발은 Ⅲ급비밀에 준한다.

09. X, 방송 등 공개된 매체를 활용하여 비밀 연락할 수 있는 방법이 없는 것은 아니며 암호표에 따라 방송이나 신문기사를 재배열 하거나 콘텐츠나 사진일부에 비밀 메시지를 끼워넣는 스테가노그래피를 이용하고 있다.

10. X, 군사기밀보호법 시행령 제4조에 의하면 군사 Ⅰ급비밀지정권자는 보안업무규정 상 Ⅰ급비밀 취급 인가권자 및 그가 지정하는 사람, 국방부장관, 방위사업청장, 합동참모의장, 국방정보본부장, 육군참모총장, 해군참모총장, 공군참모총장, 육군의 군사령관, 해군작전사령관, 해병대사령관, 공군작전사령관, 군사안보지원사령관, 국군정보사령관, 국방과학연구소장, 기타 국방부장관이 지정하는 자가 있다. 군사 Ⅱ급 및 군사 Ⅲ급 비밀지정권자는 국방부·합동참모본부 및 국방정보본부의 장관급장교, 국방부 직할부대 및 기관의 장·편제상 장관급장교인 참모, 육군·해군·공군본부의 장관급장교 및 그 직할부대장, 각군 예하부대 중 편제상 장관급장교가 지휘하는 부대의 장·장관급장교인 참모, 기타 국방부장관이 지정하는 자가 있다. * 보안업무규정(제9조)과 군사기밀보호법(제4조)와 비교 필요.

기출 및 유사문제 정답 및 해설

01. 답 1. 정보 보고서 배포원칙은 적시성, 적합성, 비밀성, 계속성이다.

02. 답 4. 정보보고서 작성요건은 적시성, 적합성, 정확성, 간결성(이해성), 현실성, 명료성(명확성)이 있음.

03. 답 2. Diplomatic Telegram은 외교전보이다.

04. 답 3. 통신수단 및 암호자재는 Ⅱ급비밀이다. 보안업무규정시행규칙 (대통령훈령) 제17조 별표 1에 따라 Ⅱ급비밀에는 조약, 회의 등의 부분적인 사항 등 국제 관계에 중대한 영향을 미치는 비밀활동, 장비의 성능·수량 등을 포함하는 국방상 중요한 사항, 국가안전보장상 중요한 첩보를 포함하는 통신수단 및 암호자재 등이 있다.

05. 답 4. 대외비는 비밀과 같이 암호자재를 사용하여 접수·발송한다.

06. 답 4. ① 최저등급으로 분류한다. ② 다른 비밀과 관련하여 분류할 수 없다. ③ 생산기관이 필요로 하는 정도로 분류한다.

07. 답 4. 비밀은 국가안전보장을 위해 국민에게 긴급히 알려야 할 필요가 있거나 공개하여 국가안전보장, 국가이익에 현저한 도움이 된다면 공개할 수 있다. 비밀 공개는 보안심사위원회의 심의를 거쳐 공개 여부를 결정하고 Ⅰ급비밀 공개 시에는 국가정보원장과 사전에 협의해야 한다.(보안업무규정 시행규칙 제33조, 34조)

08. 답 2. SIR은 CIA가 생산한다.

09. 답 4. ①②는 모두 판단정보보고서 ③은 모두 현용정보보고서이다.

10. 답 3. 정보의 질적가치는 적합성, 적시성, 정확성, 객관성, 완전성이고 마크로웬탈의 좋은 정보의 요건은 적시성, 적절성(적합성), 이해성(간결성), 명확성이다.

실전문제 정답 및 해설

11. 답 2. Thomas Fingar는 정보보고서는 문제점에 대해서 무엇을 알고 또 무엇을 모르고 있는지 밝혀야 한다고 하였다.

12. 답 2. 경고보고서(Warning Report)는 DIA가 제작하는 워싱턴 고위관료가 즉각적으로 알아야 할 경고임.

13. 답 3. PDB와 NID는 DNI가 제작한다.

14. 답 2. 전문은 전보문의 약자로 해외공관에서 본국에 정보를 전달할 때 국가별 고유의 비밀정보체계를 활용하는 방법이다. 외교행낭(diplomatic bag)을 이용하기도 한다.

15. 답 3. 고착식 상황판 또는 접거나 말 수 없는 현황판 등은 가림막에 비밀표시를 하는 것이 오히려 비밀을 보호하는데 해를 끼치거나 가림막이 없어도 충분히 위장된 때에는 비밀 표시를 하지 아니할 수 있다.

16. 답 4. Ⅰ · Ⅱ급비밀 및 Ⅲ급비밀 소통용 암호자재로 구분한다.

17. 답 4. ①②③과 같은 경우 소속 비밀취급 인가권자의 사전 승인을 받아 파기할 수 있다.

18. 답 1. 수취인의 서명을 받고 직접 전달할 수 있는 등기우편으로 수발한다.

19. 답 3. Ⅰ급비밀 및 Ⅰ · Ⅱ급 비밀 소통용 암호자재는 암호화하여 정보통신망으로 수발, 또는 취급자의 직접 접촉으로 수발한다. Ⅱ급비밀, Ⅲ급비밀은 각급 기관의 문서 수발계통이나 등기우편(이중봉투 사용)으로 수발 가능하며 대외비의 접수와 발송은 Ⅲ급비밀에 준한다.

20. 답 3. Stovepipe effect는 다양한 수집수단을 갖고 있는 정보기구에서 입수된 정보가 혼용되지 못하여 통합적인 정보분석 및 판단에 기여하지 못하는 현상이다.

21. 답 2. 글로벌트렌드보고서(Global Trends Report)는 향후 20년간 세계의 주요 이슈와 불확실성에 대한 분석 보고서로 고위 정책결정자들의 장기계획 수립에 도움을 주기 위해 NIC에서 4년마다 제작한다. Warning Watchlist는 향후 6개월 내 미국의 안전과 정책에 위협가능성을 추정하여 주간으로 작성한다.

22. 답 2.

23. 답 3. ③은 군사 Ⅱ급 및 군사 Ⅲ급 비밀지정권자이다.

24. 답 4. 정보보고서는 정책집행이 아니라 정책목표 달성을 지원한다.

25. 답 4. ④은 NID에 대한 설명이다. 국가일일정보(NID, national intelligence Daily)은 DNI(구 CIA)가 현재의 핵심 현용정보를 모아서 주 6회 발행하는 조간보고서로 제한된 수요자들의 요구에 맞게 다양한 형태와 보안수준으로 배포되며 주요 군 지휘관에게도 배포된다.

비밀공작

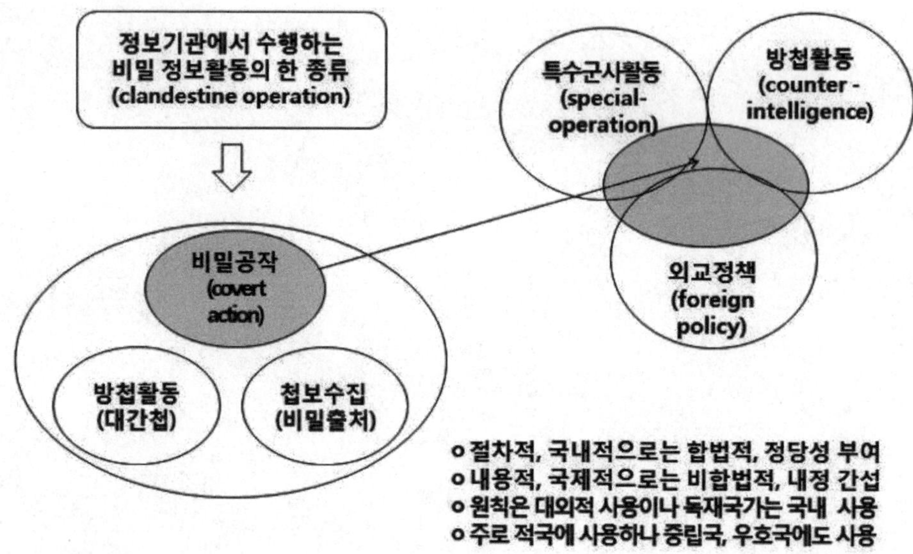

〈 비밀공작의 특성 〉

01 비밀공작의 역사

01 비밀공작의 역사적 사례

- 역사적으로 많은 국가들이 비밀공작을 사용하였는데 이는 군사적 수단에 비해 적은 비용과 노력으로 자국의 외교정책을 달성할 수 있는 효과적 수단으로 고려되었기 때문임.
- AD 5세기 훈족의 아띨라는 침략지역 주민들에게 사전에 침략계획을 유포시켜 공포심에 질리게 함.
- 징기스칸은 장사꾼으로 가장하여 적정을 탐지 보고하고, 항복하면 관대하지만 반항 시에는 부녀자, 어린이까지 인종청소를 한다는 유언비어를 살포하는 심리전 임무 수행(선전공작)
- 16세기 영국 엘리자베스 여왕은 스페인 무적함대의 공격을 지연시키고자 월싱햄의 비밀정보조직을 통해 스페인이 네덜란드 은행에 요구한 자금 대출을 최대한 지연하도록 비밀공작을 수행함.
- 18세기 프랑스와 스페인은 미국 독립전쟁 시 미국 내 선전공작을 통해 반영 감정을 확산시키고 전쟁이 발발하자 무기, 군수물자, 군자금을 비밀리에 지원함.

- 세계1차대전(1914~1918) 초기 독일은 미국을 자국으로 끌어오기 위한 공작을 진행하여 독일은 아일랜드 출신 미국인을 포섭하여 반영감정을 자극하였고 멕시코를 부추겨 미국을 공격하도록 유도함. (짐머만 전보)
- 영국은 미국 윌슨 대통령의 측근에게 공작원을 침투시키고 정치공작 (영향 공작)을 실시하여 미국의 세계1차대전 참전을 성공적으로 유도함.
- 세계2차대전(1939~1945) 이후 미국은 1947년 서유럽 경제부흥을 위한 마셜 플랜(Marshall Plan)을 실시하고 1949년 NATO(북대서양조약기구)를 결성하여 군사지원을 강화하였으며 정치적 지원과 선전공작을 병행하여 결속을 강화함.
- 소련은 코민포름(Communist Information Bureau, Cominform)을 1947년 창설하여 동유럽 국가를 대상으로 비밀공작을 통해 정치적으로 개입하고 공산화를 시도함.

02 손자병법 모공편(謀攻篇)의 적을 제압하기 위한 4가지 계책

- 故上兵伐謀, 其次伐交, 其次伐兵, 其下攻城(고상병벌모, 기차벌교, 기차벌병, 기하공성)에서 손자는 적을 제압하기 위한 4가지의 계책을 제시하고 벌모(1책), 벌교(2책), 벌병(3책), 공성(4책) 순으로 좋은 방책이라고 설명함.
- 벌모(伐謀)는 적의 계획과 음모를 사전에 쳐부수는 것으로 일종의 방첩활동 임.
- 벌교(伐交)는 적의 지원세력을 차단하는 것으로 일종의 선전공작 임.
- 벌병(伐兵)은 적의 사기를 약화시키는 것으로 일종의 선전공작, 기만공작 임.
- 공성(攻城)은 적의 잘 방비된 성을 직접 공격하는 것으로 전면전에 가까우며 오늘날의 비밀공작의 개념은 아님.

02 비밀공작의 특징

01 비밀공작의 정의

- 비밀공작(covert action)은 미국 국가안보법(National Security Act)에 의하면 국가정보기구가 국가정책목표를 달성하고자 타국에 직접 정치, 경제, 군사, 사회적 영향력(influence)을 은밀하게 미치려는 다양한 형태의 비밀 활동임.

(1) 미국

(가) special activity abroad(특별활동, CIA의 정의), third option (제3의 방안, 마크 로웬탈), 제5의 기능(fifth function, 국가안보법), covert action (비밀 활동) 등이 있으며 정책목표의 추진이라는 특징을 지님.

(나) Mark M. Lwenthal은 제1의 방안은 방관(無조치 또는 평화적 외교조치), 제2의 방안은 군사적 개입으로 무력행사, 제3의 방안이 비밀공작(소극적 외교와 적극적 군사정책의 중간 수준의 조치)이라고 구분함.

(2) 영국은 special political action(특별정치활동, SPA)라고 정의함.

(3) 러시아는 active measure(적극조치), dry affairs(냉정한 일들)라고 정의함.

(4) 이스라엘은 Metsada(메차다, 특별임무)라고 정의함.

(5) 비밀공작의 비판적 의미로는 disruptive action(파괴공작), dirty tricks(비겁한 수법)이 있고 군의 특수작전으로 사용되는 special operation(특별작전)이 있음.

02 비밀공작의 특징

- 비밀공작은 대외정책 목표를 달성하기 위한 정책수단(policy tool)으로서 정책집행 기능을 수행하며 대상국의 정책결정과정에 영향력을 행사하거나 정권 교체 및 전복 등 정치체제의 변화를 모색하기 위해 사용됨.
- 정보기관만이 수행할 수 있는 고유의 활동으로 공작의 배후를 은폐하는 비밀 활동이며 동일한 활동이라도 정보기관이 아닌 행정부처에서 수행하면 단순한 비밀활동(secret activity) 임.
- 비밀공작은 자국의 개입사실을 감추어야 할 중요한 이유가 있거나 공개적인 활동을 통해 목표달성이 어려울 경우 대외정책 집행을 위한 최후의 방책 또는 예외적 수단으로서 선별적 사용을 해야 하며 불충분한 정책의 보완하기 위해 선제적(initiatives)으로 추진되면 안됨.
- 비밀공작은 국가정보기구의 일반적인 정보보안과는 달리 활동자체의 은폐 보다는 배후세력(sponsor, 후원자, 지원세력, 행위주체)의 정체를 은폐하는 데 중점을 둠.
- 정보기관이 수행하는 비밀활동 중 첩보수집과 방첩활동을 제외한 모든 활동으로 내용과 형태가 다양하며 비밀활동이나 공작의 결과가 결국 노출될 수밖에 없다는 점에서 첩보수집 활동과 다름.
- 비밀공작은 납치, 살해와 같은 범죄행위를 수반하므로 개입사실이 노출되면 외교적으로 큰 타격을 주게 되므로 비록 합법적인 활동이라도 활동주체가 밝혀지면 그 효과가 반감되는 선전공작은 정보기관이 담당함.

03 비밀공작의 정당성

- 미국의 경우 비밀공작을 수행하기 위해서는 대통령의 승인을 거쳐 의회에 보고하며 국가안보와 국익을 도모한다는 합법적 근거에 따라 국내법적 승인 하에 이루어지게 되므로 원칙적으로는 절차적 정당성을 가짐. 하지만, 그렇다고 하여 비밀공작의 내용이 반드시 합법적이거나 국제적으로 용인될 수 있다는 것은 아님.
- 비밀공작은 원칙적으로 대상이 외국이나 전쟁 상황, 독재국가나 권위주의 정부는 정권안보를 위해 내국인도 비밀공작의 대상에 포함될 수 있음. 특히, 미국의 CIA는 해외에서만 정보활동이 가능하고 국내 정보활동은 불법임.
- 비밀공작은 정보기구의 가장 기본적이고 중요한 임무가 아니라 국가정책 지원을 위한 정보보고서 작성 및 배포이며 정권안보를 위한 도구로 악용되거나 정보의 정치화를 초래할 위험이 있음.
- 성공가능성이 높고 투입비용 대비 단기적 · 구체적 · 직접적 효과가 높을 때만 실행하며 요원들이 정해진 목표나 범위를 벗어나지 않도록 비밀공작에 대한 철저한 관리 및 감독이 필요함.
- 비밀공작은 정권안보가 아닌 국익 도모와 국가안보를 위한 대외정책 지원을 위한 것으로 국가 정책적 목표와 일치해야 하며 실행주체는 정보기구이나 국가정책을 결코 앞서 나가서는 안됨.

04 제임스 베리(James A. Berry)의 비밀공작 정당화의 조건

- 이유의 정당성(Just Cause)은 적국에 대한 응징인지, 정부를 바꾸려고 하는 것인지, 당면한 위협의 격퇴인지 정당해야 한다는 것임.
- 적절한 재가(Proper Authority)는 관련 행정부처의 사전 심의와 대통령의 승인, 의회에 보고 등 절차적으로 정당해야 한다는 것임.
- 정당한 의도(Just Intention)는 국제적으로 대상국에 어떤 결과를 초래할 것인지 그리고 국제사회에 긍정적인 영향을 줄 수 있는지 비밀공작의 의도와 명분이 정당해야 한다는 것임.
- 최후의 수단(Last Resort)은 정책목표 달성을 위한 다른 효과적인 수단이 없을 때 최후의 수단이 되어야 정당해야 한다는 것임.
- 성공 가능성(Probability of Success)은 무모하지 않고 성공 가능성이 있어야 정당해야 한다는 것임.

• 비례성(Proportionality)은 적이 사용한 정도의 이상의 과도한 폭력성이 아닌 합목적성을 가진 정도의 폭력적 수단일 때 정당해야 한다는 것임.
• 식별과 통제(Discrimination and Control)는 무고한 사람들을 보호하기 위한 통제가 제대로 이루어져야 정당해야 한다는 것임.

05 비밀공작의 장단점

(1) 비밀공작의 장점과 성공요건

• 비교적 신속하고 조용하고 효율적(비용 대비 효과)으로 대내외 정책에 유리한 환경을 조성하고 외교목표를 달성할 수 있어 제3의 방안(third option), 조용한 방안(quite option)이라고 불림.
• 외교수단은 비교적 원만하게 정책목표를 달성할 수 있으나 장기간에 걸친 정치, 경제적 압력행사가 필요하며 그럼에도 불구하고 효과가 느리고 없을 수도 있음.
• 파병과 같은 직접적 군사개입은 신속한 문제해결은 가능하나 인적·물적 피해를 감수해야 하는 부담으로 국내외적 비판에 직면할 수 있고 최악의 경우 격렬한 적국의 저항에 부딪힐 수 있음.
• 비밀공작의 장점을 살리려면 비밀성이 전제되어야 하고 노출되면 그 의미를 상실하므로 무엇보다 자국의 개입사실을 숨기는 것이 필요함.
• 미국은 개입을 설득력 있게 부인하기 위한 그럴듯한 부인구실(plausible deniability)을 마련하고 있으나 비밀공작의 유형에 따라 대규모이거나 폭력양상이 크면 설득력이 취약해 짐.

(2) 비밀공작의 단점

• 타국에 대한 은밀한 내정간섭(covert intervention)의 성격이 강하고 수단에 있어서도 불법적인 방법이 사용되는 등 민주주의 체제에서 공식적으로 인정하기 어려운 측면이 존재함.
• 비밀공작 실패 시 흑색요원인 공작관이나 공작원(협조자, 정보원)의 외교관 면책특권이 없어 경우에 따라서 신변보장 문제가 제기될 수 있으며 생명의 위협도 각오해야 함.
• 냉전시대와는 달리 더 이상 공산주의자들의 악랄하고 잔인한 수법에 맞서기 위한 불가피한 방법이라는 반공주의 식의 논리를 내세우기 곤란함.
• 인터넷과 소셜네트워크서비스(SNS)가 발달한 정보화 사회는 보안유지가 더욱 어려워져 비밀공작의 추진 여지가 과거에 비해 축소되었고 비밀공작의 성공 여부에 대한 기준 역시 바뀔 수 있음.

더 알아보기

비밀공작의 적법성

- 불법성설은 국제정치의 이상주의자들은 비밀공작은 주권국가에 대한 내정간섭으로 불법이라는 입장이며 UN헌장 등 국제규범에 반하는 불법행위로 정당성을 인정받을 수 없다는 입장임.
- 합법성설은 국제정치의 현실주의자들은 국가안보를 위한 정책수단으로서 불가피하고 때로는 정규전을 회피할 수 있는 차선책으로서 세계 각국이 용인하는 국제법상의 관습이라는 입장임.

비밀공작의 성격과 법적 근거

- 소극설은 비밀공작이 기본적으로 정보업무와 다르며 법적 근거가 필요하다는 입장임.
- 적극설은 비밀공작이 광의의 정보영역으로 1947년 국가안보법(National Security Act)에서 '제5의 기능'으로 CIA에 국가안보에 영향을 미칠 정보 관련 기타임무를 수행하도록 대통령의 포괄지시권을 규정한 것에서 법정(法定)근거를 찾을 수 있다는 입장임.
- 오늘날 비밀공작이 정보활동의 영역에 포함되지만 비밀공작은 국가정책을 지원 하는 정보보고서의 작성과 배포라는 기본활동과 차이가 있어 비밀공작은 국가정보기구의 당연한 활동은 아니지만 불가피한 활동임.
- 비밀공작은 원칙적으로는 소극설이나 실제로는 적극설도 수용되며 우리나라 국가정보원법이나 정보및보안업무기획·조정규정에도 비밀공작에 대한 명시적 근거는 없음.

Chapter 06

03 비밀공작의 계획과 실행

01 계획 수립

(1) 정당성의 검토

- 비밀공작은 정책결정자가 국가이익을 명확히 정의하고 정책을 정당화하는 것으로부터 시작되며 다른 외교적, 군사적 수단으로 불가능한 정책적 목적을 달성을 위한 최후의 수단인지 정책 담당자들(외교·안보참모, 외교부, 국방부 등 및 의회 정보위원회)과 함께 신중한 검토와 협의를 거쳐 조율되어야 함.
- 비밀공작은 국제간 상호의존도가 높아지고 국제규범이 한층 강화되는 상황에서 때로는 득보다 실이 많을 수 있음.

(2) 비밀공작 수행능력 검토

- 비밀공작이 수개월 또는 그 이상 진행되기 위해 필요한 자금 확보를 위한 예산이 마련되어야 하며 이를 바탕으로 유능한 공작원, 협조자, 장비, 운송체계, 위조문서, 해외자산 등 인적·물적 자원이 확보될 수 있음.
- 준비된 공작능력을 개발하고 유지하기 위해서는 시간과 예산이 필요할 뿐 아니라 향후 공작 추진상의 제약요인을 사전에 철저히 파악하는 것이 무엇보다 중요함.

(3) 위험의 점검

- 비밀공작 승인 전 정책결정자와 정보관은 최소한 노출의 위험(비밀공작 수행 중 노출보다 종료 직후 노출의 위험이 큼)과 공작 대상국과의 외교관계 악화 등 실패의 위험을 반드시 고려해야 함.
- 정책결정자는 국가이익과 위험 수준을 검토하여 비밀공작을 통해 얻을 수 있는 국익(national benefit)이 실패로 인한 손실(정치·외교적 이미지 훼손, 경제적 손실, 인적 손실 등의 cost)보다 크다면 비밀공작을 추진함.
- 목적이 수단과 최소한의 위험을 정당화 할 수 있음. 예) 1980년대 미국이 아프가니스탄에서 소련군에 대항하는 무자헤딘 반군에 스팅어(Stinger) 미사일 지원

(4) 여타 공작 검토

- 해당 정보기관이나 타 정보기관의 공작 사례를 분석·검토하여 성공과 실패 요인을 점검하고 수립한 계획의 미비점과 취약점을 보완함.
- 과거의 사례는 현재에 대해 많은 교훈과 지침을 제공할 수 있으며 보다 발전적인 방향으로 응용 가능함.
- 점검 항목으로는 동일한 국가와 지역에 다른 공작들이 시도된 적이 있었는가? 그렇다면 결과는 어떠했는가? 공작 추진 당시의 위험요소는 현재와 어떻게 다른가? 만일 동일한 공작이 없다면 유사공작이 시도된 적이 있었는가? 그렇다면 유사공작의 결과는 어떠했는가? 등이 있음.

02 비밀공작의 실행

- 비밀공작은 정보기관이 수행하고 담당 공작관이 추진하며 첩보수집과 유사한 절차로 수행되는데 대체로 정보기관 명령 → 공작계획 수립 → 공작원 물색 및 채용 → 공작원 조정 및 활동 → 공작원 해고의 단계로 이루어 짐.
- 비밀공작 수행을 위해서는 다양한 첩보수집활동이 병행되어야 하고 비밀공작 추진간 지속적인 피드백이 필요하며 때로는 첩보수집으로 개척한 정보원이 여건이 충족되어 아예 비밀 공작원으로 전환되는 경우도 있음.

- 공작추진 소요 시간은 공작원 확보를 위한 물색 및 채용, 공작원 임무수행을 위한 교육훈련, 파견된 공작원의 위장신분 확보와 위장업체 설립 등 공작지원 체제를 갖추는데 요구되는 시간에 따라 결정됨.
- 비밀공작의 계획 및 실행과정에서 비밀이 노출된 경우 이미 공작이 실패한 것으로 간주되며 공작 관련자들의 생명의 위협 등이 있을 수 있음.
- 참여자들에 대한 철저한 신원조사와 지속적인 보안조치를 통해 공작원의 변절이나 상대국 공작원의 침투, 이중간첩의 가능성을 차단해야 함.
- 비밀유지를 위해서는 비밀연락 수단을 사용하고 차단의 원칙에 따라 연락망을 점 조직 형태로 운영해야 하며 공작보안을 위해 관련 인원을 최소화하고 증거물을 남기지 않아야 함.
- 민주주의 국가들의 경우, 국가정보기관의 권력남용이나 인권침해 방지를 위해 공작내용의 문서 보관을 의무화하고 의회의 사후 조사를 받게 하므로 공작보안 유지가 쉽지 않음.

03 비밀공작의 승인 및 보고

- 비밀공작은 행정부의 최고책임자인 대통령이나 수상의 공식적인 승인을 받아야 하나 일부 독재국가나 군사정권의 경우는 정보기관 책임자의 단독 결정으로 공작이 수행될 수도 있음.
- 미국의 경우 대통령은 제안된 공작이 미국의 국익에 필수적이거나 외교정책의 구체적 지원 시 서면으로 승인하고 의회(상하원 정보위원회 핵심멤버 8인)에 보고해야 하나 긴급한 경우 대통령의 보고 유보기간(2일)을 둘 수 있음.
- 미국과 영국의 정보기관은 1년 단위로 공작예산을 편성하고 의회에서 심의하며 미국은 의회의 상·하원 정보위원회에서, 영국은 하원 정보보안위원회에서 예산을 심의함.
- 미국 의회는 예산심의(총액심사) 과정에서 연간 공작계획의 개요를 알게 되며 대통령의 구체적 승인서와 공작내용에 대해 브리핑 받을 수 있음.
- 미국 의회는 예산 지원 거부 외에 특별한 법률이나 행정명령(즉 반군지원, 암살금지) 등에 저촉되지 않는 한 공작을 승인하거나 승인하지 않을 권한은 없음.
- 의회 정보위원회 위원이나 행정부 안보분야의 참모들이 비밀공작에 대해 심각한 문제를 제기하면 공작 담당팀은 이를 보완하게 되며 여의치 않을 경우 공작 재검토의 충분한 사유가 될 수 있음.

04 비밀공작 감독 법령

(1) 휴즈-라이언 수정안(Hughes-Ryan Amendment, 1974)

- 비밀공작에 대해서 정보기관이 대통령의 승인을 받아 실행하고 대통령이 적절한 시기에 의회의 관련 위원회들(6~8개)에 구두 보고를 의무화한 법으로 1974년 12월 제정됨.
- 대통령이 비밀공작을 확인한 후 서면 승인하는 것이 예산사용의 전제조건으로 대통령이 비밀공작을 모를 수가 없어 그동안 대통령의 특권이었던 그럴듯한 부인(plausible deniability)권이 사실상 폐지됨.
- 불이행시 처벌규정은 없으나 정보기관에 대한 의회의 통제력을 세계 최초로 법률적으로 공식화 한 시도로서 의미가 있음.

(2) 정보감독법(IOA, Intelligence Oversight Act, 1980)

- 휴즈-라이언 수정안을 개정하여 정보기관이 비밀공작 등 정보기관 전반의 모든 활동에 대해 의회의 상하원 정보위원회의 주요인사들(위원장, 간사, 당대표 등 8인)에게만 사전보고를 의무화하고 다른 위원회에는 보고할 필요가 없어짐.
- CIA의 불법적이고 부당한 비밀공작을 더욱 철저하게 감시하기 위한 조치로 이 법에서 비밀공작의 개념 규정을 명확하게 하고, 승인 절차를 분명하게 제시하여 사전 통보가 어려울 시 대통령이 선 진행 후 반드시 의회에 구두로 보고하도록 의무화 함.

(3) 정보신원법(IIPA, Intelligence Identities Protection Act, 1982)

- 누구든지 기밀정보 열람 권한이 없는 자에게 비밀요원을 노출하거나 노출 하려는 시도를 하여 외국정보 활동을 손상시키거나 방해할 것이라고 믿을 만한 경우 벌금을 부과하거나 또는 3년 이하의 징역에 처함.

(4) 정보수권법(Intelligence Authorization Act, 1991)

- 정보수권법은 비밀공작 추진 시 대통령이 구두가 아닌 서면으로 사전보고 하도록 의무화하고 긴급한 경우에만 대통령의 보고 유보기간(2일)을 부여함.

04 비밀공작의 분류

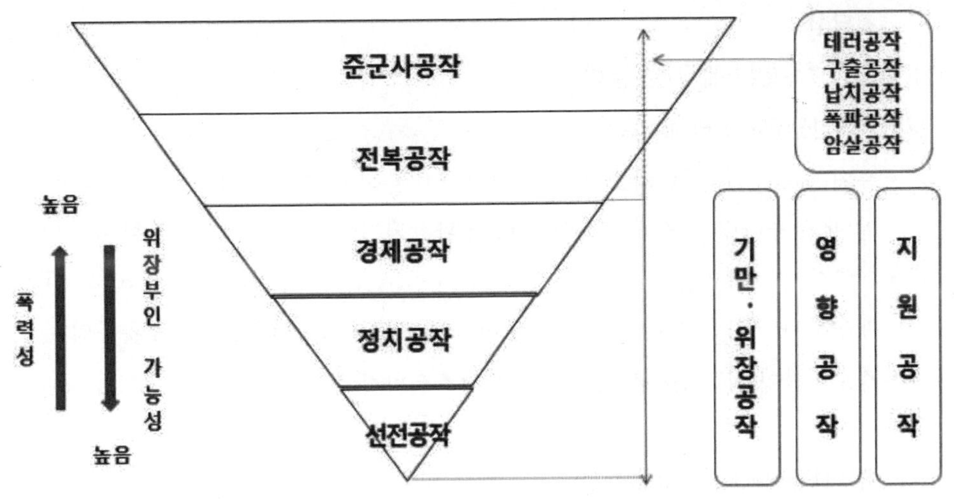

〈 마크 로웬탈의 비밀공작의 사다리(미 정보공동체의 비밀공작 분류) 〉

- 미국도 비밀공작의 표준유형(Standard typology)이 정립되지 않았을 정도로 체계적인 범주화는 어려우나 마크 로웬탈의 비밀공작 사다리(Covert Action Ladder)가 널리 쓰이고 있음.

01 선전공작(propaganda)

(1) 선전공작의 특징과 방법

- 모든 비밀공작의 기본이며 냉전기간 중 가장 많은 비중을 차지한 공작으로 특정한 정치적 목적을 위해 만들어진 정보를 라디오나 신문, 전단 살포, 인터넷 등의 방법으로 유포하여 동맹국을 확보하거나 적이나 적국을 공격하기 전 사용하는 계획적이고 조직적인 활동임.
- 일반대중에게 자기의 주장은 합리적이고 정당하지만 상대방은 부당하고 오류를 범하고 있도록 믿게 하는 노력으로 우리 편에는 유리하도록 하지만 적에게는 불리하도록 만드는 공작임.
- 배포자료는 외관상 진실하다는 인상을 주어야 하나 정말로 사실일 필요는 없으며 상대방으로 하여금 자기가 원하는 대로 행동하거나 생각하도록 만들면 됨.

- CIA는 평소 자신들이 원하는 기사를 써줄 수 있는 공작자산(assets)으로 주재국 저널리스트를 개척하기 위해 금품이나 광고형태의 보조금을 제공함.
- 철저한 감시체제 또는 방첩활동으로 현지 언론인에게 접근하기 어려운 경우 항공기나 기구로 전단을 살포하거나 별도로 운영하는 언론사, 방송사를 통해 외부소식을 전달함.

(2) 출처의 확인여부에 따른 분류

(가) 백색선전(White Propaganda)

- 출처(source)와 전달하고자 하는 메시지 내용이 명확하여 자국의 신뢰를 높이고자 할 때 사용하며 경우에 따라서는 다소 과장되거나 허위정보를 유포할 수 있음.
- 정부의 공보자료를 활용하거나 상대국의 언론인, 교수, 전문가 등의 여론 지도층을 매수하여 기사를 싣거나 출판하게 하는 체계적이고 조직적인 홍보 활동임.
- 정보기관이 직접 언론사를 운영하는 모스크바 방송(Radio Moscow)이나 출판사 등이 해당됨.

(나) 흑색선전(Black Propaganda)

- 대상국 국민들을 설득하는데 유리하고 외교문제 발생의 소지를 차단하기 위해 출처를 완전히 숨기는 방식으로 주로 상대국에 허위정보나 폭로정보 등을 제공할 때 사용함.
- 흑색선전은 출처확인이 곤란하므로 이에 대한 역선전이 효과를 거두기 어려우나 백색선전처럼 위장할 수 있고 백색선전의 효과를 떨어뜨릴 수도 있음.
- 구소련은 이란민족방송(National Voice of Iran)을 동원하여 반미감정을 지속적으로 고취시킨 바 있음.

(다) 회색선전(Grey Propaganda)

- 출처(source)는 대체로 명확하나 그 메시지 내용이 모호(ambiguity)하거나 생략된 정보로 상대국의 판단을 혼란하게 하는 방법임.
- 자유방송(Radio Liberty), 자유유럽방송(Radio Free Europe)은 냉전기간 CIA가 운영하였으나 이를 밝히지 않고 자료 출처를 민간기관으로 위장하여 동유럽 공산주의 국가 국민들에게 외부 소식을 전달함.

(3) 선전공작의 부작용

- 역류현상(blowback)은 오늘날 선전공작의 부작용으로 정보기관에서 대상국 내 여론을 조작할 목적으로 게재한 기사를 자국 언론사가 모르고 외국의 시각이라는 형태로 국내에 소개하는 현상임.
- 역류현상은 선전공작 뿐 아니라 모든 형태의 비밀공작으로 인해 야기되는 부정적인 결과를 의미하는 것으로 확대하여 해석하고 있음.

02 정치공작(political action)

(1) 정치공작의 특징

- 정치공작은 상대국의 정치에 비밀리에 개입하여 자국에 유리한 방향으로 만들기 위한 공작으로 주로 우호적인 세력에게 비밀리에 재정지원을 하는 방법을 사용하며 영향공작과 지원공작이 있음.
- 영향공작은 대상국의 정치세력 판도의 변화를 추구하는 것이 아닌 로비와 같이 특정 정책이 자국에 유리하게 결정되도록 영향을 미치는 것임.
- 지원 공작은 자국에 유리한 상황을 조성하고 적대적이지 않은 선호 후보를 당선시키기 위해 자금이나 신변경호, 특정정보를 지원하는 형태임.
- 정치공작의 대상에는 정부정책에 직접적으로 영향을 미치는 정치인, 정당인, 고위관료 및 엘리트 뿐 아니라 청년단체, 노동단체, 종교지도자, 비정부단체 (NGO)등이 포함됨.
- 정치공작은 개입사실이 노출되면 내정개입에 대한 비난을 받아 외교적 문제가 발생할 위험이 있고 지원을 받은 당사자는 외국에 협조했다는 비난을 받음.
- 개입사실을 반드시 숨겨야 하며 공작원과의 은밀하게 접촉하고 중간에 차단장치(cut out)을 마련해야 함.

(2) 정치공작의 사례

- 미국은 태평양전쟁(1941～1945) 이후 일본의 정국안정을 위해 일본 자민당의 선거자금을 지원하였고 해외망명 지도자의 활동비나 생계비를 지원함.
- CIA는 1964년 칠레 대통령 선거에서 마르크스주의자인 아옌대(Salvador Allende, 1908～1973) 후보를 낙선시키기 위해 경쟁후보인 기독교민주당의 후보를 지원하였는데 유권자 1인당 1불로 총 300만불을 지불하였다 함.
- 삐에르 샬르 빠테는(Pierre-Charles Pathe)는 프랑스의 언론인으로 1976년 KGB로부터 자금지원을 받고 나토와 프랑스 간에 결속을 약화시키고 구소련과의 우호관계를 증진시키기 위해 공산주의나 민족주의 성향을 가진 프랑스 언론인을 채용하여 뉴스레터(Synthesis)를 발행하며 정치인들의 정책판단 호도를 위한 여론공작을 시도 함.
- 1980년대 미국은 폴란드 정부의 계엄령 선포 이후에도 바웬사의 자유노조연대(Solidarity)가 계속 독립을 유지한 채 폴란드 민주화 운동을 주도해 나갈 수 있도록 로마 카톨릭과 미국 노조의 협조 하에 자유노조에 대한 재정지원과 비밀통신장비를 제공함.

- 1983년 미국은 반미성향의 이란의 호메이니 정부에게 소련의 KGB 첩보원과 협력자에 대한 정보를 건네주었고 이를 계기로 소련 첩보원을 포함한 수백명의 공산당원이 처형당해 결과적으로 이란 공산당인 투데당(Tudeh Party)이 해산되고 이란에 대한 소련의 영향력도 약화됨.

03 경제공작(economic action)

(1) 경제공작의 특징

- 경제공작은 대상국의 경제정책을 자국에 유리하게 변경시키는 공작으로 경제 기반을 붕괴시켜 경제적 사회적 혼란을 야기하고 궁극적으로 정치적 불만 또는 폭동을 유발 하는 공작임.
- 토지개혁, 석유산업 국유화, 세제, 외국인 투자법 등으로 자국에게 불리한 경제 정책을 시행하려고 할 때 은밀하게 개입하여 유리한 방향으로 정책을 변경 하고자 노력함.
- 위조지폐 발행, 유류창고나 전력망 파괴, 대상국의 수출품 가격을 고의적 폭락 시키거나 생필품 부족, 주식시장 폭락, 파업 유도, 화폐 개혁이나 세금인상설, 공장폐쇄나 감원설 등 경제적 불안을 유도하는 흑색선전공작을 병행하는 심리전을 함께 전개하면 보다 효과적 임.
- 냉전 이후 경제공작은 산업정보활동으로 변화하여 국제거래나 입찰시 유리한 계약을 따내거나 제3국의 계약 성사를 방해하는 등에 정보기관이 개입함.
- 최근에는 대상국의 컴퓨터 시스템을 교란시키는 교묘한 해킹이 새로운 경제 공작의 수법으로 등장하여 거래내역 조작 및 불법인출 등 군사공격 못지않은 큰 피해를 줌.

(2) 경제공작의 사례

- 미국 레이건 정부의 전략방위구상(SDI, Strategic Defense Initiative, 일명 Star Wars)은 기만공작과의 병행사례로 Star Wars가 이미 실험이 끝난 것처럼 과장해서 발표하여 소련이 전략무기 감축협상에 응하도록 만들었고 이후 막대한 예산을 낭비하게 하여 소련의 붕괴를 5년 정도 앞당겼다 함.
- 1994년 브라질 무기도입 프로젝트에서 프랑스 톰슨사가 브라질 관리들을 매수하려 한다는 정보를 NSA(애셜론)를 통해 입수하고 이를 미국 Raytheon 사에 제공하여 프랑스 계약을 가로챔

04 전복공작(쿠데타, coups)

(1) 전복공작의 특징

- 전복공작은 직접적 또는 간접적으로 적대국의 정부 전복을 위해 선전공작 · 정치공작 · 경제공작을 총동원하여 달성하고자 하는 최종목표이며 준군사공작도 크게 보면 전복공작에 포함됨.
- 첨예한 대립관계에 있는 상대국의 지도부를 바꾸기 위해 실시하며 주로 상대국 집권세력에 대항하는 반대세력을 지원하여 쿠데타로 정권을 전복하고 자국에 우호적인 정권을 창출함.
- 쿠데타를 위한 군사적 지원, 대상국 정부에 대한 정치, 경제적 압력, 게릴라 투쟁세력 양성훈련 및 지원, 테러단체 지원(훈련시설과 피난처 제공, 자금, 무기, 위조여권 지원 등)등의 방식이 있음.
- CIA는 간접적이고 애매모호한 암시로 군부를 자극하는 수법을 사용하고 상황에 따라 미국대사도 직접 군부를 접촉하여 미국의 지지입장을 간접적으로 암시하여 쿠데타를 유도함.

Chapter 06

(2) 전복공작의 사례

- 1953년 아작공작(Operaton Ajax)은 의회에서 선출된 이란의 모사데크 (Mohammad Mossadegh, 1882~1967)가 석유의 국유화를 시도하고 이에 협력 하지 않는 외국기업을 추방하자 미국과 영국이 이란 정치인과 군 장성, 그리고 폭도들을 사전에 매수하고 시위를 일으킨 것으로 친미 군부를 지원하여 결국 팔레비(Mohammed Reza Pahlavi, 1919~1980) 2세의 재옹립에 성공함.
- 1954년 CIA가 과테말라 공산당을 합법화하고 미국계 회사 농장을 국유화 한 구즈만(Arbenz Guzmán, 1913~1971) 정권을 붕괴시키는 과정에서 자유의 소리 방송을 통해 수많은 반란군이 행동하는 것처럼 기만하고 상대국 공영방송 아나운서 목소리를 모방하는 등 선전공작과 심리전을 효과적으로 전개함.
- 1956년 헝가리 의거는 CIA의 무모한 심리전 공작으로 실패한 경우로 당시 자유유럽방송(Radio Free Europe) 헝가리 지국은 봉기 시 미국 지원을 암시 하는 방송으로 반소민족주의운동을 자극하였으나 3만 여명의 사상자만 내고 실패하였고 이후 심리전 활용공작이 쇠퇴함.

05 준군사 공작(PM, Paramilitary Operation)

(1) 준군사 공작의 특징

- 준군사공작은 대상국 정부를 전복할 목적으로 군사력을 사용하는 국가정보 기관에 의한 물리적 비밀전쟁으로 공작유형 중에서 가장 과격하여 보안유지가 어렵고 정치적 위험이 수반됨.
- 처음부터 준군사공작을 사용하기 보다는 일단 덜 위험한 공작들을 시도해 본 후 별다른 성과가 없을 경우 준군사공작으로 발전하는 경우가 일반적임.
- 비밀공작과 저강도 전쟁(정규전)의 경계선 상에 있으며 정부전복이라는 정치적 목적 달성을 위해 군사력을 공작적으로 이용하는 것으로 비정규군을 이용하거나 유사한 집단 내지 토착세력과 연합한 비정규군을 편성하여 대리전 형태의 군사작전을 수행하여 상대국을 무력화시키는 공작임.
- 대규모 무장단체의 훈련과 장비가 필요하나 법적인 전쟁행위로 간주될 수 있는 정규군의 군사력을 외형적으로 사용하지는 않으며 전쟁 발발 시 특수부대 투입 전의 공격 준비 활동으로서 정보활동의 기능을 담당할 수 있음.
- 특수부대가 비밀리에 참여하는 특수작전(special operation 또는 direct action)의 경우는 준군사 공작과 달리 공격의 배후(sponsor)를 은폐하지 않고 공개적으로 실시하므로 실패 시 대통령이 책임 추궁을 당함.
- 암살공작도 준군사공작에 포함되며 사안의 민감성으로 집행공격(executive action), 무력화(neutralize), 극단적 편견의 종식(terminating with extreme prejudice)와 같은 완곡한 표현을 사용함.
- 미국의 포드 대통령은 행정부 내부의 록펠러위원회(Rockefeller Commission)를 통해 CIA의 정보실패를 조사하고 1975년 정보감독위원회(IOB, Intelligence Oversight Board)를 신설하였으며 CIA에 의한 해외 암살을 금지함.

(2) 준군사 공작의 성공과 실패 사례

- 1950년 소련은 한국전에서 유엔군에 대항하여 소련 비행사를 전투에 비밀리에 참여시키는 높은 수준의 준군사공작을 전개함.
- 1958년 CIA는 군부 쿠테타를 통해 정권을 장악한 이라크의 카심 장군이 반 서방 친소 정책을 추진하자 사담 후세인을 배후 조종하여 암살을 시도하여 실패하였으나 이후 바트당의 쿠테타를 배후 지원하며 카심을 몰아내는 데 성공함.
- 1960년 CIA는 콩고의 반식민주의 지도자인 루뭄바 수상이 친소공산주의 정권을 수립할 것에 대해 우려하여 암살공작을 시도하였고 결국 반대파인 모부투의 군대에 체포되어 살해됨.

- 1961년 CIA는 카스트로(Fidel Castro, 1926~2016) 정권을 붕괴시키기 위해 쿠바 망명객을 동원하여 피그만을 침공하는 준군사공작을 감행하였으나 이를 인지한 쿠바군에 의해 전원 생포 및 반란군은 완전 괴멸되고 이후 몽구스작전 (Operation MONGOOSE)을 전개하여 암살, 사보타주, 파괴, 심리전을 통한 전복을 시도하였으나 모두 실패함.
- 1961년 미국은 도미니카 공화국의 독재자 트루히요(Rafael Trujillo, 1891~1961) 를 방관하다 쿠바에서 카스트로가 부패한 바티스타 정권을 무너뜨리자 공산화 확산을 우려한 CIA는 그의 탑승 차량에 총기를 난사하여 암살함.
- CIA는 친미성향의 외국지도자 보호를 위한 경호원이나 외국경찰 훈련 프로그램을 운영하여 이란의 친미정권인 팔레비 왕의 비밀경찰 사바크 (SAVAK) 창설을 지원하였고 반 샤(Shah) 단체에 대한 진압방법을 전수함.
- 1965년 CIA가 인도네시아 수카르노(Sukarno, 1901~1970)를 제거하고자 의도적으로 PKI(인도네시아 공산당)와 군부 내 좌파 장교가 쿠테타를 일으킨 것처럼 가장하고 이를 진압하기 위해 CIA와 긴밀한 관계인 수도방위사령관 수하르토(Mohammad Soeharto, 1921~2008)를 지원하여 수카르노 정권 전복에 성공함.
- 1970년 손타이작전(상아해변작전)은 미군이 북베트남(월맹)의 포로수용소를 급습했으나 헬기사고 발생 및 수용소 이전 정보를 미 입수로 미군 포로구출에 실패한 사건으로 대신 100여명의 중국 군사고문단을 사살함.
- 1979년 11월 이란 테헤란 내 미국 대사관이 반 팔레비 세력인 호메이니 지지자들에게 장기간 점거되던 중 1980년 4월 델타포스 부대가 독수리발톱 작전(Operation Eagleclaw)을 통해 인질 구출을 시도했으나 작전 간 수송기 고장 등 준비 미흡으로 실패함.
- 1989년 CIA는 쿠바의 카스트로 암살기도, 콘트라 반군 지원 등 CIA의 협조자였으나 반미성향을 띠고 마약밀매를 지속한 파나마의 정보기관(G2) 출신의 독재자 노리에가(Manuel Noriega, 1934~2017)를 무력으로 전복시킴.
- 2006년 미국은 테러와의 전쟁을 계기로 테러리스트 암살공작을 본격 전개하여 알카에다 이라크 지부장 알자르카위를 무인정찰기로 추적 후 F-16 전투기로 폭사시킴.
- 2011년 미국 네이비실 산하의 특수부대인 데브그루(Devgru)의 넵튠스피어(Operation Neptune Spear, CIA 암호명은 Geronimo) 작전을 통해 헬리콥터를 이용한 급습으로 오사마 빈라덴을 제거함.

06 기만공작(D&D, Denial and deception)

(1) 기만공작의 특징

- 기만공작은 역정보(disinformation)를 제공하여 외국정부의 판단을 흐리게 하여 공작 수행국이 의도하는 행동을 하도록 유도하는 것으로 대상국 정부 전체가 아니라 주로 정보기관을 대상으로 한다는 점에서 선전공작과 차이가 있음.
- 기만공작은 적국의 주요한 정보활동을 무력화하는 시도로 대상국 정보기관의 수집, 분석활동에 타격을 가하기 위한 역정보를 제공하고 이중간첩에 의한 역용공작의 한 수단으로 활용되는 점에서 방첩활동의 일부로 간주됨.
- 기만공작은 전쟁 중이나 전쟁개시 직전에 특정의 공격지점에서 적의 주위와 경계를 빗나가도록 하거나 전혀 공격의도가 없는 것처럼 보이게 하는 등 아군의 계획과 의도를 속여 적을 혼란시킴.
- 기만공작의 성공적 수행을 위해서는 상대정보기관의 허를 찌를 수 있도록 장기간에 걸친 세심하고 정교한 준비가 필요하며 이를 위해 적이 무엇을 생각하고 예측하는지 파악하기 위한 정보활동이 필요함.
- 역정보는 상대방을 속이기 위해서 허위로 조작된 정보로서 사실인 내용도 일부 포함되며 적의 입장에서 충분히 실행 가능하다고 판단되는 설득력 있는 내용으로 위조문서를 외국정부에 은밀히 넘기는 등의 그럴듯하고 자연스러운 전달방법을 함께 강구해야 함.

(2) 기만공작의 사례

- 민스미트 공작(Operation Mince Meat)는 세계2차대전 당시 1943년 4월 스페인 해변에 영국군 소령의 변사체를 띄워 그 안에 연합군의 작전계획을 끼워놓고 독일군이 연합군의 공격목표가 이탈리아의 시칠리아가 아니라 그리스로 믿게 만든 공작으로 세계2차대전의 판도를 바꿈.
- 더블크로스(Double Cross System)는 영국의 보안부(MI5)가 세계2차대전 당시 독일의 군 정보기관인 압베르(Abwehr)의 급조된 스파이들을 색출·검거하는 과정에서 이들을 이중 스파이로 포섭·활용하여 독일에 침투시킨 공작임.
- 더블크로스는 세계2차대전 당시 1944년 6월 노르망디 상륙작전(Operation Overlord) 성공을 위해 연합군의 상륙지점이 파드칼레 아래 위치한 프랑스 노르망디(Normandie) 지역이 아닌 파드칼레(Pas-de-Calais, 런던과 가까운 북부도시) 라고 속이기 위해 고안된 포티튜드 작전(Operation Fortitude)의 성공에 기여함.

더 알아보기

미인계(honey trap)의 대표적 사례

- 모사드 요원인 샤를 벤토브(Cheryl Ben Tov, 코드명 Cindy)는 미인계를 사용하여 자국의 핵 모호성 정책에 반하여 원자폭탄 개발을 주장한 이스라엘의 핵 기술자 모디쉬 바누누(Mordechai Vanunu)를 런던에서 유혹하고 로마에서 납치하여 본국으로 압송하여 18년형을 선고받게 함.
- 마타 하리(Mata Hari)는 1차대전 중 프랑스와 독일을 오가며 이중스파이의 역할을 담당한 네덜란드 출신의 무희이자 국제적인 매춘부로 동양적이고 매력적인 벨리댄스로 프랑스 고위층을 사로잡았으나 결국 눈가리개를 거부한 채 간첩혐의로 총살됨.
- 제레미 울펜덴(Jeremy Wolfenden)은 원래 게이로 1960년대 초 런던 데일리 텔레그라프의 모스코바 통신원이었으나 KGB가 고용한 남자 이발사의 유혹을 받고 몰래카메라에 찍혀 소련 스파이를 하도록 협박 받음. 이후 이를 영국의 SIS에 전파하고 도움을 요청하였으나 오히려 이중스파이를 제안 받아 활동하게 되고 결국 스트레스와 과도한 음주로 인한 뇌출혈로 사망함.
- 마르쿠스 울프(Markus Wolf)는 동독의 슈타지(Stasi)의 로미오 요원(Romeo spies)을 창안한 사람으로 미혼의 서독 고위관료를 골라서 포섭 후 성(sex)을 활용하여 정보를 획득하였는데 헬무트 슈미트(Helmut Schmidt) 총리를 포함한 서독 정부와 산업계는 물론 NATO에까지 정보망을 구축함.

05 비밀공작의 책임과 한계

01 비밀공작의 책임

- 비밀공작에서 가장 중요한 것은 관여 사실의 부인으로 만일 누설될 경우 공작 수행국에 대한 국제적 비난여론과 최고정책결정자에 대한 국내 정치적 문제가 발생하여 적절한 지위의 특정 관료가 모든 책임을 지고 사임하는 경향이 있음.
- 레이건 행정부 당시 이란-콘트라 스캔들에서 존 포인덱스터(John Poindexter) 해군 제독과 올리버 노스(Oliver North) 해병 중령은 1987년 이노우에-해밀턴 위원회(Inouye-Hamilton Committee) 청문회에서 대통령에게 일체 보고를 하지 않았다고 증언하여 대통령의 정치적 부담을 덜어줌.
- 1985년 뉴질랜드에서 프랑스 해외안보총국(DGSE) 소속 요원이 그린피스 소속의 선박 레인보우 워리어호(Rainbow warrior)를 폭파한 사건에서 프랑스의 관여사실이 명백하게 되었을 때 DGSE국장과 국방부장관이 모든 책임을 지고 사임하여 미테랑 대통령(François Mitterrand, 1916~1996)을 보호함.

02 비밀공작의 한계와 전망

- 영향공작의 경우 대상국 사회에 작용한 영향력과 장기간에 걸친 공작의 성과를 판단하기가 쉽지 않고 준군사공작의 경우 기대한 성과는 없이 오히려 대상국 국민들의 결속력을 강화시키고 적개심만 키우는 역효과가 발생할 우려가 있음.
- 미국은 칠레에서 아옌대 정권을 실각시키는 전복공작을 펼쳐 성공하였으나 피노체트 (Augusto Pinochet, 1915~2006) 라는 군부 독재자가 나타나 수많은 사상자를 내고 민주주의를 후퇴시킴.
- 미국은 파키스탄을 통한 아프카니스탄의 무자헤딘 반군(대표적 군 지휘관이 오사마 빈 라덴으로 9.11테러의 장본인 임)을 지원하여 소련군을 철수시켰으나 이후, 아프가니스탄 내전이 시작되고 이를 종식하기 위해 미국이 지원한 탈레반은 이슬람 원리주의에 입각한 극단적 반미조직으로 성장함.
- 향후 비밀공작은 적용범위와 대상에 있어 보다 제한되고 신중한 방향에서 재검토되어야 하나 테러와 같은 비대칭전쟁(asymmetric war)의 경우 오히려 효과적 대안으로 부각되기도 함.
- 자국의 공식적인 대외정책이나 법의 테두리 안에서 과거에 비해 더욱 조정되고 계획된 외교정책의 일부로서 외교 및 군사적 수단과 유기적인 협조 하에 첨단과학기술을 동원하는 방식으로 추진될 전망임.

더 알아보기

이란-콘트라 스캔들(Iran-Contra Scandal)

- 이란-콘트라 스캔들은 레이건 정부당시 1987년 CIA가 적성국인 이란에게 헤즈볼라에게 납치된 미국인 인질을 석방하도록 영향력을 행사하는 조건으로 불법적으로 무기를 판매하고 여기서 나온 수익금을 의회의 동의 없이(볼랜드 수정안 위반)을 우파인 니카라과 반군(콘트라 반군)에 지원한 공작으로 좌파인 산다니스타 정권을 전복하기 위해 일으킨 사건임.
- 마약 밀매, 돈세탁, 조직범죄가 혼재된 추악한 스캔들로 평가되며 이 사건을 계기로 행정부내 타워위원회(Tower commission)와 의회 내 이노우에-해밀턴 위원회(Inouye-Hamilton Committee)가 구성되어 NSC와 CIA직원의 불법적인 정보활동을 밝혀냄.

06 단원별 퀴즈

1. 정보기관에서 수행하는 비밀활동의 3가지 종류는 ( ), ( ), ( ), 이다.

2. 비밀공작의 개념으로는 Covert action, special activity abroad, ( ) option, ( ) function, ( ) measure, Metsada, special operation 이 있다.

4. 미국에서 비밀공작은 ( )의 사전 승인과 ( )의 보고를 거쳐야 하며 의회는 비밀공작에 대한 ( )심의과정에서의 거부권이 있다.

5. 비밀공작이 대통령의 사전 승인과 의회에 구두보고를 받아야 한다고 세계 최초로 명문화한 규정은 ( )이며 비밀공작을 포함한 모든 정보활동을 의회 상·하원 정보위원회의 주요인사들 8인에게 에게 사전 통보하도록 의무화 한 법은 ( )이고, 비밀공작의 개념을 구체적으로 명료하게 규정하고 대통령이 의회에 서면보고를 하도록 의무화 한 법은 ( )이다.

6. 주로 대상국의 정책결정과정에 영향력 행사하는 공작은 선전, 정치, 경제공작이고, 주로 대상국의 정치제제에 변화를 모색하는 공작은 ( ), ( )이다.

7. 비밀공작은 발각되지 않도록 ( )부인을 해야 하며, 발각 시에는 ( )부인이 필요하다.

8. 비밀공작은 절차적, 국내적으로는 비합법적이나 정당성이 부여되고 내용적, 국제적으로는 내정간섭이나 합법적인 수단만을 사용해야 하며 반드시 적국에만 사용하고 동맹국이나 중립국에는 사용할 수 없다.

9. 손자병법 용간편에 나온 4가지 계책인 벌모, 벌교, 벌병, 공성은 모두 현대적 의미에서의 비밀공작이라고 할 수 있다.

10. 비밀공작은 대외정책 목표를 달성하기 위한 정책수단(policy tool)로 정책 집행기능을 수행하며 단기간 내에 직접적인 효과를 낼 수 있으므로 불충분한 정책을 보완하면서 선제적으로 사용하여야 한다.

11. 전복공작과 준군사공작은 모두 적국의 정부를 전복하기 위한 군사 행동을 실시한다.

12. 준군사공작과 특수작전의 차이점은 정규군의 투입여부 및 공격 배후의 은폐 여부이며 정규군 투입과 공격배후의 노출은 전면전으로 규정된다.

13. 타 부서와 협력하거나 활발한 의사소통을 하려는 의지가 부족한 현상, 혹은 부서 자체를 말하며 부서이기주의, 조직 내 소통 부족, 정보전달 체계이상을 의미하는 현상은 Swarm Ball 현상이다.

06 기출 및 유사문제

01. 비밀공작을 정확하게 설명한 것으로 틀린 것은?

① 이스라엘은 메차다(Metsada)라고 정의한다.
② 미국에서는 특별정치활동(special political action)이라는 용어를 사용하기도 한다.
③ 러시아는 적극적 조치(active measure)라는 용어를 사용하기도 한다.
④ 외교교섭을 전개하는 제1의 방안과 직접적인 군사작전을 전개하는 제2의 방안이 아닌 수단을 의미한다.

02. 비밀공작의 계획수립 시 가장 중요하게 검토할 것은?

① 정당성
② 예산 확보
③ 노출위험
④ 인적·물적자원 확보

03. 비밀공작의 수행 목적과 방법상의 특징을 잘못 설명한 것은?

① 대외정책 목표 달성을 위한 정책수단(policy tool)이라는 점에서 다른 비밀활동과 근본적으로 다르다.
② 비밀공작은 정책을 집행하는 기능을 수행한다.
③ 공작의 결과가 노출될 수밖에 없다는 점에서 첩보수집 활동과 다르다.
④ 비밀공작의 효율성을 위해 해당 부처의 정보기관에서 수행하는 것이 일반적이다.

04. 비밀공작의 단점이 아닌 것은?

① 비교적 신속하나 다른 제1의 방안이나 제2의 방안에 비해 비용이 많이 든다.
② 다른 나라에 대한 은밀한 내정간섭이라는 점에서 유엔헌장에 위배된다.
③ 암살, 납치, 테러, 폭파 등과 같은 범죄수단이 동원된다.
④ 개입사실이 노출될 경우 국제적 비난 여론은 물론 대상 국가와의 외교단절 사태를 초래할 수도 있는 위험부담이 적지 않다.

05. 선전공작의 특징을 설명한 것 중 틀린 것은?

① 대상국 여론을 조작할 목적으로 게재한 기사를 자국 언론사가 모르고 외국의 시각이라는 형태로 국내에 소개하는 역류(blowback)현상을 고려해야 한다.
② 폐쇄된 사회일수록 언론분야에 종사하는 주재국 저널리스트 등 공작자산(assets)을 평상시 개척해 두어야 한다.
③ 선전공작은 출처의 확인여부에 따라 백색, 흑색, 회색선전으로 구분한다.
④ 모든 비밀공작의 기본이 되는 활동이다.

06. 정치공작의 사례가 아닌 것은?

① 1970년대 프랑스 언론인 삐에르 샬르 빠테(Pierre-Charles Pathe)는 KGB의 지원을 받고 나토와 프랑스 간 결속을 약화시키기 위한 공작을 하였다.
② 1980년대 미국은 폴란드의 자유노조연대(Solidarity)에 대한 미국노조의 협조 하에 자유노조에 대한 재정지원과 비밀통신장비를 제공하였다.
③ 1964년 칠레 대통령 선거에서 CIA는 마르크스주의자인 아옌데 후보를 낙선시키기 위해 경쟁후보인 기독교민주당의 후보를 지원하였다.
④ 미국 레이건 행정부는 전략방위구상(Strategic Defence Initiative, 일명 Star Wars)을 과장 발표하여 소련의 대미군사경쟁을 유도하였다.

07. 경제공작의 사례가 아닌 것은?

① 국제거래나 입찰시 유리한 계약을 따내기 위한 공작
② 컴퓨터를 이용하여 특정국가나 단체의 거래내역을 혼란시키거나 은행예금을 인출시키는 행위
③ 미국이 이란에 무기를 판매하고 그 판매대금으로 니카라과 반군을 지원한 것
④ 미국이 소련의 가스관 압축기 가동에 필요한 터빈시설 도입을 방해한 것

Chapter 06

08. 암살공작은 다음 중 어디에 포함되는가?

① 정치공작
② 경제공작
③ 준군사 공작
④ 선전공작

09. 다음 중 비밀공작에 대한 설명 중 잘못된 것은?

① 정치공작은 파업유도, 유류저장고 폭파, 위조지폐발행 등으로 혼란과 사회불안을 야기하는 방법이다.
② 공작의 결과가 노출될 수밖에 없다는 점에서 첩보수집활동과 다르다.
③ 비교적 신속하고 저렴한 비용이 들지만 개입사실이 노출될 경우 국제적 비난 및 외교단절 사태를 초래할 수 있는 위험부담이 많다.
④ 불법적인 행동을 한다는 점에서 유엔협약을 위반한다.

10. 비밀공작을 설명한 것으로 올바르지 않은 것은?

① 대외정책 목표 달성을 위한 정책수단이라는 점에서 여타 비밀활동과 근본적으로 다르다.
② 우리나라는 국가정책을 위해서는 국가정보기관에서 비밀활동을 전개하지 않는다.
③ 비밀성이 노출되면 그 의미를 상실하고 즉각 공작을 중단해야 한다.
④ 미국 정보공동체는 비밀공작을 선전공작, 정치공작, 경제공작, 준군사공작 등으로 분류한다.

11. 비밀공작의 특성에 대한 설명으로 옳지 않은 것은?

① 동일한 활동이라도 정보기관이 아닌 행정부처에서 수행하면 단순한 비밀활동 (secret activity)이다.

② 비밀공작은 국가정보기구의 일반적인 정보보안과는 달리 활동자체의 은폐 보다는 배후세력의 정체를 은폐하는 데 중점을 둔다.

③ 국내적으로는 대통령의 승인과 국회의 보고를 통한 절차적인 정당성을 가지고 있으나 국제적으로 용인될 수 있는 합법성을 가지고 있는 것은 아니다.

④ 대외정책 집행을 위한 예외적인 수단으로서 불충분한 정책의 보완 수단으로 선제적인 사용이 필요하다.

12. 비밀공작의 특성으로 적절하지 않은 것은?

① 비밀공작은 원칙적으로 외국을 대상으로 하나 독재국가나 권위주의 정부는 정권안보를 위해 내국인도 비밀공작의 대상에 포함될 수 있다.

② 성공가능성이 높고 투입비용 대비 단기적·구체적·직접적 효과가 높을 때만 실행한다.

③ 정권안보를 위한 도구로 악용되거나 정보의 정치화를 초래할 위험성이 있으므로 국내 정책의 보조수단으로 사용되면 안된다.

④ 정보기구의 가장 기본적이고 중요한 임무는 비밀공작으로 일반적인 정보활동과 달리 국가정책의 집행기능을 담당한다.

13. 손자의 적을 제압하기 위한 4가지의 계책에 대한 설명으로 옳지 않은 것은?

① 손자는 벌모(伐謀)를 가장 좋은 방책이라고 설명하였다.

② 벌교(伐交)는 적을 지원하는 세력을 차단하는 것으로 일종의 선전공작이다.

③ 벌병(伐兵)은 잘 방비된 적의 성을 직접 공격하는 것으로 전면전이다.

④ 벌모(伐謀)는 적의 음모를 사전에 쳐부수는 것으로 일종의 방첩활동이다.

14. 다음의 사례는 어떤 공작에 해당하는가?

- 1958년 CIA는 군부 쿠테타를 통해 정권을 장악한 이라크의 카심 장군이 반 서방 친소정책을 추진하자 암살을 시도하고 바트당의 쿠테타를 배후 지원함.
- 1961년 CIA는 카스트로(Fidel Castro, 1926~2016) 정권을 붕괴시키기 위해 쿠바 망명객을 동원하여 피그만을 침공하는 공작을 감행함.
- 1970년 손타이작전은 미군이 북베트남의 포로수용소를 급습했으나 헬기사고 발생 및 수용소 이전 정보를 입수하지 못해 미군 포로구출에 실패함.
- 1979년 미국 대사관이 점거되자 1980년 4월 델타포스 부대가 독수리발톱 작전(Operation Eagleclaw)을 통해 인질 구출을 시도함.

① 정치공작 ② 경제공작

③ 특수군사 활동 ④ 준군사공작

15. 제임스 베리(James A. Berry)의 비밀공작 정당화 조건으로 적절하지 않은 것은?

① 이유가 적국에 대한 응징인지, 정부를 바꾸려고 하는 것인지, 당면한 위협의 격퇴인지 정당해야 한다.

② 관련 행정부처의 사전 심의와 대통령의 승인, 의회에 보고 등 절차가 정당해야 한다.

③ 무모하지 않고 성공 가능성이 있어야 정당하다

④ 국제적으로 대상국에 어떤 결과를 초래할 것인지 국제사회에 긍정적인 영향을 줄 수 있는지 비밀공작의 결과가 정당해야 한다.

16. 마크 로웬탈의 비밀공작 사다리(Covert Action Ladder)에서 위장부인 가능성이 가장 높은 공작과 폭력성이 가장 높은 공작은?

① 선전공작, 준군사공작　② 정치공작, 전복공작

③ 경제공작, 전복공작　④ 준군사공작, 준군사공작

17. 전복공작의 사례가 아닌 것은?

① 아작공작(Operaton Ajax)

② 독수리발톱 작전(Operation Eagleclaw)

③ 몽구스작전(Operation MONGOOSE)

④ 특수부대 단독으로 비밀리에 참여하는 특수작전

18. 다음 공작을 올바르게 연결한 것은?

- 모든 비밀공작의 기본이며 우리 편에는 유리하도록, 적에게는 불리하도록 만드는 공작이다.
- 대상국의 정치세력 판도의 변화를 추구하는 것이 아닌 로비와 같이 특정정책이 자국에 유리하게 결정되도록 영향을 미치는 것이다.
- 대상국의 경제 기반을 붕괴시켜 경제적 사회적 혼란을 야기하고 궁극적으로 정치적 불만 또는 폭동을 유발 하는 공작이다.
- 허위사실인 역정보(disinformation)를 제공하여 외국정부의 판단을 흐리게 하여 공작 수행국이 의도하는 행동을 하도록 유도하는 것

① 선전공작, 영향공작, 경제공작, 기만공작　② 경제공작, 영향공작, 경제공작, 선전공작

③ 위장공작, 지원공작, 정치공작, 기만공작　④ 선전공작, 지원공작, 경제공작, 기만공작

19. 다음 중 미인계를 사용한 비밀공작과 관련이 없는 것은?

① 이스라엘 핵 기술자 모디쉬 바누누(Mordechai Vanunu)

② 독일의 스파이 네덜란드 여인 마타하리

③ 동독 슈타지 산하의 마르쿠스 울프가 양성한 로미오 요원(Romeo spies)

④ 미국의 공산주의자인 로젠버그(Julius Rosenberg) 부부

06 실전문제

20. 비밀공작의 그럴듯한 부인(Plausible Denial) 또는 위장부인에 대한 설명으로 옳지 않은 것은?

① 정보감독법(IOA, Intelligence Oversight Act)으로 대통령의 특권이었던 그럴듯한 부인은 사실상 폐지되었다.

② 비밀공작의 유형에 따라 대규모이거나 폭력양상이 크면 그럴듯한 부인 구실의 설득력이 취약해진다.

③ 비밀공작은 활동보다도 후원자의 정체를 은폐하는 것이 중요하며 이를 위한 대표적인 장치이다.

④ 비밀공작에서 최고 정책결정자의 법적·도덕적 책임을 회피하기 위한 수단이다.

21. 비밀공작의 결정과정 중 계획수립에서 검토할 요소가 아닌 것은?

① 정당성의 검토

② 수행능력의 검토

③ 예상되는 위험의 점검

④ 합법성

22. 비밀공작 관련 법령을 바르게 연결한 것은?

- 정보기관이 비밀공작을 의회의 상하원 정보위원회의 8인에게 사전보고 하고 이것이 어려울 경우 대통령이 선 진행한 이후 의회에 구두로 보고하도록 하였다.
- 비밀공작에 대해서 정보기관이 대통령의 승인을 받아 실행하고 대통령이 적절한 시기에 의회의 관련 위원회들에 구두 보고를 의무화한 법이다.
- 정보수권법은 비밀공작 추진 시 대통령이 서면으로 사전보고 하도록 의무화하고 긴급한 경우에만 대통령의 보고 유보기간(2일)을 부여하였다.

① 휴즈-라이언 수정안, 정보감독법, 정보수권법

② 정보감독법, 휴즈-라이언 수정안, 정보수권법

③ 정보감독법, 정보수권법, 휴즈-라이언 수정안

④ 휴즈-라이언 수정안, 정보수권법, 정보감독법

23. 비밀공작의 단점에 대한 설명 중 옳지 않은 것은?

① 불법적인 방법이 사용되는 등 민주주의 체제에서 공식적으로 인정하기 어려운 측면이 존재한다.
② 공산주의자들의 악랄하고 잔인한 수법에 맞서기 위한 불가피한 방법이라는 반공주의 식의 논리를 더 이상 내세우기 곤란하다.
③ 소셜네트워크서비스(SNS)가 발달한 정보화 사회는 보안유지가 더욱 어려워져 비밀공작의 추진 여지가 과거에 비해 축소되었다.
④ 비밀공작의 성공 여부에 대한 기준이 영속적이고 항구적이다.

24. 다음에 해당하는 선전공작은?

> • 냉전기간 동안 CIA가 Radio Free Europe, Radio Liberty 등을 이용하여 동유럽 공산국가의 국민들에게 외부의 소식을 전달하고 공산주의 내부에서 벌어지는 소식들을 전달하였다.

① 정치선전공작
② 백색선전공작
③ 흑색선전공작
④ 회색선전공작

25. 기만공작에 대한 설명으로 잘못 된 것은?

① 기만공작은 방첩의 한 형태이기도 하며 적국의 정보활동 목적을 무력화시킨다.
② 더블크로스는 세계2차대전의 오버로드 작전 성공에 기여했다.
③ 기만공작의 대상은 상대국의 정부와 정치단체이다.
④ 이중공작원을 이용한 역용공작의 한 수단으로 활용된다.

26. 비밀공작 결정과정에서 검토해야 할 것이 아닌 것은?

① 동일한 국가와 지역에 다른 공작이 시도된 적이 있는가를 점검한다.
② 과거 공작의 결과는 어떠했는가를 점검한다.
③ 위험요소는 어떠했는가를 점검한다.
④ 과거 유사공작에서 성공한 공작원을 물색한다.

27. 다음 중 회색선전에 대한 설명으로 적절하지 않은 것은?

가. 선전이라는 선입견을 주지 않고 효과를 얻을 수 있다.
나. 선전의 신뢰도가 가장 높다.
다. 집중적이고 즉각적인 선전을 할 수 있다.
라. 적의 역용공작를 간파하여 대응하기 어렵다.
마. 출처를 은폐하며 권위있게 선전효과를 거두는 것은 불가능하다.

① 나, 다 ② 나, 라 ③ 나, 마 ④ 가, 나

28 다음 중 흑색선전에 대한 설명으로 적절하지 않은 것은?

① 적국 내에서 수행이 가능하며 특수목표를 대상으로 특정한 계층에 대해 즉각적이고 집중적인 선전이 가능하다.
② 선전의 출처확인이 용이하여 이에 대한 역선전이 효과를 거두기 어렵다.
③ 적 내부에 모순이 있음을 드러내어 조직을 분열, 혼란시켜 사기를 저하시킨다.
④ 용어나 형식 등을 백색선전처럼 위장하여 전 국민을 현혹시킬 수도 있다.

29. 다음 내용에 가까운 선전방식은 무엇인가?

북한의 대남혁명전위대인 한국민족민주전선(한민전)에서는 마치 우리나라에 조직이 있는 것처럼 위장하여 '구국의 소리' 방송을 운영하였다.

① 백색선전 ② 회색선전
③ 흑색선전 ④ 역선전

06 정답 및 해설

단원별 퀴즈 정답 및 해설

01. 첩보수집, 비밀공작, 방첩활동

02. the third, the fifth, active

04. 대통령, 의회, 예산

05. 휴즈-라이언 수정안, 정보감독법, 정보수권법

06. 전복공작, 준군사공작

07. 위장, 출처

08. X, 비밀공작은 절차적, 국내적으로는 합법적으로 정당성이 부여되고, 내용적, 국제적으로는 비합법적으로 내정 간섭에 해당하며 주로 대외적으로 사용하나 군부독재국가는 국내에서도 사용한다.

09. X, 공성(攻城) 은 잘 방비된 적의 성을 직접 공격 하는 것임. 따라서 공성은 오늘날의 전면전에 가까우므로 비밀공작은 아니다.

10. X, 비밀공작은 대외정책을 집행하기 위한 최후의 방책 또는 예외적 수단이며 선제적인(initiatives)으로 추진되어서는 절대 안된다.

11. X, 전복공작과 준군사공작의 차이점은 전복공작은 쿠테타를 위한 군사적 지원, 대상국 정부에 대한 정치, 경제적 압력, 게릴라 투쟁세력 양성훈련 및 지원으로 직접적인 군사활동을 지양하나 준군사공작은 정부전복이라는 정치적 목적을 달성하기 위해 군사력을 공작적으로 이용하는 것이다.

12. O, 준군사공작은 대규모 무장단체의 훈련과 장비가 필요하나 전쟁행위로 간주될 수 있는 자국의 정규 전투부대 요원의 파견 및 관여는 없다.

13. X, 사일로현상이다. 스웜볼 현상은 정보수집을 담당하는 정보기관이 자신의 기본적 임무는 망각한 채 정책 결정자(VIP)가 선호하는 이슈나 목표에 대한 수집활동에 집중하는 현상이다.

기출 및 유사문제 정답 및 해설

01. 답 2. 영국에서 '특별정치활동(special political action)'이라는 용어를 사용한다.

02. 답 1. 정책결정자가 정책을 정당화하고 국가이익을 명확히 정의함으로써 비밀공작이 성립할 수 있다.

03. 답 4. 비밀공작의 보안유지와 효율성을 기하기 위해 비밀공작이 승인된 정보기구에서만 수행하는 것이 일반적이다. 미국의 경우 CIA만이 비밀공작을 할 수 있고 타 정보기관이 비밀공작을 하기 위해서는 의회의 허락이 필요하다.

04. 답 1. 비밀공작은 비교적 신속하면서도 조용한 가운데 외교목표를 달성할 수 있고, 비용이 적게 든다. 제3의 방안(third option) 또는 조용한 방안(quiet option)으로 표현된다.

05. 답 2. 폐쇄사회는 철저한 감시로 현지 언론인에 대한 접근이 어려워 이들을 활용하는 언론공작은 거의 불가능하여 기구 또는 항공기 등을 이용하여 전단을 살포하거나 별도로 방송을 운영하여 외부 소식을 전달한다.(자유방송, 자유유럽방송 등)

06. 답 4. 미·소간의 군사력 경쟁을 유도한 것은 경제공작이다.

07. 답 3. 미국이 이란에 무기를 판매하고 그 판매대금으로 니카라과 반군을 지원한 것은 이란-콘트라 스캔들로 준군사공작이다.

08. 답 3. 준군사공작에는 암살공작도 포함되고 집행공작, 극단적인 편견의 종식, 무력화 등과 같은 완곡한 표현을 사용한다.

09. 답 1. 경제공작은 파업유도, 유류저장고 폭파, 위조지폐발행 등으로 혼란과 사회불안을 야기하는 방법이다

10. 답 2. 우리나라는 국가정보기관에서 국가정책 지원을 위해 수행하는 모든 비밀활동을 말한다.

11. 답 4. 비밀공작은 대외정책을 집행하기 위한 최후의 방책 또는 예외적 수단으로 사용되어야 하며 처음부터 불충분한 정책의 보완수단으로 선제적(initiatives)으로 추진되면 안된다.

12. 답 4. 정보기구의 가장 기본적이고 중요한 임무는 비밀공작이 아니라 국가정책 지원을 위한 정보보고서 작성 및 배포이다.

13. 답 3. 벌병(伐兵)은 적의 사기를 약화시키는 것으로 일종의 선전·기만공작이다. 잘 방비된 적의 성을 직접 공격하는 것은 공성(攻城)이다.

14. 답 4.

15. 답 4. 국제적으로 대상국에 어떤 결과를 초래할 것인지 국제사회에 긍정적인 영향을 줄 수 있는지 비밀공작의 의도와 명분이 정당해야 한다.

16. 답 1.

17. 답 4. 아작공작은 모사데크 전복공작, 독수리발톱작전은 이란대사관 인질구출작전, 몽구스작전은 쿠바에서의 암살, 테러, 사보타주 공격이다.

18. 답 1.

19. 답 4. 로젠버그 부부는 단기간에 소련이 핵무기 개발을 하는데 기여했으며 미국 역사상 처음으로 스파이 혐의로 사형을 받은 민간인이기도 하다.

실전문제 정답 및 해설

20. 답 1. 휴즈-라이언 수정안(Hughes-Ryan Amendment)으로 대통령의 특권이었던 그럴듯한 부인은 사실상 폐지되었다. 휴즈-라이언 수정안을 개정안이 정보감독법이다.

21. 답 4.

22. 답 2.

23. 답 4. 비밀공작의 성공 여부에 대한 기준이 시간이 경과하며 바뀔 수 있다.

24. 답 4. CIA가 운영한 Radio Free Europe, Radio Liberty 등은 방송국의 이름이 알려지기는 했지만 실체에 대해 CIA가 운영한다는 사실은 공개하지 않았다.

25. 답 3. 기만공작의 대상은 상대국의 정부가 아니라 정보기관이다.

26. 답 4. 다른 곳에서도 유사공작이 있었는가를 점검한다.

27. 답 1. 선전의 신뢰도가 가장 높은 것은 백색선전이고 집중적이고 즉각적인 선전을 할 수 있는 것은 흑색선전이다.

28. 답 2. 선전출처가 명확해야 상대국이 이에 대한 역선전을 할 수 있다.

29. 답 3. 1985년 통일혁명당(통혁당)이 한민전으로 전환된 후, '통혁당 목소리 방송'이 '구국의 소리' 방송(한민전 방송)으로 변경되었고 2005년부터 한민전의 명칭을 '반제민전'으로 바꾸어 사용하고 있다. 즉, 출처와 내용이 모두 드러나지 않고 불확실한 것으로 볼 때 흑색선전에 해당된다.

07

방첩 및 보안활동

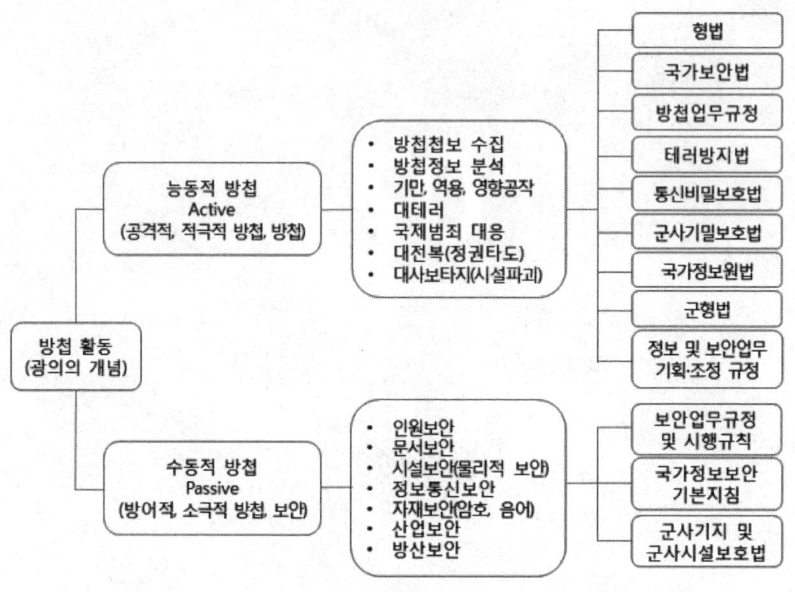

〈 방첩활동의 분류 〉

■ 방첩활동 ■

01 방첩활동의 역사

01 세계의 역사적 방첩활동

- BC 600년경 중국의 손자는 용간편에서 향간, 내간, 반간, 사간, 생간의 5가지 유형으로 첩자를 분류했으며 이중 반간은 나머지 유형의 첩자를 운용하는 근간으로 오늘날의 이중간첩을 이용한 기법과 유사함.
- 5세기 475년 고구려의 장수왕(394~491)은 도림이라는 첩자를 백제에 보내 바둑을 미끼로 대규모 토목사업을 진행하도록 부추겨 백제의 국력을 소모시키고 결국 개로왕을 기습하여 처형함.
- 16세기(1573) 영국의 월싱햄(Francis Walsingham, 1532~1590) 경이 조직한 정보조직이 스페인의 영국 견제에 대응하고 침공계획을 사전에 파악하는 방첩활동을 수행함.

- 20세기(1909) 대 독일 방첩의 필요성에서 영국 보안부(Secret Service)의 방첩활동이 시작됨.

02 대한제국의 제국익문사(帝國益聞社)

- 제국익문사는 1902년 구한말 고종(高宗, 1852~1919) 황제(光武帝)가 창설한 최초의 근대적 형태의 정보 및 방첩기관으로 매일 보고서 비보(秘報)를 작성하여 고종이 성총(聖聰)함을 유지하도록 보필함. 또한, 정부 고관과 한성 주재 외국 공관원의 동정과 국가 권력을 침해하는 국사범(國事犯), 외국인의 간첩행위를 탐지함.
- 제국익문사비보장정(帝國益聞社秘報章程)에 비밀활동의 지침이 상세하게 규정되어 있음. 요원들은 통신원, 밀정, 밀사 등의 이름으로 경성, 내지(지방), 항구, 일본·청나라 등 주변국의 정보를 수집하며 국권회복을 위해 다양한 활동을 전개함.
- 미국, 영국, 러시아, 프랑스, 독일 등 각국에 을사조약이 무효임을 선언하는 고종황제의 친서를 전달하여 세계의 여론형성을 위한 막후 활동을 전개함.
- 요원들이 수집한 정보는 황제에게 직보되었고 화학비사법(化學秘寫法)을 사용하여 붓글씨가 아닌 화학잉크를 사용하여 불빛에 비춰야 읽을 수 있었음.
- 수장은 독리(督理)라고 하고 그 아래 사무(司務), 사기(司記), 사신(司信)이 있었으며 상임 통신원들이 있었음.

02 방첩활동의 개념

01 방첩활동의 정의

- 간첩행위란 적대 세력 등의 정보를 얻기 위해 불법으로 적의 정보를 얻는 첩보활동으로 방첩활동은 이를 막는 것이며 방첩정보 수집(collection), 수동적 방첩(defensive), 능동적 방첩(offensive)으로 구분함.
- 방첩활동이란 물리적 보안을 유지하는 수동적 방첩과 적대국 정보기관에 침투 하는 능동적 방첩을 포함하며 전통적인 대간활동(대스파이 활동)에서 대테러, 국제범죄, 사이버테러까지 포괄하는 광의의 개념임.

- 방첩활동은 정보수집, 정보분석, 비밀공작과 함께 국가정보기구의 4대 임무 중 하나로서의 일부로서 다른 활동들과 밀접하게 연관되어 수행되며 정보활동을 효과적으로 수행하는 데 핵심적인 요소임. (미국 국가안보법)
- 방첩이란 국가안보와 국익에 반하는 외국의 정보활동을 찾아내고 그 정보활동 을 견제·차단하기 위하여 하는 정보의 수집·작성 및 배포 등을 포함한 모든 대응활동임. (방첩업무규정)
- 외국의 정보활동이란 외국정부·단체 또는 외국인이 직접 하거나 내국인을 이용하여 하는 정보수집 활동과 그 밖의 활동으로서 국가안보와 국익에 영향을 미칠 수 있는 모든 활동임. (방첩업무규정)
- 외국정보기관의 정보수집, 공작활동에 대응하여 자국의 안전과 이익을 확보하기 위한 것으로 우리가 상대국에게 하려는 것을 그들은 하지 못하게 하는 것임.(영향공작, 기만공작 전개)
- 외사(外事, foreign affair)는 외국 또는 외국인과 관계되는 문제로 방첩은 외사의 한 영역으로 국가안보를 위협할 수준에 이르는 상대세력의 정보활동에 대항하는 것이며 이에 미치지 못하는 것은 치안위협을 다루는 범죄수사의 영역임.

02 수동적 방첩과 능동적 방첩

(1) 수동적 방첩(방어적, 소극적, 대응적, 사후적 차단, 즉 보안)

- 셔먼 켄트(Sherman Kent)는 방첩을 적대세력의 위협으로부터 국가를 보호하는 활동이라고 정의함.
- 해리 랜섬(Harry Howe Ransome)은 방첩을 적대적인 외국의 정보활동에 대응하는 활동으로 기본적으로 거부적(negative)적이고 방어적인 기능을 수행하지만 이를 바탕으로 적의 의도와 능력, 적에 대해 알지 못했던 정보를 찾아내는 능동적 정보(positive intelligence)를 생산하는데 결정적인 기여를 할 수 있는 요소로 설명함.

(2) 능동적 방첩(공격적, 적극적, 예방적, 선제적 차단, 즉 방첩)

- 로이 갓슨(Roy Godson)과 제프리 리첼슨(Jeffrey T. Richelson)은 방첩을 상대의 정보활동을 규명하고 무력화하고 활용하는 것으로 정의함.
- 아브라함 슐스키(Abram N. Shulsky)는 방첩에 방어적 보안 뿐 아니라 대스파이 활동, 기만, 대기만, 방첩분석 등 적극적인 활동까지 모두 포함시킴.
- 팻 홀트(Pat M. Holt)는 방첩을 적대적인 외국정보기관의 활동을 탐지하고 그들의 활동을 무력화시키는 행위로 대스파이활동(counter-espionage), 대사보타지(counter-sabotage), 대전복(counter-subversion)활동은 모두 포함함.

03 방첩활동의 범위

- 전통적 방첩에서는 대스파이활동(counter-espionage)의 의미로만 해석되었으나 안보개념이 초국가안보, 신안보로 확대되면서 정보활동의 영역이 확대되고 이에 따라 방첩의 활동 범위도 확대되는 추세임.
- 과거 방첩의 주요 대상은 외국 정보기관이었으나 현재는 외국 정보기관을 포함하여 외국 정부(적대국과 우호국 모두 포함), 국제테러조직, 개인 등 다양한 대상이 있음.
- 상대국 정보기관의 정보수집 활동을 차단하는 방어적 활동뿐만 아니라 이중간첩을 상대 정보기관에 침투시키는 역용공작이나 허위정보를 제공하여 상대국 정보기관의 정보활동을 교란하는 기만공작과 같은 공격적 활동까지 모두 포함함.
- 현대국가들은 국가 차원의 정보기관을 설치하여 국익을 위한 정보활동을 수행하고 있으며 이들 정보기관의 존재는 당연히 상대국 정보활동의 목표가 되어 상대국 정보활동의 성공은 곧 자국의 방첩활동 실패를 의미하고 자국의 정보활동 성공은 상대국 방첩활동의 실패를 의미함.
- 상대국 정부와 정보기관의 의도를 파악하고 우리나라를 대상으로 무슨 일을 하고 있는지 알아내기 위해서는 방첩정보 수집이 우선적으로 이루어져야 함.

04 우리나라의 방첩활동

- 분단국가라는 특수성으로 북한을 상대로 한 방첩활동인 대공활동(Intelligence on North Korea)에 국가 방첩역량의 대부분을 투입해온 관계로 다른 외국에 대한 방첩활동은 상대적으로 소홀히 함.
- 간첩죄를 규정한 형법 제98조는 '적국을 위하여 간첩한 자'로 구성 요건을 한정적으로 제한하고 있어 사실상 외국을 위한 간첩행위를 처벌할 법적인 근거가 없어 적국의 개념을 타국의 개념으로 확대할 필요성이 있음.
- 형법 제113조 외교상 기밀 누설에 의거하고 군사기밀에 해당될 경우에는 군사 기밀보호법 제11조 탐지·수집 및 제12조 누설에 의거하여 처벌할 수 있음.
- 2012년 제정된 방첩업무규정(대통령령)에는 방첩을 대한민국의 국가안보와 국익에 영향을 미칠 수 있는 외국의 정보활동에 대한 모든 대응활동이라고 규정하고 있으나 처벌규정은 아님.

03 방첩관련 법령

01 미국의 방첩 법령

(1) 펜레지스터 및 펜트랩법(Pen Register and Trap and Trace Devices Statute: The Pen/Trap Statute)

- 수사기관이 사전에 법원의 허가를 받아 발신번호 기록장치(pen register)나 착신번호 추적기(trap and trace device)를 사용하여 통신기록정보를 실시간 취득할 수 있도록 한 법률로 1986년 제정됨.
- 법원의 허가요건이 통신의 내용 취득을 위한 감청보다는 까다롭지 않으나 법무부장관은 매년 발신번호나 착신번호 추적기가 설치된 대상 범죄와 활용된 횟수, 이용 기간을 의회에 보고해야 함.

(2) 애국법(USA Patriot Act)

- 9·11 테러사건을 계기로 국가안전보장을 위협하는 테러에 대한 강력한 대응 체제의 구축이 요구되었고, 이에 감청 및 통신기록 등 수사기관의 감시기능 강화를 주된 내용으로 2001년 애국법이 제정됨.
- 방첩 또는 국가안보 관련 사건에 대한 1차적인 조사권을 FBI에게 부여하고 컴퓨터를 통한 방첩정보의 추적 및 신속한 수사를 위한 규정들을 마련함.

더 알아보기

애국법 명칭의 유래

- 애국법의 원래 이름은 An Act to deter and punish terrorist acts in the United States and around the world, to enhance law enforcement investigatory tools, and for other purposes 임.
- 원래 이름을 축약하여 Uniting and Strengthening America by Providing Appropriate Tools Required to Intercept and Obstruct Terrorism Act 가 되었고 여기의 앞글자를 따서 보통 USA PATRIOT Act 또는 애국법이라고 부름.

02 우리나라의 방첩법령

(1) 형법

(가) 내란(형법 제87조)

- 국토를 참절하거나 국헌을 문란할 목적으로 폭동한 자 중 수괴는 사형, 무기징역 또는 무기금고에 처함.
- 모의 참여·지휘 또는 기타 중요한 임무에 종사하거나 살상·파괴 또는 약탈의 행위를 실행한 자는 사형, 무기 또는 5년 이상의 징역이나 금고에 처함.
- 부화수행(* 줏대 없이 다른 사람의 주장에만 따라서 그가 하는 짓을 따라 행동함)하거나 단순히 폭동에만 관여한 자는 5년 이하의 징역 또는 금고에 처함.

(나) 국헌문란의 정의(제91조)

- 헌법 또는 법률에 정한 절차에 의하지 아니하고 헌법 또는 법률의 기능을 소멸시키는 것 또는 헌법에 의하여 설치된 국가기관을 강압에 의하여 전복 또는 그 권능행사를 불가능하게 하는 것임.

(다) 외환유치(형법 제92조)

- 외국과 통모하여 대한민국에 대하여 전단을 열게 하거나 외국인과 통모하여 대한민국에 항적한 자는 사형 또는 무기징역에 처함.

(라) 간첩행위(형법 제98조)

- 적국을 위하여 간첩하거나 적국의 간첩을 방조한 자는 사형, 무기 또는 7년 이상의 징역에 처하며 군사상의 기밀을 적국에 누설한 자도 같은 형량임.

(마) 일반이적(형법 제99조)

- 형법 제7조에 기재한 이외에 대한민국의 군사상 이익을 해하거나 적국에 군사상 이익을 공여한 자는 무기 또는 3년 이상의 징역에 처함.

(바) 예비, 음모, 선동, 선전(제101조)

- 형법 제92조(외환유치) 내지 제99조(일반이적)의 죄를 범할 목적으로 예비 또는 음모한 자는 2년 이상의 유기징역에 처하나, 그 목적한 죄의 실행에 이르기 전에 자수한 때에는 그 형을 감경 또는 면제함.
- 형법 제92조 내지 제99조의 죄를 선동 또는 선전한 자도 전항의 형과 같음.

(사) 외교상기밀의 누설(형법 제113조)

- 외교상의 기밀을 누설한 자는 5년 이하의 징역 또는 1천만원이하의 벌금에 처하며 누설목적으로 외교상의 기밀을 탐지 또는 수집한 자도 같은 형에 처함.

(아) 공무상비밀의 누설(형법 제127조)

- 공무원 또는 공무원이었던 자가 법령에 의한 직무상 비밀을 누설한 때에는 2년 이하의 징역이나 금고 또는 5년 이하의 자격정지에 처함.

더 알아보기

미수범(未遂犯)

- 미수범은 범죄의 실행에 착수하여 행위를 종료하지 못하였거나 결과가 발생하지 아니한 것을 말하며 미수범의 형은 기수범(旣遂犯)보다 감경할 수 있음.(형법 제25조)
- 미수범은 범죄의 실행에 착수한 점에서 예비와 구별되며, 미수와 예비의 구별은 행위의 가벌성을 결정하는 데 중요한 의의가 있음.

(2) 국가보안법

(가) 반국가단체 구성(제3조)

- 반국가단체를 구성하거나 이에 가입한 자 중 수괴의 임무에 종사한 자는 사형 또는 무기징역, 간부 기타 지도적 임무에 종사한 자는 사형·무기 또는 5년 이상의 징역, 그 이외의 자는 2년 이상 유기징역, 타인에게 반국가단체에 가입할 것을 권유한 자는 2년 이상의 유기징역에 처함.
- 반국가단체를 구성하거나 가입 또는 권유하고자 예비 또는 음모한 자 중 수괴 또는 간부 기타 지도적 임무에 종사한 자는 2년 이상의 유기징역에 처하고 그 이외의 자는 10년 이하의 징역에 처함.

더 알아보기

반국가단체의 성립요건

1. 정부를 참칭하거나 국가를 변란할 것을 목적으로 할 것
- 정부참칭이란 합법적인 절차에 의하지 아니하고 임의적으로 정부를 조직하여 진정한 정부인 양 사칭하는 것(북한이 대표적인 예임)
- 국가변란이란 정부를 전복하여 새로운 정부를 조직하는 것임.
- 정부참칭과 국가변란의 목적은 반드시 직접적이어야 함.
- 형법 제191조에 규정된 국헌문란이 국가변란보다 넓은 개념임.

2. 결사 또는 집단일 것
- 결사의 요건은 일정한 공동목적의 수행을 위하여 조직되어야 하고, 반드시 구성원이 2인 이상이며, 계속성이 있어야 함.
- 집단이란 결사와 같이 일정한 공동목적을 위해 조직된 특정 다수인의 집합체이나 결사가 계속적인 집합체임에 반하여 집단은 일시적인 집합체임.

3. 지휘통솔체계
- 2인 이상의 특정 다수인 사이에 내부 질서를 유지하고 그 단체를 주도하기 위하여 일정한 위계 및 분담 등의 체계를 갖추어야 함.

• 행위 시 반국가단체라는 점에 대한 인식이 있어야 하고 반국가단체의 구성·가입·권유에 대한 고의가 있어야 하며 과실로 인식 못하는 경우나 납북 등에 의한 강요된 행위는 불벌임.

더 알아보기

수괴, 간부, 지도적 임무에 종사한 자

• 수괴의 임무에 종사한자는 반국가단체의 구성이나 목적수행을 위한 일체의 행위에 대하여 이를 총지휘, 통솔하는 최고책임자의 지위에 있는 자임.

• 간부는 수괴를 보좌하여 단체의 목적수행을 위한 활동의 전부 또는 일부를 지휘하는 자임.

• 지도적 임무에 종사한 자는 지위여하를 막론하고 단체를 위해 실제로 중요한 역할이나 활동을 한 자임.

(나) 목적수행(제4조)

① **간첩죄**

• 반국가단체의 구성원 또는 그 지령을 받은 자가 그 목적수행을 위하여 행하는 간첩, 인명살상, 시설파괴 등 국가의 존립, 안전이나 자유민주적 기본질서를 위태롭게 하는 범죄를 특별히 중하게 처벌하기 위해 마련된 조항임.

• 구성요건적 체계

제1호	외환의 죄, 존속살해, 강도살인, 강도치사 등의 범죄
제2호	간첩죄, 간첩방조죄, 국가기밀탐지·수집·누설 등의 범죄
제3호	소요, 폭발물 사용, 방화, 살인 등의 범죄
제4호	중요시설파괴, 약취·유인, 항공기·무기 등의 이용·취거 등의 범죄
제5호	유가증권 위조, 국가기밀서류·물품의 손괴·은닉 등의 범죄
제6호	선전·선동, 허위사실 날조·유포 등의 범죄

• 형법 제98조(간첩행위)에 규정된 행위를 하거나 국가기밀을 탐지·수집·누설·전달하거나 중개한 때에는 다음의 구별에 따라 처벌하며 미수범도 처벌함.

- 군사상 기밀 또는 국가기밀이 국가안전에 대한 중대한 불이익을 회피하기 위하여 한정된 사람에게만 지득이 허용되고 적국 또는 반국가단체에 비밀로 하여야 할 사실, 물건 또는 지식인 경우에는 사형 또는 무기징역에 처함.
- 이외의 군사상 기밀 또는 국가기밀의 경우에는 사형·무기 또는 7년 이상의 징역에 처함.

더 알아보기

간첩죄의 행위의 객체

- 간첩죄의 행위의 객체는 군사상 기밀로 순수한 군사에 관한 사항 뿐 아니라 정치, 경제, 사회, 문화 등 각 방면에 걸쳐 적국에 알려지지 않거나 확인되지 아니함이 우리나라 국익 내지 국방정책 상 필요한 모든 기밀사항을 포함함.
- 대법원 판례상 각지의 지형, 주요기관 및 시설의 위치·기능, 정부·군경의 활동사항, 주요인사 동정 및 인적사항, 중요제도, 주요 경제현황 등이 군사상 기밀로 인정되었음.
- 일반인에게 널리 알려진 공지의 사실, 물건, 또는 지식에 속하지 아니한 것은 제외함.

- 간첩죄는 반국가단체의 구성원 또는 그 지령을 받은 자가 범행 당시 간첩행위에 대한 사실의 인식 이외에 목적수행을 위한 행위라는 인식이 있어야 함.
- 간첩죄의 기수의 시기는 군사상 기밀에 속하는 사항을 탐지·수집한 때이며 미수범의 성립은 간첩행위의 실행에 착수하였을 때임.
- 간첩목적으로 대한민국의 지역에 침입하면 실행의 착수로 보나 무인포스트 설정, 암호해독 등은 실행의 착수로 볼 수 없음.

② 간첩방조죄

- 간첩을 방조하여 성립하는 범죄로 간첩이라는 정을 알면서 간첩의 임무수행과 관련하여 간첩행위자의 범의를 강화시키거나 간첩의 범의에 의한 실행행위를 용이하게 하는 일체의 행위임.
- 상대방이 간첩이라는 인식과 방조의사가 필요하고 간첩행위를 용이하게 하는 일체의 행위로 수단·방법에 제한이 없으며 처벌은 간첩죄의 경우와 동일함.

(다) 자진지원·금품수수(제5조)

① 자진지원죄(제5조 제1항)

- 반국가단체나 그 구성원 또는 그 지령을 받은 자를 지원할 목적으로 자진하여 제4조(목적수행)에 규정된 행위를 한 자는 제4조에 의하여 처벌하며 미수, 예비, 음모도 처벌함.
- 반국가단체의 구성원 또는 그 지령을 받은 자와 아무런 의사연락 없이 자기 스스로의 의사에 의해 범행한 자로 미수, 예비, 음모도 처벌함.
- 자진하여 제4조(목적수행)에 규정된 행위를 한다는 인식이 있는 외에 반국가단체나 그 구성원 또는 그 지령을 받은 자를 지원한다는 목적이 필요하며 목적의 달성 여부는 본죄의 성립과 아무 관련이 없음.
- 자진지원은 자생적 공산주의자 등이 사전 의사연락 없이 반국가단체나 그 구성원 또는 그 지령을 받은 자 등을 지원하기 위해 반국가적인 행위를 하는 사례를 차단하는 것이 목적임.

② 금품수수죄(제5조 제2항)

- 국가의 존립·안전이나 자유민주적 기본질서를 위태롭게 한다는 정을 알면서 반국가단체의 구성원 또는 그 지령을 받은 자로부터 금품을 수수한 자는 7년 이하의 징역에 처하며 미수범은 처벌하나 예비·음모는 불벌임.
- 금품은 사람의 수요나 욕망을 충족시킬 수 있는 일체의 물건 또는 이익으로 금품수수죄는 반국가단체의 자금운용 및 공작금의 유입을 차단하는 것이 목적이며 미수범은 처벌하지만 예비·음모는 불벌임.
- 국가의 존립·안전이나 자유민주적 기본질서를 위태롭게 한다는 정을 인식해야 하고 금품을 제공하는 상대방이 반국가단체의 구성원이나 그 지령을 받은 자임을 알았어야 함.

(라) 잠입·탈출(제6조)

① 단순 잠입·탈출죄(제6조 제1항)

- 국가의 존립·안전이나 자유민주적 기본질서를 위태롭게 한다는 정을 알면서 반국가단체의 지배하에 있는 지역으로부터 잠입하거나 그 지역으로 탈출한 자는 10년 이하의 징역에 처함.
- 반국가단체의 지배하에 있는 지역은 북한, 외국의 북한 공관이나 안전가옥, 공작선 등을 포함하며 잠입의 기수 시기는 육로는 휴전선 월경 시, 해상은 영해 침범시, 공중은 영공 침범시 임.
- 국가의 존립, 안전이나 자유민주적 기본질서를 위태롭게 한다는 정을 알면서 행하여야 하고 잠입·탈출행위 자체에 대한 인식이 있어야 함.

② 특수 잠입탈출죄(제6조 제2항)

- 반국가단체나 그 구성원의 지령을 받거나 받기 위하여 또는 그 목적수행을 협의하거나 협의하기 위하여 잠입하거나 탈출한 자는 사형·무기 또는 5년 이상의 징역에 처함.
- 지령은 지시와 명령을 의미하며, 수단이나 방법에는 제한이 없고 상하관계를 전제로 하는 것도 아님.
- 단순 잠입·탈출은 반드시 반국가단체의 지배하에 있는 지역으로부터 잠입하거나 탈출해야하나 본죄에서는 반국가단체의 지배하에 있는 지역이 아니라도 무방함.
- 지령을 받거나 목적수행을 협의하기 위해 대한민국이 지배하는 지역에 들어오거나 그 지역으로부터 이탈한다는 인식이 있어야 함.
- 지령을 받고 잠입하는 경우 지령을 받은 것만으로는 부족하고 그 지시사항을 실천할 의사와 목적이 있어야 함.

Chapter 07

더 알아보기

반국가단체와 이적단체의 구분

- 반국가단체는 정부를 참칭하거나 국가를 변란할 것을 목적으로 하는 국내외의 결사 또는 집단으로서 지휘통솔체제를 갖춘 단체임.(국가보안법 제2조)
- 이적단체는 국가의 존립안전이나 자유민주적 기본질서를 위태롭게 한다는 정을 알면서 반국가단체나 그 구성원 또는 그 지령을 받은 자의 활동을 찬양·고무·선전 또는 이에 동조하거나 국가변란을 선전·선동할 것을 목적으로 하는 단체 임(국가보안법 제7조)

(라) 찬양·고무 등(제7조)

① 이적동조 등(제7조 제1항)

- 국가의 존립·안전이나 자유민주적 기본질서를 위태롭게 한다는 정을 알면서 반국가단체나 그 구성원 또는 그 지령을 받은 자의 활동을 찬양·고무·선전 또는 이에 동조하거나 국가변란을 선전·선동한 자는 7년 이하의 징역에 처함.
- 찬양, 고무, 선전, 동조, 선동에 해당하는 행위를 한다는 인식(고의)가 필요하고 국가의 존립·안전이나 자유민주적 기본질서를 위태롭게 한다는 인식이 있어야 함.

더 알아보기

찬양, 고무, 선전, 동조, 선동의 차이점

- 찬양은 반국가단체 등의 활동을 칭찬하고 미화하는 의사를 표명하는 행위임.
- 고무는 반국가단체 등의 활동을 격려함으로서 사기를 높여주는 행위임.
- 선전은 타인이 반국가단체의 활동 내용을 잘 이해하도록 전파하는 행위임.
- 동조는 반국가단체 등과 동일한 주장을 하거나 이에 합치되는 행위를 함으로써 그들의 활동에 호응하고 가세하는 행위임.
- 선동은 문서나 도화 또는 언행으로 타인에게 일정한 행위를 실행할 결의를 불러일으키거나 이미 생긴 결의를 실행케 할 자극을 주는 행위임.

② 이적단체 구성 가입죄(제7조 제3항)

- 북한의 대남전략 중 남한 내 혁명역량 강화 책동을 사전에 차단하기 위한 조항으로 제1항(이적동조 등)의 행위를 목적으로 하는 단체를 구성하거나 이에 가입한 자는 1년 이상의 유기징역에 처함.
- 이적동조 등 행위를 할 목적으로 단체를 구성하거나 그러한 목적으로 가입한다는 인식과 함께 국가의 존립·안전이나 자유민주적 기본질서를 위태롭게 한다는 인식이 필요함.

③ 이적단체원의 허위사실 날조·유포죄(제7조 제4항)

- 제3항에 규정된 단체의 구성원으로서 사회질서의 혼란을 조성할 우려가 있는 사항에 관하여 허위사실을 날조하거나 유포한 자는 2년 이상의 유기징역에 처함.
- 자신이 이적단체의 구성원이라는 것과 허위사실을 날조·유포한다는 것에 대한 인식은 물론 날조·유포하려는 사실이 허위의 사실이고 사회질서의 혼란을 조성할 우려가 있는 점에 대한 인식도 필요함.

④ 이적표현물 제작 등 죄(제7조 제5항)

- 제1항·제3항 또는 제4항의 행위를 할 목적으로 문서·도화 기타의 표현물을 제작·수입·복사·소지·운반·반포·판매 또는 취득한 자는 그 각항에 정한 형에 처함.
- 객체는 문서, 도화 기타의 표현물이며 기타의 표현물에는 컴퓨터 디스켓, 영화·사진의 필름, 음반 등임. 문서는 형법상의 개념과는 다르며 명의의 유무를 불문하며 초고, 초안, 사본 등도 해당됨.
- 해당 표현물의 이적성을 인식한 것만으로는 부족하고 제1항·제3항·제4항의 이적 행위를 할 목적이 인정되어야 함.

더 알아보기

허위사실, 날조, 유포

- 허위사실은 객관적 진실에 맞지 않는 사실로 건전한 사회생활을 하는데 혼란을 초래할 가능성이 있는 것이면 충분함.
- 날조란 전혀없는 사실을 마치 있는 것처럼 조작하는 것임.
- 유포란 불특정 또는 다수인에게 전파하는 것임.

Chapter 07

(라) 회합·통신 등(제8조)

- 국가의 존립·안전이나 자유민주적 기본질서를 위태롭게 한다는 정을 알면서 반국가단체의 구성원 또는 그 지령을 받은 자와 회합·통신 기타의 방법으로 연락을 한 자는 10년 이하의 징역에 처함.
- 반국가단체의 구성원과 회합·통신 등 연락한다는 점에 대한 인식, 국가의 존립·안전이나 자유민주적 기본질서를 위태롭게 한다는 사정, 상대방이 반국가단체의 구성원 또는 그 지령을 받은 자라는 점을 알고 있어야 함.

더 알아보기

회합, 통신 기타방법

- 회합은 반국가단체의 구성원 또는 그 지령을 수수한 자와 한 장소에서 만나 의사를 연락하는 것임.
- 통신은 반국가단체의 구성원 또는 그 지령을 수수한 자와 장소적으로 떨어져 있는 상황에서 우편·전신·전화 등 통신매체를 통하여 의사를 전달하는 것임.
- 기타 방법은 회합·통신 외에 인편이나 무인포스트, 광고, 단파방송 등의 방법으로 의사를 전달하는 일체의 행위임.

(마) 편의제공죄(제9조)

- 제3조 또는 제8조의 죄를 범하거나 범하려는 자라는 정을 알면서 총포·탄약·화약 기타 무기를 제공한 자는 5년 이상의 유기징역에 처함.
- 제3조 내지 제8조의 죄를 범하거나 범하려는 자라는 정을 알면서 금품 기타 재산상의 이익을 제공하거나 잠복·회합·통신·연락을 위한 장소를 제공하거나 기타의 방법으로 편의를 제공한 자는 10년 이하의 징역에 처하나, 본범과 친족관계가 있는 때에는 그 형을 감경 또는 면제할 수 있음.
- 상대가 국가보안법 제3조부터 제8조의 죄를 범하거나 범하려는 자라는 점과 그에게 편의를 제공한다는 사실에 대한 인식이 필요함.

(바) 불고지죄(제10조)

- 제4항의 죄를 범한 자라는 정을 알면서 수사기관 또는 정보기관에 고지하지 아니한 자는 5년 이하의 징역 또는 200만원 이하의 벌금에 처하나, 본범과 친족관계가 있는 때에는 그 형을 감경 또는 면제함.
- 수사기관이나 정보기관에 신고하지 않으면 성립하며 고지의 수단·방법에는 제한이 없으며 국가보안법 중 유일하게 벌금형을 규정하고 있음.

(사) 특수직무유기죄(제11조)

- 범죄수사 또는 정보의 직무에 종사하는 공무원이 이 법의 죄를 범한 자라는 정을 알면서 그 직무를 유기한 때에는 10년 이하의 징역에 처하나 본범과 친족관계가 있는 때에는 그 형을 감경 또는 면제할 수 있음.
- 국가보안법 위반의 죄를 범한 자라는 정과 직무를 유기한다는 인식이 필요함.

(3) 통신비밀보호법

(가) 국가안보를 위한 통신제한조치(통신비밀보호법 제7조)

- 대통령령이 정하는 정보수사기관의 장은 국가안전보장에 상당한 위험이 예상되는 경우 또는 대테러활동에 필요한 경우에 한하여(국민보호와 공공 안전을 위한 테러방지법 제2조) 그 위해를 방지하기 위하여 정보수집이 필요할 때 통신제한조치를 할 수 있음.
- 통신의 일방 또는 쌍방당사자가 내국인인 경우는 고등법원 수석부장판사의 허가를 받아야 하나 작전수행을 위한 군용전기통신인 경우(군용전기통신법 제2조)는 그러하지 아니함.
- 대한민국에 적대하는 국가, 반국가활동의 혐의가 있는 외국의 기관·단체와 외국인, 대한민국의 통치권이 사실상 미치지 않는 한반도 내 집단이나 외국에 소재하는 그 산하단체의 구성원의 통신은 서면으로 대통령의 승인을 얻어야 함.
- 국가안보를 위한 통신제한조치는 4월을 초과하지 못하고, 그 기간 중 통신제한 조치의 목적이 달성되었을 경우에는 즉시 종료하여야 하나, 필요 시 소명자료를 첨부하여 고등법원 수석부장판사의 허가 또는 대통령의 승인을 얻어 4월의 범위 이내에서 통신제한조치의 기간을 연장할 수 있음.
- 작전수행을 위한 전기통신, 전시·사변 또는 이에 준하는 국가비상사태에 있어서 적과 교전상태에 있는 때에는 작전이 종료될 때까지 대통령의 승인 없이 기간을 연장할 수 있음.

(나) 긴급통신제한조치(통신비밀보호법 제8조)

- 국가안보를 위협하는 음모행위, 직접적인 사망이나 심각한 상해의 위험을 야기할 수 있는 범죄 또는 조직범죄 등 중대한 범죄의 계획이나 실행 등 긴박한 상황에 있고 정해진 통신제한조치허가요건을 구비하였으나 허가절차를 거칠 수 없는 긴급한 사유가 있는 때에는 법원의 허가없이 통신제한조치를 할 수 있음.
- 검사, 사법경찰관 또는 정보수사기관의 장은 긴급통신제한조치의 집행 착수 후 지체 없이 정해진 절차대로 법원에 허가청구를 하여야 하며, 그 긴급통신제한 조치를 한 때부터 36시간 이내에 법원의 허가를 받지 못한 때에는 즉시 이를 중지하여야 함.
- 정보수사기관의 장은 국가안보를 위협하는 음모행위, 직접적인 사망이나 심각한 상해의 위험을 야기할 수 있는 범죄 또는 조직범죄 등 중대한 범죄의 계획이나 실행 등 긴박한 상황에 있고 정해진 규정에 해당하는 자에 대하여 대통령의 승인을 얻을 시간적 여유가 없거나 통신제한조치를 긴급히 실시하지 아니하면 국가안전보장에 대한 위해를 초래할 수 있다고 판단되는 때에는 소속 장관(국가정보원장을 포함)의 승인을 얻어 통신제한조치를 할 수 있음.

- 소속 장관의 승인을 거쳐 긴급통신제한조치를 한 때에는 지체없이 정해진 규정에 의하여 대통령의 승인을 얻어야 하며, 36시간 이내에 대통령의 승인을 얻지 못한 때에는 즉시 그 긴급통신제한조치를 중지하여야 함.

더 알아보기

군용전기통신(군용전기통신법 제2조)

- 군용전기통신이란 군사적 목적에 사용하기 위하여 유선, 무선, 광선이나 그 밖의 전자적 방식으로 모든 종류의 부호·문언·음향 또는 영상을 송신하거나 수신하는 것임.

범죄수사를 통신제한조치의 허가요건(통신비밀보호법 제5조)

- 범죄수사를 위한 통신제한조치의 경우는 해당 법령(형법, 국가보안법, 군사기밀보호법, 군형법 등)의 요건을 갖춘 경우, 2월을 초과하지 못하고, 2월의 범위 안에서 통신제한조치기간의 연장을 청구할 수 있음.
- 범죄를 계획 또는 실행하고 있거나 실행하였다고 의심할만한 충분한 이유가 있고 다른 방법으로는 그 범죄의 실행을 저지하거나 범인의 체포 또는 증거의 수집이 어려운 경우에 한하여 허가할 수 있음.

(4) 군사기밀보호법

(가) 군사기밀의 탐지·수집(군사기밀보호법 제11조)

- 군사기밀을 적법한 절차에 의하지 아니한 방법으로 탐지하거나 수집한 자는 10년 이하의 징역에 처함.
- 업무상 군사기밀을 취급하였던 사람이 그 취급 인가가 해제된 이후에도 군사기밀을 점유하고 있는 경우에는 2년 이하의 징역 또는 2천만원 이하의 벌금에 처함. (제11조의2 비인가자의 군사기밀 점유)

(나) 군사기밀의 누설(군사기밀보호법 제12조)

- 군사기밀을 탐지 또는 수집한 자가 이를 타인에게 누설한 때에는 1년 이상의 유기징역에 처하고 우연히 군사기밀을 알게 되거나 점유한 자가 군사기밀임을 알면서도 이를 타인에게 누설한 때에는 5년 이하의 징역 또는 5천만원 이하의 벌금에 처함.

(다) 업무상 군사기밀의 누설(군사기밀보호법 제13조)

- 업무상 군사기밀을 취급하는 사람 또는 취급하였던 사람이 그 업무상 알게 되거나 점유한 군사기밀을 타인에게 누설한 경우에는 3년 이상의 유기징역에 처함.
- 업무상 취급하거나 취급했던 사람이 아닌 자가 업무상 알게 되거나 점유한 군사기밀을 타인에게 누설한 경우에는 7년 이하의 징역에 처함.

(5) 국가정보원법

(가) 국가정보원의 직무(제3조)

- 정보 및 보안 업무를 기획·조정하며 국외 정보 및 국내 보안정보 즉 대공(對共), 대정부전복(對政府顚覆), 방첩(防諜), 대테러 및 국제범죄조직에 관한 수집·작성 및 배포를 담당함.
- 형법 중 내란(內亂)의 죄, 외환(外患)의 죄, 군형법 중 반란의 죄(군형법 중 이적의 죄는 아님), 암호 부정사용의 죄, 군사기밀 보호법에 규정된 죄, 국가보안법에 규정된 죄에 대한 수사, 국정원 직원의 직무와 관련된 범죄에 대한 수사를 담당함.
- 국가 기밀에 속하는 문서·자재·시설 및 지역에 대한 보안 업무를 담당하나 각급 기관에 대한 보안감사는 제외함.

(6) 군형법

(가) 반란(제5조)

- 작당하여 병기를 휴대하고 반란을 일으킨 사람 중 수괴는 사형, 반란 모의에 참여하거나 반란을 지휘하거나 그 밖에 반란에서 중요한 임무에 종사한 사람과 반란 시 살상, 파괴 또는 약탈 행위를 한 사람은 사형, 무기 또는 7년 이상의 징역이나 금고에 처함.
- 반란에 부화뇌동 하거나 단순히 폭동에만 관여한 사람은 7년 이하의 징역이나 금고에 처함.

(나) 군대 및 군용시설 제공(제11조)

- 군대 요새, 진영 또는 군용에 공하는 함선이나 항공기 또는 그 밖의 장소, 설비 또는 건조물을 적에게 제공한 사람은 사형에 처하고 병기, 탄약 또는 그 밖에 군용에 공하는 물건을 적에게 제공한 사람도 마찬가지임.

(다) 군용시설 등 파괴(제12조)

- 적을 위하여 제11조에 규정된 군용시설 또는 그 밖의 물건을 파괴하거나 사용할 수 없게 한 사람은 사형에 처함.

(라) 간첩(제13조)

- 적을 위하여 간첩행위를 한 사람은 사형에 처하고, 적의 간첩을 방조한 사람은 사형 또는 무기징역에 처하고 군사상 기밀을 적에게 누설한 사람도 마찬가지 임.
- 부대·기지·군항 지역 또는 그 밖에 군사시설 보호를 위한 법령에 따라 고시되거나 공고된 지역, 부대이동지역·부대훈련지역·대간첩작전지역 또는 그 밖에 군이 특수작전을 수행하는 지역, 방위사업법에 따라 지정되거나 위촉된 방위산업체와 연구기관에서의 간첩죄도 마찬가지 임.

(마) 일반이적(제14조)

- 적을 위하여 진로를 인도하거나 지리를 알려준 사람, 적에게 항복하게 하기 위하여 지휘관에게 이를 강요한 사람, 적을 숨기거나 비호한 사람, 적을 위하여 통로, 교량, 등대, 표지 또는 그 밖의 교통시설을 손괴하거나 불통하게 하거나 그 밖의 방법으로 부대 또는 군용에 공하는 함선, 항공기 또는 차량의 왕래를 방해한 사람, 적을 위하여 암호 또는 신호를 사용하거나 명령, 통보 또는 보고의 내용을 고쳐서 전달하거나 전달을 게을리 하거나 거짓 명령, 통보나 보고를 한 사람, 적을 위하여 부대, 함대, 편대 또는 대원을 해산시키거나 혼란을 일으키게 하거나 그 연락이나 집합을 방해한 사람, 군용에 공하지 아니하는 병기, 탄약 또는 전투용에 공할 수 있는 물건을 적에게 제공한 사람, 그 밖에 대한민국의 군사상 이익을 해하거나 적에게 군사상 이익을 제공한 사람은 사형, 무기 또는 5년 이상의 징역에 처함.

(바) 암호부정사용의 죄(제81조)

- 암호를 허가 없이 발신한 사람, 암호를 수신할 자격이 없는 사람에게 수신하게 한 사람, 자기가 수신한 암호를 전달하지 아니하거나 거짓으로 전달한 사람은 2년 이상의 유기징역이나 유기금고에 처함.

(7) 정보및보안업무기획·조정규정

(가) 정의(제2조)

- 정보사범은 형법(제2편) 상 내란의 죄(제1장), 외환의 죄(제2장), 군형법(제2편) 상 반란의죄(제1장), 이적의 죄(제2장), 군사기밀누설(제80조) 및 암호부정사용 (제81조), 군사기밀보호법 및 국가보안법에 규정된 죄를 범한 자와 그 혐의를 받는 자임.
- 정보수사기관은 위에 규정된 정보 및 보안업무와 정보사범 등의 수사업무를 취급하는 각급 국가기관 임.

(나) 정보 및 보안업무의 기획·조정(제3조)

- 국가정보원장은 국가정보 및 보안업무에 관한 정책의 수립 등 기획업무를 수행하며, 동 정보 및 보안업무의 통합기능수행을 위하여 필요한 합리적 범위 내에서 각 정보수사기관의 업무와 행정기관의 정보 및 보안업무를 조정함.

(다) 국정원장의 정보 및 보안업무에 관한 조정업무의 범위(제5조)

- 과학기술정보통신부는 우편검열 및 정보자료의 수집, 북한 및 외국의 과학기술 정보 및 자료의 수집관리와 활용, 전파감시에 관한 사항
- 외교부는 국외정보의 수집, 출입국자의 보안, 재외국민의 실태, 통신보안에 관한 사항
- 통일부는 통일에 관한 국내외 정세의 조사·분석 및 평가, 남북대화, 이북5도의 실정에 관한 조사·분석 및 평가, 통일교육에 관한 사항

- 법무부는 국내 보안정보의 수집·작성, 정보사범 등에 대한 검찰정보의 처리 , 공소보류 된 자의 신병처리에 관한 사항, 적성압수금품 등의 처리, 정보사범 등의 보도 및 교도, 출입국자의 보안, 통신보안에 관한 사항
- 국방부는 국외정보·국내보안정보·통신정보 및 통신보안업무, 군인 및 군무원의 신원조사업무지침, 정보사범 등의 내사·수사·시찰 및 처리에 관한 사항
- 행정안전부는 국내 보안정보(외사정보 포함)의 수집·작성에, 정보사범 등의 내사·수사 및 시찰, 신원조사업무, 통신정보 및 통신보안 업무에 관한 사항
- 문화체육관광부는 공연물 및 영화의 검열·조사·분석 및 평가, 신문·통신 그 밖의 정기간행물과 방송 등 대중전달매체의 활동 조사·분석 및 평가에, 대공 심리전, 대공 민간활동에 관한 사항
- 산업통상자원부는 국외정보의 수집에 관한 사항
- 국토교통부는 국내 보안정보(외사정보 포함)의 수집·작성에 관한 사항
- 해양수산부는 국내 보안정보(외사정보 포함)의 수집·작성에 관한 사항
- 방송통신위원회는 전파감시, 그 밖에 통신정보 및 통신보안 업무에 관한 사항

(8) 방첩업무규정

(가) 방첩기관의 정의(제2조)

- 우리나라의 방첩기관은 방첩업무를 수행하는 국가정보원, 해양경찰청, 경찰청, 군사안보지원사령부를 말함.
- 관계기관이란 방첩기관 외의 기관으로서 정부조직법 또는 그 밖의 법령에 따라 설치된 국가기관 또는 지방자치단체나 공공단체 중 국가정보원장이 국가방첩 전략회의의 심의를 거쳐 지정하는 단체나 기관임.

(나) 방첩업무의 기획 조정(제5조)

- 국가정보원장은 방첩업무에 관한 정책을 기획하고, 방첩업무를 통합적으로 수행하기 위하여 필요한 경우 법령으로 정한 범위에서 방첩기관 및 관계기관의 방첩업무를 합리적으로 조정함.

(다) 국가방첩업무 지침의 수립(제6조)

- 국가정보원장은 국가의 방첩업무를 효율적으로 수행하기 위하여 국가방첩업무 기본지침을 수립하여 방첩기관 등의 장에게 송부하여야 함.
- 기본지침에는 방첩업무의 기본 목표 및 전략에 관한 사항, 방첩기관 등의 방첩업무 협조에 관한 사항, 그 밖에 국가 방첩업무의 원활한 수행을 위하여 필요한 사항이 포함됨.

- 국가정보원장은 매년 12월 20일까지 기본지침에 따라 다음 연도의 방첩업무 수행에 관한 지침을 수립하여 방첩기관 등의 장에게 송부하여야 하고 이를 받은 방첩기관의 장은 지침에 따라 방첩기관의 해당 연도 방첩업무계획을 수립·시행하여야 함.

(라) 국가방첩전략회의의 설치 및 운영(제10조)

- 국가방첩 전략회의는 국가 방첩업무에 관한 전략수립 및 중요사항 심의를 위해 국가정보원장 소속으로 두며 의장인 국가정보원장을 포함한 15명 이내 위원으로 구성되며 재적위원 과반수의 출석과 출석위원 과반수의 찬성으로 의결함.
- 국가방첩 전략회의 참석은 외교부, 통일부, 법무부, 행정안전부 및 국무 조정실의 차관급 공무원, 경찰청 및 해양경찰청의 차장, 국방정보본부 본부장 및 군사안보지원 사령관, 국가정보원장이 지명하는 국가정보원 소속 공무원 및 관계기관 소속 공무원 임.

(마) 국가방첩전략실무회의(제11조)

- 국가방첩전략실무회의는 국가방첩전략회의를 효율적으로 운영하기 위하여 전략회의 산하에 두며 의장은 국가정보원의 방첩업무를 담당하는 실장급 또는 국장급 부서의 장이되고 참여인원은 전략회의 참석 기관의 고위공무원이 됨.

04 방첩활동의 특징

01 방첩첩보 수집(Detection or Collection)

(1) 방첩정보 수집의 특징

- 적대세력이 어떤 목표를 대상으로 어떤 수단을 활용하여 첩보수집 또는 비밀공작이 전개되고 있는지, 누가 배후 지휘하고 있는지 적대세력의 정보활동에 대응하는 데 필요한 모든 정보를 수집하는 것임.
- 일반적인 첩보수집이 적 정보기관을 포함하여 정부부처의 고위관료, 군대 및 민간기구까지 광범위 하지만, 방첩첩보 수집은 주로 적 정보기관을 목표로 한다는 점에서 차이가 있음.
- 일반적인 첩보수집과 유사하게 인간정보와 기술정보출처를 사용하며 외국정보 기관의 시설, 지도체제, 주요인물, 통신수단, 공작기법 및 대상 등을 수집함.

(2) 방첩 인간정보(HUMINT)

- 인간정보를 활용한 방첩첩보수집은 망명객(defector), 변절자(traitor) 또는 이중간첩(Double Agents)을 주로 활용하는데 적대세력이 신분을 가장하여 의도적으로 침투시키는 경우도 있어 반드시 신뢰성 검토가 필요함.
- 이중간첩은 상대국 정보기구의 지령에 따라 자국에서 방첩능력 파악 등 정보수집 활동을 하는 정보원으로 이중간첩의 신뢰 입증을 위해 주기적으로 중요하지 않은 진실한 첩보를 제공하는 것을 닭모이(chicken feed)라고 함.
- 구소련 붕괴 후 KGB요원들을 협조자로 채용하거나 탈북자를 정보원으로 활용하나 철저한 검증이 필요하며 우리나라는 북한이탈주민보호센터(구. 중앙합동신문센터)에서 대북첩보와 간첩혐의 등에 대한 안보신문을 실시함.

(3) 방첩 기술정보(TECHINT)

- 기술정보를 활용한 방첩첩보수집은 주로 신호정보를 이용하며 영상정보는 기만전술 때문에 오히려 방첩 활용가치가 떨어질 수 있음.
- 미국의 베노나(VENONA)는 소련이 암호로 교신했던 3000여개의 신호정보를 감청하고 이를 해독하여 미국 내 소련 스파이를 파악함.

Chapter 07

더 알아보기

베노나(VENONA)

- 코드명 베노나는 1943년 2월 미국의 국가안보국(NSA)의 전신인 육군 신호정보국(U.S. Army's Signal Intelligence Service)에서 비밀리에 운영한 소련의 신호정보 수집 프로그램 임.
- 베노나는 처음에 소련의 외교 메시지 분석을 위해 시작되었으나 이후 방첩 정보 활동이 추가되어 소련에 원자폭탄 정보를 제공한 로젠버그 부부(Julius and Ethel Rosenberg)와 캠브리지 스파이 링의 도널드 맥클린(Donald Maclean)의 간첩활동 등을 파악함.
- 수천개의 소련 외교전보와 뉴욕, 샌프란시스코 등 미국과 남미, 유럽, 호주 등으로부터 전송된 KGB와 GRU의 메시지를 해독하였으며 FBI, CIA 및 영국 정보기구의 요청으로 당시 진행되던 스파이 사건 조사를 위해 1980년 10월까지 운영되다가 중단됨.

02 방첩수사(Counterintelligence Investigation, 또는 안보수사)

(가) 방첩수사의 특징

- 방첩수사 또는 군사기밀보호법 수사는 일반적으로 내사(수사의 전 단계) → 수사 → 사건 송치 → 송치 후 수사 → 수사 종결로 이루어지게 됨.
- 내사(또는 조사)는 수사의 전 단계로서 어떤 사안에 대하여 수사에 착수하기 이전에 범죄혐의 유무에 대하여 드러내지 않고 은밀하게 조사하는 것이며 이를 통해 용의자의 혐의점이 확인 될 경우 수사기관은 피의자로 신분을 전환하여 수사단계로 전환됨.
- 수사기관은 통신사실확인자료(통신기록), 통신제한조치(통신내용), 압수수색 (주거지 또는 이메일 등) 등의 영장을 검찰에 신청하고 검찰은 법원에 영장을 청구하여 법원으로부터 영장을 발부받아 이를 집행한 후 적용할 법령과 처리의견을 제시할 정도가 되면 관계서류와 증거물 일체를 검찰에 송치함.
- 송치 후 필요시 검사의 보강수사 지시에 따라 추가 수사할 수 있고 검찰의 결정에 의해 수사가 종결되나, 특별사법경찰관은 수사종결권이 없음.

(나) 방첩수사와 범죄수사와의 차이점

- 방첩수사는 일반 범죄수사와는 달리 단순히 간첩을 체포하는 것이 아니라 그 이상의 목표, 즉 적대세력의 정보활동으로 인해 국가안보에 위협을 야기하는 요소를 차단 또는 무력화에 중점을 둠.
- 범죄수사는 이미 저질러진 범죄행위 또는 곧 범죄행위를 하게 될 것으로 예상되는 상황에 대한 첩보를 수집하는 것으로 제한되나 방첩수사는 국가 안보에 심각한 위협을 야기할 수 있지만 엄밀한 의미에서 범죄요건을 구성하지 않는 상황에서도 첩보를 수집하므로 민간인 사찰의 우려가 있음.
- 간첩행위는 적 정보기관에 의해 장기간에 걸쳐 은밀하고 치밀하게 진행되므로 얼핏 발생할 동기나 관련성, 범죄 가능성이 없어 보이는 경우도 수많은 첩보들을 종합하여 간첩 용의자를 색출해야 함.
- 범죄수사는 단순한 의심 이상의 명백한 증거를 찾으려고 노력하지만 방첩수사는 명백한 자료뿐만 아니라 소문, 잡담, 의견, 징후 등 많은 양의 첩보를 통해 범죄 동기나 정황을 밝혀낼 수 있어야 하며 이렇게 수집된 방대한 자료들은 차후 혐의입증을 위해 계속 축척 관리함.
- 범죄수사는 범법행위가 드러난 이후에 필요한 조치를 취하는 반면 방첩은 범죄행위가 자행되기 전 감시를 통해 이를 예방하는 적극적 사전행동을 수행해야 함.

05 방첩활동의 사례

01 방첩활동의 성공과 실패사례

(1) 리하르트 조르게(Richard Sorge, 1895~1944)

- 독일인 공산주의자로 1924년 소련 공산당 입당 후 공작원 교육을 받고 영국에서 활동한 뒤 신문기자로서 중국을 거쳐 1933년 일본에 파견됨.
- 일본주재 독일대사와 절친한 사이가 되어 일본군과 독일군의 동향 및 작전에 관한 첩보를 수집하여 스탈린에게 무전보고 함.
- 일본의 시베리아 침공 가능성이 없다는 결정적인 정보를 입수하여 모스크바에 보고하여 소련이 시베리아 주둔군을 독일군과 교전 중인 서부전선으로 이동시켜 성공적으로 방어 작전을 수행하도록 결정적으로 기여함.

(2) 더블크로스 시스템(Double-Cross System, 1940년대)

- 2차세계대전 중 비밀부(MI5)는 울트라로 독일의 암호체계인 에니그마를 입수하여 독일공작원의 침투 첩보를 입수한 뒤 이들을 체포하여 독일에 이중스파이로 활용하는 역용공작을 펼침.
- 볼프 슈미트(Wulf Schmidt, 1911~1992)를 포함한 이중 스파이들은 영국이 조작한 첩보를 송신하였으며 독일에 지속적으로 기만정보를 보내 노르망디 상륙작전에 대한 오판을 유도(포티튜드 작전)하여 세계2차대전 승리에 기여함.

(3) 케임브리지 5인방(Cambridge Spy Ring, 2차대전 중~1950년대 초반)

- 영국의 케임브리지 대학 출신의 스파이 조직으로 공산주의 사상에 심취하여 반미세계 혁명을 위한 사명감으로 소련에 기밀정보를 유출함.
- 킴 필비(MI6), 가이 버지스(MI6), 안소니 블런트(MI5), 도널드 매클린(외무부), 존 케른크로스(GCHQ)을 말하며 영국 방첩기관의 감시 대상자와 감시 방법까지 모두 KGB에 보고 함.

(4) 알드리히 에임스 (Aldrich Ames, 1941~)

- CIA 경력 31년의 간부요원이 1985년 이후로 9년 동안 소련에게 미국의 소련 내 공작원 21명의 명단 등을 제공하고 거액을 수령해 오다 1994년 FBI에 의해 쿠바 비밀정보요원이었던 그의 부인 로사리오와 함께 체포 됨.

- 이 사건으로 CIA 국장 제임스 울시(James Woolsey Jr. 1941～)가 사퇴하고 의회 내 아스핀-브라운 위원회(Aspin-Brown Commission)가 구성되어 냉전 이후 미국 IC의 목표 재조정과 조직 개편이 논의되었으며 FBI는 클린턴 대통령과 의회로부터 방첩 활동의 최고기관으로 인정받음.

(5) 로버트 필립 한센(Robert Philip Hansen, 1944~)

- FBI 방첩관 출신으로 1979년부터 25년간 구소련 KGB와 러시아의 SVR에 FBI의 이중간첩관련 자료(I급비밀), 미국의 기술공작관 자료(I급비밀) 등 총 6,000여 페이지에 달하는 비밀과 미국의 이중간첩의 신분 등을 제공함.
- 한센은 FBI의 내부조사를 받았으나 자신에 대한 감시가 시작된 사실을 확인한 후 1999년까지 오랜 기간 활동하지 않다가 1999년 10월 다시 러시아와 접촉하여 FBI에 의해 2001년 체포됨.

02 불법적 방첩활동 사례

(1) 코인텔프로(COINTELPRO, counterintelligence program, 1956~1971)

- FBI의 방첩공작 프로그램으로 반체제, 반전운동 관련 단체의 붕괴를 목적으로 운영한 불법적 방첩활동으로 국내 정보활동을 통한 민간사찰 및 인권유린 사례의 대표적인 예임.
- 감시(도청, 감청, 우편물 검열), 위장침입(주거, 건조물), 불법수색, 혐의조작, 거짓통신(유언비어 확산), 언론공작(거짓선전), 치명적 타격(암살), 준군사 공작(폭동 유도 후 진압) 등의 작전을 수행하였으며 미국 법원은 이를 헌법위반이라고 판결함.
- KKK(Ku Klux Klan), 마틴 루터 킹의 남부기독교지도자회의(Southern Christian Leadership Conference, 흑표범당(Black Panther Party) 등을 대상으로 함.

(2) 카오스 공작(Operation Chaos, 1967~1974)

- 카오스 공작은 베트남 전쟁(1955～1975)을 반대하는 반전단체를 지원하거나 영향을 주는 공산주의자 단체를 파악하는 FBI와 별개로 만들어진 CIA의 불법적인 국내 비밀방첩 조직임.
- 피그만 공작 등을 위해 쿠바의 망명자를 찾는 과정에서 1959년 처음 조직되었고 이러한 운영조직이 확대되어 1964년 국내사업부(Domestic Operations Division)를 설치하였음.
- 1965년 존슨 대통령의 요청으로 국내 미국 내 반체제 인사나 반전조직을 대상으로 조사를 시작하였고 이후 미국시민에 대한 많은 공작을 진행함.

• 카오스 공작의 일부인 레지스탕스 공작(Project RESISTANCE)은 대학 행정과와 지역 내 보안경찰과 협력하여 실제로 잠입하지 않고 캠퍼스 내 반전 운동가와 관련 활동단체를 조사한 것이고 Project 2는 반전 반체제 운동조직 내에 거짓 동조하는 CIA의 직원을 직접 침투시켜 활동 양상을 파악한 것임.
• 민주사회를 위한 학생모임(Students for a Democratic Society), 흑표범당(Black Panther Party), 젊은 귀족(Young Lords) 평화를 위한 여성동맹(Women Strike for Peace), Ramparts Magazine 등의 반전단체를 대상으로 하였음.

(3) 탈론(TALON, Threat and Local Observation Notice, 2002~2007)

• 탈론은 요주의 인물이나 의심스러운 활동가, 군사시설 테러에 대비하기 위해 다양한 국방자산을 통해 테러 관련 정보를 즉각적으로 수집하여 CIFA의 방첩 데이터베이스(D/B)에 구축하고 국가안보국(NSA)의 데이터 마이닝을 통해 해당 용의자 정보를 추출하는 시스템임.
• 탈론은 기존의 정보보고 체계와 별개로 국방 시설, 인력 및 자원에 대한 위협을 즉각 보고하므로 유효하지 않거나 불완전할 수 있는 생자료(raw data)에 가까운 정보(information)를 생산함.
• 테러 용의자 관련 정보는 CIFA의 현장 투입을 위한 시간을 단축하였으나 시민사회 감시에 대한 불법 논란이 일자 2007년 8월 FBI의 새로운 첩보수집 시스템인 e-가디언(Guardian reporting system, 유관기관과의 정보공유 플랫폼)으로 기능을 이관함.

(4) CIFA(Counterintelligence Field Activity, 2002~2008)

• 국방부 방첩업무를 효과적으로 수행하고 정보공동체와의 협업을 위해 신설된 부서로 군내 방첩활동의 우선순위를 조정하고 방첩전문가 양성 및 관련 기술을 개발함.
• 테러정보수집과 첩보를 따로 할 경우 이로 인한 시간적 차이 때문에 작전에 실패할 가능성이 있다고 보고 합동특수전사령부(JSOC) 작전 요원 등을 배속 받아 현장활동도 병행함.
• 미국 의회의 관리 감독을 받지 않았고 '테러와의 전쟁' 막판에 테러 용의자들을 고문하고 학대하는 등의 사건이 적발돼 2008년 공식적으로 해체되었고 국방정보국(DIA)로 주요기능이 이관 됨.

더 알아보기

탈론(TALON) 데이터베이스의 공유체계

- 2001년 9.11테러 이후 같은 해 미 공군의 Eagle Eye Program을 통해 탈론 보고 시스템이 개발되어 잠재적인 테러용의자에 대한 감시가 가능하게 되었고 2003년 3월 이를 전 국방부에 도입함.
- 2003년 2월 방첩 데이터베이스 통합을 위해 탈론 보고서들이 방첩야전활동국(CIFA)에 제공되었고 CIFA는 국방정보국(DIA)에 모든 D/B의 접근권을 허용하였으며 NSA는 자체 슈퍼컴퓨터를 활용한 데이터 마이닝을 통해 해당 용의자 관련정보를 추출함.
- 9.11테러 후 2002년 10월 본토 방어를 위해 창설된 북부사령부(NORTHCOM)는 2004년 6월 탈론 보고서를 자체 네트워크인 JPEN(Joint Protection Enterprise Network)에 보관함.
- 2005년 12월 13일자 NBC 보도 펜타곤은 미국인들을 감시했는가?(Is the Pentagon spying on Americans?)에서 국방정책에 반대하는 민간인이나 심지어 고교 반전단체까지 정보를 수집한다는 비판을 받고 의회의 서면질의를 받고 국방부 감찰관(IG)이 조사를 하여 90일 내 관련 없는 정보 삭제 등의 지시 위반을 지적함.
- 탈론은 2006년 2월부터는 정보, 대테러, 법집행 정보 등 기존의 광범위한 정보수집을 방첩 위주로 바꾸는 등의 노력을 하였으나 결국 해체되고 해당 DB는 FBI에 이관되고, 기능은 DIA 산하의 Defence Counterintelligence and Human Intelligence Center로 이관됨.

06 방첩활동의 주요 이슈

01 그레이 메일(Grey Mail)

- 법정 소송절차를 유리하게 조작하기 위해 국가기밀 공개로 정부에 협박을 가해 해당 증거를 채택하지 않도록 유도하여 혐의 입증에 어려움을 겪도록 유도함.
- 이란-콘트라 스캔들의 주인공인 올리버 노스(Oliver North)의 변호인은 그레이 메일을 효과적으로 사용하여 혐의점을 완화시킴.
- 1980년 비밀정보절차법(CIPA, Classified Information Procedure Act)이 제정 되어 법관이 비공개로 비밀자료를 열람할 수 있게 되면서 이러한 위협을 방지하며 기소가 가능해 짐.

02 기피인물(PNG, Persona Non Grata)

- 기피인물은 '환영받지 못하는 사람'이란 뜻의 라틴어로 대사나 공사 등의 외교사절을 상대국 정부가 받아들이고 싶지 않을 때 선언하는 외교적 용어임.
- 상대국의 신임장, 즉 아그레망(agrément)을 받지 못한 외교사절을 말하며 받은 이후에도 주재국이 PNG를 선언하면 외교관의 면책특권이 사라지고 외교적 절차에 따라 본국에 소환되거나 강제 퇴거가 가능함.

03 제3자 거래기록(Third party records)

- 제3자 거래기록은 사회생활에서 은행이나 보험회사가 당사자와의 계약이나 기관 자체적인 단독 행위에 의한 사실상의 기록 및 이를 관리하여 특정인에 대한 거래 내용과 사실이 표시되어 있는 서류나 장부임.
- 거래의 실질적인 내용은 없으나 대체로 재정적 또는 통신적인 객관적인 거래상황을 광범위하게 나타내고 있으며 도서대출기록, 도서판매기록, 도서고객 목록, 총포판매기록, 세금환급기록, 교육수강기록, 환자 신원이 포함된 의료기록 등이 있음.
- FBI는 비밀을 최대한 유지하면서 제3자 거래기록을 입수하기 위해 법원의 영장이 필요 없는 국가안보서신(NSLs)을 이용하거나 해외정보감독법(FISA, Foreign Intelligence Surveillance Act)상의 특별법원(FISC)의 명령을 받아 입수가능 함.

Chapter 07

더 알아보기

국가안보 서신(NSLs, National Security Letters)

- 국가안보 서신은 통신이나 금융회사 등에 제출하는 비공개 요구사항이 포함된 일종의 행정 소환장(administrative subpoena)으로 원칙적으로 국제 테러사건과 비밀정보 수집에 한하여 내용이 아닌 기록만 신청가능 하며 그 이외의 경우는 불법이며 무효임.
- NSLs은 과거 개별법에서의 적법성은 인정받았으나 학문과 사상, 그리고 사생활의 자유를 본질적으로 위협할 수 있다 하여 2004년 법원은 국가안보서신의 일부 내용을 명백한 헌법위반으로 판결했고, 이에 따라 의회의 후속 보완 입법조치가 있었음.

FISA(해외정보감독법)와 FISC(FISA 담당법원)

- FISA는 미국에서 활동하는 외국정보요원이나 테러나 간첩활동이 의심되는 미국인에 대한 감청 등 전자감시 및 물리적 수색활동에 대해 영장심사를 의무화 하고 부적절한 국내정보활동을 금지한 법률로 1978년 제정됨.
- 보통의 절차는 FBI 등 수사기관이 법무부 장관의 승인 후 FISC(FISA담당법원)의 허가 명령을 통해 이루어지며 영장 기각 시 항소법원(FISCR)에 항소 가능하나 거의 모든 영장이 발부되고 있음.

04 데이터 마이닝(Data mining)

- 데이터 마이닝은 대규모의 데이터 속에서 통계적 규칙과 특정 패턴을 자동적으로 찾아내는 데이터베이스를 구축하고, 다시 그 DB에 추가 수집된 데이터 자료를 더하여 새로운 DB를 구축하여 유의미한 정보를 지속적으로 추출하는 활동으로 슈퍼컴퓨터가 개발된 오늘날 그 위력이 큼.
- 반정부 활동 등의 사전포착을 위한 대표적인 데이터 마이닝 기법으로 통화를 감청해서 수신자와 발신자의 전화번호를 확인하고, 통화 월일, 통화 시간대, 통화시간, 사용언어, 연결지역, 성별 등에 대한 데이터를 광범위하게 수집한 후 통화패턴을 구축하는 방법이 있음.
- 별도로 입수한 제3자 거래기록상의 각종 데이터와 연동되어 데이터 마이닝이 가능하며 통화와 금전거래, 여행기록, 도서 활동 및 일반 사회활동을 상호간에 연결 지어 테러활동의 특징적인 인자를 포착할 수 있음.
- 당사자의 동의 없는 데이터 자료 확보가 헌법상 규정된 사생활의 비밀과 보호를 위반할 수 있고 오류자료 확보나 악의적인 데이터 자료 조작에 의해 불필요하게 감시를 받을 우려가 있으며 추출된 분석정보가 남용될 수 있음.
- 데이터 마이닝을 통해서는 파편조각 같은 사소하고 미세한 데이터가 집적되어, 한 사람에 대한 전혀 새로운 초상화를 그릴 수 있는 시너지 효과(synergic effect)가 생기나 반복적인 불량 행동의 데이터 축적으로 오히려 선한 사람으로 인식될 수 있음.

더 알아보기

테러정보인식프로그램(TIA, Terrorism Information Awareness)

- 테러정보인식프로그램은 미 국방부 산하 정보인식국의 통합정보인식 프로그램(Total information Awareness)이 개명된 것으로 방위고등연구계획국(DARPA, Defense Advanced Research Projects Agency)에서 기존의 정보감시프로그램(intelligence and surveillance programs)을 통합하기 위한 장기간의 프로젝트로 시작됨.
- INSCOM, NSA, DIA, CIA, CIFA 등의 정보기관이 참여하였으며 테러와의 전쟁에서 승리하기 위해 2003년 본격 운용되어 전 세계 테러리스트에 관한 모든 징후를 사전에 탐지·분석하고 논리적인 추론으로 가설을 검증하여 정책결정권자가 위협을 명확히 인식하고 대테러리즘 정책과 조치의 효과까지 예측하도록 설계된 일종의 데이터 마이닝(data mining) 프로그램임.
- TIA는 미국 시민들의 신용카드, 이메일, 휴대폰 통화 감청을 포함하는 미국 역사상 최대의 대국민 감시시스템으로 의회의 감시와 스노든의 폭로로 공식적으로는 중단되었지만 현재도 국가안보국(NSA)에 의해 개발·운영되는 것으로 알려짐.

■ 보안(수동적 방첩) ■

01 보안의 개념

01 보안의 정의

- 보안(security)이란 수동적 방첩으로 분류되며 외국 또는 적대세력의 정보수집 기도를 차단 또는 제한하기 위해 문서, 인원, 자재, 시설, 통신 등에 대해 취해지는 제반 조치 및 예방대책 임.
- 어느 개인이나 조직 또는 국가가 그 존립을 확보하거나 경쟁에서 승리하는데 필요한 요소를 찾아 그것을 보호하기 위한 수단 또는 국가의 안전보장과 국익보호에 영향을 주는 비밀정보를 허가되지 않은 사람의 접근과 취득으로부터 보호하는 것임.
- 보안은 정보보안(information security)의 준말로 효과적인 정보활동을 위해 필요한 핵심적인 요소로 일반적으로 방첩활동에 포함됨. 하지만, 일반 행정부처나 민간기업체에서도 수행하므로 이를 정보활동으로 볼 수 없다는 마이클 허만(Michael Herman)의 견해도 있음.
- 보안은 일반적으로 보호대상에 따라 인원, 문서, 시설, 정보통신보안으로 구분되며 업무수행 주체에 따라 개인보안, 기업보안, 국가보안으로 업무분야에 따라 군사보안, 공작보안, 산업보안으로 나눌 수 있음.

02 우리나라의 보안제도

- 보안업무 지도조정 기능은 3권분립의 정신에 따라 입법부는 국회 보안업무규정(국회규정 제515호)으로 국회사무총장에게, 사법부는 비밀보호규칙(대법원규칙 제2714호)으로 법원행정처장에게, 행정부의 각급 기관에 대해서는 국가정보원장이 지도·조정 기능을 부여하고 있음.
- 국가정보원장은 보안업무규정 제6조, 국가정보원법 제3조에 따라 국가보안 방책의 수립(비밀의 보호 관련 정책의 수립 및 제도 개선, 비밀관리 기법 연구·보급 및 표준화, 전자적 방법에 의한 비밀보호 기술 개발 및 보급, 각급 기관에서 적절히 보안업무를 수행하는지 확인), 보안측정, 보안사고 전말조사 및 신원조사 활동을 통해 각급 기관의 보안업무를 기획·조정함.

02 인원 보안(personnel security)

01 인원보안(personal security)의 특성

- 국가의 중요한 비밀에 대한 보안이 잘 유지되도록 관련되는 사람을 관리하는 것으로 국가의 중요한 비밀에 대한 접근권한을 취득할 사람의 보안의식을 심사하고 이러한 자세를 유지하도록 지도 및 감독하는 행위임.
- 국가업무를 잘 수행하도록 사람을 관리하는 것으로 국가안보상 중요한 업무를 수행하는 자로 성실하고 충성심이 있는 자를 선정하고 그들이 그러한 자세를 견지하도록 지도·감독하며 보호하는 제반 관리임.
- 인원을 관리한 인사업무 담당자나 인원을 거느리고 있는 직속상관 내지 기관장이 수행해야 할 기본적인 업무로 그 대상인원의 자질과 능력, 성실성, 충성심 등 성품, 성향 그리고 주위 환경까지 파악하여 적재적소에 배치하고 국가를 위해 최선을 다할 수 있게 관리하는 것임.
- 인원보안은 사람을 대상으로 하므로 실수나 부주의, 또는 개인적 욕심, 신념이나 가치관의 변화로 인해 국가기밀을 누설함. 따라서 국가비밀을 취급하는 내부자 보안에 문제가 발생하면 아무리 강화된 보안조치도 무용지물이 되므로 인원보안이 가장 중요함.
- 인원보안의 대상은 공무원, 정부관리 기업체의 임직원과 같이 일정한 신분을 획득하거나 선원, 항공종사자, 해외여행자 등과 같이 일정한 자격을 획득하면 보안의 대상이 됨.

02 인원보안의 수단

(1) 신원조사

- 신원조사는 개개인들에게 비밀취급인가권(security clearance) 즉 비밀로 분류된 정보에 접근할 수 있는 자격이 부여될 수 있는지 그 여부를 판단하기 위해 수행되는 조사활동 임.
- 정보에 접근할 권한을 갖는 직위에 사람을 고용하기 전에 그가 비밀을 유지할 의사와 능력이 있는지를 판단하는데 중점을 두며 성격, 정서적 안정성, 충성심, 의지력 등을 고려함.

- 이미 고용된 자라도 민감한 정보의 접근을 계속해서 허용할 것인지 결정하기 위한 주기적인 신원재조사를 실시하고 있으며 취급할 수 있는 비밀등급이 높을수록 신원조사 과정이 까다로워 짐.
- 보통 학교기록, 전과기록, 신용조회 등이 기본적으로 이루어지고 학교시절 선생님, 친구, 이웃, 고용인, 동료, 친척, 종교 및 취미활동 교우, 배우자 등 주변인물과의 면담 및 탐문조사가 이루어지게 됨.
- 비밀취급인가권을 제한시키기 위해 차단(compartment)의 원칙이 적용되면 비취 인가자 중에서도 알 필요가 있는 자에게만 접근이 승인되나 지나치면 업무간 상호연계성이 차단되어 분석관들이 전체적인 그림을 볼 수가 없기 때문에 정보 공유와 보안은 적절한 조화와 균형이 필요함.

(가) 신원조사 규정(보안업무규정 제33조, 제12조, 제56조, 보안업무규정 시행규칙 제59조)

- 국가정보원장은 국가보안을 위하여 국가에 대한 충성심·성실성 및 신뢰성을 조사하기 위하여 신원조사를 하며 신원조사는 국가정보원장이 직권으로 하거나 관계 기관의 장의 요청에 따라 하게 됨.
- 신원조사의 대상은 공무원 임용 예정자, 비밀취급 인가 예정자, 입국하는 교포, 국가보안시설·보호장비를 관리하는 기관 등의 장 및 동 업무와 관련된 소속 직원, 정부의 승인이나 동의가 필요한 공공기관의 임직원, 그 밖에 다른 법령에서 정하는 사람이나 각급기관의 장이 국가보안상 필요하다고 인정하는 사람임.
- 신원조사의 요청을 받은 기관의 장은 특별한 사유가 없는 한 요청을 받은 날부터 30일 내에 정해진 신원조사회보서의 양식에 따라 조사결과를 작성하여 요청기관에 통보하여야 함.
- 각급기관의 장은 신원조사 결과 국가안보상 유해한 사항이 발견된 사람을 중요 보직에 임용하고자 하는 경우에는 필요한 보안대책을 미리 마련하여야 함.

(나) 비밀취급 인가권자(보안업무규정 제9조)

(a) I급비밀 취급 인가권자와 I·II급비밀 소통용 암호자재 취급 인가권자

- 대통령, 국무총리, 감사원장, 국가인권위원회 위원장, 국방부 장관 등 각 부·처의 장, 국무조정 실장, 방송통신위원회 위원장, 공정거래위원회 위원장, 금융위원회 위원장, 국민권익위원회 위원장 및 원자력안전위원회 위원장, 대통령 비서실장, 국가안보실장, 대통령경호처장, 국가정보원장, 검찰총장, 합동참모의장, 각군 참모총장, 육군의 1·3군 사령관 및 2작전사령관, 국방부장관이 지정하는 각군 부대장

(b) II급 및 III급비밀 취급 인가권자와 III급비밀 소통용 암호자재 취급 인가권자

- I 급비밀 취급 인가권자와 I · II급비밀 소통용 암호자재 취급 인가권자
- 중앙행정기관인 청의 장, 지방자치단체의 장, 특별시·광역시·도 및 특별자치시·도의 교육감

(다) 비밀취급 인가의 제한(보안업무규정 시행규칙 제12조)

- 비밀취급 인가권자는 소속 직원의 인사기록 카드에 기록된 비밀취급의 인가 및 인가 해제 사유와 임용 시의 신원조사회보서에 따라 새로 신원조사를 하지 아니하고 비밀취급을 인가할 수 있으나 I 급비밀 취급을 인가할 때에는 새로 신원조사를 하여야 함.
- 신원조사 결과 국가안전보장 상 유해한 정보가 있음이 확인된 사람은 비밀취급 인가를 받을 수 없으며 비밀취급 인가가 해제된 사람은 비밀을 취급하는 직책으로부터 해임되어야 함.

(라) 군사기밀의 지정권자(군사기밀보호법 시행령 제4조)

(a) 군사 I 급비밀 지정권자

- I 급비밀 취급 인가권자 및 그가 지정하는 사람(보안업무규정 제9조)
- 국방부장관, 방위사업청장, 합동참모의장
- 국방정보본부장, 육군참모총장, 해군참모총장, 공군참모총장
- 육군의 군사령관, 해군작전사령관, 해병대사령관, 공군작전사령관
- 군사안보지원사령관, 국군정보사령관, 국방과학연구소장
- 기타 국방부장관이 지정하는 자

(b) 군사II급 및 군사III급 비밀지정권자

- 군사 I 급비밀 지정권자 및 그가 지정하는 사람
- II급비밀 및 III급비밀 취급 인가권자 및 그가 지정하는 사람(보안업무규정 제9조)
- 국방부·합동참모본부 및 국방정보본부의 장관급장교
- 국방부 직할부대 및 기관의 장·편제상 장관급장교인 참모
- 육군·해군·공군본부의 장관급장교 및 그 직할부대장
- 각군 예하부대 중 편제상 장관급장교가 지휘하는 부대의 장·장관급장교인 참모
- 기타 국방부장관이 지정하는 자

(2) 동향파악

- 동향파악은 이미 고용한 자에 대한 주변 환경의 변화, 신념과 사상의 변화. 미처 파악하지 못한 신원정보 관련 사항을 체계적으로 관찰하고 수집하는 것임.

- 애초에 신원상 결격사유가 있었지만 신원조사를 통과했거나 신원조사가 통과된 이후 신원상의 결격사유가 발생한 경우 비밀로 분류된 정보에 대한 접근이 허용될 수 있음.
- 내부구성원에 대한 동향파악을 위해 배우자와의 불화, 음주증가, 마약 복용 의혹, 재력 이상의 과소비, 채무 증가 등 사적 행동이나 생활방식의 변화에 대해 면밀한 관찰이 진행됨.
- 거짓말 탐지기(polygraph)테스트가 빈번히 활용되나 CIA요원이었던 알드리치 에임스는 스파이 활동을 했음에도 이를 통과한 사례를 볼 때, 실제 정확성이나 신뢰도는 의문의 여지가 있으나 적어도 배신행위를 억제하는 예방적 효과는 있음.

(3) 보안교육

- 효과적인 보안관리를 하기 위해서는 보안의 대상에 대한 정확한 이해와 실천 의지가 필요하며 이를 위해서는 수시교육 및 반복교육을 통해 철저히 이해시키고 설득하며 감독해야 함.
- 보안교육은 보안누설에 대한 경각심을 일깨우고 국가를 위한 충성심을 제고 하는데 효과적임.

(4) 보안서약(보안조치)

- 지득한 기밀을 누설하지 않겠다는 다짐을 받는 것으로서 문서나 구두로 하게 되며 심리적인 압박을 주어 기밀을 철저히 보호하는데 목적이 있으므로 단체로 하는 것보다 개별적으로 상위 직급자 앞에서, 구두보다 근거가 남는 문서로 하는 것이 효과적 임.

03 문서 보안(document security)

01 문서보안의 특징

- 문서보안의 대상은 공문서 중에서 정보의 민감도에 따라 무단으로 유출될 경우 국가안보에 피해를 입힐 수 있는 것을 대상으로 함.
- 비밀 분류는 국가로부터 위임 받은 공공단체 등이 공무상 작성하였거나 접수한 모든 문서, 도화, 전자기록 등의 특수매체 기록 중에서 정보의 민감도(sensitivity)에 따라 정보가 적대세력에게 알려질 경우 초래될 피해의 정도로 분류 됨.
- 문서는 물리적인 존재이므로 편리한 점도 많지만 보안관리를 할 때는 분실, 도난의 위험성이 있고 문서 자체를 절취하지 않고 사진촬영이나 복사하여 누설할 때에는 근거 확인이 곤란하며 유출 시는 확실한 근거를 제공한다는 점에서 취약함.

02 세계 주요국의 비밀의 분류

(1) 미국·영국

- I 급비밀(Top secret, exceptionally grave damage)은 국가안보에 매우 중대한 피해, 치명적 손상을 끼치는 것
- II급비밀(Secret)은 국가안보에 심각한 피해나 손상을 입히는 것
- III급비밀(Confidential)은 국가안보에 일반적인 피해난 손상, 또는 불리한(prejudicial) 영향을 끼치는 것
- 대외비(restricted)는 국가안보에 바람직하지 못한 영향을 미치는 것.

(2) 일본

- Kimitsu(機密, 기밀), Gokuhi(極秘, 극비), Hi(秘, 비), Toriatsukaichuui (取り扱い注意:취급주의)

(3) 중국

- Top Secret(高度機密: 고도기밀), Secret (機密:기밀), Confidential (保密:보밀), Restricted(内部文件: 내부문건)

03 우리나라의 비밀

(1) 보안업무규정 제4조

- I 급비밀은 누설 시 외교단절, 전쟁유발하며 국가의 방위계획, 정보활동 및 국가 방위상 필요 불가결한 과학과 기술의 개발을 위태롭게 하는 등의 우려가 있는 비밀임.
- II급비밀은 국가안전보장에 막대한 지장을 끼칠 우려가 있는 비밀임.
- III급비밀은 국가안전보장에 해를 끼칠 우려가 있는 비밀임.

(2) 보안업무규정 시행규칙 제16조

- 대외비는 비밀 외에 직무 수행 상 특별히 보호가 필요한 사항으로 비밀에 준하여 관리하는 것임.

(3) 국가정보원법(제13조, 국회에서의 증언)

- 국가기밀은 국가의 안전에 대한 중대한 불이익을 피하기 위해 한정된 인원만이 알 수 있도록 허용되고 다른 국가 또는 집단에 대하여 비밀로 할 사실 물건 또는 지식임.

04 문서보안 관련 규정

(1) 접수증(보안업무규정 제17조, 보안업무규정시행규칙 제31조, 제32조)

- 모든 비밀을 접수하거나 발송할 때에는 그 사실을 확인하기 위하여 접수증을 사용하며 발송문서의 내부봉투와 외부봉투 사이에 접수증을 삽입하여 발송하나, 취급자가 직접 접촉하는 경우에는 직접 교부함.
- 접수기관은 비밀을 접수한 즉시 접수증을 생산기관에 반송하여야 하고 접수증을 반송받은 비밀 생산기관은 그 접수증을 비밀송증에 원형대로 첨부하여 보관함.

(2) 비밀의 표시(보안업무규정 시행규칙 제23조~제29조)

- 인화한 사진은 각 표면의 위·아래 및 뒷면의 중앙에 적절한 크기의 비밀등급을 표시함.
- 지도·항공사진·괘도 및 그 밖의 도안은 각 면의 위·아래의 중앙에 적절한 크기의 비밀등급을 표시하고, 접거나 말았을 때에도 비밀임을 알 수 있도록 그 뒷면의 적절한 부위에 비밀등급을 표시함.
- 고착식 상황판 또는 접거나 말 수 없는 현황판 등은 제25조에 따라 비밀등급을 표시하고 비밀표시를 한 가림막을 쳐야 하나, 가림막에 비밀표시를 하는 것이 오히려 비밀을 보호하는데 해를 끼치거나 가림막이 없어도 충분히 위장된 때에는 비밀 표시를 하지 아니할 수 있음.
- 수사상의 증거물 등과 같이 그 원형을 그대로 보전할 필요가 있는 때에는 그 자체에 비밀등급을 표시하지 아니하고, 표면에 비밀표지를 등급에 따라 반영구적으로 첨부하고 취급함.
- 비밀을 녹음할 때(비밀을 구두로 설명하거나 전달하는 경우를 포함)에는 처음과 끝에 그 비밀등급과 허가되지 아니한 사람에게 전달 또는 누설하는 때에는 관계 법령에 따라 처벌한다는 경고를 포함하여 비밀 표시가 되어있는 봉투나 이에 준하는 용기에 넣어 보관함.
- 재분류한 비밀은 기존의 비밀 표시를 대각선으로 줄을 쳐서 삭제하고, 그 측면이나 위·아래의 적당한 여백에 변경된 비밀등급을 다시 한번 표시하고 근거를 그 비밀의 첫면 적당한 여백에 기입하고 날인함.

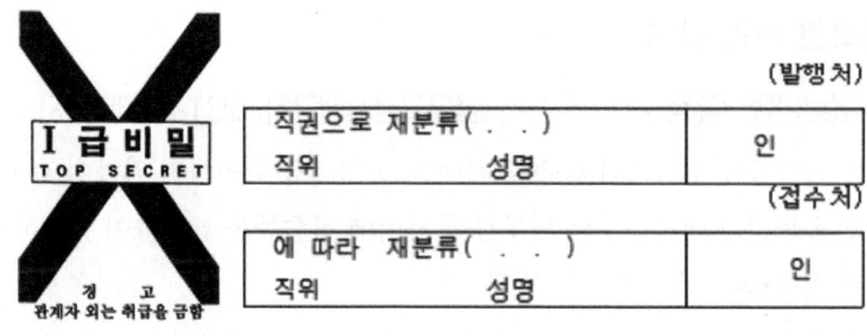

〈 수사상 증거물 표시 〉 〈 재분류 표시 〉

(3) 예고문(보안업무규정 시행규칙 제18조)

- 모든 비밀에는 다음과 같은 예고문을 기재하여야 하며 비밀의 보호기간은 보호되어야 할 필요가 있는 적정한 기간으로 정하여야 함.
- 보존기간이 시작되는 일자는 비밀원본을 생산한 날이 속하는 해의 다음 해 1월 1일로 하고 보존기간은 보호기간 이상으로 정하여야 함.

원본	보호기간: , ~로 재분류 (일자 또는 경우)	보존기간: 년
사본	파기: , ~로 재분류 (일자 또는 경우)	

〈 예고문 기재 〉

(4) 비밀의 전자적 관리(보안업무규정 제21조, 보안업무규정 시행규칙 제37조, 제38조)

- 국가정보원장은 비밀을 전자적으로 안전하게 보호·관리하기 위하여 필요한 사항을 수록한 전자적 비밀처리규격(국정원 국가정보보안기본지침 제5장 국가용보안시스템, 비공개로 외부공개 제한)을 정하여 각급기관의 장에게 배포하여야 함.
- 각급기관의 장은 비밀을 관리할 경우 국가정보원장이 안전성을 확인한 암호자재를 사용하여 비밀의 위조·변조·훼손 및 유출 등을 방지하기 위한 보안대책을 마련하여 시행하여야 함.
- 각급기관의 장은 전자적 방법을 사용하여 비밀을 관리할 수 있으며 각급 기관의 장은 비밀을 전자적 수단으로 생산하는 경우 해당 비밀등급 및 예고문을 입력하여 열람 또는 인쇄 시 비밀등급이 자동적으로 표시되도록 하여야 함.
- 각급기관의 장은 비밀을 전자적 수단으로 생산·보관·열람·인쇄·송수신 또는 이관하는 경우 그 기록이 유지되도록 하여야 하며, 송수신 또는 이관하는 경우에는 전자적으로 생성된 접수증을 사용해야 함.

- 각급기관의 장은 전자적 수단으로 비밀을 생산한 경우 컴퓨터에 입력된 비밀내용을 삭제하여야 함. 다만, 업무수행을 위하여 필요한 경우에는 비밀저장용 보조기억매체를 지정·사용하거나 암호자재로 암호화한 후 보관하여야 함.

04 시설 보안(Physical Security, 물리적 보안)

01 시설보안의 특징

- 시설보안은 국가안보와 국가이익에 중요한 기능을 수행하는 시설들을 각종 위해 행위로부터 보호하기 위한 제반대책과 그 이행을 의미함.
- 노출되거나 파괴될 경우 국가안보에 상당한 피해가 초래될 것으로 예상되는 시설을 보호대상으로 하며 물리적 보안(physical security)과 유사하나 물리적 보안은 시설뿐만 아니라 컴퓨터, 통신시설 등 각종 장비들까지 포함하고 있어 보다 포괄적임.
- 보안방벽은 시설보안을 위해 계획단계에서부터 검토되어 설치하는 보안시설물 이나 장비로 자연방벽(암벽, 호수), 인공방벽(울타리, 철조망), 동물방벽(경비견), 전자전기방벽(전기철조망, 경보장치, CCTV) 등이 있음.
- 보호구역은 국가안보에 중요한 시설, 장비, 자재 등에 관한 비밀을 유지하고 외부로부터 오는 각종 위해 행위로부터 보호하기 위해 필요한 장소에 일정한 범위를 정하여 출입자를 통제하는 구역으로 통제구역, 제한구역, 제한지역으로 분류됨.

02 시설보안 관련 규정

(1) 보호구역(보안업무규정 제32조, 보안업무규정 시행규칙 제54조, 제55조)

(가) 통제구역

- 보안상 매우 중요한 구역으로서 비인가자의 출입이 금지되는 구역으로 출입인가자의 한계를 미리 설정하고 근무자 이외의 자들이 출입하려면 사전 관리책임자의 허가를 받고 출입자 명부에 기재한 다음 안내를 받아야 하는 장소임.
- 눈으로 보거나 귀로 들음으로써 비밀을 지득하거나 시설의 구조, 기능 등을 파악할 수 있는 보안상 대단히 중요한 곳으로 통합비밀보관실, 암호실, 중앙통제실, 정보보관실, 종합상황실, 무기고 등이 있으며 필요한 최소한의 범위로 제한되어야 함.

(나) 제한구역

• 비인가자가 비밀, 주요시설 및 Ⅲ급 비밀 소통용 암호자재에 접근하는 것을 방지하기 위하여 안내를 받아 출입하여야 하는 구역으로 통신실, 전산실, 문서고 등이 있으며 필요한 최소한의 범위로 제한되어야 함.

(다) 제한지역

• 비밀 또는 국·공유재산의 보호를 위하여 울타리 또는 방호·경비 인력에 의하여 일반인의 출입에 대한 감시가 필요한 지역으로 사무실, 각종 부대시설 등이 있음.

(2) 보안측정(보안업무규정 제35조, 제36조, 제37조, 보안업무규정 시행규칙 제61조, 제62조, 제63조)

• 국가정보원장은 국가보안에 관련된 시설·암호자재 또는 지역을 파괴, 기능 마비 또는 비밀누설로부터 보호하기 위하여 보안측정을 하며 보안측정 대상은 국가보안 시설과 보호장비 임.

• 보안측정은 국가정보원장이 직권으로 하거나 국가보안시설 및 보호장비를 관리 하는 기관 등의 장이나 그 감독기관의 장의 요청에 따라 함.

• 보안측정의 대상은 전력시설, 정보통신시설, 주요 교통시설, 공항·항만 시설, 수원(水源)시설, 방송시설, 과학시설, 방위산업시설, 산업시설, 그 밖에 국가안전 보장 상 주요한 지역 및 시설 임.

• 국가보안시설 및 보호장비로 처음 지정할 때, 시설을 신축 또는 개축하였거나 보안사고가 빈번하여 새로운 보안대책이 요구될 때, 그 외에 필요하다고 인정할 때 국정원장에게 보안측정을 요청하여야 함.

(3) 보안사고 조사 및 보안감사(보안업무규정 제38조, 제39조, 제40조)

• 국가정보원장은 비밀의 누설 또는 분실과 국가보안시설·보호장비의 파괴, 보호 구역에 대한 불법침입 등 보안사고의 재발 방지를 위하여 보안사고 조사를 함.

• 중앙행정기관의 장은 보안업무규정에서 정한 인원·문서·자재·시설·지역 및 장비 등의 보안관리상태와 그 적정 여부를 조사하기 위하여 보안감사를 함.

• 중앙행정기관의 장은 정보통신수단에 의한 비밀의 누설방지와 정보통신시설의 보안상태를 조사하기 위하여 정보통신보안감사를 함.

• 보안감사와 정보통신보안감사는 정기감사와 수시감사로 구분하여 실시하며 정기감사는 연 1회, 수시감사는 필요에 따라 수시로 함.

• 보안감사와 정보통신보안감사를 할 때에는 보안상의 취약점이나 개선 필요 사항의 발굴에 중점을 둠.

(4) 민간인통제선과 통제보호구역(군사기지 및 군사시설보호법 제4조, 제5조)

(가) 민간인통제선

- 한반도의 군사분계선(Military Demarcation Line, MDL)은 한반도의 남북을 분단하여 한국과 북한의 경계를 이루는 지도상의 휴전선 임.
- 비무장지대(DMZ)는 군사분계선에서부터 남(남방한계선, SLL)과 북(북방한계선, NLL)으로 각각 2km 범위에는 군사 충돌을 방지하기 위한 완충지대 임.
- 민간인통제선(민통선, Civilian Control Line, CCL) 군사 분계선의 이남 10km 범위 이내에서 지정할 수 있음.

(나) 통제보호구역

- 통제보호구역은 민간인통제선(민통선) 이북지역으로 통일정책 추진에 필요하거나 취락·안보관광지역 등으로 대통령령으로 정하는 기준에 해당하는 지역은 제한보호구역으로 지정할 수 있음.
- 민간인통제선 이북지역 외의 지역에 위치한 중요한 군사기지 및 군사시설의 최외곽 경계선으로부터 300미터 범위 이내(방공기지의 경우에는 500m 이내)의 지역도 통제보호구역 임.

(다) 제한보호구역

- 군사분계선(MDL)의 이남 25km 범위 이내의 지역 중 민간인통제선 이남지역 임.
- 다만, 중요한 군사기지 및 군사시설이 없거나 군사작전 상 장애가 되지 아니하는 지역으로 대통령령으로 정하는 기준에 해당하는 지역은 제한보호구역 지정에서 제외하여야 함.
- 군사기지 및 군사시설의 최외곽 경계선으로부터 500m 범위 이내의 지역(취락지역에 위치한 군사기지 및 군사시설은 300m 범위 이내)임.
- 폭발물 관련 시설, 방공기지, 사격장 및 훈련장은 당해 군사기지 및 군사시설의 최외곽 경계선으로부터 1km범위 이내의 지역임.
- 전술항공작전기지는 당해 군사기지 최외곽 경계선으로부터 5km 범위 이내의 지역, 지원 항공작전기지 및 헬기전용작전기지는 당해 군사기지 최외곽 경계선으로부터 2km 범위 이내의 지역임.
- 군용전기통신기지는 군용전기통신설비 설치장소의 중심으로부터 반지름 2km 범위 이내의 지역임.

05 정보통신보안

01 통신보안

- 통신보안은 통신수단을 활용하여 정보가 유통되는 과정에서 도청 또는 감청을 통해 적에게 중요한 정보가 직접 또는 간접적으로 누설되지 않도록 방지하거나 지연시키는 방법임.
- 유선통신에 대한 도청을 방지하기 위해 지하에 전선을 매설하고 단자판이나 맨홀에 견고한 보호장치를 설치하며 주기적인 순찰도 필요함.
- 광케이블로 교체되면서 보안이 향상되었으나 그래도 도청 가능하므로 음어화 또는 암호장비를 사용해야 함.
- 유선통신의 경우 암호화 송신을 위해 아날로그 방식에서 보안전화 또는 비화기를 사용해도 복호화가 전혀 불가능하지는 않았으나 디지털 방식은 음성메세지를 디지털 신호로 변환하여 전달하면서 암호화 방법이 더욱 복잡하여 도청이 거의 불가능해짐.
- 무선통신은 도청에 거의 무방비 상태로 전파가 도달하는 범위 내 수신장치를 설치하면 전파신호를 탐지 가능함.

02 전자파보안

- 모든 전자장비는 고유의 파장을 가지는 전자파를 방출하기 때문에 이를 도청하여 전자파를 일으킨 전기적 신호의 특징을 찾아낼 수 있음.
- 전자파 보안을 위해 전자장비에 차단막을 설치하거나 전자파의 방출을 억제하거나 전자파 수집을 방해·교란하는 전자파를 발사하는 방법 등을 사용함.
- 일례로 전동타자기나 컴퓨터에서 프린터로 문서가 전송되는 과정에서 방출되는 전자파를 차단함.

03 컴퓨터 및 네트워크 보안

- 컴퓨터보안은 기기 자체 하드웨어의 파괴나 소프트웨어 유출, 저장매체에 저장된 자료의 유출 또는 훼손되는 것을 방지하는 제반 조치로 보호구역을 설정하거나 패스워드 및 지문 등의 생체정보를 활용함.

- 네트워크보안은 인터넷 등 전산망을 통해 정보가 유통되는 과정에서 중요한 정보가 무단을 유출, 변조, 파괴, 되는 행위를 막기 위한 제반조치로 방화벽이나 침입탐지시스템, 바이러스 프로그램을 설치하거나 및 암호인증제도를 실시함.

04 암호자재 보안(보안업무규정 제2조, 제7조, 제22조, 시행규칙 제3조, 제4조)

- 암호자재는 정보통신 보안을 위하여 암호기술을 적용하여 만들어진 장치나 수단으로서 Ⅰ·Ⅱ급비밀 및 Ⅲ급비밀 소통용 암호자재로 구분하는 장치나 수단임.
- 기관에서 공통으로 사용할 암호자재나 각급기관의 장이 제작을 요청하는 암호 자재는 국가정보원장이 제작·배부하고 사용이 끝나면 제작기관의 장(국정원장)에게 반납하여야 함.
- 각급기관에서 사용하는 Ⅲ급비밀 소통용 암호자재는 국가정보원장이 인가하는 암호체계에 따라 그 기관의 장이 제작·배부할 수 있으며 1부를 국가정보원장에게 제출하여야 함.
- 암호자재를 배부하는 기관은 암호자재를 배부 받거나 반납하는 직원에 대하여 정해진 양식에 따라 인감등록을 받아야 하며 암호자재의 배부, 반납, 파기 또는 오인 소각, 분실 및 그 밖의 사고의 증명은 암호자재 증명서에 따름.
- 암호자재는 암호자재 관리기록부로 관리하며 보안책임 및 보안관리 사항이 정확히 기록·보존되어야 함.(비밀은 비밀관리기록부로 관리함)

인 감 등 록 서

1. 기관 및 부서명 :

2. 변동 및 등록일자 :　　　　년　　월　　일

가. 정 책임자

인 적 사 항		인 감	서 명
직급 및 성명			
직 책			
생년월일			
비밀취급 등급			

나. 부 책임자

인 적 사 항		인 감	서 명
직급 및 성명			
직 책			
생년월일			
비밀취급 등급			

다. 실무자

인 적 사 항		인 감	서 명
직급 및 성명			

〈 인감등록서 〉

암호자재 증명서

○ 증명서 번호	구분 : 배부, 반납, 파기, 분실, 기타
발신 :	수신 :
아래 기록된 암호자재(개)를 ( )하였음	아래 기록된 암호자재(개)를 ( )하였음
일자 : 년 월 일	일자 : 년 월 일
소속 :	소속 :
성명 : (인)	성명 : (인)

등 급	자 재 명 칭	수 량	등 록 번 호	비 고

〈 암호자재 증명서 〉

암호자재 관리기록부

자재 명칭	등록 번호	제 작		수령(배부)				반납(회수)			변동 사항				비고
		일자	수량	일자	수량	증빙 번호	대상 기관	일자	수량	증빙 번호	일자	수량	증빙 번호	확인	

〈 암호자재 관리기록부 〉

07 단원별 퀴즈

1. 형법, 국가보안법 상 적국 및 반국가단체란 (　　　)이다.

2. 기만공작, 역용공작, 영향공작, 방첩첩보 수집 방첩정보 분석, 대테러, 국제범죄 대응, 대전복, 대사보타지 등은 (　　　)적 방첩이다.

3. 신원조사, (　　　), 보안교육, 보안서약은 인원보안이다.

4. 출입의 안내가 요구되는 지역은 (　　　)과 제한구역이다.

5. 2차대전 중 독일의 암호장비 (　　　)를 해독하기 위한 영국의 해독프로그램은 (　　　)이고 냉전기간 영국과 미국이 소련에 대한 암호 해독 작업은 (　　　) 이다.

6. 수동적 방첩, 방어적 방첩, 소극적 방첩은 모두 보안을 의미한다.

7. 제임스 올슨은 방첩 10계명에서 최근의 변화된 안보환경 때문에 과거의 성공 및 실패사례 연구는 점점 무의미해져간다고 언급하였다.

8. 방첩의 유용성은 상대국의 침투 및 공격기법을 파악으로 보안강화 및 적응 능력 향상에 활용될 수 있다는 점이다.

9. 적국을 위하여 간첩하거나 적국의 간첩을 방조한 자는 사형, 무기 또는 5년 이상의 징역에 처하며 군사상의 기밀을 적국에 누설한 자도 같은 형량이다.

10. 군사기밀을 적법한 절차에 의하지 아니한 방법으로 탐지하거나 수집한 자는 10년 이하의 징역에 처하고 업무상 군사기밀을 취급하였던 사람이 그 취급 인가가 해제된 이후에도 군사기밀을 점유하고 있는 경우에는 3년 이하의 징역 또는 2천만원 이하의 벌금에 처한다.

11. 비무장지대(DMZ)는 군사분계선에서부터 남(남방한계선, SLL)과 북(북방 한계선, NLL)으로 각각 2km 범위에는 군사 충돌을 방지하기 위한 완충 지대이다.

12. Ⅰ급비밀, Ⅱ급비밀 만 예고문을 기재하여야 하고 접수증을 사용할 수 있다.

13. 중앙행정기관의 장은 보안사고 조사 및 보안감사를 할 수 있다.

14. 국가안보를 위한 통신을 제한하고자 하는 경우 내국인은 법원으로부터 영장을 발부받아야 하지만 대화 당사자가 모두 외국인일 경우에는 대통령 승인만으로 가능하다.

15. 통신제한조치의 기간은 2월을 초과하지 못하고, 그 기간 중 목적 달성 시 즉시 종료하되, 요건 충족 시 소명자료를 첨부하여 고등법원 수석부장판사의 허가 또는 대통령의 승인을 얻어 2월의 범위 내에서 통신제한조치의 기간을 연장할 수 있다.

16. 요주의 인물이나 의심스러운 활동가, 군사시설 테러에 대비하기 위해 위협·현장목격 통지 활동을 통해 관련 정보를 수집한 국방부의 방첩 데이터베이스(D/B)는 가디언(Guardian) 시스템이다.

17. 2004년 대법원에서 국가안보서신(NSLs)의 일부 내용이 명백히 위헌이라고 판결한 이후 FBI는 제3자 거래기록(Third party records) 입수 시 영장 없이 NSLs로 입수가 불가능하게 되었다.

07 기출 및 유사문제

01. 국가정보기관의 방첩의 정의로 적절하지 않은 것은?

① 외국 또는 외국세력의 전복 또는 파괴활동으로부터 인원, 장비, 시설, 기록, 물자 등을 보호하기 위한 제반 활동이다.

② 정보활동의 일환으로 외국의 적대적 정보활동을 무력화시키고 간첩행위로부터 정보를 보호하는 것이다.

③ 정보의 비밀화, 보안, 對간첩, 통신, 위성 등을 이용한 기술적 정보활동에 대한 방어대책, 기만과 對기만, 방첩분석 등을 포함하여 적대 정보기관으로부터 국가를 지키기 위해서 행하는 제반활동 또는 그와 관련된 정보

④ 어느 개인이나 조직이 경쟁에서 승리하는데 필요한 요소를 찾아 그것을 보호하기 위한 모든 관리적 수단을 말한다.

02. 인원보안의 수단이 아닌 것은?

① 신원조사 ② 동향파악 ③ 보안교육 ④ 보안관리

03. 보호구역을 설명한 것으로 잘못된 것은?

① 제한지역은 비밀 또는 정부재산의 보호를 위하여 울타리 또는 경비원에 의하여 일반인의 출입에 감시가 요구되는 지역이다.

② 제한구역은 비밀 또는 주요시설 및 자재에 대한 비인가자의 접근을 방지하기 위하여 출입에 안내가 요구되는 지역이다.

③ 통제구역은 근무자 이외의 자들이 출입하려면 사전 관리책임자의 허가를 받고 출입자 명부에 기재한 다음 안내를 받아야 하는 장소이다.

④ 통제구역은 눈으로 보거나 귀로 들음으로써 비밀을 지득하거나 시설의 구조, 기능 등을 파악할 수 있는 보안상 중요한 지역으로 최대한의 범위로 지정해야 한다.

04. 방첩에 대한 설명 중 틀린 것은?

① 방첩은 적대적인 정보기관의 공작에 대항하여 국가 및 자국의 정보관련 행위를 보호하기 위한 정보의 수집, 분석 및 수행된 공작을 의미한다.

② 방첩활동은 방첩기관만의 노력으로 임무수행이 어려우므로 방첩전담기관과 유관 부처, 국민이 긴밀하게 협조해야 하는 것을 치밀의 원칙이라 한다.

③ 적성국 정보기관에 의해 고용된 공작원을 발견했다고 해서 즉시 검거하는 것이 아니라 조직망 전체가 완전히 파악될 때까지 계속적으로 접촉해야 한다는 것은 계속접촉의 원칙이다.

④ 방첩의 수단에는 적 첩보수집 등의 적극적 방첩수단과 보안에 역점을 두는 소극적 방첩수단으로 구분한다.

05. 다음 중 비밀생산의 유의점이 아닌 것은?

① 사전계획에 의해 현재 필요한 최소한의 양만 생산한다.
② 비밀은 기안단계에서부터 배포계획을 수립하고 비밀을 첨부하여 결재를 받아야 한다.
③ 배포처에 따라 비밀내용을 제한한다.
④ 비밀생산은 문서나 책자의 형태로만 가능하다.

06. 통신비밀보호법에 대한 설명 중 옳지 않은 것은?

① 국가안보를 위한 통신제한조치는 2개월을 초과하지 못하고 필요 시 고등법원 수석부장판사의 허가 또는 대통령의 승인 하 2개월 이내로 연장할 수 있다.
② 정보수사기관의 장은 긴급통신제한 조치를 한 때부터 36시간 이내에 법원의 허가를 받지 못한 때에는 즉시 이를 중지하여야 한다.
③ 소속 장관의 승인을 거쳐 긴급통신제한조치를 한 때에는 36시간 이내에 대통령의 승인을 얻지 못한 때에는 즉시 이를 중지하여야 한다.
④ 우편물의 검열 또는 전기통신의 감청을 하거나 공개되지 아니한 타인간의 대화를 녹음 또는 청취한 자는 10년 이하의 징역과 5년 이하의 자격정지에 처한다.

07. 다음 설명 중 잘못된 것은?

① 에임스 사건으로 CIA의 위상이 추락하고 FBI의 역량이 강화되었다.
② 조르게 사건은 독일인 공산주의자가 소련을 위해 스파이 활동한 사건이다.
③ 한센사건은 FBI 요원이 25년간 소련의 정보기관에 협조한 사건이다.
④ 첩보원이 입수한 정보는 자발적 협조자의 정보보다 신뢰도가 높다.

08. 보안에 대한 설명으로 잘못된 것은?

① 비밀파기는 보관책임자 또는 그가 지정하는 비밀취급인가자의 참여하에 업무처리 담당자가 행한다.
② 인원보안의 수단에는 신원파악, 동향파악, 보안교육, 보안서약이 있다.
③ 문서보안의 비밀등급은 I급비밀, II급비밀, III급비밀, 대외비 등으로 분류한다.
④ 비밀생산은 비밀취급 인가를 받은 자만이 할 수 있다.

09. 보안업무 규정상 신원조사에 대한 설명으로 옳지 않은 것은?

① 신원조사는 국가에 대한 충성심·성실성 및 신뢰성을 조사하기 위하여 국가정보원장이 직권으로 하거나 관계 기관의 장의 요청에 의해 실시한다.
② 신원조사의 대상은 공무원 임용 예정자, 비밀취급 인가 예정자, 입국하는 교포, 국가보안시설 및 보호장비를 관리하는 기관 내 관련된 직원 등이 있다.
③ 이미 고용된 자라도 민감한 정보의 접근을 계속해서 허용할 것인지 결정하기 위한 주기적인 신원재조사를 실시한다.
④ 비밀취급 인가권자는 임용 시의 신원조사회보서에 따라 새로 신원조사를 하지 아니하고 I급비밀을 포함한 비밀취급을 인가할 수 있다.

10. 다음 국가보안법에 중 들어갈 것으로 적당한 것은?

> • 반국가단체를 구성하거나 이에 가입한 자 중 간부 기타 지도적 임무에 종사한 자는 사형·무기 또는 ( )년 이상의 징역에 처하고 타인에게 반국가단체에 가입할 것을 권유한 자는 ( )년 이상의 유기징역에 처함.
> • 반국가단체를 구성하거나 가입 또는 권유하고자 예비 또는 음모한 자 중 수괴 또는 간부 기타 지도적 임무에 종사한 자는 ( )년 이상의 유기징역에 처하고 그 이외의 자는 ( )년 이하의 징역에 처함.

① 5, 2, 5, 10　② 7, 5, 2, 10　③ 5, 2, 2, 10　④ 7, 2, 5, 10

11. 미국의 방첩활동에 대한 설명 중 옳지 않은 것은?

① COINTELPRO는 FBI의 방첩공작 프로그램으로 반체제, 반전운동 관련 단체의 붕괴를 목적으로 운영하였다.

② 카오스 공작은 반전단체를 지원하거나 영향을 주는 공산주의자 단체를 파악하는 CIA의 불법적인 국내 비밀방첩 프로그램이었다.

③ 탈론은 다양한 국방자산을 통해 테러관련 정보를 즉각적으로 수집하였으나 불법성 논란으로 FBI의 첩보수집 시스템인 e-가디언으로 기능을 이관하였다.

④ 국방부 방첩업무를 효과적으로 수행하고 정보공동체와의 협업을 위해 신설된 부서는 NORTHCOM이다.

12. 통신비밀보호법에 대한 설명으로 옳지 않은 것은?

① 통신의 일방 또는 쌍방당사자가 내국인인 경우는 고등법원 수석부장판사의 허가를 받아야 한다.

② 외국의 기관·단체와 외국인, 대한민국의 통치권이 사실상 미치지 않는 한반도내 집단 구성원의 통신은 서면으로 대통령의 승인을 얻어야 한다.

③ 국가비상사태에 있어서 적과 교전상태에 있는 때에는 작전이 종료될 때까지 대통령의 승인없이 기간을 연장할 수 있다.

④ 작전수행을 위한 군용전기통신인 경우에는 고등법원 수석부장판사의 허가를 받아야 한다.

13. 우리나라의 방첩활동에 대한 설명 중 적절하지 않은 것은?

① 북한을 상대로 한 방첩활동인 대공활동(Intelligence on North Korea)에 국가 방첩역량의 대부분을 투입하여 여타 외국에 대한 방첩활동에 소홀히 하였다.

② 형법 제98조는 적국을 위하여 간첩한 자로 구성 요건을 제한하여 사실상 외국을 위한 간첩행위를 처벌할 법적인 근거가 없다.

③ 형법 제113조 외교상 기밀 누설에 의거하고 군사기밀에 해당될 경우에는 군사 기밀보호법 제11조 탐지·수집 및 제12조 누설에 의거하여 처벌할 수 있다.

④ 방첩업무규정 상 방첩활동은 국가안보와 국익에 반하는 북한의 정보활동을 찾아내고 그 정보활동을 견제·차단하기 위하여 하는 모든 대응활동이다.

14. 방첩활동의 대상과 범위가 아닌 것은?

① 외국정보기관의 정보수집, 공작활동에 대응하여 자국의 안전과 이익을 확보하기 위한 것이다.
② 상대국 정보기관의 의도와 그들이 자국을 대상으로 무슨 일을 하고 있는지 알아내고 이에 대응하는 것은 정보기관의 우선적 임무이다.
③ 상대국 정보기관의 포괄적 정보수집 활동을 색출, 견제, 차단하는 적극적 개념의 활동이 포함된다.
④ 상대국 정보요원을 포섭, 이중스파이 활용을 통한 상대 정보기관에 침투(역용)하는 공격적 개념의 활동까지 모두 포함한다.

15. 제임스 올슨의 방첩 10계명으로 적절하지 않은 것은?

① 공격적으로 행동하라
② 분석보다는 현장을 중시하라
③ 방첩역사를 이해하라
④ 절대로 포기하지 말라

16. 공격적 방첩에 대한 설명으로 옳지 않은 것은?

① 적대적인 외국정보기관의 활동을 선제적으로 탐지하고 그들의 활동을 무력화시키는 행위이다.
② 대스파이활동(counter-espionage), 대사보타지(counter-sabotage), 대전복(counter-subversion) 활동이 모두 해당된다.
③ 아브라함 슐스키는 방어적 보안 뿐 아니라 기만, 대기만, 방첩분석 등 적극적인 활동까지 모두 포함시켰다.
④ 해리 랜섬은 기본적으로 거부적이고 방어적인 기능을 수행하지만 이를 바탕으로 적의 의도와 능력, 적에 대해 알지 못했던 정보를 찾아내는데 기여할 수 있는 요소라고 하였다.

17. 다음 중 통제보호구역에 대한 설명으로 적절한 것은?

① 군사기지 및 군사시설의 최외곽 경계선으로부터 500미터 범위 이내의 지역이다.
② 폭발물 관련 시설, 방공기지, 사격장 및 훈련장은 당해 군사기지 및 군사시설의 최외곽 경계선으로부터 1킬로미터 범위 이내의 지역이다.
③ 민간인통제선 이북지역 외의 지역에 위치한 중요한 군사기지 및 군사시설의 최외곽경계선으로부터 300미터 범위 이내이다.
④ 군사분계선(MDL)의 이남 25킬로미터 범위 이내의 지역 중 민간인통제선 이남지역이다.

18. 다음 중 시설 및 장비에 대한 보안으로 적절하지 않은 것은?

① 보안측정은 국가정보원장이 직권으로 하거나 국가보안시설 및 보호장비를 관리 하는 기관 등의 장이나 그 감독기관의 장의 요청에 따라 한다.

② 국가보안시설 및 보호장비로 처음 지정할 때, 신축 또는 개축하였을 때 원장에게 보안측정을 요청해야 한다.

③ 국가정보원장은 비밀의 누설 또는 분실과 국가보안시설·보호장비의 파괴, 보호 구역에 대한 불법침입 등 보안사고의 재발 방지를 위하여 보안사고 조사를 한다.

④ 국정원장은 중앙부처를 대상으로 인원·문서·자재·시설·지역 및 장비 등의 보안관리상태와 그 적정 여부를 조사하기 위하여 보안감사를 한다.

19. 다음 중 군형법 상 암호부정사용죄에 해당하지 않는 것은?

① 암호를 허가 없이 발신한 경우

② 암호를 수신할 자격이 없는 사람에게 수신하게 한 경우

③ 자기가 수신한 암호를 전달하지 아니하거나 거짓으로 전달한 경우

④ 암호자재의 배부, 반납, 파기를 암호자재 증명서에 따르지 않은 경우

07 실전문제

20. 다음 중 괄호에 들어갈 내용으로 옳은 것은?

- 군사기밀을 적법한 절차에 의하지 아니한 방법으로 탐지하거나 수집한 자는 ( )년 이하의 징역에 처함.
- 업무상 군사기밀을 취급하였던 사람이 그 취급 인가가 해제된 이후에도 군사 기밀을 점유하고 있는 경우에는 ( ) 년 이하의 징역 또는 ( ) 천만원 이하의 벌금에 처함.
- 군사기밀을 탐지 또는 수집한 자가 이를 타인에게 누설한 때에는 ( ) 년 이상의 유기징역에 처함.
- 우연히 군사기밀을 알게 되거나 점유한 자가 군사기밀임을 알면서도 이를 타인에게 누설한 때에는 ( ) 년 이하의 징역 또는 ( )천만원 이하의 벌금에 처함.

① 5, 3, 2, 2, 2, 5　　② 10, 3, 3, 1, 5, 5
③ 5, 2, 2, 2, 2, 5　　④ 10, 2, 2, 1, 5, 5

21. 방첩업무 규정에 대한 설명으로 옳지 않은 것은?

① 우리나라의 방첩기관은 방첩업무를 수행하는 국가정보원, 해양경찰청, 경찰청, 군사안보지원사령부를 말한다.
② 국가정보원장은 방첩업무에 관한 정책을 기획하고 방첩기관 및 관계기관의 방첩업무를 합리적으로 조정한다.
③ 국가정보원장은 국가의 방첩업무를 효율적으로 수행하기 위하여 국가방첩업무 기본지침을 수립하여 방첩기관 등의 장에게 송부하여야 한다.
④ 방첩기관의 장은 매년 12월 20일까지 기본지침에 따라 다음 연도의 방첩업무 수행에 관한 지침을 수립하여 국가정보원장에게 송부하여야 한다.

22. 다음에서 설명하는 것은 무엇인가?

- 법정 소송절차를 유리하게 조작하기 위해 국가기밀 공개로 정부에 협박을 가해 해당 증거를 채택하지 않도록 유도한다.
- 1980년 비밀정보절차법(CIPA, Classified Information Procedure Act)이 제정 되어 법관이 비공개로 비밀자료를 열람할 수 있게 되면서 이러한 위협을 방지 하며 기소가 가능해 졌다.

① Grey Mail
② Green Mail
③ PNG
④ NSLs

23. 다음 중 제3자거래기록에 대한 내용으로 적절하지 않은 것은?

① 은행이나 보험회사가 관리하고 있는 특정인에 대한 거래 내용과 사실이 표시되어 있는 서류나 장부이다.

② 도서대출기록, 도서판매기록, 도서고객 목록, 총포판매기록, 세금환급기록, 교육수강기록, 환자 신원이 포함된 의료기록 등이 있다.

③ FBI는 비밀을 최대한 유지하면서 제3자 거래기록을 입수하기 위해 법원의 영장이 필요없는 국가안보서신(NSLs)을 이용한다.

④ FBI는 해외정보감독법(FISA, Foreign Intelligence Surveillance Act)상의 특별법원(FISC)의 명령을 받아 입수할 수 없다.

24. 데이터 마이닝(Data mining)에 대한 설명으로 옳지 않은 것은?

① 대규모의 데이터 속에서 통계적 규칙(rule)과 특정 패턴(pattern)을 자동적으로 찾아내고 유의미한 정보를 지속적으로 추출하는 활동이다.

② 별도로 입수한 제3자 거래기록상의 각종 데이터와 연동되어 데이터 마이닝이 가능하며 테러활동의 특징적인 인자를 포착할 수 있다.

③ 당사자의 동의 없는 데이터 자료 확보가 헌법상 규정된 사생활의 비밀과 보호를 위반할 수 있다.

④ 사소하고 미세한 데이터 집적을 통해 반복적인 이상 행동의 데이터가 축적되어도 시너지 효과를 통해 실제와 다른 성향이 나타날 수 없다.

25. 보안이 가장 취약한 유·무선 통신보안 대책으로 적절치 않은 것은?

① 단자판이나 맨홀에 대해 견고한 보호 장치를 하고 중요한 통신망에 대해서는 선로에 대해 주기적으로 순찰한다.

② 첨단 도청장비는 마음만 먹으면 도청이 가능하기 때문에 보안상 중요한 내용은 음어화 하거나 암호장비를 사용해야 한다.

③ 선로를 지하에서 많은 사람들이 감시할 수 있는 지상으로 연결하여 설치한다.

④ 국제통신은 아무리 유선이라도 상대국에 의해 모두 도청된다고 보아 보안성을 철저히 검토하고 스스로 보안단속을 해야 한다.

26. 다음 전자파 보안에 대한 설명으로 옳지 않은 것은?

① 모든 전자장비는 고유의 파장을 가지는 전자파를 방출하기 때문에 이를 도청하여 전자파를 일으킨 전기적 신호의 특징을 찾아낼 수 있다.

② 전자파 보안을 위해 전자장비에 차단막을 설치하거나 전자파 수집을 방해·교란하는 전자파를 발사하는 방법 등을 사용한다.

③ 전동타자기나 컴퓨터에서 프린터로 문서가 전송되는 과정에서 방출되는 전자파를 통해서도 도청할 수 있다.

④ 슈퍼컴퓨터 등 주요 장비는 비인가자들의 대해 접근을 막을 수 있도록 제한구역에 설치한다.

27. 다음과 같은 경우 누구의 허가를 받아야 하는가?

정보수사기관의 장이 국가안보를 위한 정보수집이 특히 필요하여 통신제한조치를 할 경우에 있어 통신의 일방 또는 쌍방 당사자가 내국인일 경우이다.

① 지방법원장
② 고등법원 수석부장판사
③ 대통령
④ 국가정보원장

28. 다음에 해당하는 숫자로 적절한 것은?

· 국가안보를 위한 통신제한조치는 ( )을 초과하지 못하고, 그 기간 중 통신제한 조치의 목적이 달성되었을 경우에는 즉시 종료하여야 하나, 필요 시 소명자료를 첨부하여 고등법원 수석부장판사의 허가 또는 대통령의 승인을 얻어 ( )의 범위 이내에서 통신제한조치의 기간을 연장할 수 있음. · 소속 장관의 승인을 거쳐 긴급통신제한조치를 한 때에는 지체없이 정해진 규정에 의하여 대통령의 승인을 얻어야 하며, ( ) 이내에 대통령의 승인을 얻지 못한 때에는 즉시 그 긴급통신제한조치를 중지하여야 함.

① 4월, 4월, 36시간
② 2월, 2월, 36시간
③ 4월, 2월, 24시간
④ 2월, 2월, 24시간

29. 간첩 또는 스파이들의 일반적 활동 양상으로 적절하지 않은 것은?

① 중요문건은 아지트에서 열람하고 즉시 파기한다.
② 미행을 차단하기 위해 대중교통 승차 시 남보다 먼저 승차하고 먼저 하차한다.
③ 점조직으로 은밀하게 움직인다
④ 외출시 외부인 출입여부를 확인할 수 있는 자기만의 표시가 있다.

30. 국가보안법의 보호법익으로 가장 적절한 것은?

① 자유민주주의와 시장경제
② 국민의 생명과 재산의 보호
③ 국토의 방위
④ 국가의 안전보장

31. 국가보안법의 이적지정 및 이적목적에 대한 설명으로 적절하지 않은 것은?

① 이적지정이란 국가의 존립 안전이나 자유민주적 기본질서를 위태롭게 한다는 점에 대한 인식이다.

② 자유민주적 기본질서를 위태롭게 한다는 것은 우리나라의 법치주의적 통치질서와 경제체제를 파괴·변혁시키는 것을 의미한다.

③ 이적목적은 반국가단체의 등의 활동을 찬양·고무·선전 또는 이에 동조하거나 국가변란을 선전·선동하는 행위를 할 목적을 말한다.

④ 이적목적, 이적지정 적용에 대한 대법원 판례는 국가안보라는 차원에서 점점 완화되는 추세이다.

32. 국가보안법 조항 중 이적지정을 요건으로 하는 것이 아닌 것은?

① 국가보안법 제5조 제2항(금품수수죄)

② 국가보안법 제6조 제1항(단순잠입 탈출)

③ 국가보안법 제7조 제1항(이적동조)

④ 국가보안법 제5조 제2항(불고지죄)

33. 다음은 국가보안법 제2조에 규정된 반국가단체의 정의이다. 빈칸에 들어갈 적절한 단어는?

( )를 참칭하거나 ( )를 변란할 것을 목적으로 하는 국내·외의 결사 또는 집단으로서 ( )를 갖춘 단체이다.

① 정부, 국가, 지휘통솔체제
② 국가, 정부, 지휘통솔체제
③ 국가, 국가, 집단지도체제
④ 정보, 정부, 집단지도제체

34. 국가보안법상의 반국가단체에 대한 설명으로 적절하지 않은 것은?

① 정부를 참칭하거나 국가를 변란할 것을 목적으로 한다.

② 지휘통솔체제를 갖춘 국내 단체에 한한다.

③ 정부는 입법부, 사법부, 행정부를 포함하는 넓은 개념이다.

④ 북한을 반국가단체로 적용하는 것은 합헌이다.

35. 국가보안법 제4조(간첩)에 대한 설명으로 적절하지 않은 것은?

① 간첩이란 대한민국의 군사상 기밀을 탐지 수집하는 것이다.

② 군사상 기밀은 적국에 알리지 아니하거나 확인되지 아니함이 우리나라의 국가이익 내지 국방정책 상 필요한 기밀이다.

③ 청와대 주위의 산세, 관망에 관한 정보는 기밀에 해당한다.

④ 군사상 기밀은 순수한 군사에 관한 기밀로 정치, 경제, 사회, 문화에 관한 내용은 포함되지 않는다.

07 정답 및 해설

단원별 퀴즈 정답 및 해설

01. 북한, 간첩죄를 규정한 형법 제98조는 '적국을 위하여 간첩한 자' 구성 요건을 한정적으로 제한하고 있는데 여기서 적국은 북한이다. 북한을 제외한 외국을 위한 간첩행위 시 이를 처벌하기 위한 법적 근거 보완이 필요하다. 또한 국가보안법 제2조에 반국가단체란 정부를 참칭하거나 국가 변란을 목적으로 하는 국내외의 결사 또는 집단으로 지휘통솔체제를 갖춘 단체로 이는 북한을 지칭하며 외국은 포함되지 않는다.

02. 적극, 능동적 방첩 또는 공격적 방첩이라고도 하며 대전복(정권타도), 대사보타지(시설파괴) 등을 포함한다.

03. 동향파악, 인원보안의 4가지 범주는 신원조사, 동향파악, 보안교육, 보안서약이다.

04. 통제구역, 출입의 안내가 요구되는 지역은 통제구역과 제한구역이다. 통제구역은 보안상 매우 중요한 구역으로서 비인가자의 출입이 금지되는 구역, 출입인가자의 한계를 미리 설정하고 근무자 이외의 자들이 출입하려면 사전 관리책임자의 허가를 받고 출입자 명부에 기재한 다음 안내를 받아야 하는 장소, 눈으로 보거나 귀로 들음으로써 비밀을 지득하거나 시설의 구조, 기능 등을 파악할 수 있는 보안상 대단히 중요한 지역이다.

05. 에니그마, 울트라, 베노나

06. O, 능동적 방첩, Active counterintelligence, 공격적 방첩, 적극적 방첩과 상대적 개념이다.

07. X, 방첩역사를 이해하라(Know your history)는 방첩의 성공 및 실패 사례를 이해하는 것은 방첩 활동의 첫걸음으로 적전술을 공부하듯이 적의 신분위장, 포섭기법, 자금출처, 연락수단, 위험인물, 훈련방법 등에 대한 면밀히 이해가 선행되어야 성공적 방첩활동 수행이 가능하다.

08. O, 정보기관의 정보활동 성공은 곧 자국의 방첩활동 실패를 의미하고 자국의 정보활동 성공은 상대국의 방첩활동의 실패를 의미한다. 따라서 상대국의 정보수집 기법을 파악하여 대응방안을 강구하고 운용함으로서 방첩 및 보안능력이 향상될 수 있다.

09. X, 적국을 위하여 간첩하거나 적국의 간첩을 방조한 자는 사형, 무기 또는 7년 이상의 징역에 처하며 군사상의 기밀을 적국에 누설한 자도 같은 형량이다. (형법 제98조)

10. X, 군사기밀을 적법한 절차에 의하지 아니한 방법으로 탐지하거나 수집한 자는 10년 이하의 징역에 처하고 업무상 군사기밀을 취급하였던 사람이 그 취급 인가가 해제된 이후에도 군사기밀을 점유하고 있는 경우에는 2년 이하의 징역 또는 2천만원 이하의 벌금에 처한다.(군사기밀보호법 제11조, 11조의 2)

11. O, 비무장지대(DMZ)는 군사분계선에서부터 남(남방한계선, SLL)과 북(북방한계선, NLL)으로 각각 2km 범위에는 군사충돌을 방지하기 위한 완충 지대이다. 한반도의 군사 분계선(Military Demarcation Line, MDL)은 한반도의 남북을 분단하여 한국과 북한의 경계를 이루는 지도상의 선으로 휴전선이다.

12. X, 모든 비밀에 예고문을 기재하여야 하고 모든 비밀을 접수하거나 발송할 때 접수증을 사용한다.

13. X, 국가정보원장은 비밀의 누설 또는 분실과 국가보안시설·보호 장비의 파괴, 보호구역에 대한 불법 침입 등 보안사고의 재발 방지를 위하여 보안사고 조사를 하고 중앙행정기관의 장은 인원·문서·자재·시설·지역 및 장비 등의 보안관리상태와 그 적정 여부를 조사하기 위하여 보안감사를 한다.

14. O, 통신의 일방 또는 쌍방당사자가 내국인인 때에는 고등법원 수석부장판사의 허가를 받아야 하나 외국의 기관·단체와 외국인, 대한민국의 통치권이 사실상 미치지 아니하는 한반도내의 집단이나 외국에 소재하는 그 산하단체의 구성원의 통신인 때 서면으로 대통령의 승인을 얻어야 한다.

15. X, 통신제한조치의 기간은 4월을 초과하지 못하고, 요건이 충족되면 고등법원 수석부장판사의 허가 또는 대통령의 승인을 얻어 4월의 범위 이내에서 통신제한조치의 기간을 연장할 수 있다. 단, 당사자가 외국인일 경우에는 서면으로 대통령의 승인을 얻어 가능하다.

16. X, 탈론(TALON)은 방첩야전활동국(CIFA) 에 제공되어 분석하도록 하였으며 반전단체나 시위, 국방 정책에 대한 반대하는 민간인 정보까지 수집하여 시민사회 감시에 대한 불법 논란이 일자 2007년 FBI의 새로운 첩보수집 시스템인 e–가디언(Guardian reporting system) 으로 이전되었다.

17. X, 국가안보서신은 학문과 사상, 그리고 사생활의 자유를 본질적으로 위협할 수 있는 문제일 수 있기 때문에 과거 개별법에서의 적법성은 인정되었지만 2004년에 법원은 국가안보서신의 일부 내용은 명백히 헌법 위반이라고 판결했고, 의회의 후속 보완입법조치가 뒤따른 뒤 현재에 이르고 있다.

기출 및 유사문제 정답 및 해설

01. 답 4. ④는 보안의 개념을 설명한 것이다.

02. 답 4. 인원보안의 수단에는 신원조사, 동향파악, 보안교육 및 보안서약이 있다.

03. 답 4. 통제구역은 눈으로 보거나 귀로 들음으로써 비밀을 지득하거나 시설의 구조, 기능 등을 파악할 수 있는 보안상 대단히 중요한 곳으로 통합비밀 보관실, 암호실, 중앙통제실, 정보보관실, 종합상황실, 무기고 등이 있으며 필요한 최소한의 범위로 제한되어야 한다.

04. 답 2. 완전협조의 원칙이다. 치밀의 원칙은 방첩활동에서 적에 대한 정확한 정보판단과 전술전략의 완전한 분석 등의 치밀함을 말한다.

05. 답 4. 비밀생산은 반드시 문서나 책자에 국한되지 않고 상황판, 사진 등도 포함한다.

06. 답 1. 국가안보를 위한 통신제한조치는 4월을 초과하지 못하고, 고등법원 수석 부장판사의 허가 또는 대통령의 승인을 얻어 4월의 범위 이내에서 기간을 연장할 수 있다. 보기의 내용은 범죄수사를 통신제한조치의 허가요건이다.

07. 답 4. 첩보원이 제공하는 정보가 협조자의 정보보다 항상 신뢰도가 높은 것은 아니다.

08. 답 3. 문서보안의 비밀등급은 I급비밀, II급비밀, III급비밀로 분류하고 대외비는 보안업무규정 상 비밀은 아니지만 비밀과 같이 취급한다.

09. 답 4. 비밀취급 인가권자는 소속 직원의 인사기록 카드에 기록된 비밀취급의 인가 및 인가해제 사유와 임용 시의 신원조사회보서에 따라 새로 신원조사를 하지 아니하고 비밀취급을 인가할 수 있다. 다만, I 급비밀 취급을 인가할 때에는 새로 신원조사를 하여야 한다.

10. 답 3.

11. 답 4. CIFA(Counterintelligence Field Activity) 이다. 북부사령부(NORTHCOM)은 9.11테러 후 2002년 10월 본토 방어를 위해 창설되었으며 2004년 6월 탈론 보고서를 자체 네트워크인 JPEN(Joint Protection Enterprise Network)에 보관하기도 하였다.

12. 답 4. 통신의 일방 또는 쌍방당사자가 내국인인 경우는 고등법원 수석부장판사의 허가를 받아야 하나 작전수행을 위한 군용전기통신인 경우(군용전기통신법 제2조)는 그러하지 아니한다.

13. 답 4. 방첩업무규정 상의 방첩이란 국가안보와 국익에 반하는 외국의 정보활동을 찾아내고 그 정보활동 을 견제·차단하기 위하여 하는 정보의 수집·작성 및 배포 등을 포함한 모든 대응활동이다.

Chapter 07

14. 답 3. 상대국 정보기관의 자국에 대한 정보수집 활동을 색출, 견제, 차단하는 방어적(소극적) 개념의 활동이 포함된다.

15. 답 2. 분석을 무시하지 마라(Do not ignore Analysis)이다.

16. 답 4. 수동적 방첩이다.

17. 답 3. 나머지는 제한보호구역에 대한 설명이다.

18. 답 4. 보안감사는 정기감사와 수시감사로 나누어 중앙행정기관의 장이 한다.

19. 답 4. ④은 보안업무규정 위반이다.

실전문제 정답 및 해설

20. 답 4.

21. 답 4. 국가정보원장은 매년 12월 20일까지 기본지침에 따라 다음 연도의 방첩업무 수행에 관한 지침을 수립하여 방첩기관 등의 장에게 송부하여야 하고 이를 받은 방첩기관의 장은 지침에 따라 방첩기관의 해당 연도 방첩업무 계획을 수립·시행하여야 한다.

22. 답 1.

23. 답 4. 압수할 수 있다.

24. 답 4. 데이터 마이닝을 통해서는 파편조각 같은 사소하고 미세한 데이터가 집적되어, 한 사람에 대한 전혀 새로운 초상화를 그릴 수 있는 시너지 효과가 발생하나 반복적인 불량 행동의 데이터가 축적되어 오히려 선한 사람으로 인식할 수 있다.

25. 답 3. 선로를 지하에 매설한다.

26. 답 4. 통제구역에 설치한다.

27. 답 4. 국가안보를 위한 통신제한조치(통신비밀보호법 제7조)에 관한 내용이다.

28. 답 1. 국가안보를 위한 통신제한조치(통신비밀보호법 제7조)와 긴급통신제한조치(통신비밀보호법 제8조)에 대한 내용이다.

29. 답 2. 미행의 가능성이 있을시 버스, 전철 등을 가장 늦게 탑승하고 문이 닫히지 직전에 하차한다.

30. 답 4. 국가보안법 제1조 목적 등에서 이법은 국가의 안전을 위태롭게 하는 반국가활동을 규제함으로서 국가의 안전과 국민의 생존 및 자유를 확보함을 목적으로 한다고 규정하였다.

31. 답 4. 이적목적 등은 점차 엄격하게 적용되고 있다. 실천연대(2010.7.23. 2010도 1189)에서 문건의 이적성만으로 이적목적이 추정되지 않고 수사기관이 이적목적을 증명하여야 한다고 판시하였다.

32. 답 4. 불고지죄는 제3조, 제4조, 제5조 제1항·제3항·제4항의 죄를 범한 자라는 정을 알면서 수사기관 또는 정보기관에 고지하지 아니한 자라고 하여 이적지정을 요건으로 하지 않는다.

33. 답 1. 국가보안법 제2조 제1항에서 반국가단체 개념을 규정하고 있다. 정부참칭은 합법적인 절차가 아닌 임의로 정부를 조직하여 진정한 정부인 양 사칭하는 것이고 국가변란은 정부를 전복하여 새로운 정부를 조직하는 것이다.

34. 답 2. 조총련과 같은 해외단체도 가능하다.

35. 답 4. 간첩죄의 대상에는 순전한 군사기밀에 국한되지 않고 우리나라에 군사상 불이익이 되는 일체의 기밀을 포함한다.

산업정보와 산업보안

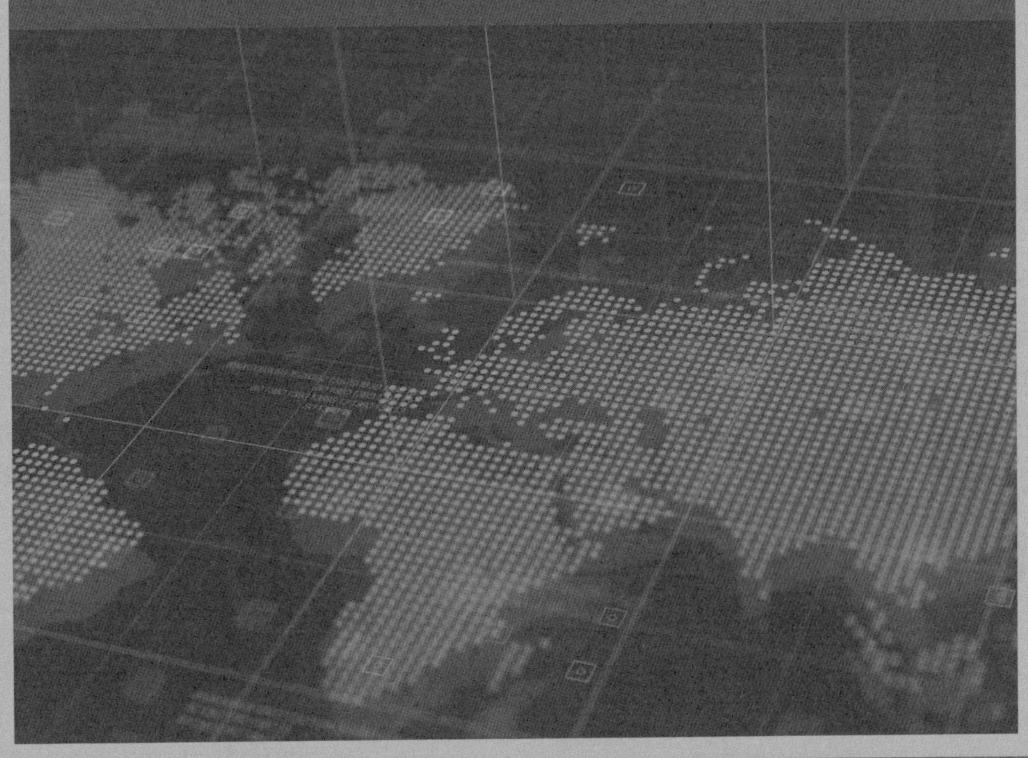

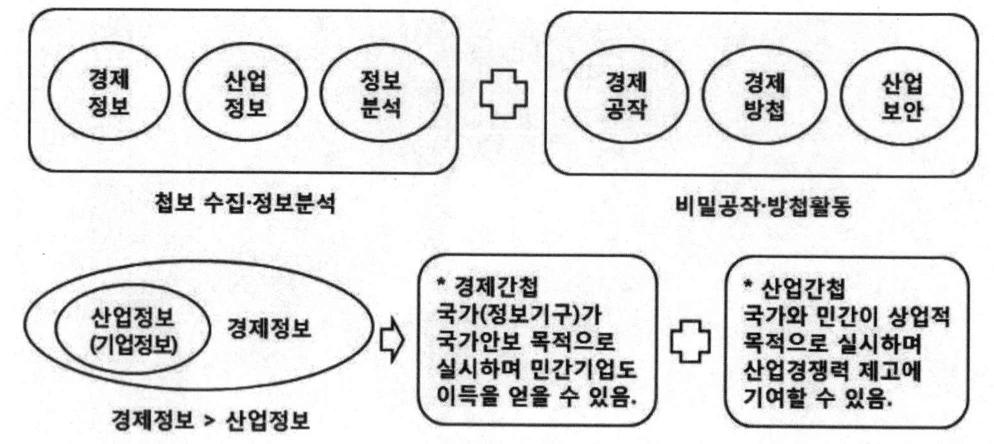

〈 경제정보와 경제방첩 & 산업정보와 산업보안 〉

01 경제정보와 산업정보의 개념

01 경제정보(또는 산업정보)의 역사

- 중국의 비단제조기술, 제지기술, 화약 등 유럽전파는 모두 경제정보활동의 결과임.
- 영국이 스웨덴으로부터 제철기술을 몰래 습득하여 산업혁명의 계기를 마련하고 대영제국으로 발전할 수 있는 토대를 마련함.
- 제정러시아는 피터 대제(표트르대제, 1672~1725)가 네덜란드 조선소에 위장 취업하여 선박제조 공정을 경험하고 영국의 공장 및 병기창을 살피면서 공업을 비약적으로 발전시킴.
- 미국은 영국으로부터 직조기계 디자인과 공장설립 기법을 훔쳐 방직기술을 발전시킴.
- 우리나라는 중앙정보부에서 나다(Nahda) 볍씨를 이집트로부터 몰래 수집하여 농촌진흥청에서 볍씨개량(희농 1호, 통일벼)에 활용함.

02 경제정보(economic intelligence)의 개념

- 외국은 산업정보라는 말은 거의 사용하지 않고 경제정보란 말을 많이 사용하며 정보활동의 주체가 정부기관이면 경제정보, 민간기업이면 산업정보를 주로 사용함.

- 미국 정보기관은 정부기관이 작성하여 정책 입안자에게 제공하는 재화와 용역의 생산 분배 및 소비, 노동, 금융, 조세제도 및 국제경제 체제와 관련된 정보라고 정의하고 경제정보를 민간기업에 제공하면 상업정보(commercial intelligence)라고 정의함.
- 캐나다 정보기관은 기술자료, 재정 및 특허자료처럼 상대국이 입수하면 그 나라의 상대적 생산성이나 경쟁력을 직·간접으로 도울 수 있는 정책 및 영업과 관련된 정보라고 정의함.
- 우리나라는 일반적으로 다른 나라의 의도, 능력, 취약점 및 가능한 행동방책의 파악에 목적을 둔 경제와 관한 정보를 의미함.

03 산업정보(industrial intelligence)의 개념

- 외국은 산업정보가 Industrial espionage, industrial spy, business spy, management information 등 주로 민간기업의 활동으로 구분되는 용어로 사용됨.
- 외국은 산업정보가 기업 외부정보(과학기술정보) 뿐 아니라 내부정보(인사, 조직, 재무정보) 까지 다양하게 포함하고 있으며 경영정보(management information)의 개념으로 점차 발전하고 있음.
- 우리나라는 산업의 생산성이나 상대적 경쟁력의 강화를 위해서 사용되는 경제 및 과학기술에 관한 정보로서 일반적으로 정부와 민간기업 모두의 활동을 포함하는 개념임.
- 우리나라는 외국과 달리 정보사용의 주체나 사용목적(정보분석 수준)에 따라 경제정보(국가기관)와 산업정보(국가기관 또는 민간기업)로 분류하며 정보활동 주체에 따라 국가정보와 기업정보(corporate intelligence)로 분류하기도 함.

04 경제방첩과 산업보안

- 경제에 대한 제반지식(경제에 관한 정보, 거시적 정보)가 경제정보이고, 산업에 대한 제반지식(경제를 위한 정보, 미시적 정보)이 산업정보로서 경제정보는 경제방첩으로 산업정보는 산업보안으로 연결됨.
- 경제간첩은 경제정보를 수집하고 산업간첩은 산업정보를 수집하는 하는 것은 아니며 경제간첩과 산업간첩 모두 수집활동의 객체(대상)는 경제정보로 동일함.
- 산업보안은 첨단기술 뿐만 아니라 산업 활동에 유용한 기술상, 경영상의 모든 정보나 인원, 문서, 시설, 자재 등을 산업스파이나 경쟁기업 또는 특정한 관계가 없는 자에게 누설 또는 침해당하지 않도록 보호·관리하는 대응방안이나 활동임. (구. 국가정보대학원)

- 일반적으로 산업보안은 기업뿐만 아니라 한 국가의 산업계 전반의 취약요소나 발전 전략까지도 대상에 포함하나 기업의 탈세나 금융 비리, 기업승계 등 환경관리 상의 취약요소는 포함하지 않음.

02 탈냉전과 경제안보

01 경제안보의 부각

- 국가안보는 핵심적인 내적 가치(critical internal values)를 외부의 위협(external threats)으로부터 보호하는 것으로 군사력이 가장 핵심적인 수단이었으나 냉전의 종식으로 군사력의 유용성이 약화됨.
- 냉전 종식과 민주화 확산으로 국민들은 군사안보 위주의 냉전·반공주의 논리에서 벗어나 복지문제에 더욱 관심을 가지게 되고 이를 위한 경제력 강화가 대내외적 안보에 가장 중요한 요소 중 하나가 됨.
- 정치와 군사 등 경성권력(hard power)보다 경제, 기술 및 정보 등 연성권력(soft power)의 중요성이 높아져 지정학(geo-politics)이 쇠퇴하고 지경학(geo-economics)이 부상함.
- 현재는 포괄적 안보(comprehensive security)의 개념이 더욱 보편화 되어 경제안보(economic security)도 군사안보와 함께 국가안보의 중요한 요소가 됨.
- 다자주의(Multilateralism)에 기초한 세계무역기구(World Trade Organization, WTO) 체제 출범과 지역주의(regionalism) 성격의 FTA(Free Trade Agreement)로 자유무역이 대세를 이루며 국가간, 기업간 경쟁이 더욱 치열해 짐.
- 엄청난 투자를 통해 달성한 첨단기술은 선진국이 기술주권주의(지적재산권, 파리협약 등) 또는 국방상의 이유로 이전을 기피하거나 값비싼 대가를 요구하여 획득하기 어려움.
- 시장기구가 미숙하고 자본과 과학기술 수준이 낮은 개발도상국들은 고비용 부담이 어려워 국가정보기관의 산업정보활동을 통해 국가주도 압축 성장을 추진함.
- 前 CIA국장인 윌리엄 웹스터(William Webster)는 경제적 힘이 세계적 영향력의 핵심이며 향후 국제분쟁의 원인은 경제문제일 것이라고 하였고 정확한 경제정보 제공이 정보기관의 업무라는 견해를 피력함.

- 걸프전(The Gulf War, 1990~1991)에서 보았듯이 현대무기 및 국방체계의 고도화와 자본집약적 특징 때문에 유효한 군사력의 지속은 경제, 과학, 기술의 뒷받침이 반드시 필요하게 되었음.

02 냉전 시기 산업정보활동의 특징

- 냉전시대는 산업정보활동은 대부분 국가가 정보기관의 부수적인 업무로서 산업정보활동을 다루었고 경제적 이익보다 동맹관계가 더욱 중요하여 비교적 온건한 방법들이 사용됨.
- 각국 정보기관이 산업정보활동이 대외관계에 장애가 된다고 생각하여 가급적 공개하지 않거나 시인하지 않았고 정보기관의 산업정보활동이 국가 간 긴장을 야기하는 경우도 적었음.
- 산업스파이에 대처하는 각국의 보안대책이 비교적 미약하여 자국 내 방산업체를 대상으로 한 정보활동은 적극적으로 대응하였으나 민간기업의 산업보안에는 큰 관심을 두지 않는 편이었음.
- 민간분야의 경쟁력 강화를 위한 정보기구의 의도적 지원은 비교적 적었으며 특히 미국은 법률로 금지되어 있어 선별적, 간접적 지원에 국한됨.

03 냉전 이후 산업정보활동의 특징

- 냉전 이후 산업정보활동은 기존의 국가안보관련 정보활동과 유사한 수준의 중요성을 갖고 산업정보활동을 부인하지 않으며 국가정보기관의 공식적인 임무의 하나로 간주하는 경향이 보편화 됨.
- 국가정보기관의 산업정보활동의 내용과 범위가 군수산업 및 주요 국책사업 뿐 아니라 WTO 등 국제협정 및 국제규범의 이행여부 관련 정보, 민간 기업의 경쟁력 강화를 위한 정보, 민간기업의 산업보안활동 지원 등으로 대폭 확대됨.
- 산업정보활동의 수단과 기법이 다양화되어 기존의 합법적인 방법 외에도 비합법적인 수단이 사용되고 있으며 과거에 안보정보 활동 시 사용한 인원, 조직, 시설들이 적극 활용됨.
- 산업정보활동 간 야기된 분쟁은 과거처럼 외교·정보기관 협력채널로 조용히 해결하지 않고 공개적으로 문제화 하여 엄격히 대처하는 경향임.

- 과거 민간인에 의한 산업스파이 활동은 절도죄나 부정경쟁방지법을 적용하여 벌칙이 낮았으나 정보기관의 산업보안 대책이 강화되어 현재는 안보스파이와 유사한 비중으로 강화됨.
- 과거 국가정보기관은 주로 외국 정보기관에 의한 산업스파이 행위에 관심을 가졌으나 최근에는 민간인, 민간기업의 스파이 행위에도 적극 개입하며 산업보안을 강화함.

03 국가정보기관의 산업정보활동

01 국가정보기관의 산업정보활동의 필요성

- 비밀활동 수행에 필요한 인적·물적 자원과 기술, 적합한 규범과 조직과 같은 축적된 다양한 자원을 보유하고 있어 규모의 경제(Economy of Scope) 실현이 가능함.
- 정보수집 및 처리능력에서 민간기업이나 타 정부 부처보다 다양한 수집수단과 숙련된 인적자원을 가지고 있음.
- 산업정보의 수집은 원칙적으로 민간기업이나 경제부처가 담당하나 중복(overlapping) 확인을 통해 오류 발생의 가능성을 줄이고 조직 간 경쟁을 유발하여 업무효율성 증진에 기여함.

02 산업정보활동 시 고려사항

(1) 실현 가능성

- 정보기관이 산업정보활동을 효과적으로 추진하기 위해 정부 내 경제부처나 민간기업의 정보요구를 정확히 파악하고 필요한 정보를 적기에 수집할 수 있는 능력이 필요하며 출처를 노출시키지 않으면서 사용자에게 적기에 전달할 수 있어야 함.

(2) 효과성 및 효율성

- 국가정보기관이 안보관련 이슈의 수집에는 익숙하나 경제나 산업부문에 대한 이해도가 부족할 수 있어 정치·군사안보처럼 이에 대한 노력과 헌신이 필요함.

(3) 공평성

- 안보이슈와 달리 산업정보는 정보사용자가 매우 다양하므로 경제안보 및 산업경쟁력의 기여도를 고려 후 정보를 공평하게 배분하여 특정 업종이나 업체에만 이익을 주지 않도록 해야 함.

(4) 부작용 가능성

- 정보기관의 산업정보활동 노출 시 국가위신 실추, 안보 및 경제협력 손상, 타국의 보복적 정보활동이나 국제적 손해배상소송에 직면할 수 있는 가능성에 대한 고려임.

03 산업정보활동 간 우선순위

- 국가정보기관은 공개자료 보다는 비밀정보수집에 중점을 두되 인간정보 보다 위험이 적고 규모의 경제의 이점을 살릴 수 있는 기술정보 수집수단을 적극 활용하여 노출이나 부작용 가능성을 줄임.
- 가급적 순수공공재(pure public goods)에 가까운 활동에 중점을 두고 정부의 경제정책 및 대외협상전략 수립에 필요한 정보, 국책개발사업과 군수산업에 필요한 과학기술정보 등을 수집함.

04 정보기구의 산업정보수집 방법

(1) 공개정보 활동

- 공개정보의 수집은 주로 민간기업이 사용하는 방법으로 정보기관에서는 기본 사항이나 특정문제와 관련된 맥락적 상황파악을 위한 목적 외에는 별로 활용하지 않음.
- 회사의 사보, 업종별 협회의 간행물, 결산보고서, 시장조사보고서, 업계의 인명록, 회사 내부의 조직표, 전화번호부, 생산시설의 시찰 및 견학
- 도서관, 정부간행물센터, 인터넷, 각종 유료 D/B. 또한 학술 및 기술 교류, 연구시설이나 박람회나 전시회 참관 등의 방법이 있음.

(2) 인간정보 활동

- 인간정보 활동을 통한 수집은 중요한 정보에 접근할 수 있는 인물이나 전문가와의 접촉을 통해 다양한 방법으로 정보를 수집하는 것임.
- 정보원, 퇴직기술자를 고문이나 컨설턴트로 활용, 내부 고발자(whistle blower), 상대기업에 가장 취업, 과학자나 사업가의 매수,
- 실험실이나 연구실의 쓰레기통 내 파지, 버려진 슬라이드나 사진, 폐기된 보조저장매체 등 폐기물을 수집(Dumpster diving), 자료 절취, 범죄단체 활용 등의 방법이 있음.
- 러시아 대외정보국(SVR) 요원 4명은 8년 동안 일본의 첨단기술에 대한 산업스파이 역할을 해왔으며 번역가를 매수하여 일본기업이 의뢰한 첨단산업관련 문서(군사용 광학시스템 연구자료 등)를 수집함.

(3) 상거래 방식(법합치적 방법)

- 상거래 방식을 통한 정보수집은 막대한 자금과 복잡한 절차로 정보기관이 실제로 사용하기 보다는 합법으로 위장하기 위한 방법으로 활용됨.
- 표면적으로는 합법적이나 실제로는 비합법적 활동인 경우가 많으며 정보기관은 주로 비합법적인 방법을 활용함.
- 타 업체와의 기술제휴나 합작사업 추진, 기업인수 및 합병(M&A, Merge & Acquisition, 적대적 또는 우호적 합병), 기술개발 의뢰, 특허권 사용계약 체결, 국제입찰 등의 방법이 있음.
- 외국제품의 복제와 분해를 통해 수출이 금지되어 있는 제품을 컨설턴트나 대리인 계약을 통해 비밀리에 수집, 유령면접(phantom interview), 간판회사(Front Companies) 등의 방법이 있음.
- 미국에 위장기업을 세운 후 로비스트나 변호사를 통해 연방정부 정보공개법 (FOIA, Freedom of Information Act)을 이용한 연방정부(의회나 법원, 주 정부는 대상 아님)의 자료 청구도 가능함.

더 알아보기

연방정보공개법(FOIA, Freedom of Information Act)

- FOIA는 2차대전 이후 국가기밀이 증가하면서 공개를 요구하는 여론이 높아지자 국민의 공개청구와 연방행정기관의 공개 의무에 관해 규정한 법으로 1966년 제정되었음.
- FOIA는 연방행정기구가 관리하는 정보만을 대상으로 하며 연방의회나 연방법원, 주정부 내지 기타 지방정부가 보유한 정보에 대한 접근권을 부여하는 것은 아님.
- FOIA에 규정된 9개의 비공개 사유로는 국방 외교상의 비밀, 행정기관의 내부사항, 다른 법률에 의해 공개가 제한되는 사항, 행정기관의 내부자료나 서류, 사생활의 비밀과 자유에 관련된 정보, 법집행기록 등이 포함됨.
- 개인이나 언론보다 기업이 경쟁기업의 정보를 얻고자 많이 활용되며 이에 역 정보공개소송(Reverse-FOIA action)이 등장하여 행정기관의 정보공개 결정에 대하여 제3자가 이의를 제기하여 정보의 공개를 막고 있음.
- 시행 이후 가공된 문서가 아닌 공문서 원본(raw data)을 제공하도록 하고 매년 연방정부의 정보접근 순위(Access to Information Scorecard)를 매기고 있음.
- 시행 초기 산업스파이나 범죄자 등이 청구하는 등의 부작용과 공무원들의 비협조로 인하여 실효성이 미흡하였으나 계속 법령을 보완해 나가고 있음.

(4) 기술정보활동

- 기술정보활동을 통한 수집은 전화, 무선통신 등 통신수단에 대한 도청을 통해 회의나 대화내용을 입수하거나 인공위성이나 무인항공기를 이용한 영상정보, 전자파를 발생시키는 각종 첨단장비에 대한 전자정보 또는 컴퓨터 해킹 등이 사용됨.

- 민간기업은 소규모로 도청, 도촬 등의 수단을 활용하는 경우가 많지만 정보기관은 산업정보 수집을 위해 별도로 설치된 수집자산이 아닌 기존 안보정보 수집 자산을 활용하면서 부수적으로 수집된 정보를 활용하는 경우가 많음.
- 미국의 국가안보국(NSA)는 인터넷 통신과 암호화 된 3G, 4G 휴대폰의 도청과 해독이 가능한 프로그램인 불런(Bullrun)을 영국의 정부통신본부(GCHQ)의 에지힐(Edgehill)이란 프로그램이 있음.
- 미국의 NSA가 구글이나 페이스북 등 인터넷 서비스업체로부터 개인의 통신 정보를 수집하는 프로젝트인 코드명 프리즘(PRISM)을 운영함이 스노든의 폭로로 알려짐.

05 (산업)보안의 3요소(CIA, 보안 취약성 평가)

(1) 기밀성(Confidentiality)

- 비인가 된 정보의 접근, 활용, 유출 및 차단을 확인하는 것임.

(2) 무결성(Integrity)

- 정보가 변경되지 않았고, 관리 및 배포 체제가 손상되지 않도록 하는 것임.

(3) 가용성(Availability)

- 인가된 주체가 원하는 때에 정보 접근이 가능한 것임.

04 각국 정보기관의 산업정보활동

01 미국

(1) 미국 산업정보활동의 특징

- 다른 나라에 비해 공세적이기 보다는 방어적인 활동에 치중하며 공식적으로 국가경제정책 및 대외통상교섭에 필요한 정보, 외국정부나 기업의 국제협정 위반 및 불공정 거래행위 사례의 파악, 외국의 산업스파이 활동에 대처하기 위한 산업정보 활동을 하고 있음.
- 민간기업에 대한 정보지원은 공식적으로 독점금지법으로 금지하나 실제로는 CIA가 미국 상무부 및 타 부처를 경유하여 민간기업에 대한 적극적인 정보지원을 하는 것으로 보임.

- 냉전 후 CIA는 상업정보를 민간회사와 공유하는 문제를 고려하였고 공항건설 등 대형 국제계약 수주를 위해 외국기업의 뇌물정보를 수집하였으며 IBM, 포드, 뱅크오브아메리카 등 12개 기업요원으로 위장한 비공식가장(NOC) 요원을 파견하기도 하였음.
- FBI는 미국의 첨단기술과 지적 재산권을 절취하려는 외국의 시도를 차단하기 위해 산업보안활동을 적극적으로 실시함.

(2) 관련 법률

(가) 엑슨-플로리오 개정안(Exon-Florio Amendment)

- 국방생산법(Defense Production Act, 1950)의 개정안으로 1988년 제정되어 외국기업이 미국회사를 인수할 때 국가안보 위협요인을 심사하여 문제가 있으면 대통령이 이를 불허할 수 있도록 규정함.
- 외국인 투자에 대한 공익성 심사이며 일본계 기업의 미국 내 확장에 따른 불안감의 반영으로 나타남.

(나) 경제방첩프로그램(Economic Counter Intelligence Program)

- 연방수사국(FBI)은 외국의 경제스파이 활동에 대처하기 위해 1994년 경제방첩 프로그램(Economic Counter Intelligence Program)을 마련함.
- FBI의 주요 위협목록(Issue Threat List)에서 외국의 산업정보 활동에 대처하기 위한 조항들을 FBI의 가장 중요한 활동 목표로 설정함.

(다) 경제간첩법(EEA, Economic Espionage Act)

- 종전에 절도행위로 처벌하던 외국 민간인에 대한 지적 재산권이나 영업비밀의 침해행위를 국가안보 위협 행위에 버금가는 수준으로 처벌을 강화하는 법으로 1996년 제정됨.
- 외국정보기관이 개입하거나 2개 이상의 州가 관련되어 있지 않은 경우에도 지방경찰이 아닌 FBI가 직접 수사를 담당할 수 있도록 하고 규정함.
- FBI 내 산업보안 요원의 추가 증원 및 해외지부 확대를 통한 산업기술유출 색출 인원을 확충하여 경제방첩을 대테러 다음 우선순위로 설정하고, 외국 정부·기관·단체의 산업보안 활동을 전개함.

(라) 국가방첩보안센터(NCSC)

- 국가방첩센터(ONCIX, Office of the National Counterintelligence Executive)는 ODNI 산하에 2001년 설립되어 매년 미국 경제·산업에 대한 외국의 스파이활동 보고서를 의회에 제출함.

• 국가방첩보안센터(NCSC)는 2014년 보안센터(Center for Security Evaluation, Special Security Center)와 내부자위협 TF(NITTF, National Insider Threat Task Force)를 통합하여 ONCIX가 확대 개편된 조직임.

(마) 외국인투자 및 국가안보법(FINSA, Foreign Investment and National Security Act)

• 엑슨-플로리오 개정안을 2007년 다시 개정하여 기존의 산업기술 통제 관행 및 절차를 강화하여 외국 정부기관과의 거래뿐만 아니라 기술유출 통제에 대한 심사범위를 확대하여 주요 사회경제기반시설 관련 기술거래도 포함시키고 예외적 심사도 가능하게 함.

(바) 미국산업보안협회(ASIS, American Society for Industrial Security)

• 미국정부 및 정보기관들은 미국산업보안협회(ASIS)와 같은 민간의 산업보안 활동도 적극 지원하며 ASIS는 2년마다 미국 기업을 대상으로 한 산업스파이 관련 보고서를 의회에 제출하고 있음.

더 알아보기

국가정보장실(ODNI) 산하 조직의 종류

• 사이버위협정보센터(CTIIC, Cyber Threat Intelligence Integration Center)
• 비확산센터(NCPC, The National Counterproliferation Center)
• 국가대테러센터(NCTC, national counterterrorism center)
• 국가방첩보안센터(NCSC, National Counterintelligence and Security Center)

02 구소련(러시아)

• 냉전시기 산업정보활동에 가장 적극적이었던 국가정보기관은 소련의 국가보안 위원회(KGB)로 해외공작 및 첩보수집을 담당하던 제1총국 내 경제정보 수집 전담부서인 T국을 설치하여 외국의 경제 및 과학기술정보를 수집함.

• 쿠바 내 통신감청 기지(SIGINT site)에서 미국의 민간통신을 감청하여 산업정보를 수집하였고 이는 70년대에는 미국과의 밀(wheat) 수입의 교섭자료로 활용됨.

• 소비에트연방의 붕괴 후 KGB가 해체되었으나 러시아의 해외정보부(SVR)에서 여전히 산업정보 및 산업보안 활동을 적극적으로 추진하고 있음.

• 1995년 프랑스 원자력에너지 사무국(CEA), 군수처기술국(DGA) 및 톰슨전자 공장 등에 요원을 침투시켜 군사 및 첨단기술을 수집하다 발각된 사례가 있음.

03 프랑스

- 서방정보기관 중 가장 산업정보활동에 적극적인 해외안보총국(DGSE)은 적대국가뿐 아니라 미국, 영국 등 동맹국들의 정부기관과 민간기업을 모두 대상으로 활동함.
- 프랑스는 영연방 5개국가의 애셜론에 대항해 만든 DGSE의 신호정보 획득 체계인 프렌체론(Frenchelon)을 비롯하여 안보관련 정보활동에서 주로 사용되는 비밀수색, 절취, 도청, 매수, 협박 등을 대부분 산업정보 수집 시 동원하는 것으로 알려지고 이를 국가경제정보센터를 통해 민간기업에 제공하고 있음.
- DGSE의 모토는 '사랑과 전쟁, 그리고 경제활동에 관련된 모든 일은 언제나 정당하다'이며 전 DGSE국장 삐에르 마리용이 '군사력이나 외교문제는 동맹분야이며 이는 정보를 수집해서는 안되지만 그 이외의 분야(경제, 기술부문)에서는 경쟁을 하지 말라는 법이 없다.' 라고 언급함.

04 일본

(1) 내각정보조사실(CIRO, Cabinet Intelligence and Research Office)

- 일본의 국가정보기관 격으로 타국과 달리 직접 산업정보활동을 하는 것이 아니라 각 정부부처, 군, 정부산하 기관, 사설 뉴스기관 및 기업조직 등에서 수집한 정보에 주로 의존함.
- 내각정보조사실은 경제산업성 산하 일본무역진흥기구(JETRO)과 기타 민간기업들이 수집한 정보를 주로 이용하고 있는데 전통적으로 정부와 민간기업간의 관계가 긴밀하고 신속하게 공유하는 체제가 잘 되어 있음.
- 2차대전 이후 나가노정보학교와 만철조사부 인력들이 민간기업에 취직하여 종합상사원으로서 해외정보 수집활동을 전개하며 정부와 기업간 정보 공유의 고리 역할을 담당함.

(2) 일본무역진흥기구(JETRO, Japan External Trade Organization)

- 일본무역진흥기구는 우리나라의 KOTRA처럼 기업의 외국거래를 알선하고 외국의 경제와 산업동향을 파악하는 정부투자기관으로 국내외 무역사무소들의 조직망을 통해 경제첩보체제를 유지하고 있음.
- JETRO는 주로 정보수집 여건조성을 하고 실제 불법 정보수집 활동은 민간기업이 직접 담당하는 것으로 알려짐.

(3) 기타

- 일본과 스위스에 위치한 산업보호연구원(Institute for Industrial Protection)은 정부가 지원하는 산업정보 수집 기법을 교육하는 기관으로 민간기업의 산업보안 조치를 견고하게 하는데 기여함.
- 방위청 산하 기관들이 수집한 신호정보 및 전자정보도 경제산업성을 경유하여 경제단체나 민간기업에 제공됨.

05 중국

- 1982년 설립된 국가보안부(MSS, Ministry of State Security)는 냉전시기 외교관, 상사원, 유학생으로 가장하거나 외국거주 중국인을 활용하여 선진국의 경제동향 및 과학기술정보 수집함.
- 중국은 산업정보 활동을 위장하기 위해 자국의 스파이에게 금전으로 보수를 지급하는 대신 유리한 사업여건을 제공하여 금전수수로 인한 의심을 받지 않도록 하는 방법을 사용함.
- 1984년 산업스파이 양성을 위한 특수학교를 설립하여 운영 중이고 1993년에 국가안전법 상 산업기밀 누설을 국가안전 위해 행위로 간주하여 관계자 전원을 중형으로 처벌할 수 있도록 함.
- 2000년에는 인터넷 관련 기밀 보호법으로 인터넷을 통한 첨단기술 및 국가기밀 유출 방지를 추진함.
- 2002년에는 기술수출입관리조례를 통해 수출대상기술을 수출 자유 · 제한 · 금지 기술로 구분하고, 대상품목을 수시로 변경하면서 엄격하게 관리함.

06 독일

- 독일은 냉전시기부터 산업정보 활동에 적극적이었으며 연방정보부(BND)는 외국의 연구시설과 기업들을 상대로 지속적인 산업정보활동을 하였으며 서독 내 외국기업의 통신을 도청하거나 서류가방을 수색하여 정보를 수집함.
- 라합 프로젝트(Project Rahab)는 네트워크 해킹기술과 신호정보 수집기법을 활용한 외국의 컴퓨터 데이터베이스 침입 시도로 외국정부가 서독정부나 기업에 유리한 정책결정을 하도록 공작도 추진함. 예) 1991년 국제은행간 통신협회(SWIFT) 네트워크 침입

07 이스라엘

- 이스라엘은 가장 적극적인 산업정보 수집국 중의 하나로 특히 1957년 설립된 국방부 산하 정보기관인 라캄(LAKAM)이 과학기술정보수집을 담당하였으나 1986년 조너선 폴라드(Jonathan Pollard) 사건으로 해체됨.
- 라캄 해체 후 해당 기능은 타 부처로 이관되어 아직도 산업정보 활동을 하는 것으로 알려지며 1992년 시카고 군수산업체인 레콘광학(Recon Optical)의 항공정찰 카메라 설계도 절취 발각 사건이 대표적 예임.
- 모사드는 보통 산업동향, 무역협상 전략 등의 수집에 주력하고 라캄은 방위산업 육성을 위한 군사과학 및 기술분야를 주로 담당하여 무기체계의 고도화 및 자국 방산업체의 무기판매를 증진시키고자 함.

05 우리나라의 산업보안활동

01 산업보안 담당기관

(1) 국가정보원 산업기밀보호센터(NISC, National Industrial Security Center)

- 산업기밀보호센터는 2003년 설치되어 업체, 연구소 등의 첨단기술 및 경영 정보가 해외로 불법 유출되는 것을 차단하고 산업스파이 색출 및 산업보안 교육 및 보안 컨설팅, 산업 스파이 신고상담소인 111콜센터 운영 등을 수행함.
- 정부와 기업간 협조체제 강화를 위한 산업보안협의회(전기전자, 정보통신, 생명공학/화학, 기계산업 등 4개), 부처간 협력 강화를 위한 산업보안 정책 협의회(교육부, 지경부, 중기부, 특허청 등으로 구성), 정보수사기관 산업보안협의회(검찰, 경찰, 안보지원사사령부로 구성)를 운영 중임.
- 국가정보원의 경제정보 수집, 산업스파이 수사는 방첩활동과 관련된 경우 가능하며 적극적인 경제정보활동에 대한 근거가 빈약하여 정보수사기관의 미션 크립(Mission Creep)의 소지가 있음.

(2) 경찰청 외사국

- 2011년 산업기술유출수사지원센터를 두고 지방청 산업기술유출수사팀의 지원 및 콘트롤 타워 역할을 수행하며 국가핵심기술, 중요 산업기술유출 행위 등 산업기술유출범죄를 수사함.

• 국가 핵심기술 해외유출 방지 및 중소기업 보호를 위한 단속 강화, 특히 대기업, 중견 기업이 지위를 악용하여 중소기업의 기술을 유출하는 행위를 집중 수사함.

• 기업·기업단체 등 대상 산업기술유출 예방홍보 교육을 실시하고 사내 보안전문가 양성과정 교육, 피해기업 대상 기술보안시스템 구축 지원 및 보안실태 진단 및 예방 교육 실시함.

(3) 군사안보지원사령부

• 군사안보지원사령부는 방위산업과 관련된 업무를 수행하는 방산관련업체, 협력업체, 군 무역대리점 등을 대상으로 방산기술 유출 예방을 위한 보안컨설팅을 지원하고 있음.

• 정보보호 체계의 미비점을 진단하고 대책을 제시하여 취약점을 해소하는 예방활동을 전개하며 임직원 보안, 정신보안 수준진단, 사내 보안조직의 업무수행체계 진단, 전산시스템 취약점 진단 및 자료관리의 적절성, 시설물에 대한 보안관리 실태 및 외래인 통제 대책 등을 실시함.

(4) 산업통상자원부

• 산업기술 유출시 독립적 심의기구를 운영하여 당사자 간의 조정사건을 심의하여 조정결정을 하는 준 사법적 기구임.

(5) 중소기업기술정보진흥원(TIPA)

• 기술유출방지시스템구축사업을 운영하면서 우수기술을 보유하고 있는 중소기업을 대상으로 기술유출 가능성을 정밀 진단하고 대책수립을 설계하며 기업환경에 적합한 보안 시스템 구축을 지원함.

Chapter 08

(6) 한국산업기술보호협회(KAIT)

• 한국산업기술보호협회는 2007년 국가핵심기술의 유출 방지 및 보호를 위해 산업통상자원부와 국가정보원의 지원으로 설립되어 민관의 허브(hub) 역할을 담당함.

• 국가핵심기술 관리 및 지원, 산업기술 분쟁조정 지원, 산업기술 확인제도 운영, 산업기술보호 해피콜센터 상담운영, 사이버교육지원 등의 임무를 수행함.

02 산업보안 관련 법령

(1) 산업기술의 유출방지 및 보호에 관한 법률(약칭, 산업기술보호법)

(가) 산업기술과 국가핵심기술의 개념(제9조, 시행령, 시행규칙)

• 산업기술의 유출방지 및 보호에 관한 법률은 국내 핵심기술 보호하고 산업기술의 부정한 유출을 방지하여 국내산업의 경쟁력을 강화하고, 국가의 안전과 국민경제의 안정을 보장하기 위해 2006년 제정됨.

- 산업기술은 제품 또는 용역의 개발·생산·보급 및 사용에 필요한 제반 방법 내지 기술상의 정보 중에서 관계중앙행정기관의 장이 소관 분야의 산업경쟁력 제고 등을 위하여 법률 또는 해당 법률에서 위임한 명령에 따라 지정·고시·공고·인증하는 기술임.
- 국가핵심기술은 국내외 시장에서 차지하는 기술적 경제적 가치가 높거나 관련 산업의 성장 잠재력이 높아 해외로 유출될 경우 국가의 안전보장 및 국민 경제의 발전에 중대한 악영향을 줄 우려가 있는 산업기술임. (산업통상자원부 고시 2018)

더 알아보기

국가핵심기술

- 산업통상자원부장관은 관계중앙행정기관의 장으로부터 그 소관의 국가핵심기술로 지정되어야 할 대상기술을 통보 받아 산업기술보호위원회(위원장인 국무총리 포함 25인)의 심의를 거쳐 국가핵심기술로 지정할 수 있음.
- 국가안보 및 국민경제에 미치는 파급효과, 관련 제품의 국내외 시장점유율, 해당 분야의 연구동향 및 기술 확산과의 조화 등을 종합적으로 고려하여 최소한의 범위로 선정함.
- 산업통상자원부 국가핵심기술 개정고시(2016.11.)에 따라 전기전자(11개), 자동차·철도(8개), 철강(6개), 조선(7개), 정보통신(8개), 우주(4개), 생명공학(3개), 기계·로봇(9개)이 지정됨.

(나) 산업기술 유출 및 침해행위 처벌규정(제36조, 제37조)

- 산업기술을 외국에서 사용하거나 사용하기 위한 목적의 산업기술의 유출 및 침해행위는 15년 이하의 징역 또는 15억원 이하의 벌금에 처함. 이러한 죄를 범할 목적으로 예비 또는 음모한 자는 3년 이하의 징역 또는 3천만원 이하의 벌금에 처함.
- 산업기술의 유출 및 침해행위를 한 자는 7년 이하의 징역 또는 7억원 이하의 벌금에 처함. 이러한 죄를 범할 목적으로 예비 또는 음모한 자는 2년 이하의 징역 또는 2천만원 이하의 벌금에 처함.

더 알아보기

산업기술의 유출 및 침해행위(산업기술의 유출방지 및 보호에 관한 법률 제14조)

- 절취·기망·협박 그 밖의 부정한 방법으로 대상기관의 산업기술을 취득하는 행위 또는 그 취득한 산업기술을 사용하거나 공개(비밀을 유지하면서 특정인에게 알리는 것을 포함) 하는 행위
- 대상기관과의 계약 등에 따라 산업기술에 대한 비밀유지의무가 있는 자가 부정한 이익을 얻거나 그 대상기관에게 손해를 가할 목적으로 유출하거나 그 유출한 산업기술을 사용 또는 공개하거나 제3자가 사용하게 하는 행위
- 위에 해당하는 행위가 개입된 사실을 알고 그 산업기술을 취득·사용 및 공개하거나, 산업기술을 취득한 후에 그 산업기술에 대하여 위에 해당하는 행위가 개입된 사실을 알고 그 산업기술을 사용하거나 공개하는 행위

- 위에 해당하는 행위가 개입된 사실을 중대한 과실로 알지 못하고 그 산업기술을 취득·사용 및 공개하거나 산업기술을 취득한 후에 그 산업기술에 대하여 위에 해당하는 행위가 개입된 사실을 중대한 과실로 알지 못하고 그 산업기술을 사용하거나 공개하는 행위
- 국가로부터 연구개발비를 지원받아 개발한 국가핵심기술을 보유한 대상기관이 수출 또는 해외 인수·합병, 합작투자 등 외국인투자를 진행할 때 산업통상자원부장관에게 미리 신고하고 승인을 얻어야 하나 그렇지 아니하고 부정한 방법으로 승인을 얻어 국가핵심기술을 수출 또는 인수·합병하는 행위
- 산업통상자원부장관은 국가핵심기술의 수출 또는 해외 인수·합병 등이 국가안보에 심각한 영향을 줄 수 있다고 판단되면 관계중앙행정기관의 장과 협의한 후 산업기술보호위원회(위원장인 국무총리 포함 25인)심의를 거쳐 국가핵심기술의 수출 또는 해외 인수·합병 등을 중지·금지·원상회복 등의 조치를 명할 수 있으며 이러한 산업통상자원부장관의 명령을 이행하지 아니하는 행위

(2) 방위산업기술보호법(제4조~제7조)

- 방위산업기술보호법은 방위산업기술을 체계적으로 보호하고 관련 기관을 지원함으로써 국가의 안전을 보장하고 방위산업기술의 보호와 관련된 국제조약 등의 의무를 이행하여 국가신뢰도를 제고하는 것을 목적으로 2015년 제정됨.
- 방위산업기술은 방위산업과 관련한 국방과학기술 중 국가안보 등을 위하여 보호되어야 하는 기술로서 방위사업청장이 방위산업기술보호위원회의 심의를 거쳐 지정하고 고시한 것임.
- 방위산업기술보호위원회는 위원장 1명을 포함한 25명 이내의 위원으로 구성하며 위원장은 국방부장관, 부위원장은 방위사업청장이며 국방과학연구소장, 국방기술품질원장, 정보수사기관의 실·국장급 공무원 또는 장관급 장교 등임.

(3) 방위사업법(제3조, 제34조)

- 방위산업물자(방산물자)는 방위사업청장이 군수품 중에서 산업통상부 장관과 협의하여 무기체계로 분류된 물자 중에서 안정적인 조달원 확보 및 엄격한 품질보증 등을 위하여 필요한 물자를 지정한 것임.
- 방산물자는 주요방산물자와 일반방산물자로 분류할 수 있으며 무기체계로 분류되지 않은 물자로서 대통령령이 정하는 물자는 방산물자로 지정할 수 있음.

(4) 대외무역법(제19~제31조, 산업통상자원부의 전략물자수출입고시)

- 전략물자란 재래식무기 또는 대량파괴무기(WMD: Weapons of Mass Destruction)와 이의 운반수단인 미사일의 제조, 개발, 사용 또는 보관 등에 이용 가능한 물품, 소프트웨어 및 기술로서 국제평화와 안전유지, 국가안보를 위해 수출입에 제한을 받고 있는 것임.

- 우리나라는 대외무역법 및 다자간 국제수출통제체제의 원칙에 따라 산업통상자원부장관이 전략물자를 고시하며 전략물자의 수출입 등 전략물자를 취급하는 자는 반드시 취급 품목의 전략물자 여부를 가리는 전략물자관리원(KOSTI)의 사전판정(또는 자가판정)을 받아야 함.
- 전략물자를 수출하고자 하는 경우 반드시 관련 허가기관으로부터 수출허가를 받아야 하며, 전략물자가 아니더라도 우려용도로 전용될 위험이 있을 경우에는 역시 관련기관의 상황허가를 받아야 수출이 가능함.

더 알아보기

상황허가와 지역구분

- 상황허가는 전략물자에는 해당되지 않으나 수출하고자 하는 품목을 '나'(북한, 중국, 인도 등 '가'지역 외의 지역) 지역으로 수출하는 자가 대량파괴무기의 제조 및 사용 등에 전용될 가능성이 있다고 판단되는 경우 신청하여 허가를 받는 것임.
- '가' 지역은 바세나르체제(Wassenaar Arrangement : WA), 핵공급국그룹(Nuclear Suppliers Group : NSG), 오스트레일리아그룹(Australia Group : AG) 및 미사일 기술통제체제(Missile Technology Control Regime : MTCR) 등 4개국제수출 통제 체제에 모두 가입한 국가로 영국, 미국, 호주, 캐나다, 프랑스, 독일 등 29개국임.
- 허가기관은 산업통상자원부, 원자력안전위원회, 방위사업청(군용), 통일부(북한)이다.

(5) 외국인투자촉진법(제4조, 시행령 제5조, 국가안보 관련 외국인 투자 제한)

- 외국인은 주무장관의 검토요청으로 산업통상부장관이 외국인투자위원회의 심의에 따라 국가안보위해(국가의 안전과 공공질서의 유지에 지장을 주는 경우)에 해당하는 경우 투자를 제한함.
- 대표적으로 방위사업법 상 방위산업물자의 생산에 지장을 초래할 우려가 있는 경우, 대외무역법 상 수출허가 또는 승인대상 물품이나 기술로서 군사적으로 전용 가능성이 높은 경우, 국가정보원법에 따라 국가기밀로 취급되는 계약 등의 내용이 공개될 우려가 있는 경우, 국제평화 및 안전유지를 위한 국제연합 등의 국제적 노력에 심각하고 중대한 지장을 초래할 우려가 있는 경우 임.

(6) 기타 법령

(가) 과학기술기본법(제11조, 제16조)

- 과학기술에 관한 이념과 발전방향을 정립하고 과학기술관련정책을 종합적이고 체계적으로 추진하기 위해 2001년 제정되었으며 국가연구개발사업 성과의 외부 유출방지를 위한 보안대책 수립·시행 등을 규정함.

(나) 국가연구개발사업관리규정(제24조, 제25조, 제26조)

- 과학기술기본법(제16조의2)를 근거로 국가연구개발사업 보안관리, 실태 점검, 위반 시 조치, 보안사고 조사와 관련한 내용을 상세히 규정하고 있음.

(다) 부정경쟁방지 및 영업비밀보호에 관한 법률(약칭, 부정경쟁방지법 제9조~제18조)

- 부정경쟁행위와 타인의 영업비밀을 침해하는 행위를 방지하여 건전한 거래질서를 유지함을 목적으로 1961년 제정된 법률임.
- 2013년 개정 이후 영업비밀 보유주체를 기업에서 영업비밀 보유자로 확대하고 재산상 이득액을 산정할 수 없는 영업비밀 유출에 대한 벌칙 적용 시에도 벌금형을 적용할 수 있도록 규정됨.

더 알아보기

4대 국제수출통제체제 및 관련 협약(조약)·조치

1. 바세나르체재(WA, Wassenaar Arrangement)

- 코콤(COCOM, 대공산권수출통제 위원회) 붕괴 이후 재래식 무기 및 무기제조에 사용될 수 있는 산업용 물자의 분쟁 다발지역, 테러지원국 수출을 방지하기 위해 설립됨.
- 통제품목은 총기류 및 폭탄 등 군용물자와 소재, 기계 등 이중용도 품목(민간용으로 제조·개발되었지만 군사용으로도 사용할 수 있는 품목)이며 관련 협약으로는 과도한 상해 또는 무차별적 효과를 초래할 수 있는 특정재래식 무기의 사용금지 및 제한에 관한 협약(CCW)이 있음.

2. 핵공급그룹(NSG, Nuclear Suppliers Group)

- 관련 기자재를 공급할 수 있는 능력을 갖춘 국가들이 수출통제 가이드라인을 통해 핵무기 비확산에 기여하기 위해 설립됨.
- 핵확산금지조약(NPT)과 관련이 있으며 NPT에 가입하지 않은 국가에 통제품목인 우라늄농축 및 재처리 시설, 공작기계 등을 수출할 수 없도록 하는 것을 원칙으로 함.

3. 미사일기술통제체제(MTCR, Missle Technology Control Regime)

- 대량파괴무기(WMD) 운반시스템의 수출통제를 통해 WMD 확산을 방지하고, 테러조직과 테러리스트의 획득 가능성 차단하기 위해 설치됨.
- 통제품목은 무인 항공기 시스템 및 관련 미사일 부품 등이며 비확산 조치인 PSI(Proliferation Security Initiative)와 관련이 있음.

4. 오스트레일리아그룹(AG, Australia Group)

- 생·화학무기의 원료물질 및 이의 제조에 사용가능한 장비와 설비에 대한 수출 통제를 통해 생·화학무기 비확산에 기여하기 위해 설치됨.
- 통제품목은 화학작용제 및 전구체, 화학무기제조 설비 및 장치 등이며 관련 국제조약으로 생물무기금지협약(BWC), 화학무기금지조약(CWC)이 있음.

08 단원별 퀴즈

1. 경제간첩과 산업간첩의 차이점은 정보활동 및 사용 주체는 다르지만 수집 활동의 (　　)는 같다.

2. 산업보안 시 활용 가능한 보안 취약성 평가요소는 3요소는 기밀성, (　　), 안전성이다.

3. 이스라엘의 (　　) 프로젝트와 독일의 (　　) 프로젝트는 산업정보활동을 위해 창설되었다.

4. 미국산업보안협회(ASIS)와 같은 우리나라의 민간의 산업보안 활동단체는 (　　　　)이다.

5. 냉전 후 각국 정보기관은 산업정보 수집을 위해 기술정보 자산을 안보정보 수집 자산과 별도로 분리하여 운용하고 있다.

6. 산업기술의 유출 및 침해행위를 한 자는 5년 이하의 징역 또는 5억원 이하의 벌금에 처하고 이러한 죄를 범할 목적으로 예비 또는 음모한 자는 2년 이하의 징역 또는 2천만원 이하의 벌금에 처한다.

7. 4대 국제수출통제체제 및 관련 협약(조약)·조치 중 핵무기와 관련된 조약은 바세나르체제와 PSI이다.

8. 외국인은 국가의 안전과 공공질서의 유지에 지장을 주는 경우, 투자를 제한할 수 없다.

9. 방위산업기술이란 방위산업과 관련한 국방과학기술 중 국가안보 등을 위하여 보호되어야 하는 기술로서 국방부장관이 방위산업기술보호위원회의 심의를 거쳐 지정하고 고시한 것이다.

08 기출 및 유사문제

01. 경제방첩과 산업보안에 대한 설명으로 옳지 않은 것은?

① 경제에 대한 제반지식(경제에 관한 정보, 거시적 정보)가 경제정보이고, 산업에 대한 제반지식(경제를 위한 정보, 미시적 정보)이 산업정보이다.

② 경제간첩은 경제정보를 산업간첩은 산업정보를 수집하는 하는 것으로 수집활동의 객체(대상)가 서로 다르다.

③ 산업보안은 기업뿐만 아니라 한 국가의 산업계 전반의 취약요소나 발전전략까지도 대상에 포함한다.

④ 산업보안은 첨단기술 뿐 아니라 산업활동에 유용한 기술·경영상의 모든 정보나 인원, 문서, 시설, 자재를 경쟁기업 등에 누설·침해당하지 않도록 보호·관리하는 대응방안이나 활동이다.

02. 국가정보기관의 산업정보 활동방법으로 옳지 않은 것은?

① OSINT 활동은 회사의 사보, 업종별 협회의 간행물, 결산보고서, 시장조사 보고서, 업계의 인명록, 회사 내부의 조직표, 현장시설 견학 등을 활용한다.

② HUMINT 활동은 정보원, 퇴직기술자를 고문이나 컨설턴트로 활용, 내부 고발자(whistle blower), 상대기업에 가장 취업, 과학자나 사업가의 매수를 통한 방법이다.

③ 상거래 방식을 통한 정보수집은 타 업체와의 기술제휴나 합작사업 추진, 기업인수 및 합병(M&A), 기술개발 의뢰, 특허권 사용계약 체결, 국제입찰 등을 활용한다.

④ HUMINT 활동은 막대한 자금과 복잡한 절차로 정보기관이 실제로 사용하기 보다는 합법으로 위장하기 위한 방법으로 활용된다.

Chapter 08

03. 경제정보와 경제방첩에 대한 설명 중 잘못된 것은?

① 외국에서는 국내기업 간 산업스파이 행위가 경제방첩에 포함되지만 우리나라는 포함되지 않는다.

② 국가나 기업의 첨단 기술을 탐지하여 외국으로 유출을 방지하고 국가의 이익을 저해하는 산업스파이에 대응하는 활동을 포괄적으로 지칭한다.

③ 과거 단순 제조업에 비해 IT, BT 등 첨단산업과 금융산업에 대한 정보 가치가 중요해지고 경제정보활동의 수요가 증대되었다.

④ 미국은 안보위협리스트에 경제스파이활동을 명시했다.

04. 국가정보기관의 산업정보활동의 필요성으로 옳지 않은 것은?

① 비밀활동 수행에 필요한 인적·물적 자원과 기술, 적합한 규범과 조직과 같은 축척된 다양한 자원을 보유하고 있다.

② 정보수집 및 처리능력에서 민간기업이나 타 정부 부처보다 다양한 수집수단과 숙련된 인적 자원을 가지고 있다.

③ 산업정보의 수집은 원칙적으로 민간기업이나 경제부처가 담당하나 중복 확인을 통해 오류 발생가능성을 줄인다.

④ 국가정보기관은 외국정보기관에 의한 산업스파이 활동을 담당하고 민간기업에 의한 정보활동은 민간기업이 담당하는 것이 효율적이다.

05. 냉전시기 산업정보활동의 특징에 대한 설명으로 옳지 않은 것은?

① 냉전시기는 산업정보활동은 대부분 국가가 정보기관의 부수적인 업무로서 산업정보활동을 다루었다.

② 경제적 이익보다 동맹관계가 더욱 중요하여 비교적 온건한 방법들이 사용되었다.

③ 정보기관의 산업정보활동을 시인하지 않았으며 국가 간 긴장을 야기하는 경우가 적었다.

④ 정보기관은 자국 내 방산업체 및 민간기업에 대한 외국정보기관의 산업정보활동에 소극적으로 대응하였다.

06. 냉전 이후 산업정보활동의 특징으로 옳지 않은 것은?

① 냉전 이후 산업정보활동은 기존의 안보관련 정보활동과 유사한 수준의 중요성을 갖는다.

② 산업정보활동을 부인하지 않으며 국가정보기관의 공식적인 임무의 하나로 간주하는 경향이 보편화 되었다.

③ 국가정보기관의 산업정보활동의 내용과 범위가 군수산업 및 주요 국책사업에 뿐 아니라 민간기업의 산업보안활동 지원 등으로 대폭 확대되고 있다.

④ 민간인에 의한 산업스파이 활동에 대한 정보기관의 산업보안 대책이 강화되었으나 벌칙은 대부분 단순 절도죄나 부정경쟁방지법을 적용하고 있다.

07. 산업정보활동 간 우선순위에 대한 설명으로 옳지 않은 것은?

① 국가정보기관은 공개자료 보다는 비밀정보수집에 중점을 둔다.

② 기술정보보다 정확하고 신속하게 수집할 수 있는 인간정보 수단을 적극 활용한다.

③ 가급적 순수 공공재에 가까운 활동에 중점을 두고 정부의 경제정책 및 대외협상전략 수립에 필요한 정보 등을 수집한다.

④ 인간정보보다 규모의 경제의 이점을 살릴 수 있는 기술정보 수집수단을 적극 활용한다.

08 실전문제

08. 산업정보활동이 중요해진 이유로 옳지 않은 것은?

① 정치와 군사 등 경성권력보다 경제, 기술 및 정보 등 연성권력의 중요성이 높아져 지정학이 쇠퇴하고 지경학이 부상하였다.
② 민주화 확산으로 국민들은 군사안보 위주의 냉전·반공주의 논리에서 벗어나 복지문제에 더욱 관심을 가지게 되었다.
③ 엄청난 투자를 통해 달성한 첨단기술은 선진국의 기술주권주의 또는 국방상의 이유로 이전을 기피하거나 값비싼 대가를 요구하여 획득하기 어려워진다.
④ 양자주의와 상호배타적 FTA에 기초한 보호주의가 대세를 이루며 국가간, 기업간 경쟁이 더욱 치열해 진다.

09. 경제정보(economic intelligence)에 대한 설명으로 옳지 않은 것은?

① 외국은 정보활동의 주체가 정부기관이면 경제정보를 사용한다.
② 미국은 경제정보를 민간기업에 제공하면 상업정보라고 정의한다.
③ 캐나다는 상대국이 입수하면 그 나라의 상대적 생산성이나 경쟁력을 직·간접으로 도울 수 있는 정책 및 영업과 관련된 정보이다.
④ 우리나라는 주로 민간기업의 활동으로 구분되는 용어로 사용된다.

Chapter 08

10. 경제방첩과 산업보안에 대한 설명 중 올바른 것은?

① 냉전 종식 이후 경제정보의 중요성이 부각됨에 따라 각국이 경제방첩을 강화하고 있으며 이에 따라 학문적 개념도 확실히 정립되었다.
② 미국은 국가안보위협 리스트에 전통적인 안보위협 요소를 망라하고 있으나 경제 및 첨단기술 유출에 대해서는 명확한 언급을 하지 않고 있다.
③ 영국은 1989년 보안부법(Security Service Act)을 제정하였으나 경제번영 위협에 대한 방어를 주요 임무중 하나로 명시하지는 않았다.
④ 우리나라의 산업보안은 국내기업의 산업정보를 외국으로 유출하는 행위 뿐 아니라 국내의 첨단 기술보유 기업 간 산업스파이 활동을 방지하는 것을 포함한다.

11. 경제방첩활동이 국가안보의 중요한 요소로 부각된 이유를 잘못 설명한 것은?

① 경제, 통상 분야 정보수집활동이 국가이익이라는 측면에서 군사, 정치정보 수집활동보다 원래 중요하기 때문이다.

② 첨단산업과 금융산업 분야에 대한 정보가 기업의 사활을 결정하거나 엄청난 부를 창출하는 등 가치가 커져 경제정보활동의 수요가 증가되었기 때문이다.

③ 특히 첨단기술이 산업경쟁력을 좌우하게 되자 이를 확보하기 위한 정보활동이 치열해지고 이에 대응하는 산업보안활동이 중요해졌다.

④ 냉전 종식 후 국가안보개념이 정치, 군사문제를 너머 경제 분야까지 포괄하는 안보개념으로 변화하여 국가 간 경제전쟁이 치열해졌기 때문이다.

12. 산업정보활동 시 고려할 요건으로 적절하지 않은 것은?

① 정보기관이 정부 내 경제부처나 민간기업의 정보요구를 정확히 파악하여 필요한 정보를 적기에 수집하고 사용자에게 적기에 전달할 수 있어야 한다.

② 국가정보기관이 안보관련 이슈의 수집에는 익숙하나 경제나 산업부문에 대한 이해도가 부족할 수 있어 이에 대한 노력과 헌신이 필요하다.

③ 산업정보는 경제안보 및 산업경쟁력의 기여도를 고려 후 정보를 특정기업에 한하여 배분해야 한다.

④ 산업정보활동 노출 시 국가위신 실추, 안보 및 경제협력 손상, 타국의 보복적 정보활동이나 국제적 손해배상소송에 직면할 수 있는 가능성을 고려해야 한다.

13. 연방정부 정보공개법(FOIA)에서 정보공개를 거부할 수 있는 9가지 예외 사항이 아닌 것은?

① 국방 외교상의 비밀

② 연방법원의 내부사항

③ 다른 법률에 의해 공개가 제한되는 사항

④ 사생활의 비밀과 자유에 관련된 정보

14. 국가정보기관의 산업정보 수집활동에 대한 설명 중 옳지 않은 것은?

① 정보기관은 산업정보 수집을 위해 별도로 설치된 수집자산이 아닌 기존 안보정보 수집 자산을 활용하면서 부수적으로 수집된 정보를 활용하는 경우가 많다.

② 미국의 NSA가 구글이나 페이스북 등 인터넷 서비스업체로부터 개인의 통신 정보를 수집하는 프로젝트인 TIA를 운영함이 스노든의 폭로로 알려졌다

③ 영국의 정부통신본부(GCHQ)는 에지힐(Edgehill)이란 프로그램을 사용하였다.

④ 미국의 국가안보국(NSA)는 인터넷 통신과 암호화 된 3G, 4G 휴대폰의 도청과 해독이 가능한 프로그램인 불런(Bullrun)을 사용하였다.

15. 산업보안의 3요소에 대한 설명으로 적절하지 않은 것은?

① 기밀성(Confidentiality)은 비인가 된 정보의 접근, 활용, 유출 및 차단을 확인하는 것이다.
② 무결성(Integrity)은 정보가 변경되지 않았고, 관리 및 배포 체제가 손상되지 않도록 하는 것이다.
③ 가용성(Availability)은 인가된 주체가 원하는 때에 정보 접근이 가능한 것이다.
④ 제약성(Restriction)은 자료수집에서 정보분석 및 배포까지의 시간적 공간적 제약을 극복하는 것이다.

16. 다음에서 설명하는 산업보안 법령 또는 정책은 무엇인가?

- 국방생산법(Defense Production Act, 1950)의 개정안으로 1988년 제정되어 외국기업이 미국회사를 인수할 때 국가안보 위협요인을 심사하여 문제가 있으면 대통령이 이를 불허할 수 있도록 규정하였다.
- 외국인 투자에 대한 공익성 심사이며 일본계 기업의 미국 내 확장에 따른 불안감의 반영으로 나타났다.

① Economic Counter Intelligence Program
② Economic Espionage Act
③ Foreign Investment and National Security Act
④ Exon-Florio Amendment

17. 다음 중 구소련의 산업정보활동이 아닌 것은?

① 냉전시기 가장 적극적으로 산업정보활동을 수행하였다.
② KGB의 제1총국 내 경제정보 수집전담부서인 X국(Line X)을 설치하여 외국의 경제 및 과학기술정보를 수집하였다.
③ 쿠바 내 통신감청 기지에서 미국의 민간통신을 감청하여 산업정보를 수집하여 70년대에는 미국과의 밀(wheat) 수입의 교섭자료로 활용하였다.
④ 1995년 프랑스 원자력에너지 사무국(CEA), 군수처기술국(DGA) 및 톰슨전자 공장 등에 요원을 침투시켜 군사 및 첨단기술을 수집하다 발각된 사례가 있다.

18. 다음 중 각국의 산업정보 수집기관이 아닌 것은?

① 내각정보조사실(CIRO)
② 국내안보총국(DGSI)
③ 해외정보부(SVR)
④ 국가보안부(MSS)

19. 다음에 해당하는 경제정보활동 프로그램이나 조직을 잘 나열한 것은?

- 네트워크 해킹기술과 신호정보 수집기법을 활용한 외국의 컴퓨터 D/B침입 시도로 외국 정부가 서독정부나 기업에 유리한 정책결정을 하도록 공작을 추진함.
- 1957년 설립된 국방부 산하 정보기관으로 과학기술정보수집을 담당하였으나 1986년 조너선 폴라드(Jonathan Pollard) 사건으로 해체됨.

① LAKAM, Rahab
② BND, AMAN
③ SWIFT, Recon
④ Rahab, LAKAM

20. 우리나라 산업보안 담당기관에 대한 설명으로 옳지 않은 것은?

① 국가정보원 산업기밀보호센터(NISC)는 산업스파이 색출 및 산업보안 교육 및 보안 컨설팅, 산업 스파이 신고상담소인 111콜센터를 운영한다.
② 국가정보원의 경제정보 수집 및 산업스파이 수사는 관련 근거에 따라 방첩 활동과 관련된 경우가 아니라도 가능하다.
③ 경찰청 외사국은 특히 대기업, 중견기업이 지위를 악용하여 중소기업의 기술을 유출하는 행위를 집중 수사한다.
④ 군사안보지원사령부는 방위산업과 관련된 업무를 수행하는 방산관련업체, 협력업체, 군 무역대리점 등을 대상으로 방산기술 유출 예방을 위한 보안컨설팅을 지원한다.

21. 다음 내용의 기관과 유사한 업무를 담당하는 우리나라의 기관은?

- 미국정부 및 정보기관들은 민간의 산업보안 활동도 적극 지원하며 2년마다 미국 기업을 대상으로 한 산업스파이 관련 보고서를 의회에 제출하고 있음.

① 중소기업기술정보진흥원(TIPA)
② 산업통상자원부
③ 한국산업기술보호협회(KAIT)
④ 한국산업보안협회(KSIS)

22. 다음에 해당하는 내용을 바로 넣은 것은?

- 산업기술을 외국에서 사용하거나 사용하기 위한 목적의 산업기술의 유출 및 침해행위는 ( )년 이하의 징역 또는 ( )억원 이하의 벌금에 처하고 이러한 죄를 범할 목적으로 예비 또는 음모한 자는 ( )년 이하의 징역 또는 ( )천만원 이하의 벌금에 처함.
- 산업기술의 유출 및 침해행위를 한 자는( )년 이하의 징역 또는 ( )억원 이하의 벌금에 처하고 이러한 죄를 범할 목적으로 예비 또는 음모한 자는 ( )년 이하의 징역 또는 ( )천만원 이하의 벌금에 처함.

① 15, 15, 3, 3, 7, 7, 2, 2
② 10, 10, 3, 3, 5, 5, 2, 2
③ 15, 10, 3, 3, 5, 5, 2, 2
④ 10, 10, 2, 2, 7, 7, 2, 2

23. 4대 국제수출통제체제에 대한 설명으로 맞는 것은?

① COCOM은 바세나르체제 이후 재래식 무기 및 무기제조에 사용될 수 있는 산업용 물자의 분쟁 다발지역, 테러지원국 수출을 방지하기 위해 설립되었다.
② AG는 기자재를 공급할 수 있는 능력을 갖춘 국가들이 수출통제 가이드라인을 통해 핵무기 비확산에 기여하기 위해 설립되었다.
③ BWC는 생·화학무기의 원료물질 및 이의 제조에 사용가능한 장비와 설비에 대한 수출 통제를 통해 생·화학무기 비확산에 기여하기 위해 설치되었다.
④ NSG는 NPT에 가입하지 않은 국가에 통제품목인 우라늄농축 및 재처리 시설, 공작기계 등을 수출할 수 없도록 하는 것을 원칙으로 한다.

24. 압둘 칸 네트워크에 대한 설명으로 적절하지 않은 것은?

① 2003년 10월 CIA의 추적 끝에 리비아로 향하던 BBC China호가 이탈리아 영내에서 나포되어 우라늄 농축 원심분리기를 비롯한 핵 부품과 설계도가 발견되었다.
② 리비아는 엄격한 제한을 받는 품목인 원심분리기와 미사일 탄두 설계도를 턴키방식으로 얻었고 이란은 설계도를 지원받아 농축우라늄 공장을 불법 건설하였다.
③ 파키스탄 이슬라마바드 외곽의 핵시설에서 핵 부품 판매는 물론 고객들에게 안내 책자를 배포하고 24시간 기술을 지원한 것으로 알려진다.
④ 파키스탄과 북한이 회원가입국 이라면 WA와 PSI위반이다.

25. 다음 중 외국인이 투자할 수 없는 경우가 아닌 것은?

① 국가의 안전과 공공질서의 유지에 지장을 주는 경우
② 방위사업법 상 방위산업물자의 생산에 지장을 초래할 우려가 있는 경우
③ 대외무역법 상 수출허가 또는 승인대상 물품이나 기술로서 군사적으로 전용 가능성이 높은 경우
④ 산업기술보호법에 따라 국가기밀로 취급되는 계약 내용이 공개될 우려가 있는 경우

08 정답 및 해설

단원별 퀴즈 정답 및 해설

01. 객체, 주체 경제간첩이나 산업간첩은 수집활동의 객체(대상)은 경제정보로 동일하며 정보활동 및 사용 주체 그리고 사용 목적(정보 분석수준)의 차이이다.

02. 무결성, (산업)보안의 3요소(보안 취약성 평가)는 비인가 된 정보의 접근, 활용, 유출 ,차단을 확인하는 기밀성(Confidentiality), 정보가 변경되지 않았고, 관리 및 배포 체제가 미손상된 무결성(Integrity), 인가된 주체가 원하는 때에 정보 접근이 가능한 가용성(Availability)이다.

03. 라캄, 라합, 이스라엘은 국방부 산하 정보기관인 라캄(LAKAM)이 과학기술정보수집을 담당하였고 독일의 라합 프로그램(Rahab Program)은 네트워크 해킹기술과 신호정보 수집기법을 활용하여 외국의 컴퓨터 데이터베이스에 침입하는 계획을 세웠다.

04. 한국 산업기술보호협회(KAIT), 한국산업기술보호협회는 2007년 국가핵심기 술의 유출 방지 및 보호를 위해 설립되어 민관의 허브역할을 담당한다.

05. X, 정보기관은 산업정보 수집을 위해 별도로 설치된 수집자산이 아닌 기존 안보정보 수집 자산을 활용하는 과정에서 부수적으로 수집된 정보를 활용하는 경우가 많다.

06. X, 산업기술보호법 제36조, 제37조에 의하면 산업기술의 유출 및 침해행위를 한 자는 7년 이하의 징역 또는 7억원 이하의 벌금에 처함. 이러한 죄를 범할 목적으로 예비 또는 음모한 자는 2년 이하의 징역 또는 2천만원 이하의 벌금에 한다. 산업기술을 외국에서 사용하거나 사용되게 할 목적인 경우에는 15년 이하의 징역 또는 15억원 이하의 벌금에 처한다.

07. X, 핵공급그룹(NSG : Nuclear Suppliers Group)은 핵관련 기자재를 공급할 수 있는 능력을 갖춘 국가들 이 수출통제 가이드라인을 통해 핵무기 비확산에 기여, 통제품목은 핵물질, 원자로, 우라늄농축 및 처리 시설, 공작기계 등이다. 바세나르체재(WA : Wassenaar Arrangement)는 재래식 무기 및 무기제조에 사용될 수 있는 산업용 물자의 분쟁다발지역, 테러지원국 수출을 방지하기 위해 설립되었다. 비확산 조치인 PSI(Proliferation Security Initiative)는 대량파괴무기(WMD) 운반시스템의 수출통제 관련 비확산 조치이다.

08. X, 외국인 투자가 국가의 안전유지에 지장을 초래하는 경우에 해당되는 지 여부에 대한 주무장관의 검토요청으로 산업통상부장관이 외국인투자 위원회 의 심의에 따라 국가안보 위해에 해당하는 것으로 결정한 사항은 투자를 제한 할 수 있다.

09. X, 방위산업기술이란 방위산업과 관련한 국방과학기술 중 국가안보 등을 위하여 보호되어야 하는 기술로서 방위사업청장이 방위산업기술보호 위원회의 심의를 거쳐 지정하고 고시한 것이다.

기출 및 유사문제 정답 및 해설

01. 답 2. 경제간첩은 경제정보를 수집하고 산업간첩은 산업정보를 수집하는 하는 것은 아니며 경제간첩과 산업간첩 모두 수집활동의 객체(대상)는 경제정보로 동일하다.

02. 답 4. 상거래 방식(법합치적 방법)을 통한 정보수집에 관한 내용이다.

03. 답 1. 외국은 산업정보라는 말은 거의 사용하지 않고 경제정보란 말을 많이 사용하며 정보활동의 주체가 정부기관이면 경제정보, 민간기업이면 산업정보를 주로 사용한다.

04. 답 4. 과거 국가정보기관은 주로 외국 정보기관에 의한 산업스파이 행위에 관심을 가졌으나 최근에는 민간인, 민간기업의 스파이 행위에도 적극 개입하며 산업보안을 강화하고 있다.

05. 답 4. 산업스파이에 대처하는 각국의 보안대책이 비교적 미약하여 방산업체를 대상으로 한 정보활동은 적극적으로 대응하였으나 민간기업에 대한 산업보안에는 큰 관심을 두지 않는 편이었다.

06. 답 4. 과거 민간인에 의한 산업스파이 활동은 절도죄나 부정경쟁방지법을 적용하여 벌칙이 낮았으나 정보기관의 산업보안 대책이 강화되어 현재는 안보스파이와 유사한 비중으로 강화되고 있다.

07. 답 2. 국가정보기관은 인간정보 보다 위험이 적고 규모의 경제의 이점을 살릴 수 있는 기술정보 수집수단을 적극 활용하여 노출이나 부작용 가능성을 줄인다.

Chapter 08

실전문제 정답 및 해설

08. 답 4. 다자주의(Multilateralism)에 기초한 세계무역기구(World Trade Organization, WTO) 체제 출범과 지역주의(regionalism) 성격의 FTA(Free Trade Agreement)로 자유무역이 대세를 이루며 국가간, 기업간 경쟁이 더욱 치열해 진다.

09. 답 4. 우리나라는 일반적으로 다른 나라의 의도, 능력, 취약점 및 가능한 행동방책의 파악에 목적을 둔 경제와 관한 정보를 의미한다.

10. 답 4. 경제방첩은 국가의 경제이익 침해를 방어하기 위한 국가기관의 활동이고, 산업보안은 산업재산권 및 영업비밀 보호를 위한 기업차원의 활동이다.

11. 답 1. 냉전 종식 후 국가안보개념이 변화함에 따라 정보수집 활동이 군사분야 뿐만 아니라 경제, 통상 분야까지 확대되었다.

12. 답 3. 산업정보는 정보사용자가 매우 다양하므로 경제안보 및 산업경쟁력의 기여도를 고려 후 정보를 공평하게 배분하여 특정 업종이나 업체에만 이익을 주지 않도록 해야 한다는 것이다.(공평성) ① 실현가능성 ② 효과성 ④ 부작용가능성 임.

13. 답 2. FOIA는 연방정부에 대해서만 정보공개를 청구할 수 있고 연방의회나 법원, 주 정부는 대상이 아니다. 국방 외교상의 비밀, 행정기관의 내부사항, 다른 법률에 의해 공개가 제한되는 사항, 행정기관의 내부자료나 서류, 사생활의 비밀과 자유에 관련된 정보, 법집행기록 등의 9가지 예외 사항은 공개거부 재량을 부여한다.

14. 답 2. 프리즘이다. TIA는 테러와의 전쟁을 위해 국방부에서 개발되어 2003년 본격 운용된 데이터 마이닝 프로그램이다.

15. 답 4. (산업)보안의 3요소는 CIA(Confidentiality, Integrity, Availability)이다.

16. 답 4.

17. 답 2. 구소련의 국가보안위원회(KGB)는 해외공작 및 첩보수집을 담당하던 제1총국 내 경제정보 수집전담부서인 T국을 설치하여 외국의 경제 및 과학기술 정보를 수집하였다. 보기는 해외정보부(SVR)의 과학기술정보 수집 부서인 X국(Line X) 대한 설명이다.

18. 답 2. 프랑스의 산업정보 수집은 대외안보총국(DGSE)에서 담당한다.

19. 답 4.

20. 답 2. 국가정보원의 경제정보 수집, 산업스파이 수사는 방첩활동과 관련된 경우 가능하며 적극적인 경제정보활동에 대한 근거가 빈약하여 정보수사기관의 미션 크립(Mission Creep)의 소지가 있다.

21. 답 3. 해당 내용은 미국산업보안협회(ASIS)에 대한 내용이며 이와 우리나라에서 유사한 업무는 한국산업기술보호협회(KAIT)가 담당함.

22. 답 1. 산업기술 유출 및 침해행위 처벌규정(제36조, 제37조)

23. 답 4. ① COCOM 이후 바세나르체제가 성립되었고 ②은 NSG(핵공급그룹)의 내용이며 ③은 AG(오스트레일리아그룹)의 내용임.

24. 답 4. PSI와 NPT 위반이다. WA는 바세나르체제로 재래식 무기 및 무기제조에 사용될 수 있는 산업용 물자의 분쟁 다발지역, 테러지원국 수출을 방지하기 위해 설립되었다.

25. 답 4. 국가정보원법에 따라 국가기밀로 취급되는 계약내용이 공개될 우려가 있는 경우이다.

대테러리즘 활동

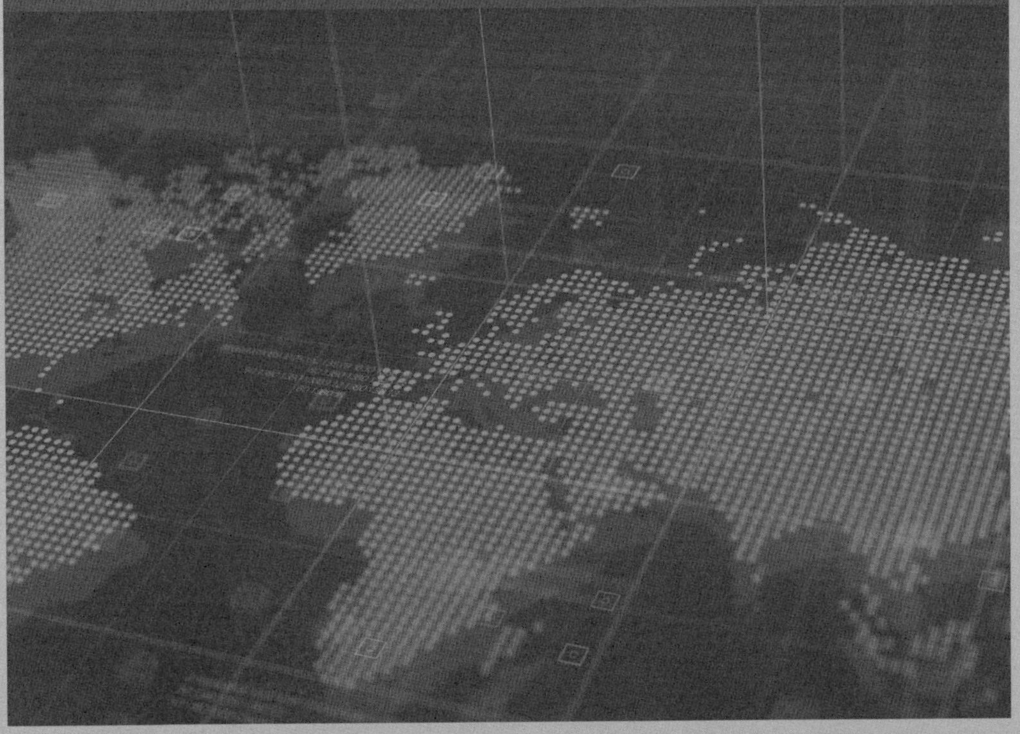

01 테러리즘의 개념

01 테러리즘의 정의

- 테러는 '떨거나 소스라치게 하다'라는 라틴어 Terrere에서 유래한 용어로, 공포 조성, 커다란 공포를 느끼는 마음의 상태임. 프랑스 대혁명 기간 중, 특히 로베스 피에르의 공포 정치 이후 고문과 투옥, 기요틴 처형 등 살벌한 행위를 일삼던 정권을 빗대어 쓰는 말로 시작됨.
- 권력자가 반대파를 말살하는 행위로 공포심을 야기하고 그로 인한 대중의 복종과 공황적 심리상태를 정치적으로 이용하기 위한 체제적 입장에서 이후에는 반체제측이 폭력(violence)적 수단을 통하여 정부를 상대로 무장 투쟁할 때의 수단을 테러행위로 하였음.
- 테러리즘(terrorism)은 테러(terror)를 활용한 주의나 정책으로 테러보다 좀 더 객관적이고 정치적 목적지향적이며 처벌의 당위성이 내재된 것을 의미하며 테러리스트(terrorist)는 테러리즘을 자행하는 조직이나 개인을 말함.
- 미국 국무부(1986)는 테러리즘을 정치, 종교, 이데올로기적 목적 달성을 위해 비합법적인 힘 또는 폭력 사용에 대한 협박을 하는 것이라고 규정함.
- CIA는 테러리즘은 개인 혹은 단체가 정치적 목적을 달성하기 위해 폭력을 사용하거나 또는 폭력의 사용에 대해 협박을 행하는 것으로 기존의 정부에 대항하거나 혹은 대항하기 위해서는 직접적 희생자들보다 더욱 광범위한 대중들에게 심리적 충격(psychological shock) 또는 위협을 가하는 것이라 정의함.
- UN은 테러리즘이란 민간인을 상대로 하여 사망 혹은 중상을 입히거나 인질로 잡는 등 위해를 가하여 대중 혹은 어떤 집단의 사람 혹은 어떤 특정한 사람의 공포를 야기함으로써 어떤 사람, 대중, 정부, 국제조직 등으로 하여금 특정행위를 강요하거나 혹은 하지 못하도록 막고자 하는 의도를 가진 범죄행위로 정의함.
- 국가대테러활동지침(2016년 폐지)은 테러란 정치적·사회적 목적을 가진 개인이나 집단이 그 목적을 달성하거나 상징적 효과를 얻기 위하여 계획적으로 행하는 불법행위로 규정함.
- 우리나라의 국민보호와 공공안전을 위한 테러방지법(2016년 제정)에서는 테러는 국가·지방자치단체 또는 외국 정부의 권한행사를 방해하거나 의무 없는 일을 하게 할 목적 또는 공중을 협박할 목적으로 하는 행위로 정의함.

- 공통적으로 보면, 테러리즘은 정치적 목적 또는 요구를 위해 개인이나, 집단, 국가 또는 어떠한 상징물이나 사회, 경제적으로 중요한 것들을 상대로 폭력 행위를 가하거나 공포심과 두려움을 유발시키는 행위임.
- 대테러는 테러관련 정보의 수집, 테러혐의자의 관리, 테러에 이용될 수 있는 위험물질 등 테러수단의 안전관리, 시설·장비의 보호, 국제 행사의 안전확보, 테러위협에의 대응 및 무력진압 등 테러예방·대비와 대응에 관한 제반 활동임.

02 테러 관련 용어의 정의(테러방지법 제2조)

- 테러단체란 국제연합(UN)이 지정한 테러단체를 말하며 테러위험인물이란 테러단체의 조직원이거나 테러단체 선전, 테러자금 모금, 기부와 테러 예비·음모·선전·선동을 하였거나 하였다고 의심할 상당한 이유가 있는 사람임.
- 외국인테러전투원이란 테러를 실행, 계획 및 준비하거나 테러에 참가할 목적으로 외국 테러단체에 가입하거나 가입하기 위해 이동 또는 이동을 시도하는 내국인·외국인을 말함.
- 테러자금이란 공중에게 위해를 가하고자 하는 등 공중을 협박할 목적으로 모집·제공되거나 운반·보관된 자금이나 재산을 말함.
- 대테러활동이란 테러 관련 정보의 수집, 테러위험인물의 관리, 테러에 이용될 수 있는 위험물질 등 테러수단의 안전관리, 인원·시설·장비의 보호, 국제행사의 안전확보, 테러위협에의 대응 및 무력진압 등 테러 예방과 대응에 관한 제반 활동을 말함.
- 대테러조사란 대테러활동에 필요한 정보나 자료를 수집하기 위하여 현장조사·문서열람·시료채취 등을 하거나 조사대상자에게 자료제출 및 진술을 요구하는 활동을 말함.

03 테러의 역사적 유형

- 적색테러(Red Terror)는 공산주의자에 의한 테러임.
- 백색테러(White Terror)는 적색테러에 대항하는 우익에 의한 테러 또는 급진혁명세력에 대한 보수주의자들의 반발로 이루어지는 테러임.
- 흑색테러(Black Terror)는 무정부주의자에 의한 테러임.
- 대테러(Great Terror)는 스탈린(Joseph Stalin) 통치기간 중 자행된 대규모 숙청과 처형임.

04 테러리즘 사상

- 맑스주의(Marxism)는 자본주의 사회에서 한 단계 낮은 과도기적 사회주의(socialism)인 프롤레타리아 혁명과 독재 이후에 최종적으로 공산주의(communism)를 실현하는 사상으로 스탈린주의, 모택동주의, 주체사상 등으로 분화 · 변형됨.
- 무정부주의(anarchism, 아나키즘)는 자본주의와 권위주의의 폐해에 대한 반발로 일어났으며 사회적, 경제적, 정치적 지배자가 없는 상태를 구현하고자 공산주의, 사회주의와 함께 발흥함.
- 허무주의(Nihilism, 니힐리즘)은 기성의 가치 체계와 이에 근거를 둔 일체의 권위를 부인하고 절대적인 진리가 존재하지 않는다고 보는 사상임.
- 전체주의(totalitarianism, 국가주의)는 국가나 집단을 개인보다 우위에 두고 개인은 전체의 존립과 발전을 위한 수단으로 여기는 사상으로 히틀러나 스탈린 공포정치에 이용됨.
- 파시즘(fascism)은 전체주의에 급진적 반공주의, 국수주의가 혼합된 정치이념으로 개인의 능력에 따른 불평등이 존재해야 국가가 발전할 수 있다고 믿는 사상임.
- 나치즘(Nazism)은 파시즘에 인종주의, 반유대주의 그리고 우생학이 결합하였으며 1차대전 이후 독일의 반공민족주의인 범게르만주의에서 발생함.
- 네오-나치즘은 단일민족 사회를 지지하거나 과격 민족주의 운동을 실행하는 단순한 이념적 행동을 요구하며 타 인종을 혐오하는 인종주의와 비주류 세력의 불만 및 폭력적 수단이 특징임.
- 쇼비니즘(chauvinism)은 폐쇄주의, 국수주의 및 배타적 애국주의로 다른 사회집단에 대한 배척 · 적대적 태도나 신념을 나타낸 사상임.
- 징고이즘(Jingoism)은 배타적인 애국주의와 민족주의가 결합한 형태로 공격적 외교정책을 만들어 내는 극단적이고 맹목적인 신념으로 자신의 집단이나 국가, 민족이 다른 집단보다 우월하다고 여기는 사상임.
- 내셔널리즘(nationalism) 또는 국민주의 또는 민족주의는 동일한 정체성을 공유하는 국민 또는 민족을 사회의 조직과 운영의 근본단위로 하는 사상으로 부정적 개념은 아님.

05 신드롬(Syndrome)의 종류

- 스톡홀롬증후군(Stockholm Syndrome)은 인질이 인질범에 동화되는 것임.
- 리마증후군(Lima Syndrome)은 인질범이 인질에 동화되는 것임.
- 런던증후군(London Syndrome)은 인질이 인질범에 반항하는 것임.

02 테러의 확산과 뉴테러리즘

01 테러의 확산과 발생원인

- 테러는 고유한 정치제도나 정체성 등 정치적 요인에 따라 발생하며 다양성과 관용보다는 정치적 차이가 극단적으로 부각되기 때문임.
- 세계화(Globalization)의 진전에 따라 일자리 문제와 복지혜택 등 부유한 국가와 빈곤국가 간 경제적 차별과 갈등이 테러의 잠재적 요인이 됨.
- 이민자와 다문화 가정 등에서 발생하는 사회 문화적 요인으로 다수에 의한 소수의 차별, 언어차이, 외국인 편견으로 외로운 늑대를 양산함.
- SNS, 인터넷의 발달 등 과학 · 기술적 요인으로 소셜 미디어를 통해 개인을 급진적 성향으로 변모시키거나 테러단체의 심리전, 여론전, 모병 공간 등으로 활용됨.
- 이러한 요인들은 개별 국가 내에서 상호 복합적으로 작용하여 세계적 차원에서 신종테러(New terrorism)의 형태로 확대 · 재생산되고 있음.

02 전통적 테러리즘(old terrorism) VS 뉴테러리즘(new terrorism)

- 2001년 알카에다에 의한 미국의 9.11테러 이후 새로 구분되는 테러리즘을 뉴테러리즘이라고 하며 이전의 전통적 테러리즘과 다른 양상을 보임.
- 전통적 테러리즘은 민족주의자나 분리주의자처럼 혁명적이고 이상적인 야망 등 뚜렷한 목적을 내세웠지만 뉴테러리즘은 테러목적이나 요구조건이 추상적이고 공격주체가 불분명하여 추적이 불가능한 경우가 대부분임.
- 전통적 테러리즘 조직은 위계적이고 단일화된 형태로 실체파악이 용이하지만 뉴테러리즘의 조직은 다원화되어 있어 실체를 파악하기가 매우 어려움.

- 전통적 테러리즘은 피해규모가 비교적 적었으나 뉴테러리즘은 대량살상무기를 사용한 전쟁수준의 무차별·동시다발 공격으로 피해가 막대함.
- 전통적 테러리즘은 폭탄공격, 납치 등 테러수단이 한정적이었으나 뉴테러리즘은 사이버테러리즘과 극단적 자살테러 등 새로운 형태의 테러수단이 동원됨.
- 전통적 테러리즘은 개별국가에 한정된 형태를 보였고, 해결방식 또한 개별국가 차원의 대응이 주를 이뤘으나 뉴테러리즘은 초국가적으로 분산되어 있는 테러조직을 추적하기 위해 미국, 유엔을 비롯한 공동대응 방식으로 전환됨.

03 테러관련 이슈

01 선제타격(선제공격)과 예방공격

(1) (예방적) 선제타격(pre-emptive strike)

- 선제타격은 적이 공격을 결정하거나 공격징후가 명확한 상황 또는 전시에 공격받기 전 감행하는 제한된 목표나 비교적 작은 규모의 공격으로 히브리어 속담인 "당신을 죽이러 오는 자가 있으니 일어나서 그를 먼저 죽여라"와 상통함.
- 선제타격은 대량살상 무기를 매개로 테러집단과 불량국가를 동일시하고 이들의 체제변화(regime change)의 필요성을 주장하며 2003년 이라크전쟁의 정당성을 강조한 부시독트린(Bush Doctrine)의 이론적 근거가 됨.
- BC 431~404년 펠레폰네소스 전쟁에서 아테네가 스파르타를 선제타격 하거나 1967년 이스라엘이 이집트와 시리아를 선제타격한 중동 3차전쟁도 상대국이 느끼는 위협의 수준에 따라 선제공격이 될 수 있음.
- 한반도에서 선제타격은 전시 북한의 핵공격이 확실한 상황에서 이뤄지므로 자위권으로 해석할 수 있어 선제타격의 의미로 사용 가능함.

(2) 예방공격(preventive attack)

- 평상시에 적으로부터 공격받을 위험이나 전쟁 가능성이 낮으나 위험요인을 미리 제거하는 것으로 상대국에 비해 힘의 균형이 시간이 지날수록 불리하다고 판단할 때 유리한 시간에 의도적으로 상대국을 공격하는 것임.
- 1981년 이스라엘이 F-16 전폭기로 이라크 핵시설 오시락(OSIRAK) 원자로를 폭격하여 이라크 핵무기 개발이 중단되었음.

- 1994년 미국의 북한 영변 원자로 폭격계획이나 1998년 페리보고서의 대북 공격 제안은 북핵 위협이 구체화되기 전 이를 제거하려는 예방공격 임.
- 예방공격(또는 예방전쟁)은 침략전쟁에 준하므로 국제법적으로 어떠한 경우에도 정당성을 인정받을 수 없는 것이 원칙임.
- 국내의 경우는 선제타격이 응징적 보복에 대비하기 위한 사실상의 전쟁을 감안하여 준전시에 결정되지만 미국은 평시에 실행될 수 있는 것이 차이임.

02 변칙인도(irregular rendition) 또는 비상인도(extraordinary rendition)

- 변칙인도는 테러용의자 조사를 위해 세계 도처에서 체포된 용의자를 헌법상 고문 등이 금지된 미국으로 바로 이송하지 않고, 고문이 허용되는 국가로 일단 인도하는 것임.
- 고문을 통해 테러에 대한 정보를 획득하기 위한 것이 주된 목적으로 전직 CIA 요원이었던 로버트 바이어의 테러 용의자에 대하여 중요한 심문을 원하면 '요르단으로, 고문을 원하면 시리아로, 다시 보고 싶지 않으면 이집트로 보내라'는 말은 이러한 실상을 보여줌.
- 변칙인도에 대해 휴먼라이트 워치(Human Rights Watch)는 고문의 외주 발주(outsourcing of torture)이라고 지적하였고 국제사면위원회(Amnesty International)는 국제법과 미국 국내법 규정 위반이라며 금지를 요청함.

더 알아보기

Arar v. Ashcroft 사건: 변칙인도의 예

- 시리아 출생으로 캐나다 시민권자인 마허 아라(Maher Arar)가 2002년 아프가니스탄 방문 후 캐나다로 복귀 중에 경유지인 뉴욕의 케네디 공항에서 알카에다 접촉에 대한 강도 높은 조사를 받다 요르단을 거쳐 시리아에 변칙인도 되어 10개월 간 고문을 당한 사건임.
- 아라는 헌법권리센터의 도움을 받아 미국 법무부장관(John Ashcroft)와 FBI, 국토안보부 장관에게 소송을 제기했으나 연방대법원은 국가안보상의 이유로 기각함.

04 세계 각국의 테러대응 체계

01 미국의 테러대응 체계

(1) 미국의 테러대응 체계의 특징

- 테러범죄 대응에 대한 애국법(후에 자유법으로 개정) 등 법적 근거를 명확하게 규정하고 있으며, 국토안보부와 법무부 산하 연방수사국(FBI)을 중심으로 대처하고 있음.
- 테러 발생시 상황 별 대응기관 간 역할체계를 명확히 규정하여 국가적 대응이 필요한 Ⅰ급사태시는 군 합동특수전사령부(JSOC), 국내 주요사태인 Ⅱ급 사태 시는 FBI, 각 주의 주요사건인 Ⅲ급 사태시는 주 경찰 SWAT, 각 지방사건인 Ⅳ급 사태 시는 보안관 SWAT가 각각 담당하도록 규정함.

(2) 조직체계

(가) 국가안보회의(NSC, National Security Council)

- 1947년 국가안보법(National Security Act)에 근거하여 설치된 정책기구로 국가안보와 관련 최고의 심의·협의 기관임.

(나) 국토안보부(DHS, Department of Homeland Security)

- 대테러 주무기관으로 국토안보법(Homeland Security Act)에 근거하여 국가안보 및 치안유지에 필요한 22개 조직을 통합하여 2002년 11월에 설립됨.
- 국내 테러리스트의 공격예방과 대응능력 강화, 종합적인 국가전략 수립, 정부부처 간 역할 조정의 역할 수행. 국토안보부 권한 및 정책 감독은 미국 하원의 국토안보위원회가 실시함.
- 해안경비대(USCG), 관세청(USCBP), 이민국(USCIS), 국가 사이버보안부(NCSD), 교통안전청(TSA), 비밀경호국(USSS)이 산하에 있음.

(다) 국가대테러센터(NCTC, National Counterterrorism Center)

- 2003년 CIA, FBI, 국방부 등 15개 기관 합동으로 테러정보통합센터(TTIC)를 설치하였으나 9·11 테러진상조사위원회의 권고로 이를 확대하여 2004년 국가정보장(DNI) 산하에 국가대테러센터(NCTC)를 신설함.
- NCTC는 정보개혁 및 테러방지법(IRTPA)에 근거하여 미국의 정보공동체, 군, 국토안보부, 법 집행 기관 등 30개 이상의 기관에서 수집한 테러정보를 융합, 분석 및 공유하고 국가대테러 목표를 달성하기 위한 활동을 통합함.

- 대통령과 DNI에게 테러정보 보고, 민간·군사 대테러활동에 대한 전략계획 제공, 행정부·의회에 테러관련 정보전파, 국토안보부·법무부에 테러정보 지원, 테러위험도 평가 등의 업무를 담당함.
- NCTC Online CURRENT 시스템을 운용하여 FBI의 합동테러리즘전담반(JTTF) 및 국방부 전투사령관 등에게 국내외 대테러 유관기관에서 생산한 테러 첩보를 전파함.

(라) 융합센터(fusion center, 퓨전센터)

- 융합센터는 9.11테러 이후 CIA, FBI 및 법무부, 군 등 연방기관들 사이의 정보공유를 위해 국토안보부와 법무부가 미국 각 주의 주요 대도시에 설치한 연방 차원의 테러범죄 조사 사무실임.
- 정부기관과 민간단체가 수집한 정보가 융합되어 전문가의 분석을 거쳐 수사기관, 정보기관, 군 등 관계기관의 작전 수행을 위해 적절히 배포되도록 돕는 역할을 하여 주 및 지방의 안전을 유지하도록 함.
- 융합센터는 자체 수사권은 없으나 증거 수집 및 정보교환, 공조를 지원하며 연방정부로부터의 정보획득 시간을 단축시키며 국토안보부 또는 경찰, 군, 민간단체로부터 정보분석 전문가를 지원받기도 함.

(마) 합동테러리즘전담반(JTTF, Joint Terrorism Task Forces)

- 9.11테러 이후 FBI를 중심으로 테러 대응을 위해 주 및 지방경찰, 비밀국(USSS, 백악관 경호), 마약단속국(DEA), 세관 및 국경 보호국(CBP), 민간조직 등과 합동으로 구성되어 미국 전역의 FBI지역 사무소에 설치한 기구임.
- JTTF는 FBI에 의해 운영되며 국가적 차원의 지역테러 사건을 담당하고 수사업무를 진행하며 연방과 지방의 협력증진을 위해 지방이나 주 법집행기관 근무자들이 파견근무를 함.
- 특히 뉴욕경찰(NYPD)은 FBI와 협조 하에 대형테러 사건을 조사하였고 국가적 차원의 기밀 접근권을 획득하고 관련 정보를 분석하여 유관기관에 제공함.

(3) 테러 관련 법령

(가) 항공기납치규제법(Anti-Hijacking Act, 1974)

- 항공기 납치·폭파 등과 같은 항공기테러 방지를 위해 제정됨.

(나) 국제테러규제법(Act to Combat International Terrorism, 1984)

- 테러방지 및 억제를 위한 포괄적 국내법의 필요성을 인식하고 국제테러 행위에 대해 6개월마다 상·하 양원에 보고 및 테러지원국 원조중단 및 제재조치를 강구함.

Chapter 09

(다) 종합테러방지법(Anti-terrorism and Effective Death Penalty Act, 1996)

- 1995년 발생한 오클라호마 연방청사 테러를 계기로 자국 내 테러행위를 연방범죄로 규정하고 연방정부의 테러수사권 강화, 테러범에 대한 법정최고형 구형 등 처벌을 강화함.

(라) 애국법(USA Patriot Act, 2001~2015)

- 9.11테러 이후 종합테러방지법을 보완하여 수사기관의 대테러 활동을 강화하기 위해 제정된 10개의 섹션으로 이루어져 있는 패키지법으로 2006년과 2011년 두번에 걸쳐 연장됨.
- 주요 내용은 용의자에 대한 수사기관의 범죄수사 정보를 FBI 등이 공유할 수 있는 권리(제203조), 테러 용의자에 대한 유선·대화·전자통신 등 전 수단으로의 감청권 확대(제204조, 제206조), 테러사건 수사를 위해 대상자에게 집행사실을 미 고지하는 비밀수색영장 발부권 허용(제213조), FBI가 국제테러 수사 시 FISA 담당법원에 신청하여 민감한 개인기록을 제한 없이 취득할 수 있는 권한 획득(제215조) 임.

(마) 정보개혁 및 테러방지법(Intelligence Reform and Terrorism Prevention Act, 2004)

- 국가정보장(DNI)과 정보기관 간의 정보공유와 협력에 관한 법률적 근거를 마련함.

(바) 폭력 급진화와 자생적 테러리즘 방지법(Violent Radicalization and Homegrown Terrorism Prevention, 2007)

- 국토안보법에 추가된 조항으로 미국 내 급진적 테러리즘 세력을 초국가적으로 협력하여 대처하기 위한 것으로 연구센터 및 보조금 지급을 포함함.

(사) 미국 자유법(USA Freedom Act, 2015)

- 스노든의 폭로(2013년)와 2015년 5월 항소법원의 애국법 215조가 위헌판결 이후 2015년 6월 통과된 애국법의 개정안으로 미국 시민 수백만 명의 통신기록을 한꺼번에 수집해 5년간 보관하는 권한인 제215조 권한이 만료됨.
- 기존의 애국법 내용 중 자생적 테러조직, 즉 외로운 늑대(lone wolf)의 추적 감시조항과 통신기기를 자주 바꿔가며 이동하는 테러 용의자에 대해 법원의 영장 없이도 감청을 허용한 이동식 도청(roving wiretaps)에 관한 조항 등은 유지함.

더 알아보기

애국법(USA Patriot Act) 규정

- 수사기관의 테러관련 범죄수사를 위한 통신기록 추적절차를 용이하게 함(제216조)
- 테러자금의 세탁방지와 테러자금 유입 차단을 위하여 국제적 돈세탁에 대한 추적과 감시 강화(제301조)
- 외국학생 감시프로그램을 통하여 그 활동에 대한 정보 수집 강화(제416조)
- 1차연장 시 통제되었던 국가안보서신(NSLs)에 관한 내용을 확대함.

(4) 테러지원국 지정(State Sponsors of Terrorism)

- 국무부 장관은 법무부 장관과 협의 또는 법무부 장관의 요청으로 테러단체를 지정하고 이는 연방관보에 고지되며 테러추방목록(TEL, Terrorist Exclusion List)을 작성하여 관리함.
- 테러단체 지정 기준은 죽음 또는 심각한 신체적인 상해를 초래하는 의도를 나타내는 상황 하에서 테러행동을 실제로 하거나 그러한 행동을 선동한 단체, 테러활동을 준비 또는 계획하는 단체, 테러활동의 잠재적 목표에 대한 정보를 수집하는 단체, 테러활동에 물질적 지원을 하는 단체임.
- 테러지원국으로 지정되면 미국으로부터 무역, 투자, 원조 등에서 엄중한 일방적 제재를 받게 되며 World Bank, IMF 등 국제 금융기구에서 지원이나 차관을 받을 때 불이익을 받음.
- 테러단체로 지정되면 기본적으로 자산이 동결되고 테러단체를 지원 또는 활동한 개인은 기한 없이 미국입국이 거부되며, 입국한 사람은 추방 됨.
- 테러단체에 대해서는 수사·정보기구에 의하여 특별 감시를 행할 수 있고, 다른 국가에 테러단체 지정사실을 통보하여 고립하는 조치가 행해지게 됨.
- 현재 북한(2017. 11.20.), 이란(1984. 1.19), 수단(1993. 8. 12), 시리아(1979년 12.29) 4개국이 지정되어 있음. 북한은 1988. 1.20. 처음 지정되었다가 2008.10.11 해제된 후 재지정 되었고 쿠바는 1982. 3.1 지정되었다가 2015.5.29. 해제, 리비아는 1979.12.29 지정되었다가 2006.5.15 해제 됨.

(5) 대테러부대

- 테러공격이 전면전 수준으로 높아지며 군 특수부대가 동원되고 있는 추세로 대테러작전 뿐만 아니라 적국에 침투하여 흑색선전공작, 첩보수집 및 예방공작 등도 수행함.

(가) 경찰특공대(SWAT, Special Weapons And Tactics)

- 중화기와 장갑차까지 보유한 경찰 내 기동타격대로 각 지역마다 다른 형태로 테러 및 강력범죄 진압, 조직범죄 소탕, 위험한 용의자 체포 등의 임무를 수행하며 NYPD(뉴욕경찰국), LAPD(LA경찰국) 등에서 운용 중임.

(나) 델타포스(Delta Force)

- 미 육군특수부대로 그린베레(Green Berets) 출신이 다수이며 미국 특수작전 사령부(SOCOM, Special Operations Command) 산하 합동특수작전사령부(JSOC) 내 속해 있으며 독수리발톱작전(Operation Eagle Claw) 실패 이후 미 해군에 데브그루가 창설됨.

(다) 데브그루(DEVGRU)

- 미 해군특수부대로 기존의 SEAL 6팀이 해군특수작전사령부가 아닌 JSOC에 편입되면서 해군특수전개발단으로 불리고 있으며 파키스탄에서 넵튠스피어작전(Operation Neptune Spea)을 수행하여 은신 중이던 오사마 빈라덴을 사살함.

(라) FBI SWAT와 인질구조부대(HRT, Hostage Rescue Team)

- FBI는 경찰처럼 각 지부마다 SWAT가 있고 본청에는 중대사건대응단(CIRG, Critical Incident Response Group) 소속의 인질구조부대(HRT)를 두고 초국가적인 테러사건을 해결하고 있음.

02 영국의 테러 대응체계

(1) 영국의 대테러체계의 특징

- 영국은 과거 대영제국 당시 식민지들의 독립운동과 북아일랜드 분리독립 운동을 통해 국제테러와 국내테러 모두 충분한 대응경험이 있으며 단순한 테러방지에서 전체적인 위기관리(risk management)의 차원으로 확대되는 경향임.
- 영국은 효율적인 대테러 업무 수행을 위해 보안부(SS) 산하의 합동테러분석 센터(JTAC)와 내무부 산하에 보안대테러리즘국(OSCT)을 신설하여 지휘체계를 일원화 함.
- 총리는 테러를 포함한 정보기관에 영향을 미치는 국가정보 및 보안문제에 관해 의회에 책임을 지며 내각 사무처(Cabinet Office) 소속의 합동정보위원회(JIC, Joint Intelligence Committee)의 보좌 및 자문을 받음.

(2) 영국의 테러 대응체계

(가) 보안부(SS, Secret Service, 일명 MI5)

- 간첩, 테러, 마약, 조직범죄, 불법이민 등에 감시 및 정보활동을 하는 내무부 소속의 정보기관으로 테러리스트에 대한 독자적 체포권한은 없어 경찰 특별수사대(SB, Special Branch)와 공조함.
- 대테러 업무는 최우선 업무로 북아일랜드, 웨일즈, 스코틀랜드의 극단적 민족주의자, 이슬람 수니파 이슬람 극단주의자들에 대한 정보활동을 활발히 수행하며 이를 격퇴하고자 노력함.

(나) 합동테러분석센터(JTAC, Joint Terrorism Analysis Centre)

- SS(보안부) 산하에 2003년 설치된 국제 테러리즘 전문 분석기관으로 보안정보부(SS), 비밀정보부(SIS), 국방부, 경찰 등 다양한 기관에서 파견된 분석관들로 구성되어 정보기관 간 장벽을 허물고 테러 정보공유의 구심점 역할을 수행함.
- JTAC의 분석관들은 국가적 수준의 테러위협 단계 설정과 테러 경향·조직·능력에 대한 보고서를 발간하며 대간첩, 대확산 부서와 긴밀히 협력함. JTAC의 수장은 SS 수장에게 보고함.

(다) 내무부 보안대테러리즘국(OSCT, Office for Security and Counter-Terrorism)

- 미국의 국토안보부(DHS)처럼 영국도 2007년 3월 내무부 산하에 다양한 기관의 파견 인력으로 구성된 보안대테러리즘국(OSCT, Office for Security and Counter-Terrorism)을 신설하여 범정부 차원의 대테러 전략 구상 및 집행, 국가핵심기반시설 보호 등 업무수행 중임.

(라) 런던경찰국(MPS, Metropolitan Police Service, 일명 Scotland Yard)

- 영국의 경찰대 중 가장 크고 유일한 국가경찰로 1829년 창설되어 런던 주변지역에 대한 경비는 물론 대테러, 대전복, 왕실과 정부요인 경호, 특정 정치운동에 대한 사찰을 담당하며 대테러사령부(CTC)를 설치·운영함.
- MPS 창설 당시 경찰국의 위치가 런던 소재 옛 스코틀랜드 국왕의 궁전 터에 위치하여 스코틀랜드 야드(Scotland Yard)라는 별칭을 갖게 되었으며 런던 시내를 관할하는 런던시경(City of London Police)과 다른 조직임.

(마) 대테러사령부(CTC, Counter Terrorism Command, 일명 SO15)

- 런던경찰국 내 반테러지부(Anti-Terrorist Branch)와 범죄수사부(Criminal Investigation Department) 산하의 정보 및 보안업무를 담당하는 특수지부(Special Branch)를 통합한 부서임.

- 첩보수집과 체포권을 활용하여 테러 및 조직범죄 대응임무를 주도적으로 수행하며 대테러 및 인질구출특공대로 중무장경찰대(SCO19) 산하 대테러특수화기팀(CTSFO)이 있음.

(바) SAS(Special Air Service)

- 육군 소속의 특수부대로 현대 대테러부대의 아버지라 불리고 오랜 기간 많은 실전경험을 쌓았으며 1970년대 북아일랜드 테러범(IRA)와 전투, 1980년 런던주재 이란대사관 인질사건을 해결하며 테러진압작전을 발전시켜오고 있음.

더 알아보기

칸 네트워크(Khan Network)

- 2003년 10월 CIA의 추적 끝에 리비아로 향하던 BBC China호가 이탈리아 영내에서 나포되었고 우라늄 농축 원심분리기를 비롯한 핵 부품, 핵탄두 설계도가 발견됨.
- 파키스탄의 압둘 카디르 칸(Abdul Qadeer Khan, 1936~) 박사가 핵기술을 불법 판매한 국제 밀거래망으로 대표적으로 파키스탄은 탄도미사일 기술을 제공받는 대가로 북한에 원심분리기 프로그램 등 핵 기술을 전달했음.
- 리비아는 엄격한 제한을 받는 품목인 원심분리기와 미사일 탄두 설계도를 턴키 방식으로 얻었으며 이란은 설계도를 지원받아 농축우라늄 공장을 불법 건설함.
- 부품 판매는 물론 파키스탄 이슬라마바드 외곽의 핵시설에서 고객들에게 안내책자를 배포하고 24시간 기술을 지원한 것으로 알려짐.

03 프랑스의 테러대응 체계

(1) 국방 및 국가안보회의(CDSN)

- 프랑스판 국가안전보장회의로 테러 및 군사 작전, 위기대응 계획을 심의하고 안보이슈들의 우선순위를 정하는 수립하는 대통령 직속기구 임.

(2) 국가대테러센터(CNCT)

- 2015년 파리테러 이후 연이은 극단 이슬람세력의 테러로 2017년 6월 CDSN 산하에 설치된 대테러 기구로 테러 위협에 대한 전반적인 분석, 대테러 전략수립 및 우선순위 조정을 통해 강력하고 지속적인 대테러 효과를 얻는 것이 목적임.

(3) 국내안보총국(DGSI)

- 국내방첩업무를 담당하는 내무부 산하의 정보기구로 대테러와 대 사보타지, 대전복, 사이버범죄 대응, 정보통신기술을 통한 감시, 산업보안 등의 업무를 수행하며 정보수집과 경찰권을 함께 보유하고 있음.

(4) 프랑스 경찰청 대테러 조직

- 대테러협력센터(UCLAT)는 내무부 산하 경찰청 직속기구로 1984년 10월 창설되어 잠재적 테러리스트 위험요소 평가 및 분석, 테러관련 정보의 취합, 분석 및 전파 등의 임무를 수행함.
- 프랑스 경찰청 직속의 특수부대로 인질구출, 무장개입, 고위인사 경호임무를 하는 RAID, 대도시 지역의 경찰특수부대인 GIPN과 같은 대테러 부대를 운용함.
- 프랑스국가헌병대는 평시 내무부 소속으로 치안유지 역할을 하는 별개의 군으로 진압부대인 GIGN를 운영함.

(5) 해외안보총국(DGSE)

- 해외군사정보 수집 및 비밀공작을 담당하는 국방부 산하의 정보기관으로 국외도피(외국공관, 국제공항, 외국인 숙박호텔 등)가 가능한 테러범에 대한 인적, 기술적 정보를 수집하여 수사할 수 있는 권한이 있음.

04 독일의 테러대응 체계

(1) 독일의 테러 대응체계의 특징

- 1970년대부터 발생한 적군파(RAF)에 의한 테러 등에 대한 대응으로 관련법을 제·개정해 왔기 때문에 독일의 테러대응체제는 유럽 최초이며 최고로 평가됨.
- 독일은 9·11 테러 이후로 테러대응기구의 권한을 강화하고, 합동테러대응센터(GTAZ)와 합동인터넷센터(GIZ)를 설치하여 정보기관과 수사기관 간 테러 정보의 교환 및 분업적 역할을 증대시키고 있음.
- 극단주의 및 테러리즘 대응합동센터(GETZ, Joint Centre for Countering Extremism and Terrorism)는 GTAZ(합동대테러센터)와 GAR(우익 극단주의 테러 대응 센터)의 기능이 합쳐진 조직으로 2012년 11월 설치됨.

(2) 독일의 테러대응 체계

(가) 연방헌법보호청(BfV)

- 연방내무부 소속으로 우익·좌익·외국 극단주의 세력에 의한 테러리즘을 비롯한 헌법에 적대적인 계획과 안보에 위협적인 활동에 대한 정보를 수집 및 분석하고 이를 연방 경찰, 검찰 및 군 정보기관과 교환 및 공유함.

(나) 연방범죄수사청(BKA)

- 연방내무부 외청에 속한 경찰기구로 각 정보기구 로부터 테러정보를 지원 받으며 연방과 지방의 안전과 존립을 위해 국제 테러리즘 수사를 실시함.

(다) 연방정보부(BND)

- 연방수상의 직속의 유일한 해외정보기관으로 국제적 테러리즘과 국제적 조직범죄에 대한 정보를 생산 및 분석하고, 이를 연방정부에 제공함.

(라) 독일연방군의 소속 조직

- 연방군보안부(BAMAD, 구 MAD)는 연방국방부의 영역에 속하는 헌법보호업무를 수행하며 헌법보호청과 함께 테러리즘 예방을 위하여 공동 작업 및 정보공유를 함.
- 특수부대(KSK)는 독일 연방군 소속의 특수부대로 해외분쟁 및 테러 진압, 암살공작, 후방 교란, 정보 수집 등의 임무를 수행함.

(마) 연방경찰(BPOL)의 대테러부대(GSG 9)

- GSG 9은 연방내무부에 소속된 연방경찰로 1972년 팔레스타인 테러단체인 검은9월단에 의한 뮌헨올림픽 선수단 숙소 점거 사건 이후 효과적인 대테러 작전을 위해 제9국경수비대로 창설됨.
- 국경수비대가 2005년 연방경찰로 바뀌었으나 대테러 부대인 GSG 9은 이름 그대로 운영하면서 대테러전담 특수부대로서 수색, 테러진압, 인질석방 및 폭탄해체 등의 임무를 수행함.

(바) 합동테러대응센터(GTAZ)

- 9.11테러와 마드리드 테러 이후 국제이슬람테러 대응을 위해 2004년 12월 정보기관과 수사기관의 합동성 강화 목적으로 창설되었으며 독립기관이 아닌 여러 보안기관들의 연합체이자 공동협력 플랫폼 임.
- GTAZ는 기관 간 다양한 테러 정보 및 전문지식의 체계적인 교환을 보장하고 공동평가 및 분석의 가능성을 제공하여 관계기관의 협력을 향상시킴.
- 연방헌법보호청(BfV), 연방정보부(BND), 연방군보안부(BAMAD), 연방범죄수사청(BKA), 연방경찰청(BPOL), 연방 검찰청(GBA), 세관조사국 (ZKA), 주 헌법보호청(LfV), 주 범죄수사청(LKA), BAMF(연방이민국)이 참석함.

(사) 합동인터넷센터(GIZ)

- 이슬람테러리즘에 대한 인터넷 정보를 교환, 분석 및 평가하고 각 관청에 이를 제공하는 기구로 인터넷상의 극단주의자와 테러리스트 활동을 파악하기 위해 당국의 다양한 전문적 역량을 활용하여 효율적으로 대응할 수 있도록 함.
- GTAZ 처럼 수장이 없는 연합조직으로 연방헌법보호청(BfV)의 관리하에 연방정보부(BND), 연방군보안부(BAMAD), 연방범죄수사청(BKA) 및 연방검찰청(GBA)이 참여함.

05 기타 외국의 테러대응조직

(1) 일본

- 적군파에 의한 항공기 납치사건 이후 경시청 산하에 특수급습부대(SAT, Special Assault Team)를 창설하였고 이후 해상테러에 대응하여 해상보안청에 특수경비대(SST, Special Security Team)를 조직함.

(2) 중국

- 국경경비대인 인민무장경찰부대(CAPF, Chinese People's Armed Police Force)에서 대테러 작전, 시위나 폭동 진압, 주요 지도자 경호, 국가시설 경비 등의 임무를 수행하며 치안유지를 하는 공안부와 다르며, 유사 시 군사력으로 활용할 수 있도록 체계화된 준 군사조직 임.

(3) 러시아

- 연방보안부(FSB) 산하에 국내테러 전담부대인 알파(Antiterrorist Operations)와 국외 담당인 빔펠(Vympe 또는 Vega Group)이 있고 해외정보부(SVR) 산하에 내무부에는 특수부대(스페츠나츠)인 비차스와 연방경찰 소속의 오몬(OMON)이 있음.

(4) 이스라엘

- 팔레스타인 해방기구(PLO)의 테러리즘으로 인해 창설된 특수부대인 샤레트매트칼(Sayeret MATKAL, Unit 269)이 군 정보기관인 아만(Aman)에 의해 운영되며 납치예방, 테러리스트 보복작전 등을 수행함.

더 알아보기

선진국 테러 대응체계의 특징

- 미국의 중앙집권식 지휘체계는 관련 테러정보의 통합 및 일사불란한 대테러 지휘체계에 효과적일 수 있으나 인권침해 논란을 초래할 수 있음.
- 영국, 프랑스, 독일 등도 미국처럼 테러방지를 위한 사전조치로서 테러 관련 정보수집에 대한 명확한 법률적 근거를 마련하여 테러정보를 종합·분석할 수 있는 법체계를 확립함.
- 프랑스를 제외한 주요 선진국은 테러 분야에서 정보기관과 수사기관의 이원화로 견제와 균형을 추구하고 있으며, 특히 독일은 대테러 참여기관 간 대등한 병렬식 상호협력 관계를 통해 기관 간 시너지 효과를 창출하고 있음.

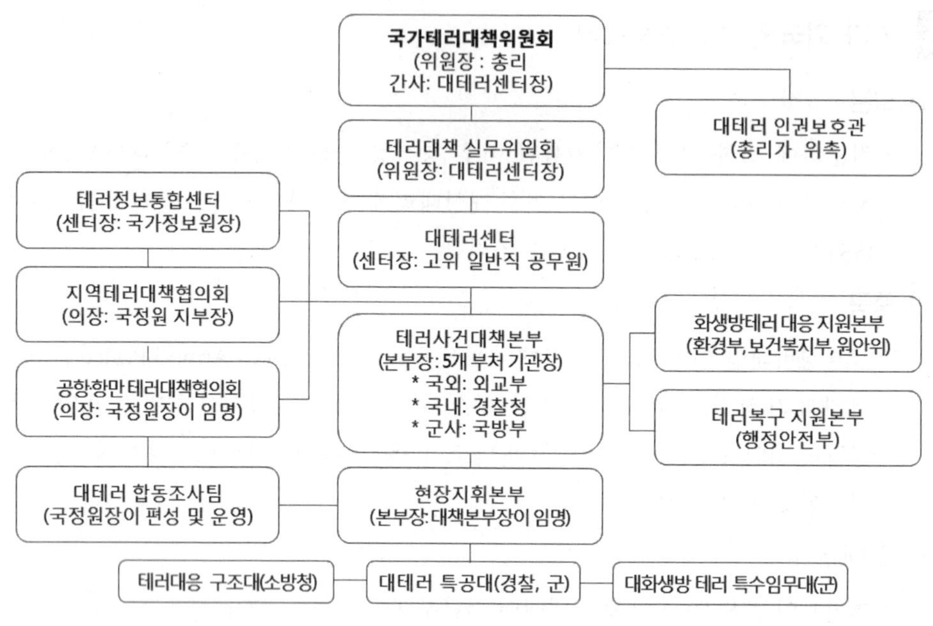

〈 우리나라의 테러대응체계 〉

05 한국의 테러 대응체계(테러관련 법령)

01 국민보호와 공공안전을 위한 테러방지법(테러방지법)

(1) 국민보호와 공공안전을 위한 테러방지법(테러방지법) 제정 이전의 문제점

- 테러방지법이 제정되기 전까지 우리나라의 테러대응 체계는 88올림픽을 앞두고 1982년 1월에 제정된 대통령 훈령인 국가대테러활동지침에 의존함으로써 일반 국민과의 관계에서 직접적인 구속력이 부족했음.
- 테러위협을 감지 및 분석 후 신속히 전파할 수 있는 체계가 부족했고 테러 발생 시 군과 경찰 간 통신운영 체계가 달라 소통의 곤란 및 혼선이 있었음.
- 테러 정보수집을 위한 근거법률 부재로 국가정보원법, 경찰법 등을 유추 적용하여 왔으나 헌법상 개인정보 자기결정권을 침해의 소지가 있었음.
- 테러 예방을 위해서는 정부 뿐 아니라 민간차원의 노력이 절실하나 실제 대국민 교육 및 훈련 시 세부 법적근거 조항이 미비하여 애로사항이 있었음.

(2) 국가테러대책위원회(테러방지법 제5조, 시행령 제4조, 제8조~제10조)

- 대테러활동에 관한 정책의 중요사항을 심의·의결하기 위해 국가테러대책 위원회를 두며 국무총리 및 관계기관의 장 중 대통령령으로 정하는 사람으로 구성하고 위원장은 국무총리로 함.
- 대테러활동에 관한 국가의 정책 수립 및 평가, 국가 대테러 기본계획 등 중요 중장기 대책 추진사항, 관계기관의 대테러활동 역할 분담·조정이 필요한 사항 등을 심의·의결함.
- 테러대책위원회는 위원장이 필요하다고 인정하거나 위원 과반수의 요청이 있는 경우에 위원장이 소집하며. 재적위원 과반수의 출석으로 개의하고, 출석위원 과반수의 찬성으로 의결함.
- 테러대책 실무위원회는 테러대책위원회를 효율적으로 운영하고 상정할 안건에 관한 전문적인 검토 및 사전 조정을 위하여 테러대책위원회에 두며 위원장은 대테러센터장이 됨.
- 국가테러대책위원회 및 실무위원회 참여기관은 국가정보원, 국방부, 외교부, 국토교통부, 환경부, 보건복지부, 원자력안전위원회, 경찰청, 해양경찰청, 소방청, 행정안전부, 기획재정부, 산업통상자원부, 법무부, 통일부, 관세청, 해양수산부, 국무조정실, 금융위원회, 대통령경호처 임.

(3) 대테러 인권보호관(테러방지법 제7조)

- 관계기관의 대테러활동으로 인한 국민의 기본권 침해 방지를 위하여 테러대책 위원회 소속으로 대테러 인권보호관 1명을 두며 임기는 2년이며 국무총리가 위촉함.
- 대책위원회에 상정되는 관계기관의 대테러정책·제도 관련 안건의 인권 보호에 관한 자문 및 개선 권고(기관장이 처리결과를 통지하여야 함), 대테러활동에 따른 인권침해 관련 민원의 처리(2개월 이내 처리), 그 밖에 관계기관 대상 인권 교육 등 인권보호를 위한 활동을 담당함.
- 인권보호관은 재직 중 및 퇴직 후에 직무상 알게 된 비밀을 엄수하여야 하며 직무상의 비밀에 관한 사항을 증언하거나 진술하려는 경우에는 미리 위원장의 승인을 받아야 함.

(4) 대테러센터(테러방지법 제6조, 시행령 제6조, 국무조정실과 그 소속기관 직제 제19조)

(가) 대테러센터의 임무

- 대테러활동을 원활히 수행하기 위하여 필요한 사항과 테러대책위원회 운영을 위한 사무 처리를 위해 국무총리(국무조정실) 소속으로 관계기관 공무원으로 구성되는 대테러센터를 둠.

- 대테러센터는 국가 대테러활동 관련 임무분담 및 협조사항 실무 조정, 장단기 국가 대테러활동 지침 작성·배포, 테러경보 발령, 국가 중요행사 대테러안전대책 수립, 테러대책 위원회에서 심의·의결한 사항 처리, 대책위원회의 회의 및 운영에 필요한 사무의 처리를 담당함.
- 대테러센터장(국가정보원장이 아님)과 센터장을 보좌하는 대테러정책관 1명은 고위공무원단에 속하는 일반직공무원으로 임명하며 특별한 사유가 있는 경우 대테러 정책관은 고위공무원단에 상응하는 국가정보원 직원으로 대체할 수 있음.
- 대테러센터장은 테러 위험 징후를 포착한 경우 실무위원회의 심의를 거쳐 테러경보를 발령함. 다만, 긴급한 경우 또는 주의 이하의 테러경보 발령 시에는 심의 절차를 생략할 수 있음.
- 테러경보는 테러위협의 정도에 따라 관심·주의·경계·심각의 4단계로 구분하며 대테러센터장은 테러경보 발령 시즉시 테러대책위원장에게 보고하고, 관계기관에 전파하여야 함.

(나) 테러경보단계

(a) 관심단계

- 실제 테러발생 가능성이 낮은 상태로 발령기준은 우리나라 대상 테러첩보 입수, 국제테러 빈발, 동맹·우호국 대형테러 발생, 해외 국제경기·행사 외국인 다수 참가임.
- 조치사항은 테러징후 감시활동 강화이며 관계기관 비상연락체계 유지, 테러대상시설 등 대테러 점검, 테러위험인물 감시 강화, 공항·항만 보안 검색율 10% 상향이 있음.

(b) 주의단계

- 실제 테러로 발전할 수 있는 상태로 발령기준은 우리나라 대상 테러첩보 구체화, 국제테러조직·연계자 잠입기도, 재외국민·공관 대상 테러징후 포착, 국가중요행사 개최 D-7임.
- 조치사항은 관계기관 협조체계 가동이며 관계기관별 자체 대비태세 점검. 지역 등 테러대책협의회 개최, 공항·항만 보안 검색율 15% 상향, 국가중요행사 안전점검이 있음.

(c) 경계단계

- 테러발생 가능성이 농후한 상태로 발령기준은 테러조직이 우리나라 직접 지목·위협, 국제테러조직·분자 잠입활동 포착, 대규모 테러이용수단 적발, 국가중요행사 개최 D-3임.
- 조치사항은 대테러 실전대응 준비로 관계기관별 대테러상황실 가동, 테러이용수단의 유통 통제, 테러사건대책본부 등 가동 준비, 공항·항만 보안 검색율 20% 상향을 해야 함.

(d) 심각단계

- 테러사건 발생이 확실시되는 상태로 발령기준은 우리나라 대상 명백한 테러첩보 입수, 테러이용수단 도난·강탈 사건 발생, 국내에서 테러기도 및 사건 발생, 국가중요행사 대상 테러첩보 입수 임.
- 조치사항은 테러상황에 총력 대응으로 테러사건대책본부 등 설치, 테러대응 인력·장비 현장 배치테러대상시설 잠정 폐쇄, 테러이용수단 유통 일시중지 임.

(5) 테러사건대책본부(테러방지법 시행령 제14조)

- 유관기관 소속 장관들은 테러 발생 또는 발생할 우려가 현저한 경우 테러사건 대책본부를 설치·운영하여야 하고, 대책본부를 설치한 관계기관의 장은 그 사실을 즉시 테러대책위원장에게 보고하여야 함.
- 외교부장관은 국외테러사건대책본부, 국방부장관은 군사시설테러사건대책본부, 국토교통부장관은 항공테러사건대책본부, 경찰청장은 국내일반 테러사건 대책 본부, 해양경찰청장은 해양테러사건대책본부를 설치해야 함.
- 테러사건대책본부의 장은 본부를 설치하는 기관의 장이며 현장지휘본부의 사건 대응 활동을 지휘·통제하나 군사시설테러사건대책본부는 국방부장관이 아닌 합동참모의장 임.

(6) 현장지휘본부(테러방지법 시행령 제15조)

- 테러사건대책본부의 장은 테러사건이 발생 시 사건 현장의 대응활동을 총괄 하기 위하여 현장지휘본부를 설치할 수 있으며 현장지휘본부의 장은 대책 본부의 장이 지명함.
- 현장지휘본부의 장은 현장에 출동한 관계기관의 조직(대테러특공대, 테러대응 구조대, 대화생방테러 특수임무대 및 대테러합동조사팀을 포함한다)을 지휘·통제하며 현장에 출동한 관계기관과 합동으로 통합상황실을 설치·운영할 수 있음.

(7) 화생방테러대응지원본부(테러방지법 시행령 제16조)

- 화생방테러사건 발생 시 테러대책본부를 지원하기 위하여 분야별로 보건복지부 장관(생물테러), 환경부장관(화학테러), 원자력안전위원회 위원장(방사능테러)를 화생방테러대응지원본부를 설치·운영함.
- 화생방테러 사건 발생 시 오염 확산 방지 및 제독(除毒) 방안 마련, 화생방 전문인력 및 자원의 동원·배치, 그 밖에 화생방테러 대응 지원에 필요한 사항의 임무를 시행함.
- 국방부장관은 화생방테러 대응을 지원하기 위하여 테러대책위원회의 심의·의결을 거쳐 오염 확산 방지 및 제독 임무를 수행하는 대화생방테러 특수임무대를 설치하거나 지정할 수 있음.

(8) 대테러특공대(테러방지법 시행령 제18조)

- 국방부장관, 경찰청장 및 해양경찰청장은 테러사건에 신속히 대응하기 위하여 대테러대책위원회의 심의·의결을 거쳐 대테러특공대를 설치·운영함.
- 군 대테러특공대의 출동은 군사시설 안에서 발생한 테러사건일 경우 수행하나 경찰력의 한계로 긴급한 지원이 필요하여 대책본부의 장이 요청하는 경우에는 군사시설 밖에서도 경찰특공대를 지원할 수 있음.
- 1선급 대테러부대로는 국가지정대테러부대로서 육군 707특수임무대대, 해군특수전여단, 경찰특공대(KNP-SOG), 해양경찰특공대(SSAT), 제24화학특임대가 있으며 2선급으로 초동대응부대는 육군 특전사 각 여단의 특임대, 해군 UDT/SEAL 대대들, 각군 헌병 특임대가 있음.

(9) 테러정보통합센터(테러방지법 시행령 제20조)

- 국가정보원장은 테러정보통합센터를 설치·운영하여 국내외 테러 정보의 통합 관리·분석 및 배포, 24시간 테러 상황 전파체계 유지, 테러 위험 징후 평가 등의 임무를 수행 함.

(10) 대테러합동조사팀(테러방지법 시행령 제21조)

- 국가정보원장은 국내외에서 테러사건이 발생하거나 발생할 우려가 현저할 때 또는 테러 첩보가 입수되거나 테러 관련 신고가 접수되었을 때에는 예방조치, 사건 분석 및 사후처리방안 마련 등을 위하여 관계기관 합동으로 대테러합동조사팀을 편성·운영할 수 있음.
- 국가정보원장은 합동조사팀이 현장에 출동하여 조사한 경우 그 결과를 대테러센터장에게 통보하여야 함.
- 군사시설에 대해서는 국방부장관이 자체 조사팀을 편성·운영할 수 있으며 국방부장관은 자체 조사팀이 조사한 결과를 대테러센터장에게 통보하여야 함.

02 통합방위법

(1) 용어의 정의(통합방위법 제2조, 제4조, 제5조, 제10조, 제12조)

- 통합방위사태란 적의 침투·도발이나 그 위협에 대응하여 단계별로 선포하는 민·관·군 통합 사태를 말함.
- 갑종사태란 일정한 조직체계를 갖춘 적의 대규모 병력침투 또는 대량살상무기 공격 등의 도발로 발생한 비상사태로서 통합방위본부장(합참의장) 또는 지역군사령관(여단장급 이상 지휘관 중 본부장이 임명)의 지휘·통제 하에 통합방위작전을 수행하여야 할 사태를 말함.

- 을종사태란 일부 또는 여러 지역에서 적이 침투·도발하여 단기간 내에 치안이 회복되기 어려워 지역군사령관의 지휘·통제 하에 통합방위작전을 수행하여야 할 사태를 말함.
- 병종사태란 적의 침투·도발 위협이 예상되거나 소규모의 적이 침투하였을 때에 지방경찰청장, 지역군사령관 또는 함대사령관(제1함대는 동해·2함대는 서해·3함대는 남해)의 지휘·통제 하에 통합방위작전을 수행하여 단기간 내에 치안이 회복될 수 있는 사태를 말함.
- 갑종사태에 해당하는 상황이 발생하였을 때 또는 둘 이상의 시·도에 걸쳐 을종 사태에 해당하는 상황이 발생하였을 때는 국방부장관, 둘 이상의 시·도에 걸쳐 병종사태에 해당하는 상황이 발생하였을 때는 행정안전부장관 또는 국방부 장관이 국무총리를 거쳐 대통령에게 통합방위사태의 선포를 건의해야 함.
- 국가중요시설이란 공공기관, 공항·항만, 주요 산업시설 등 적에 의하여 점령 또는 파괴되거나 기능이 마비될 경우 국가안보와 국민생활에 심각한 영향을 주게 되는 시설을 말함.
- 중앙 통합방위협의회는 국무총리 소속으로 의장은 국무총리가 되고 대통령이 임명하는 부처 의 기관장이 참석하며 통합방위 정책 및 작전 결정, 통합방위 사태 선포 또는 해제를 담당함.
- 지역 통합방위협의회는 각 시·도지사 소속으로 의장은 시·도지사가 되고 취약 지역의 선정 또는 해제, 을종사태 및 병종사태의 선포 또는 해제, 통합방위 대비책 마련 등의 임무를 수행함.
- 합동참모본부에 통합방위본부를 두며, 본부장은 합동참모의장이 되고 통합방위 진행 상황 및 대국민 협조사항 등을 알리기 위하여 필요하면 합동보도본부를 설치·운영할 수 있음.

(2) 경계태세 발령(통합방위법 제11조, 통합방위법 시행령 제21조, 제22조)

- 대통령령으로 정하는 군부대의 장(연대장급, 해군·공군은 독립전대장급) 및 경찰관서의 장(경찰서장급)은 적의 침투·도발이나 그 위협이 예상될 경우 통합방위작전을 준비하기 위하여 경계태세를 발령할 수 있음.
- 경계태세가 발령된 때에는 해당 지역의 국가방위요소는 적의 침투·도발이나 그 위협에 대응하기 위하여 필요한 지휘·협조체계를 구축하여야 함.
- 발령권자는 경계태세 상황이 종료되거나 상급 지휘관의 지시가 있는 경우 경계태세를 해제하여야 하고, 통합방위사태가 선포된 때에는 경계태세는 해제된 것으로 봄.

- 발령권자는 경계태세를 발령하거나 해제하는 즉시 그 사실을 관할지역 내의 모든 국가방위요소에 통보하고, 통합방위본부장에게 보고하거나 통보함.
- 경계태세는 적의 침투 · 도발 상황을 고려하여 경계태세 3급(진돗개 셋), 경계태세 2급(진돗개 둘), 경계태세 1급(진돗개 하나)으로 구분하여 발령할 수 있음.

(3) 진돗개(국지도발작전 또는 대침투작전 용어)

- 진돗개는 북한 무장간첩이나 특수부대원 침투 시 발령하는 군내 작전 용어로서 전면전이 아닌 일부지역에 국한된 국지도발 상태에서 발령됨.
- 진돗개 셋은 평상시 상태이고 진돗개 둘은 적 부대 및 요원의 침투 징후가 농후하거나 위기 발생이 예상되는 경우 발령되며 군경이 비상경계를 하고 장병들은 개인화기와 방독면 소지를 함께하는 단독군장 차림을 해야 함.
- 진돗개 하나는 침투상황이 발생하고 대 간첩 작전이 전개될 때 발령하는 가장 강력한 조치로 군, 경찰, 예비군은 기본 임무 수행에 제한을 받고 명령에 따라 지정 지역으로 출동해 수색 · 전투태세를 갖춰야 함.

03 외교부 여행금지국

- 외교부가 자국민을 보호하기 위해 여권법 등 관련 규정에 따라 지정한 방문 및 체류가 금지되는 국가 및 지역으로 흑색경보단계 흑색경보단계가 발령되며 이미 체류하고 있는 경우는 즉시 대피 · 철수가 요구됨.
- 여행경보제도는 국가별 안전수준을 고려하여 지정하며, 해외여행을 하는 우리 국민에게 안전 행동요령을 제시하는 것으로 남색경보는 여행유의로 신변안전유의, 황색경보는 여행자제로 신변안전 특별유의 및 여행 필요성 신중 검토, 적색경보는 철수권고로 긴급용무가 아니면 철수 및 가급적 여행 취소 · 연기, 흑색경보는 여행금지로 즉시 대피, 철수 및 여행금지임.
- 방문 및 체류가 금지된 국가나 지역으로 고시된 사정을 알면서도 허가를 받지 않고 해당 국가나 지역에서 여권 등을 사용하거나 해당 국가나 지역을 방문 또는 체류한 사람은 1년 이하의 징역 또는 1000만원 이하의 벌금에 처함. (여권법 제26조)
- 현재 여행금지국가 및 지역은 이라크 (2007년 8월 7일 ~ 2019년 1월 31일까지), 소말리아 · 아프가니스탄 (2007년 8월 7일 ~ 2019년 1월 31일까지), 예멘 (2011년 6월 28일 ~ 2019년 1월 31일까지), 시리아 (2011년 8월 20일 ~ 2019년 1월 31일까지), 리비아 (2014년 8월 4일 ~ 2019년 1월 31일까지), 필리핀 일부지역(잠보앙가, 술루군도, 바실란, 타위타위 군도), (2015년 12월 1일 ~ 2019년 1월 31일까지) 임.

외교금지국 선정 배경

- 필리핀은 민다나오 남부 잠보앙가·술루 군도· 바실란·타위타위 군도 지역은 지역 무장단체의 영향력이 강하고 정부의 통제력이 미치지 못하므로 진출 기업이나 통행 선박들의 테러 피해가 우려됨.
- 시리아는 아사드 정권과 반군 및 ISIS 등 테러단체간 치열한 교전과 테러로 극도의 정세불안을 보이고 있는 지역이고 아프카니스탄은 카불 인근의 자폭테러와 이슬람 원리주의자 아쿤자다의 지방도시테러가 빈번함.
- 이라크는 모술 탈환작전이 공식 종료되었으나 일부 ISIS 잔당들은 기습공격 등 저항을 지속하고 있으며 바그다드 등지에서도 추종세력의 자폭테러·도로매설 폭탄 테러 등으로 인해 치안정세는 여전히 불안한 상태임.
- 소말리아는 이슬람 극단주의 테러단체 알샤바브 등에 의해 다수의 테러가 발생하는 지역이고 리비아는 통합정부(GNA)와 강경 이슬람세력인 미스라타민병대, 동부 세속주의의회(HoR)의 내전이 진정단계이나 여전히 위험함.

충무사태

- 전면전 대비 정부총력전 차원의 전쟁 준비 조치사항을 선포하는 것으로 국가안전 보장에 중대한 영향을 미칠 수 있는 비상사태 발생 시 각급기관의 행동 기준과 필요한 조치사항을 규정하며 국방부장관이 건의하고 대통령 승인이 승인함.
- 충무3종사태는 전면전으로 진전될 가능성이 있는 위기 상황 시, 충무2종사태는 적의 전쟁도발 위협이 현저히 증가된 위기상황 시, 충무1종사태는 전쟁이 임박한 최상의 위기상황 시 발령함.

방어준비태세(데프콘)

- 전면전(정규전)에 대비해 발령하는 전투준비태세로 총 5단계가 있으며 이중 3단계부터는 한·미정부가 승인하고 연합 사령관이 발령하며 작전권이 한미연합 사령부에 이관됨.
- DEFCON-5(Fade Out)는 적의 위협이 없는 안전한 상태일 경우, DEFCON-4 (Double Take)는 적과 대치하고 있는 평시상태일 경우, DEFCON-3(Round House)는 국지 긴장상태 또는 군사적 개입가능성이 존재할 경우, DEFCON-2(Fast Pace)는 긴장상태가 고조된 상황일 경우, DEFCON-1(Cocked pistol)은 전쟁임박 및 발발 가능성이 있어 최고의 준비태세가 요구될 경우에 발령함.

06 세계의 테러 조직(* 유엔과 미국의 기준이 다름)

01 이슬람국가(The Islamic State of Iraq and Syria, ISIS 또는 ISIL, Daesh)

- 2014년부터 2017년까지 이라크의 북부와 시리아의 동부를 점령하고 국가를 자처했던 극단적인 수니파 이슬람 원리주의 무장단체로 1999년에 JTJ(유일신과 성전)이라는 이름으로 처음 조직되어 2004년 알카에다 이라크 지부에 충성 했으나 내부 권력 투쟁 이후 알카에다와 결별함.
- 이라크 전쟁으로 수니파세력인 후세인 정권이 무너진 뒤 미국 주도의 총선을 통하여 인구의 약 65%를 차지하는 시아파가 권력을 장악한 뒤 이에 대한 반발로 등장함.
- 이라크정부군, 쿠르드자치정부(KRG) 뿐만 아니라 사우디아라비아, 아랍 에미리트, 요르단, 바레인 등 중동 수니파 국가들은 우방인 미국에 군사적으로 동조하고 있음.
- 2017년에 락카를 비롯하여 모술과 팔루자, 하위자, 마야딘 등 주요 거점을 잃으면서 급격히 쇠퇴하였고 12월에는 이라크 전역에서 지배력을 상실하여 사실상 소멸에 접어들고 있음.
- 칼리프(이슬람공동체의 최고지도자)가 통치하는 새로운 이슬람 국가를 건설을 꾀하고 테러조직이라기보다는 민병대의 하나로 간주되며 IS의 전신인 유일신과 성전은 미군 군납업체 직원인 김선일을 납치·살해함.

02 하마스(Hamas)

- 팔레스타인 내 이슬람 저항 운동단체, 준군사단체 및 정당으로 대 이스라엘 무장 투쟁으로 널리 알려져 있음. 하마스는 알라를 따르는 헌신과 열정 또는 힘과 용기를 의미함.
- 1987년 팔레스타인의 대 이스라엘 무장 투쟁인 제1차 인티파다(민족주의 운동)가 일어났을 때 이스라엘의 차별과 폭력을 경험한 민중지식인 아흐메디 야신 등이 결성함.
- 1987년 결성 초기에는 요르단 강 서안 지구, 가자 지구에서 이스라엘을 완전히 몰아내고 팔레스타인 전역에 이슬람 국가를 세우는 것을 목표로 했으며 하마스 내 무장조직인 알 카삼 여단은 1993년부터 2006년까지 이스라엘 군의 전초기지나 국경지대에서 로켓 공격 및 자살 폭탄 등 무장 투쟁을 벌임.

- 급진 원리주의적 강경노선을 추구하며 기존의 평화적 외교 실패와 맞물려 PLO(팔레스티나 해방 조직이자 자치정부, 초대수반은 야세르 아라파트)내 여당의 위치를 차지하였음.

03 콜롬비아 무장혁명군(FARC 또는 FARC-EP)

- 콜롬비아의 공산주의 혁명·게릴라 조직으로 1964년부터 1966년까지 콜롬비아 공산당 산하 무장 단체였으나 냉전 이후 콜롬비아 공산당에서 분리되었음.
- 중남미에서 규모가 큰 공산주의 게릴라 단체로 40여 년 동안 콜롬비아 정부에 대항해 오면서 지방 정부와 민간의 사회 기반 시설들을 주요 목표로 삼았기 때문에 테러조직으로 지정됨.
- 냉전 이후 마약인 코카인 재배, 정치인 납치 등의 범죄를 주로 저지르고 있으며 콜롬비아 내 테러 사건의 25~30%는 콜롬비아 혁명군 소행으로 추정됨.

04 헤즈볼라(Hezbollah, 레바논 이슬람 저항을 위한 신의 당)

- 레바논에 기반을 둔 시아파 이슬람 무장조직으로 레바논 정치에서 중요한 역할을 하고 있으며, 정규 군대보다 더 강력한 무력을 보유함.
- 소규모 민병대로 출범한 헤즈볼라는 레바논 정부에 진출하였고 라디오와 위성 텔레비전 방송국을 갖추며 정당으로 성장함.
- 시아파인 시리아와 이란의 지원을 받고 있으며 국내의 공익사업과는 별개로 국제테러와 무장 공격에 연루되어 왔기 때문에 테러집단으로 규정됨..

05 탈레반(Taliban)

- 아프가니스탄 남부를 중심으로 거주하는 파슈툰족에 바탕을 둔 부족단체에서 출발하였으나 1990년대 중반 지도자인 무하마드 오마르를 중심으로 결속하여 1997년 정권을 장악했으며 이후 2001년 미국의 공격으로 축출되기까지 아프간을 통치함.
- 아프가니스탄은 1979년 구소련 군의 침공을 계기로 소련의 점령 하에 들어갔으며 이슬람 조직들을 중심으로 미국 등의 지원을 받은 저항세력들이 10년 이상 항쟁을 벌여 1989년 소련을 아프가니스탄에서 철수시킴.
- 1990년대 들어서면서 정부 공백과 군벌들의 내전으로 혼란한 상태에서 탈레반은 엄격한 이슬람 규율로 무장하고 다수 군벌경쟁자들을 제거 했으며 (미국의 아프간 공격 때 협력했던 북부동맹은 제외) 전국을 빠른 속도로 장악함.

- 집권 후 언론, 종교, 여성인권에 대한 탄압을 했으며 2001년 3월 유네스코 세계문화 유산으로 선정된 바미얀 석불을 폭파시켜 전세계적 비난을 받음.
- 2001년 9.11테러 이후 미국은 곧바로 알카에다와 오사마 빈라덴을 범인으로 지목하고 은거지인 아프카니스탄을 공격하여 탈레반 정권을 축출하였으나 완전 제거에 실패함.
- 2007년 7월 19일 단기선교를 위해 아프가니스탄 카불에서 칸다하르로 향하던 분당 샘물교회 소속 목사 및 신도 23명이 탈레반에 납치되어 2명이 살해 되었으나 협상 후 나머지는 귀환함.

06 알카에다(Al-Qaeda)

- 사우디 아라비아 출신인 오사마 빈 라덴이 창시한 이슬람 원리주의 국제 무장세력으로 반미국 반유대를 표방함.
- 구소련의 아프가니스탄 침공에 대항한 이슬람 의용군(무자헤딘)이 연대한 조직이 기원이며 걸프전쟁 시 미군이 성지인 메카와 메디나에 상주한 것을 계기로 반미 투쟁이 촉발되었음.
- 1990년대 이래 주로 미국을 표적으로 테러를 자행하여 2001년에는 뉴욕 세계 무역센터와 워싱턴 DC 국방부 건물 테러, 사우디아라비아에 소재 미군기지 폭파 등으로 과격화 됨.
- 2011년 5월 2일 파키스탄에서 오사마 빈 라덴이 미군과의 교전 중 사살되고 2인자들이 모두 CIA 등에 암살되어 약화되었다가 2015년 6월 ISIL의 내부 쿠데타로 붕괴된 상태임.

07 라슈카르 에 타이바(Lashkar-e-Taiba)

- 인도 · 파키스탄 분쟁 지역인 카슈미르 지방의 분리 독립을 목표로 남아시아 지역에서 활동하고 있는 무장조직으로 라슈카르에타이바는 '좋은 군대'를 의미함.
- 하피즈 무함마드 사이드가 설립했고 파키스탄 국내 및 카슈미르에 6개소의 군사 캠프를 보유하고 있으며 본부는 파키스탄 라호르에 근접한 무리드케 임.

08 알샤바브(청년전사운동)

- 소말리아 이슬람 무장 단체로 소말리아 중남부에 세력을 두고 있으며 알카에다와 연계를 통해 남부지역을 장악했으며 지속적으로 반정부 활동을 전개함.

- 1991년 대통령 시아드 바레 축출 이후, 20여년 간 내전을 치루는 과정에서 이슬람적 질서 회복을 위해 출범한 이슬람법정연합(ICU)이 2006년 붕괴되자 이 중 극단세력이 분리되어 설립됨.
- 2010년 7월 11일 우간다 캄팔라에서 벌어진 자살폭탄 연쇄테러의 배후로 알려져 있으며 이라크, 파키스탄, 아프가니스탄 수백명이 이 단체에 들어가 있다고 알려짐.
- 2013년 케냐 나이로비 테러(2013. 9.)를 지휘한 압둘카디르를 사살 혹은 생포하기 위해 미군 DEVGRU가 모가디슈를 기습했으나 이를 파악한 알샤바브의 공격으로 격전 끝에 철수함.

09 보코하람(Boko Haram, 전도와 지하드를 위해 선지자의 가르침에 헌신하는 사람들)

- 2001년 결성된 나이지리아의 극단주의 이슬람 무장단체로 나이지리아 북부의 완전한 독립과 샤리아(이슬람 율법) 도입을 목표로 반정부 무장 테러를 전개하고 있음.
- 나이지리아의 탈레반이라는 별명을 가지고 있으며 IS에 충성을 맹세하여 이슬람 국가 서아프리카 지부(ISWAP)라고 하며 이슬람 국가로서 서수단국이라고 참칭하기도 함.
- 보코하람의 제거가 쉽지 않은 것은 기독교인이 많은 나이지리아 남부와 달리 북부의 주정부가 독단적으로 샤리아(이슬람 기본 율법)를 도입할 정도로 극단주의 성향을 보이고 있기 때문임.

10 리얼(REAL) IRA

- 1986년 아일랜드 공화국군 임시파(PIRA, Provisional Irish Republican Army)에서 갈라져 나온 연속파(CIRA, Continuity Irish Republican Army)와 1997년 PIRA의 무장투쟁 포기에 반발하여 나온 진정파(Real Irish Republican Army; RIRA)가 중심이 되어 만든 새로운 IRA임.
- 아일랜드 독립전쟁 당시 영국 식민통지자들에 대항해 싸운 IRA가 온건한 성향의 OIRA와 급진적인 PIRA로 나뉘게 되었고 이후 PIRA가 굿프라이데이 조약으로 대 영국 무장투쟁을 포기하자 이를 비판하는 REAL IRA가 등장하게 됨.
- CIRA와 RIRA는 아일랜드 공화국 정부가 지정한 불법 단체이자 테러단체이며 성명을 통해 영국이 북아일랜드에서 철수해야만 무장투쟁을 피할 수 있을 것이라고 주장함.

11 무자헤딘(mujāhidīn, 모자헤딘, 무자히딘, 가지)

- 아프가니스탄의 반군 게릴라 단체로 성전에서 싸우는 전사를 뜻하며 좁은 의미에서 아프카니탄의 반군, 넓은 의미에서는 이슬람 무장단체 또는 게릴라 조직을 통칭함.
- 1978년 군부내부의 공산주의자들의 의한 쿠테타가 성공하여 공산당 정권이 성립했으나 곧 반군 세력과의 내전이 시작되게 되었고 1979년 구소련이 개입하여 아프카니스탄을 침공함.
- 미국은 돌풍작전(Operation Cyclone)이라는 이름으로 구소련에 저항하는 아프가니스탄 내 무자헤딘에게 ISI(파키스탄 정보부, Directorate for Inter-Services Intelligence)를 이용하여 자금과 무기를 지원하였고 오사마 빈 라덴이 이 자금으로 무자헤딘을 훈련시킴.
- 무자헤딘들은 산악 지대와 협곡이 많은 아프간의 지형을 이용한 게릴라 전술로 구소련군을 공격하였고 결국 소련은 10년간 50,000명에 달하는 희생자를 내고 1989년 2월 철수함.
- 이후 무자헤딘 반군은 새로 수립된 나지불라 정부군과 내전을 벌였고 1992년 정부군의 공세를 뚫고 수도 카불을 탈환하여 새로운 아프가니스탄 이슬람 정부가 수립되었음.
- 내분으로 정권을 탈레반에게 넘겨주었고 9.11 테러이후 미국의 지원으로 탈레반을 다시 축출하였으나 상당수는 각기 본국으로 돌아가 반미 이슬람주의 무장 세력의 주축(군사고문)이 됨.

(12) 쿠르디스탄 노동자당(PKK, Kurdistan Workers' Party)

- 1978년 터키로부터의 분리 독립을 위해 세워진 극좌 무장단체로 폭력시위나 사보타주, 폭탄테러를 자행했으나 이후 IS격퇴의 선봉장 역할을 하였으며 참고로, 쿠르드 온건정파는 인민민주당 HDP임.
- 쿠르디스탄 자유의 매(TAK)는 2010년~2015년 간 터키와 PKK간 평화 협정에 반발하여 나온 과격 분리 세력으로 2016년 앙카라 폭탄 테러, 이스탄불 폭탄 테러, 카이세리 폭탄 테러 등 집중적인 도심 내 폭탄 테러를 통해 민간인 피해가 늘어남.
- IS가 터키 남부 국경도시 수루치에서 일으킨 자살폭탄 테러에서 지하디스트와 협력하였다는 이유로 터키 경찰 및 군인들을 살해하고 터키가 이에 보복하면서 다시 폭력 노선으로 회귀함.
- 쿠르드족은 1차 대전 이후 영국과 프랑스의 밀약인 1916년 사이크스-피코 조약(Sykes-Picot Agreement)에 의해 터키. 이란, 신생국인 시리아와 이라크로 찢겨지게 됨.

(13) 자유조국바스크(ETA)

- 1959년에 창설된 스페인 내 바스크의 민족주의 분리주의자 조직으로 처음에는 전통문화를 옹호하는 단체에서 시작하여 바스크의 독립을 요구하는 준군사조직으로 발전함.
- 군사독재자인 프랑코 총통(1939년-1975년)에 맞선 반독재 학생 저항운동 이었으나 쿠바혁명(1953~1959), 알제리 독립전쟁(1954~1962)의 영향으로 사회주의적 혁명노선을 띠게 됨.
- 프랑코 사후 민주화 이후에도 분리주의를 고집하며 독립국가 건설을 주장하였으나 대중들의 지지를 받지 못하고 결국 2017년 4월 7일 비무장을 선언하고 해체함.
- 1986년 국방성에 포탄공격을 가하였고 1987년에는 바르셀로나 지하 주차장을 폭파, 1997년 미겔 앙헬 블랑코 청년 납치 살해, 2006년 스페인 마드리드 국제공항 테러, 기업인들을 협박하여 징수하는 혁명세 등을 걷음.

(14) 옴진리교(Aum Shinrikyo, 오무신리쿄)

- 일본의 사이비 종교 집단이자 테러리스트 범죄 집단으로 1984년 교주 아사하라 쇼코에 의해 설립되어 궁극적으로 정부 전복을 꾀함.
- 요가도장 옴진리회를 시작으로 종교법인으로 인가된 후 전국 각지에 지부나 도장을 설립하고 러시아, 스리랑카 등 해외에도 지부를 두고 있었음.
- 1989년 11월 4일에 사카모토 쓰쓰미 변호사 일가족 살해, 1993년 카메이도 악취(탄저균 생산), 1994년 6월 27일 마쓰모토 사린 사건, 1995년 3월 20일에 도쿄 지하철 사린 사건 등을 저지름.
- 1995년 3월 경시청의 수사로 교주 및 핵심인물 13명이 사형이 확정되었으나 2000년 2월 4일 알레프로 개명하고 조유 후미히로가 대표로 취임했으며 2016년 러시아 수사당국에서 옴진리교 활동을 포착하여 60명을 구속함.

(15) 독일 적군파(RAF, Rote Armee Fraktion)

- 서독의 극좌파 무장단체로 1970년 독일 학생운동의 혁명적 사상에 뿌리를 두고 자본주의 체제에 저항하고 미국의 존재를 제거하기 위해 안드레아스 바더, 울리케 마인호프 등이 결성함.
- 2차대전 이후 냉전 속에서 서방국가들에 의해 파시즘에 대한 반성없이 나치주의자를 재 등용하자 이에 반발하는 학생조직과 주거공동체를 만들면서 운동을 시작함.
- 노동조합과의 연대에 실패하였고 다양한 조직으로 분화하였으며 이 중 무기를 들고 불법적으로 투쟁하려는 그룹들이 독일의 적군파(RAF)를 조직하였음. 도시 게릴라 연합체인 '7월 2일 운동'과 '혁명세포(RZ)' 그리고 '붉은 분노(ROTEZORA)' 등이 포함됨.

- 백화점, 경찰서 폭탄테러, 은행 강도, 판사, 시장, 검사장 등 암살 등의 테러를 자행하다 핵심인물이 체포, 살해되며 소멸됨.

(16) 일본 적군파(JRA, 공산주의자 동맹 적군파, Japanese Red Army)

- 일본 제국주의에 반대하며 1969년 조직된 일본의 공산주의 무장단체로 일본 공산주의자동맹의 극좌파들이 혁명전쟁을 위한 군대를 외치면서 공산당 적군파로 등장한 것이 시초임.
- 혁명에는 군사행동이 필수라는 입장에서 만들어진 분파로서 마르크스- 레닌주의를 추종하여 일본 정부를 전복시키고 사회주의 체제의 공화정부을 수립하기 위해 설립됨.
- 1971년 이후 팔레스타인으로 무대를 옮겨 시게노부 후사코를 중심으로 이스라엘 텔아비브 공항 습격사건(1972), JAL 소속 여객기 하이재킹(1973), 싱가포르 셸 석유 습격사건(1974), 쿠웨이트 주재 일본 대사관 점거사건(1974), 헤이그 프랑스 대사관 습격사건(1974), 콸라룸푸르 주재 일본 대사관 습격사건(1975), 다카 사건(1977) 등을 일으킴.

(17) 투팍 아마루 혁명 운동(MRTC, Tupac Amaru Revolutionary Movement)

- 페루의 반정부 게릴라 단체로 1983년 페루의 노동 운동가 출신인 빅토르 플리이어가 창설한 레닌주의를 신봉하는 도시 게릴라 단체임. (Tupac Amaru는 1780년 에스파냐 식민 통치에 대항하여 무장 폭동을 주도하다 처형된 호세 가브리엘의 가명임.)
- 청년들을 혁명 전사로 양성하여 정부 요인 암살, 외국 기업인 납치 및 암살 등의 활동을 하였으나 후지모리 정부의 소탕 작전이 강화되면서 1995년부터 본거지를 볼리비아로 옮겼으며 현재는 페루의 정글 지대로 잠입하였음.
- 1996년 12월 17일 세계 최대의 외교관 인질 납치 사건으로 기록된 페루의 리마 소재 일본 대사관에서 회의 중이던 외교관 72명을 인질로 잡고 126일 동안 버티다가 페루 특공대원에게 전원 사살 · 검거됨.

(18) 빛나는 길(Shinig Path)

- 1969년 대학 교수 출신인 아비마엘 구즈만(Abimael Guzman)이 페루 공산당을 탈당한 인사들을 규합하여 만든 페루 최대의 반정부 게릴라 단체임.
- 조직 구조가 벌집과 같은 형태로 짜여져 있으며 단위(Cell)마다 여자 대원 1명이 포함되어 배달원 · 정보원 등의 임무를 수행하며 12~15세의 어린이를 사상 교육으로 세뇌시켜 신규 대원으로 끌어들이기도 함.
- 콜롬비아의 4 · 19운동(the 19th of April Movement-19)과 연계되어 있으며, 정치적 · 군사적인 목적으로 코카인 재배 농민과 밀매업자를 보호해 주고, 세금 명목으로 군사 활동 자금을 받아내고 있음.

• 미국의 적극적인 개입과 알베르토 후지모리 정권(1990~2000년)의 대대적인 토벌작전으로 1992년 지도자 구스만이 1999년 군사 담당인 라미레스 두란이 정부에 체포되면서 조직이 와해 중임.

07 국제범죄 조직

• 국제범죄는 국내의 범위를 넘어서 국제사회의 법익을 침해하는 범죄로, 쉽게 말해 2개 이상의 복수 국가가 범죄행위자·피해자 또는 범죄행위 발생지역에 연계되어 나타나는 범죄임.

• 전통적인 국제범죄의 범위에는 광의적으로 전쟁, 테러를 포함하여 불법무기의 거래, 마약밀매, 인신매매, 위조지폐·여권, 밀수, 밀입국, 금융범죄 등 최근에는 첨단 정보통신의 발전으로 사이버공간으로까지 점차 확장되는 추세임.

• 삼합회(또는 흑사회)는 중국에 뿌리를 둔 범죄조직으로 중국은 물론 세계 각국 차이나타운 및 화교사회 등을 기반으로 하여 각종 국제범죄에 개입하고 있으며 우리나라의 마약 밀거래·보이스피싱 등에도 개입하고 있음.

• 야쿠자는 일본에 근거를 둔 범죄조직으로 미국이 야쿠자 및 관련 인물들을 경제제재 대상으로 지정할 만큼 국제적으로도 악명이 높고 다양한 국제범죄에 개입하고 있으며, 우리나라를 마약·금괴 등 밀수 경유지로 악용하고 있음.

• 마피아는 19세기 이탈리아 시칠리아섬의 범죄조직에서 유래된 단어로 현재는 범죄조직을 뜻하는 보통명사로 쓰이고 특히 러시아의 마피아는 각종 범죄 및 사업독점 등을 통해 막대한 자금을 보유하고 러시아 사회에 큰 영향력을 가짐.

더 알아보기

국내에 알려진 대표적 마약

- 필로폰은 한국어로는 얼음, 영어로는 아이스, '빙두', 필리핀에서는 '샤부'라 불리며, 유흥업소에서 술에 타서 마시게 하거나 연기로 흡연하도록 하는 경우가 많으며 중독성이 매우 강해 한번 접하면 빠져 나오기가 힘든 것이 특징임.
- 엑스터시는 알약 또는 캡슐 형태를 띠고 있으며 일본이나 태국 등지의 클럽에서 많이 유통되고 있으며 강한 환각 작용을 유발하며, 뇌 기능에 치명적인 영향을 미침.
- 케타민은 '스페셜 K' 라고도 불리며 엑스터시의 대체물 또는 엑스터시의 효과를 배가시키는 보조물로 사용되는데 코로 흡입하고 연기로 태우거나 술에 타서 마시고 기억손상, 운동기능 장애, 호흡기 질환 등을 유발함.
- 야바는 미얀마가 원산지로 태국 등 동남아 등지의 유흥업소에서 유통되며 알약 형태로 필로폰과 같은 성분에 카페인·코데인 등이 혼합되어 있으며 공격성향, 피해망상증 등 정신장애를 유발함.
- 대마초는 대마의 잎과 꽃 부분을 건조시켜 담배형태로 태울 수 있도록 만든 것으로 THC라는 환각 성분이 포함되어 있으며 특히 오늘날의 대마초는 기존 대마초를 개량하여 환각효과를 높이므로 부작용 또한 더 큼.

08 북한의 대남테러

01 북한의 테러공작 형태

(1) 2000년대 이전

(가) 총참모부 정찰총국 2국(구. 정찰국), 노동당 산하 문화교류국(구. 225국)

- 군사정찰, 간첩호송 및 사회혼란 유발을 위해 잠수정 등을 통한 무장공비 직접 침투에 주력함.
- 청와대 기습사건(68.1), 푸에블로호 납북사건(68.1), 울진·삼척 무장공비 침투사건(68.10), 다대포 무장 간첩 침투(83.12), 청사포 무장간첩 침투(85.10), DMZ 무장간첩 침투(92.5), 임진강 무장공비 침투(95.10), 부여 무장간첩 침투(95.10), 강릉 잠수함 25명 침투(96.9), 속초 잠수정 9명 침투(98.6), 여수 반잠수정 6명 침투(98.12)

(나) 정찰총국 5국(구. 노동당 35호실), 정찰총국 1국(구. 노동당 작전부), 문화교류국, 보위국

- 정부요인, 유명 인사 납치 및 암살과 해외에서 불특정 다수 한국인 노린 대형테러를

감행함.

- 영화배우 최은희, 신상옥 납치(78.1/7), 버마 아웅산 묘소 폭파 (83.10), 대한항공 858기 폭파(87.11), 최덕근 영사 피살(96.10), 귀순자 이한영 피살(97.2), 김동식 목사 납치 사망(00.1)

(2) 2000년대 이후

- 최근에는 국내, 중국 등지에서 반북활동을 하는 탈북민, 선교사에 대한 납치, 암살에 주력하고 있음. 정찰총국으로 통폐합된 후 정찰총국 5국(해외정보국)이 많이 개입하고 있으며 국가안전보위성 산하 해외반탐국 소행도 늘고 있음.
- 황장엽 암살조 파견(10.4), 김창환 선교사 암살(11.8), 강호빈 목사 피습(11.8), 탈북민 박상학 암살 미수(11.9), 김정욱 선교사억류(13.10), 김국기, 최춘길 유인납치(14.10~12), 조선족 한충렬 목사 암살(16.4), 김정남 암살(17.2)

02 북한의 대남테러 일지

(1) 1960년대(적극적 대남무력 도발기)

(가) 청와대 기습사건(1.21사태, 김신조 사건)

- 1968년 1월 21일 김신조를 포함한 정찰국 124군부대 소속 31명의 무장공비들이 국군 복장과 수류탄 및 기관단총으로 무장하고 휴전선을 넘어 수도권에 잠입함.
- 청와대 습격을 시도하였으나 실패하고 이들에 대한 소탕작전이 1월 31일까지 전개되어 31명 중 28명이 사살되고 김신조는 생포됨.

(나) 미군정찰함 푸에블로(USS Pueblo) 납북사건

- 1968년 1월 23일 첩보 수집용 푸에블로 함이 동해상 원산 앞바다에서 북한의 공격을 받고 강제 나포당한 사건임.
- 승조원 83명 중에서 나포 도중 총격으로 1명이 사망하고 82명이 북한에 억류되었다가, 11개월 후 판문점을 통해 미국으로 송환되었으며 미 해군 보안시스템이 일대 변화를 가져온 계기가 됨.

(다) 울진삼척지구 무장공비 침투사건

- 1968년 10월 30일부터 3일에 걸쳐 울진 · 삼척 지구 연안을 통하여 정찰국 소속 120명의 무장공비가 침투 한 사건으로 대간첩대책본부는 주민들의 신고를 받고 강원 정선 · 영월 · 삼척 지구에 을종사태를 선포함.
- 공비들의 퇴로를 차단하고 포위망을 구축하여 전원 소탕하였으며 이승복 어린이와 연관되며 이후 반공질서가 강화되는 계기가 됨.

(2) 1970년대(화전양면 전술기)

(가) 육영수 여사 저격사건

- 1974년 8월 15일 장충동 국립극장에서 열린 광복절 기념식에서 재일교포 출신의 급진 공산주의자 문세광이 박정희를 죽이려고 총격전을 벌인 사건으로 영부인 육영수 등 2명이 사망함.

(나) 판문점 도끼 살인 사건

- 북한군이 1976년 8월 18일 미루나무 가지치기 작업을 감독하던 유엔군 측 지휘관인 미군 대위 보니파스 등 2명을 살해하고 부사관과 장병들에게 중상을 입힌 사건임.
- 이후 스틸웰 주한미군 사령관이 문제의 나무를 베고 공동경비구역(JSA, Joint Security Area) 내 인민군이 설치한 불법 방벽을 제거하기 위한 폴 버니언 작전(Operation Paul Bunyan)를 실시함.
- 한국의 특전사 제1공수특전여단이 투입되어 보복작전을 벌였으나 전쟁으로 확대되지는 않았으며 이후 판문점 내의 JSA에서도 경계가 설정됨.

(3) 1980년대(화전양면 전술기)

(가) 아웅산 국립묘지 폭파사건

- 1983년 10월 9일 발생한 사건으로 전두환 전 대통령의 동남아 5개국에 공식 순방에 맞추어 신기철 등 3명의 북한특수부대원들이 미얀마 아웅산 묘역에 폭탄을 설치하여 폭발시킨 사건임.
- 서석준 부총리, 이범석 외무부 장관 등 정부 각료와 수행원 17명이 사망하고 수십 명이 부상을 입음.

(나) 대한항공 폭파 사건

- 1987년 11월 29일 이라크 바그다드에서 출발해 서울로 향하던 대한항공 858편 여객기가 북한 공작원 김승일과 김현희에 의해 인도양 상공에서 공중 폭파되어 탑승객과 승무원 115명이 전원 희생된 사건임.
- 여객기 폭파 후 바레인 공항에서 조사를 받던 중 김승일은 독약을 먹고 자살하였고 김현희는 대한민국으로 압송되어 사형을 선고 받았으나 이후 사면됨.

(4) 2000년대

- 제1연평해전(1999.6.15), 제2연평해전(2002.6.29), 천안함 침몰(2010.3.) 등이 있음.

09 단원별 퀴즈

1. (　　　)은 국수주의 및 배타적 애국주의로 다른 사회집단에 대한 적대적 태도나 심정이다.

2. (　　)는 공산주의자에 대한 테러, (　　)는 우익 보수주의 세력에 대한 테러, (　　)는 무정부주의자에 의한 테러나 인종공격이다.

3. 인도·파키스탄 분쟁 지역인 카슈미르 지방의 분리 독립을 목표로 남아시아 지역에서 활동하고 있는 무장조직은 (　　　)이다.

4. 2004년 국가정보장(DNI) 산하에 설치되었으며 미국 정보공동체의 테러정보를 융합, 분석 및 공유하고 대통령에게 보고하는 기관은 (　　　)이다.

5. 전통적 테러리즘은 뉴테러리즘과 달리 추상적이고 공격주체가 불분명하여 추적이 불가능한 경우가 대부분이며 개별국가에 한정된 형태를 보인다.

6. 예방공격과 달리 예방적 선제타격은 적의 공격징후가 명확한 상황에서의 공격으로 국제법적으로 정당성을 인정받을 수 있다.

7. 영국, 프랑스, 독일 등 유럽 주요국의 테러대응체계의 특징은 정보기관과 수사기관이 분리되어 있다는 점이다.

8. 중앙통합방위협의회는 국가정보원장 소속으로 의장은 국가정보원장이 되고 통합방위 정책 및 작전 결정, 통합방위사태 선포 또는 해제를 담당한다.

9. 군부대나 경찰관서의 장은 통합방위작전을 준비하기 위해 경계태세를 발령할 수 있으며, 통합방위사태가 선포된 때에는 경계태세는 해제된 것으로 본다.

10. 국외테러사건대책본부, 군사시설테러사건대책본부, 항공테러사건대책본부, 국내일반 테러사건대책본부, 해양테러사건테러사건대책본부의 장은 본부를 설치하는 기관의 장이며 현장지휘본부의 사건대응 활동을 지휘·통제한다.

11. 파키스탄이 보유하고 있는 핵무기 제조기술을 원하는 국가에게 비밀리에 제공하기 위해 압둘 칸박사가 만든 국제핵무기 밀거래 조직은 칸 네트워크이다.

09 기출 및 유사문제

01. 테러방지법에 대한 설명으로 옳지 않은 것은?

① 대테러활동에 관한 정책의 중요사항을 심의·의결하기 위해 국가테러대책 위원회를 두며 위원장은 국무총리로 한다.

② 테러대책위원회를 효율적으로 운영하기 위한 테러대책 실무위원회는 위원장은 대테러센터장이 된다.

③ 테러대책위원회 운영을 위한 사무처리를 위해 국가정보원 소속으로 관계기관 공무원으로 구성되는 대테러센터를 둔다.

④ 국민의 기본권 침해 방지를 위하여 테러대책 위원회 소속으로 임기 2년의 대테러 인권보호관 1명을 둔다.

02. 선제타격과 예방공격에 대한 설명으로 옳지 않은 것은?

① 선제타격은 히브리어 속담인 "당신을 죽이러 오는 자가 있으니 일어나서 그를 먼저 죽여라"와 상통한다.

② 선제타격은 2003년 이라크전쟁의 정당성을 강조한 부시독트린(Bush Doctrine)의 이론적 근거가 되었다.

③ 1967년 이스라엘이 이집트와 시리아를 선제공격한 중동 3차전쟁도 상대국이 느끼는 위협의 수준에 따라 선제타격이 될 수 있다.

④ 선제타격이나 예방공격은 상대국의 위협에 대응하는 것이므로 침략전쟁이 아니며 국제법적으로 정당성을 인정받을 수 있다.

03. 다음 괄호 안에 적절한 단어는?

- (　　)은 인질이 인질범에 동화되는 것임.
- (　　)은 인질범이 인질에 동화되는 것임.
- (　　)은 인질이 인질범에 반항하는 것임.

① 리마증후군, 스톡홀롬증후군, 런던신드롬

② 스톡홀롬증후군, 런던신드롬, 리마증후군

③ 스톡홀롬증후군, 리마증후군, 런던신드롬

④ 리마증후군, 런던신드롬, 스톡홀롬증후군

04. 테러리즘과 관련된 가장 적절한 설명은?

① 9.11테러 이후 처음으로 WMD와 대규모 테러 등의 비대칭위협 문제가 제기되었다.
② 종교, 민족, 문화 등의 갈등이 거의 없는 한국은 테러 안전지대이다.
③ 제2차 대전 이후 팔레스타인 분쟁의 해결수단으로 테러리즘을 이용하면서 전 세계로 확산되는 결과를 초래하게 되었다.
④ 오늘날 테러리즘은 아직 초국가적 안보쟁점의 하나로 정착하지 못하여 정보기관의 주요임무·기능에 속한다는 인정을 받지 못하는 경향이 있다.

05. 9.11 테러이후 국가정보원에 설립된 테러대응부서는?

① 테러대책위원회
② 테러정보통합센터
③ 국가대테러센터
④ 테러대책상임위원회

06. 테러 대응전략을 설명한 것으로 적절하지 않은 것은?

① 테러를 사전에 예방하고 피해를 최소화하는 전략이다.
② 테러범과 테러조직 등 관련 첩보의 수집 및 분석활동을 적극적으로 해야 한다.
③ 테러리스트들의 공격 및 훈련방법 등 폭력행사 수단과 방법에 대한 정보를 수집한다.
④ 2002년 월드컵을 앞두고 국제테러리즘에 대비하기 위해 국가대테러활동지침을 제정하였다.

07. 전통적 테러리즘과 뉴테러리즘(new terrorism)에 대한 설명으로 옳지 않은 것은?

① 2001년 알카에다에 의한 미국의 9.11테러 이후 새로 구분되는 테러리즘을 뉴테러리즘이라고 하며 이전의 전통적 테러리즘과 다른 양상을 보이고 있다.
② 전통적 테러리즘 조직은 위계적이고 단일화된 형태로 실체파악이 용이하지만 뉴테러리즘의 조직은 다원화되어 있어 실체를 파악하기가 매우 어렵다.
③ 전통적 테러리즘은 개별국가에 한정되었으나 뉴테러리즘은 초국가적으로 분산되어 있는 테러조직을 추적하기 위해 국제적 대응 방식으로 전환되었다.
④ 전통적 테러리즘은 피해규모가 막대했으나 뉴테러리즘은 사이버테러의 활용으로 피해가 비교적 소규모이다.

08. 테러리즘 사상에 대한 설명으로 옳지 않은 것은?

① 아나키즘은 자본주의와 권위주의의 폐해에 대한 반발로 일어났으며 사회적, 경제적, 정치적 지배자가 없는 상태를 구현하고자 한 사상이다..

② 니힐리즘은 기성의 가치 체계와 이에 근거를 둔 일체의 권위를 부인하고 절대적인 진리가 존재하지 않는다고 보는 사상이다.

③ 징고이즘은 배타적인 애국주의와 민족주의가 결합한 형태로 공격적 외교정책을 만들어 내는 극단적이고 맹목적인 사상이다.

④ 내셔널리즘은 폐쇄주의, 국수주의 및 배타적 애국주의로 다른 사회집단에 대한 배척·적대적 태도나 신념을 나타낸 사상이다.

09. 다음 중 테러안전지대가 아닌 것은?

① 모로이슬람해방전선(MILF)과 신인민군(NPA) 등 공산반군과 ISIS와 연계된 아부사야프그룹(ASG)과 마우테그룹의 테러가 빈번한 지역은 시리아이다.

② 카불 인근의 자폭테러와 이슬람 원리주의자 아쿤자다의 지방도시테러가 빈번한 곳은 아프카니스탄으로 여행금지국이다.

③ 이슬람 극단주의 테러단체 알샤바브 등에 의해 다수의 테러가 발생한 지역은 소말리아로 여행금지국이다.

④ 통합정부(GNA)와 강경 이슬람세력인 미스라타민병대, 동부 세속주의의회 (HoR)의 내전이 진정단계이나 여전히 위험한 곳은 리비아이다.

10. 다음 중 국제범죄조직에 대한 설명으로 옳지 않은 것은?

① 국제범죄조직은 국경에 상관없이 자신들의 경제적 이익을 위해 불법 마약거래, 인신매매, 통화 위·변조, 불법무기거래 등을 하는 집단이나 조직체이다.

② 야쿠자는 일본에 근거를 두고 다양한 국제범죄에 개입하고 있으며 우리나라를 마약·금괴 등 밀수 경유지로 악용하고 있다.

③ 마피아는 19세기 이탈리아 시칠리아섬의 반정부 비밀결사조직에서 유래되었으나 현재는 범죄조직, 특히 범죄복합기업을 뜻하는 의미로 쓰인다.

④ 삼합회는 주요 국제범죄조직으로 홍콩과 대만에 기반을 두고 있으며 일본에 대항하기 위한 백련교를 그 시조로 하고 있다.

09 실전문제

11. 테러의 역사적 유형에 대한 설명으로 옳지 않은 것은?

① 적색테러(Red Terror)는 좌익이나 급진 공산주의자에 의한 테러이다.
② 백색테러(White Terror)는 권력을 차지한 급진 보수주의자들에 의한 테러이다.
③ 흑색테러(Black Terror)는 흑인들의 의한 테러로 인종차별에 대한 항의에서 시작되었다.
④ 대테러(Great Terror)는 스탈린(Joseph Stalin) 통치기간 중 자행된 대규모 테러이다.

12. 변칙인도 또는 비상인도에 대한 설명으로 옳지 않은 것은?

① 변칙인도는 테러조사를 위해 용의자를 헌법상 고문 등이 금지된 미국으로 이송하지 않고 고문이 허용되는 국가로 일단 인도하는 것이다.
② 휴먼라이트 워치(Human Rights Watch)는 고문의 외주 발주 즉 아웃소싱 (outsourcing of torture)이라고 지적하였다.
③ 중요한 심문을 원하면 요르단으로, 고문을 원하면 시리아로, 다시 보고 싶지 않으면 이집트로 보내라는 전직 CIA요원이 말은 이러한 실상을 보여준다.
④ Arar v. Ashcroft 사건이 대표적 예로 연방대법원은 국가안보상의 이유로 개인의 인권을 침해할 수 없다며 일부 승소 판결을 내렸다.

13. 2001년 백악관과 상원의원 등에 우편 발송되도록 하여 백색가루의 공포를 안겨 준 테러물질은?

① 헤로인 ② 엑스터시 ③ 탄저균 ④ LSD

14. 미국의 테러대응체계에 대한 설명으로 옳지 않은 것은?

① 테러범죄 대응에 대해 자유법 등 법적 근거를 명확하게 규정하고 있다.
② 국토안보부와 법무부 산하 연방수사국(FBI)를 중심으로 대처하고 있다.
③ Ⅰ급사태시는 군 합동특수전사령부(JSOC), 국내 주요사태인 Ⅱ급 사태 시는 FBI, 각 주의 주요사건인 Ⅲ급 사태시는 주 경찰 SWAT 가 담당한다.
④ 9.11이후 9·11 테러진상조사위원회의 권고로 DNI 산하에 합동대테러전담반 (JTTF)을 창설하여 국가적 테러사건을 담당하고 있다.

15. 미국 애국법에 대한 내용으로 적절하지 않는 것은?

① 9.11테러 이후 종합테러방지법을 보완하여 수사기관의 대테러 활동을 강화하기 위해 제정된 법이다.
② FBI가 국제테러 수사 시 FISA 담당법원에 신청하여 민감한 개인기록을 제한 없이 취득할 수 있도록 하였다.
③ 10개의 섹션으로 이루어져 있는 패키지법으로 2006년과 2011년 두번에 걸쳐 연장되었다.
④ 국가안보서신(NSLs)에 관한 내용을 축소하였다.

16. 테러지원국 지정(State Sponsors of Terrorism)에 대한 설명으로 적절하지 않은 것은?

① 국무부 장관은 국토안보부 장관과 협의하여 테러단체를 지정하고 연방관보에 고지되는 테러추방 목록을 작성하여 관리한다.
② 미국으로부터 무역, 투자, 원조 등에서 엄중한 일방적 제재를 받게 되며 World Bank, IMF 등 국제 금융기구에서 지원이나 차관을 받을 때 불이익을 받는다.
③ 기본적으로 자산이 동결되고 테러단체를 지원 또는 활동한 개인은 기한 없이 미국입국이 거부되며, 입국한 사람은 추방된다.
④ 현재 북한, 이란, 수단, 시리아 등 4개국이 지정되어 있다.

17. 국가대테러센터(NCTC)에 대한 설명으로 옳지 않은 것은?

① 미국의 정보공동체, 군, 국토안보부, 법 집행 기관 등 30개 이상의 기관에서 수집한 테러정보를 융합, 분석 및 공유하고 국가대테러 활동을 통합한다.
② 대통령과 DNI에게 테러정보를 보고하고 민간·군사 대테러활동에 대한 전략계획을 제공하며 행정부·의회에 테러관련 정보를 전파한다.
③ 국가적 차원의 지역테러 사건을 담당하고 수사업무를 진행하며 연방과 지방의 협력증진을 위해 지방이나 주 법집행기관 근무자들이 파견 근무를 한다.
④ NCTC Online CURRENT를 통해 FBI의 JTTF 및 국방부 전투사령관 등에게 국내외 대테러 유관기관에서 생산한 테러 첩보를 전파한다.

18. 다음에서 설명하는 미국의 테러대응 조직은?

- 9.11테러 이후 CIA, FBI 및 법무부, 군 등 연방기관들 사이의 정보공유를 위해 국토안보부와 법무부가 미국 각 주의 주요 대도시에 설치한 연방 차원의 테러 범죄 조사사무실이다.
- 자체 수사권은 없으나 증거 수집 및 정보교환, 공조를 지원하며 연방정부로 부터의 정보 획득 시간을 단축시키며 국토안보부 또는 경찰, 군, 민간단체로부터 정보분석 전문가를 지원받기도 한다.

① NCTC
② Fusion center
③ JTTF
④ Guardian

19. 다음 미국의 대테러 특수부대를 맞게 고른 것은?

> • (　　)는 미 육군특수부대로 그린베레(Green Berets) 출신이 다수이며 독수리 발톱 작전(Operation Eagle Claw)에 참가하였다.
> • (　　)는 미 해군특수부대로 파키스탄에서 넵튠스피어작전(Operation Neptune Spea)을 수행하여 은신 중이던 오사마 빈라덴을 사살하였다.

① Delta Force, DEVGRU
② RAGER, SWAT
③ SAS, HRT
④ DEVGRU, SEAL

20. 각국의 합동테러분석센터를 연결한 것으로 적절하지 않은 것은?

① 미국 - DNI - NCTC
② 영국 - SS - JTAC
③ 프랑스 - CDSN - CNCT
④ 독일 - BfV - GTAZ

21. 영국의 테러대응 조직에 대한 설명으로 적절하지 않은 것은?

① JTAC는 SS 산하에 2003년 설치된 국제 테러리즘 전문 분석기관으로 정보기관 간 장벽을 허물고 테러 정보공유의 구심점 역할을 수행한다.
② CTC는 런던경찰국 내 대테러조직으로 첩보수집과 체포권을 활용하여 테러 및 조직범죄 대응임무를 주도적으로 수행한다.
③ 2007년 3월 내무부 산하에 보안대테러리즘국(OSCT)을 신설하여 범정부 차원의 대테러 전략 구상 및 집행업무를 수행한다.
④ SBS는 오랜 기간 많은 실전경험을 쌓은 육군특수부대로 1970년대 북아일랜드 테러범(IRA)와 전투, 1980년 런던주재 이란대사관 인질사건에 참여하였다.

22. 프랑스와 독일의 테러대응 조직에 대한 설명으로 적절하지 않은 것은?

① UCLAT는 내무부 산하 경찰청 직속기구로 테러관련 정보를 취합·분석·전파 하는 임무를 수행한다.
② 프랑스국가헌병대는 대테러 진압부대인 RAID를 독일 연방경찰은 GSG 9을 운용한다.
③ GTAZ는 정보기관과 수사기관의 합동성 강화 목적으로 창설되었으며 독립기관이 아닌 여러 보안기관들의 연합체이자 공동협력 플랫폼이다.
④ GIZ는 이슬람테러리즘에 대한 인터넷정보를 교환, 분석 및 평가하고 각 관청에 이를 제공하는 기구이다.

23. 다음에 해당하는 경계태세를 바르게 넣은 것은?

- 전면전에 해당하는 범정부 차원의 경계태세는 ( )이고 군차원의 경계태세는 ( )이다.
- 국지전에 해당하는 범정부 차원의 경계태세는 ( )이고 군차원의 경계태세는 ( )이다.

① 충무사태, 데프콘, 통합방위사태, 진돗개
② 충무사태, 데프콘, 진돗개, 통합방위사태
③ 데프콘, 충무사태, 통합방위사태, 진돗개
④ 데프콘, 충무사태, 진돗개, 통합방위사태

24. 국제테러조직에 대한 설명으로 옳지 않은 것은?

① 이슬람국가는 1999년에 JTJ이라는 이름으로 처음 조직되어 2004년 알카에다 이라크 지부에 충성했으나 내부 권력투쟁 이후 알카에다와 결별하였다.
② 하마스는 팔레스타인 내 이슬람 저항 운동단체, 준군사단체 및 정당으로 대 이스라엘 무장투쟁으로 널리 알려져 있다.
③ 알샤바브는 시아파 이슬람 무장조직으로 레바논 정치에서 중요한 역할을 하고 있으며, 정규군대보다 더 강력한 무력을 가지고 있음.
④ 탈레반은 구소련의 침공이후 미국의 지원으로 소련과 항쟁을 벌였고 소련의 아프카니스탄 철수 이후 다수의 군벌을 제거하고 정권을 장악하였다.

25. 다음 내용과 관계있는 국제테러 조직은?

- 1차 대전 이후 영국과 프랑스의 밀약인 1916년 사이크스-피코 조약(Sykes-Picot Agreement)에 의해 터키. 이란, 신생국인 시리아와 이라크로 찢겨지게 되었다.
- 1978년 터키로부터의 분리 독립을 위해 세워진 극좌 무장단체로 폭력시위나 사보타주, 폭탄테러를 자행했으나 이후 IS격퇴의 선봉장 역할을 하였다.

① 무자헤딘(mujāhidīn)
② 자유조국바스크(ETA)
③ 쿠르디스탄 노동자당(PKK)
④ 보코하람(Boko Haram)

26. 다음 북한의 테러를 시간 순으로 배열한 것은?

가. 청와대 기습사건(1.21사태,김신조 사건)
나. 판문점 도끼 살인 사건
다. 아웅산 국립묘지 폭파사건
라. 대한항공 858편 폭파 사건

① 가-나-다-라
② 가-다-나-라
③ 나-가-다-라
④ 나-가-라-다

27. **다음 중 정찰총국 2국(구 정찰국) 소행의 테러는?**

① 청와대 기습사건
② 영화배우 최은희, 신상옥 납치
③ 대한항공 858기 폭파
④ 버마 아웅산 묘소 폭파

28. **테러의 개념으로 적절하지 않은 것은?**

① 정치적, 종교적, 사회적 목적 달성을 위한 수단이다.
② 조직적이고 계획적인 폭력수단 또는 사회공포조성의 행위이다.
③ 불법적인 수단을 사용하며 장기간에 걸쳐 영향을 미칠 수 있다.
④ 테러의 대상은 제한이 없으나 특정국가에서 테러집단을 지원하지는 않는다.

29. **민족주의적 테러리즘에 대한 설명으로 적절하지 않은 것은?**

① 민족공동체를 기반으로 하여 특정지역의 독립이나 자율을 목적으로 한 테러리즘이다.
② 같은 민족이 서로 분리되어 존재하다가 통합되는 과정에서 지도층들의 헤게모니 장악을 위한 수단으로 행해지기도 한다.
③ 특정국가의 영향력을 강화하기 위해 국가 자체가 테러리즘의 주체가 되는 경우도 종종 발생한다.
④ 여러 민족이 하나의 체제 내에 존재하다가 갈등이 불거져 발생하며 징고이즘과 같은 극단적인 형태의 사상이 배경이 된다.

30. **국제적 치안위협 요소에 대한 설명으로 옳지 않은 것은?**

① 테러리즘은 정치적 목표를 달성하기 위한 수단으로 사람이나 건물, 물건 등 그 대상에 제한이 없다.
② 국제조직범죄는 구성원의 자격요건이 제한적이거나 배타적인 경우가 많으며 은밀한 활동을 위해 대개 일시적인 점조직의 형태로 활동한다.
③ 특정조직이나 이념이 아닌 정부나 해당국가에 대한 개인적인 반감을 이유로 행동하는 외로운 늑대형 테러가 새로운 위협으로 등장하고 있다.
④ 체류 외국인과 해외여행객의 증가로 국제테러리즘과 인종혐오범죄로 인한 피해가 증가하고 있다.

Chapter 09

31. **다음 내용에 해당하는 단체는?**

1995년 12월 17일 페루의 수도 리마에서 페루 주재 일본대사관을 점거하고 수감 중인 소속 요원들의 석방을 요구하였다.

① 빛나는 길(SL)
② 쿠르드 노동자당(PKK)
③ 검은 9월단(Black September)
④ 투팍아마르 혁명운동(MRTC)

09 정답 및 해설

단원별 퀴즈 정답 및 해설

01. 징고이즘, 폐쇄주의, 국수주의 및 배타적 애국주의로 다른 사회집단에 대한 배척·적대적 태도나 심정을 말하는 것은 쇼비니즘(chauvinism)이다.

02. 적색테러, 백색테러, 흑색테러

03. 알샤바브, 알샤바브는 청년전사운동이란 뜻의 소말리아 이슬람 무장 단체로 소말리아 중남부에 세력을 두고 있으며 알카에다와 연계를 통해 남부지역을 장악했으며 지속적으로 반정부 활동을 전개하고 있다.

04. NCTC, 국가대테러센터(NCTC)는 2003년 CIA, FBI, 국방부 등 15개 기관 합동으로 테러정보통합센터(TTIC)를 설치하였으나 9·11 테러진상조사위원회의 권고로 이를 확대하여 2004년 국가정보장(DNI) 산하에 국가대테러 센터(NCTC)를 신설한 것이다.

05. X, 전통적 테러리즘은 민족주의자나 분리주의자처럼 혁명적이고 이상적인 야망 등 뚜렷한 목적을 내세웠지만 뉴테러리즘은 테러 목적이나 요구조건이 추상적이고 공격주체가 불분명하다.

06. X, 적의 위협수준 인식은 주관적이므로 예방공격과 선제공격의 구분이 모호해질 수 있다. 이러한 선제공격은 2003년 이라크 전쟁의 이론적 근거가 되었으나 국제법적으로 그 정당성의 논란이 있다.

07. X, 프랑스를 제외한 주요 선진국은 테러 분야에서 정보기관과 수사기관의 이원화로 견제와 균형을 추구하고 있다. 특히 독일은 대테러 참여기관 간 대등한 병렬식 상호협력 관계를 통해 기관 간 시너지 효과를 창출하고 있다.

08. X, 중앙통합방위협의회는 국무총리 소속으로 의장은 국무총리가 되고 대통령이 임명하는 부처의 기관장이 참석하며 통합방위 정책 및 작전 결정, 통합방위사태 선포 또는 해제를 담당한다.

09. O, 발령권자는 경계태세 상황이 종료되거나 상급 지휘관의 지시가 있는 경우 경계태세를 해제하여야 하고, 통합방위사태가 선포된 때에는 경계태세는 해제된 것으로 본다. 경계태세는 적 침투 및 도발 상황을 고려하여 경계태세 3급(진돗개 셋), 경계태세 2급(진돗개 둘), 경계태세 1급(진돗개 하나)으로 구분하여 발령할 수 있다.

10. X, 테러사건대책본부의 장은 본부를 설치하는 기관의 장이며 현장지휘본부의 사건 대응 활동을 지휘·통제한다. 즉 외교부장관이 국외테러사건대책본부, 국방부장관이 군사시설테러사건대책본부, 국토교통부장관이 항공테러사건대책본부, 경찰청장이 국내일반 테러사건대책본부, 해양경찰청장이 해양테러사건대책본부를 설치한다. 단, 군사시설테러사건대책본부의 장은 국방부장관이 아닌 합동참모의장이다.

11. O, 파키스탄 핵개발의 아버지로 추앙되는 압둘 칸 박사는 1970년대 칸 네트워크(Khan network)를 비밀리에 가동하여 국제사회에서 핵무기 개발기술을 판매하였다. 2000년대 들어와 CIA의 정보요원이 칸 네트워크에 침투하여 2003년 리비아로 향하는 독일국적의 선박 BBC China호에서 핵관련 부품을 압수하여 세상에 드러났다.

기출 및 유사문제 정답 및 해설

01. 답 3. 대테러센터는 국무총리(국무조정실) 소속으로 관계기관 공무원으로 구성된다.

02. 답 4. 국제법적으로 어떠한 경우에도 정당성을 인정받을 수 없는 것이 원칙이다.

03. 답 3.

04. 답 3. 우리나라는 북한에 의한 테러위협이 상존하고 있어 테러안전지대는 아니다. 1988년 서울 올림픽을 계기로 "국가 대테러활동지침"을 대통령령으로 제정했다.

05. 답 2. ③은 국무총리(국무조정실) 산하에 2016년 4월 설치되었다.

06. 답 4. 1988년 서울올림픽대회 개최를 앞두고 국제테러리즘과 북한 국가지원 테러리즘에 대응하기 위하여 1982년 1월 22일 국가대테러활동지침을 제정하였다.

07. 답 4. 전통적 테러리즘은 피해규모가 비교적 적었으나 뉴테러리즘은 대량살상 무기를 사용한 전쟁수준의 무차별 · 동시다발 공격으로 피해가 막대하다.

08. 답 4. 쇼비니즘(chauvinism)에 대한 설명이다.

09. 답 1. 필리핀에 대한 설명이다.

10. 답 4. 삼합회는 청나라에 대항하기 위한 백련교를 그 시조로 한다.

실전문제 정답 및 해설

11. 답 3. 흑색테러(Black Terror)는 무정부주의자에 의한 테러이다.

12. 답 4. 마허 아라(Maher Arar)는 헌법권리센터의 도움을 받아 미국 법무부장관 (John Ashcroft)와 FBI, 국토안보부 장관에게 소송을 제기했으나 연방대법원은 국가안보상의 이유로 기각하였다.

13. 답 3.

14. 답 4. DNI 산하에 설치된 것은 국가대테러센터(NCTC)이다. 합동테러리즘전담반 (JTTF, Joint Terrorism Task Forces)은 9.11테러 이후 FBI를 중심으로 주 및 지방경찰, 비밀국(USSS, 백악관 경호), 마약단속국(DEA), 민간조직 등과 합동으로 구성된 FBI지역 사무소 내 대테러조직이다.

15. 답 4. 국가안보서신(NSLs)에 관한 내용을 확대하였다

16. 답 1. 국무부 장관은 법무부 장관과 협의 또는 법무부 장관의 요청으로 테러단체를 지정한다.

17. 답 3. JTTF에 대한 설명이다.

18. 답 2. 융합센터(퓨전센터)는 정부기관과 민간단체가 수집한 정보가 융합되어 전문가의 분석을 거쳐 수사기관, 정보기관, 군 등 관계기관의 작전 수행을 위해 적절히 배포되도록 돕는 역할을 하여 주 및 지방의 안전을 유지하도록 한다.

19. 답 1.

20. 답 4. 독일의 합동테러대응센터(GTAZ)는 독립기관이 아닌 여러 보안기관들의 연합체이자 공동협력 플랫폼으로 BfV소속은 아니다.

21. 답 4. SAS(육군공수특전단)에 대한 설명이다. SBS(해군 특전대)이다.

22. 답 2. 프랑스국가헌병대는 평시 내무부 소속으로 치안유지 역할을 하는 별개의 군으로 진압부대인 GIGN(지젠느)를 운영한다.

23. 답 1.

24. 답 3. 헤즈볼라에 대한 설명이다. 알샤바브는 소말리아 이슬람 무장 단체로 소말리아 중남부에 세력을 두고 있으며 알카에다와 연계를 통해 남부지역을 장악했으며 지속적으로 반정부 활동을 전개하고 있다.

25. 답 3.

26. 답 1. 가(1968년 1월 21일), 나(1976년 8월 18일), 다(1983년 10월 9일), 라(1987년 11월 29일)

27. 답 1. 청와대 기습사건(1.21사태, 김신조 사건)외 나머지는 정찰총국 5국(구. 노동당 35호실), 정찰총국 1국(구. 노동당 작전부), 문화교류국(대외연락부–225국)의 소행이다.

28. 답 4. 최근에는 테러집단이 특정국가의 지원을 받아 국제테러 범죄를 행하는 경우가 증대하고 있다. 특히 정치적 동기에서 특정국가나 그 국가의 이념을 공격하거나 특정국가의 정책변경이나 중단을 강요하기도 한다.

29. 답 3. 국가자체가 테러의 주체가 되는 것은 국가테러리즘이라고 하며 미 국무부의 테러지원 국가가 그 예라고 할 수 있다.

30. 답 2. 국제조직 범죄는 주로 비이념적(non–ideological), 비정치적(non–political)인 성격을 띠고 있으며 금전과 권력의 획득이 주된 동기이며, 통상 영속성을 가진 집단의 형태이다.

31. 답 4. 투팍 아마루 혁명운동(Tupac Amaru Revolutionary Movement)는 페루의 테러단체로 일본 대사관 테러를 주도하였다.

사이버 테러 및 사이버전

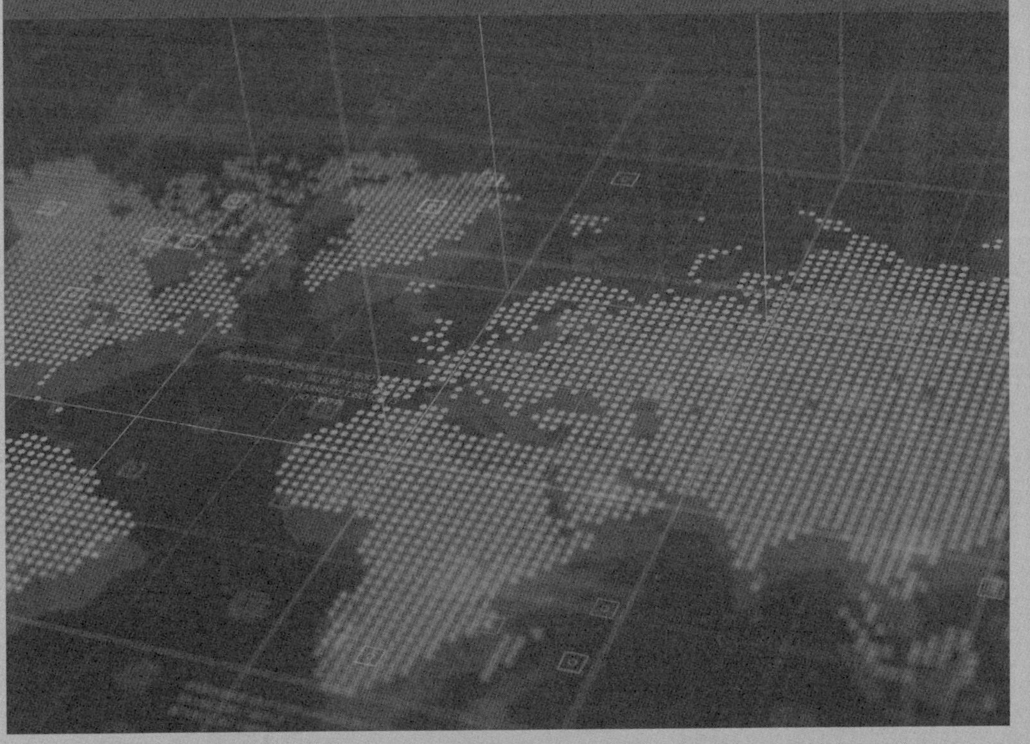

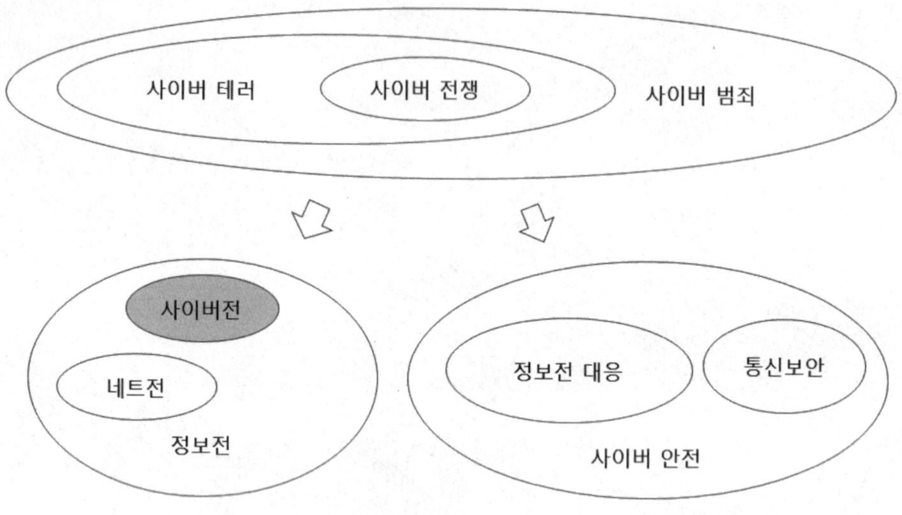

〈 사이버테러와 사이버전 〉

01 사이버 테러의 개념

01 사이버 공간의 특징

- 광역성은 지역적 한계를 벗어나 매우 넓게 정보가 퍼져 나감
- 신속성은 정보가 전달되는 속도가 신속하게 이루어 짐
- 개방성은 모두에게 열려있는 세계
- 자율성은 대체로 직접적인 통제나 간섭을 받지 않음.
- 익명성은 자신의 신분을 감추거나 드러내지 않음.
- 평등성은 나이, 성별, 신분, 지위 등에 차별 받지 않고 소통함.

02 사이버 공격의 특징

- 은밀성은 물리적 테러와 달리 형체를 갖고 있지 않아 흔적을 남기지 않음.
- 감염성은 접속매체 등에 대한 감염을 확산시키는 것임.
- 잠복성은 일정한 조건이 충족되기를 기다려 계획된 공격을 개시하는 것임.

- 비대칭성은 정보화 수준이 높은 지역과 낮은 지역 간의 차이로 사이버공격 수준과 물리적 피해의 차이, 징후 탐지와 대응의 차이 등을 말함.
- 이외에 연속성, 반복성, 일시성이라는 상반되는 특성도 있음.

03 사이버 테러(cyber terror)의 정의

- 컴퓨터 통신망상에 구축되는 가상공간인 사이버 공간을 이용한 폭력행위를 가리키는 용어로, 컴퓨터 통신망을 이용하여 정부기관이나 민간기관의 정보시스템에 침입, 중대한 장애를 발생시키거나 파괴하는 등의 범죄행위 임.
- 통신망에서 사용하는 컴퓨터 시스템 운영방해 행위 또는 정보통신망 침해행위 또는 전자적 침해에 의하여 국가적이고 사회적인 공포심과 불안감을 조성하는 행위 임.
- 주요기관의 정보 시스템을 파괴하여 국가 기능을 마비시키는 신종 테러로, 컴퓨터망을 이용하여 데이터베이스화되어 있는 군사, 행정, 인적 자원 등 국가적인 주요 정보를 파괴하는 것으로 정의함.(경찰청 사이버안전국)
- 특정한 정치적·사회적 목적을 가진 개인·테러 집단이나 적성국 등이 해킹·컴퓨터 바이러스의 유포 등 전자적 공격을 통해 주요 정보기반시설을 오작동·파괴하거나 마비시켜 사회혼란 및 국가안보를 위협하는 행위로 정의함.(국가사이버안전센터)
- 외국이나 대한민국의 통치권이 사실상 미치지 아니하는 한반도 내의 집단, 해킹·범죄조직 및 이들과 연계되거나 후원을 받는 자 등이 국가안보 또는 공공의 안전을 위태롭게 할 목적으로 해킹·컴퓨터 바이러스·서비스방해·전자기파 등 전자적 수단에 의하여 정보통신망을 공격하는 행위로 정의함.(사이버테러방지법 발의안, 2016년 부결)
- 개인, 집단, 국가가 해킹·컴퓨터 바이러스 등 정보통신기술을 활용하여 네트워크나 컴퓨터시스템에 대한 공격을 가하여 사회적인 혼란을 야기하고 국가안보를 위협하는 행위임.

04 사이버 테러의 특징

(1) 테러와 사이버 테러의 차이점

- 테러가 소총, 포탄 등 물리적 방법을 사용한 기반시설 등의 직접 파괴라면 사이버 테러는 소프트웨어와 네트워크 기반 하 사이버 수단을 통한 테러로서 가상의 사이버 공간과 테러리즘의 융합하여 디지털 재산 및 통신망을 파괴함.

- 테러는 적과 우군의 구별이 확실하고 한정된 지역에 피해를 일으키는 반면 사이버 테러는 피·아 구분이 어렵고 국가 전체 기능이 마비됨.
- 테러는 사전 모의 및 준비과정에서 징후가 포착되어 어느 정도 예방 가능하나 사이버 테러는 은밀히 컴퓨터 조작만으로 가능하여 예측이 어렵고 침해 사실조차 인지하지 못할 수 있음.
- 해킹 및 컴퓨터 바이러스 유포 등을 이용하여 적은 비용으로 정부 및 학교 행정망, 금융정보망, 산업 및 방송통신망 등 기간 전산망 마비와 군사장비의 파괴 등 테러 효과 극대화가 가능함.

(2) 사이버 범죄와 사이버 침해

- 사이버 범죄(cybercrime)는 사이버공간 또는 전산기술을 활용하는 범죄행위로 사이버 침해, 사이버 사기·절도, 사이버 음란물, 사이버 폭력 등이 있음.
- 사이버 테러는 자료 유출, 파일삭제, 폭탄 메일, 서비스거부공격 등의 해킹과 트로이 목마, 웜바이러스, 논리폭탄 등의 악성 프로그램을 사용함.
- 사이버 침해(cyber-trespass)는 사이버 공간을 구성하는 컴퓨터 시스템과 네트워크의 안전에 대한 침해로 해커가 불법수단으로 시스템에 접근하여 저작물의 이용 및 온라인 상 소유를 침해하는 것임.

05 사이버 테러의 진화

- 정보 공격(information attacks)은 테러대상의 전자파일·컴퓨터 시스템 내의 다양한 자료를 파괴 및 변조임.
- 기반시설 공격(Infrastructure attacks)은 테러대상의 하드웨어, 운영 플랫폼 등의 파괴 및 와해임.
- 기술적 조장(Technological facilitation)은 테러대상의 공격계획 홍보, 전송, 공유 및 공격 관련 사이버 커뮤니케이션 임.
- 임금마련 및 모집 홍보 (Fundraising and promotion)는 단체 기금 마련 및 테러리스트 모집 홍보임.

02 사이버전의 개념

01 정보전(information warfare)의 특징

- 정보전은 사이버전(cyber warfare)과 네트전(net war)을 모두 포함하며 사이버전은 군사활동의 영역의 정보전은 네트전은 민간차원에서 발생하는 정보전 임.
- 정보전은 적대세력의 공격으로부터 정보자체와 정보시스템을 보호하는 동시에 적대세력의 정보와 시스템을 교란, 파괴, 훼손시키는 싸움으로 개인, 집단, 정부 등 공격의 주체가 다양함.
- 기존 전장에 사이버 공간이 추가되어 4차원의 전장공간이 형성되었고 전쟁의 무대가 전 지구적 차원에서 동일 전장화 하는 결과를 가져온다는 제5세대 전쟁의 개념임.
- 지휘통제전(command and control warfare), 전자전(electronic warfare), 또는 저강도전(low-intensity warfare), 해커전(hacker war), 소프트전(softwar) 등도 유사한 범주임.

02 사이버전의 특징

- 사이버전은 사이버테러와 달리 행위의 주체가 국가(국가정보기관, 군 정보기관)이며 그 목적이 개인이나 집단이 이익이 아닌 적국의 혼란과 군사시스템 약화 및 파괴 임.
- 재래식 전쟁과 달리 적국의 인명살상이 1차적 목적이 아니라 적의 혼란을 초래하거나 초기 대응작전을 마비시키는 데 목적이 있음.
- 전통적인 무기개발 기술과는 달리 정보기술의 발전은 국가의 대규모 재정지원을 요구하지 않아 저비용으로 가능하나 이에 대한 방어를 위해서는 막대한 비용이 소요될 수 있음.
- 정보공격의 행위자가 다양화되었고 정보공격에 이용될 수 있는 기술정보가 원하는 모든 사람들에게 공개되어 있음.
- 정보기술에 의한 공격 수행 속도가 매우 빨라졌으며 공격을 받는 국가가 이에 대응할 수 있는 시간적 여유가 거의 없어졌음.
- 자유로운 정보접근과 유통을 통해 인간의 인식, 감정, 관심을 조작하는 새로운 수단으로 정보전이 부각되어 정책 담당자와 대중들의 인식을 조작할 수 있는 심리전 무기로 활용가능 함.

- 사이버공간에서 벌어진 위협적 행위나 피해가 반드시 고의적인 공격에 의한 것이라고 단정하기 어렵기 때문에 공격에 대한 평가와 경보체제구축이 어려움,
- 정보기술 발전에 따른 위협에 대처하기 위해 국제사회가 합의한 규제들이 아직은 존재하지 않기 때문에 국가간 공조체제의 구축과 유지가 어려움.
- 정보수집 및 분석 시 사이버 수단을 활용하기 위해서는 새로운 차원에서 정보전을 인식해야 효율성을 증대시킬 수 있으며 전략정보 차원에서 인식할 필요가 있음.
- 2002년 이후 우리나라는 국가정보전 대응체계를 사이버범죄, 사이버테러, 사이버전의 3단계로 구분, 단계별 대응방안과 절차를 마련하고 있음.

03 합참의 정보작전방호태세(인포콘, INFORCON, Information Operation Condition)

- 인포콘은 북한이 사이버테러 등 정보전을 시도할 가능성에 대비하기 위한 정보작전방호태세로 우리 군의 컴퓨터 망과 네트워크 체계에 대한 공격 징후가 감지 시 사전에 포착하여 피해를 최소화하고 효율적인 대응을 하기 위한 사이버전 대비태세 임.
- 총 5단계로 이루어져 있으며, 5단계는 정상(통상적 활동), 4단계는 알파(증가된 위험), 3단계는 브라보(특정한 공격위험), 2단계는 찰리(제한적 공격), 1단계는 델타(전면적인 공격)이며 격상 시 마다 국방부와 각 군 본부, 군단급 부대에 편성된 정보전 대응팀(CERT) 요원이 증가됨.
- 2013년 3월 20일 방송사와 은행 전산망 마비 시 인포콘을 4단계에서 3단계로 격상한 바 있음.

04 연합사 경계태세(워치콘, WATCH CONdition)

- 한미연합사가 북한의 군사활동을 추적하는 정보감시태세 또는 전략적 · 전술적 경고에 따른 정찰수준을 변경하는 과정으로 5단계로 이루어짐.
- 워치콘 수준에 따라 집중적으로 감시되는 표시 및 경고 목록에는 약 180 가지의 비정상적인 북한군 활동이 있으며 상황이 긴박해지면 점차 단계가 올라가고 정찰기 등 정보수집 수단과 감시 횟수, 정보 분석요원이 보강됨.
- 5단계는 일상적인 평온한 상태이고 4단계는 일상적인 생활을 하고 있으나 잠재적인 위협이 있어 지속적으로 감시가 필요한 상태로 한국전쟁 휴전협정 체결이후 지속되고 있음.

- 3단계는 국가안보에 중대한 위협이 초래될 우려가 있는 상황으로 적의 상태를 감시하기 위해 정보요원 근무를 현저히 강화하며 국가정보원, 군사안보지원사령부는 외출, 휴가가 금지되고 비상근무체제로 전환됨.
- 2단계는 현저한 위험이 일어날 징후가 보일 때로 정보 전력과 요원이 증강되며 1단계는 적의 도발이 명백할 때로 한반도에서는 아직 발령된 적이 없음.
- 데프콘은 워치콘 발령 상태에 따라 격상을 검토하지만 워치콘 격상과 직접적 연동관계는 아님.

03 미국의 사이버 대응체계

01 사이버보안조정관(Cybersecurity Coordinator)

- 국가안전보장회의(NSC) 내 사이버보안 콘트롤 타워로 사이버보안국의 수장이며 오바마 정부인 2009년 12월부터 사이버전 대응전략 수립과 부처 간 조정통제 역할을 하였으나 2018년 5월 존 볼튼(John R. Bolton) 백악관 안보보좌관 임명 후 폐지 됨.

02 사이버보안국(cyber security directorate)

- 대통령에게 사이버보안 정책을 직접 보고하며, 국토안보부, 국방부 등과 협력하여 대규모 사고 발생 시 총지휘관 역할을 담당함.

03 국가기반시설자문위원회(NIAC, National Infrastructure Advisory Council)

- 9.11테러 이후 주요 국가기반시설에 대한 사이버보안을 대통령에게 자문하는 대통령 직속기구 임.

04 국토안보부(Department of Homeland Security)

- 국가보호본부는(NPPD, National Protection and Program Directorate) 부서를 설치하고 사이버위협에 대해 민간부문 파트너들과 협력하여 주요기반시설을 보호함.

- NPPD 산하의 국가사이버보안 및 통신통합센터(NCCIC)는 사이버 위협 및 취약성 분석, 정보공유, 조기 경보 및 민간의 네트워크 방어 및 침해사고 대응 임무를 하며, US-CERT는 사이버위협 예방 및 대응을 위한 정부침해 대응기구임.
- 국토안보부 연구부 소속인 국가사이버보안사업부(NCSD)는 2003년 6월에 개설되어 NCSD는 사이버 위협 및 취약성 분석, 조기 경보 및 공공 및 민간에 대한 사고 대응 지원을 제공함.

05 사이버사령부(U.S. Cyber Command)

- 국방부의 사이버전 실무를 총괄하는 부대로 2010년 설치되어 국가안보국 (NSA)의 수장이 사령관을 겸임하여 총괄케 함.

06 사이버위협정보통합센터(CTIIC, Cyber Threat Intelligence Integration Center)

- 2015년 국가정보국(DNI) 산하에 설치된 정보공동체의 사이버위협 분석 및 전파기구로 NSC 및 NCCIC 지원 등의 임무를 수행함.
- 사이버보안 교육(NICE, National Initiative for Cyber security Education)을 통해 국민인식 캠페인(Stop. Think. Connect), 정규 사이버보안교육, 연방 보안인력 개발 등 전국민 대상 사이버보안 캠페인을 추진 함.

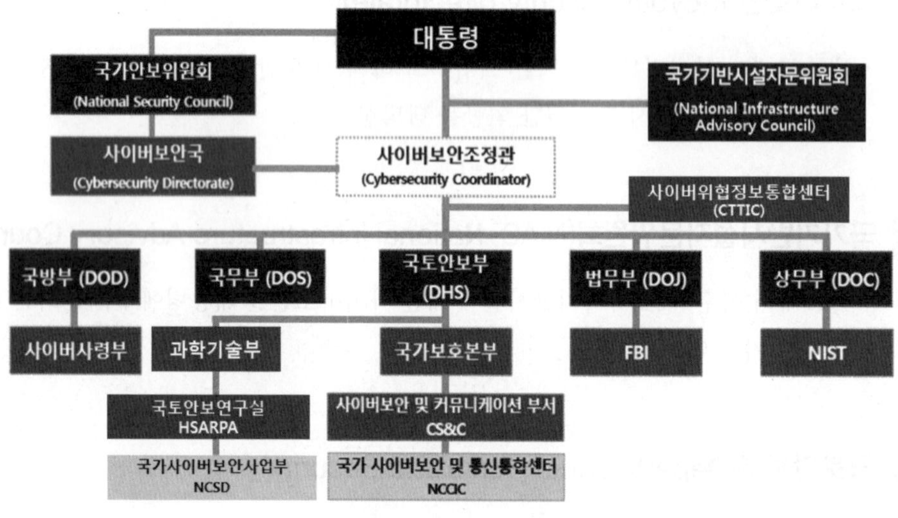

〈 미국의 사이버대응 체계 〉

04 한국의 사이버 대응체계

01 사이버 대응 담당기구

(1) 국가정보원 국가사이버안전센터(NCSC)

- 2003년 인터넷 대란 후 사이버공격에 대한 국가차원의 종합적, 체계적 예방 및 대응을 위해 2004년 2월 국가정보원 산하에 설치됨.
- NCSC는 사이버안전의 총괄기관으로 공공, 민간 분야별 정보공유 활성화와 공조체제 강화를 위해 NCSC 내 유관기관이 참여하는 민·관·군 합동대응반을 설치하고 종합판단, 정보공유, 합동분석, 합동조사 등의 합동업무를 수행함.

(2) 경찰청 사이버안전국(National Police Agency Cyber Bureau)

- 1997년 컴퓨터 범죄수사대, 1999년 사이버범죄수사대, 2000년 사이버테러대응 센터을 거쳐 2014년 컴퓨터, 사이버 범죄 수사를 담당하는 경찰청의 조직으로 확대 개편됨.
- 경찰청 본청 사이버안전국, 각 지방경찰청 사이버안전과, 경찰서 사이버수사계 에서 사이버치안을 담당하며 전국적 광역수사가 필요할 경우는 본청에서 담당함.

(3) 국방부 사이버사령부(Cyber Command)

- 2010년 1월 사이버전에 대응하기 위한 업무를 수행을 위해 창설된 조직으로 국방정보본부 예하부대이었으나 2011년 9월 국방부 장관의 직할부대로 승격함.
- 전시와 평시 사이버전 수행과 국방 사이버전 기획, 관계기관 간 정보 공유와 협조체계 구축 등의 임무를 수행함.
- 본부와 사이버전 연구·개발을 담당하는 31단, 심리전단인 510단, 사이버심리전단인 530단, 교육 및 훈련을 맡는 590단으로 구성됨.

(4) 한국인터넷진흥원(KISA, Korea Internet & Security Agency)

- 사이버침해사고 대응·예방 및 민관 협력체계 운영, 미래 인터넷·정보보호 산업의 성장기반 조성, 국제협력 및 정보보호산업 해외진출을 지원하는 과학기술정보통신부 산하 기관 임.
- 인터넷침해사고대응지원센터(KrCERT/CC)는 KISA 내 침해사고 대응팀으로 국내 전산망의 침해사고 대응 활동을 지원하고 전산망 운용기관 등에 대해 통일된 협조체제를 구축하기 위해 설립되었으며 해킹 및 보안신고센터 118 운영, 각종 웜·바이러스 상담도 함.

(5) 한국전자통신연구원(ETRI, Electronics and Telecommunications Research Institute)

- 정보통신 전문 연구기관으로 한국전자통신연구소를 과학기술정보통신부 산하 기타공공기관으로 지정되어 있으며 세계 최초 CDMA 상용화 성공 등 각종 특허를 다수 보유하고 있음.
- 정보, 통신, 전자, 방송 및 성과 관련 융·복합기술 분야의 산업원천 기술 개발 및 성과 확산을 통해 국가경제·사회 발전에 기여함을 목적으로 하고 있음.

(6) 국가보안기술연구소(NSRI, National Security Research Institute)

- 한국전자통신연구원(ETRI)의 부설 연구소로 국가보안시스템, 국가사이버안전 기술, 국가보안 기반기술 연구개발 및 국가보안업무 기술지원을 담당하는 정보보호 전문연구기관임.

(7) 국방과학연구소(ADD, Agency for Defense Development)

- 국방력 강화와 자주국방의 실현에 기여하기 위해 첨단 무기 체계 개발 및 국방 과학기술을 조사, 분석, 연구, 개발을 담당하는 국방부 산하의 기타공공기관 으로 보통 신무기 개발은 ADD가 하고 생산은 방산업체가 담당함.
- 국방고등기술원(IDATR)은 한국의 DARPA(미국방위고등연구계획국)를 지향하며 창설된 ADD산하의 국방첨단기술 연구 조직으로 2014년 1월 민군협력진흥원과 함께 설치됨.
- 방위산업기술지원센터(DITC)은 ADD 산하기관으로 중소방산업체의 R&D지원을 위해 2014년 5월 신설된 조직임.

02 국가사이버안전관리규정(대통령 훈령)

(1) 용어의 정의(제1조, 제2조, 제5조, 제6조)

- 국가사이버안전관리규정은 대통령 훈령으로 사이버안전에 대한 조직체계 및 운영사항을 규정하고 사이버안전업무를 수행하는 기관 간 협력을 강화하여 국가안보를 위협하는 사이버공격으로부터 국가정보통신망을 보호하기 위함.
- 정보통신망은 전기통신설비를 활용하거나 전기통신설비와 컴퓨터 및 컴퓨터의 이용기술을 활용하여 정보를 수집·가공·저장·검색·송신 또는 수신하는 정보통신 체제 임.
- 사이버공격은 해킹·컴퓨터바이러스·논리폭탄·메일폭탄·서비스방해 등 전자적 수단에 의하여 국가정보통신망을 불법침입·교란·마비·파괴하거나 정보를 절취·훼손하는 일체의 공격행위 임.

- 사이버안전은 사이버공격으로부터 국가정보통신망을 보호함으로써 국가정보통신망과 정보의 기밀성·무결성·가용성 등 안전성을 유지하는 상태임.
- 사이버위기란 사이버공격으로 정보통신망을 통해 유통·저장되는 정보를 유출·변경·파괴함으로써 국가안보에 영향을 미치거나 사회·경제적 혼란을 발생 시키거나 국가 정보통신시스템의 핵심기능이 훼손·정지되는 등 무력화되는 상황임.
- 국가사이버안전 정책 및 관리는 국가정보원장이 관계 중앙행정기관의 장과 협의하여 이를 총괄·조정하고 이를 효율적이고 체계적으로 수행하기 위하여 관계 중앙행정기관의 장과 협의하여 국가사이버안전기본계획을 수립·시행함.
- 관계 행정기관은 기획재정부, 미래창조과학부, 교육부, 외교부, 통일부, 법무부, 국방부, 안전행정부, 산업통상자원부, 보건복지부차관, 국토교통부, 금융위원회 부위원장, 대통령비서실, 사이버안전 담당 수석비서관, 국가안보실 사이버안전 담당 비서관, 국무조정실 국무차장 임.

(2) 국가사이버안전전략회의(제6조, 제7조)

- 국가사이버안전 관련 중요사항 심의를 위해 국가정보원장 소속의 국가사이버안전전략회의를 두고 국가정보원장이 의장, 위원은 의장이 지명하는 관계 중앙행정기관의 차관급 공무원이 됨.
- 심의 내용은 국가사이버안전체계의 수립 및 개선에 관한 사항, 국가사이버안전 관련 정책 및 기관 간 역할조정에 관한 사항 등이며 중요사항은 대통령 및 국무총리에게 보고함.
- 효율적인 회의 운영을 위하여 산하에 국가사이버안전대책회의(의장: 국정원장 지명)를 둘 수 있음.

(3) 국가사이버안전센터(제8조)

- 사이버공격에 대한 국가차원의 종합적이고 체계적인 대응을 위하여 국가정보원장 소속 하에 국가사이버안전센터를 둠.
- 국가사이버안전정책의 수립, 전략회의 및 대책회의의 운영에 대한 지원, 사이버위협 관련 정보의 수집·분석·전파, 국가정보통신망의 안전성 확인, 국가사이버안전매뉴얼의 작성·배포, 사이버공격으로 인하여 발생한 사고의 조사 및 복구 지원, 외국과의 사이버위협 관련 정보의 협력의 임무를 수행함.
- 국가정보원장은 국가 차원의 사이버 위협에 대한 종합판단, 상황관제, 위협요인 분석 및 합동조사 등을 위해 사이버안전센터에 민·관·군 합동대응반을 설치·운영할 수 있음.

- 국가정보원장은 관계 중앙행정기관의 장과 협의하여 사이버안전대책 수립에 필요한 국가사이버안전매뉴얼 및 관련 지침을 작성 배포할 수 있고, 중앙행정기관의 장은 소관 정보통신망을 보호하기 위하여 사이버안전대책을 수립·시행하고, 이를 지도·감독하여야 함.
- 국가정보원장은 관계 중앙행정기관의 장과 협의하여 지방자치단체 및 공공기관의 정보통신망에 대한 안전성 확인을 할 수 있으며 시정 등 필요한 조치를 권고할 수 있음.

(4) 경보발령 및 단계(제11조)

- 국가정보원장은 사이버공격에 대한 체계적인 대응 및 대비를 위하여 사이버 공격의 파급영향, 피해규모를 고려하여 관심·주의·경계·심각 등 수준별 경보를 발령할 수 있음.
- 민간분야는 미래창조과학부장관(현, 과학기술정보통신부)이, 국방분야는 국방부장관이 경보를 발령하며 효율적인 경보업무 수행을 위해 발령 전 경보 관련 정보를 상호 교환하여야 함.
- 관심단계는 웜·바이러스, 해킹기법 등에 의한 피해발생 가능성 증가, 해외 사이버공격 피해가 확산되어 국내유입 우려, 사이버위협 징후 탐지활동 강화 필요 시 발령함.
- 주의단계는 일부 네트워크 및 정보시스템 장애, 침해사고가 일부 기관에서 발생 했거나 다수기관으로 확산될 가능성 증가, 국가 정보시스템 전반에 보안태세 강화 필요 시 발령함.
- 경계단계는 기간 망의 장애 또는 마비, 침해사고가 다수기관에서 발생했거나 대규모 피해로 발전될 가능성 증가 시. 다수 기관의 공조 대응 필요 시 발령함.
- 심각단계는 국가적 차원에서 네트워크 및 정보시스템 사용 불가능, 침해사고가 전국적으로 발생했거나 피해범위가 대규모인 사고발생, 국가적 차원에서 공동 대처 필요 시 국가안보실장과 협의하여 발령함.

(5) 사고조사 및 처리(제13조)

- 국가정보원장은 사이버공격으로 인한 사고 발생 시 원인분석을 위한 조사를 할 수 있으며 경미한 사고는 해당 기관의 장이 자체 조사 후 결과를 국정원장에게 통보하여야 함.
- 국가정보원장은 사이버 공격으로 인한 피해 심각 시 또는 주의 수준 이상의 경보 발령 시 관계 중앙행정기관의 장과 협의하여 범정부적 사이버위기 대책본부를 구성·운영할 수 있고 사고조사, 긴급대응 및 피해복구 등을 위하여 대책본부 내 합동조사팀 등을 둘 수 있음.
- 국가정보원장은 사이버공격 피해 및 대책본부의 대응 상황을 국가안보실장에게 통보하고, 국가안보실장은 이를 종합하여 대통령에게 보고함.

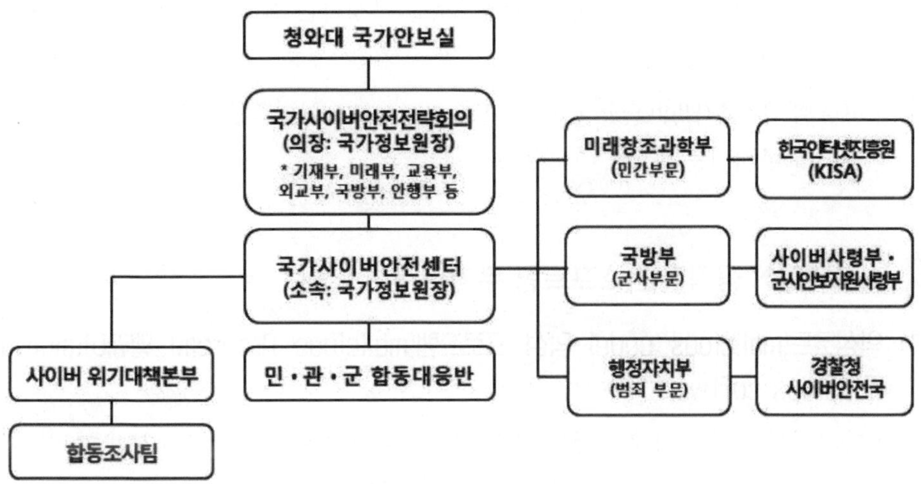

〈 한국의 사이버 대응체계 〉

05 사이버 공격의 수단

01 하드웨어 공격 수단(하드형 무기)

- 전자파 수집 분석은 컴퓨터 시스템이 방출하는 전자파를 수집하여 수행하는 작업의 내용을 확인하는 방법으로 전산망을 파괴하지 않고 주파수와 파장 분석으로 비밀정보를 입수할 수 있음.
- 전파방해(electronic jamming)은 적국의 시스템에서 송수신 하는 전파의 흐름을 방해하여 전달하고자 하는 정보를 삭제하거나 가짜 정보를 중간에 삽입하는 등의 통신망 교란 행위임.
- 치핑(chipping)은 시스템 하드웨어 설계 시 칩 속에 고의로 비인가 된 특정코드를 삽입시킨 후 필요 시 시스템을 공격할 때 사용하는 방법임.
- 전자폭탄(Electronic-Magnetic pulse Bomb, EMP탄)는 고출력 전자파 공격무기로 높은 에너지를 가지는 전자기파를 이용하여 정보시스템 및 정보통신망의 기능을 마비시키는 무기임.
- 초미세형 로봇(Nano Machine)은 개미보다 작은 로봇이 목표하는 곳의 정보시스템 센터에 배포되어 대상 컴퓨터의 내부에 침입하여 전자회로 기판을 파괴시켜 컴퓨터를 불능상태에 이르게 함.

- 전자적 미생물(Microbes)은 정보시스템을 구성하는 실리콘을 부식 파괴하여 기능을 마비시키는 것임.
- 고출력 전자총(High Energy Radio Frequency Gun)는 고출력의 전자파로 각종 전자장비를 마시키는 총임.

02 소프트웨어 공격수단(소프트형 무기)

(1) 악성코드(malicious code)·악성 프로그램(malicious Program)·맬웨어(malware, malicious software)

- 악의적인 목적을 위해 작성된 실행 가능한 코드의 통칭으로 자기 복제 능력과 감염 대상 유무에 따라 크게 바이러스, 웜, 트로이목마 등으로 분류 됨.
- 주요 증상은 네트워크 트래픽 발생, 시스템 성능 저하, 파일 삭제, 이메일 자동발송, 개인 정보 유출, 원격 제어 등이 있음.

(가) 바이러스(Virus)

- 바이러스는 다른 프로그램을 감염시키면서 자신 혹은 변형된 자신을 복제하는 명령어들의 조합으로 치료가 필요함.
- 실행 가능한 어느 일부분 혹은 데이터에 자가 복제하여 내 컴퓨터 내 다른 파일을 감염시키고 또 다른 대상에게 전염시킴으로써 확산됨.

(나) 웜(Worm) 또는 네트워크어웨어 바이러스(Network Aware virus)

- 웜은 다른 프로그램의 감염 없이 자신 혹은 변형된 자신을 복사하는 명령어들의 조합으로 삭제가 필요함.
- 네트워크를 통해 주로 전염되고 내 컴퓨터 내 감염 대상없이 스스로 증식하는 독자적 프로그램 임.

(다) 트로이목마(Trojan Horse)

- 트로이목마는 컴퓨터의 프로그램 내에 사용자는 알 수 없도록 프로그래머가 고의로 포함시킨 명령어들의 조합으로 자가 복제는 하지 않음.
- 웹페이지, 이메일, P2P 다운로드 사이트 상에서 유용한 프로그램으로 위장하여 사용자들이 거부감 없이 설치하게 한 후 각종 비밀번호와 시스템 권한을 취득하는 불법 프로그램임.
- 악성 코드의 상당수를 차지하고 있으며 분산서비스 거부공격(디도스 공격, DDoS) 시 좀비 PC로 활용되기도 함.

- 고의로 포함시켰다는 점에서 프로그래머의 실수인 버그(bug)와 다르며, 자신을 복사하지 않는다는 점에서 바이러스나 웜과도 다름.

해킹과 크래킹

- 해킹(hacking)은 해커가 전산망에 침투하여 컴퓨터 바이러스를 삽입하거나 데이터베이스를 파괴시키는 방법으로 순수하게 작업과정 자체의 즐거움에 탐닉하는 컴퓨터 전문가들의 행위를 국한하여 해킹이라고 함.
- 크래킹(cracking)은 다른 사람의 컴퓨터에 침입하여 정보를 빼내 이익을 취하고 파일을 삭제하거나 전산망을 마비시키는 악의적 행위로 최근에는 해커(hacker)와 크래커(cracker)를 구별하지 않고 범죄행위를 하는 자로 쓰임.

(2) 워너크라이(WannaCrypt) 공격 또는 컨피커 웜(conficker worm)

- 2017년 5월 12일부터 등장한 랜섬웨어 멀웨어 툴로서 이메일, 파일공유를 통해 유포되는 일반적인 랜섬웨어와 달리 운영체제(OS) 윈도우의 취약점을 악용해 네트워크에 연결된 PC들을 무작위로 자동 감염시키는 변종 웜(Worm) 형태 임.
- 러시아 내무부 PC 1000대, 중국 국영석유회사 주유소 2만여 개와 영국 48개 의료법인시스템을 마비시키는 등 150여 개 나라에 피해를 입혔으며, 감염된 컴퓨터로는 20개의 언어로 비트코인을 지급하면 풀어주겠다는 메시지를 띄웠음.

(3) 랜섬웨어(Rasomware)

- 컴퓨터 시스템을 감염시켜 접근을 제한하고 일종의 몸값을 요구하는 악성소프트웨어의 일종임.

(4) 스파이웨어(spyware)

- 다른 사람의 컴퓨터에 잠입하여 중요한 개인정보를 빼가는 소프트웨어로 스파이(spy)와 소프트웨어의 합성어임.
- 사용자 수를 파악하는 마케팅 목적의 애드웨어(adware)에서 변질되어 IP주소, 즐겨찾기, 개인 아이디 및 패스워드까지 알아낼 수 있어 악의적으로 사용될 소지가 다분함.
- 대개 인터넷이나 PC통신에서 무료로 공개되는 유용한 소프트웨어를 다운로드 받을 때 함께 설치되어 일반 해킹프로그램과는 성격이 다름.

(5) DoS(서비스 거부공격, Denial of Service)

- 개인이 한두개의 네트워크 또는 전산시스템에 과도한 부하 또는 비정상적 접속을 시도하여 서버 네트워크를 독점하거나 시스템 리소스 낭비를 유발하여 서버가 제대로 서비스를 제공하지 못하도록 하는 것임.

(6) DDoS(분산서비스거부공격, distributed denial of service)

- 전형적인 DoS수법으로 불특정 다수의 시스템을 여러 대의 공격자를 분산 배치하여 동시에 공격하게 함으로써 특정 사이트를 공격함.
- 일반적으로 악성코드, 이메일 등을 통해 일반 사용자의 PC를 감염시켜 좀비PC로 만든 후 공격 도구들을 심어놓고 다음 공격 목표인 사이트의 컴퓨터시스템이 처리할 수 없을 정도로 엄청난 분량의 패킷을 동시에 범람시켜 시스템을 마비시키는 방식임.
- 스머핑(smurfing, Smurf attack)은 DDos공격의 일종으로 운영체제가 아닌 네트워크를 통해 여러대의 컴퓨터가 한 시스템에 집중적으로 응답하게 하여 서버를 다운시키는 방법
- 메일 폭탄(mail bomb)은 DDos공격의 일종으로 상대방 시스템에 많은 메일을 지속적으로 보내 폭주하는 메일을 처리하지 못해 한계를 초과하도록 하여 다운시키는 수법으로 대형시스템도 다운될 수 있음.
- 핑홍수공격(ping flood attack)은 DDos공격의 일종으로 상대방 시스템의 작동 현황을 지속적으로 요청해 다운시키는 방법으로 패킷을 홍수처럼 상대 컴퓨터 시스템에 퍼붓는 공격임.

(7) 스푸핑(spoofing)

- 다른 사람의 컴퓨터 시스템에 접근할 목적으로 네트워크 통신과 관련된 MAC 주소, IP주소, 포트 등을 왜곡하여 속이는 기술을 총칭함.
- DNS 스푸핑은 DNS주소를 장악해서 공격자가 원하는 임의의 IP주소로 이동시키며 IP 스푸핑은 자신의 IP주소를 속여서 접속하는 것으로 이를 통해 서비스거부공격(DoS)도 수행함.
- MAC 스푸핑(대표적으로 ARP 스푸핑)은 MAC 주소(실제주소, 물리적 주소, 네트워크에 할당된 고유 식별자, 랜카드 주소)를 속여 랜에서의 통신흐름을 왜곡시키는 것으로 공격 대상 컴퓨터와 서버 간 트래픽을 공격자의 컴퓨터로 우회시켜 패스워드 등 원하는 정보를 획득함.

(8) 피싱(phishing)

- 개인정보(private data)와 낚시(fishing)의 합성어로 이메일 또는 메신저를 통해 신뢰할 수 있는 송신자로 가장하여 비밀번호, 신용카드 정보 등 정보를 부정 하게 얻으려는 사회 공학(Social Engineering)적 방법을 통한 사기수법의 일종임.

(9) 파밍(Pharming)

- 피싱의 일종으로 이미 형성된 신뢰관계를 기반으로 유인한 뒤 시스템 기법(DNS 스푸핑, DNS 캐시중독, 도메인 하이제킹 등)을 이용해 사용자가 합법적인 진짜 사이트 주소를 입력해도 가짜 사이트에 접속되도록 하여 개인정보를 훔치는 수법임.

(10) 스미싱(Smishing)

- 문자메시지(SMS)와 피싱(phishing)의 합성어로 인터넷 접속이 가능한 스마트폰의 문자메시지를 이용한 휴대폰 해킹임.
- 해커가 보낸 이벤트 당첨이나 신용등급 변경 등의 메시지에 나타난 웹사이트 주소를 클릭하면 악성코드가 깔리게 되고, 해커는 이를 통해 피해자의 스마트폰을 원격 조종하여 주민등록번호 등 개인정보를 빼냄.

(11) 보이스 피싱(Voice Phishing)

- 전화를 통하여 신용카드 번호 등의 개인정보를 알아낸 뒤 이를 범죄에 이용하는 전화 금융사기 수법임.
- 과거 국세청 등 공공기관을 사칭하여 세금을 환급한다는 빌미로 피해자를 현금지급기(ATM) 앞으로 유도하는 방식이었으나, 최근에는 피해자가 신뢰할 수 있도록 사전에 입수한 개인정보를 활용하는 등 다양한 수법이 등장함.

(12) 스피어 피싱(Spear Phishing)

- 특정한 대상으로 하는 피싱으로 사기의 대상과 목적이 확실하여 기업 내부에서 탈취한 정보를 악용하거나 시스템 파괴 등을 함.

(13) 논리폭탄(logic bomb)

- 해커나 크래커가 프로그램 코드의 일부를 조작하여 소프트웨어의 어떤 부위에 숨어 있다가 특정 조건에 부합하면 실행되어 일시적 오류가 발생하도록 시스템 내부 코드를 바꾸는 것임.
- 특정 날짜나 시간 등 어떤 조건이 주어져 숨어 있던 논리에 만족되는 순간 폭탄처럼 자료나 소프트웨어를 파괴하고 자동으로 잘못된 결과가 나타나게 되며 트로이목마 바이러스와 유사한 면을 가지고 있음.

(14) 백도어(Back Door 또는 Trap Door)

- 백도어는 시스템 내부를 설계할 때부터 개발자만 알 수 있도록 프로그램에 설치한 침입로로 정상적인 인증 절차를 거치지 않고, 컴퓨터와 암호 시스템 등에 접근할 수 있도록 하는 방법임.

- 넓은 의미로는 기능상의 결함으로 인해 원래 허가되지 않은 통신 및 조작을 입력받는 보안 구멍(hole)도 포함되며 프로그램에 숨어 있거나 독립적인 소프트웨어 형태, 하드웨어 특징 형태로 숨겨져 있을 수도 있음.
- 요약 인증되지 않은 사용자에 의해 컴퓨터의 기능이 무단으로 사용될 수 있도록 컴퓨터에 몰래 설치된 통신 연결 기능으로 언제든지 쉽게 시스템 내부에 침투하여 전산망 마비가 가능함.
- 백도어는 주로 설계 및 개발 단계에 의도적으로 심어지는 것이지만, 작동 중인 컴퓨터에 존재하는 보안 취약점을 통해 전송된 소프트웨어(트로이목마 등)에 의해 만들어지기도 함.

(15) 스니핑(Sniffing)

- 스니핑은 공격자가 암호화 되지 않은 패킷들을 수집하여 순서대로 재조합 한 후 공격대상의 개인정보, 계좌정보 등 중요 정보를 유출하기 위한 수동적 형태의 공격임.
- 공격대상의 네트워크 패킷을 수집하여 분석 또는 도청하며. 도청할 때 사용하는 도구를 스니퍼(sniffer)라고 함.
- 네트워크 내 여러 패킷들은 상당수가 암호화되어 있지 않아서 공격대상이 되기 쉽고 이로 인해 우리의 사생활이 노출되어 자산이 위협을 받을 수 있어 위험함.

(16) 지능적 지속위협공격(APT, Advanced Persistent Threat)

- APT 공격은 다양한 지능적인 방법을 동원하여 특정 조직 및 기업에 대해 지속적으로 해킹을 시도하여 원하는 목적을 달성하는 해킹 공격임.
- 사회공학(스피어피싱), 제로데이 취약점(백신 나오기 전까지의 취약기간), 업데이트 파일 변조 등을 이용한 지능적이고 목적달성 시까지 장기간 공격 진행 및 관리하는 지속성의 특징을 가짐.

(17) AMCW(객체이동가상무기, Autonomous Mobile Cyber Weapon)

- AMCW는 공격지점에 정확히 순항·도달하여 기간통신망, 방공망 등을 파괴하거나 교란하는 강력한 군사용 바이러스 임.
- 익명의 여러 시스템을 거쳐 최종목표인 전산망에 침입 후 복제과정을 통해 무한대로 성장하며 생물처럼 변이를 일으켜 제거하기도 힘듦.
- 침투흔적이 전혀 없어 전산망이 거의 완전히 파괴되기 까지 침투 사실조차 모르는 경우가 대부분 임.
- 테러리스트나 범죄단체가 합법적, 비합법적으로 이무기를 구입하여 활용한다면 국내 방공망 통제시스템을 무력화되어 적의 공습에 무방비 상태가 될 수 있음.

(18) 스턱스넷(Stuxnet)

- 코드 안에 Stuxnet으로 시작하는 파일 이름이 많은 이유로 불리게 되었으며 폐쇄망으로 운용되는 원자력, 전기, 철강 등 기간산업 제어시스템에 침투해 작동교란을 유도하는 명령코드를 입력해 시스템을 마비시키는 수퍼산업시설 바이러스 웜을 뜻함.
- 특정 조건을 만족하는 컴퓨터와 네트워크에만 선별하여 해를 끼치며 자가 변형 및 삭제하는 기능도 갖추고 있어 제거가 어려움.
- 악성 소프트웨어 역사상 가장 많은 비용과 인력을 투입한 프로젝트로 추정되며 2009.11.~2010.1. 간 이란의 부셰르 원전 관련 컴퓨터 3만대를 감염시켰고 1000기의 원심분리기를 파괴하였음.

(19) 파이어 세일 (Fire sale)

- 국가기반시설에 대한 조직적이고 체계적인 사이버 공격으로 1단계는 도로 및 철도 신호체계, 지하철, 공항시스템 등 모든 교통 시스템의 불능, 2단계는 월스트리트의 증권거래소, 나스닥 및 은행거래 마비 등 금융시스템의 불능, 3단계는 전기, 가스, 통신, 원자력 체계의 마비 등의 3단계로 진행되면서 국가 기반 체계를 혼란에 빠트리는 사이버 공격임.
- 모든 기반시설에 대한 통제권을 확보하여 리더십 붕괴와 대규모 혼란을 초래하고자 고안되었으며 단순히 제로데이 취약점을 노리는 것이 아니라 기존의 연속적 복구계획으로 회복 불가능한 사회공학자, 내부자, 무기체계 등과 연계를 포함하는 다층적인 공격임.

더 알아보기

사이버 공격의 구분

- 사이버 공격의 용어들은 기본적으로 사이버 수단의 유사성을 가지면서 지속성, 공격대상, 같은 범주 내에서도 공격방법의 특이성에 따른 세분화 등 어디에 더 중점을 두느냐에 따라 구분됨.

1. DNS 스푸핑(spoofing)과 파밍(Pharming)

- DNS 스푸핑과 파밍은 DNS서버의 취약점을 이용한 공격이라는 점에서 기술적 부분은 차이가 없으며, 단지 파밍은 소프트형 사기수법의 일종이고 DNS스푸핑은 파밍에 사용되는 기술적 방법 중의 하나임.
- 신뢰관계의 사전 형성이나 사회공학적인 방법(메일 또는 메신저를 통해 신뢰할 수 있는 송신자로 가장)이 언급되면 DNS스푸핑보다는 파밍에 더 가까움.

2. 각 공격의 주안점

- 지능적 지속위협공격(APT)는 목적달성 시까지 장기간 공격 진행 및 관리하는 지속성의 특징이 핵심이고 스턱스넷(Stuxnet)은 목표 선별공격과 자가 변형 및 삭제, 그리고 개발을 위한 대규모 국가적 역량의 투입이 특징이며 파이어세일 (Fire sale)은 국가기반시설에 대한 체계적인 3단계의 공격(교통시설– 금융시설– 전기및 통신시설)이 중점임.

06 북한의 사이버 공격

01 북한의 사이버 공격의 특징

- 북한은 1990년대 중반 이후부터 사이버전사를 양성하기 시작하여 2000년 이후 변화된 남북한의 경제적·군사적 차이 극복을 위해 핵과 미사일, 사이버전에 대비할 수 있는 전문가를 분야별로 집중 양성함.
- 북한 전역에서 선발한 우수한 해커 인재들이 김일성종합대학, 김책공업 종합 대학, 평양·함흥 컴퓨터기술대학 등에서 집중적으로 해킹 기술역량을 강화하고 있으며 사이버 전력이 북한의 국가적 목표 달성을 위한 전략적 무기이자 핵심전술로 성장함.
- 약 7,700여명으로 추산되는 전문 해커 및 해킹 지원 병력 인원과 함께 최근에 발생한 방글라데시 중앙은행 해킹(2016), 미국 소니픽처스 해킹(2014), 워너크라이 랜섬웨이(2017) 등 지능화 된 악성코드의 제작 및 유포, 전산망 마비·파괴, 추적회피를 할 수 있는 높은 수준의 능력을 보유함.
- 사이버 공격의 효과를 제고하기 위해 자국의 주요 서버를 인터넷에서 분리하여 공격 전용 네트워크로 구축 한 후 중국과 러시아에서 사이버 전 훈련을 받은 직원 3,000명을 투입함.
- 한국의 국가 기반시설을 물리적으로 파괴하기 보다는 이를 통합 관리하는 전산망을 무력화하는 사이버전 전략으로 선제공격을 위한 기반조성 공격 전략을 추구할 것으로 전망됨.

02 사이버 공격 담당부대

- 북한의 사이버 공격을 총괄하고 있는 집단은 정찰총국 3국으로 121국(전자정찰국, 사이버전지도국)과 지휘자동화국(전자전국)이 통합된 형태로 산하에 군 정예요원들로 구성되어 사이버 정보작전을 담당함.
- 121국(전자정찰국, 사이버전지도국)은 DDoS 공격 등 전문 해커부대가 중심이 되어 사이버테러를 담당하고 110호 연구소가 있음.
- 지휘자동화국은 대남정보를 수집하는 31소, 바이러스 등 프로그램을 개발하는 32소, 군 통신 프로그램을 개발하는 56소 그리고 사이버심리전 부대(204소)가 있으며 남한의 GPS나 군사통신 시스템을 교란함.

- 군사력의 절대적인 약세를 보완하고자 물리적인 접촉 없이도 치명적인 위협을 가할 수 있는 비대칭전력(Asymmetric Power) 활용을 위해 사이버 전략사령부를 창설함.

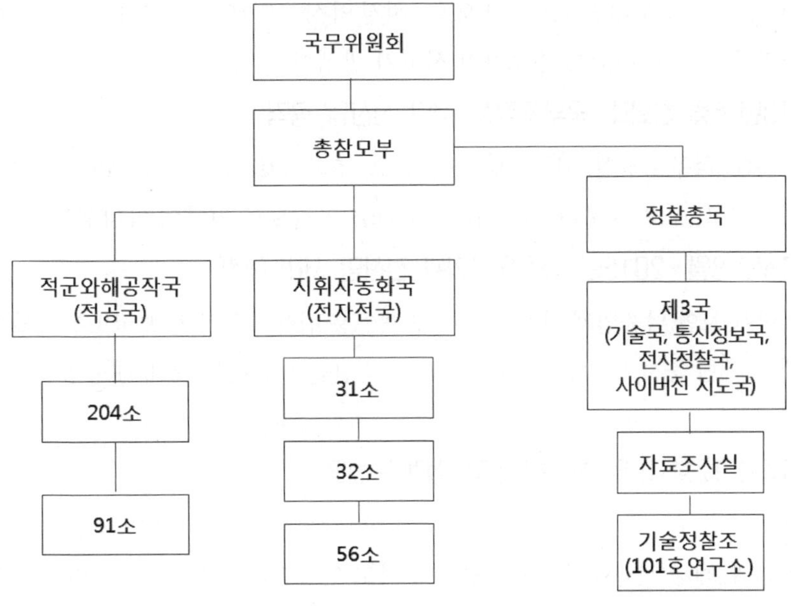

〈 북한의 사이버 대응체계 〉

03 주요 사례

(1) 2009년 7월 7일 35개 주요 정부기관 및 금융기관을 겨냥한 디도스 공격

- 3일간 총 61개국 435대 서버를 활용하여 한국과 미국의 주요 기관 등 35개 사이트를 DDoS 공격하여 피해를 입힌 대표적 사이버테러 사건임.
- 같은 해 10월 29일 국회 정보위원회 국정감사에서 국가정보원은 디도스에 동원된 주소가 북한 체신청의 IP 임을 확인함.

(2) 2011년 3월 4일 국회·행정안전부·통일부와 은행·증권사에 대한 봇넷 공격

- 3일간 총 70개국 746대 서버를 활용, 국내 주요 40개 사이트를 DDoS 공격한 사건으로 디도스 공격체계 및 악성코드의 설계방식, 통신방식, 해외 공격명령 서버 일부 등이 앞선 7·7 DDoS 사건과 동일한 것으로 확인됨.

(3) 2011년 4월 12일 농협 전산망 마비

- 국내 농협전산망 전체가 이용불가 상황에 빠진 사건으로 해당공격은 농협 유지보수업체 직원의 노트북을 좀비 PC로 감염시켜 총 7개월 이상 노트북을 집중 관리, 원격조종 공격한 신종테러 임.

(4) 2013.03.20. 주요 방송사 및 금융기관 서버·PC 악성코드 유포

• 국내 주요 방송사(KBS·MBC·YTN)와 금융회사(신한은행, NH농협은행, 제주은행) 전산망이 2013년 3월 20일 오후 2시경 악성코드에 감염, 총 3만 2000여 대의 컴퓨터가 일제히 마비되는 정보보안 사고가 발생함.

(5) 2013년 6월 청와대·국무조정실·정당 전산망 공격

• 청와대, 국무조정실, 새누리당, 연합뉴스, 조선일보, 대구일보, 매일신문 홈페이지가 해킹되고, 주요 정부기관의 서버가 DDoS 공격으로 인하여 마비됨.

(6) 2014년 8월~2015년 4월 의료기관 전산망 서버 해킹

• 국방부 보안 납품업체 하우리의 사내 개인용 컴퓨터를 해킹해 국방부에 납품한 보안제품 관련 문서 14종을 탈취하고 해당 백신을 사용하는 국내 대형병원의 전산망도 해킹함.

(7) 2014년 12월 15일 한수원 조직·설계도 해킹

• 한수원 관계자들의 이메일에 피싱(phishing)메일을 보내 비밀번호를 지속적으로 수집한 후 해당 계정에서 자료들을 수집하고 원전반대그룹이라는 해커명으로 이를 공개함.

(8) 2015년 11월 금융보안업체 전자인증서 해킹

• 북한 해킹조직이 A사 내부전산망을 해킹하여 탈취한 전자인증서를 이용하여 위조된 코드서명이 탑재된 악성프로그램을 10여개 기관 PC에 유포함.

(9) 2016년 8월 국방망 사이버테러

• 군이 사용하는 인트라넷인 국방통합데이터센터(DIDC) 서버를 통해 국방망에 침투하여 2급 비밀인 작계 5027 등 군사자료를 유출한 사건으로 해킹에 감염된 컴퓨터는 총 3200여대로 이 중 국방부 장관 PC 등도 감염된 것으로 알려짐.

07 주요 사이버 용어

01 탈린매뉴얼(Tallinn Manual)

- 사이버 전쟁에서 적용되는 국제법을 담은 지침서로 2007년 러시아의 분산서비스거부(DDoS)공격으로 인해 에스토니아의 전체 인터넷이 2주간 마비된 이후 수도인 탈린에 북대서양조약기구(NATO)의 산하기관으로 사이버전 관련 논의를 전담하는 사이버방호협력센터(CCDCOE, Cooperative Cyber Defence Centre of Excellence)가 설치됨.
- CCDCOE에서는 그간의 사이버전에 대한 국제법적인 논의들을 정리하여, 20여명의 국제법 전문가를 구성해 3년에 걸쳐 탈린 매뉴얼을 완성(95개 조항, 303p) 하여 공개함.
- 탈린 매뉴얼은 사이버 공격을 국가 간 무력분쟁의 하나로 규정하고 사이버 공격을 받았을 때 대응조치로 사이버 공격을 하는 것은 가능하나 물리적인 무력을 사용하는 것은 사이버 공격으로 실제 사망자나 부상자가 발생 시에만 허용할 수 있는 것으로 명시함.
- 각국의 대응조치가 비례성(Proportionality)과 필요성 (Necessity)의 요건을 충족해야 한다는 것으로 국가 간 합의체계를 갖추지는 않아 국제적 구속력은 없음.

02 국제침해사고대응팀협의회(FIRST)

- 1989년 미국 카네기멜론대학교 워크숍에서 시작한 침해사고 대응팀 간 국제 민간협의체로 현재는 세계의 민간기업, 정부기관, 대학교 등 75개국 345개 기관이 참여함.
- 한국에서는 인터넷진흥원을 비롯하여 국가정보원, 금융보안원, 안랩 등 8개 기관·기업이 회원사로 참여하고 있음.

03 MERIDIAN 회의

- 2005년부터 G8 국가를 중심으로 비상시를 가정한 긴급 연락체계 구축과 신뢰 가능한 정보 공유체계 확립을 위해 MERIDIAN 회의를 개최하였음.
- 주요 정보통신기반보호를 위한 국가 간 정보교환과 협력의 장으로 공공-민간 협력방안, 사이버범죄예방 등도 논의함.

04 어나니머스(Anonymous)

- 가상의 사회운동단체로 2003년부터 정부, 종교, 기업관련 웹사이트를 공격한 해커 집단이 속한 단체이며 사이버검열과 감시반대운동을 비롯한 시민불복종 운동을 목적으로 함.
- 인터넷 행동주의의 한 방편인 핵티비즘(hacktivism)을 활동목적의 근간으로 하며 북한 반체제운동, 반시오니즘운동, 저작권 독점반대(카피레프트 운동) 등을 전개함.

05 다크오버로드(The Dark Overlord)

- 민감한 개인 정보를 다루는 의료 기관, 학교 및 미디어 기업 등을 대상으로 해킹 활동을 했으며, 최근 유명인 정보를 다수 포함하고 있는 런던의 성형외과 및 할리우드 스튜디오가 피해를 입음.
- 해당 범죄 조직은 민감한 정보를 갈취한 후 공공 도메인에 공개하지 않는 조건으로 돈을 요구하는 방식을 사용함.

10 단원별 퀴즈

01. 사이버전 대비태세로 북한이 사이버테러 등 정보전을 시도할 가능성에 대비하기 위한 정보작전 방호태세는 (　　　)이다.

02. 우리나라의 사이버안전 유관기관 중 (　　　)는 해킹 및 보안신고센터 118을 운영하고 있으며 각종 웜, 바이러스 상담도 하고 있다.

03. 한국전자통신연구원(ETRI)의 부설 연구소로 국가보안시스템 연구개발을 담당하는 기관은 (　　　)이다.

04. (　　　)은 속인다는 뜻으로 다른 사람의 컴퓨터 시스템에 접근할 목적으로 네트워크 통신과 관련된 요소를 왜곡하여 속이는 기술이다.

05. 네트워크 통신 간 데이터를 중간에 도청·감청·절취하는 행위는 (　　　)이다.

06. 수퍼 산업시설 바이러스 웜(Worm)을 뜻하며 폐쇄망으로 운용되는 기간망에 침투하여 시스템을 마비시키는 것은 (　　　)이다.

07. 사이버공간의 특징으로는 광역성, 신속성, 폐쇄성, 자율성, 익명성, 평등성이 있다.

08. 사이버 공격의 특징은 연속성, 반복성, 일시성, 은밀성, 대칭성 있다.

09. 컴퓨터 하드웨어에 대한 공격무기로는 EMP탄, 치핑, 초미세형 로봇, 전자적 미생물, 고출력전자총, 트로이목마가 있다.

10 기출 및 유사문제

01. 소프트형 무기의 종류가 아닌 것은?

① 바이러스(virus) ② 웜(worm)
③ 트로이목마(trojan horse) ④ 전자적 미생물(Microbes)

02. 사이버테러에 대한 설명으로 적합지 않은 것은?

① 인터넷 활용이 증가하면서 정보자료에 대한 피해가 심각하다.
② 인터넷과 연계된 국가 중요기반시설의 피해는 국가안보까지 위협한다.
③ 사이버 테러 공격의 종류는 악성코드, 서비스거부, 비인가접근 공격 등이다.
④ 사이버 테러 공격 중 가장 피해가 큰 것은 서비스거부 공격이다.

03. 합참의 인포콘에 대한 설명으로 옳지 않은 것은?

① 인포콘은 북한이 사이버테러 등 정보전을 시도할 가능성에 대비하기 위한 정보작전 방호태세이다.
② 우리 군의 컴퓨터 망과 네트워크 체계에 대한 공격 징후를 사전에 포착하여 피해를 최소화하고 효율적인 대응을 하기 위한 사이버전 대비태세이다.
③ 총 5단계로 격상 시 마다 국방부와 각 군 본부, 군단급 부대에 편성된 정보전 대응팀(CERT) 요원이 증가된다.
④ 2단계는 알파(증가된 위험), 3단계는 브라보(특정한 공격위험), 4단계는 찰리(제한적 공격), 5단계는 델타(전면적인 공격)이다.

04. 사이버 공격의 특성으로 적절하지 않은 것은?

① 은밀성은 물리적 테러와 달리 형체를 갖고 있지 않아 흔적을 남기지 않는다.
② 감염성은 접속매체 등에 대한 감염을 확산시키는 것이다.
③ 잠복성은 일정한 조건이 충족되기를 기다려 계획된 공격을 개시하는 것임.
④ 지역성은 정보화 수준이 높은 지역과 낮은 지역 간의 차이로 사이버공격 수준과 물리적 피해의 차이, 징후 탐지와 대응의 차이 등이다.

05. 사이버전의 특성으로 옳지 않은 것은?

① 사이버전은 사이버테러와 달리 행위의 주체가 국가이며 그 목적이 개인이나 집단이 이익이 아닌 적국의 혼란과 군사시스템 약화 및 파괴이다.
② 재래식 전쟁과 달리 적국의 인명살상이 1차적 목적이 아니라 혼란을 초래하여 적의 혼란을 초래하거나 초기 대응작전을 마비시키는 데 목적이 있다.
③ 2002년 이후 우리나라는 국가정보전 대응체계를 사이버범죄, 사이버테러, 사이버전의 3단계로 구분하여 단계별 대응방안과 절차를 마련하고 있다.
④ 정보공격에 이용될 수 있는 기술정보가 원하는 모든 사람들에게 공개되어 공격을 받는 국가가 저비용으로 방어가 가능하다.

06. 사이버전의 공격기법으로 옳지 않은 것은?

① 워너크라이(WannaCrypt)는 윈도우 취약점을 공격하는 변종 웜으로 컨피커 웜(conficker worm)이라고도 한다.
② 스파이웨어(spyware)는 컴퓨터 시스템을 감염시켜 접근을 제한하고 일종의 몸값을 요구하는 악성소프트웨어의 일종이다.
③ 스니핑(Sniffing)은 공격자가 암호화 되지 않은 패킷들을 수집하여 순서대로 재조합 한 후 공격 대상의 개인정보, 계좌정보 등 중요 정보를 빼낸다.
④ AMCW은 공격지점에 정확히 순항·도달하여 기간통신망, 방공망 등을 파괴하거나 교란하는 강력한 군사용 바이러스 이다.

07. 다음 내용을 적절히 설명하는 용어는?

가. ( )컴퓨터바이러스의 유포 등 전자적 공격을 통해 주요 정보기반 시설을 오작동· 파괴하거나 마비시켜 사회혼란 및 국가안보를 위협하는 행위이다.
나. ( )는 사이버공간 또는 전산기술을 활용하는 범죄행위로 사이버 침해, 사이버 사기·절도, 사이버 음란물, 사이버 폭력 등이 있다
다. ( )는 행위의 주체가 국가이며 그 목적이 개인이나 집단이 이익이 아닌 적국의 혼란과 군사시스템 약화 및 파괴이다.

① 사이버범죄, 사이버테러, 사이버전
② 사이버테러, 사이버범죄, 사이버전
③ 사이버테러, 사이버전, 사이버범죄
④ 사이버전, 사이버테러, 사이버범죄

08. 다음에서 설명하는 사이버 공격기법은?

• 다른 사람의 컴퓨터 시스템에 접근할 목적으로 네트워크 통신과 관련된 MAC 주소, IP주소, 포트 등을 왜곡하여 속이는 기술을 총칭한다.
• DNS주소나 IP주소, MAC주소를 왜곡하여 속이는 방법이 동원되며 이를 통해 서비스거부공격(DoS)도 수행할 수 있다.

① 스미싱(Smishing)
② 파밍(Pharming)
③ 스푸핑(spoofing)
④ 피싱(phishing)

10 실전문제

09. 인터넷의 특성으로 적절하지 않은 것은?

① 정보자료에 대한 피해는 개인의 프라이버시 침해, 기업 · 연구소의 산업기밀 유출, 국가의 중요 전략노출 등 유형이 있으며 점점 심각해지고 있다.

② 사회 기반시설 피해는 사이버보안센터, 방벽, 철조망 등 물리적 보안시설을 설치하면 크게 우려되지 않는다.

③ 인터넷에 연계된 국가 중요기반시설이 피해를 입는 경우 지휘통신망의 두절로 인한 군 작전 수행 불능 등 심각한 혼란을 초래할 수 있다.

④ 사이버테러에 대응하기 위해서는 국제협력 및 기술개발 등으로 테러 징후를 조기에 파악하고 대응할 수 있는 국가역량을 갖추는 것이 필요하다.

10. 전자폭탄(EMP탄)에 대한 설명으로 적절하지 않은 것은?

① 군사정보통신 시설뿐만 아니라 에너지, 교통, 방송, 금융 등의 정보통신 시설도 일시에 마비시킬 수 있어 가장 위험한 테러수단이 된다.

② 전자폭탄은 공중에서 투하하여 고출력의 전자기펄스(EMP) 에너지를 방출하여 전자시설에 치명적인 피해를 준다.

③ 2003년 이라크 전쟁에서 사용된 것으로 알려져 있다.

④ 전자폭탄은 반도체로 작동하는 컴퓨터, 휴대폰 등의 전자기기를 물리적을 파괴하거나 작동을 중지시키고 전자기기 운영자들에게 직접적인 피해를 준다.

11. 사이버테러 대응에 대한 설명으로 적절하지 않은 것은?

① 사이버테러는 기업 및 산업기밀 유출, 금융시스템 교란 등 주로 민간분야에 집중되고 있으나 국가정보기관의 관여가 필요하다.

② 2016년 3월 사이버테러방지법이 통과되어 국가차원의 사이버테러 방지 및 위기관리 업무를 체계적으로 수행할 수 있는 근거가 마련되었다.

③ 악성코드 공격은 컴퓨터 바이러스, 트로이 목마, 백도어 등으로 전산시스템을 파괴하거나 은밀히 자료를 유출시키는 것을 말한다.

④ 비인가 접근공격은 통상 해킹(hacking)이라고 불리우는 크래킹(cracking)을 통해 전산시스템 등에 불법으로 접근하는 행위를 말한다.

12. 우리나라의 사이버안전체계에 대한 설명으로 옳지 않은 것은?

① 사이버공격에 대한 국가차원의 종합적이고 체계적인 대응을 위하여 국가정보원장 소속 하에 국가사이버안전전략회의를 설치한다.

② 국가정보원장은 사이버공격에 대한 체계적인 대응 및 대비를 위하여 사이버공격의 파급영향, 피해규모를 고려하여 관심·주의·경계·심각 등 수준별 경보를 발령할 수 있다.

③ 국가정보원장은 사이버 공격으로 인한 피해 심각 시 관계 중앙행정기관의 장과 협의하여 범정부적 사이버위기 대책본부를 구성할 수 있다.

④ 국가정보원장은 사고조사, 긴급대응 및 피해복구 등을 위하여 사이버위기 대책본부 내 합동조사팀 등을 둘 수 있다.

13. 우리나라의 사이버 대응 담당기구에 대한 설명으로 옳지 않은 것은?

① 국가사이버안전센터(NCSC)는 사이버공격에 대한 국가차원의 종합적, 체계적 예방 및 대응을 위해 2004년 2월 국가정보원 산하에 설치되었다.

② 사이버안전국은 컴퓨터 범죄수사대, 사이버범죄수사대, 사이버테러 대응센터를 거쳐 확대개편된 경찰청의 조직이다.

③ 사이버사령부는 사이버전에 대응하기 위한 업무를 수행을 위해 창설된 조직으로 국방부 장관의 직할부대이다.

④ 국가보안기술연구소(NSRI)는 한국전자통신연구원(ETRI)의 부설 연구소로 사이버침해사고 대응·예방 및 민관 협력을 담당한다.

14. 다음에서 설명하는 기관은 무엇인가?

- 국방력 강화와 자주국방의 실현에 기여하기 위해 첨단 무기 체계 개발 및 국방 과학 기술을 조사, 분석, 연구, 개발을 담당하는 국방부 산하의 기타공공기관으로 신무기 개발을 담당한다.

① 국방과학연구소(ADD)
② 국방고등기술원(IDATR)
③ 국방연구원(KIDA)
④ 방위산업기술지원센터(DITC)

15. 국가사이버안전관리규정에 따른 용어의 정의로 옳지 않은 것은?

① 정보통신망은 전기통신설비를 활용하거나 전기통신설비와 컴퓨터 및 컴퓨터의 이용기술을 활용하여 정보를 수집·가공하는 정보통신 체제이다.
② 사이버공격은 해킹·컴퓨터바이러스·논리폭탄·메일폭탄·서비스방해 등 전자적 수단에 의하여 국가정보통신망을 불법침입·교란·마비·파괴하거나 정보를 절취·훼손하는 일체의 공격행위이다.
③ 사이버안전은 사이버공격으로부터 국가정보통신망을 보호함으로써 국가정보 통신망과 정보의 기밀성·무결성·가용성 등 안전성을 유지하는 상태이다.
④ 사이버침해란 사이버공격으로 정보통신망을 통해 유통·저장되는 정보를 유출·변경·파괴함으로써 국가안보에 영향을 미치거나 국가 정보통신시스템의 핵심 기능이 훼손·정지되는 등 무력화되는 상황이다.

16. 사이버 테러의 진화에 대한 내용으로 적절하지 않은 것은?

① 테러대상의 하드웨어, 운영 플랫폼 등의 파괴 및 와해시키는 기반시설 공격이 있다.
② 테러대상의 공격 계획 홍보, 전송, 공유 및 공격 관련 사이버 커뮤니케이션인 기술적 조장(Technological facilitation)이 있다.
③ 사이버공간 또는 전산기술을 활용하는 범죄행위로 사이버 침해, 사이버 사기·절도, 사이버 음란물, 사이버 폭력 등이 있다.
④ 단체 기금 마련, 테러리스트 모집 홍보, 비용 마련 등이 있다.

17. 사이버전의 특징으로 옳지 않은 것은?

① 국제사회가 합의한 규제들이 아직은 존재하지 않아서 국가 간 공조체제의 구축과 유지가 어렵다.
② 정보수집 및 분석 시 사이버 수단을 활용하기 위해서는 전술정보 차원에서 인식할 필요가 있다.
③ 정보기술에 의한 공격 수행 속도가 매우 빨라졌으며 공격을 받는 국가가 이에 대응할 수 있는 시간적 여유가 거의 없어졌다.
④ 자유로운 정보접근과 유통을 통해 정책 담당자와 대중들의 인식을 조작할 수 있는 심리전 무기로 활용할 수 있다.

18. 미국의 사이버 대응체계에 대한 설명으로 옳지 않은 것은?

① 사이버사령부는 국방부의 사이버전 실무를 총괄하는 부대로 2010년 설치되어 국가안보국(NSA)의 수장이 사령관을 겸임하여 총괄케 하였다.
② 사이버위협정보통합센터(CTIIC)는 2015년 국가정보국(DNI) 산하에 설치된 정보공동체의 사이버위협 분석 및 전파기구이다.
③ 사이버보안조정관은 현재 국가안전보장회의(NSC) 내 사이버보안 콘트롤 타워로 사이버전 대응전략 수립과 부처 간 조정통제를 담당한다.
④ 사이버보안국은 대통령에게 사이버보안 정책을 직접 보고하며, 국토안보부, 국방부 등과 협력하여 대규모 사고 발생 시 총괄 지휘를 담당한다.

19. 국가사이버안전전략회의에 대한 설명으로 옳지 않은 것은?

① 국가사이버안전 관련 중요사항 심의를 위해 국무총리 소속으로 설치한다.
② 국가사이버안전체계의 수립 및 개선에 관한 사항, 국가사이버안전 관련 정책 및 기관 간 역할조정에 관한 사항 등을 심의한다.
③ 효율적인 회의 운영을 위하여 산하에 국가사이버안전대책회의를 둘 수 있다.
④ 중요사항은 대통령 및 국무총리에게 보고한다.

20. 다음 중 하드웨어 공격수단에 대한 설명으로 잘못된 것은?

① 전파방해는 적국의 시스템에서 송수신 하는 전파의 흐름을 방해하여 전달하고자 하는 정보를 삭제하는 통신망 교란 행위이다.
② 전자적 미생물은 정보시스템을 구성하는 실리콘과 같은 특정성분을 인지하고 이를 부식 파괴하여 기능을 마비시키는 것이다.
③ 치핑(chipping)은 시스템 하드웨어 설계 시 칩 속에 고의로 비인가 된 특정코드를 삽입시킨 후 필요 시 시스템을 공격할 때 사용하는 방법이다.
④ 전자폭탄(Nano Machine)은 정보시스템을 구성하는 전자회로 기판을 찾아 파괴하며 기능을 마비시키는 로봇이다.

21. 사이버 공격기법인 DoS에 대한 설명으로 옳지 않은 것은?

① DoS는 개인이 한두개의 네트워크 또는 전산시스템에 과도한 부하 또는 비정상적 접속을 시도하여 서버가 제대로 서비스를 제공하지 못하도록 한다.
② DDoS는 전형적인 DoS수법으로 불특정 다수의 시스템을 여러 대의 공격자를 분산 배치하여 동시에 공격하게 한다.
③ 스머핑은 DDos공격의 일종으로 운영체제가 아닌 네트워크를 통해 여러대의 컴퓨터가 한 시스템에 집중적으로 응답하게 하여 서버를 다운시키는 방법이다.
④ 핑홍수공격은 DDos공격의 일종으로 상대방 시스템에 많은 메일을 지속적으로 보내 폭주하는 메일을 처리하지 못해 다운시키는 수법이다.

22. 다음 사이버 공격의 유형을 적절하게 채운 것은?

- (　　)는 목적달성 시까지 장기간 공격 진행 및 관리하는 지속적인 공격이다.
- (　　)은 목표 선별공격과 자가 변형 및 삭제, 그리고 개발을 위한 대규모 국가적 역량을 투입하는 공격이다.
- (　　)은 국가기반시설에 대한 체계적인 3단계의 공격 즉 교통시설- 금융시설- 전기및 통신시설 순으로 이루어지는 공격이다.

① APT, Stuxnet, Fire sale
② Stuxnet, Fire sale, APT
③ Fire sale, Stuxnet, APT
④ Fire sale, APT, Stuxnet

23. 다음 괄호 안에 들어갈 사이버 공격의 유형은?

> • DNS 스푸핑과 (　　)은 DNS서버의 취약점을 이용한 공격이라는 점에서 기술적 부분은 차이가 없으며, 단지 (　)은 사기수법의 일종이고 DNS스푸핑은 (　)에 사용되는 기술적 방법 중의 하나이다.

① 스니핑
② 파밍
③ 백도어
④ 스피어 피싱

24. 다음 괄호안에 들어갈 사이버 공격의 유형은?

> • (　)은 이메일 또는 메신저를 통해 신뢰할 수 있는 송신자로 가장하여 비밀번호, 신용카드 정보 등을 부정하게 얻으려는 사회 공학(Social Engineering) 적 방법을 통한 사기수법의 일종이다.

① phishing
② Pharming
③ Smishing
④ Voice Phishing

25. 다음 중 백도어(Back Door)에 대한 설명으로 옳지 않은 것은?

① 백도어는 시스템 내부를 설계할 때부터 개발자만 알 수 있도록 프로그램에 설치한 침입로이다.
② 요약 인증되지 않은 사용자에 의해 컴퓨터의 기능이 무단으로 사용될 수 있도록 컴퓨터에 몰래 설치된 통신 연결 기능이다.
③ 작동 중인 컴퓨터에 존재하는 보안 취약점을 통해 전송된 트로이목마를 통해 만들어지기도 한다.
④ 정해진 상황과 조건에 한하여 시스템 내부에 침투하여 전산망 마비가 가능하다.

10 정답 및 해설

단원별 퀴즈 정답 및 해설

01. 인포콘

02. KISA

03. 국가보안기술연구소(NSR), 국가사이버안전기술 연구개발, 국가보안 기반기술 연구, 국가보안업무 기술지원 등을 담당하는 정보보호 전문연구기관이다.

04. 스푸핑(spoofing), 다른 사람의 컴퓨터 시스템에 접근할 목적으로 네트워크 통신과 관련된 MAC 주소, IP주소, 포트 등을 왜곡하여 속이는 기술을 총칭한다.

05. 스니핑(Sniffing), 공격자가 암호화 되지 않은 패킷들을 수집하여 순서대로 재조합 한 후 공격 대상의 개인정보, 계좌정보 등 중요 정보를 유출하기 위한 수동적 형태의 공격이다.

06. 스턱스넷(Stuxnet)은 수퍼 산업시설 바이러스 웜으로 폐쇄망으로 운용되는 원자력, 전기, 철강 등 기간산업 제어 시스템에 침투해 작동 교란을 유도하는 명령 코드를 입력해 시스템을 마비시킨다.

07. X, 사이버공간의 특징은 폐쇄성이 아닌 모두에게 열려있는 개방성이다.

08. X, 사이버공격은 정보화 수준이 높은 지역과 낮은 지역 간의 차이로 사이버공격 수준과 물리적 피해의 차이, 징후 탐지와 대응의 차이가 나는 비대칭성을 가지고 있다.

09. X, 트로이목마(Trojan Horse)는 컴퓨터의 프로그램 내에 사용자는 알 수 없도록 프로그래머가 고의로 포함시킨 명령어들의 조합으로 소프트웨어에 대한 공격무기이다.

Chapter 10

기출 및 유사문제 정답 및 해설

01. 답 4. 전자적 미생물(Microbes)은 하드형 무기로 정보시스템을 구성하는 실리콘과 같은 특정성분을 인지하고 이를 부식 파괴하여 기능을 마비시키는 것이다.

02. 답 4. 사이버 테러 공격 중 가장 피해가 큰 것은 서비스거부 공격 뿐 아니라 상황에 따라 악성코드와 비인가접근 공격이 될 수도 있다. 비인가 접근 공격은 네트워크, 전산시스템, 전산자료 등에 인가를 받지 않은 채 또는 인가 권한을 초과하여 논리적 또는 물리적 불법 접근하는 행위이다.

03. 답 4. 총 5단계로 5단계는 정상(통상적 활동), 4단계는 알파(증가된 위험), 3단계는 브라보(특정한 공격위험), 2단계는 찰리(제한적 공격), 1단계는 델타 (전면적인 공격)이다.

04. 답 4. 비대칭성에 대한 설명이다.

05. 답 4.

06. 답 2. 랜섬웨어(Rasomware)에 대한 설명이다. 스파이웨어는 인터넷이나 PC통신에서 무료로 공개되는 유용한 소프트웨어를 다운로드 받을 때 함께 설치되나 악의적으로 변질되어 아이디 및 패스워드까지 알아낼 수 있다.

07. 답 2.

08. 답 3.

실전문제 정답 및 해설

09. 답 2. 사이버 공격에 의한 사회 기반시설 피해는 정보자료에 비해 발생 빈도가 상대적으로 낮지만 매우 큰 사회적 혼란을 초래한다.

10. 답 4. 전자폭탄은 공중에서 투하되면 고출력의 전자기펄스(EMP : Electro Magnetic Pulse) 에너지를 방출하여 사람에게는 피해를 주지 않지만 반도체로 작동하는 컴퓨터, 휴대전화 등의 전자기기를 파괴 또는 작동 중지시키게 된다. 이러한 공격 장치를 전자총 형태로 제작하여 사람이 휴대하여 사용할 수도 있다.

11. 답 2. 사이버테러방지법은 사찰 등의 우려로 통과되지 못했다.

12. 답 1. 국가사이버안전센터에 대한 내용이다. 국가사이버안전전략회의는 국가 사이버안전체계의 수립 및 개선에 관한 사항, 국가사이버안전 관련 정책 및 기관 간 역할조정에 관한 사항 등에 대한 심의를 위해 국가정보원장 소속으로 설치한다.

13. 답 4. 사이버침해사고 대응·예방 및 민관 협력체계 운영은 과학기술정보통신부 산하의 한국인터넷진흥원(KISA)가 담당한다. 국가보안기술연구소(NSRI)는 한국전자통신연구원(ETRI)의 부설연구소로 국가사이버안전기술을 담당한다.

14. 답 1. ② 한국의 DARPA를 지향하며 창설된 ADD산하의 국방첨단기술 연구 조직으로 2014년 1월 민군협력진흥원과 함께 설치되었고 ③은 국방정책 수립에 기여하기 위해 설치된 국방부 산하의 연구기관이며 ④은 ADD 산하기관으로 중소방산업체의 R&D지원을 위해 2014년 5월 신설된 조직이다.

15. 답 4. 사이버위기에 대한 설명이다. 사이버 침해(cyber-trespass)는 사이버 공간을 구성하는 컴퓨터 시스템과 네트워크의 안전에 대한 침해로 해커가 불법 수단으로 시스템에 접근하여 저작물의 이용 및 온라인 상 소유를 침해하는 것이다.

16. 답 3. 사이버 범죄(cybercrime)에 대한 내용이다.

17. 답 2. 전략정보 차원에서 정보전을 인식할 필요가 있다.

18. 답 3. 사이버보안조정관(Cybersecurity Coordinator)은 2018년 5월 존 볼튼(John R. Bolton) 백악관 안보보좌관 임명 후 폐지되었다.

19. 답 1. 국가정보원장 소속으로 설치한다.

20. 답 4. 보기는 초미세형로봇(Nano Machine)에 대한 설명이다. 전자폭탄 (Electronic-Magnetic pulse Bomb, EMP탄)는 고출력 전자파 공격무기로 높은 에너지를 가지는 전자기파를 이용하여 정보시스템 및 정보통신망의 기능을 마비시키는 무기이다.

21. 답 4. ④은 메일폭탄에 대한 설명이다. 핑홍수공격(ping flood attack)은 DDos공격의 일종으로 상대방 시스템의 작동 현황을 지속적으로 요청해 다운시키는 방법이다.

22. 답 1. 사이버 공격용어들은 기본적으로 사이버 수단의 유사성을 가지면서 지속성, 공격대상, 같은 범주 내에서도 공격방법의 특이성에 따른 세분화 등 어디에 더 중점을 두느냐에 따라 구분된다.

23. 답 2. 파밍은 피싱의 일종으로 이미 형성된 신뢰관계를 기반으로 유인한 뒤 시스템 기법(DNS 스푸핑, DNS 캐시 중독, 도메인 하이제킹 등)을 이용해 사용자가 합법적인 진짜 사이트 주소를 입력해도 가짜 사이트에 접속되도록 하여 개인정보를 훔치는 수법이다.

24. 답 1.

25. 답 4. 백도어는 언제든지 쉽게 시스템 내부에 침투하여 전산망 마비가 가능하다.

정보기구 개관

구분	미국	일본	중국	러시아	영국	프랑스	독일	이스라엘	북한	한국
국내방첩	FBI	PSIA NPA	MSS MPS	FSB	SS NCA	DGSI	BfV BKA	신베트	보위성 보안성	NIS 경찰청
해외정보	CIA	CIRO	MSS	SVR	SIS	DGSE	BND	모사드	정찰총국	NIS
기술정보	NSA NRO NGA	DIH	MSS 연합참모부	FSO GRU	GCHQ	DGSE	BND KSA	아만	정찰총국	777 정보사
국방정보	DIA	DIH	연합참모부	GRU	DI	DRM DRSD	BAMAD	아만	보위국 호위총국	정본 안보사

〈 정보기구 개관 〉

01 정보기구의 특성

01 정부부처(정책부서) vs 정보기관

- 정보기관은 정부기관의 일부로 구성되지만 업무영역, 기본임무, 조직의 속성 등에서 차이점이 있어 이를 간과하고 일반부처처럼 조직개편을 하면 실패함.
- 정보기관의 활동은 적대세력의 위협으로부터 국가의 안전을 보호하는데 목표가 있으며 정부부처는 일반국민을 대상으로 대국민서비스를 하는데 목표가 있고 민간기업은 이윤 추구가 존재의 이유임.
- 정보기관은 정보활동을 수단으로 국가안보라는 목표를 달성하기 위해 설립된 조직으로 오늘날 포괄적 국가안보 개념으로 변화하면서 이를 달성하기 위한 정보활동의 영역도 광범위하게 확대되어 한 분야의 업무만을 전담하는 정부 부처에 비해 업무가 광범위하고 포괄적임.
- 정부부처는 정책의 입안과 집행 등 정책결정과정을 주관하지만 정보기관은 정책결정에 필요한 정보를 제공, 지원하는 것으로 그 임무가 제한되며 만약 정보기관이 정책결정과정에 관여하면 정보의 객관성이 훼손될 수 있고 정보기관이 권력기관화 될 수 있음.

- 비밀공작은 정보기관이 계획을 수립하여 직접 정책을 실행하지만 기본적으로 정보기관의 가장 중요한 임무는 정책결정자에게 필요한 정보를 지원하여 정책결정자가 최선의 정책결정을 내릴 수 있도록 하는 것임.
- 정보가 정보기관 한 방향으로만 집중되므로 정보기관의 고위관리는 자신의 의도나 목적을 달성하기 위해 정보접근을 선별적으로 허용하여 정보의 힘을 악용할 수 있음.
- 정보기관의 존재이유는 타 정부부처가 합법적이고 공개적으로 할 수 없는 비밀활동에 있으며 이는 불법적이고 비윤리적인 행위가 수반될 수 있는 정보기관만의 고유의 임무로 국가안보를 목적으로 할 때 정당화 됨.
- 정보기관은 타 부처와 달리 차단의 원칙과 비밀성을 유지하려는 특성이 있어 외부의 변화에 저항하고 폐쇄적인 태도를 보임.
- 정보화의 흐름을 반영하면서 가급적 최소수준의 비밀성을 유지하며 본연의 임무를 수행하되 민주주의와 공존하기 위해 정보기관에 대한 민주적 통제장치는 필수적임.

02 민주주의 vs 권위주의 국가의 정보기구

- 민주주의가 발달한 선진 정보기관은 군 정보기관은 군사부문 정보, 민간 정보기관은 전략정보와 방첩임무를 담당하며 활동영역이 엄격히 구분되는 경향을 보임.
- 민주국가가 아닌 대부분의 권위주의 국가 또는 독재체제의 경우 군사정보 기관과 경찰조직의 활동영역이나 기능이 중첩되는 경향을 보임.
- 국민들의 지지기반이 약하여 국내 반체제 세력의 활동은 체제안보에 심각한 위협이 되므로 정보활동의 목표가 외국이 아니라 내부에 있음.
- 권위주의 독재정권은 정보기관이 국가의 최고 권력기구로서 입법, 사법, 행정 등 3권을 장악하고 막강한 권한을 휘두르고 있어 민주적 통제 및 감독기능이 행사되지 못함.

03 국가정보기관의 유형별 분류

- 활동 지역별로 국내정보기구와 해외정보기구
- 수행기능별로 통합형 정보기구와 분리형 정보기구
- 소속 별로 행정수반 직속정보기구와 행정부처 소속 정보기구
- 담당수준별 국가정보기구와 부문정보기구
- 행정영역별로 민간부분정보기구와 군 정보기구
- 첩보수집 방법 별로 인간정보기구와 과학기술정보기구

02 국내정보기관(방첩수사기관) VS 해외정보기관(인간정보기관) VS 기술정보기관

01 국내정보기관

(1) 방첩정보기관과 수사기관이 통합된 나라

- 미국의 연방수사국(FBI)
- 중국의 국가안전부(MSS), 공안부(MPS)
- 러시아의 연방보안부(FSB)
- 프랑스의 국내안보총국(DGSI)
- 이스라엘의 신베트(Shin Beth)
- 북한의 국가보위성(구. 국가안전보위부), 인민보안성
- 한국의 국가정보원

(2) 방첩정보기관과 수사기관이 분리된 나라

- 일본은 공안조사청(PSIA)과 경찰청(NPA) 경비국, 도쿄경시청(TMPD) 공안부
- 영국은 보안부(SS, 일명 MI5)와 런던경찰국(MPS), 국가범죄수사국(NCA)
- 독일은 헌법보호청(BfV)과 연방범죄수사청(BKA)

02 해외정보기관(HUMINT)

- 미국의 중앙정보국(CIA)
- 일본의 내각정보조사실(CIRO)
- 중국의 국가안전부(MSS)
- 러시아의 해외정보부(SVR)
- 영국의 비밀정보부(SIS, 일명 MI6)
- 프랑스의 해외안보총국(DGSE)
- 독일의 연방정보부(BND, 겔렌조직이 모체)
- 이스라엘의 모사드(Mossad)
- 북한의 정찰총국, 국가보위성(해외반탐국)

03 기술정보(TECHINT)

- 미국은 국방부 국가안보국(NSA, SIGINT), 국가정찰국(NRO, IMINT), 국가지형정보국(NGA, IMINT)
- 일본은 방위성 정보본부(DIH, SIGINT · IMINT), 내각정보조사실(CIRO, IMINT)
- 중국은 국가안전부(MSS, SIGINT), 연합참모부(SIGINT, IMINT)
- 러시아는 연방경호부(FSO, SIGINT), 총참모부 정보총국(GRU, SIGINT · IMINT)
- 영국은 정부통신본부(GCHQ, SIGINT)
- 프랑스는 해외안보총국(DGSE, SIGINT)
- 독일은 연방정보부(BND, SIGINT · IMINT), 전략정보사령부(KSA, SIGINT)
- 이스라엘은 군정보기관인 아만(Aman, SIGINT · IMINT)
- 북한은 정찰총국(3국)
- 한국은 정보사령부(IMINT), 777부대(IMINT)

03 통합형 vs 분리형 정보기구

01 통합형 정보기구

- 첩보수집, 정보분석, 비밀공작, 방첩활동 등 모든 정보활동을 단일 정보기관에서 수행하는 통합형과 기능별로 한가지 특정분야를 수행하는 분리형으로 구분됨.
- 통합형 정보기구는 정보활동에 대한 중앙집권적 통제가 용이하여 효율적으로 임무를 수행할 수 있다는 장점이 있음.
- 중국의 국가안전부(MSS), 구소련의 KGB가 있으며 통합형 정보기구는 정보조직의 역동성이 떨어지고 조직이 관료화 되어 전문성이나 경쟁력이 저하될 수 있음.(* 우리나라 국가정보원은 안보정보원으로 통합형에서 분리형으로 변화하는 과정에 있음)
- 경쟁정보기관의 부재로 권력집중이 심화되어 정보기관이 막강한 권한을 행사할 수 있고 이는 견제와 균형의 원리에 역행하여 정보기관이 권력의 도구로 악용될 소지가 있음.

02 분리형 정보기구

- 한가지 임무만 수행하므로 최고의 전문성이 발휘될 수 있고 정보기관 간 상호견제로 특정기관에 대한 권력집중이나 남용을 막을 수 있음.
- 선진국의 정보기관은 분리형 정보기구를 유지하며 행정부와 의회의 정보기관에 대한 통제 및 감독 시스템의 제도화를 통해 정보기구의 권력집중을 방지함.
- 분리형 정보기구는 정보기구가 정권안보가 아닌 국가안보라는 본연의 임무에 충실하도록 함.
- 정보기관의 배타적 속성으로 정보공유 및 협력이 미흡하여 정보활동의 효율성이 저하될 수 있음. (예: 2001년 9.11 테러)

04 국가정보기관 VS 부문정보기관

01 국가정보기관(National intelligence organization)

- 국가정보기관은 국가수준의 정보활동을 수행하며 부문정보기관의 조정·통제 권한이 있음.

(1) 행정수반인 대통령(총리) 직속 정보기관

(가) 대통령 직속

- 미국의 CIA, 러시아의 SVR, FSB

(나) 수상(총리) 직속

- 일본의 내각정보조사실(CIRO, 내각 관방부)
- 독일의 연방정보부(BND)
- 이스라엘의 모사드, 신베트

(2) 행정부처 소속의 국가정보기관

- 미국의 연방수사국(FBI)는 법무부, 국가안보국(NSA), 국가정찰국(NRO), 국가지형정보국(NGA)은 국방부
- 중국의 국가안전부(MSS)는 국무원
- 영국의 비밀정보부(SIS), 정부통신본부(GCHQ)는 외무부, 보안부(SS)는 내무부

- 프랑스의 해외안보총국(DGSE)은 국방부, 국내안보총국(DGSI)은 내무부
- 독일의 연방헌법보호청(BfV)는 내무부

02 부문정보기관(Department intelligence organization)

- 부문정보기관은 다양한 행정부처에 소속되어 특정분야의 정보활동을 수행함.
- 미국의 국무부 정보조사국(INR), 법무부 마약단속국(DEA) 내 국가안보정보과(ONSI), 국토안보부 정보및분석국(I&A) 및 산하에 해양경비대 정보실(CGI), 에너지부 정보방첩실(OICI), 재무부 정보분석실(OIA)
- 일본의 법무성 공안조사청(PSIA), 경찰청(NPA) 경비국, 경시청 공안부, 해상보안청(JCG) 정보조사실, 외무성 국제정보통괄관 조직(INAS)
- 중국의 국무원 산하 공공안전부(MPS, 공안부), 신화사(NCNA)
- 이스라엘의 외무부 산하 정치연구소(Center for Political Research).
- 북한의 노동당 산하 통일전선부(대남 선전공작 담당), 문화교류국(대외연락부- 225국, 테러 암살조 운영), 국무위원회(국방위원회) 산하 인민보안성(사회안전부, 치안 담당)
- 한국의 경찰청 정보국· 보안국· 외사국, 통일부 정세분석국, 외교부 정책기획관실, 검찰청 공안부

03 부문정보기구인 군 정보기관

- 부문정보기구이면서 군 정보기관의 정보활동은 적대국의 전략계획, 군사 동향, 능력과 취약점 수집 및 분석, 군내 방첩 기능을 수행함.
- 미국은 국방정보국(DIA, 군사정보 수집·분석·배포), ODCS(G-2, 육군정보 보안사령부인 INSCOM이 대표기관), 해군정보국(ONI), 공군정보감시정찰국(AF ISR, 25th Air Force 산하의 정보부대), 해병정보국(MCIA), 통합군 사령부(태평양, 유럽, 아프리카, 특수작전 사령부 등 야전군 정보수요 충족) 단위 정보부대가 있음.
- 일본은 방위성 정보본부(DIH, 군내 정보기구의 통합·조정)
- 중국은 연합참모부(구 총참모부), 정치공작부(구. 군내 당조직)
- 러시아의 총참모부 정보총국(GRU, 군 관련 해외정보 활동)
- 영국의 국방정보부(DI, 군사정보 분석·배포)
- 프랑스의 군사정보부(DRM, 군사정보 분석·배포), 국방정보보안국(DRSD, 구 DPSD, 군내 방첩)

- 독일의 연방군보안부(BAMAD, 구 MAD, 군내방첩), 전략정보사령부(KSA, 군사 분야 기술정보 수집 및 전자전 임무)
- 이스라엘의 아만(Aman, 전쟁위협 판단을 위한 군사정보 수집 및 비밀공작)
- 북한의 조선인민군 산하 정찰총국(1국~6국), 보위국(구. 보위사령부, 군내 방첩), 호위사령부(구 호위총국, 국무위원회 직속의 김정은 친위부대)가 있음.
- 한국의 국방정보본부(군사정보 및 군사보안 업무 총괄)와 산하에 정보사령부(인간정보·영상정보 수집), 777부대(신호정보 수집·대북감청), 국방지형정보단(지도 및 디지털지도 제작), 국방부 장관 직속 군사안보지원사령부(구. 기무사령부, 군내 방첩수사, 보안, 정보수집 및 처리), 사이버사령부(사이버전 및 심리전 담당)가 있음.

더 알아보기

우리나라의 국가정보원

- 통합형 정보기구이며 방첩정보기능과 수사기능이 통합된 형태이다
- 국가정보기구이며 다른 정보기구를 조정· 통제 한다.
- 대통령 직속 정보기관으로 국회 정보위원회의 감독을 받는다.

※ 현재 안보정보원으로 명칭을 변경하고 국내 방첩수사기능을 분리하여 경찰청에 이관을 추진 중임.

04 정보공동체간 협력 및 업무조정

- 정보공동체간 협력 및 업무조정을 위한 기구로서 미국의 국가정보장실(ODNI), 일본의 내각 합동정보회의(JIC), 영국의 합동정보위원회(JIC), 프랑스의 국가 정보위원회(CNR, 구 CIR), 이스라엘의 정보기관장위원회(VARASH)가 있음.
- 북한은 국무위원회(국방위원회)가 최고정책적 지도기관으로 위원장은 김정은(조선인민군 최고사령관, 조선노동당 위원장) 임.
- 한국은 국가정보원(장)이 국가정보 및 보안업무에 관한 정책의 수립 등 기획업무를 하며, 정보 및 보안업무의 통합기능 수행을 위하여 필요한 합리적 범위 내에서 각 정보수사기관의 업무와 행정기관의 정보 및 보안 업무를 조정함.(정보및보안업무기획·조정규정 제3조)

더 알아보기

피터 길(Peter Gill)의 정보기구 분류

1. **국내 정보국형**(Bureau of Domestic Intelligence)

• 헌법과 법률에 따라 제한된 권한을 행사하고 자국민에 대한 비밀공작을 전개하지 않으며 영국의 보안부(SS)와 같이 민주주의 체제하의 정보기구 임.

2. **정치경찰형**(Political Police)

• 민주적 정책결정으로부터 벗어나 상당한 자치권을 가지며 집권여당이나 정치지도자에만 충성함.

• 입법부와 사법부 감시를 거의 받지 않으며 방첩이나 정보활동보다 국내 반정부세력의 탄압에 역량을 집중하며 남미 또는 동남아시아 지역 내 대부분의 권위주의 국가의 정보기구에 해당됨.

3. **독립적 보안국가형**(Independent Security State)

• 전혀 통제를 받지 않으며 국내 사회로 깊숙히 침투하여 무소불위의 막강한 권력을 휘두르며 차우세스쿠 치하의 루마니아 비밀경찰 이자 보안조직인 세쿠리타테(Securitate)의 경우임.

11 단원별 퀴즈

01. 선진국의 정보기관은 (　　형) 정보기구를 유지하며 행정부와 의회의 정보기관에 대한 통제 및 감독 시스템의제도화를 통해 정보기구의 권력집중을 방지하고 있다.

02. 한국의 부분정보기관은 (　　청) 정보국, 보안국, 외사국, (　부) 정세분석국, (　부) 정책기획관실, (　　청) 공안부가 있다.

03. 세계 각국의 TECHINT 담당 정보기관은 미국은 국방부 신호정보를 수집하는 (　　), 영상정보를 수집하는 (　　), 영상정보를 분석하고 군사지도를 제작하는 (　　), 일본은 (　　), 중국은 (　　), 러시아는 (　　) (　　), 영국은 (　　), 프랑스는 (　　), 독일은 (　　), (　　), 이스라엘은 (　　)에서 담당함.

04. 군내방첩을 전담하는 기관으로 중국의 (　　), 프랑스의 (　　), 독일의 (　　), 한국의 (　　), 북한의 (　　)이 있다.

05. 정보공동체간 협력 및 업무조정을 위한 기구로서 미국의 (　　), 일본의 (　　), 영국의 (　　), 프랑스의 (　　), 이스라엘의 (　　)가 있다.

06. 한국은 (　　)이 국가정보 및 보안업무에 관한 정책의 수립 등 기획업무를 수행하며, 정보 및 보안업무의 통합 기능수행을 위하여 필요한 합리적 범위 내에서 각 정보수사기관의 업무와 행정기관의 정보 및 보안업무를 조정한다.

07. DIA, DI, DIH, 연합참모부(구. 총참모부), GRU, DGSI, DRSD(구 DPSD), 아만, BAMAD(구. MAD) 모두 군 정보기구이다.

08. 세계 각국의 국내 방첩기관 중 안보수사의 법 집행기능과 통합되어 고차원적 경찰기능을 담당기관은 FBI, MSS, FSB, DGSI, 신베트, 국가정보원이 있다.

09. 방첩 정보 영역과 수사영역을 분리한 정보기관은 공안조사청(PSIA)과 영국의 보안부(SS, 일명 MI5), 독일은 연방범죄수사청(BKA)이 있다.

10. CIA, SVR, CIRO, DGSE, BND, 모사드, 국가정보원은 모두 대통령이나 총리소속 정보기구이다.

11. 미국의 부문정보기관으로는 INR, ONSI, I&A, OICI, PSIA, OIA이 있다.

12. 세계 각국의 HUMINT 담당 기관으로 CIA, CIRO, MSS, SVR, SIS, DGSE, KSA, 모사드가 있다.

13. 세계 각국의 정보기관 중 내무부 소속은 SS, DSGI, BfV가 있고 외무부 소속은 SIS, GCHQ, IAS, 정세분석국이 있다.

11 기출 및 유사문제

01. 각국 정보기구의 유형으로 적절하지 않은 것은?

① 행정부처 소속 정보기구 - 러시아 SVR
② 행정수반 직속 정보기구 - 이스라엘 Mossad
③ 통합형 정보기구 - 중국 국가안전부
④ 분리형 정보기구 - 미국 NSA

02. 다음 정보기관 중 통합정보기관은?

① NSA ② KGB ③ SS ④ BND

03. 국가정보기관에 관한 설명으로 적절하지 않은 것은?

① 정보분석은 국가이익과 관련된 중요한 사실관계를 규명한다.
② 비밀공작은 정당성을 전제로 한다.
③ 첩보수집은 국가정보목표 우선순위(PNIO)에 따른다.
④ 정보기구는 민주적으로 본연의 임무를 수행하는 기관이다.

04. 군사부문 정보기구가 아닌 것은?

① NSA ② GRU ③ DSC ④ DGSI

05. 국가별 정보기구로 올바르지 않은 것은?

① 중국 - MSS ② 일본 - CIRO
③ 러시아 - SVR ④ 독일 - DRSD

06. 각국의 정보기구 중 기술정보 활동과 관련이 없는 것은?

① NGA ② FSO ③ DGSE ④ DSC

07. 각국의 정보기구 중 해외정보를 담당하지 않는 것은?

① CIRO ② MSS ③ FSB ④ 모사드

08. 각국의 정보기구 중 국내정보를 담당하지 않는 것은?

① FBI ② PSIA ③ FSB ④ BND

09. 정보기구의 담당업무 수준별 분류로 적절하지 않은 것은?

① NSA ② NRO ③ SIS ④ INR

10. 다음은 국가정보기관 수준으로 분류한 것이다. 그중 다른 것은?

① NSA ② CIA ③ SIS ④ DIA

11. 국가정보기구와 부문정보기구에 대한 설명으로 적절하지 않은 것은?

① 국가정보기구는 국가수준의 정보활동 수행하고 국가차원의 효율적인 정보활동 수행을 위해 부문정보기구를 조정 관리한다.

② 부문정보기구는 관련부처 수준에서 정보활동을 수행하고 해당부처의 자체적인 정책업무 수행을 위한 정보를 생산한다.

③ 미국의 NRO는 부문정보기구이다.

④ 미국의 DIA는 부문정보기구이다.

12. 다음 중 세계 각국의 정보기관에 대한 설명으로 옳지 않은 것은?

① 사바크는 이란의 정보기구이자 비밀경찰조직으로 좌파계열의 반대파 제거 및 소련의 영향력을 견제하는 활동을 하였다.

② 압베르는 나치의 군 정보 및 방첩기관으로 HUMINT를 통한 군사정보 활동, 방첩, 대 사보타지 및 국내정보를 수집하며 SS와는 경쟁관계에 있었다..

③ BKA는 내무부 산하의 국내 방첩기관으로 영국 MI5를 모델로 하여 방첩활동 및 대테러리즘 활동을 수행하는 기구이다.

④ KGB는 흐루시초프가 스탈린 치하의 NKVD를 비판하며 정보기구에 대한 당의 통제를 강화하고자 1954년 설치한 정보기구이다.

11 실전문제

13. 정보기구에 대한 설명으로 적절하지 않은 것은?

① 치열한 국제경쟁에서 승리하기 위해 국가정보기관은 반드시 필요하다.
② 근대국가 성립과정에서 정보기관은 왕권강화에 큰 공헌을 하였다.
③ 구소련의 KGB, 중국의 MSS, 우리나라의 NIS는 통합형 정보기관이다.
④ 18세기 후반 COMINT 활동을 하는 독자적 정보기관이 등장했다.

14. 정보기구는 타 정부기구와 차별적인 조직 원리를 가지고 있다. 차별적 조직 원리에 속하지 않는 것은?

① 정보기구는 문제제기, 첩보수집, 분석, 정보생산, 배포의 기능을 수행하는 총괄적인 조직이 되어야 한다.
② 정보기구는 고도의 전문성을 갖춘 단위로 분업화하여 해당분야의 업무를 수행할 수 있어야 한다.
③ 정보기구는 유관 정부기관을 지도하기 위해 조정, 감독해야 한다.
④ 정보기구의 조직이 갖는 총괄성과 전문성이라는 이율배반적인 원칙을 융합하기 위한 조정의 원칙이 있어야 한다.

15. 국가정보기구의 특성으로 적절하지 않은 것은?

① 고도로 전문화되고 유기적으로 편성된 조직체로 활동한다.
② 국가안보와 생존을 위해 적대세력의 의도와 계획 및 능력을 종합 평가한다.
③ 국가의 정책결정에 적극적으로 활용할 수 있도록 특별히 훈련된 인원과 시설 또는 장비를 갖춘 조직이다.
④ 국가안보를 위해 직접 군사작전을 전개하는 기관이다.

Chapter 11

16. 정보기관을 해외분야와 국내분야로 분류한 것으로 틀린 것은?

① CIA와 FBI　　② SIS와 SS
③ SVR과 FSB　　④ DST와 RG

17. 정보기관의 소속별 분류로 성격이 다른 것은?

① SIS　　② NSA
③ MSS　　④ MOSSAD

18. 정보기관의 성격별 분류로 다른 하나는?

① CIA ② FSB
③ BND ④ DGSE

19. 국가정보기구에 대한 설명으로 적절하지 않은 것은?

① 국가차원의 정보기구는 근대국가 성립과정에서 왕권 강화, 식민지 개척, 전쟁승리 등을 목적으로 창설되었다.
② 오늘날 대부분의 국가는 일반적인 정부조직 원리에 따라 인사·조직 및 보수체계 등을 운용하며 정보기구를 운영한다.
③ 정보기구의 조직, 인원, 장비 등은 비밀로 하고 있으며 이것은 정보활동의 방향과 역량을 감추기 위한 것이다.
④ 정보기구의 모든 기능을 단일 조직에서 수행하는 것은 불가능하므로 고도의 전문성을 갖춘 단위로 분업화하여 업무를 수행하도록 조직되어야 한다.

20. 행정수반 직속 정보기구와 행정부처 소속 정보기구를 맞게 연결한 것은?

① 대통령직속 - 이스라엘의 모사드, 국방부 소속 - 프랑스의 국내안보총국
② 대통령 직속 - 러시아의 해외정보부, 외무부 소속 - 영국의 비밀정보부
③ 수상직속 - 프랑스의 해외안보총국, 내무부 소속 - 일본의 내각정보조사실
④ 대통령 직속 - 한국의 국가정보원, 외무부 소속- 독일의 연방정보부

21. 정보기구의 기능별 분류를 맞는 것은?

① 통합형 - 중국의 MSS, 구소련의 KGB
② 통합형 - 미국의 NSA, 영국의 SS
③ 분리형 - 프랑스의 DCSI, 중국의 MSS
④ 분리형 - 러시아의 FSB, 우리나라의 NIS

22. 통합형과 분리형의 정보기구의 장·단점으로 맞는 것은?

① 통합형은 첩보수집과 정보분석 기능을 통합한 정보기구를 말한다.
② 통합형은 고유한 임무영역에 대해서 차단성과 권위성을 갖고 있어 외부 시각에 영향을 받지 않는다.
③ 분리형은 경쟁정보기관이 없어 정보조직의 역동성이 다소 침체되는 약점이 있다.
④ 분리형은 배타성으로 인해 상호 정보협력이 용이하지 않고 종합적인 정보판단에 취약하다.

23. **정부기관과 정보기관의 비교로 적절하지 않은 것은?**

① 정부기관은 대국민서비스가 목표이고 정보기관은 적대세력의 위협으로부터 국가의 안전을 보호하는 것이 목표이다.
② 정보기관은 포괄적 국가안보 개념에 따라 정보활동의 영역도 광범위하게 확대되어 해당 업무만 담당하는 정부기관에 비해 업무가 광범위하다.
③ 정부기관은 정책결정과정을 주관하나 정보기관은 정책결정에 필요한 정보를 지원하는 것으로 그 임무가 제한된다.
④ 정보기관은 정당성의 확보와 관계없이 정부기관이 할 수 없는 불법적이고 비윤리적인 행위가 수반될 수 있는 비밀활동을 할 수 있다.

24. **민주주의와 권위주의 국가의 정보기구의 비교로 적절하지 않은 것은?**

① 민주주의가 발달한 선진 정보기관은 군 정보기관은 군사부문 정보, 민간 정보기관은 전략정보와 방첩임무를 담당하여 활동영역이 구분된다.
② 민주국가가 아닌 대부분의 권위주의 국가 또는 독재체제의 경우 군사정보 기관과 경찰조직의 활동영역이나 기능이 중첩되는 경향을 보인다.
③ 국민들의 지지기반이 약한 민주주의 국가의 경우 해외보다는 국내 반체제 세력의 활동이 정보활동의 주요 목표가 된다.
④ 권위주의 국가의 정보기구는 국가의 최고 권력기구로서 민주적 통제 및 감독기능이 행사되지 못한다.

25. **정보공동체간 협력 및 업무조정기구로 적절하지 않은 것은?**

① 미국의 국가정보장실(ODNI)
② 일본의 내각합동정보회의(JIC)
③ 프랑스의 국방 및 국가안보회의 사무국(SGDSN)
④ 이스라엘의 정보기관장위원회(VARASH)

26. **Peter Gill의 정보기구 분류 중 전혀 통제를 받지 않고 막강한 권력을 행사하는 정보기구의 형태는?**

① 국내정보국형
② 정치경찰형
③ 독립적 보안국가형
④ 고어텍스형

11 정답 및 해설

단원별 퀴즈 정답 및 해설

01. 분리형

02. 경찰청, 통일부, 외교부, 검찰청

03. 국가안전국(NSA), 국가정찰국(NRO), 국가지형정보국(NGA), 방위성 정보본부(DIH), 국가안전부(MSS), 연합참모부, 연방경호부(FSO), 총참모부 정보총국(GRU), 정부통신본부(GCHQ), 해외안보총국(DGSE), 연방정보부(BND), 전략정보사령부(KSA), 아만(Aman)

04. 정치공작부(구. 총정치부), 국방정보보안국(DRSD, 구 DPSD), 연방 군 보안부(BAMAD, 구 MAD), 군사안보지원사령부, 보위국

05. 국가정보장실(ODNI), 내각합동정보회의(JIC), 합동정보위원회(JIC), 국가정보위원회(CNR, 구. CIR), 정보기관장위원회(VARASH)

06. 국가정보원(장)

07. X, DGSI는 프랑스의 내무부 소속의 방첩수사기관이다.

08. O

09. X, 독일의 방첩담당 정보기관은 헌법보호청(Bfv)이다.

10. X, 프랑스의 DGSE는 국방부 소속이다.

11. X, PSIA는 일본의 법무성 공안조사청이다.

12. X, KSA(전략정보사령부)는 독일의 SIGINT 수집기관이다.

13. X, 정세분석국은 한국의 통일부 산하 부문정보기구이다. 외무부에는 정책기획 관실이 있다. IAS는 일본 외무성 국제정보통괄관 조직이다.

기출 및 유사문제 정답 및 해설

01. 답 1. 정보기구의 유형에는 첩보수집, 정보분석, 방첩, 비밀공작을 함께 수행하는 것의 여부에 따라 통합형과 분리형, 소속에 따라 행정수반형, 행정부처 소속형, 정보활동 수준에 따라 정부차원, 행정부처 차원으로 구분한다. SVR은 행정수반형이다.

02. 답 2.

03. 답 4. 정보기구는 정책지원을 위한 정보를 생산하나 비밀공작 등이 반드시 민주적인 과정으로 임무를 수행하는 것은 아니다.

04. 답 4. DGSI는 내무부 소속이고 국방부 소속은 DGSE이다.

05. 답 4. DRSD는 프랑스의 군정보기구이다.

06. 답 4. 군사안보지원사령부(DSSC)는 군사정보수집 및 분석, 군 관련 방첩수사, 방산, 보안분야를 담당함.

07. 답 3. 해외정보는 SVR이 담당함.

08. 답 4. BND는 독일의 해외정보기관이다.

09. 답 4. INR은 국무부 소속의 부문정보기구이다.

10. 답 4. DIA는 국방정보국으로 부문정보기관이고 나머지는 국가정보기관이다.

11. 답 3. NRO는 국가정보기구이다.

12. 답 3. BfV에 대한 설명이다. BKA(연방범죄수사청)는 연방내무부 외청에 속한 경찰기구로 각 정보기구로부터 테러정보를 지원 받으며 연방과 지방의 안전과 존립을 위해 국제 테러리즘 수사를 실시한다.

실전문제 정답 및 해설

13. 답 4. 통신정보(COMINT) 활동을 하는 독자적 정보기관의 등장은 무선통신 기술이 발달한 20세기이다.

14. 답 3. 정부기관을 지도하는 것은 아니다. 중앙정보부가 갖고 있었다가 폐지한 기능이다.

15. 답 4. 정보기관은 준군사작전을 전개하며 군사작전은 정부의 정책집행 조직인 국방부에서 담당한다.

16. 답 4. 프랑스의 DST(국토감시청)과 RG(경찰청 정보국)은 과거에 모두 국내분야를 담당한 조직이었으며 현재는 DGSI(국내안보총국)로 통합되었다.

17. 답 4. 모사드는 이스라엘의 수상 직속이나 나머지는 행정부처 소속 정보기관이다.

18. 답 2. 러시아의 FSB(연방보안부)는 보안방첩을 담당하나 나머지는 해외정보와 HUMINT를 담당한다.

19. 답 2. 국가정보기관의 설치 근거와 업무범위 등 기본사항에 대해서는 법률에 규정하되 효율적 업무운용과 긴급 사태에 대한 대응 등을 위해 일반 정부조직과는 다른 규정을 두는 경우가 대부분이다.

20. 답 2. 국내안보총국은 내무부, 해외안보총국은 국방부, 내각정보조사실은 수상(내각관방), 연방정보부는 수상 직속이다.

21. 답 1. NSA는 분리형이고 MSS, NIS는 통합형이다.

22. 답 4. 통합형은 국내와 해외부분 또는 부문기능별 정보조직이 통합된 형태로 경쟁정보기관의 견제가 부족하여 외부의 영향을 받을 수 있다.

23. 답 4. 정당성이 확보된 상태에서 비밀공작 등 정보활동을 수행할 수 있다.

24. 답 3. 권위주의 국가의 정보기구는 국민들의 지지기반의 약하여 해외보다는 국내에 정보활동의 목표가 있다.

25. 답 3. 프랑스의 국가정보위원회는 CNR이다. SGDSN는 CDSN(국방 및 국가안전보장회의)의 사무국이다.

26. 답 3. 차우세스쿠 치하의 루마니아 비밀경찰 세쿠리타테(Securitate)가 대표적이다.

12 미국의 정보기구

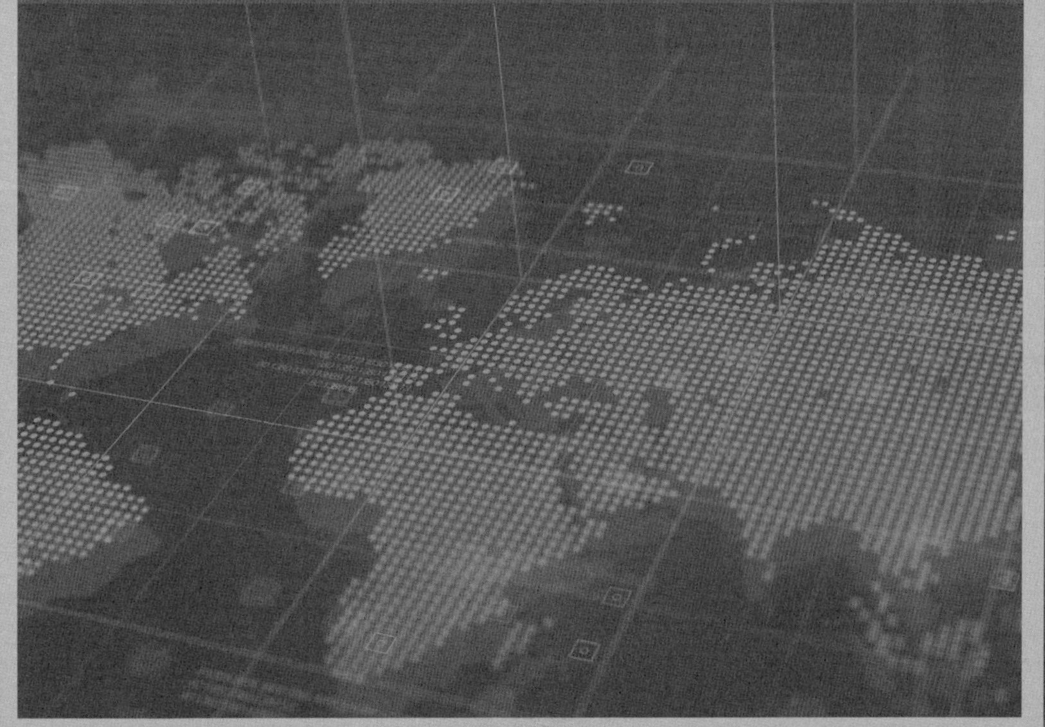

	ODNI	대통령	국방부	법무부	국무부	국토안보부	에너지부 / 재무부
국내 방첩	NCSC (방첩보안센터) · NCTC (대테러센터)			FBI (연방수사국) · DEA (마약단속국)		I&A (정보분석국) · CGI (해경 정보실)	OICI (정보방첩실)
해외 정보	NCPC (비확산센터)	CIA (중앙정보국)			INR (정보조사국)		OIA (정보분석실)
기술 정보	CTIIC (사이버 위협정보 통합센터)		NSA (국가안보국) · NRO (국가정찰국) · NGA (국가지형정보국)				
국방 정보			DIA (국방정보국)				

〈 미국의 정보기구 개관 〉

01 DNI(국가정보장)와 ODNI(국가정보장실)

01 창설 배경

- CIA의 IC(정보공동체) 통합·조정 기능의 한계로 정보공유 및 협력 기능이 미흡하였고 특히, 국방부의 NSA, DIA를 비롯하여 각 군 정보기관, 국무부의 INR, 법무부의 FBI는 독자적인 정보활동을 함.
- CIA는 냉전시대 구소련의 공산주의 팽창정책을 저지하는데 핵심적인 역할을 했으나 탈냉전 이후 테러, 마약 등 새로운 안보위협에 효과적으로 대비하지 못하고 2001년 9.11테러사건이 발생함.
- 의회는 2002년 11월 9.11진상조사위원회를 구성하여 대응실패의 원인규명과 개선방안을 모색하여 정보기관 간 수평적 정보공유를 확대하고 정보활동의 통제 및 우선순위 조정을 위해 기존의 DCI(중앙정보장, Director of Central Intelligence)를 DNI(국가정보장, Director of National Intelligence)로 대체할 것을 제안함.
- 2004년 9·11보고서 제안에 의해 통과된 정보개혁 및 테러방지법(IRTPA, Intelligence Reform and Terrorism Prevention Act)에 근거하여 IC를 통솔하는 장관급의 정보공

동체 수장인 DNI와 ODNI(국가정보장실, Office of the Director of National Intelligence), NCTC(국가대테러센터)가 창설됨.

- ODNI는 국가안보 관련 정보공유와 전략증진 및 재량권 통합 그리고 국가정보관리에 대한 전반적인 개혁을 추진하는 IC의 컨트롤 타워로서 새롭게 태어났으며, 정보관리 부분의 상당권한을 부여 받음.

02 DNI(ODNI)의 역할과 임무

- DNI는 미국 IC의 수장으로 대통령이 임명하고 상원의 권고와 동의를 거쳐 인준하며 국가정보 프로그램 집행의 지도·감독, 국가안보 관련 국가정보의 조언·보좌, 국가정보 프로그램의 실행 및 관련 예산 집행, 정보공동체 내 효과적인 정보수집과 생산을 위한 통합 및 협조를 주도 함.
- DNI는 국가안보와 관련된 정보의 수집·분석·생산·배분 등에 대한 우선결정권을 보유하고 있으며, 정보획득의 절차와 협조, 법적·행정적 지원에 대한 권한을 부여받아 정보공동체에 대한 전반적인 책임을 짐.
- DNI는 매년 국가정보예산을 통합하여 IC 전체 예산을 결정하며, 의회로부터 예산이 승인(상·하원 정보위원회, 예산결산위원회, 군사위원회로 중첩 통제)되면 모든 IC의 개별 정보기구들에게 예산을 분배함.
- ODNI는 거시적 차원에서 국가안보와 관련된 정보처리의 투명한 프로세스와 일관된 정책을 개발하는 중책기관으로 국가안보 관련 현안 및 지침을 제공하나 집행할 정책이 아니라 적절한 정보를 제공하는 기관으로서의 역할임.
- 정보개혁 및 테러방지법 상 DNI의 권한과 임무는 모든 국가정보에 대한 접근권, 예산배분권, 정보공동체 업무조종 및 감독권, 정보우선순위결정 및 조정권으로 정리됨.
- ODNI는 대통령과 국가안보회의(NSC)에 대해 정보 현안을 자문해주고, ODNI를 제외한 16개의 정보기관으로 구성되는 IC의 국가정보 프로그램(NIP, National Intelligence Program)을 전반적으로 관장함.
- ODNI는 다양한 IC출신의 정보관들로 구성되며 NIP의 매니저 및 IC의 수장으로서 역할을 하기 위한 세가지 영역(Core mission, Enablers, Oversight)의 부처가 있음.
- IC는 정보기관이나 정부기관의 일부로 IC가 속한 여타 행정부와 입법부의 감시와 견제를 통한 이중감시를 받으며 이러한 구조 속에서 IC는 국가안보 현안 정보를 해당기관에 통지하고 의회는 IC활동에 대한 감독을 수행함.

03 DNI 체제의 한계

- ODNI는 스스로를 '미국인의 삶과 이익, 나아가 미국적 가치를 보호하기 위한 혁신적인 통합정보조직'이라고 소개하고 있으나 직무 특성과 관련된 완전한 권한은 DNI가 갖고 있지 않다는 한계가 있음.
- 예를 들면, DCI는 CIA를 직접 지휘하였으나 DNI는 정보기구 간 견제와 균형을 위해 이러한 정보 실행(집행)기구 또는 하위 정보기구를 두지 않고 있음.
- DNI의 조정·감독 기능을 위해 국가정보 실무의 최고집행기관인 CIA의 역할을 지나치게 축소시켜 정보의 양과 질의 저하 등 국가정보활동 위축이 우려 됨.
- DNI는 실질적으로 정보기관장 임명과 해임 등 인사권의 명시적 행사보다는 IC 공통과업의 원활한 수행을 위한 인사정책 개발이나 자문에 가까움.
- 예를 들면, 국방부 산하 정보기구에 대한 권한이 상대적으로 약하며 IC의 제안에 따라 NIP의 총괄적 예산분배 이외의 실질적인 조정·감독기능이 없어 대규모 시스템 인수 등과 같은 문제는 국방부 장관과의 협의가 필요함.

04 ODNI의 핵심조직

(1) DDNI(국가정보차장, Deputy Director of National Intelligence)

- 대통령이 임명하는 DDNI(상원의 권고와 인준)와 긴밀히 협력하며 국가안보와 국익을 위해 정보를 효과적으로 통합함.
- 대통령 및 국가안전보장회의(NSC, National Security Council) 및 대통령 직속 국토안보위원회(HSC, Homeland Security Council) 위원들, 각 부처의 장, 합참의장(CJCS) 및 고위 군 지휘관 등에 필요한 국가안보와 관련된 중요정보를 조언하고 보좌 함.

(2) DDII(정보융합실, Office of the Director of National Intelligence for Intelligence Integration)

- DDII는 2010년 10월 정보통합을 위해 설립되었으나 실무적으로는 DDNI가 관장하고 있고 4개의 부서로 구성되어 있음.

(3) NIMC(국가정보관리위원회, National Intelligence Management Council)

- NIMC는 DNI가 지명한 국가정보매니저들(NIMs, National Intelligence Manager)의 정보 회의임.
- NIMs는 국가별, 지역별, 사안별, 기능별 정보활동의 주요 고문들로서 정책담당자의 정보 요구를 충족시키기 위해 수집 및 분석 활동의 방향을 제시하고 안내하며 통합정

보전략(UIS, Unifying Intelligence Strategies)을 개발하여 IC가 최우선적으로 해결할 문제에 대한 로드맵을 제시함.

(4) NIC(국가정보위원회, National Intelligence Council)

• NIC는 1979년 설치된 IC의 싱크탱크로 정보와 정책공동체 간 교량역할을 하는 ODNI 내 조직으로 모든 정보를 동원하여 장기적 전략정보 분석을 수행하는 정보 이슈들에 대한 실질적인 전문 지식을 제공하며 IC 간 협업을 촉진함.

• 국가정보판단보고서(NIEs, National Intelligence Estimates)를 생산하고 정보수집 및 분석의 우선순위인 국가정보목표우선순위(PNIO)를 제시함.

• 글로벌트렌드보고서(Global Trends Report)는 향후 20년간 세계의 주요 이슈와 불확실성에 대한 분석 보고서로 고위 정책결정자들의 장기계획 수립에 도움을 주기 위해 4년마다 제작됨.

• NIC의 NIO(국가정보관, National Intelligence Officer)들은 정부, 학계, 민간의 전문가들로 구성되며 ODNI 지원 하에 경제, 보안, 기술, 사이버, 테러 및 환경 및 지역문제들을 전문적으로 다룸.

(5) PDB(대통령일일브리핑 조직, President's Daily Brief Staff)

• CIA가 실무적으로 매일 생산하는 일일브리핑을 대통령과 각료에게 최종적으로 보고 하는 ODNI의 조직임.

(6) MID(임무통합부, Mission Integration Division)

• MID는 NIMC의 로드맵을 반영하여 새로운 안보환경에서 국가정보의 우선순위에 따라 대응할 수 있도록 IC의 능력을 강화하기 위한 부서임.

• 수집 및 분석 임무가 까다로운 정책결정자의 요구를 충족시키면서 정보 통합 및 공유가 원활하도록 인력, 기술, 프로세스를 보장하고 있음.

(7) NCTC(국가대테러센터, National Counterterrorism Center)

• NCTC는 외국 및 국내 테러정보 융합, 테러분석 제공, 대테러 유관기관들과 정보 공유, 대테러 목표 달성을 위한 정부 전체의 방책 추진을 통해 국가 대테러 활동을 선도하고 통합함.

• 유관기관은 CIA, FBI 포함 법무부, 국방부, 국토안보부, 재무부, 농무부, 교통부 및 보건복지부, 원자력 규제위원회, 의회 경찰이며 테러이슈에 대한 범 부처간 통합적 분석 및 판단을 제공함.

• 2004년 정보개혁 및 테러방지법(IRTPA)에 따라 미국 정부의 테러 관련 모든 정보를 (국내 테러 관련 일부 독점 정보는 제외) 분석 · 통합하는 기본 조직임.

- 국제 테러리즘 정보의 수집·분석 도구이자 중앙비밀데이터베이스인 TIDE(Terrorist Identities Datamart Environment)를 유지하여 미국 전역의 대테러 활동을 지원함.
- NCTC와 대테러 유관기관이 작성한 테러정보 배포를 위해 NCTC(online) CURRENT를 운영하고 FBI의 JTTF(합동테러리즘테스크포스, Joint Terrorism Task Forces)와 국방부의 전투 사령관들에게 직접 정보를 제공함.
- 미국 전역의 대테러 활동을 위한 테러 유관기관들을 지도하고 전략적 운영 계획을 수립하며 외교, 재정, 군사, 정보, 국토 안보 및 법 집행의 모든 수단을 통합하여 잠재적 테러위협에 대비함.

(8) NCSC(국가방첩보안센터, National Counterintelligence and Security Center)

- NCSC는 미합중국의 국가 방첩 전략, 방첩정보(CI) 수집 및 심층분석, 국가위협식별 및 우선순위 평가(NTIPA), IC, 정부부처 및 민간부문의 방첩 보안활동 지원의 임무를 수행함.
- NCSC는 2014년 11월 기존의 국가방첩 기능을 담당한 ONCIX(국가방첩센터, National Counterintelligence Executive)와 보안센터(Center for Security Evaluation, Special Security Center), NITTF(내부자위협 테스크포스, National Insider Threat Task Force)를 통합·확대된 조직임.
- NCSC는 방첩분야는 국가방첩센터장(NCIX)과 방첩정보관리자(NIM-CI, National Intelligence Manager for Counterintelligence)가 담당하고 보안분야는 보안집행관(SecEA, Security Executive Agent)이 담당하며 IC 내부 국가보안 프로그램의 지도와 감독을 함.
- NITTF는 FBI와 함께 연방 정부 부처 및 기관에 내부자 위협 탐지 및 예방 프로그램(National Insider Threat Policy and the Minimum Standards)을 수립 및 개발 지원, 공공과 민간부문에 대한 보안캠페인(Know the Risk & Raise Your Shield) 및 교육(Insider Threat Guide 발행)을 실시

(9) NCPC(국가비확산센터, National Counterproliferation Center)

- NCPC는 대량살상무기(WMD, 핵무기, 생물학 및 화학 무기 등)로부터 정부를 보호하기 위해 IC 내부의 비확산 관련 정보 그룹을 통합하여 IC의 비확산 노력에 방향성을 제공함.
- WMD를 획득하려는 국가나 테러단체의 시도 억제, WMD개발 프로그램 제거, 미국과 동맹국에 대한 WMD무기 사용 방지, WMD 공급망의 차단의 임무를 수행함.
- WMD 확산을 기술적(Technical)인 문제로 취급하는 전통적 접근법 뿐 아니라 정치, 경제, 문화 및 기타 안보 문제를 평가하고 다루는 다양한 방식의 규제 방법(multi-disciplinary approach)을 추진하고 있음.

- 정보 보고서의 단순 전달을 넘어 IC 활동을 지속적으로 평가하고 효과적인 방법을 판단하여 IC의 비확산 노력과 자원을 집중시킴.

(10) CTIIC(사이버위협정보통합센터, Cyber Threat Intelligence Integration Center)

- CTIIC는 2015년 사이버 위협에 대한 국가 차원의 접근법을 개발하고 전략목표 달성을 위해 사이버 수단을 사용하는 적에 대한 IC 내 통합 분석 정보를 정책결정자 및 유관기관에 제공함.
- 상황인식 부문(Building Awareness)은 적국의 사이버 위협 및 양상에 대한 IC 내 상황 인식을 공유하고, 통합분석 부문(Integrating Analysis)은 다양한 전문가의 협력을 통해 지정학적 맥락에서 적 위협과 의도를 분석하며 기회파악 부문(Identifying Opportunities)은 정부 차원의 사이버 위협 대응 옵션을 지원(원활한 의사 결정과정, 사이버캠페인 효과 측정) 함.

05 지원조직(Enablers)

- DNI & ODNI의 임무수행 지원 및 IC 통합을 촉진하는 다음과 같은 지원조직이 있음.
- Acquisition, Technology & Facilities(AT&F)
- Chief Financial Officer(CFO)
- IC Chief Human Capital Officer(CHCO)
- IC Chief Information Officer(IC CIO)
- Partner Engagement(PE)
- Policy and Strategy(P&S)
- Systems & Resource Analyses(SRA)

06 감독(Oversight)

- 사생활 및 시민의 자유를 보호하고 조직의 투명성을 향상하기 위한 다음과 같은 감독조직이 있음.
- Civil Liberties, Privacy and Transparency(CLPT, DNI직보)
- Equal Employment Opportunity & Diversity(EEOD, 히스패닉 및 흑인 고용기회 제공)
- Intelligence Community Inspector General(ICIG, 감찰관)
- Office of General Counsel(OGC)
- Legislative Affairs(OLA)

• Public Affairs Office(PAO, 언론담당)

07 JICC(합동정보공동체위원회, Joint Intelligence Community Council)

• JICC는 2004년 정보개혁 및 테러방지법(IRTPA) 근거로 1947년 제정된 국가안보법(National Security Act)을 개정하여 설치된 DNI 자문 및 IC관리를 위한 최고위 기구임.

• JICC는 ODNI의 외부기구로서 1년에 2회 개최되며 DNI를 의장으로 국무부, 국방부, 국토안보부, 법무부, 에너지부, 재무부 장관, 의장이 지명하는 자가 참석하고 통합된 국가정보의 발전 및 개발을 위해 DNI를 보좌함.

• JICC는 정보 소요 판단, 예산 계획, 재정관리, IC의 활동을 조언하고 DNI에 의해 수립 개발된 정보 프로그램, 각종 지침의 적시성 있는 실행을 보장하며 IC활동에 대한 감시 및 평가를 도와줌.

LEADERSHIP

Director (DNI)
Deputy Director (DDNI)
Chief Management Officer (CMO)

Core Mission (핵심임무)

Deputy DNI for Intelligence Integration (DDNI/II)

Mission Integration Division (MID)
National Intelligence Council (NIC)
National Intelligence Management Council (NIMC)
National Counterproliferation Center (NCPC)
National Counterterrorism Center (NCTC)
National Counterintelligence & Security Center (NCSC)
Cyber Threat Intelligence Integration Center (CTIIC)

Enablers (지원 임무)

Acquisition, Technology, & Facilities (AT&F)
Chief Financial Officer (CFO)
Chief Human Capital Officer (CHCO)
IC Chief Information Officer (IC CIO)
Partner Engagement (PE)
Policy & Strategy (P&S)
Systems & Resource Analyses (SRA)

Oversight (감독 임무)

Office of Civil Liberties, Privacy and Transparency (CLPT)
IC Equal Employment Opportunity & Diversity (EEOD)
IC Inspector General (IC IG)
Office of the General Counsel (OGC)
Office of Legislative Affairs (OLA)
Public Affairs Office (PAO)

〈 ODNI 조직구조 〉

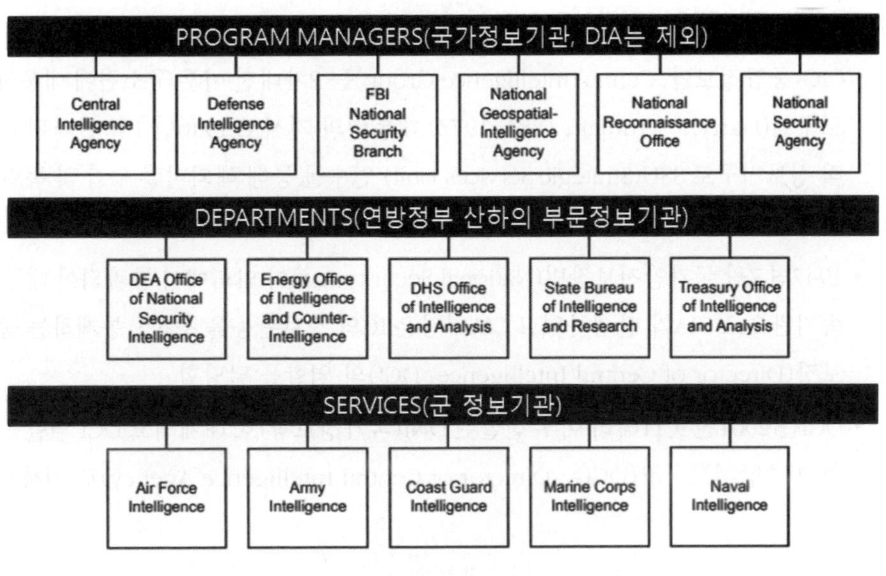

〈 미국 정보공동체(IC)의 구성 〉

02 CIA(중앙정보국, Central Intelligence Agency)

01 CIA의 역사

(1) OSS(전략정보국)의 설립(COI-OSS)

- COI(정보조정국, Office of the Coordinator of Information)는 2차대전 중 국무부와 전쟁부의 정보를 통합·조정하기 위해 1941년 루즈벨트 대통령(Franklin D. Roosevelt, 1882~1945)이 설치한 조직임.
- OSS(Office of Strategic Services)는 1941년 일본의 진주만 기습에 대한 대응 실패로 기존의 COI를 대체하여 1942년 신설된 미국 최초의 국가정보기구 임.
- OSS는 CIA의 전신인 전시정보기구로 2차대전 중 해외에 다수의 요원을 파견하여 첩보수집 및 파괴공작 전개, 전략정보 생산을 통해 전쟁을 지원함.
- 형식적으로 군 합동참모본부(JCS, Joint Chief of Staff) 소속이나 실제로는 대통령 통제 하에 임무를 수행했고 최초로 민간학자를 활용하여 국가정보를 생산함.
- 2차대전 종료 후 1945년 10월 해체되어 첩보수집 기능은 전쟁부 및 육군으로 이관되고 조사·분석기능은 국무부가 흡수함.

(2) CIA(중앙정보국)의 탄생(CIG-CIA)

- CIG(중앙정보단, Central Intelligence Group)는 2차대전 이후 구소련에 대응하고자 트루먼(Harry S. Truman, 1884~1972) 대통령의 지시로 1946년 1월 설치된 과도기적 정보기구로 SSU(Strategic Services Unit) 인수를 통해 해외비밀 수집 및 독립적 분석 기능을 확보함.
- 1947년 7월 국가안전보장법(National Security Act)이 의회에서 통과되어 대통령 직속기관으로 CIA가 탄생하였고 CIA국장은 IC의 정보활동을 조정 · 통제하는 중앙정보장(Director of Central Intelligence, DCI)의 역할을 담당함.
- DCI는 2001년 9.11테러 이후 신설된 DNI(국가정보장)로 대체되고 DCI 역할을 대체하고 중앙정보국장(DCIA, Director of Central Intelligence Agency)로 격하됨.

02 CIA의 임무와 감독

- CIA의 비전(vision)은 제공하는 전술적 및 전략적 우위를 정보 수집 및 분석이며 임무는 정보수집 및 분석, 대통령의 지시에 의한 효과적인 비밀공작 수행을 통한 위협 예방 및 국가안전보장임.
- CIA는 미국의 고위 정책결정자에게 국가안보 정보를 제공하는 독립기관으로 CIA국장은 대통령이 지명하고 상원의 권고와 동의를 얻어 임명되며 CIA의 공작, 인사 및 예산을 관리함.
- CIA의 비밀공작은 휴즈-라이언 수정안(Hughes-Ryan Amendment, 1974), 정보감독법(IOA, Intelligence Oversight Act, 1980), 정보수권법(Intelligence Authorization Act, 1991)을 통하여 공식적으로 규제되어 왔음.

03 조직 구성

(1) DA(분석국, Directorate of Analysis)

(가) 분석국의 임무

- 정부 고위 정책 결정자들에게 국가안보 및 외교정책 문제에 대한 적시성 있고 정확하고 객관적인 분석을 제공함.
- DO(공작국)의 CMO(수집관리관)로부터 적정한 수준의 정보를 제공받아 이를 바탕으로 정기적으로 상황에 맞게 다양한 형태의 정보보고서(PDB, WIRe, IB, DEIB, Worldfactbook 등)를 정책결정자에게 제공 및 지원함.

- 수집된 정보들은 항상 같은 방향성을 가지고 있는 것이 아니며 때로는 불완전하거나 상반될 수도 있어 분석관은 다양한 전문가과 협의 및 가설의 객관적 검증을 통해 오류를 극복하고 정확한 보고서를 제공하기 위해 노력함.
- DA의 전문 분석관들은 CIA 정보교육기관인 셔먼켄트학교(Sherman Kent School)에서 전문적 분석기법을 따로 교육 받고 있음.

(나) 발행 보고서

- WIRe(World Intelligence Review)는 미국 정부의 고위 정책 및 보안 담당자를 대상으로 한 전자 간행물로 주 6일 생산됨.
- PDB(President's Daily Brief)는 국가안보 핵심이슈와 대통령 관심사항에 대한 정보기관의 최고수준의 분석보고서로 주 6일 제작하여 ODNI에 제공됨.
- 정보메모(IM, Intelligence Memorandum), 일일경제정보요약(Daily Economic Intelligence Brief, DEIB)은 특정 이슈 질의에 대한 응답 및 주요 정책이슈 회의를 지원하는 보고서 임.
- World Factbook은 일반인이 열람 가능한 자료로서 세계 260개 이상 국가 및 단체의 대한 지리, 정치, 인구통계, 경제 및 군사문제에 대한 포괄적인 정보를 매년 제작함.

(2) DO(공작국, Directorate of Operations, DO-NCS-DO 순으로 변화)

- DO의 임무는 IC 비밀공작의 조정, 중재, 평가를 위한 지휘기구로 인간정보(HUMINT) 출처 수집 및 비밀공작을 통한 국가안보와 외교정책의 강화임.

(가) Operations Officer(공작담당관)

- Operations Officer는 정책결정자가 필요한 정보수집을 위한 HUMINT 활동과 비밀공작을 통한 정책 집행을 실제적으로 관리함.
- 신뢰 관계를 바탕으로 정보원(출처)을 비밀리에 발굴, 평가, 개발, 모집 및 처리하는 임무로 정보원 모집과 정보 수집을 구체적으로 담당하며 정보를 적시에 수집하여 전달함.

(나) Collection Management Officer(수집관리관, CMO)

- CMO는 해외정책공동체(foreign policy community)와 공작담당관 간 연락담당관(liaisons)으로서 공작국 내부에서 방향키 역할을 하며 어떤 정보를 수집하고 수집간 대외정책결정자와 무엇을 중점적으로 소통해야 하는지를 결정함.
- CMO는 정보수집을 감독하고 조정하는 공작국의 머리이고 Operations Officer는 수족이라고 할 수 있으며 민감한 비밀정보의 출처보호를 위해 배포방식(정보 공개수준과 방법)을 결정함.

(다) Paramilitary Operations(준군사공작)

- 준군사작전담당관(Paramilitary Operations Officer), 전문기술담당관(Specialized Skills Officer)은 해외 게릴라전, 암살 및 사보타지를 담당하며 보통 DEVGRU, Delta Force 등 특수부대 내에서 선발됨.

NCS(국가비밀부, National Clandestine Service)

- 9.11위원회는 과거 20년 간 HUMINT가 심각하게 악화되었다고 판단하였고 이에 대응하여 2005년 10월 NCS(National Clandestine Service)가 창설됨.
- NCS는 CIA의 공작국(Directorate of Operations)을 흡수하고 CIA와 유관 기관(FBI, DIA, ONI, DS, MCIA, AF ISR, ODCS)의 HUMINT의 조정자로서 역할을 담당함.

(3) DS&T(과학기술국)

- DS&T(Directorate of Science and Technology)는 TECHINT 활동 시스템의 개발 및 운영을 담당하며 타 정보기구, 군, 학계, 민간기관과 협력하여 TECHINT 활동에 필요한 기술적 부분을 지원함.

(4) DS(지원국, Directorate of Support)

- 정보활동에 필요한 집중적이고 민첩하며 신뢰성 있는 지원 임무를 수행하기 위해 보안, 공급망, 시설, 금융 및 의료 서비스, 공작 시스템, 인적 자원, 물류 등을 은밀하고 지속적으로 가동함.

(5) DDI(디지털 혁신국, Directorate of Digital Innovation)

- DDI는 디지털, 사이버 기술 및 IT 인프라 활용으로 CIA의 정보활동 전반에 걸쳐 혁신을 가속화 하며 특히 사이버 및 빅데이터 분야를 강조함.

(6) ADMA(군사담당부소장, Associate Director for Military Affairs)

- CIA와 국방부의 전 세계적 상호 작용을 지원함.

(7) Mission Centers(미션 센터)

- 긴급한 국가안보 문제의 극복을 위해 CIA 내 모든 기구의 역량을 통합하는 조직으로 단일한 국장 하에 통제되는 조직이 아니라 통합 및 상호 운용성에 따라 CIA의 모든 조직요소들이 동원될 수 있는 유동적인 부서임.

(8) IG(감찰관, Inspector General)

- CIA활동에 대한 독립적인 감독을 담당하며 대통령 지명과 상원 인준으로 임명되며 대통령에 의해서만 해임될 수 있음.

- OIG(감찰관실, Office of Inspector General)는 CIA의 내부의 독립 사무소로 IG가 지휘하고 CIA 프로그램에 대한 감사, 조사, 조사 및 검토를 수행함.
- OIG는 특히 CIA 활동 간 사기, 낭비, 학대 등의 실수를 탐지하여 DCIA, 의회 정보위원회에 신속하게 조사 결과 및 권고안을 제공함.
- OIG는 CIA의 경제성, 효율성, 책임성을 증진하고 법률 위반 혐의 조사 시에는 법무부 및 연방기관에 직접 협력함.

(9) General Counsel(법률고문)

- General Counsel은 최고 법률 책임자로 대통령이 지명하고 상원의 인준을 받아 임명되며 법률고문사무실(OGC, Office of General Counsel)은 CIA국장 및 직원에게 법률자문과 지침을 제공함.

(10) OPA(공보국, Director of Public Affairs)

- CIA 및 기타 고위 지도자의 커뮤니케이션(연설, 증언, 미디어)을 담당함.

03 NSA(국가안보국, National Security Agency) 또는 NSA/CSS(중앙보안국, Central Security Service)

01 NSA / CSS의 역사

- NSA 이전 블랙체임버(Black Chamber 또는 Cipher Bureau)는 미국 최초의 암호전문 감청 및 해독기관으로 1차대전 이후 후버(Herbert Clark Hoover, 1874~1964) 행정부에서 1917년~1929년 운영함.
- NSA는 트루먼 대통령에 의해 1952년 창설되었으나 알려진 것은 1957년 정부 조직 편람에 극비의 기술정보 활동을 수행하는 국방부 내 독립기관으로 나오면서 임.
- 1968년 우리나라 동해상에서 북한에 납치된 정보수집함인 푸에블로호(USS Pueblo, AGER-2)도 NSA 소속이라고 알려짐.
- CSS(중앙보안국)는 베트남전쟁(1955.11~1975.4) 종전 전인 1972년 NSA와 각 군(육군 · 해군 · 공군 · 해병대 · 해양경비대)이 독립적으로 운영하던 암호부서(SCEs, Service Cryptologic Elements)가 통합된 조직임.

02 NSA의 임무

(1) NSA의 임무

- NSA는 각종 해외 SIGINT를 수집하는 국방부 소속의 국가정보기관으로 국장은 사이버 사령부(Cyber Command)의 수장을 겸하며 육·해·공군의 3성 장군(중장) 중 대통령 지명과 상원 인준을 거쳐 임명됨.
- 에셜론(ECHELON, 부대 또는 제대란 뜻)은 Five Eyes(FVEY)라 불리는 UK-USA 5개국(미국, 영국, 캐나다, 호주, 뉴질랜드)의 비밀 감청조직이자 전세계적 감시망(Global surveillance network)으로 무선·위성통신, 전화, 전보, 팩스, 이메일 등 모든 통신망을 대상으로 함.
- CIA와 NSA에서 근무한 에드워드 스노든(Edward Joseph Snowden, 1983~)은 2013년 전자감시 프로그램인 프리즘(PRISM)을 비롯하여 NSA의 조직, 인력, 예산, 활동내용을 폭로함.
- 최근에는 통신망 감청 뿐 아니라 컴퓨터, 네트워크를 비롯하여 빅데이터, 클라우드 분야까지 다양한 정보를 수집 중임.

(2) CSS의 임무

- CSS는 NSA 내 암호통신의 최상위 기구로 국가암호시스템을 개발하고 국가암호 운영전략을 제시하며 암호 및 정보처리방식의 표준화를 위해 노력함.
- 정부기관이 사용하는 암호와 암호기구를 제작하고 보안시스템(National Security System)을 보호하며 사이버보안을 담당하는 정보보증(Information Assurance, IA) 업무를 수행함.
- CSS 예하의 육·해·공·해병·해양경비대의 암호부대는 국내와 해외에서 기능부대를 운용하여 지상감시정보, 위성과 정찰기, 레이더와 특수잠수함 등에서 수집된 SIGINT를 관리 및 처리하고 공유함.
- 직접 암호지원팀(Cryptologic Support Teams)을 파견하여 전장을 지원하기도 하며 현재 조직의 통폐합이 계속 진행 중임.

02 조직 구성

- 암호센터(NSA Cryptologic Centers)는 암호연구 및 신호정보를 수집하는 조직으로 전 세계에 지사를 두고 있으며 미국에는 4개소(Colorado, Georgia, Hawaii, Texas)가 있음.

- 국가암호학교(NCS, National Cryptologic School)를 운영하고 있으며 세계최대의 단일 수학자 집단을 보유하고 있음.

04 NRO(국가정찰국, National Reconnaissance Office)

01 NRO의 역사

- 냉전시대 CIA는 정찰기에 의존하여 구소련 정찰을 하다가 1960년 5월 케네디 정부 때 고공전략정찰기인 U-2기가 구소련 상공에서 격추되어 조종사 개리 파워스(Gary Powers, 1929~1977)가 생포되고 외교적 문제로 비화되자 다른 정찰수단을 모색함.
- 미국은 구소련 영토를 합법적으로 감시할 새로운 수단으로 첩보위성을 활용하기 위해 1960년 세계최초의 정찰위성인 코로나(Corona)를 발사하여 필름회수에 성공하고 1961년 9월 CIA와 공군 상호간 정찰업무 협조기구로 NRO를 창설함.
- 미국은 여기에서 획득한 첩보사진을 바탕으로 쿠바 내 건설 중인 구소련의 핵미사일 기지를 파악하여 이의 제거를 요구하였고 냉전의 절정이라고 평가되는 1962년 쿠바 미사일위기를 극복하였음.
- NRO의 정체는 1971년 1월 뉴욕타임즈와 1973년 9월 워싱턴 포스트지가 의회보고서를 인용해 보도함으로써 널리 알려짐.
- 미국 정부는 1981년 12월 레이건 대통령의 행정명령 12333에도 경계 프로그램을 통해 특수한 정보를 수집하는 곳이라고 하며 시인도 부인도 하지 않는 NCND(Neither Confirm Nor Deny) 정책을 펴다 1992년 NRO를 공식 인정함.

02 NRO의 임무

- NRO는 IMINMT 활동을 담당하며 정찰위성 및 탐지기기의 연구개발 및 지원·감독 우주 및 지상기지 건설, 발사장치 선별, 수집자료 전송 등 우주정찰 시스템을 관리·운용하는 임무를 수행함.
- NRO는 글로벌 통신, 정밀 항법, 미사일 발사 및 잠재적 군사 공격에 대한 조기 경고, 신호 정보 및 테러와의 전쟁을 지원하는 실시간 이미지를 제공함.

- NSA, NGA, CIA. DIA 등 정보기관과 군 우주사령부(AFSPC, Air Force Space Command)등 유관조직과 협력 연계하여 임무를 수행하고 있으며 IC 전체 수요를 반영하여 DNI 지시 하에 정찰위성과 정찰항공기를 총괄 운영함.
- 최근에는 영상위성이나 정찰항공기도 SIGINT를 수집하고 있으며 대량살상 무기 확산 감시, 국제 테러리스트, 마약 밀매 및 범죄조직 추적, 초정밀 군사목표, 데이터 및 폭탄피해 평가 개발을 담당함.
- 국제 평화 유지 및 인도적 구호 활동 지원, 지진, 쓰나미 등 자연 재해 영향 평가와 기후변화 예측 및 의료 영상, 고화질 TV, 휴대 전화, GPS(Global Positioning System)에 기술이 활용됨.

더 알아보기

미래영상체계(FIA, Future Imagery Architecture)

- NRO의 차세대 정찰위성 설계 프로그램으로 망원경(optical component)과 레이더(rader component)로 야간이나 구름을 투과하여 세계 어느 곳에 있는 군사시설 사진도 촬영할 수 있도록 하는 새로운 첩보위성 프로젝트로 1999년 록히드 마틴이 제작을 담당함.
- FIA의 임무는 극비로 더 작고 가벼운 위성, 높은 궤도로 움직여 공격하기 어려운 위성을 만드는 것이 목표였으나 엄청난 초과예산과 납기지연으로 결국 실패함.
- 2005년 DNI인 존 네그로폰테에 의해 망원경 분야는 중단되었다가 NGEO(Next Generation Electro-Optical program)로 계승되고 레이더 분야는 토파즈(Topaz)란 프로그램으로 계속 연구 중인 것으로 알려짐.
- NRO는 2012년 NASA(National Aeronautics and Space Administration)에 2대의 우주 망원경을 기부하여 허블 망원경(Hubble Space Telescope)의 후속작으로 개발되고 있음.

03 조직 구성

- 우주 발사 사무국(OSL)
- 개발 시스템 및 기술국(AS&T)
- 사업 기획 및 운영 담당 부국장실(BPO)
- 통신 시스템 수집국(COMM)
- 지상기지 운영국(GED)
- 영상 정보 시스템 수집국(IMINT)
- 관리 사무 및 운영국(MS&O)
- 임무 운영국(MOD)

• 임무 지원국(MSD)
• 통신정보 시스템 수집국(SIGINT)
• 시스템 기술국(SED)

05 NGA(국가지형정보국, National Geospatial Intelligence Agency)

01 NGA의 역사

• 미국은 1939년까지 육군 공병단의 지상측량으로 지도를 제작하다 2차세계대전 중 항공기술 발달과 정찰위성 발사의 성공으로 육·해·공군의 자산들을 활용하게 되었고, 이후 국가적 정보수요에 부응하기 위해 이들을 통합한 정보기관이 탄생함.

• NIMA(국가영상지도국, National Imagery and Mapping Agency)는 국가영상지도법(National Imagery Mapping Act)에 따라 1996년 국방부와 CIA의 유관조직을 통합하여 창설됨.

• NIMA는 CIA소속의 NPIC(국가사진판독본부, National Photographic Interpretation Center)와 국방부 소속의 DMA(국방지도국, Defense Mapping Agency), CIO(중앙영상실, Central Imagery Office), DDPO(국방전파기획국, Defense Dissemination Program Office) 등을 흡수하여 국방부에 설치됨.

• NGA는 NIMA가 2003년 확대 개편된 정보기구로 사진, 지도, 영상 등의 정보를 종합한 지형정보(GEOINT, geospatial intelligence)

02 NGA의 임무

• NGA는 정보조직이자 전투지원조직으로 지구상의 각종 영상자료를 분석 평가하여 대통령과 국방부, IC에 정확한 정보를 제공하고, 상업용 위성을 통해서도 고해상도의 영상정보를 공개적으로 수집하여 필요기관에 배포함.

• NGA는 NSG(지형정보시스템, National System for Geospatial Intelligence)의 책임자로 IC의 GEOINT을 선도하고 민간협력을 담당하며 ASG(국제지형정보 연합체계, global Allied System for Geospatial Intelligence)의 조정자 역할을 수행함.

- NGA는 국방부, DNI, 의회로부터 지침을 받아 임무를 수행하며 대량살상무기, 지구 곳곳에서 발생하는 정치적 위기와 재난에 대응하는 전략정보를 제공하며 전투부대의 임무수행 계획 수립, 전장 우세권 확보, 정확한 표적 획득, 우군 부대 방호를 위한 정보도 제공함.
- NGA는 교전중인 전투부대와 국가정책결정권자들에게 긴급한 위협에 대한 감시, 분석, 보고를 통하여 경고정보를 제공하며 테러와 마약, 국경안전 및 대통령 이취임식, 올림픽 등 주요행사의 경비·경호를 위한 계획을 지원함.

더 알아보기

NGA 관련 기구

- CGIS(국가지형정보표준센터, National Center for Geospatial Intelligence Standards)는 2002년 9월 NGA 국장에 의해 설립되었으며 지형정보 표준 관리를 담당함.
- NSG(국가지형정보체계, National System for Geospatial-Intelligence)는 GEOINT 발전을 위한 정보기관(CIA, DIA, NRO, NSA 등), 정부(국토안보부, 에너지부, 국무부, 재무부 등), 기업 및 교육 분야 간의 통합적 접근을 향상시키는 GEOINT 커뮤니티 임.
- ASG(동맹지형정보체계, Allied System for Geospatial Intelligence)은 미국과 영연방 국가(영국, 캐나다, 호주, 뉴질랜드) 간 GEOINT의 전략적, 운영적, 전술적 수준에서의 다층의 정보 환경을 제공함.
- USGIF(미국지형정보재단)은 GEOINT의 발전과 지식 공유를 위해 2004년 설립된 비영리 교육기관으로 정부, 전문가, 산업계, 학계, NGO 및 개인이 참여하는 커뮤니티 임.

06 DIA(국방정보국, Defense Intelligence Agency)

01 역사와 임무

- 1957년 아이젠하워(Dwight Eisenhower, 1890~1969) 대통령 당시 구소련이 최초로 스푸트니크 인공위성을 발사하여 미국 내 촉발된 미사일 갭 논쟁 이후 맥나마라 국방장관이 각 군의 정보기관 활동을 통합하고자 1961년 설립함.
- 구조상 독립적으로 활동하는 각 군의 정보기구들의 통합과 협조, 지원 임무를 담당하고 외국의 군사력에 영향을 미치는 정치, 경제, 산업, 지형, 의료 등에 관한 정보를 수집·분석하여 대통령 등에게 일일정보 형태로 보고함.

- DIA는 주로 HUMINT 활동을 하는데 국방 무관을 파견하여 전세계의 미국대사관을 지원하는 공식활동과 흑색요원에 의한 비밀첩보 수집을 병행하며 최근에는 고도의 과학기술을 응용한 MASINT 활동을 담당하고 자체 방첩 프로그램을 운용 중임.
- DIA는 모든 군 정보기관을 통합하지 않고 INSCOM, 25th Air Force처럼 독립적으로 운용되는 각 군의 정보 부대를 지원 또는 협조함.
- 각군 정보기관은 단기적·전술적 정보를, DIA는 장기적이고 전략적인 군사정보를 취급하며 러시아의 GRU와 유사한 형태임.
- DIA는 전·평시 군사작전 및 능력에 관한 정보를 수집하여 국방장관, 합참의장, 각 지역 통합군 사령관에게 조언하며 CIA는 대통령과 국무위원들의 정책결정을 위한 국가정보를 수집하므로 CIA와는 경쟁보다는 협조관계임.
- DIA 요원들은 현장 관리 요원, 심문 전문가, 야전 분석관, 언어 전문가, 기술 요원, 특수 작전 전문가들로 구성되어 전 세계를 상대로 작전을 수행함.
- DIA국장은 육·해·공군의 3성장군이 번갈아 수행하며 상원인준을 거쳐 임명되고 국방부 장관과 함참의장의 군사정보 분야의 수석자문 역할을 수행하며 NSA, NRO, NGA와도 긴밀하게 협조함.

02 DIA의 조직 구성

- DA(분석국, Directorate for Analysis)은 전 세계의 정치, 경제, 의무, 자연 및 기타 국가 관심사항, 전략 및 전술적 군사 정보에 관한 자료를 수집 분석하여 배포함.
- DCS(국방비밀작전국, Defense Clandestine Service)은 전 세계 대상으로 HUMINT를 수집하며 CIA와 연계하여 임무를 수행하며 민간인과 군인들이 각 절반정도로 혼합 편성됨.
- DAS(국방 무관부, Defense Attache System)는 미국의 군사분야 대표인 국방무관을 전 세계 미국 대사관에 파견하고 국방장관을 위하여 외국 정부와 군 기관과 외교 관계를 유지하는 역할 및 HUMINT 활동을 수행함.
- DST(과학기술국, Directorate for Science and Technology)은 레이더 정보, 음향 정보, 핵 정보, 화학 및 생물학 정보와 같은 징후계측정보(MASINT)의 수집·운용·분석을 담당하며 1급비밀 및 비밀구역정보 관리, Stone Ghost(UK-USA 동맹국 간 군 정보교환 프로그램), JWICS(합동통신시스템)를 관장함.
- 국가정보대학(NIU, National Intelligence University)를 1962년 설립되어 국방부 소속의 군인 및 민간인을 대상으로 정보학사 및 정보석사(전략정보, 기술정보) 과정을 제공하며 2006년 합동군사정보대학(Joint Military Intelligence College)에서 개명됨.

- 국방어학원(DLIFLC, Defence Language Institute Foreign Language Center)를 운영하며 불어, 스페인어, 한국어(북한 포함) 등 다양한 외국어를 정보요원들에게 가르치고 있으며 동맹국 장교들을 위한 영어 과정도 개설됨.
- 의무정보센터(National Center for Medical Intelligence), 미사일 및 우주정보센터(Missile and Space Intelligence Center), 언론대응센터(National Media Exploitation Center), 지하시설분석센터(Underground Facilities Analysis Center)와 전세계 거점에 지역활동센터(Centers)를 보유 중임.

03 DIA의 작성 보고서

- 대통령군사정보브리핑(Defense Intelligence Supplement in PDB, 주간, 현용)
- 군사정보요약(MID, Military Intelligence Digest, 월요일~금요일, 현용)
- 워치콘 변동(Watch Condition Change, 경보 · 현용), 경고보고서(Warning Report, 경보 · 현용)
- 국방정보평가(DIA, Defense Intelligence Assessments, 판단)
- 국가일일정보(NID, national intelligence Daily)와 국가정보판단(National Intelligence Estimates, NIEs)을 CIA, NSA, INR 등 IC와 협력하여 작성함.

더 알아보기

DSS(국방보안국, Defense Security Service)

- DSS는 방위산업의 보안관리기관으로 인원보안(personnel security)과 산업보안(industrial security)이라는 두 가지 영역의 임무를 수행함.
- 산업보안 및 시설보안 책임자 양성, 방위산업기지 감시 및 보호, 방첩 지원, 정보시스템 인증, 보안 감시 및 교육 활동, 외국인 소유권 통제, 방위산업체의 인원보안을 담당함.
- 산하에 국방부 내부자 위협관리분석센터(DoD Insider Threat Management and Analysis Center, DITMAC)가 창설되어 잠재적인 내부자 위협 식별에 필요한 정보를 통합·공유하고 내부자 위협에 대한 위험을 완화함.

07 INSCOM(육군정보보안사령부, Army Intelligence and Security Command)

- INSCOM은 육군 ODCS(G-2, Office of Deputy Chief of Staff)의 대표기관으로 군 정보활동을 위한 정책, 계획, 예산 수립 및 관리, 직원 감독, 평가 및 감독을 담당함.
- DIA와 상하관계에 있지만 취급하는 정보업무 분야가 다르며, 합동군 체제하에서 정보공유 및 상호협조 체계를 유지하고 있음.
- 육군이 보유하던 신호정보, 신호보안, 방첩 및 인간정보 조직 그리고 육군본부 정보참모부와 육군사령부가 각각 운영하던 여러 정보부대, 그리고 육군정보단 본부(Military Intelligence Corps)를 통합하여 1977년 창설됨.
- 통합된 군사정보부대로서 미 육군의 작전부대장과 국가정책결정자에게 정보, 보안, 정보수집 작전에 관한 조언 및 보고를 담당하며 기능상 육군과 더불어 통합신호정보수단을 관장하는 NSA의 지휘를 받는 조직이기도 함.
- INSCOM은 신호정보를 분석하고 영상정보 등을 활용하여 야전 지휘관들에게 전장에서 작전에 필요한 정보를 생산하고 이를 제공함.
- INSCOM은 군사정보 생산 뿐 아니라 군내방첩, 부대보호, 전자전(정보전), 군 정보능력 현대화 및 정보훈련을 책임지고 있음.
- INSCOM은 DIA, CIA와 함께 원격투시와 같은 초심리학 분야에 관심을 가지고 이를 정보영역에 적용하기 위해 Stargate Project를 시도하였으나 큰 성과를 거두지는 못함.
- 산하에 NGIC(국가지상군정보본부, The National Ground Intelligence Center)를 운용하여 외국 지상군에 대한 일반 군사정보 및 과학기술정보를 수집하여 사령관에 보고함.
- CoE(US Army Intelligence Center of Excellence)라는 직원 교육훈련 및 외국 교환학생 프로그램을 운영함.

08 ONI(해군 정보국, Office of Naval Intelligence)

- ONI는 1982년 창설된 미국 내 정보기관 중 가장 오랜 역사를 가진 정보부대의 하나로 해양작전을 수행하며 정보수집 및 방첩, 감청, 암호 해독 기술을 독자적으로 발전시켜 왔으며, 현재 3성제독의 지휘하에 군인과 민간인이 근무 중임.
- 예하에 Nimitz Operational Intelligence Center(함대 및 합동 전투 작전을 위한 해양 정보 통합 및 해상영토 인식 담당), Farragut Technical Analysis Center(외국 기술, 무기, 전투체계, C4ISR 및 사이버 능력에 대한 분석), Kennedy Irregular Warfare Center(비정규전, 비대칭적 위협에 대한 정보지원), Hopper Information Services Cente(통합 및 공유가 용이하도록 첨단 정보기술 제공)의 4개의 센터를 두고 있음.

09 AF ISR(공군정보감시정찰국, Air Force Intelligence, Surveillance and Reconnaissance)

- AF ISR는 독립부대였다가 공군전투사령부 예하의 25th Air Force(25공군) 예하로 재편되어 공군작전을 위한 정찰감시를 담당함.
- NSA예하의 한 조직으로서 암호해독·분석을 담당하고 통신보안 등의 임무를 수행하며 2007년 정보 감시정찰에 집중하며 현재의 명칭으로 바뀜.

10 MCIA(해병정보국, Marine Corps Intelligence Activity)

- MCIA는 1987년 창설되어 DIA와 IC에 보고하고 합동참모본부와 통합사령부의 군사작전에 필요한 정보를 제공하며 해병정보국, 해군정보국, 해안경비대 정보국과 긴밀하게 정보를 공유함.

11 FBI(연방수사국, Federal Bureau of Investigation)

01 역사와 임무

- 루즈벨트(Franklin Roosevelt, 1882~1945) 대통령에 의해 1908년 법무부 산하 조사과로 창설되어 1909년 조사국으로 바뀐 후 1934년 FBI로 개칭됨.
- FBI는 법무부 산하이며 연방정부의 경찰인 동시에 IC 내 대표 방첩기관(CIA와 DIA도 자체 방첩 기능이 있음)으로 IC 방첩활동을 조정하고 대테러, 경제방첩(산업스파이), 사이버 테러 대응 및 보안, 비확산, 공공 부패 방지, 인권 보호, 국내외 조직범죄 대응, 고위 사무직 범죄를 담당함.
- 수사권을 보유하고 있으며 초대 국장인 후버(John Hoover, 1895~1972) 때 해외정보 분야로 확장을 시도했다가 CIA 설립으로 활동범위가 국내로 축소되었으나 현재도 국제범죄 수사 시 외국과의 공조를 위해 재외 주재 대사관과 공사관에 파견 사무소를 운영 중임.
- 2차대전 이후 소련 공산주의자들의 스파이를 검거하는 방첩활동으로 성과를 올렸으며 반정부운동가, 급진사회주의자, 과격 시민운동가들 뿐 아니라 유력 정치인들도 감시 대상에 포함함.
- 코인텔프로(COINTELPRO, counterintelligence program, 1956~1971)는 FBI의 방첩공작 프로그램으로 반체제 정치단체에 대한 붕괴를 목적으로 FBI가 운영한 불법적인 방첩정보 활동으로 국내정보 수집을 통한 대표적인 민간사찰 및 인권유린 사례임.
- 해외정보감독법(FISA, Foreign Intelligence Surveillance Act, 1978)상의 특별법원(FISC)의 명령을 받아 제3자 거래기록을 입수할 수 있도록 했고 다른 개별법에서 FBI에게 법원의 영장 없이 국가안보서신(NSLs)으로 제3자 거래기록을 입수할 수 있음을 규정함.
- FBI 국장은 대통령이 지명하고 의회 상원의 인준을 받아 임명되고 최고 10년 임기를 보장하나 임기 만료 이전에 대통령이 해임할 수도 있음.

02 조직 구조

(1) NSB(국가안보처, National Security Branch)

- 9.11테러 이후 국내와 국외정보활동의 경계를 허물기 위해 FBI의 국가안보 관련 부서가 통합되어 설치되었고 DNI의 지휘통제를 받음.
- NSB의 장을 임명하는 등 활동 조정과 예산배정 권한은 DNI의 승인을 받으며 FBI와 DNI 모두에게 보고함.
- CD(방첩국, Counterintelligence Division)은 외국 정보기관의 간첩 및 산업스파이 검거
- HIG(고위급 수감자 심문그룹, High-Value Detainee Interrogation Group)는 FBI, CIA 및 DoD 승인 하 합법적 심문 실시
- TSC(테러리스트 감시센터, Terrorist Screening Center)는 NCTC의 TIDE와 연동되는 TSDB(테러감시D/B) 관리 및 운영
- WMDD(대량살상무기국, Weapons of Mass Destruction Directorate)는 화학, 생물학, 방사능, 원자력을 이용한 테러나 범죄의 차단

(2) CCRSB(범죄, 사이버, 사고대응, 피해자 지원처, Criminal, Cyber, Response, and Services Branch)

- CID(범죄수사국, Criminal Investigative Division)는 대량 학살, 저격 살인, 연쇄 살인 등에 대한 수사
- CIRG(위기대응국, Critical Incident Response Group) 인질구조 및 협상
- Cyber Division(사이버국)은 사이버 범죄 수사
- International Operations Division(국제공작국)은 국제테러 및 조직범죄 대응을 위한 대사관 근무
- OVA(범죄피해자지원국, Office for Victim Assistance)는 테러 및 아동학대 희생자 보호

(3) 기타부서

- 정보처(Intelligence Branch) 안보 수사 및 외국 정보 수집
- 과학기술처(Science and Technology Branch)는 생체 인식, 법의학, 디지털 포렌식 등
- 정보기술처(Information and Technology Branch)는 IT 도구 및 응용 프로그램 개발을 통한 하이테크 범죄 수사
- 인적자원처(Human Resources Branch)는 선발 및 교육

(4) Guardian(가디언 시스템)

(가) Guardian

- Guardian은 FBI의 위협추적관리시스템(Threat Tracking System)으로 테러리스트 위협과 테러가 예상되는 다양한 사건에 대한 정보 수집 및 대응 조치를 관리하기 위해 2005년 만든 내부 D/B임.

(나) eGuardian

- eGuardian은 다양한 법 집행기관 간 테러 정보의 수집·공유를 위해 개발된 정보공유 플랫폼으로 법 집행기관 포털(LEEP)의 FBI 형사사법 정보서비스(CJIS)에 의해 운영되며 민감하나 기밀은 아닌(SBU, sensitive but unclassified) 정보를 공유함.
- 법 집행기관이 기존의 SAR(의심활동보고, suspicious activity report)시스템에 새로운 SARs를 통합할 수 있고 이렇게 단일화된 D/B는 수천명의 법집행 요원과 분석관이 이용할 수 있음.
- 2007년 8월 국방부의 방첩 D/B인 TALON을 흡수하였으며 eGuardian에서 수집된 정보는 Guardian 시스템으로 이동되어 적절한 JTTF(Joint error Task Force, 다양한 법 집행기관들의 대테러 파트너쉽)에 할당됨.

(다) iGuardian

- iGuardian은 eGuardian이 발전된 형태로 법 집행기관이나 정보기관 뿐 아니라 검증된 수천개의 민간 업계 파트너가 사이버 침해사고를 Guardian 시스템에 실시간으로 보고할 수 있는 시스템임.

12 DEA(마약단속국, Drug Enforcement Administration)

- DEA는 법무부 산하 정보기관으로 1973년 7월 마약과의 전면적인 전쟁을 효율적으로 수행하기 위해 설립되어 현재 IC의 16번째 공식 구성원이 되었음.
- 마약 사범 및 마약조직 수사, 마약정보 수집·분석 등 국가마약 정보프로그램 관리, 마약 거래 추적 및 자산 압수 등을 담당하며 국내에서는 FBI와 공조하고 해외에서는 DEA 단독으로 수사권을 행사함.
- SRT(특별대응팀, Special Response Team)는 마약거래나 제조현장 급습 시 투입되는 DEA의 중무장 특수부대로 군인이상으로 위험한 임무를 수행하며 주로 콜롬비아나 브라질 등 남미지역에서 해당정부와 협조하여 임무를 수행함.

• DEA의 OSI(Office of Strategic Intelligence, 전략정보과) 산하 부서인 국가안보정보실(ONSI, Office of National Security Intelligence)가 DEA를 대표하여 IC구성원으로 활동함.

13 INR(정보조사국, Bureau of Intelligence and Research)

• 2차대전 후 OSS(전략정보국)의 조사·분석 기능을 모체로 1947년 조지 마샬(George Marshall, 1880~1959) 국무부 장관이 설립함.

• INR 수장(차관보)의 지휘아래 미 국무부의 대외 정책과 외교를 수행하기 위한 정보를 수집, 분석, 제공하는 임무를 수행하며 미국 IC의 일원으로 DNI에게 보고할 의무를 가지고 있음.

• INR은 비밀활동은 하지 않고 해외주재 대사관 요원들이 수집한 정보를 정상적인 외교경로를 통해 보고 받으며 주로 OSINT를 활용하여 분석업무를 수행함.

• INR은 정보분석지원을 위한 IC의 조정 기관인 NIAB(국가정보분석위원회, National Intelligence Analysis Board)의 AOC(Analytic Outreach Committee, 분석지원위원회)내 의장으로 학자, NGO, 민간 전문가의 정책 견해를 제공함.

• 국무장관조간요약(Secretary's Morning Summary)을 주 7회 발행하여 국무장관과 관련 부처에 배포하고 IC 내 다른 정보기관과 함께 국가정보판단보고서(NIEs) 작성에 관여함.

• INR은 2002년 이라크의 대량살상무기 존재에 관해 타 정보기관과는 달리 부정적인 결론을 도출했을 정도로 정확한 정보판단 능력을 갖추고 있는 것으로 알려짐.

더 알아보기

DSS(외교안보국, Diplomatic Security Service)

• DSS는 미 국무부의 법 집행 및 보안 부서로 안전한 외교 수행을 보장하기 위해 설립되었으며 국무장관 경호, 외교사절 보호, 여권과 비자 사기 조사, 보안물품 전송(Diplomatic Courier), 사이버 보안, 대테러 등의 임무를 담당함.

• DSS는 대사관의 보안 담당자로 미국대사에게 보안문제를 조언하고 인력, 시설, 정보를 관리하는 특수요원(Special Agent)를 비롯하여, 보안전문가 및 외교 요원 등 전 세계 2500명 이상의 인력이 근무 중임.

14 I&A(DHS Intelligence and Analysis, 국토안보부 정보분석국)

- 국토안보부(DHS, Department of Homeland Security)는 9.11테러 발생 직후 테러와 자연재해로부터 본토의 안전을 지키기 위해 2002년 11월 새로 창설된 부처로 국방부와 함께 미국의 국가 안보를 총괄하는 연방 행정기구임.
- I&A는 2007년에 국토 안보부의 조기 경보를 위해 창설되어 CIA와 FBI의 협조를 바탕으로 국가안보를 위협하는 정보를 수집·분석하며, 백악관, 연방청사, 의회 의사당, 원자력발전소 등 주요 사회기간시설을 보호함.
- 테러조직의 추적·감시 및, WMD 위협, 질병, 재난, 외부로부터의 국경 위협, 과격분자들의 미국 내 사회분열 조장 징후에 대한 정보수집 및 경고를 함.
- 항공 보안 위협에 대한 이해 및 대응 향상, 국경 보안 위협에 대한 운영 효율성 향상, 사이버 네트워크 무결성 향상, 폭력적 극단주의에 대응하는 효과적인 수단을 정책결정자에게 보고함.

더 알아보기

국토안보부 조직구성

- 국토안보부는 다음의 부처들을 통합 지휘하여 중복 업무를 막고 효율적이고 신속한 국가 안전을 보장하고 있음.

1. CG(해안경비대, Coast Guard)는 해양경비 및 구난업무를 담당함.
2. ICE(이민세관국, Immigration and Customs Enforcement)는 국토안보부와 JTTF의 핵심멤버로서 무기밀매, 마약거래, 현금 밀수 등을 담당하며 HSI(국토안보조사대, Homeland Security Investigations) 라는 특수부대를 운용함.
3. 연방경찰(Federal Police)
4. CBP(관세·국경 보호청, Customs and Border Protection)는 출입국 관리 및 세관업무
5. SS(비밀경호국, Secret Service)는 재무부 소속의 위폐방지 담당기관이었으나 대통령 경호업무로 전환됨.
6. TSA(교통보안청, Transportation Security Administration)는 공공교통안전을 책임지며 교통부(Department of Transportation) 소속이었다가 국토안보부로 이관됨.

15 CGI(해안경비대 정보실, Coast Guard Intelligence)

- 해안경비대는 1966년 10월 창설 이래 교통부(DOT, Department of Transportation) 소속이었다가 2001년 12월 국토안보부 소속으로 바뀌었으며 전시에는 국방부의 지휘를 받음.
- CG는 군복을 입고 근무하는 조직으로 자국 영토의 해안 경비는 물론 원정 지역의 항구보호와 인근 해역의 방어를 위하여 해외참전 임무까지 수행하는 군사조직임.
- CGI(해안 경비대 정보실)는 국가 안보를 위한 IC의 멤버로서 효율적인 해안 경비를 위하여 재무부(Department of the Treasury) 및 유관기관의 정보부서와 협조하여 항구의 안전, 수색 및 구조 활동, 해양 안전, 마약 차단, 불법 입국 감시 및 차단 등의 임무와 작전을 위한 정보를 제공함.

16 OICI(정보방첩실, Office of Intelligence and Counterintelligence)

- OICI는 에너지 및 핵안보를 담당하는 에너지부(DOE, Department of Energy)내 정보기구로 2006년 창설되어 산하에 정보국(Intelligence Directorate)과 방첩국(Counterintelligence Directorate)을 두고 있음.
- 정보국 산하에는
  - NIAD(핵정보분석단, Nuclear Intelligence Analysis Division)은 외국의 핵무기 개발 감시 및 보고
  - CD(반테러단, Counterterrorism Division)은 핵보유국으로부터 테러단체에게 방사능 물질 유출 감시
  - ESD(에너지안보단, Energy Security Division)은 원유 등 전략에너지자원 수급 관련 국제 동향 파악
  - STD(과학기술단, Science & Technology Division)은 핵무기 생산 관련 과학기술 동향 검토를 담당함.
- 방첩국은 에너지부의 산업스파이 위험성 등 방첩 취약성 평가 기능을 수행함.

17 OIA(정보분석실, Office of Intelligence Analysis)

- OIA는 화폐·금융을 담당하는 재무부(DOT, Department of the Treasury) 산하 테러 및 금융정보실(OTFI, Office of Terrorism and Financial Intelligence) 소속임.
- OIA는 재무부가 대응해야 할 외국정보와 테러, WMD 확산을 지원하는 조직망 등 방첩업무에 관한 정보를 수집·분석하여 보고하며 1981년 IC 멤버가 됨.

더 알아보기

미국의 16개 정보공동체(IC, 국가정보기관 + 부문정보기관, ODNI는 제외)

1. 국가정보 공동체(National Intelligence Community)

① 독립기관인 CIA(중앙정보국, Central Intelligence Agency)

② 법무부(DoJ)의 FBI(연방수사국, Federal Bureau of Investigation)

③ 법무부(DoJ)의 DEA(마약수사국, Drug Enforcement Administration)

④ 에너지부(DoE)의 OICI(정보방첩실, Office of Intelligence and Counterintelligence)

⑤ 국토안보부(DHS)의 I&A(정보분석국, Office of Intelligence and Analysis)

⑥ 국토안보부(DHS)의 해안경비대 정보실(Coast Guard Intelligence)

⑦ 국무부(DoS)의 INR(정보조사국, Bureau of Intelligence and Research)

⑧ 재무부(DoT)의 TFI(테러금융정보실, Office of Terrorism and Financial Intelligence) 내 OIA (정보분석실, Office of Intelligence Analysis)

2. 국방정보공동체(Defense Intelligence Community)

⑨ DIA(국방정보국, Defense Intelligence Agency)

⑩ NSA(국가안보국, National Security Agency)

⑪ NGA(국가지형정보국, National Geospatial-Intelligence Agency)

⑫ NRO(국가정찰국, National Reconnaissance Office)

⑬ ODCS(G-2, Office of Deputy Chief of Staff)의 INSCOM(육군정보보안사령부, Army Intelligence and Security Command), NGIC(국가지상군정보본부, National Ground Intelligence Center)

⑭ ONI(해군정보국, Office of Naval Intelligence)

⑮ 25th Air Force(25공군)의 AF ISR(공군정보감시정찰국, Air Force Intelligence, Surveillance and Reconnaissance)

⑯ MCIA(해병정보국, Marine Corps Intelligence Activity)

12 단원별 퀴즈

01. 2004년 9·11보고서 제안에 의해 작성된 IRTPA에 근거하여 IC를 통솔하는 장관급 정보공동체 수장인 (   )와 (   )가 창설되었다.

02. DNI 산하 16개 정보기관에는 CIA, (   ), (   ), (   ), (   ), FBI, DEA, I&A, CGI, OICI, INR, OIA, ODCS(G-2), ONI, AF ISR, MCIA 가 있다.

03. ODNI 산하의 4개의 센터는 (   ), (   ), (   ), (   )가 있다.

04. (   )은 FBI의 위협추적관리시스템(Threat Tracking System)으로 테러리스트 위협과 테러가 예상되는 다양한 사건에 대한 정보 수집 및 대응 조치를 관리하기 위해 2005년 만든 내부 D/B이다.

05. CIA는 WIRe, PDB, IM, DEIB, Global Trends Report, World Factbook를 작성한다.

06. DIA가 작성에 직접 또는 간접적으로 관여하는 보고서로는 PDB, Watch Condition Change, Warning Report, DIA, NID가 있음.

07. 2004년 정보개혁 및 테러방지법(IRTPA) 근거로 1947년 제정된 국가안보법을 개정하여 설치된 DNI 자문 및 IC관리를 위한 최고위 기구는 NIC이다.

08. NIEs를 생산하고 PNIO 생산을 위한 정보수집 및 분석의 우선순위를 제시하는 기관은 CIA 이다.

09. CIA의 조직에는 DI, DO, DS&T, CSS, OIG가 있다.

10. 9.11테러 이후 국내와 국외정보활동의 경계를 허물고자 FBI의 국가안보 관련부서가 통합된 기구로 DNI의 지휘통제를 받는 조직은 NSB이다.

12 기출 및 유사문제

01. 9.11테러 이후 미국의 정보체제 변화로 옳은 것은?

① 정보공동체에 대한 중앙정보장(DCI)의 책임과 권한을 확인시켰다.
② 정보공동체의 활동과 예산에 대한 DCI의 조정 기능을 회복시켰다.
③ CIA의 조직과 기능이 신설되며 대폭 강화되었다.
④ DCI를 폐지하고 국가정보장(DNI)를 신설하여 IC의 정보기관장 임면권을 부여했다.

02. CIA의 주요 임무로 적절하지 않은 것은?

① 국가안보회의 지침에 의거한 정보공동체의 공통업무 담당
② 국외 및 국내에서의 방첩활동 독자 수행
③ 여타 정보기관의 국외정보 수집 및 방첩활동 조정
④ 대통령이 승인한 특수공작 수행

03. 국가정찰국(NRO)를 잘못 설명한 것은?

① NRO는 미국 IC 전체의 위성정찰 계획을 관리하고 정찰위성과 탐지기기들의 연구개발에 대한 자금을 지원하고 감독한다.
② NRO 요원은 국방부와 CIA의 직원들 차출로 구성하고, NRO의 운용자금은 국가대외정보계획의 일환으로 국가정찰계획으로 충당된다.
③ NRO는 1960년 .5월 U-2기가 구소련 상공에서 격추된 뒤 소련 영토에 대한 항공사진을 얻기 위한 대안으로 창설되었다.
④ NRO는 2001년 1월 부시 대통령이 발표시까지 존재조차 인정하지 않았다.

04. 국토안보부(DHS) 설명으로 맞지 않는 것은?

① 9.11 테러사건에 대비하여 여러 행정부서에 분산되어 있던 대테러 관련 기능을 통합했다.
② CIA, FBI 등 관련 정보기관과의 협조체제를 구축하여 국내외 정보를 수집하고 유관기관의 활동을 조정한다.
③ 국경경비, 재난대비, 화생방 공격대비, 이민업무, 사이버보안 등 광범위한 업무를 관장하고 있다.
④ SS(비밀경호국, Secret Service)이 재무부에서 국토안보부로 이관되었다.

05. 제2차 세계대전 이전의 미국의 정보기구에 대한 설명으로 옳지 않는 것은?

① 독립전쟁 수행기간 영국군 관련 첩보 수집에 적극적이었으나 독립전쟁 종료 후에는 국가차원의 조직적인 대외정보활동에 소극적이었다.

② 독립 후 국정운영을 위한 첩보수집 필요성이 일찍부터 제기되어 헌법제정 직후 의회는 대통령 직속에 정보기관을 두고 정보활동 비용을 승인했다.

③ 1908년 보나파르트(Charles Bonaparte) 법무장관이 수사국(BI. Bureau of Investigation)을 설립하고 1935년 연방수사국(FBI)으로 개칭했다.

④ 정보조정국(COI)은 미국 최초로 설립된 중앙정보기구였으나 진주만 기습공격을 계기로 1942년 국가정보기관인 중앙정보국(CIA)로 개편되었다.

06. 9.11 테러사건 이후 미국의 정보체제 변화를 잘못 설명한 것은?

① 국토안전보장법(Home Security Act)에 따라 테러예방과 국민의 안전을 증진하는 국토안보부를 신설하였다.

② 의회의 정보기관 감독을 강화하기 위해 상·하원 정보위원회를 설치하였다.

③ 1947년 12월에 제정된 국가안전보장법을 개정·보완하여 정보개혁 및 테러 방지법을 제정했다.

④ 국가정보장 산하에 국가대테러센터(NCTC)를 설치했다.

07. 국가안보국(NSA)에 대한 설명으로 적절하지 않은 것은?

① 1952년 트루먼에 의해 국방성에 비밀리 창설되었으나 공식적으로 NSA의 존재가 1957년 미 정부조직 편람에 수록되어 공식적으로 인정되었다.

② PNIO에 따라 SIGINT, MASINT 활동을 담당한다.

③ 국무성, 국방성, 국방정보국(DIA), FBI를 비롯하여 정부기관의 통신절차와 암호체계를 개발 및 허가해준다.

④ 연방정부 기관에 통신보안 수단으로 비화 전화기를 보급하고, 연방정부 데이터 뱅크를 보호하는 통신보안기능을 갖는다.

08. 9.11 테러이후 미국에 신설된 IC의 예산과 인력을 총괄하는 장관급 기구는?

① DNI ② DHS ③ DCI ④ NSC

09. 다음 중 2004년 미국의 정보개혁법으로 생긴 것이 아닌 것은?

① 국가정보장(DNI) ② 국가대테러센터(NCTC)
③ 국토안보부(DHS) ④ 국가비확산센터(NCPC)

10. CIA의 기능으로 적절하지 않은 것은?

① 주로 인간정보를 이용하는 기관이다

② 해외정보 및 해외 방첩첩보를 수집·분석하여 정책결정자에게 제공한다.

③ 대통령이 승인한 비밀공작을 수행한다.

④ 국가안보회의 지침에 의거하여 정보공동체의 업무를 지도한다.

11. CIA 국장의 권한이 아닌 것은?

① 해외방첩정보를 수집하여 배포한다.

② 마약생산 및 거래에 관한 국외정보를 수집, 생산, 배포한다.

③ 정보예산 분배의 권한을 갖는다.

④ Humint를 담당하고 있는 정보기관의 활동을 조정한다.

12. DNI의 역할이 아닌 것은?

① 정보예산을 분배한다.

② 정보우선순위를 결정한다.

③ 정보기관간의 업무협조를 지휘한다.

④ DNI는 각 정보기관을 조사, 감독하는 권한을 가진다.

13. 미국의 정보기구에 대한 설명으로 옳지 않은 것은?

① 국무부 정보조사국(INR)은 대외정책 수립 및 집행에 필요한 정보를 수집·분석한다.

② FBI는 국가안보회의(NSC)와 국가정보장(DNI)의 지시를 받아 국내외 첩보수집, 정보분석, 비밀공작, 방첩업무를 수행한다.

③ 국가정찰국(NRO)은 미국 정보공동체 전체의 위성정찰 계획을 관리하고 우주 및 지상기지의 건설, 수집자료의 전송 등 위성을 운영한다.

④ 국가안전보장회의(NSC)가 국가안보국(NSA)에 내린 정보명령에서 신호정보의 활동범위를 통신정보와 전자정보로 구분했다.

14. 다음 미국 정보기관에 대한 설명으로 적절하지 않은 것은?

① DIA는 국장이 3성장군으로 상원인준을 거쳐 임명되고 국방부 장관과 합참의장의 군사정보 분야의 수석자문 역할을 수행한다.

② CIA는 국장이 DNI를 겸임하며 2차대전 중 국무부와 전쟁부의 정보를 통합·조정하기 위해 루즈벨트 대통령이 설립하였다.

③ NSA는 국장이 중장 계급이고 사이버 사령부의 수장을 겸하며 대통령 지명과 상원 인준을 거쳐 임명된다.

④ INR은 수장이 차관보로 2차대전 후 OSS의 조사·분석 기능을 모체로 설립되어 국무부의 대외 정책과 외교 수행을 위한 정보를 수집, 분석한다.

12 실전문제

15. CIA에 대한 설명으로 적절하지 않은 것은?

① CIA는 WIRe, PDB, IM, DEIB 등을 생산한다.
② CIA의 비밀공작은 DO(공작국)을 거쳐 현재 NCS(국가비밀부)에서 담당한다.
③ IG는 CIA를 비롯하여 NSA, NRO, DoD 등에 설치되어 있다.
④ CIA의 비밀공작은 휴즈-라이언 수정안, 정보감독법, 정보수권법을 통하여 공식적으로 규제하여 왔다.

16. 다음에서 설명하는 정보기구는?

> • (　　)는 NSA 내 암호통신의 최상위 기구로 국가암호시스템 개발을 담당하고 국가암호 운영전략을 제시하며 암호 및 정보처리방식의 표준화를 위해 조직의 통폐합을 계속 진행 중임.
> • (　　) 예하의 육·해·공·해병·해양경비대의 암호부대는 국내와 해외에서 기능부대를 운용하여 지상감시정보, 위성과 정찰기, 레이더와 특수잠수함 등에서 수집된 SIGINT를 관리 및 처리하고 공유함.

① NCS
② CSS
③ ECHELON
④ Five Eyes(FVEY)

17. NGA에 대한 설명으로 옳지 않은 것은?

① NGA는 정보조직이자 전투지원조직으로 지구상의 각종 영상자료를 분석·평가하여 대통령과 국방부, IC에 정확한 정보를 제공한다.
② NGA는 상업용 위성을 통해서도 고해상도의 영상정보를 공개적으로 수집한다.
③ NSG는 미국과 영연방 국가간 GEOINT의 전략적, 운영적, 전술적 수준에서의 정보공유를 제공한다.
④ 테러와 마약, 국경안전 및 대통령 이취임식, 올림픽 등 주요행사의 경비·경호를 위한 계획을 지원하는 국가정보기구이다.

18. DIA에 대한 설명으로 적절하지 않은 것은?

① 소련이 최초로 스푸트니크 인공위성을 발사하며 미국 내 촉발된 미사일 갭 논쟁 이후 각 군의 정보활동을 통합하기 위해 1961년 설립되었다.

② DIA는 러시아의 GRU처럼 모든 군 정보기관을 통합하지 않고 INSCOM, 25th Air Force 처럼 독립적으로 운용되는 각 군의 정보 부대를 지원한다.

③ 각군 정보기관은 단기적·전술적 정보를, DIA는 장기적이고 전략적인 군사정보를 취급한다.

④ CIA처럼 HUMINT활동을 하며 대통령과 국무위원들의 정책결정을 위한 국가정보를 수집하므로 CIA와는 상호경쟁 관계라고 할 수 있다.

19. FBI의 Guardian 시스템에 대한 설명으로 옳지 않은 것은?

① Guardian은 FBI의 위협추적관리시스템으로 테러리스트 위협과 테러가 예상되는 다양한 사건에 대한 정보 수집 및 대응 조치를 위한 내부 D/B이다.

② eGuardian은 다양한 법 집행기관 간 테러 정보의 수집·공유를 위해 개발된 정보공유 플랫폼으로 민감하나 기밀은 아닌 정보를 공유한다.

③ 2007년 8월 국방부 방첩 D/B인 TALON를 흡수하여 필요한 정보는 Guardian 시스템으로 이동되고 적절한 JTTF 할당된다.

④ eGuardian은 법 집행기관이나 정보기관 뿐 아니라 검증된 수천개의 민간 업계 파트너가 사이버 침해사고를 실시간으로 보고할 수 있는 시스템이다.

20. INR(정보조사국)에 대한 설명으로 옳지 않은 것은?

① 2차대전 후 OSS 기능 중 조사·분석 기능을 모체로 1947년 조지 마샬 국무부 장관이 설립하였다.

② INR은 미 국무부의 대외 정책과 외교를 수행하기 위한 정보를 수집·분석하여 제공하며 미국 IC의 일원으로 DNI에게 보고 의무를 가지고 있다.

③ INR은 해외주재 대사관 요원들이 수집한 정보를 정상적인 외교경로를 통해 입수하며 주로 HUMINT를 활용하여 분석업무를 수행한다.

④ 국무장관조간요약을 주 7회 발행하여 국무장관과 관련 부처에 배포하고 IC 내 다른 정보기관과 함께 국가정보판단보고서(NIEs) 작성에 관여한다.

21. 다음 중 국토안보부의 일원이 아닌 조직은?

① CG(해안경비대)

② ICE(이민세관국)

③ SS(비밀경호국)

④ 교통부(Department of Transportation)

22. 다음 중 FBI의 업무가 아닌 것은?

① 초국가 및 국내 범죄 조직 및 기업과의 전쟁
② 외국의 정보공작과 간첩행위로부터 미국보호
③ 테러공격으로부터 미국 보호
④ 무기밀매, 마약거래, 현금 밀수

23. 국가안보국(NSA) 활동과 관련이 없는 것은?

① NSA는 초기에는 암호연구에 관심을 가져 현대 컴퓨터의 전신인 대형 컴퓨터와 반도체 컴퓨터 기술을 개발의 계기가 되었다.
② NSA의 자료보관 능력 증대 필요로 테이프카세트를 개발하는 계기가 되었다.
③ NSA는 자료처리의 최전선을 책임지고 최근 레이더를 개발했다.
④ NSA는 통신보안 수단으로 비화기를 개발하여 보급하고 있다

24. 국가정보위원회(NIC)의 기능에 대한 설명으로 적절하지 않은 것은?

① 고위 정보사용자들이 현재 및 장기적으로 필요로 하는 판단정보를 지원한다.
② 정보수집과 평가 및 획득을 지도하는 실질적인 우선순위를 규명한다.
③ 외부 전문가들의 지식과 통찰력을 활용하고, 정보공동체 분석관의 분석능력과 요구사항을 평가한다.
④ 1년에 2회 개최되며 DNI를 의장으로 국무부, 국방부, 국토안보부, 법무부, 에너지부, 재무부 장관, 의장이 지명하는 자가 참석한다.

25. 다음 중 JICC에 대한 설명으로 옳지 않은 것은?

① 2004년 정보개혁 및 테러방지법(IRTPA) 근거로 설치되었다.
② DNI 자문 및 IC 관리를 위한 최고위 기구이다.
③ NIEs를 생산하고 PNIO를 위한 우선순위를 제시한다
④ JICC는 1년에 2회 개최되며 DNI가 의장이다.

26. ODNI에 대한 설명으로 적절하지 않은 것은?

① 산하에 NCTC, NCSC, NCPC, CTIIC가 있다.
② 내부에 감찰관(IG)조직이 있다.
③ 견제와 균형을 위해 집행정보기구를 보유하고 있지 않다.
④ 혁신적인 정보통합을 위한 완전한 통제권한을 부여하였다.

12 정답 및 해설

단원별 퀴즈 정답 및 해설

01. DNI, NCTC, 2004년 9·11보고서 제안에 의해 작성된 정보개혁 및 테러방지법 (IRTPA)에 근거하여 DNI와 ODNI(국가정보장실), NCTC(국가대테러센터)가 신설되었다.

02. NSA, NRO, NGA, DIA, 참고로 NASIC(국가항공우주군정보센터, National Air and Space Intelligence Center)는 외국 공군무기의 특성, 능력, 취약점을 분석하고 국방정책 및 무기조약협상검증을 지원하지만 정식 IC 멤버는 아니다.

03. ODNI 산하에는 NCTC(국가대테러센터), NCSC(국가방첩보안센터), NCPC(국가비확산센터), 사이버위협정보 통합센터(CTIIC)가 있다.

04. 가디언(Guardian)

05. X, NIC에서 글로벌트렌드보고서(Global Trends Report)를 작성한다.

06. O

07. X

08. X, ODNI의 내부 기구인 NIC이다. NIC는 IC의 씽크탱크로 1979년 처음 설치되었다가 2004년 ODNI산하로 편입되었다.

09. X, CSS(중앙보안국)은 NSA(국가안보국) 산하의 암호연구 및 개발기관이다.

10. O, 국가안보처(NSB)는 FBI와 DNI에게 모두 보고하도록 보고체계가 이원화 되어 있다.

기출 및 유사문제 정답 및 해설

01. 답 4. 2001년 9.11테러사건으로 국가정보기관의 역할을 재인식하는 계기가 되었으며 CIA부장이 겸임하던 중앙정보장(DCI)를 폐지하고 국가정보장 (DNI)을 신설하여 정보공동체를 구성하는 정보기관의 주요 책임자 임면권, 예산 출납권, 정보조직 및 인원 소요판단 등의 권한을 부여했다.

02. 답 2. CIA는 기관 자체의 보안활동과 해외방첩활동을 수행하며 DNI와 법무장관 승인 하에 국내방첩활동을 수행하기도 한다.

03. 답 4. NRO는 1981년 12월 레이건 대통령의 행정명령 12333에도 정찰 프로그램을 통해서 특수한 해외정보를 수집하는 기관이라고 애매하게 표현하여 1992년 9월 처음으로 언론에 그 존재를 인정하기까지 존재조차 인정하지 않았다.

04. 답 1. 9.11 테러사건을 계기로 여러 행정부서에 분산되어 있던 대테러관련 가능을 통합했다.

05. 답 4. OCI는 진주만 기습공격을 계기로 1942년 6월 전시 정보기관인 전략정보국(OSS)으로 개편했으며 이는 최초의 국가정보기구로 인정된다.

06. 답 2. 미국 상하원 정보위원회는 처치위원회의 권고로 상원정보위는 1976년, 하원정보위는 1977년에 설치되었다.

07. 답 2. NSA는 SIGINT를 담당하고 MASINT는 DIA에서 담당한다.

08. 답 1.

09. 답 3. 국토안보부는 9.11 테러사건을 계기로 2002.11 제정된 국토안보법(Homeland Security Act)에 의해 창설하여 기존 22개 행정부처와 약 17만명의 인원을 흡수했다.

10. 답 4. 국가안보회의 지침에 의거하여 정보공동체의 업무를 지도하는 것은 DCI의 주요 임무이었으나 9.11테러사건을 계기로 DNI로 이전되었다.

11. 답 3.

12. 답 4. DNI는 각 정보기관을 지휘 및 감독한다.

13. 답 2. CIA에 대한 설명이다. 연방수사국(FBI)은 방첩기관들을 선도하여 국가안보와 관련된 범죄를 수사한다.

14. 답 2. DCI의 임무는 2004년 이후 DNI로 이관되어 CIA국장은 DCIA의 임무를 수행한다.

실전문제 정답 및 해설

15. 답 2. CIA의 비밀공작은 NCS를 거쳐 현재 DO에서 담당한다. DoD는 미국 국방부이다.

16. 답 2. CSS(중앙보안국, Central Security Service)에 해당한다. NCS는 국가암호학교이고, Five Eyes(FVEY)는 상호 첩보동맹을 맺고 있는 UK-USA 5개국을 말한다.

17. 답 3. 해당보기는 ASG(Allied System for Geospatial Intelligence)에 대한 설명이다. NSG(National System for Geospatial-Intelligence)는 GEOINT 발전을 위한 정보기관(CIA, DIA, NRO, NSA 등), 정부 (국토안보부, 에너지부, 국무부, 재무부 등), 기업 및 교육 분야 간 통합성을 증진하는 미국 내의 GEOINT 커뮤니티이다.

18. 답 4. DIA는 군사작전 관련 정보를 CIA는 국가정책을 지원하는 정보를 담당하므로 상호협조관계이다.

19. 답 4. iGuardian에 대한 설명이다.

20. 답 3. 주로 OSINT를 활용한다.

21. 답 4. TSA(교통보안청)이 국토안보부로 이관되었다.

22. 답 4. 국토안보부 소속인 CE(이민세관국)에서 담당한다.

23. 답 3. 레이더는 이미 2차대전 당시 사용되었다.

24. 답 4. JICC에 대한 내용이다.

25. 답 3. NIC의 임무이다.

26. 답 4. DNI의 조정·감독 기능을 위한 완전한 통제권한은 부여하지 않았다.

13

일본, 중국의 정보기구

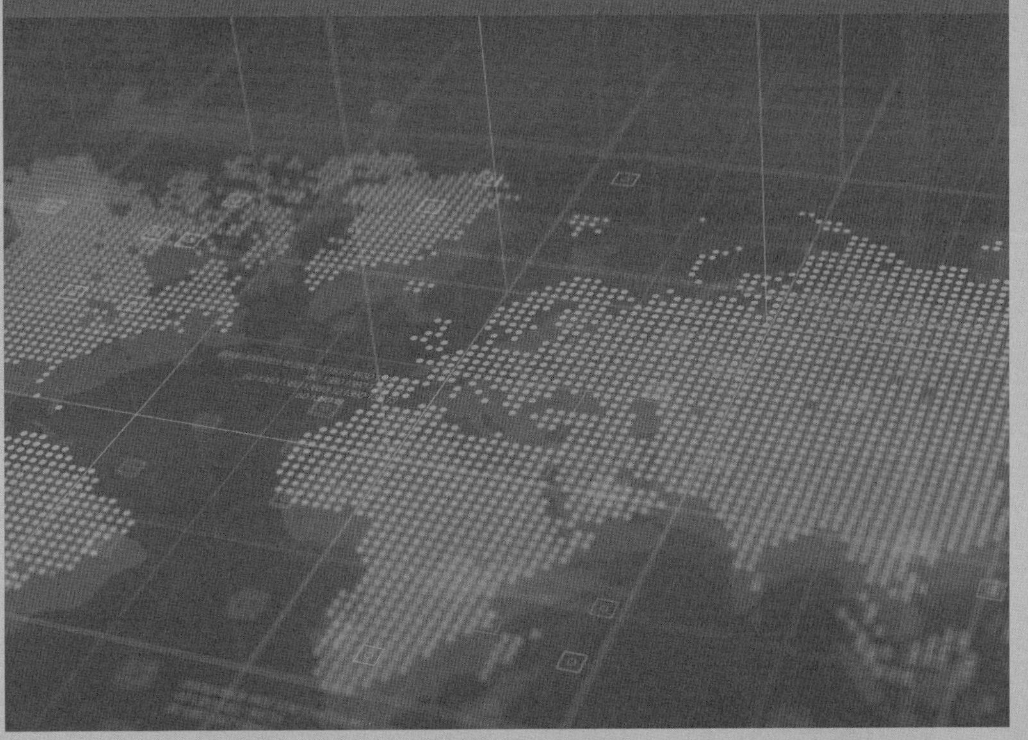

■ 일본의 정보기구 ■

	내각관방	방위성	법무성	외무성	경찰청	국토교통성
조정·통제	JIC (합동정보회의)					
국내방첩			PSIA (공안조사청)		SB (경비국)	JCG (해상보안청)
해외정보	CIRO (내각정보조사실)	DIH (정보본부)		INAS (국제정보 통괄관조직)		
기술정보	CSIC (내각위성 정보센터)	DIH (정보본부)				
국방정보		DIH (정보본부)				

〈 일본의 정보기구 개관 〉

01 일본정보기구의 역사

01 세계대전 이전

- 1592년 도요토미 히데요시(豊臣秀吉, 1537~1598)가 임진왜란을 일으켰을 때 정탐꾼을 파견하여 한반도 샛길을 표시한 상세한 지도를 만들어 전쟁 보름 만에 한양에 입성함.
- 1876년 메이지유신 후 봉건제가 폐지되고 몰락한 사무라이들이 낭인(浪人)이 되어 중국, 조선에 진출하였고 무역업·산업에 종사하며 현지정보를 수집하고 이를 일본 정부에 제공함.
- 이때부터 첩보수집 및 공작활동에 민간낭인, 정보관료, 기업체, 군 정보관으로 구성된 일본 고유의 민·산·정 또는 민·산·군 정보복합체가 형성되어 일본의 무역발전과 군사적 성장에 중요한 역할을 함.

02 세계대전 이후

- 청일전쟁(1894)과 러일전쟁(1904)에서 승리하고 2차대전을 치루며 전시내각체제를 형성하며 동경에 위치한 일본군 대본영 산하 육군 제2부인 정보참모부가 정보체계의 핵심이 되었음.
- 만철조사부는 1907년 대련에 본사를 두고 만주철도주식회사(만철)의 산하에 설립된 일종의 국책연구기관으로 만주, 중국, 동남아의 국제정세, 법, 문화 등에 대한 광범위한 조사를 관동군에 보고하여 만주통치를 지원하는 첩보활동을 함.
- 만철조사부는 일본식 정보복합체의 선구적인 사례로 노무라종합연구소(NRI), 미츠비시종합연구소(MRI) 등 민간 대기업 연구기관들의 출중한 해외 경제동향 및 정세분석 능력의 바탕이 됨.
- 정보참모부에 만주, 러시아, 중국, 한국, 동남아, 태평양 지역에 대한 정보수집, 감청, 암호해독, 파괴공작 등을 담당하는 부서들이 1936년 설치되었고 나가노학교 라는 정보요원 양성기관을 만들어 인재를 육성함.
- 2차대전 패전 이후 정보활동이 군사안보보다 경제분야에 중점을 두고 전개되었고 태평양전쟁까지 공격적으로 활동했던 해외군사정보 수집체계가 해체되고 대사관 전담 구조로 변화함.
- 전후 전수방위를 표방한 안보전략에 따라 공식정보기관의 역할이 축소되어 해외정보가 부족했고 이때 종합상사원들의 해외 경제정보를 활용하는 비공식 네트워크가 발전함.
- 통상산업성(MITI, 경제산업성의 전신) 역시 일본의 무역 및 산업에 도움이 되는 기술, 제도, 시장현황 등을 광범위하게 수집하여 정부, 개인, 민간기업, 연구소 등 다양한 주체가 정보를 수집 및 분석하는 일본식 정보복합체가 제도화 됨.

03 일본 정보기구의 최근 동향

- 일본은 북핵문제와 중국의 경제적 · 군사적 팽창주의, 9.11테러 이후 미일동맹의 질적 강화, 국내 재난대비 체제 정비(태풍, 해일, 지진 등), 전후체제 탈피와 보통국가화 추진 등 대내외적 상황에 직면함.
- 국가정보기구들의 효율적 운용과 역할 확대를 위한 첨단 장비 · 시설의 적극 도입, 정보 수집 · 분석 능력제고 방안을 추진하며 2007년 아베 1기 내각 때 시도했으나 불발된 일본판 NSC와 CIA의 설립을 집권 2기인 2013년 재추진하여 국가안전보장회의 설치법안이 가결됨.

• 아베 정권은 CIRO를 확대한 중앙정보기관인 내각정보국을 신설하고자 하며 외교안보정책의 사령탑인 NSC(2013년 확대 개편된 국가안전보장회의)와의 공조를 강화하려고 시도 중임.

• CIRO 내의 내각정보관(DCI)을 1명에서 3명으로 늘릴 예정으로 이들은 국내, 해외, 방위 세 분야를 맡고 한명은 내각정보감으로 임명되며 분석한 정보를 총리에게 보고하고 이 정보는 NSC의 외교·안보정책 판단 재료로 사용됨.

• 일본판 NSC와 중앙정보조직은 현재 진행 형으로 국내의 반대여론 및 NPA 주도에 대한 정보기관들의 상호 견제(외무성, DIH 등), 비밀공유 거부(기밀 유출 방지를 위한 공통기준 미비)로 향후 수십 년이 소요될 것으로 전망함.

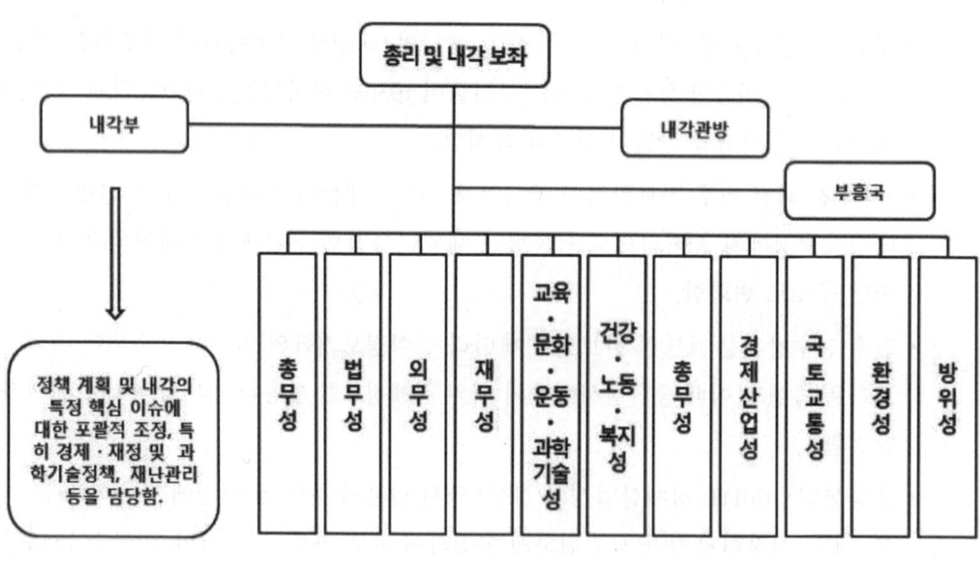

〈 일본 내각의 구성 〉

02 CIRO(내각정보조사실, Cabinet Intelligence and Research Office)

01 역사와 임무

• 총리의 비서실인 내각관방(Cabinet Secretary) 소속의 내각조사실이 1952년 8월 설립되었고 내각법에 따라 1986년 12월 내각정보조사실(내조실)로 명칭이 변경됨.

- 내각의 중요정책 관련 정보수집, 분석과 기타 조사업무를 담당하는 국가정보 체계의 중심기구로 내각정보관(DCI, Director of Cabinet Intelligence)을 통해 중요 정보를 적시 적절하게 총리 및 내각관방장관에게 직접 보고함.
- CIRO는 언론과 학계, 민간 전문가를 통한 OSINT와 첩보위성을 통한 IMINT를 수집하고 외교·국방·치안 등 정보공동체(IC)가 수집한 정보를 집약하여 내각의 입장에서 국내외 정세에 대한 분석을 담당함.
- CIRO는 일본 IC의 핵심으로 내각정보회의(CIC)와 합동정보회의(JIC) 개최를 주도하며 총리실 정책담당자와 IC 간의 소통을 담당하며 1980년대 나카소네 내각 이후 주 1회 총리 독대가 제도화되어 위상이 강화됨.
- 대규모 재해 및 비상사태 발생 시 정부 부처, 민간, 공공기관 등으로부터 CIRO의 내각정보집약센터에 즉시 보고되고 총리에 속보됨.

02 CIRO의 조직

- CIRO의 수장은 내각정보관(DCI)이고 내각정보집약센터와 국가방첩센터, 내각위성정보센터가 있으며 내각정보분석관은 특정 지역·분야의 심층분석, 다양한 중장기적 주제의 정보평가서를 작성하여 합동정보회의에 전달함.
- 국내부는 국내정보 수집·분석 및 여론 동향을 파악하고 외곽단체로 국민출판협회가 있음.
- 국제부는 종합상사 및 세계정보기구와 정보 교환, 세계의 지역담당반과 군사반, 교환반에서 정보수집, 해외매스컴 논조 분석 등을 하며 외곽단체로 동남아조사회·세계경제조사회, 내외정세조사회, 통신사 등이 있음.
- 자료부는 정보자료·존안관리와 전산화한 정보 및 마이크로필름 관리하고 외곽단체로 민주주의연구회가 있음.
- 경제부는 국내외 경제관련 연구 및 연구 및 조사를 수행함.

더 알아보기

내각 관방(Cabinet Secretariat)

- 내각부(Cabinet Office, CAO) 산하 보조 기관인 동시에 내각(Cabinet)의 수장인 총리(Prime Minister)를 직접 보좌·지원하는 총리의 비서실 또는 내각부의 서무 담당 기관(사무국)이며 중요 정책의 기획·종합 조정, 정보의 수집·조사 등을 함.

더 알아보기

CSIC(내각위성정보센터, Cabinet Satellite Intelligence Center)

- 북한의 1998년 대포동 미사일 발사 이후 2001년 창설된 CIRO의 내부조직으로 국가안보 및 대규모 재해 등 위기관리를 위해 필요한 위성시스템을 개발하고 영상정보(IMINT) 활동을 담당함.
- 위성 4대로 지구상 어느 곳이나 24시간 이내 촬영 가능한 체제를 구축하고 북한, 중국, 러시아를 대상으로 해상도 1미터의 영상정보를 수집함.

03 CIRO의 한계와 변화

- CIRO는 타 정보기구들과 수평적 관계를 갖는 총리직속의 정보기관으로 조직과 기능이 분권적·비통합적이어서 타 정보기관을 조정·통제하는 기능이 제한적임.
- 내각정보회의, 합동정보회의 개최를 주도하나 업무 조정권이 제한되고 정보 관련 주요정책은 내각회의에서 이루어지므로 정보업무의 총괄 주도 역할에 한계가 있음.
- CIRO는 외부단체를 정보수집 매체로서 활용하고 분석과 평가도 이들에게 상당히 의존하는 편이며 인건비와 사업비를 지원하면서 통제하는 다수(16~25개)의 주요 외곽단체들이 있음.
- 조직 규모가 작아 민간 종합상사(미츠이, 비츠비시 등), 신문·방송사 등 현지 특파원, CIA, 미 국방부 등 외국정보 기관과의 정보 교환을 통해 부족한 정보력을 보완함.
- CIRO는 기업 등 민간단체를 적극적으로 활용하면서 정보활동을 전개하는 것으로 알려져 있으나 기업과 정부 간 정보협조는 제도적 시스템이 아닌 주로 개인적인 인맥을 통해 진행됨.
- 경찰청, 외무성, 공안조사청, 방위성, 재무성 등 다양한 출신이 파견되나 다수(25%)는 경찰청(경비국 외사과) 출신이며 수장인 내각정보관은 전통적으로 경찰서열 3~4위 인사가 퇴직하며 담당하므로 경찰의 영향력이 강함.

03 내각 정보협의기구

01 내각정보회의

- 내각정보회의는 내각관방장관이 주재하는 차관급 회의로 연2회 개최되며 IC 간 연락 조정을 통해 내각의 국내외 정책에 대한 종합적 정보 파악을 위해 1998년 10월 내각에 설치됨.
- 정보수집, 집약 · 분석 · 공유기능의 강화, 정보보호의 철저로 정보공유와 정보강화의 의지를 보여주며 특히, 분석기능이 강화되고 있으나 회의가 단순 회합에 그친다는 평가도 있음.
- 내각관방 부장관(정무2, 사무1), 내각위기관리감(재난관리), 내각정보관, 경찰청장관, 방위사무차관, 공안조사청장관, 외무사무차관만 참여하다 2008년 3월부터 재무성, 금융청, 경제산업성, 해상보안청도 추가로 참석 중임.

02 JIC(합동정보회의)

- JIC는 내각관방 부장관(사무)의 주재 하에 총리 관저 내에서 격주로 개최되는 내각정보회의 하위기구(국장급)로 1986년 7월 설치되어 정보의 집약과 제휴, 정보평가를 담당함.
- 내각위기관리감, 내각정보관, 공안조사청 차장, 방위청 방위국장, 외무성 국제정보통괄관, 경찰청 경비국장이 출석하여 일본 IC간 의사소통을 담당하고 있으나 형식적이란 평가도 있음.

더 알아보기

JETRO(일본무역진흥기구, Japan External Trade Organization)

- JETRO는 일본기업의 외국거래를 알선하고 외국의 경제와 산업동향을 파악하는 경제산업성 산하의 독립행정법인으로 2003년 10월에 설치됨.
- 해외 57개국 78개 해외사무소와 일본 내 30개 무역사무소들의 조직망을 통해 경제첩보체제를 유지하고 있는 핵심조직으로 보통 JETRO는 정보수집 여건조성을 하고 실제 불법 정보수집 활동은 민간기업이 직접 담당함.

03 NSC(국가안전보장회의, National Security Council)

(1) NSC의 역사

- 국방회의는 1956년 7월 설치되었으나 포괄적 안보의제를 다루지 못하고 하부 실무기구도 없어 1986년 7월 국방회의를 해체하고 안전보장회의(Security Council Of Japan)를 창설함.
- NSC는 2013년 12월 아베총리가 창설하여 총리, 관방장관, 외무상, 방위상으로 구성된 4대신 회의(4인 각료회의, 필요시 통합막료장 및 부총리겸 재무상도 참석)를 신설하여 안보이슈의 총리 장악력 강화와 신속한 정책결정을 지원함.
- 기존의 9대신 회의(4대신 + 총무상, 재무상, 경제산업상, 국토교통상, 국가공안위원장)는 유지하면서 중요 긴급사항 협의를 위해 총리, 관방장관, 총리지정 대신들이 참여하는 긴급사태 대신회의를 별도로 신설함.

(2) 국가안전보장국(NSA, National Security Agency)

- NSA는 NSC의 제반 사무를 담당하기 위해 내각부(내각관방 또는 내각부 관방)에 신설된 사무국으로 의제수집, 안건 준비, 의결내용 정리, 관련 정부부처 · 기관과의 협조 등을 담당함.
- NSC를 지원하고 내각 관방의 종합 조정 권한을 이용하여 국가 안전 보장에 관한 외교 · 국방 정책의 기본 방침 및 중요 사항에 관한 정보요구, 기획 · 종합 조정을 전담함.
- NSA의 조직은 총괄 부서를 비롯하여, 전략, 정보, 동맹우방국, 중국과 북한, 기타 지역 등 6개 실무 부서로 구성되며 자위대 간부, 외무 및 경찰관료, 민간인 등이 참여함.

04 NPSC(국가공안위원회, National Public Safety Commission)

- NPSC는 내각부 산하 내각관방 소속으로 경찰의 민주적 관리와 정치적 중립성 확보를 위해 경찰법(신경찰법 기준)에 근거하여 1954년 7월 창설됨.
- NPSC는 위원장(국무대신) 과 5명의 위원으로 구성되는 내각총리대신 관할 하의 합의제 행정위원회로 과반수 결의를 얻어야 하며 가부 동수일 경우에만 위원장이 결정함.
- 경찰 운영을 주관하고 경찰 행정에 관한 조정을 통해 개인의 권리와 자유를 보호하고 공공의 안전과 질서 유지를 임무로 하며 반체제 운동 및 급진세력을 단속하는 공안경찰 조직과는 다름.
- 구체적 사건에 대해 체포나 명령을 지시하지는 등 개별 구체적 경찰 활동에 대한 직접적인 지휘 감독이 아닌 대강의 방침을 정하여 그 운영이 적절하게 행해지고 있는지를 감독함.

• 국가에서 통일적으로 해야 능률적인 것, 광역에 걸친 사건 등 국가 조정이 필요한 사안을 다루며 이를 위해 경찰 제도의 기획 및 예산, 공공안전에 관련된 사안, 경찰관의 교육과 행정에 관한 조정 등의 사무에 대해 경찰청을 관리함.

• NPSC 서무는 경찰청이 실시하며 도도부현 공안위원회와 연 2회 연락회의를 개최하고 대규모 지진이나 외국 침략 등 총리의 긴급사태 포고 발령 시 NPSC의 권고에 따라 이루어져야 함.

04 DIH(방위성 정보본부, Defense Intelligence Headquarters)

01 DIH의 역사와 임무

• 일본 통합막료감부(統合幕僚監部, 우리나라의 합참) 산하 군사정보기관으로 육·해·공군 각 자위대 직속의 정보부대를 통합하여 1997년 11월 방위성(구. 방위청) 내 통합군사정보기관으로 정보본부가 발족됨.

• 2006년 3월 내각 기관에 대한 광범위한 정보지원과 중앙정보기관이라는 지위· 역할을 명확하게 하기 위해 장관(방위대신) 직할조직으로 개편됨.

• DIH는 일본 최대의 정보기관으로 방위성 산하의 모든 정보기구 업무를 통합· 조정하는 중추적 기관이며 HUMINT, IMINT, SIGINT, OSINT 활동을 수행함.

• DIH는 각종 군사 정보를 집약, 종합 처리, 분석, 국제 군사정세 등 방위성 및 자위대 전반을 통해 필요한 전략정보를 생산함.

02 DIH의 조직구조

• DIH는 본부장, 부본부장 산하에 다음 부서로 구성됨.
 - 계획부는 첩보수집 계획, 관계부서와의 연락조정, 정보관리 기획
 - 분석부는 정보의 종합적 분석, 통합방위계획 작성
 - 통합정보부는 자위대가 긴급히 필요한 외국군 정보 등을 생산 및 집약하고 효율적으로 보유, 외국군 정보 수집하며 방위주재관(무관)을 세계에 파견함.
 - 화상·지리부는 IMINT, GEOINT 수집
 - 전파부는 SIGINT를 수집하며 6개의 통신소에 DIH 요원 중 70%이상이 근무함.

03 Chobetsu(초베츠, Chosa Besshitsu)

- 일본 국내와 주변국의 SIGINT를 수집하는 군 정보기관으로 1958년 설립되어 자위대의 일부로 육군, 해군, 공군 각 정보부와 제휴하여 정보를 수집함.
- 북한의 COMMINT를 절취·해독하는 등 상당한 수준의 능력을 보유했으며 디지털 방식의 인식기술을 활용하여 북한군 지휘관 음성도 식별할 수 있음.
- 초기에는 러시아 동부, 중국과 북한에 중점을 두고 SIGINT를 수집했으나 남중국해, 남동아시아, 타이완 까지 수집 범위가 확장됨.
- 1980년대 초까지 9개의 신호정보국을 운영하다가 육상자위대(GSDF, Ground Self Defense Force)에 모두 합병되고 1990년대 초에 총 18~19개의 지상기지를 운영했던 것으로 알려짐.
- Chobetsu는 합참의장의 통제 하에 CIRO에 직접 보고했으며 육상자위대에 속해 있으나 수장은 NPA에서 지명되었음.
- 초베츠 부대의 일부인 왓카나이(Wakkanai) 분견대는 1983년 9월 대한항공 007편의 민항기가 사할린 상공에서 구소련 방공군에 의해 격추되었을 때 파일럿과 사할린 통제센터 간 교신을 감청함.
- 일본의 현재 정보시스템은 미국과 일본의 신호기지에서 수집 한 위성, 라디오 전송 및 통신 데이터를 수집, 대조, 분석 및 평가하는 것을 포함함.
- 미국 육군본부에는 일본자위대 연락사무소 소속의 3명의 정보관이 있으며 일본 요코타 미군 기지에는 이에 대응하는 미국 정보관들이 근무하고 있음.

05 PSIA(공안조사청, Public Security Investigation Agency)

- PSIA는 1952년 한국전쟁 중 일본 내 공산당 활동을 통제하기 위해 법무성 외청으로 설립되어 현재는 테러단체, 폭력조직 등 치안과 안전보장 상 위협에 관한 정보를 수집·분석하며 수사권은 없고 조사 권한만 있음.
- 파괴활동방지법에 따른 파괴적 단체의 규제에 관한 조사 및 처분의 청구, 무차별 대량살상단체의 규제에 관한 법률에 따른 규제와 관련된 조사, 처분의 청구 및 규제조치를 하고, 공공의 안전을 확보하는 것을 임무로 함.

- HUMINT 활동에 적극적이고 러시아, 중국, 북한 등 공산권의 공작과 일본 주재 외국 기관들의 동향에 대한 정보수집을 담당하며 대부분 경찰 출신이며 간부진은 검찰로 구성됨.
- 원래 국내정보 수집이 중점이었으나 해외정보 수집도 병행하며 테러, 북핵 · 미사일 및 납치문제 등 국제관계와 대량살상단체를 조사함.
- CIRO가 정보의 분석 · 평가 · 조정을 관장하는 국가정보기관이라면 일선 현장 에서 직접 손과 발로 뛰는 활동기관은 PSIA로 독립적인 방첩활동을 주도함.
- 조사1부는 국내공안사건, 극좌 · 극우과격 세력, 오옴진리교 등 국내정보를 총괄 하고 조사2부는 한반도, 미국, 유럽 등 해외정보를 담당하며 2개의 국제 참사관실이 국제테러리즘과 해외정보기관과의 정보협력을 각각 담당함.
- 사회주의와 좌익에 대한 감시 업무의 중요성이 상대적으로 약화되고 종교적 원리주의자, 마약, 국제 테러 같은 새로운 위협 요소에 대응하는 효율적인 체제 구축이 중요해 짐.

06 INAS(국제정보통괄관조직, Intelligence and Analysis Service)

01 역사와 임무

- INAS는 미국 국무부의 INR(정보조사국)과 유사한 외무성 산하의 국제정세 분석 · 평가 전문 조직으로 2004년 8월 능동 · 전략적인 외교를 위해 이전의 국제정보국을 폐지하고 분석기능을 강화하여 국제정보통괄관을 신설함.
- INAS는 변화하는 국제정세에 기민하게 대응하기 위해 객관적 · 종합적 관점에서 국제정세 관련정보의 수집 · 분석 및 판단, 외국 · 국제기구 조사, 외무성 관할 정보의 수집 · 분석 계획, 관리 및 관련 대외관계 사무를 총괄함.
- 외무성은 각 지역국과 기능국을 기초로 정보수집 및 분석을 하고 있으나 INAS는 일상의 안건처리나 정책판단 보다는 중장기적 또는 횡단적 분석을 통한 정세판단을 내리고 있음.
- INAS는 다양한 정보획득을 위해 노력하나 내각 내 위상이 대체로 낮아 타부서와의 정보공유가 쉽지 않고 대부분의 직원이 외무성 직원과 동일하게 2~3년 주기로 보직이 순환되어 전문성을 갖추기가 쉽지 않음.

02 INAS의 조직구조

- INAS는 국장급인 국제정보통괄관을 장으로 하여 4명의 국제정보관(과장급), 사무관, 임기제 전문분석원으로 구성됨.
- 제1국제정보관실은 정보 수집 총괄
- 제2국제정보관실은 국제테러, WMD 확산 등에 대한 분석 총괄
- 제3국제정보관실은 동아시아, 동남아시아
- 제4국제정보관실은 유럽, 중앙아시아, 미주, 중동, 아프리카

07 NPA(경찰청, National Police Agency)

- NPA는 국가공안위원회(NPSC) 직속 특별기구로 방대한 조직과 인원으로 치안과 정보 분야에서 주도적인 역할을 하며 특히 경비국과 산하의 외사정보부에서 해외스파이를 감시 및 검거하는 방첩기관 역할을 함.
- 경비국(Security Bureau)은 전국 공안경찰의 사령탑으로 테러 조직, 구 공산권 등 외국첩보기관, 일본 공산당, 시민 활동(반전 운동, 노동 운동 등), 컬트(이단) 단체(옴진리교 등), 극우·극좌 단체에 대한 시찰이나 협력자를 운영함.
- 경비국에는 공안과(Public Security Division), 경비과(Security Division), 외사정보부(Foreign Affairs and Intelligence Department)가 있으며 특히, 외사정보부는 전통적으로 북한, 러시아, 중국 정보에 강하며 최근 국제테러단체의 정보수집으로 활동을 넓히고 있음.
- 외사정보부는 외사과(Foreign Affairs Division, 외국인과 관련 경비정보수집과 외사사건 수사), 국제테러리즘대책과(Counter International Terrorism Division, 국제테러와 관련된 정보의 수집 및 수사)로 구성됨.
- 이외에도 도쿄경시청(TMPD, Tokyo Metropolitan Police Department)의 공안부, 도도부현 경찰본부 경비과, 경찰서의 경비과와 외사과가 있음.

08 JCG(일본해상보안청, Japan Coast Guard)

01 역사와 임무

- JCG는 국토교통성의 외국으로 해상에서 발생하는 업무 중 치안 관련 업무 외에 각종 해상안전과 관련한 서비스 업무를 수행하고자 1948년 5월 창설됨.
- JCG는 지속적으로 정보수집 및 분석기능을 강화해 오고 있으며 국제 해상 보안기관인 미국 해양경비대, 러시아 국경경비국, 중국 해경국, 한국 해양경찰청 등과 정보공유 및 협력을 추진 함.
- 2008년 북한의 만경봉호를 수색한 것처럼 불법 외국선박에 진입하여 승조원 및 선박 내부를 조사하면서 적국의 정보체계를 확인하는 현장업무 중심으로 정보를 수집함.
- JCG는 군비확장이라는 부정적 여론을 우회하며 해상자위대 세력을 강화하기 위한 수단으로 활용되고 있으며 이러한 면에서는 미국의 USCG(해안경비대)와 유사함.

02 JCG의 조직구조

- 해양정보부는 안전을 위해 필요한 해도·전자해도나 수로잡지 등을 제공함.
- 경비구난부는 해상보안체계 구축을 위한 정보수집 및 분석을 담당하며 관리과, 형사과, 국제형사과, 경비과, 경비정보과, 구난과, 환경방제과가 있고 이중 공안 및 해상대테러 담당은 경비정보과 임.
- 해상보안대학교(JCGA)는 JCG의 교육기관으로 현장에 필요한 중국어, 러시아어 및 한국어 전문 수사관 양성을 위해 노력하고 있으며 외무성 재외공관, 국제기관 등에 해상보안관을 파견함.

■ 중국의 정보기구 ■

	정(국무원)	군(중앙군사위)	당(정치국)
조정 통제			당 국가안전위원회
국내 방첩	MSS (국가안전부) · MPS (공공안전부)		
해외 정보	MSS (국가안전부)		대외연락부 · 통일전선공작부
기술 정보	MSS (국가안전부)	연합참모부 (구. 총참모부)	
국방 정보		연합참모부 (구. 총참모부)	

〈 중국의 정보기구 개관 〉

01 중국 정보기구의 역사

01 명나라 시대(15세기)

- 동창(東廠)은 중국 최초의 정보기관으로 1420년 명나라 영락제 때 설치된 비밀감찰 기구이자 환관이 수장인 조직으로 반대파 탄압을 위해 황족, 및 주요문무백관의 반란 조짐을 감시하고 모함동향, 날씨정보, 시장물가까지 무제한으로 정보를 수집함.
- 체포·신문·판결·처형 권한을 가진 초법적 기구로 동창이외에도 금의위(錦衣衛, 신변경호부대), 서창(西廠, 금의위 출신 조직으로 동창을 견제), 내행창(內行廠, 금의위, 동창, 서창을 감시) 등 무소불위의 특무기관들이 연달아 출현하여 명나라 멸망의 원인을 제공함.

02 1920년대 말 ~ 1940년대

- 중국은 1949년 국가(中华人民共和国) 수립이전에 중국공산당(1921년 창설)과 인민해방군(1927년 창설)이 먼저 설치되어 별도의 정보기관 없이 당과 군 산하 일부 조직에서 정보활동을 함.

- 정보조직은 비밀지하조직으로 설립된 중국 공산당의 생존 보장을 위해 활용되었고 무장 혁명조직으로 창설된 인민해방군(PLA, People's Liberation Army)의 전투임무 수행을 지원함.
- 1927년 11월 중앙특별공작위원회 산하 중앙특과(일명 보위부)가 설립되고 내부에 정보조직이 함께 설치되었는데 1920년대의 정보활동은 주로 당 업무의 일환으로 수행되어 정보업무와 구별이 없었음.
- 1930년대 말 기존의 중앙특과를 흡수하여 당 중앙군사위원회 내에 설립된 중앙사회부(Central Department of Social Affairs)는 항일투쟁, 국공내전을 치루며 당 지도부의 정세 판단을 위한 해외정보와 국민당 내부 군 정보 입수, 변절자 처리 등 다양한 임무를 수행함.

03 1950년대 건국 이후

- 건국 직후 1950년대 초 당에 중앙조사부(Central Investigation Department, 중앙사회부의 후신으로 내사 및 내부안전 담당), 중앙대외연락부(공산권 국가들간 정보협력을 담당), 중앙통일전선공작부(통전부, 국내외 침투 활동 조직)가 설치됨.
- 군에는 총참모부(현. 연합참모부) 정보부와 중앙군사위원회 총정보부를 통합하여 총참모부 2부를 신설하고 중앙군사위원회 3국과 총참모부 기술부가 총참모부 3부로 통합되었으며 총정치부(현. 정치공작부) 연락부가 설치됨.
- 1954년 9월 국무원이 정식 출범하여 중국은 당·정·군 체계를 갖추게 되었고 당 국가체제 유지에 필요한 핵심적인 도구로 활용되었으나 문화혁명(1966~1976) 및 권력투쟁 과정을 겪으며 정보조직이 와해되거나 파벌간 정쟁에 휘말림.
- 1970년대 후반 등소평의 실권 장악 후 80년대 개혁·개방을 모색하면서 외국 정보의 수요 증가, 국내 체제유지 곤란 등 대내외적 안보환경 변화에 대응하기 위한 정보활동 강화가 요구됨.

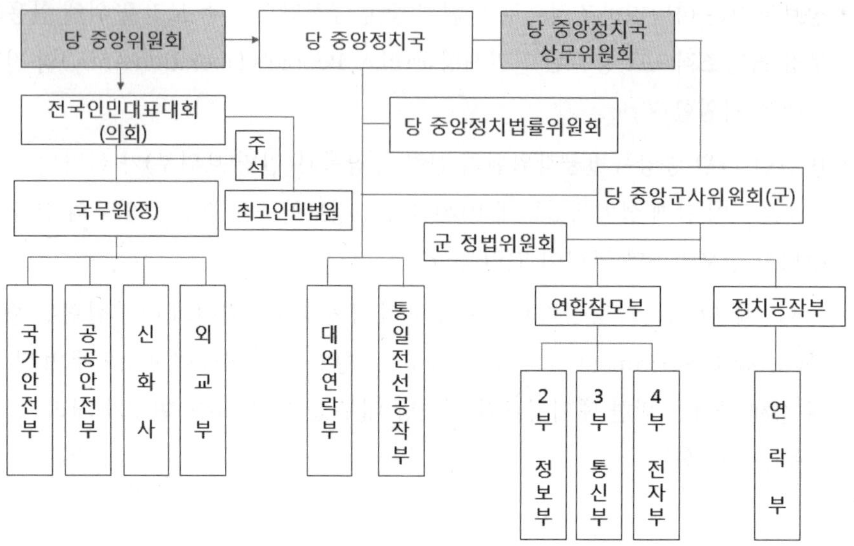

〈 중국 정보기구 체계 〉

02 중국 정보기구 체계의 특징

- 중국은 중앙공산당이 통치하는 당-국가(Party-state)이며 행정부인 국무원, 입법부인 전국인민대표회의(전인대, National People's Congress), 사법기관인 최고인민검찰원과 최고인민법원을 당이 모두 장악하고 독점함.
- 중국은 23~25명의 당 최고위급 지도자들이 주요 직위를 겸직하고 입법, 사법, 행정 분야를 좌우하며, 중국 내 방대한 공식적 행정조직이 있음에도 실질적인 업무는 계통(系統)이라는 공식·비공식 단위조직 내에서 이루어짐.
- 정보분야는 정법계통(政法系統)에 속하며 공산당 1당독재를 영속화하는 필수적 수단으로 반혁명분자 색출, 자치구의 분리·독립운동 통제, 외국 경제정보수집 및 방첩활동, 대만동향 감시, 주변국 군사동향 파악 등에 주력함.
- 중국 내 정보조직은 당·정·군 내 모두 존재하며 각 조직의 하급단위에서 수집한 정보들이 당 중앙 판공실에서 취합·조율을 거쳐 당 중앙정치법률 위원회(정법위원회)에 보고되고 이는 당 정치국(상무위원회)에서 확정됨.
- 당 중앙정법위원회는 당·정·군 조직의 하급단위에서 수집된 모든 정보가 최종적으로 보고되는 곳이며 당·정·군의 정보 및 보안, 감찰 업무를 총괄 조정하는 최상위기관으로 각 지역별 당위원회와 군 내부에도 정법위원회가 설치되어 있음.

03 당 산하 정보기구

01 당 중앙통일전선공작부(통일전선부)

- 중국의 통일전선공작을 담당하는 주무부서로 국가수립 이전부터 공산당 내에 설치·운영되어 비 공산세력과 연합전선을 구축하거나 우군으로 끌어들이는 혁명전술 총괄기관 임.
- 주 임무는 對 대만 통일전선공작이며 홍콩, 마카오, 대만 등 중화권 국가들의 경제통합을 촉진하는 정보수집, 분석, 비밀공작 등의 활동을 수행함.
- 민영기업 창립자, 엔지니어, 외자기업 경영진, 뉴미디어 종사자, 자유직업인 등 각계각층의 전문성을 활용하고 정치 참여의식을 높이기 위해 이들을 적극 포용하는 정책을 추진 중임.

02 당 중앙대외연락부(대외연락부)

- 중앙연락국으로 1930년대 운영되다가 1949년 국가수립 이후 현재 명칭으로 바뀌었으며 당의 대외관계를 담당하는 부서로 북한과의 당대당(黨對黨) 공식교류 시 주무부서임.
- 냉전기간 동안 주로 사회주의 국가, 전 세계 공산당, 좌파정당 및 단체와의 관계를 유지 발전시키는데 목표를 두고 임무를 수행하고 해외 정보원의 개척·유지·잠입·공작을 추진함.
- 냉전 이후 현재에는 거의 모든 외국 정당과의 교류업무를 관장하고 있으며 북한, 이란, 미얀마 등의 국가와 관련하여 중국의 외교정책 결정 과정에서 핵심적인 역할을 담당함.
- 앙골라, 세네갈, 나이지리아 등 아프리카 공산당, 사회당, 우당(friendly party)과의 교류를 통해 중국의 영향력을 확장하며 특히 석유자원 확보에 중점을 두고 정보활동을 함.
- 대외연락부장은 북핵 관련 수차례 중국 특사로 북한에 파견되었고 중·미 양국 정당의 고위급 대화에도 참여하였는데 역대 대외연락부장은 모두 당내 지위가 비교적 높아 대외정책 결정시 상당한 영향력을 발휘하는 것으로 평가됨.

03 당 국가안전위원회(중국판 NSC)

- 시진핑 주석을 위원장으로 당·정·군 최고권력기구 수장이 모두 참여하는 당 국가안전위원회가 2013년 11월 창설되어 국방, 정보, 외교에 관한 중장기 안보전략을 수립함.
- 센카쿠열도 영유권 분쟁 또는 북한 급변사태 등 군사적 충돌이나 긴급 외교 현안 발생 시 신속하고 체계적으로 대응하기 위한 외교안보의 사령탑 역할을 함.

04 중앙선전부(중선부)

- 당 중앙위원회 직속기구로 중국 언론을 총괄통제 하며 국무원 문화부와 국가신문출판방송영화TV총국 등 미디어, 네트워크와 문화전파 관련기관을 감독하고 언론, 출판, TV, 영화에 대해 심의함.

05 중국의 언론기관

- 인민일보(人民日报)는 1948년 6월 15일 허베이 성에서 창간된 중국 공산당의 공식 기관지이자 중국의 최대의 신문그룹으로 당 중앙위원회에서 발행하며 중국에서 가장 유력하고 영향력 있는 국가 신문이며 자매지로 국제뉴스지인 환구시보가 있음.
- CCTV(중국중앙TV방송사, China Central Television)는 중국 국영방송으로 당 지도부의 지도하에 방송국장 책임제를 실시함.

04 국무원 산하 정보기구

01 MSS(국가안전부, Ministry of State Security)

(1) MSS의 임무

- MSS는 공안부의 기존 방첩단위(1~4국), 당 중앙조사부의 일부 기능, 군 총참모부의 일부 인력을 통합하여 1983년 6월 신설된 중국의 대표적 국가정보기구 임.
- MSS는 개혁개방 이후의 변화된 정보환경에 대응하고 4개 현대화를 통한 경제발전에 적극 부응하기 위해 설립한 통합형 정보기관으로 공산당 체제유지, 방첩, 국내외 반혁명주의자 및 반체제 인물 감시, 해외 첩보수집 및 공작활동, 신호정보 수집, 국내외 정보분석 등을 수행함.
- MSS는 반정부 활동의 의심이 드는 자에 대해 도청 등 기술정찰 조치와 신원확인을 위한 일시적 체포권을 갖고 있으며 특히 외국인의 중국인 접촉에 대한 제한을 강화하는 시행세칙들이 마련되어 이를 적용 중임.

(2) MSS의 정보활동 특징

- 중국은 자국의 군사능력의 발전을 위해 핵무기, 미사일, 항공우주 기술 같은 미국의 다양한 첨단군사기술을 수십 년에 걸쳐 불법 획득한 것으로 알려짐.
- MSS는 겉으로 무해한 것으로 보이게 하는 정보수집 기술(diffuse nature of data collection)에 능하고 인센티브 제공, 사적 관계 이용, 혹은 본국으로부터의 격리와 같은 협박수단을 활용 하는 방식으로 광범위하게 정보원들을 포섭함.
- 중국의 해외 정보요원은 임무의 성격에 따라 해외지사에 6년, 10년, 그리고 장기체류의 형태로 파견되며 그 이외에도 여행객, 학생, 혹은 중국계 미국인(기업인, 연구원)들을 채용함.
- 경제정보 수집활동은 학자나 과학자들을 파견하여 정보를 구매하거나, 중국 기업이 필요한 기술을 보유한 미국 기업을 매입하거나 위장회사를 세워 기술을 구매하는 방식을 사용함.
- MSS는 미국을 주요 정보수집 대상국으로 삼고 실리콘밸리(Silicon Valley)를 중심으로 첨단기술 정보수집에 주력함.

(3) MSS의 정보수집활동 사례

- 1997년 타이완 계 미국인 피터 리(Peter Lee)가 소형 핵탄두의 폭발실험 정보와 대잠수함전 관련 비밀자료를 2회에 걸쳐 중국에 전달한 혐의로 체포되어 유죄를 선고받음.
- 1991년 FBI에 따르면 중국은 우호적인 대중 통상정책을 위해 빌 클린턴(Bill Clinton, 1946~) 재선과 민주당 의원들의 당선을 위해 수백만 달러의 기부금을 내려고 하였음.
- 1998년 미 의회 합동경제위원회(Joint Economic Committee)는 캘리포니아 지역의 약 900건의 기술이전 사례 중 50% 가량이 중국과 관련되어 있다는 보고서를 발표함.
- FBI는 MSS가 정보수집을 위해 약 3,000개의 회사를 위장으로 설립하였다고 추산하며 1999년 미 의회 위원회 청문회에서 중국이 20년에 걸쳐 핵탄두 설계 자료 등을 빼낸 것으로 알려짐.

02 신화사(NCNA, 新華社)

- 신화사는 중국의 국영통신사로 당의 직접관리 하에 중국공산당 창립 초기 설립된 중요선전 기구로 당의 눈과 귀의 역할을 수행하여 전세계의 소식을 수집·보고하고 MSS 요원의 해외파견 시 위장수단으로 사용됨.
- 미국의 AP통신, 영국의 로이터 통신, 프랑스의 AFP통신과 함께 세계4대 통신사로 평가되며 24시간 7개 국어의 각종 뉴스를 방송하는 종합미디어 체제를 갖추고 있음.

03 MPS(공공안전부 또는 공안부, Ministry of Public Security)

- MPS는 공산당 특무기관으로 1941년 설치되어 인민감시를 담당하였고 1954년 국무원 기구가 되어 중국 내 법과 질서유지 보장을 위한 국가공안 업무를 총괄하는 기관으로 임무를 수행함.
- MPS가 주관하던 스파이, 특무사건(사회·치안 공작, 정보공작, 조사공작)의 수사활동을 MSS에 이관하며 역할분담이 이루어졌으나 MPS도 여전히 담당하는 것으로 알려짐.
- MPS는 국무원 산하, 각 성·자치구 공안청, 각 직할시 공안국, 각 시·현 공안국, 그 아래 공안분국으로 이루어지며 각급 공안기구의 소관업무를 지휘·감독함.
- MPS는 사회공공치안을 담당하는 주무부서로 경찰과 유사하여 범죄수사, 대테러, 교통·철도 소방업무, 호적, 출입국, 외국인 체류 등을 담당하고 공산당 유지와 반혁명 세력의 탄압을 위한 광범위한 정치·사상공작도 수행함.

- 2011년 중국과 사법적 협력관계를 체결 후 탈북자 1인당 원목 일정량을 제공하여 MPS는 탈북자 북송을 열을 올리고 있으나 오히려 너무 많아 북한 당국에서 처리 곤란할 정도라 함.

04 인민무장경찰(CAPF, Chinese People's Armed Police Force)

- 인민무장경찰은 1983년 4월 소요진압 및 치안유지를 담당하는 준군사 조직으로 설치되어 시위나 폭동진압, 대테러 작전, 주요 지도자 경호 등을 담당하며 설표돌격대(SLCU)라는 대테러부대를 운용함.(1989년 천안문사태 시 동원)
- 평시에는 MPS 통제를 받으나 전시에는 군 사령부의 통제를 받아 전투지역 방호, 해안경비, 대 침투방어 등 국경경비대 활동을 수행함.

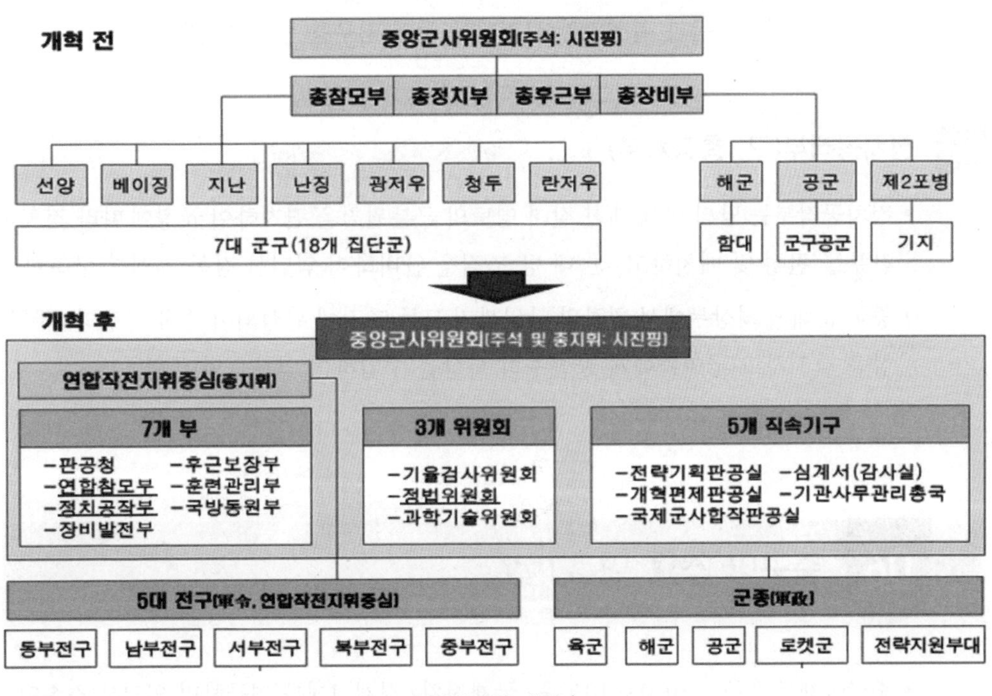

〈 중국군의 개혁 〉

05 군 산하 정보기구

01 연합참모부(구. 총참모부)

- 연합참모부는 과거 총참모부 작전부 중심으로 재편된 조직으로 작전계획, 지휘통제, 작전지휘 지원, 지휘연합훈련 조직 등의 임무를 수행하며 산하에 판공청, 작전국, 정보국, 정보통신국, 전장환경지원국 등의 부처가 있음.
- 총참모부 2부는 군 정보활동의 총괄부서로 군사정보부 또는 군 정보부로 불리며 HUMINT(흑색요원이나 해외무관)등을 활용하여 전세계 주요국의 군사전략, 군사동향, 병력규모, 무기체계 등을 수집하였음.
- 총참모부 3부는 통신정보부 또는 기술정찰부라 불리며, SIGINT, IMINT, OSINT를 수집하고 암호해독과 위성정찰 사진판독 등의 임무를 수행하였음.

02 정치공작부(구. 총정치부)

- 정치공작부는 당의 군에 대한 절대 영도의 근본원칙을 견지하여 규정에 따라 정치군 간부를 편성 및 배치하고, 군 내 당 조직을 완비하여 엄밀한 감독 체계를 구축함.
- 중국 군대의 최상부에서 최하위 단위까지 모든 조직에 편성되어 중국 군부의 내부동향을 감시하고 군인들에게 공산주의 사상을 주입하는 임무를 수행함.

06 중국의 주요 연구기관

- 중국국제문제연구소(CIIS, 1956)는 국제정치 · 경제정세를 연구하며 외교부 소속임.
- 중국현대국제관계연구원(CICIR, 1980)은 세계정치 및 경제를 분석하며 MSS(국가보안부) 소속임.
- 중국국제전략학회(CISA, 1979)는 국제전략 · 안보를 연구하며 군 연합참모부 (총참모부 2부) 소속임.
- 중국과학원(CAS, 1949)은 자연과학을 연구하며 국무원 소속임.

- 중국사회과학원(CASS, 1977)은 사회과학을 연구(동북공정 담당)하며 국무원 소속임.
- 국무원 개발연구센터(DRC, 1981)는 경제개발을 연구하며 국무원 소속임.
- 중국군사과학원(AMS, 1958)은 군사안보를 연구하며 당 중앙군사위원회 소속임.

더 알아보기

對 타이완 정보활동

- 타이완에 대한 정보활동은 국가통일 관련 정보활동으로서 역사가 가장 오래며 포괄적이고 철저하게 추진됨.
- 대 타이완 정보활동은 1987년 타이완인의 대륙방문이 허용되고 1991년 타이완의 계엄이 해제되면서 양안교류가 급속하게 확대된 이후 더욱 확대됨.
- MSS의 현대국제관계연구원(CICIR), 구 총참모부 2부의 중국국제전략학회는 학술교류를 통해 타이완의 정세를 파악하고, 구 총참모부 3부는 자체기업 단위인 개리공사(凱利公司)로 타이완 기업과의 상업활동을 통한 정보활동을 함.

13 단원별 퀴즈

■ 일본의 정보기구 ■

01. (　　　)는 대련에 본사를 둔 국책연구기관으로 만주, 중국, 동남아의 국제 정세, 법, 문화 등에 대해 광범위한 조사를 관동군에 보고하였고 이후 일본식 정보복합체의 선구적인 사례가 된 조직이다.

02. (　　　)는 CIRO 산하의 IMINT 활동 조직으로 정보수집 위성 시스템의 개발·운용 및, 북한의 대포동 미사일 발사 이후 2001년 창설된 기관이다.

03. (　　　)는 내각관방 부장관의 주재 하에 총리 관저 내에서 격주로 개최되는 내각정보회의 하위기구(국장급)로 1986년 7월 설치되어 정보의 집약과 제휴, 정보평가를 담당한다.

04. 일본 내 공산당 활동을 통제하기 위해 법무성 외청으로 설립되어 테러단체, 폭력조직 등 안보위협에 대한 정보를 수집하는 정보기구는 (　　　)이다.

05. 내각부에 신설된 NSC 사무국으로 의제수집 및 안건준비, 의결내용 정리, 관련 정부부처·기관과의 협조 등을 담당하는 조직은 NPSC이다.

06. 1958년 설립되어 자위대의 일부로 육군, 해군, 공군 각 정보부와 제휴하여 SIGINT를 수집하는 기관은 Chobetsu(초베츠) 이다.

07. 일본기업의 외국거래를 알선하고 외국의 경제와 산업동향을 파악하는 경제산업성 산하 독립행정법인으로 2003년 10월에 설치된 기구는 JETRO이다.

■ 중국의 정보기구 ■

01. 군 연합참모부 2부의 중국국제전략학회는 학술교류를 통해, 3부는 자체 기업단위인 개리공사(凱利公司)를 내세워 (　　　) 정보활동을 해오고 있다.

02. 중국의 국영통신사로 통신사의 MSS 등 정보요원 해외파견 시 신분 위장 수단으로 사용되는 기관은 (　　　)이다.

03. 1997년 타이완 계 미국인 피터 리(Peter Lee)가 소형 핵탄두의 폭발실험 정보를 중국에 전달한 혐의로 유죄가 선고된 것과 관련된 정보기구는 연합참모부(구. 총참모부)이다.

04. MSS는 1941년 공산당 특무기관으로 설치되어 인민감시를 담당하였고 1954년 국무원 기구가 되어 중국 내 법과 질서유지 보장을 위한 국가공안 업무를 총괄하는 기관으로 임무를 수행한다.

05. 당 중앙정법위원회는 당·정·군 조직의 하급단위에서 수집된 모든 정보가 최종적으로 보고되는 곳이며 당·정·군의 정보 및 보안, 감찰 업무를 총괄 조정하는 최상위 기관이다.

06. 중국의 통일전선공작을 담당하는 주무부서로 국가수립 이전부터 공산당 내에 설치 운영되어 왔으며 비 공산세력과의 연합 전선으로 우군으로 끌어들이는 혁명전술 총괄기관은 대외연락부이다.

07. 시진핑 주석을 조장으로 하여 당·정·군 최고권력기구 수장이 모두 참여하는 국방, 정보, 외교에 관한 중장기 안보전략을 수립하는 중국판 NSC로 2013년 11월 설치된 조직은 당 국가안전위원회이다.

13 기출 및 유사문제 ■ 일본의 정보기구 ■

01. 일본의 해외정보기관은?

① 내각정보조사실
② 공안조사청
③ 경찰청
④ 정보본부

02. 일본의 방첩활동을 담당하는 조직은?

① INAS
② CIRO
③ DIH
④ PSIA

03. 일본의 정보기관에 대한 설명으로 적절하지 않은 것은?

① CIRO는 내각의 중요정책 관련 정보수집, 분석과 기타 조사업무를 담당하는 국가정보 체계의 중심기구이다.
② DIH는 각종 군사 정보를 집약, 종합 처리, 분석, 국제 군사정세 등 방위성 및 자위대 전반을 통해 필요한 전략정보를 생산한다.
③ PSIA는 HUMINT 활동을 하며 해외정보는 제외하고 테러나 대량살상단체 등 국내정보를 중점적으로 생산한다.
④ INAS는 미국의 INR과 유사한 외무성 산하의 국제정세 분석 · 평가 전문 조직으로 2004년 8월 이전의 국제정보국을 폐지하고 신설되었다.

13 실전문제 ■ 일본의 정보기구 ■

04. 내각 협의기구에 대한 설명으로 적절하지 않은 것은?

① 내각정보회의는 내각관방 부장관의 주재 하에 총리 관저 내에서 격주로 개최되며 정보의 집약과 제휴, 평가를 담당한다.
② JIC(합동정보회의)의 IC간 의사소통이 형식적이란 평가도 있다.
③ 내각정보회의는 내각관방장관이 주재하는 차관급 회의로 IC 간 연락 조정을 통해 내각의 국내외 정책에 대한 종합적 정보파악을 위해 설치되었다.
④ NSA(국가안전보장국)는 NSC의 제반 사무를 담당하기 위해 내각부에 신설된 사무국으로 의제수집, 안건준비, 정부부처 · 기관과의 협조 등을 담당한다.

05. 다음에서 설명하는 정보기구는 무엇인가?

- 일본 국내와 주변국의 SIGINT를 수집하는 군 정보기관으로 1958년 설립되어 자위대의 일부로 육군, 해군, 공군 각 정보부와 제휴하여 정보를 수집함.
- 북한의 COMMINT를 절취 · 해독하는 등 상당한 수준의 능력을 보유했으며 디지털 방식의 인식기술을 활용하여 북한군 지휘관 음성도 식별할 수 있음.
- 초기에는 러시아 동부, 중국과 북한에 중점을 두고 SIGINT를 수집했으나 남중국해, 남동아시아, 타이완 까지 수집 범위가 확장됨.

① 내각위성정보센터(CSIC) ② 초베츠
③ 왓카나이 분견대 ④ 정보본부(DIH)

06. 다음에서 설명하는 정보기구는 무엇인가?

- 북한의 1998년 대포동 미사일 발사 이후 2001년 창설된 CIRO의 내부조직으로 국가안보 및 대규모 재해 등 위기관리를 위해 필요한 위성시스템을 개발하고 IMINT 활동을 담당함.
- 미국의 NRO(국가정찰국) 역할을 수행하며 위성 4대로 지구상 어느 곳이나 24시간 이내 촬영 가능한 체제를 구축하고 북한, 중국, 러시아를 대상으로 해상도 1미터의 영상정보를 수집함.

① 내각위성정보센터(CSIC) ② 초베츠
③ 왓카나이 분견대 ④ 정보본부(DIH)

07. 최근 일본정보기구의 동향으로 적절하지 않은 것은?

① 국가정보기구들의 효율적 운용과 역할 확대를 위한 첨단 장비 · 시설의 적극 도입, 정보 수집 · 분석 능력제고 방안을 추진 중이다.
② CIRO를 확대한 중앙정보기관인 내각정보국을 신설하고 외교안보정책의 사령탑인 NSC와의 공조를 강화하려고 시도 중이다.
③ CIRO 내의 내각정보관(DCI)을 1명에서 2명으로 늘리고 경찰청, 외무성, 방위성 등에서 수집한 정보를 적시에 분석하도록 한다.
④ 일본판 중앙정보조직은 국내 반대여론 및 정보기관 간 상호 견제를 극복해야 성공할 것으로 보인다.

13 기출 및 유사문제 ■ 중국의 정보기구 ■

01. 중국 정보기구의 특징으로 적절하지 않은 것은?

① 중국은 중앙공산당이 통치하는 당-국가이며 행정부, 입법부, 사법부를 당이 모두 장악하고 독점한다.

② 정보분야는 정법계통(政法系統)에 속하며 공산당 1당독재를 영속화하는 필수적 수단으로 반혁명분자 색출, 자치구의 분리·독립운동 통제 등을 담당한다.

③ 당 중앙정법위원회는 당·정·군 조직의 하급단위에서 수집된 모든 정보가 최종적으로 보고되는 정보 및 보안, 감찰 업무의 최상위기관이다.

④ 1970년대 후반 등소평의 실권 장악 후 80년대 개혁·개방을 모색하면서 정보활동이 위축되었다.

02. 중국의 정보기구에 대한 설명으로 옳지 않은 것은?

① 당 산하 정보기구에는 통일전선부, 대외연락부가 있다.

② MSS는 통합형 정보기관으로 공산당 체제유지, 방첩, 국내외 반혁명주의자 및 반체제 인물 감시, 해외 첩보수집, 신호정보 수집 등을 담당한다.

③ MSS는 국무원 소속으로 중국 내 법과 질서유지 보장을 위한 국가공안 업무를 총괄하는 기관으로 임무를 수행한다.

④ 신화사는 중국의 국영통신사로 전세계의 소식을 수집·보고하고 MSS 요원의 해외파견 시 위장수단으로 사용된다.

13 실전문제 ■ 중국의 정보기구 ■

03. 다음에서 설명하는 정보기구는 무엇인가?

> • 시진핑 주석을 위원장으로 당·정·군 최고권력기구 수장이 모두 참여하는 당 국가 안전위원회가 2013년 11월 창설되어 국방, 정보, 외교에 관한 중장기 안보전략을 수립함.
> • 센카쿠열도 영유권 분쟁 또는 북한 급변사태 등 군사적 충돌이나 긴급 외교 현안 발생 시 신속하고 체계적으로 대응하기 위한 외교안보 사령탑 역할임.

① 연합참모부 ② 당 중앙위원회

③ 당 국가안전위원회 ④ 당중앙정치법률위원회

04. 중국의 군 정보기관에 대한 설명 중 옳지 않은 것은?

① 연합참모부는 과거 총참모부 작전부 중심으로 재편된 조직으로 작전계획, 지휘통제, 작전지휘 지원, 지휘연합훈련 조직 등의 임무를 수행한다.
② 총참모부 1부는 군 정보활동의 총괄부서로 군사정보부 또는 군 정보부로 불리며 HUMINT 등을 활용하여 전세계 주요국의 군사정보를 수집한다.
③ 총참모부 3부는 통신정보부 또는 기술정찰부라 불리며, SIGINT, IMINT, OSINT를 수집하고 암호해독과 위성정찰 사진판독 등의 임무를 수행한다.
④ 정치공작부(구. 총정치부)는 당의 군에 대한 절대 영도를 위해 정치군 간부를 편성 및 배치하고, 군 내 당 조직을 완비하여 엄밀한 감독체계를 구축한다.

05. 중국의 연구기관에 대한 연결로 적절한 것은?

① 중국국제문제연구소(CIIS)는 국제정치·경제를 연구하는 외교부 연구기관이다.
② 중국현대국제관계연구원(CICIR)은 세계정치·경제를 분석하며 MSS 소속이다.
③ 중국사회과학원(CASS)은 사회과학을 연구하며 국무원 소속이다.
④ 중국국제전략학회(CISA)는 국제전략·안보를 연구하며 당 중앙군사위원회 소속이다.

06. 중국의 對 타이완 정보활동으로 적절하지 않은 것은?

① 대 타이완 정보활동은 국가통일 관련 정보활동으로서 역사가 가장 오래며 포괄적이고 철저하게 추진된다.
② 대 타이완 정보활동은 1987년 타이완인의 대륙방문이 허용되고 1991년 타이완의 계엄이 해제되면서 양안교류가 급속하게 확대된 이후 확대되었다.
③ 총참모부 1부는 자체기업 단위인 개리공사(凱利公司)로 타이완 기업과의 상업활동을 통한 정보활동을 한다.
④ MSS의 현대국제관계연구원(CICIR)과 총참모부 2부의 중국국제전략학회는 학술교류를 통해 타이완의 정세를 파악한다.

07. 중국의 정보기구에 대한 설명으로 적절하지 않은 것은?

① 중국은 국가수립 이전에 공산당과 군대가 먼저 창설되었으며 정보조직도 당, 군, 국가의 순서로 설립되었다.
② 1921년 공산당 창립 이후 당내 정보조직은 구소련 공산당의 지도와 영향을 많이 받으면서 설립되고 운영되었다.
③ 1927년 군 창설 이후 군에도 정보조직이 신설되었는데 이때로부터 당과 군의 정보조직은 최고 책임자를 달리 하면서 상호 경쟁관계에 있게 되었다.
④ 1954년 국무원 출범 이후 비로소 당·군·정 모두에 정보조직이 설치되었다.

13 정답 및 해설

단원별 퀴즈 정답 및 해설

■ 일본의 정보기구 ■

01. 만철조사부

02. CSIC(내각위성정보센터, Cabinet Satellite Intelligence Center)

03. JIC

04. PSIA(공안조사청, Public Security Investigation Agency), CIRO가 정보의 분석·평가·조정을 관장하는 국가정보기관이라면 일선 현장에서 직접 손과 발로 뛰는 활동기관이 PSIA이다.

05. X, NSA(국가안전보장국)이다. NPS(국가공안위원회)는 내각부(산하 내각관방)의 소속으로 경찰을 민주적으로 관리하는 조직이다.

06. O, 초베츠는 합참의장 통제 하에 CIRO에 직접 보고했으며 육상자위대에 속해 있으나 수장은 NPA에서 지명되었다.

07. O, 보통 JETRO는 정보수집 여건조성을 하고 실제 불법 정보수집 활동은 민간기업이 직접 담당하는 것으로 알려지고 있다.

■ 중국의 정보기구 ■

01. 타이완

02. 신화통신

03. X, MSS(국가안전부, Ministry of State Security)이다.

04. X, MPS(공공안전부 또는 공안부, Ministry of Public Security)이다.

05. O, 당 중앙정법위원회는 각 지역별 당위원회, 군 내부에도 정법위원회가 설치되어 있으며 위원은 MSS, MPS, 최고인민법원, 최고인민검찰, 중앙기율검사위원회 수장 등이 포함된다. 여기서 보고된 내용은 당 정치국(상무위원회)에서 최종 확정한다.

06. X, 통일전선부이다. 대외연락부는 냉전 기간 동안 주로 사회주의 국가, 전 세계 공산당, 좌파정당 및 단체와의 관계를 유지 발전시키는데 목표를 두고 임무를 수행하였고 해외 정보원의 개척·유지·잠입·공작을 추진하였다.

07. O. 센카쿠 열도 영유권 분쟁 또는 북한 급변사태 등 군사적 충돌이나 긴급 외교현안 발생 시 신속하고 체계적으로 대응하기 위한 외교안보 사령탑 역할을 하고 있다.

■ 일본의 정보기구 ■

기출 및 유사문제 정답 및 해설

01. 답 1.

02. 답 4.

03. 답 3. PSIA(공안조사청)은 국내 뿐 아니라 러시아, 중국, 북한 등 공산권의 대일본 공작과 국제테러조직 등의 정보수집도 담당한다.

실전문제 정답 및 해설

04. 답 1. JIC(합동정보회의)에 대한 설명이다.

05. 답 2.

06. 답 1.

07. 답 3. CIRO 내의 내각정보관(DCI)을 1명에서 3명으로 늘려 국내, 해외, 방위 세 분야를 담당하게 하고 이중 한 명을 내각정보감으로 임명할 예정이다.

■ 중국의 정보기구 ■

기출 및 유사문제 정답 및 해설

01. 답 4. 1970년대 후반 등소평의 실권 장악 후 80년대 개혁·개방을 모색하면서 외국 정보의 수요 증가, 국내 체제 유지 곤란 등 대내외적 안보환경 변화에 대응하기 위한 정보활동 강화가 요구되었다.

02. 답 3. 보기는 MPS(공공안전부 또는 공안부)에 대한 설명이다.

실전문제 정답 및 해설

03. 답 3.

04. 답 2. 총참모부 2부에 대한 내용이다. 총참모부 1부는 작전부이다.

05. 답 4. 총참모부 2부 소속이다. 중국군사과학원(AMS)는 군사안보를 연구하며 당 중앙군사위원회 소속이다.

06. 답 3. 보기는 총참모부 3부에 대한 설명이다.

07. 답 3. 1927년 군 정보조직이 창설되었으나 공산당 우위의 정보조직 운영이 지속되었다.

14 러시아의 정보기구

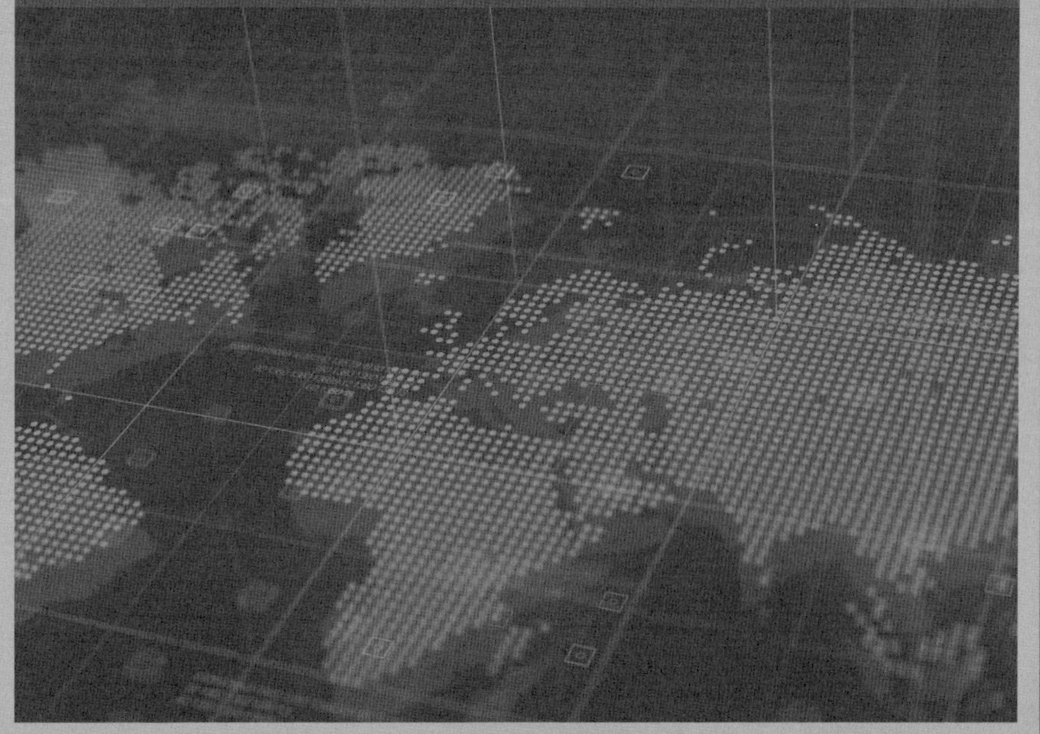

	대통령	국방부
국내방첩	FSB (연방보안부)	
해외정보	SVR (해외정보부)	GRU (총참모부 정보총국)
기술정보	FSO (연방경호부) · FAPSI (연방정보통신청)	GRU (총참모부 정보총국)
국방정보		GRU (총참모부 정보총국)

〈 러시아의 정보기구 개관 〉

01 러시아 정보기구의 역사

01 오프리치니나(Oprichnina)

- 오프리치니나는 모스크바 대공국의 이반 4세(Tsar Ivan IV, 1530~1584)가 1565년 설립한 직속 비밀경찰로 반역자나 부정행위자에 대한 특별처벌권을 갖고 짜르의 정적을 처형하거나 몰수하는 등 공포정치를 조성함.
- 스탈린은 오프리치니나가 귀족들의 권력을 줄이고 국가권력의 중앙집권화에 중요한 역할을 수행했다고 찬양함.

02 프리오브라젠스키 프리카즈(Preobrazhensky Prikaz)

- 프리오브라젠스키 프리카즈는 네덜란드에서 목수 신분으로 선박기술을 배우며 서구화 정책을 추진했던 표트르 대제(Peter the Great I, 1672~1725)가 1686년 설립한 비밀경찰 조직임.
- 표트르 대제는 당시 섭정자인 이복누나 소피아(Sophia Alekseyevna)에 대항하기 위해 프리오브라젠스키 프리카즈를 설립하였으며 반봉건 투쟁 등 정치범죄와 정적제거를 위한 배타적 조사를 실시함.

03 러시아재판소 제3분과(Russian Third Section of the Imperial Chancery)

- 러시아재판소 제3분과는 니콜라이 1세(Nikolai I, 1796~1855)가 청년장교들의 자유주의 운동이자 러시아 최초의 반체제운동인 데카브리스트 봉기(Decembrist revolt, 1825) 이후 이에 대응하고자 1900년 경 설립한 비밀경찰 조직임.
- 반체제 인사 감시와 여론동향을 파악하였으며 이전 비밀경찰의 잔인한 업무 방식에서 벗어나 정치범죄에 대한 규정과 조직운영의 제도화를 시도함.

04 국가경찰부(State Police Department)

- 국가경찰부는 농노해방 및 귀족특권을 약화시킨 개혁군주인 알렉산더 2세(Alexander II, 1818~1881)가 1880년 내무성 산하에 신설하여 제3분과를 대체하게 한 조직임.
- 알렉산더 2세가 1881년 암살된 후 러시아 주요도시에 보안과를 설치었으나 러시아 혁명의 조류는 거세지고 이를 막기에는 역부족인 상황이 되었음.

05 오흐라나(Okhaana)

- 오흐라나(1881~1917)는 알렉산더 3세(Tsar Alexander Ⅲ, 1845~1894)가 반정부활동에 대응하고자 설립한 비밀정보조직으로 반역자 색출 및 방첩활동, 해외정보수집(런던, 베를린, 로마), 비밀공작과 무선감청 · 암호해독을 담당함.
- 오흐라나는 국가 주도로 일정한 조직체를 갖추고 비밀 정보활동을 수행한 점에서 현재의 정보기구와 유사하였으며 1917년 러시아 2차혁명으로 해산된 러시아제국의 마지막 비밀경찰조직임.

06 비상위원회(베체카 또는 체카, VChK)

- 비상위원회(1917~1922)는 KGB의 원조 격으로 1917년 10월 레닌과 트로츠키에 의한 러시아혁명 이후 1917년 12월 설립되어 초법적 권한으로 부르주아 타도를 위해 반혁명분자를 색출 · 살상하여 적색테러(Red Terror)라고 불림.
- 레닌의 혼합형 경제정책으로 사유재산을 일부 인정하는 신경제정책(NEP, New economic Policy, 1918~1928)에 따른 유화적 분위기에 맞추어 소비에트연방의 새로운 비밀경찰 조직이 필요하게 되어 설립됨.

- 비상위원회의 기능은 이후 국가정치부(GPU)와 인민위원회(Council of People's Commissars) 산하 통합국가정치국(OGPU)으로 이전되었으나 권한은 초기에 비해 계속 강화됨.
- 스탈린의 1인 독재와 1920년대 후반 1차경제계획 실시 중 OGPU는 국가안보국(GUGB)으로 개편되어 1934년 국가내무위원회(NKVD)에 통합됨.
  (GPU → OGPU → GUGB → NKVD → NKGB)

07 국가내무위원회(NKVD)

- NKVD는 내무인민위원회와 보안인민위원회가 통합되어 1923년 설치된 소비에트 연방의 비밀경찰 조직으로 불순분자의 대숙청 등 초법적 권한으로 스탈린(Joseph Stalin, 1878~1953)시대 정권유지의 중요한 버팀목이 됨.
- NKVD는 1941년 보안기능을 국가보안인민위원회(NKGB)로 분리하였으나 독소전쟁 시 다시 합병하였고 1943년 국방인민위원회(Smersh)로 합쳐졌다가 1946년 NKVD는 내무부로 NKGB는 국가보안부로 변경됨.
- 국경수비대를 비롯하여 교도소, 강제수용소와 금광 등 토건 프로젝트를 위한 강제노동력을 이용하는 국영기업도 관리함.
- 베리야(Lavrentii Beria, 1899~1953)는 NKVD의 수장으로 2차대전 승리와 구소련의 핵개발에 기여하고 스탈린 사후 권력을 승계하려다 후루시초프에 의해 숙청되고 이후 공산당에 의한 비밀경찰 조직의 통제를 위한 개혁이 추진됨.

더 알아보기

NKVD의 원자폭탄 제조 기술 입수

- 1940년대 초 미국의 원자폭탄 제조 계획인 맨해튼 프로젝트는 극비로 진행되었으나 NKVD는 미국 내 공산주의자들과 극비리에 접촉하며 대 독일 방첩에만 신경을 쓰던 미국의 정보기관을 따돌리고 핵무기 제조기술을 입수하여 수장인 베리야에게 보고함.
- 스탈린은 소련의 물리학자인 이고르 쿠르차토프(Igor Kurchatov, 1903~1960)에게 원자폭탄 제조를 지시하고 공산주의자인 클라우스 폭스(Klaus Fuchs, 1911~1988)를 포섭하여 영국의 핵물리학자로 위장하게 함.
- 클라우스 폭스는 맨허튼 프로젝트에 참가하여 원자폭탄의 핵심 기술인 자체 핵폭발 설계법을 입수하고 소련에게 넘겨주었으나 훗날 발각되어 로젠버그(Rosenberg) 부부의 스파이 행위를 적발하는 단초를 마련하게 됨.

02 KGB(국가보안위원회, Committee for State Security)

01 KGB의 역사

• 스탈린 사망 이후 흐루시초프(Nikita Khrushchyov, 1894~1971)는 스탈린 치하의 비밀경찰을 비판하며 정보기구에 대한 당의 통제를 강화하고자 1954년 3월 KGB를 설치하고 힘을 약화시키는 방향으로 개혁을 시도하나 당내 보수파와 기득권 상실을 우려한 관료들의 반발로 실각함.

• 브레즈네프(Leonid Brezhnev, 1906~1982)는 국가의 안정적 관리를 위해 KGB의 위상을 다시 강화하면서 KGB는 정치적 반대세력을 탄압하고 문화적 자유를 구속하는 등 사회전반에 광범위한 영향력을 행사함.

02 KGB의 특징

• KGB는 세계최대의 정보기구로 정부 부처의 지위를 가진 연방공화국 국가위원회로서 러시아를 제외한 14개 공화국에 위원회를 설치하고(시·구 단위 까지 지부를 운영) 이들을 감독함.

• KGB는 정부 부처는 물론 국영기업, 군 내부까지 1인 이상의 KGB 요원으로 구성된 부서를 두어 광범위한 네트워크를 형성하고 정부 관리나 고용인들에 대해 정치적 감시활동을 수행함.

• KGB는 여타 행정기구나 조직에 영향을 받지 않고 자체의 위계조직에만 복종하는 중앙집권적 운영체제로 내국인의 정치·경제 범죄 수사 등 방첩, 해외정보 수집, 군사보안, 국경방위 및 국가원수 경호 등을 담당함.

• KGB는 1991년 8월 고르바쵸프(Mikhail Gorbachev, 1931년~)에 대한 쿠테타 실패 후 구소련이 붕괴되자 공식 해체되고 그 기능은 러시아 공화국으로 이관됨. (러시아 공화국은 이후 구소련의 권익을 이어받아 러시아 연방이 됨.)

03 KGB의 조직 구성

• 제1총국은 해외공작 및 첩보수집을 담당하며 다음 조직으로 구성됨.

- S국은 비합법활동국으로 해외요원 선발·교육·배치
- T국은 과학기술국으로 핵무기, 미사일 등 첨단 기술 수집
- K국은 방첩국으로 해외 방첩공작 수행

- 제2총국은 국내보안 및 방첩을 담당
- 제3총국은 군사첩보 및 군내 정치적 감시
- 제4총국은 운송
- 제5총국은 소수민족, 지식인, 예술계의 반정부 세력 통제·검열
- 제6총국은 경제분야 방첩
- 제7총국은 내외국인 감시를 위한 요원 및 기술장비 조달, 알파 부대 지휘
- 제8총국은 통신장비 및 암호개발
- 제9총국은 당 지도자 및 정부 부처 경호
- 제10총국은 자료 보관
- 제12총국은 도청
- 제15총국은 정부시설 보호
- 제16총국은 SIGINT 수집, 요원들의 통신과 무선시스템 관장

더 알아보기

KGB의 활동 사례

- 조지 블레이크(George Blake, 1922~)는 네덜란드 태생의 KGB 스파이로 영국의 외교관으로 근무하다 공산주의로 전향하였고 이후 MI6에 잠입하여 동독 내 첩보조직을 관리하며 서방의 터널작전(대 소련 비밀도청)을 누설하고 동유럽에서 활동 중인 스파이 명단을 소련에 넘겨주어 서방의 스파이망을 제거하는데 기여함.
- 비탈리 유르첸코(Vitaly Yurchenko, 1936~)는 KGB의 고위관리로 1985년 로마에서 미국으로 망명을 신청하고 소련이 심어놓은 스파이의 존재를 폭로했으나 CIA의 미숙한 관리와 FBI와의 공조 미흡으로 워싱턴 주재 소련 대사관으로 다시 탈출하였으나 이는 계획적인 CIA 침투라고 보지 않는 것이 일반적임.

04 KGB의 해체

- 러시아 초대 대통령인 옐친(Boris Yeltsin, 1931~2007)은 초기에는 정보기관의 권력 집중을 막기 위해 1991년 10월 KGB를 해체하고 해외부문인 SVR과 국내부문인 MB로 분리함.
- 러시아의 새 출발은 KGB에 상응하는 강력한 정보기구를 필요로 했고 옐친은 MB를 FSB로 개편하고 FPS와 FAPSI를 흡수하면서 정보기구의 힘을 강화함.
- 정보기구 개편은 옐친의 정치권력과 정보기관 통제를 위한 것으로 정보기구에 대한 입법·사법부의 감시 감독기능이 전혀 없고 대통령에 의한 감독 기능만 명시됨.

더 알아보기

KGB 조직의 변화

- 제1총국은 분리되어 SVR(해외정보부)로 설립됨.
- 제2총국 · 제3총국 · 제4총국 · 제5총국 · 제6총국 · 제7총국이 통합되어 MB(보안부)가 설립되고 이후 FSK(연방방첩부), FSB(연방보안부) 순으로 변화됨.
- 제8총국과 제16총국이 통합되어 FAPSI(연방정보통신청)이 설립되고 이후 FSB 소속이었다가 FSO(연방경호부) 소속으로 이관됨.
- 제9총국은 GUO(경호국)으로 설립되고 이후 SBP(대통령경호실), FSO(연방경호부)로 변화됨.
- 국경수비대(KGB Border Guards)는 MB소속이었다가 FPS(연방국경수비대), FSB 소속으로 변화됨.

03 SVR(해외정보부, Foreign Intelligence Service)

01 SVR의 임무와 특징

- 1991년 10월 KGB의 해외정보 담당부서인 제1총국을 기반으로 창설된 대통령 직속의 국가정보기구로 HUMINT 등을 통한 해외정보 수집 및 분석을 담당하며 외교부를 제치고 외교정책까지 주도함.
- SVR은 전세계 러시아 공관에 사무소와 요원을 두고 외교관, 무역 대표부, 특파원, 상사원으로 신분을 위장하여 정보활동을 수행하며 CIA와 달리 해외 비밀공작 수행을 위한 의회의 승인이 불필요함.
- SVR의 가장 중요한 목표는 구 독립국가연합(CIS, 소련 해체로 독립한 11개 공화국의 연합체)에 대한 영향력 유지 및 결속강화로 정치 · 경제적 유대 뿐 아니라 테러리즘, 마약 밀매 등에서 공조체계를 강화하기 위해 노력함.
- SVR은 세계의 군사, 정치, 과학, 경제 기술 수집, 해외 러시아 공관과 시민보호와 WMD, 불법무기거래, 마약, 조직범죄 등 다양한 초국가적 위협에 대한 정보를 수집함.
- 냉전시절 보다 더 적극적으로 미국 내 정보활동을 수행하고 1992년 중국과 정보협력 협정을 체결하여 정보 교류를 하고 있으며 벨로루스, 아제르바이잔 등 구소련 군소 공화국 내 비밀경찰기관들과 정보협력 및 교류를 유지함.

02 SVR의 조직구조

- SVR은 관리국, 지역담당국(1~18국), 해외주재 조직으로 구성된 3국(directorate) 3부(service)에서 8국 체제로 변경됨.
- PR국은 Line PR이라 불리며 해외정치정보를 담당함.
- S국은 비밀공작, 해외 대테러, 사보타지, 해외 요원 관리
- X국(Line X)은 과학기술 정보 수집
- KR국(Line KR)은 방첩, 이중스파이, 정치적 망명, 해외 정보기관 및 재외 러시아 시민 감시
- OT국은 조직운영 및 기술지원
- R국은 SVR의 해외활동 평가
- I국은 정보자료 분석 및 배포, 대통령 요약보고
- 경제정보국으로 구성됨.

04 FSB(연방보안부, Federal Security Service)

01 FSB의 역사

- 보안부(MB 또는 MBS, Ministry of Security)와 구소련 붕괴 후 KGB의 제2총국 등 국내보안 및 방첩부서를 통합하여 1992년 1월 설립된 조직으로 KGB에 버금가는 강력한 조직과 권한을 보유함.
- FSK(연방방첩부, Federal Counterintelligence Service)는 1993년 10월 모스코바 소요사태 시 옐친이 구 의회세력을 무력으로 진압한 이후 1993년 12월 MB가 개편된 조직임.
- FSB(연방보안부, Federal Security Service)는 체첸 분쟁 및 조직범죄 대응과 정권기반 안정을 위해 1995년 4월 FSK가 FPS(연방국경수비대, Federal Border Service)를 흡수하며 확대된 조직임.
- FSB는 2000년 푸틴(Vladimir Putin, 1952~) 집권 이후 2003년 3월 FAPSI(연방정보통신청)을 통합했으나 2004년 8월 FAPSI를 다시 FSO(연방경호부)에 이관함.

02 FSB의 임무

- KGB의 계승자로 국내 방첩, 대테러, 마약 및 조직범죄 대응, 불법 자금이나 무기거래 대응, 국경통과 및 수자원 보호 그리고 군내 방첩 및 소요발생시 군부 통제 임무를 수행함.
- 안보분야 외에 범죄·부패 관련 광범위한 법 집행권을 갖고 독자감옥을 운영하며 영장없이 강제수색을 할 수 있으나 검찰이나 의회의 감독은 미약한 상태로 KGB의 권한이 상당히 회복된 것으로 평가됨.
- FSB는 필요시 러시아의 모든 정보기관과 법 집행기관을 지휘·통제할 수 있는 러시아 최고의 정보기관으로 대외교류가 활발해지며 경제방첩이 강화되고 역용 및 정보수집을 위한 FSB의 독자적인 해외거점 구축이 진행되고 있음.
- FSB는 미국의 FBI, USSS(경호실), FPS(연방보호국, Federal Protective Service, 연방시설 보호), NSA, USCG, DEA, ICE(관세청, Immigration and Custom Enforcement) 등을 모두 합한 기능에 버금가는 권한이 있다고 평가됨.
- FSB는 중앙조직 이외에 각급 연방 관구(구성단위)에 지역 총국, 오블라스티(주, 러시아 행정구역)마다 지역 부서를 운영하며 연방 통제의 정점에 위치하나 촘촘한 감시망은 인권 침해 및 사적 목적을 위한 공권력 남용의 우려가 있음.
- FPS(연방국경수비대, Federal Border Service)는 KGB 국경수비대(KGB Border Guards)의 후신으로 MB(보안부)를 거쳐 FSB에 통합되었으며 자체 정보국을 운영하고 국경감시를 전담하며 타 부서와 함께 대 마약작전에도 개입함.
- FSB는 산하에 국내테러 전담부대인 알파(Antiterrorist Operations)와 해외테러 담당인 빔펠(Vympel, Vega Group)을 운용함.

03 FSB의 조직체계

- 방첩부(Counterintelligence Dpt.)는 군사첩보국, 전략시설 방첩지원국으로 구성됨.
- 헌법보호 및 대테러부(Dpt. for Protection of the Constitutional System & Fight against Terrorism)은 테러국 및 정치적 극단주의 감시국으로 구성됨.
- 연방보호부(Federal Protection Service of the Russian Federation)는 대통령실 경호 목적의 크렘린 주변 스페츠나츠(Spetsnaz)를 관장함.
- 공작정보 및 국제관계부(Operational Information & International Relations Service)은 분석, 예측, 전략기획을 담당함.

- 통제국(Control Service)은 감찰 및 내부보안국으로 구성됨.
- 조직인사부(Organizational & Personnel Department)
- 활동지원부(Department of Activity Provision)
- 경제보안부(Economic Security Department)
- 조사부(Investigation Directorate)
- 과학 및 공학기술부(Science & Engineering Service)
- 연방국경수비대(FPS, Federal Border Service)

05 GRU(총참모부 정보총국, Chief Intelligence Directorate)

01 GRU의 역사

- RU(Registration Agency)가 군 작전수행 지원 및 군사정보 수집을 위해 1918년 10월 창설되고 1920년 경 소련군 참모부(Red Army Staff) 산하 제2국 (정보총국)으로 개편됨.
- GRU는 제2국이 1992년 4월 러시아연방의 국방부 창설 이후 총참모부 소속으로 이관된 조직으로 국방부 소속이나 대통령 직할의 정보기관으로 HUMINT와 SIGINT를 모두 담당함.
- KGB와 함께 구소련 정보기관의 양대축으로 소규모로 출발하여 2차대전 이후 KGB와 경쟁할 정도의 규모로 발전하였으나 소련 해체 후 예산삭감으로 자체기업 운영, 무기매각 등 경제활동도 수행한 적도 있음.
- 초기에는 해외군사 정보수집에 주력하다가 1930년대 스탈린이 NKVD와 경쟁구도를 만들면서 군내 반정부세력을 숙청하였으나 이후 국내정치와 거리를 두고 순수한 군 정보기관으로 소련 해체 후에도 분리되지 않고 존속함.
- 2차대전 당시 일본의 시베리아 침공 가능성이 없다는 결정적인 정보를 모스크바에 제공하여 서부전선의 성공적 방어에 공헌한 리하르트 조르게는 GRU 출신스파이로 알려짐.

02 GRU의 임무

- GRU는 SVR 이상의 스파이를 보유하고 해외 군사기밀과 서구 선진국의 하이테크 과학·산업기술 정보를 수집하며 동시에 광범위한 SIGINT를 수집함.
- GRU는 러시아 국영항공사, 해운회사, 일반 기업체 사원, 대사관 주재 무관, 외교관, 저널리스트, 학자로 위장하여 HUMINT 활동을 하며 해외 부문은 SVR처럼 LINE이 존재함.
- 해외주재 러시아 대사관에 별도의 무관사무실을 두고 독자적인 정보활동을 수행하며 특수부대인 스페츠나츠 GRU(Spetsnaz GRU)를 보유함.
- 구소련 당시에는 KGB, 현재는 FSB의 영향력 하에 있어 완전히 독립된 정보기구가 아니라는 견해도 있으나 타 정보기구처럼 마피아 기업을 이용하는 등 변질되지는 않음.

03 GRU의 조직체계

(1) 정보총국장 직할조직

- 우주정보국은 정찰위성의 연구·개발과 독자적 위성발사기지 및 연구소 운영
- 운용기술국은 무선기기, 도청, 무기, 독극물 연구 및 개발
- 대외관계국은 러시아 군에 관한 외국인과의 관계를 지휘 및 감독
- 제1부는 위장공작을 담당하며 여권, 신분증명서를 수집
- 제8부는 GRU의 모든 서류의 암호화를 담당

(2) 제1총국(해외정보 수집) 산하 조직

- 제1국은 유럽전역(영국 제외)과 모로코
- 제2국은 아메리카, 영국, 오스트레일리아, 뉴질랜드
- 제3국, 제4국은 아시아, 아프리카
- 제5국은 해외파병군의 정보활동을 지휘 및 감독
- 제6국은 외국정부, 군, 민간 등의 도청을 담당
- 제7국은 NATO 활동
- 제8국은 전세계 군사정세 분석
- 제9국은 방산업체와의 제휴를 통한 외국의 군사기술 분석
- 제10국은 외국의 무기판매 감시에 의하나 군사경제 분석
- 제11국은 핵 보유국에 대한 핵정책과 전략목표, 전략무기 분석

- 정보연구소는 공개, 비공개정보 분석
- 정보지휘소는 요원 및 비합법공작원의 정보를 일시적으로 처리

06 FAPSI(연방정보통신청, Federal Agency of Government Communications and Information)

01 FAPSI의 역사

- FAPSI는 소련 해체 후 1991년 12월 KGB의 제8총국과 제16총국의 핵심부서가 대통령 비서실의 정보국(Administration of Information Resources)으로 편입되었다가 대통령 직속으로 대체·변경된 조직임.
- GUO(이후 FSO)와 FSK(이후 FSB)가 FAPSI의 기능을 흡수하기 위해 경합하다가 FSB 산하의 특수통신정보국(Service of Special Communications and Information, Spetsviaz)으로 2003년 3월에 이관되었다가 2004년 8월에 FSO(연방경호부)로 다시 흡수·통합됨.

02 FAPSI의 임무

- FAPSI는 SIGINT, ELINT 활동 및 암호해독, 국가 인터넷 네트워크 서비스 제공 및 관리, 전자금융 및 증권거래, 암호체계를 관리하는 대형정보기관 임.
- FAPSI는 모든 정부 통신에 대한 암호보안을 책임지며, 국가 및 민간분야를 망라하여 암호화통신의 독점적 공급자로서 상업적 영향을 행사하는 강력한 위치에 있음.
- FAPSI에 의해 승인되지 않은 모든 전자암호체계를 금지하는 법률시스템이 의회에 의해 거부되다가 조직범죄와의 전쟁을 이유로 1995년 대통령령으로 시행되었고 관련한 모든 민간기업은 의무적으로 FAPSI에 사전등록을 요함.
- FAPSI는 구소련의 전국전화네트워크 인수 후 통신용 보안네트워크와 무선 주파수 밴드를 민간기업에 대여하거나 정보통신시설 인허가권으로 외국기업의 러시아 진출에 개입하며 재외러시아 공관의 통신시설을 설치·운영함.

07 FSO(연방경호부, Federal Protective Service)

01 FSO의 역사와 임무

- GUO(경호국, Main Guard Directorate)은 KGB의 제9총국을 기반으로 제7총국의 알파부대를 비롯하여 KGB 산하 스페츠나츠를 통합하여 정부요인과 주요 정부건물의 경호와 경비를 전담함.
- PSB(대통령경호실, Presidential Security Service)는 GUO의 업무가 가중되자 옐친의 측근 경호원인 코르자코프(Alksandr Korzhakov, 1950~) 주도로 1993년 말 대통령 경호기능을 분리하여 독립기구로 설립됨.
- GUO는 1996년 1월 코르자코프의 정치적 도구로 변질된 PSB를 다시 흡수하여 정부 관료나 고위 정치인에 대한 자체 정보수집 기능을 박탈하고 대통령 경호 기능만 유지하게 함.
- FSO는 GUO가 확대 개편된 조직으로 정부요인 경호, 주요 건물 방호, 핵 가방 (Black Box)을 관리하며 2004년 8월 FAPSI를 흡수함.
- FSO는 영장 없이 수색·미행·감시·체포할 수 있고 타 부처에 명령할 수 있는 강력한 조직으로 수장으로 정치적 후견관계에 있는 사람을 임명하여 상당한 비공식적 혜택을 부여하는 것으로 알려짐.

08 러시아 정보기구의 한계

- 러시아 정보기관은 집권세력의 정권유지를 위한 사회통제 기능을 중점을 두며 1900년경의 오흐라나, 1917년 러시아 공산혁명 이후 설립된 비상위원회(베체카 또는 체카), 소비에트연방의 NKVD, KGB가 모두 유사한 성격임.
- 1991년 구소련 붕괴 후 집권한 옐친은 KGB를 분리시켜 러시아 역사상 최초로 정보기구의 민주화 및 비정치화를 추구하였으나 집권 후반기 다시 조직을 확대 개편하고 권한을 강화하였으며 푸틴은 국내정치에 정보기구를 활용함.
- FSB와 SVR 등 정보기관에 대한 의회의 통제는 형식적으로 이루어져 거의 행사되지 못하며 정보기관은 정부기관, 정치단체, 일반시민을 감청하고 통제하여 사회전반에 큰 영향력을 행사함.
- KGB는 공산당에 의해 통제되었지만 이와 비교하여 FSB는 견제기구가 없고 이를 지휘하는 대통령의 권력은 더욱 강해지고 있어 사실상 KGB 이상의 강력한 정치사찰 기구라는 견해도 있음.

• 실로비키(Siloviki)로 불리는 정보기관의 전·현직 요원들이 정계·재계·문화계에 진출하고 러시아 사회 전반을 장악하여 이로 인한 부정부패가 심각하나 잘못된 관행이 쉽게 개선되지 않고 있음.

더 알아보기

참고 용어

• 노멘클라투라(고급간부, Nomenclatura)는 1917년 러시아 혁명후 스탈린 집권기의 특권계층 또는 공산귀족을 말하며 크게는 공산주의국가의 특권계급 임.

• 실로비키(무력파, Siloviki)는 정보기관(KGB) 및 군 출신 정치인으로 옐친 및 푸틴 정권의 중추를 담당하며 막강한 영향력을 행사하는 新 실력자들이자 정치파벌 임.

• 올리가르히(신흥재벌 또는 신흥귀족, Oligarchy)는 소련 붕괴 후 국영기업을 민영화 하며 탄생한 독과점 재벌로 러시아의 근본적 기득권 층임.

• 크리샤(지붕, Krysha)는 정보기관과 조직범죄 집단의 공생관계나 후견관계로 옐친 대통령 시대에 가장 심했으나 푸틴 집권이후 쇠퇴함.

14 단원별 퀴즈

Chapter 14

01. KGB의 원조 격으로 1917년 러시아혁명 이후 설립되어 즉결심판권 등 초법적 권한을 갖고 적색테러(Red Terror)를 일으킨 기관은 (　　　　) 이다.

02. KGB의 조직 중 해외공작 및 첩보수집 담당인 제1총국 내부에는 (　　국)은 비합법 활동국으로 해외요원 선발·교육·배치를, (　　국)은 과학기술국으로 핵무기, 미사일 등 첨단 기술 수집을 담당하였다.

03. SVR의 조직 중 (　　국)은 과학기술 정보를 담당한다.

04. KGB의 계승자로 국내 방첩, 군내 방첩 및 소요발생시 군부 통제 임무도 수행하는 정보기구는 (　　) 이다.

05. 2차대전 당시 일본의 시베리아 침공 가능성이 없다는 정보를 제공하여 서부전선 방어에 공헌한 리하르트 조르게는 (　　) 소속이다.

06. 러시아의 모든 정보기관과 법 집행기관 을 지휘·통제할 수 있는 권한이 있어 러시아 최고정보기관으로서의 위상이 있는 기관은 SVR이다.

07. 선진국의 하이테크 과학·산업기술 관련 정보수집과 광범위한 SIGINT활동을 하는 군정보기관은 (　　) 이다.

08. FPS는 GUO가 확대 개편된 조직으로 정부요인 경호, 주요 건물 방호, 핵전쟁 시 사용되는 핵가방(Black Box)을 관리하며 2004년 8월 FAPSI를 흡수하였다.

09. 올리가르히는 정보기관(KGB) 및 군 출신 정치인으로 옐친 및 푸틴 정권의 중추를 담당하며 막강한 영향력을 행사하는 새로운 정치 파벌이다.

14 기출 및 유사문제

01. 러시아 정보기관의 발전과정을 올바르게 설명한 것은?

① 러시아 최초의 정보기관은 오흐라나(Okhrana)로 1565년 모스크바 대공국의 이반 4세가 설립한 반역자를 색출하는 비밀경찰조직이었다.

② 오프리치니나는 19세기 후반 창설된 비밀경찰조직으로 국내정치사찰과 해외 정보업무를 수행함으로써 제정 러시아의 대외정책을 수립하는데 기여했다.

③ 비상위원회(체카)는 KGB의 원조로 공산혁명을 계기로 1917년 12월 창설 되었다가 스탈린 사망이후 KGB로 개칭하여 구소련 기간동안 지속되었다.

④ 구소련이 붕괴와 함께 1991년 12월 KGB가 해외정보부(SVR)와 연방보안부(FSB)로 분리되었다.

02. KGB에 대한 설명으로 옳지 않은 것은?

① KGB는 정부부처는 물론 국영기업, 군 내부까지 1인 이상의 KGB 요원으로 구성된 부서를 두어 정부 관리나 고용인들에 대해 정치적 감시활동을 하였다.

② KGB는 여타 행정기구나 조직에 영향을 받지 않고 자체의 위계조직에만 복종하는 중앙집권적 운영체제이다.

③ KGB는 1991년 8월 고르바쵸프에 대한 쿠테타 실패 이후 구소련이 붕괴되자 공식 해체되었다.

④ KGB의 X국은 Line X이라 불리며 과학기술 정보를 수집하였다.

03. SVR에 대한 설명으로 옳은 것은?

① SVR은 KGB의 해외정보 담당부서인 제1총국을 기반으로 창설된 대통령 직속의 국가정보기구로 해외 HUMINT를 독점적으로 수집한다.
② CIA처럼 해외 비밀공작 수행을 위한 의회의 승인이 필요하다.
③ 구 독립국가연합(CIS)에 대한 영향력을 유지하면서 대테러리즘, 마약밀매 등에 대한 공조를 강화해 나가고 있다.
④ 냉전시절에 비해 해외정보 수집활동이 감소하는 추세이다.

04. FSB에 대한 설명으로 적절하지 않은 것은?

① FSB는 2003년 3월 FAPSI를 통합했으나 2004년 8월 FAPSI를 다시 FSO에 이관하였다.
② KGB의 계승자로 국내 방첩, 대테러, 마약 및 조직범죄 대응, 불법 자금이나 무기거래 대응, 그리고 군내 방첩 및 소요시 군부 통제를 수행한다.
③ 안보범죄를 제외한 범죄·부패 관련 광범위한 법 집행권은 갖지 않는다.
④ FSB는 필요시 러시아의 모든 정보기관과 법 집행기관을 지휘·통제할 수 있는 러시아 최고의 정보기관이다.

05. GRU에 대한 설명으로 적절하지 않은 것은?

① GRU는 국방부 소속이나 대통령 직할의 정보기관으로 HUMINT와 SIGINT를 모두 담당한다.
② KGB와 함께 구소련 정보기관의 양대축으로 소규모로 출발하여 2차대전 이후 KGB와 경쟁할 정도의 규모로 발전하였다.
③ 해외주재 러시아 대사관에 별도의 무관사무실을 두고 독자적인 정보활동을 수행하며 특수부대인 스페츠나츠 GRU(Spetsnaz GRU)를 보유한다.
④ FSB의 영향력에서 벗어난 완전히 독립된 정보기구로 타 정보기구처럼 마피아 기업을 이용하는 등 변질되지는 않았다.

06. FAPSI(연방정보통신청)에 대한 설명으로 옳지 않은 것은?

① FAPSI는 소련 해체 후 KGB의 제8총국과 16총국의 핵심부서가 대통령 비서실의 정보국으로 편입되었다가 대통령 직속으로 대체·변경된 조직이다.
② GUO(경호국)과 FSK(구. FSB)가 FAPSI의 기능을 흡수하기 위해 경합하다가 결국 FAPSI의 기능일부가 GUO로 이관되었다.
③ FAPSI는 SIGINT, ELINT 활동 및 암호해독, 국가 인터넷 네트워크 서비스 제공 및 관리, 전자금융 및 증권거래, 암호체계를 관리하는 대형정보기관이다.
④ FAPSI는 모든 정부 통신에 대한 암호보안을 책임지며, 국가암호화 통신의 독점적 공급자이나 상업적 영향을 행사하지는 않는다.

07. 러시아 정보기구의 한계에 대한 설명으로 적절하지 않은 것은?

① 러시아 정보기관은 오흐라나, 베체카, NKVD, KGB처럼 집권세력의 정권유지를 위한 사회통제 기능을 중점을 둔다.

② FSB와 SVR 등 정보기관에 대한 의회의 통제가 미약하여 정보기관을 제대로 견제하지 못해 사회전반에 큰 영향력을 행사하고 있다.

③ FSB는 견제기구가 없고 이를 지휘하는 대통령의 권력은 더욱 강해지고 있어 사실상 KGB 이상의 강력한 정치사찰 기구라는 견해도 있다.

④ 올리가르히 라고 불리는 정보기관의 전·현직 요원들이 정계·재계·문화계에 진출하며 러시아 사회 전반을 장악하여 이로 인한 부정부패가 심각하다.

08. 다음 중 KGB의 해외공작 성공 사례로 적절하지 않은 것은?

① 알드리치 에임즈를 활용한 CIA요원 및 정보원 색출

② 비탈리 유르첸코를 활용한 미국 망명

③ 조지 블레이크를 활용한 CIA와 MI6요원 색출

④ 클라우스 폭스를 활용한 원자폭탄 기술 입수

Chapter 14

14 정답 및 해설

단원별 퀴즈 정답 및 해설

01. 비상위원회(베체카 또는 체카, VChK)

02. S, T

03. X

04. FSB

05. GRU

06. X, FSB이다.

07. O, GRU는 국방부 소속의 정보기구이다.

08. X, FSO(연방경호부, Federal Protective Service)이다. FPS(연방국경수비대, Federal Border Service)는 KGB 국경수비대(KGB Border Guards)의 후신으로 MB(보안부)를 거쳐 FSB에 통합된 대통령 직속기관이다.

09. X, 실로비키(무력파, Siloviki)이다. 올리가르히(신흥재벌 또는 신흥귀족, Oligarchy)는 소련 붕괴 후 국영기업을 민영화 하며 탄생한 독점(과점) 재벌로 러시아의 근본적 기득권층이다.

기출 및 유사문제 정답 및 해설

01. 답 3. ① 러시아 최초의 정보기관은 오프리치니나(Oprichnina)이고 ②는 오흐라나(Okhrana)를 설명한 것이다. ④ 구소련이 붕괴와 함께 1991.12월 KGB가 해외정보부(SVR)와 국내보안부(MB)로 분리되었다.

02. 답 4. KGB의 T국은 과학기술국으로 핵무기, 미사일 등 첨단 기술을 수집하였다.

실전문제 정답 및 해설

03. 답 3. GRU도 HUMINT를 수집하며 CIA와달리 비밀공작 수행에 의회의 승인이 불필요하며 냉전시절보다 더 적극적으로 미국 내 정보활동을 수행한다.

04. 답 3. FSB는 안보범죄 외에 범죄·부패 관련 광범위한 법 집행권을 갖고 독자감옥을 운영하며 영장없이 강제수색을 할 수 있다.

05. 답 4. KGB와 FSB의 영향력에서 벗어나지 못하고 있다.

06. 답 4. FAPSI는 무선 주파수 밴드를 민간기업에 대여하거나 정보통신시설 인허가권으로 상업적 영향력을 행사한다.

07. 답 4. 보기는 실로비키(Siloviki)에 대한 설명이다. 올리가르히(신흥재벌 또는 신흥귀족, Oligarchy)는 소련 붕괴 후 국영기업을 민영화 하며 탄생한 독과점 재벌로 러시아의 근본적 기득권층이다.

08. 답 2. 비탈리 유르첸코는 일반적으로 비밀공작 또는 이중스파이 활동을 위한 계획적인 잠입으로 보지 않는다.

15 영국, 프랑스의 정보기구

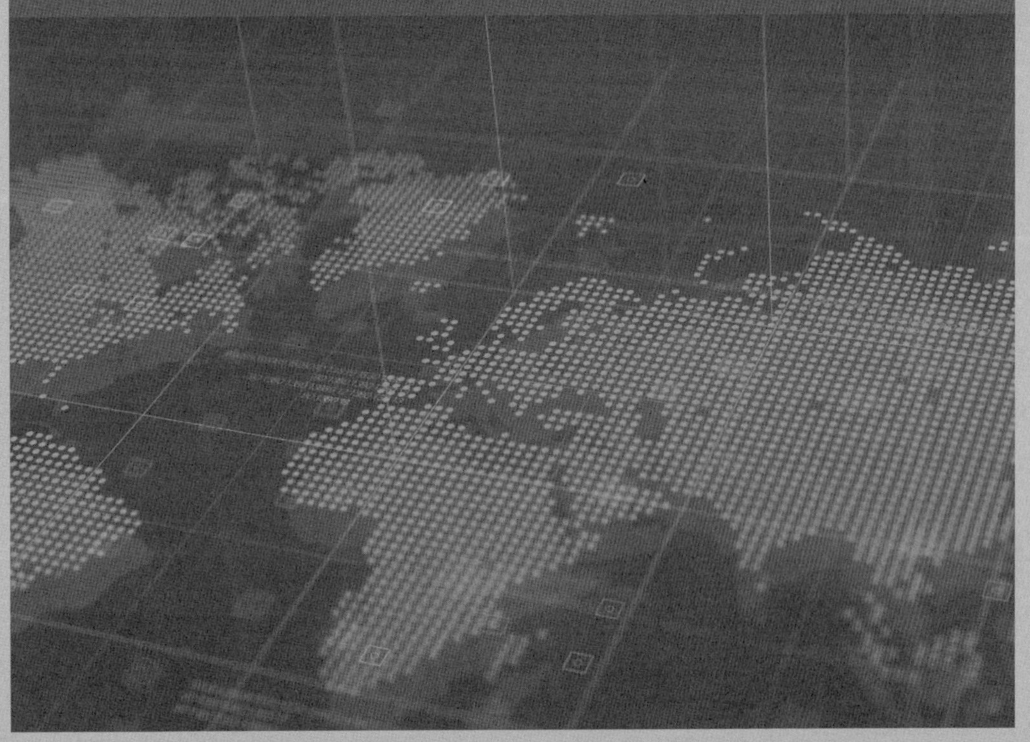

■ 영국의 정보기구 ■

	내각부	국방부	외무부	내무부
조정 · 통제	JIC (합동정보위원회)			
국내방첩				SS (보안부) · NCA (국가범죄국) · MPS (런던경찰국)
해외정보			SIS (비밀정보부)	
기술정보			GCHQ (정부통신본부)	
국방정보		DI (국방정보부)		

〈 영국의 정보기구 개관 〉

01 영국 정보기구의 역사

01 월싱햄의 비밀정보조직

- 월싱햄(Francsis Walsingham, 1537~1590)경의 비밀정보 조직은 엘리자베스 1세(Elizabeth Tudor I, 1533~1603) 여왕에 대한 암살을 방지하기 위해 1573년 설립되어 왕권 수호를 위한 첩보 수집, 비밀공작, 방첩활동, 암호해독을 담당함.
- 1588년 스페인 펠리페 2세(Felipe II de Habsburgo, 1527~1598)의 무적함대 격파에 결정적인 기여를 하며 국가안보를 위한 정보활동을 체계적 · 효과적으로 전개하여 최초의 근대적 정보기구로 인정받음.

02 전쟁성 정보국(War Office Intelligence Branch)

- 전쟁성 정보국은 군사정보 활동을 위해 1873년 설립되어 산하에 인도 지부(Indian Intelligence Branch, 1878)와 해군의 대외정보위원회(Foreign Intelligence Committee, 1882)를 보유함.

03 SSB(비밀정보국, Secret Service Bureau)

- SSB는 영국 내 독일 간첩 색출을 위해 윈스턴 처칠(Winston Churchill, 1874~ 1965)의 지원 하에 1909년 7월 설치된 영국 최초의 현대적 국가정보기관 임.
- SSB는 MI1에서 MI19까지 19개의 군사정보 부서로 구성되어 있었는데 1910년 해군성과 육군성으로 조직이 분리되면서 해군은 해외과(Foreign Section)를 육군은 국내과(Home Section)를 담당하게 됨.
- 해외과는 유럽의 해외정보 수집을 담당하고 국내과는 방첩활동을 담당하게 되었고 국내과와 해외과는 1916년 군사정보국(Directorate of Military Intelligence)에 편입되어 MI5, MI6 명칭으로 바뀜.
- MI6의 초대국장은 해외과 책임자인 해군장교 출신 맨스필드 커밍(Mansfield Cumming)이고 MI5의 초대국장은 국내과 책임자인 버논 켈(Vernon Kell) 임.
- 이후, MI6는 1921년 외무부로 소속을 옮겨 SIS(비밀정보부)로 MI5는 1931년 내무부로 소속을 옮겨 SS(보안부)로 개칭하여 정보기관의 권력을 분산하고 정권안보 수단으로 전락하지 않도록 함.

02 SIS(비밀정보부, Secret Intelligence Service, 일명 MI6)

01 SIS의 역사와 활동

- SIS는 해외정보 수집을 전담하는 외무부 소속 정보기관으로 국방, 외교, 경제정책 수립에 필요한 정보 수집 및 비밀공작을 담당함.
- 내각의 승인 하에 JIC(합동정보위원회)의 지휘 감독을 받아 해외 첩보수집 및 비밀공작 임무를 수행하며 외무부(Foreign & Commonwealth Office) 소속이나 내부의 자체조직은 아님.
- SIS는 1917년 러시아혁명으로 소련이 공산화 되자 볼셰비키의 권력장악을 막기 위해 멘셰키비를 지원하기도 했으며 냉전기간 소련을 대상으로 다양한 비밀공작을 수행함.

더 알아보기

SIS의 대표적 활동

- 라담 블랑쉬(La Dame Blanche, 백인여성이란 뜻)는 1차대전 당시 독일군이 점령한 벨기에 내 SIS의 스파이 조직으로 독일병력의 움직임을 매일 보고함.
- 서비스 클라렌스(Service Clarence)라는 2차대전 당시 벨기에의 SIS네트워크로 연안 방어, 연합군 폭파의 영향 및 독일군의 위치 등 광범위한 적 활동에 대한 귀중한 정보를 제공함.
- 동맹네트워크(Alliance Network)는 2차대전 당시 독일군 점령지인 프랑스 내 첩보망으로 독일의 병력이동과 전투순서, 비밀 무기 등 수준 높은 상세한 정보를 제공함.
- 조니 사건(The Jonny Case, Johan ('Jonny') de Graff)는 1935년 영국군이 매수한 독일의 공산주의자이자 코민테른 요원으로 중국과 프랑스의 코민테른 활동과 공산주의 확산 움직임에 대한 정보를 제공함.
- SOE(Special Operations Executive)는 2차대전 당시 은밀한 전쟁 수행을 위한 전시 비밀공작 조직으로 1945년 SIS에 흡수됨.
- 런던회의(London Conference) 2차대전 이후 소련에 대응하기 위해 1948년 SIS와 CIA가 설치한 공동회의체로 전술정보의 공동이용, 특수공작 계획, 공동훈련 등 실질적인 안보이슈들을 논의함.

02 SIS의 임무

- 냉전 종식 이후 SIS의 대소련 활동은 축소되고 유럽연합 내 지역 및 경제정보 수집, 대테러 업무에 따른 국제공조, 사이버 테러와 국제조직 범죄, WMD 확산 방지 등으로 확산됨.
- 대테러는 가장 시급한 임무로 2003년 이래로 SIS는 SS와 협조하여 국제 테러와 배후세력인 극단주의자를 분쇄하고자 장기 전략을 시행 중임.
- SIS는 WMD(핵, 화학, 생물학 무기 등 대량살상무기) 확산 방지를 위해 WMD를 획득하려는 국가에 대한 비밀정보 수집 및 획득 시도를 차단 활동에 주력하고 있으며 CIA와 함께 칸(Abdul Qadeer Khan) 네트워크를 적발·차단에 성공함.
- 영국에 대한 타국의 적대적 사이버 공격을 방어하기 위해 적국 정부, 비정부 행위자의 의도나 계획에 대한 비밀정보를 수집하여 제공함.
- 장기적인 해외 불안정과 갈등은 테러리스트가 번성할 수 있는 환경을 제공하므로 이를 차단하기 위해 정보 및 조기경보를 제공고 정치적 개입을 유도함.

03 SIS의 조직 구성

- 소요생산국(Directorate of Requirements and Production)은 SIS의 핵심부서로 정보 수요에 따라 전세계 정보수집을 담당하며 원래 소요국(R)과 생산국(P)이 분리되었다가 70년대 초 통합됨.
- 방첩보안국(Directorate of Counter-intelligence and Security)은 인사보안, 신원조사 등 SIS 내부 방첩업무를 담당하며 작전보안관(SBO, Security Branch Operatioin)을 해외에 파견함.
- 인사행정국(Directorate of Personnel and Administration)은 인사, 행정 및 기록보존소를 운영하고 신규 SIS요원 교육을 담당함.
- 특수지원국(Directorate of Special Support)
- 지원관리국(Directorate of Support Services)

03 SS(보안부, Secret Service, 일명 MI5)

01 SS의 임무 및 활동

- 국내 방첩 및 보안업무를 총괄하는 내무부 소속의 정보기관으로 대간첩, 대테러, 대사보타지, 산업스파이 색출 등을 통해 국가안전을 보호하고 의회민주주의를 보호함.
- 소속은 내무부로 장관이 법적 권한을 부여하나 내무부(Home Office) 조직의 일부는 아닌 독립적 정보기구임.
- 스파이 색출, 테러, 마약, 불법이민, 조직범죄까지 경찰이 담당하던 업무까지 활동을 확장하고 있으며 중요정보를 보유한 회사 및 기관의 보안에 대한 조언을 제공함.
- 영국은 국내 방첩활동과 사법활동(체포 및 수사)이 분리되어 있어 SS는 43개 지역 경찰청(특히 특수국), NCA(국가범죄국) 및 국세청(HM Revenue and Customs)과 같은 법 집행기관들과 협력체계를 유지함.
- 더블크로스 시스템(Double-Cross System)은 제2차 세계대전 중 GC & CS(정부암호학교, GCHQ의 전신)가 해독한 독일의 에니그마로부터 정보를 활용하여 공작원을 체포한 뒤 독일에 대해 역용공작을 펼침.

- 케임브리지 5인방(Cambridge Spy Ring)의 실패는 2차대전부터 1950년대 초까지 소련에 기밀정보를 유출한 케임브리지대 출신 스파이망을 차단하지 못하고 SS의 감시 대상자와 방법이 모두 노출된 사건임.

02 조직구성

- SS는 10개의 부서로 이루어져 있으며 차장(DDG, Deputy Director General) 및 조장(ADG, Assistant Directors General)는 SS의 역량과 기능에 대해 책임을 공유함.
- 이사회(Management Board)는 JIC의 통제 하에 부장(DG), 차장(DDG), 조장(ADG)들이 함께 정기적으로 정책 및 전략문제를 논의하고 위협변화에 따른 업무 우선순위와 조직대응을 결정함.

03 JTAC(합동테러분석센터, Joint Terrorism Analysis Centre)

- JTAC는 SS 산하에 2003년 설치된 국제 테러리즘 전문 분석기관으로 SS, SIS, 국방부, 경찰 등 다양한 기관에서 파견된 분석관들로 구성되며 정보기관 간 테러 정보공유의 구심점 역할을 함.
- JTAC의 분석관들은 국가적 수준의 테러위협 단계 설정과 테러 경향·조직·능력에 대한 보고서를 발간하며 대간첩, 비확산 부서와 긴밀히 협력하며 JTAC의 수장은 DG(SS 수장)에게 보고함.
- 대테러 업무는 최우선 업무로 북아일랜드, 웨일즈, 스코틀랜드의 극단적 민족주의자, 이슬람 수니파, 이슬람 극단주의자들에 대한 정보활동을 활발히 수행하며 이를 격퇴하고자 노력함.

04 CPNI(국가기반시설보호센터, Center for Protection of National Infrastructure)

- CPNI는 테러, 간첩활동 등의 위협으로부터 국가기반시설을 보호하는 SS산하 기관으로 수장인 DG에게 보고함.
- 물리적 보안(시설보안)과 사이버 보안을 포함하여 국가인프라 보호를 위한 조언과 지침을 제공하며 사이버보안은 GCHQ 산하의 NCSC(국가사이버 보안센터)와 협력함.

04 GCHQ(정부통신본부, Government Communication Headquarters)

01 GCHQ의 역사

- 영국의 SIGINT와 통신보안을 담당하는 외무부 소속의 정보기관으로 JIC의 지휘·감독에 따라 외국 대사관의 메시지, 무선통신 등을 감청·해독하고 암호체계를 개발함.
- 제1차대전 당시 무선감청 및 암호해독 임무를 수행하던 육군의 MI8(MO5b → MI1b, 프랑스의 도움을 받음), 해군의 40호실(Room 40, 짐머만 전보를 해독하여 미국 참전을 유도함)이 GC & CS(또는 GCCS, 정부암호학교, Government Code and Cypher School)에 통합됨.
- GC & CS는 제2차대전 동안 독일의 에니그마(Enigma) 해독을 위한 울트라 작전(Ultra Project)으로 암호해독에 성공하고 연합군 승리에 결정적 기여를 함.
- GCHQ는 GC & CS가 개편된 조직으로 활동이 알려지지 않다가 1983년 GCHQ 소속 KGB 첩자인 제프리 프라임(Geoffrey Prime, 1938~, 자발적 공산주의자) 에 대한 재판을 통해 일반인에게 알려짐.

02 GCHQ의 임무

- GCHQ는 1989년부터 독자적인 인공위성을 확보하고 세계 각지에 감청기지를 운영하며 육·해·공군의 통신감청부대를 지휘하며 SIGINT 활동을 수행함.
- 영국군의 안전한 배치를 지원하고 사이버 공격의 위협에 대비할 수 있는 군사역량을 지원하며 합동기술언어국(JTLS, Joint Technical Language Service)은 통신감청에서 획득한 음성대화를 번역하여 각 부처에 제공함.
- GCHQ의 정보활동은 1994년 정보부법이 제정되어 의회 내 정보안보위원회(ISC, Parliament's Intelligence and Security Committee)의 감독을 받음.
- 미국의 NSA와 영연방 국가들의 에셜론(Echelon Surveillance System)의 핵심멤버로서 전세계 감청활동을 수행함.

03 NCSC(National Cyber Security Centre)

- NCSC는 GCHQ 산하의 사이버 보안 기관으로 CCA(Centre for Cyber Assessment), CERT UK(Computer Emergency Response Team UK), CESG(정보보안을 담당하는 통신전자보안단)이 통합된 조직임.

- 영국의 사이버 보안의 총괄 담당기관으로 CPNI(국가기반시설보호센터)의 사이버 분야를 책임지며 정부, 민간기업, 연구기관과 협업함.

05 NCA(국가범죄국, National Crime Agency)

01 NCA의 역사

- 영국의 FBI로 조직범죄, 국경 경비, 경제 범죄 및 아동학대 및 성적착취 차단, 국가 사이버범죄조직 대응을 위해 2013년 설립된 기구임. (NCIS → SOCA → NCA)
- NCIS(국가범죄정보국, National Criminal Intelligence Service)는 마약밀매, 돈세탁, 조직범죄 등 핵심범죄 집단의 소탕을 위해 1992년 4월 창설된 기구로 국내 5개 지부와 및 해외부서가 있음.
- SOCA(중대범죄수사국, Serious Organized Crime Agency)는 경찰의 국제 범죄반(National Crime Squad), 국가첨단범죄부대(National Hi-Tech Crime Unit), NCIS 및 세관 일부와 출입국 관리조직을 흡수한 조직임.

02 조직구성

- IOD(정보공작부, Intelligence and Operations)는 범죄수사, 정보허브 업무, 정보수집, 국경, 인터폴 협력, 전문가지원업무를 맡으며 NCA의 핵심부서로 정보종합 및 의사결정을 수행하는 상황조정실의 역할을 수행함.
- OCC(조직범죄국, Organised Crime Command)은 단순 폭력조직인 아닌 마약, 지식범죄, 무기밀매 등의 조직범죄 집단을 분석·관리하고 대응책을 수립함.
- ECC(경제범죄국, Economic Crime Command)는 돈세탁, 사기, 위조지폐 등을 방지하고 경제인프라의 취약성을 감소시켜 심각한 조직경제 범죄를 차단함.
- 국제부패방지조직(ICU, International Corruption Unit)은 영국의 금융정보 조직(UK Financial Intelligence Unit)과 경제범죄 수사관 모니터링 및 교육담당
- 사이버범죄부(NCCU, National Cyber Crime Unit)는 사이버위협에 대한 국가적 대응을 조정하며 지역조직범죄부(ROCUs, Regional Organised Crime Units), 런던경찰국 사이버범죄부(MPCCU, Metropolitan Police Cyber Crime Unit)와 협력 및 정보 공유를 함.

06 MPS(런던경찰국, Metropolitan Police Service, MET 또는 Scotland Yard)

01 MPS의 역사

- MPS 창설 당시 경찰국 위치가 런던 소재 옛 스코틀랜드 국왕의 궁전 터에 위치하여 스코틀랜드 야드(Scotland Yard)라는 별칭을 갖게 됨.
- 런던 시내를 관할하는 런던시경(City of London Police)이나 영국 철도와 지하철을 담당하는 철도경찰(BTP)은 MPS에서 제외됨.

02 CTC(대테러사령부, Counter Terrorism Command, 일명 SO15)

- CTC는 MPS 내 반테러지부(Anti-Terrorist Branch)와 특수지부(Special Branch)를 통합하여 설립된 전문공작부(Specialist Operations) 산하 부서임.
- 특수지부는 MPS 내 범죄수사부(Criminal Investigation Department) 산하의 정보 및 보안업무를 담당하는 부서로서 첩보수집과 체포권을 활용하여 테러 및 조직범죄 대응임무를 주도적으로 수행함.
- 특수지부는 1883년 IRA(아일랜드공화국군, Irish Republican Army)의 테러에 대응하기 위한 아일랜드 특수지부(Irish Special Department)에서 출발하여 관련 기능을 1992년 SS로 이관하고 2006년 CTC에 통합됨.

07 DI(국방정보부, Defense Intelligence)

01 DI의 역사와 임무

- DI(구. DIS)는 1946년 설립된 합동정보국(Joint Intelligence Bureau)의 후신으로 1964년 각 군의 정보조직을 흡수하여 국방정보참모부(DIS, Defense Intelligence Staff)로 개편되었다가 2010년 현재의 명칭으로 바뀜.
- 영국 정보공동체의 구성원이지만 SIS, SS, GCHQ 처럼 독립된 정보기관이 아니라 국방부의 한 부서로서 존재하며 DI의 수장인 CDI(Chief of Defense Intelligence)는 중장으로 국방참모본부의 정보참모직을 겸직함.

- DI는 국방정책 수립과 군사작전 수행 시 요구되는 군사정보를 종합적으로 수집·분석하여 국방부 등 내각 부처와 JIC, 내각부처, NATO와 EU에 전달하고 있음.
- 군사정보 이외에 국익에 핵심적인 국내외 정치, 테러, WMD, 과학기술 정보를 수집하며 적시에 전략적 경고를 내리는 임무도 수행함.
- 국방정책 지원 평가 및 조언제공, 국방부 및 군대에 전략적 방어 정보, 국방 연구 및 군사작전 지원을 위한 장비에 대한 정보를 제공함.

02 조직 구성

- 합동군정보그룹(Joint Forces Intelligence Group)은 IC, 군 및 부처 정보, 국제 파트너들의 정보들이 통합되어 국방 및 국가적 이슈에 대한 통합적이고 일관된 지식을 제공함.
- 합동정보교육그룹(Joint Intelligence Training Group)은 국방 및 국가적 요구에 부응하는 혁신적이고 유연한 정보훈련을 제공함.
- 국방사이버(Defence Cyber)는 군의 사이버 통신 보안 시스템의 기능을 조정함.

08 JIC(합동정보위원회, Joint Intelligence Committee)

01 JIC의 역사와 임무

- JIC는 1936년 대영제국 국방위원회(Committee of Imperial Defense, NSC의 전신)의 분과로 출범해 1차대전시 독일의 전쟁계획 및 군사력 종합분석의 미비점를 보완하기 위해 1939년 확대·개편된 조직임.
- JIC는 2차대전 간 부문정보기구의 단편적인 정보를 취합하여 적의 육·해·공군, 정치·경제 등 모든 정보를 종합·분석하는 국가평가(national assessment)를 통해 전쟁 승리에 큰 기여를 함.
- JIC는 영국 내각부(Cabinet Office) 소속으로 내각에 안보, 국방, 외교문제에 대해 자문 제공 및 정보기구를 총괄하여 조정·통제하는 역할을 담당함.
- 총리와 내각 장관들에게 PNIO(국가정보목표우선순위)에 따라 첩보수집 및 정보분석에 대한 자문을 하고 미국의 NIC과 유사하게 정보공동체의 견해를 종합한 NIEs를 생산함.

- JIC는 내각이 정책을 수립하는데 필요한 중요한 정보를 제공하며, 정보기관에 하달된 임무 수행을 정기적으로 감사하는 등의 업무를 수행함.
- JIC 의장(Chairman of the Joint Intelligence Committee)은 위원회의 모니터링과 경고 역할이 제대로 이행되도록 보장하고 필요한 경우 상설 또는 임시로 소위원회를 둘 수 있음.
- 시급하거나 혹은 장기적으로 국가이익에 중요한 안보이슈에 대하여 각 정보부처 간 조정된 정보평가 결과를 내각에 제공하는 정보조정자(Intelligence Coordinator) 역할을 수행함.
- 각 정보기관에서 수집한 내용을 토대로 일일, 주간정보보고서와 장기정세 보고서를 작성하여 총리 및 내각에 배포하고 각종 위협을 평가하여 조기경보를 발령함.
- JIC는 SIS, SS, GCHQ, DI의 수장, 국방정보참모차장, 평가실장, 국방부, 외무부 등 정부 각 부처 대표, 총리의 외교담당보좌과 CIA의 런던 지부장이 정례 참석하며 영연방 국가의 정보기관에서 파견된 영국주재 지부장도 필요시 참석함.

02 JIO(합동정보조직, Joint Intelligence Organization)

- JIO는 블레어 총리가 정보기관의 분석능력 개발 및 정보평가를 주도하기 위해 설립한 기구로 JIC와 NSC의 활동을 지원함.
- 국익을 침해하는 직·간접적 위협에 대한 조기경보와 정보평가를 감독하고 정보분석 방법과 훈련에 대한 조언 등 분석능력의 전반적 향상을 위해 노력함.
- JIC의장(Chairman of the Joint Intelligence Committee)이 수장으로 다양한 부서에서 종합분석 업무를 경험한 전문 분석관인 평가참모(Assessments Staff)가 파견되어 지원함.

03 기타 내각부의 정보조직

- Intelligence Coordinator(내각정보조정관) 또는 Intelligence and Security Coordinator (내각정보안보조정관)은 PSIS에 정보보고서를 제출하고 5년간의 예산에 대한 조사와 예측을 담당하며 정보업무에 대한 일반적인 지침을 제공함.
- PSIS(상임차관정보위원회, Permanent Secretaries' Committee on the Intelligence Services)정보기구의 예산을 관리하고 IC내 일반적인 감독을 담당함.

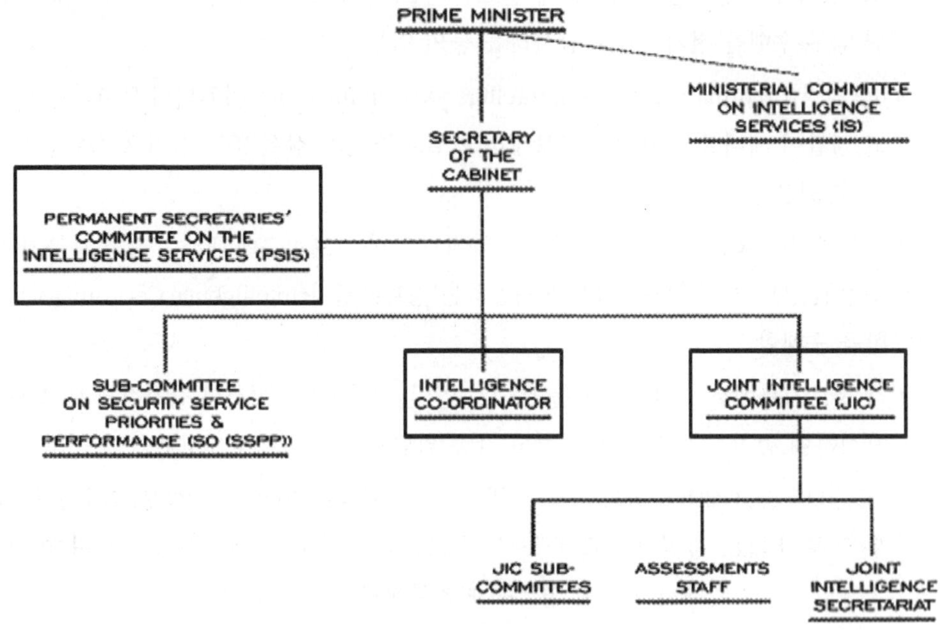

〈 기타 내각부 정보조직 〉

09 NSC(National Security Council)

01 NSC(국가안전보장회의)

- 캐머런 총리가 2010년 5월 국가안보, 외교정책, 방위, 사이버 보안, 에너지자원 보호 및 정보조정 관련 이슈를 다루며 당면한 위협에 대한 대응을 조정하고 유관기관의 업무를 통합하기 위해 설립함.
- 위원장은 총리이며 내각부, 외무부, 내무부, 국방부, 법무부, 재무부, 비즈니스, 에너지 및 산업전략부, 국제개발부 장관이 참여함.

02 NSS(국가안보사무국, National Security Staff)

- NSS는 NSC의 사무국으로 NSC에 대한 정책지원 제공, 외교 및 국방 정책 조정 및 개발, IC의 윤리적·법적 문제 조정, 예산 및 정보우선순위 관리, 의회 내 정보및보안위원회에 대한 대응, 효과적인 보안정책 및 정부기능을 개발함.

- NSS는 비상사태에 대응 및 복구 능력 향상, 정부의 효과적 위기 대응 조정, 국가 사이버보안 전략에 따른 전략적 리더십을 제공함.

10 영국 정보기구의 동향과 통제

01 9.11테러 이후 동향

- 9.11 테러 이후 영국 IC개혁은 분산된 정보기구의 역량을 통합하는 데 중점을 두었으며, 특히 JIC의 역량을 향상시키는 방향으로 추진됨.
- 블레어 총리는 종합적 정보분석 역량을 강화하기 위해 합동정보조직인 JIO를 설치했으나 수직적 · 관료적 조직으로 효율성이 떨어졌다는 평가임.
- 브라운과 캐머론 총리 등 출범한 내각마다 다양한 정보기구의 개혁을 추진했으나 성공적이지 못함.

02 정보기관의 통제

- 영국의 정보기관들은 내각에 의해 통제되며 총리는 정부 내의 모든 정보나 보안 관련 사무나 기관에 대해 전반적인 권한을 갖고 있음.
- 국가정보기관을 관장하는 외무, 내무, 국방장관은 해당 정보기관에 활동권한을 부여하면서 정보기관의 활동을 통제함.
- 의회는 정보부법(Intelligence Service Act, 1994)을 통하여 의회 내 설치된 정보보안위원회(ISC, Intelligence and Security Committee, 상 · 하원의원 9명으로 구성)를 통해 SIS, SS, JIC의 예산, 행정, 관련 정책을 검토함.
- SIS와 GCHQ는 정보부법(Intelligence Service Act, 1994)으로, SS는 보안부법(Security Service Act, 1989)으로 규정한 테두리 내에서 활동함.

■ 프랑스의 정보기구 ■

	대통령	국방부	내무부	행정 및 재무부
조정·통제	CNR (국가정보위원회)			
국내방첩			DGSI (국내안보총국)	TRACFIN (금융정보국) · DNRED (세관정보조사국)
해외정보		DGSE (해외안보총국)		
기술정보		DGSE (해외안보총국) · BRGE (정보 및 전자전 여단)		
국방정보		DRM (군사정보부) · DRSD(구. DPSD) (국방정보보안국)		

〈 프랑스의 정보기구 개관 〉

01 프랑스 정보기구의 역사

01 샹브루누아(Cabinet Noir)

- 샹브루누아는 앙리3세, 앙리4세가 모두 암살되자 리슐리외(Richelieu) 추기경이 루이 13세(1601~1643) 때 1620년 경 설립한 왕권 보호기구로 국내 귀족의 동향을 감시하고 서신검열을 함.
- 프랑스 절대왕정을 수호하는 핵심적인 통치수단으로서 활용되었으나 1789년 프랑스혁명 이후 음모와 공작을 일삼는다는 비판을 받고 폐쇄됨.
- 나폴레옹 집권 후 정적 감시를 위한 비밀경찰 기구로 부활하였으나 나폴레옹 3세 때 정보활동의 실패로 프러시아와의 전쟁(1870~1871)에서 대패함.

02 통계 및 군사정찰과(Statistical and Military Reconnaissance Section)

- 통계 및 군사정찰과는 보불전쟁(독프전쟁) 종료 전 알자스-로렌을 점령하던 프러시아(독일)군에 대한 첩보수집을 담당한 조직으로 이후 첩보국(SR)으로 발전함.

03 첩보국(SR, Service de Renseignement)

- SR은 프러시아와 적대국들의 군사동향에 대한 첩보수집과 내부 스파이를 적발하는 방첩활동을 수행했으나 드레퓌스 사건으로 1899년 해체됨.
- 내무부 치안국(Surete Generale)은 SR의 방첩기능을 흡수하고 1899년 5월 사법조사관리총국이 창설되어 1차대전 전까지 방첩업무를 담당함.

더 알아보기

드레퓌스 사건(L'affaire Dreyfus)

- 1884년 프랑스 육군의 포병대위로 근무하던 유태인 대위 드레퓌스(Alfred Dreyfus)를 무고하게 간첩으로 체포하고 조직적으로 사건을 은폐·조작한 사건임.
- 19세기 후반 보불전쟁에서의 대패와 유럽의 반유대주의로 독일계 유태인 드레퓌스가 누명을 쓰고 변호인도 없이 군사법정에서 유죄를 선고받음.
- 조르쥬 피카르 중령이 우연한 기회에 진짜 간첩 에스테라지를 적발하여 드레퓌스는 무죄라는 것이 밝혀지나 진범은 풀려나고 피카르는 군사기밀 누설죄로 체포됨.
- 드레퓌스의 무죄여부를 놓고 군부 및 로마 가톨릭교회 등 보수세력과 진보세력이 대립하고 에밀졸라는 대통령에게 보내는 "나는 고발한다"라는 기고문을 싣는 등 지식인들의 반발로 세계적인 비난에 직면함.
- 이후, 유대인은 약속의 땅 팔레스타인에 이스라엘을 건국하자는 시오니즘 운동을 시작하게 되고 이스라엘 건국이후 반유대주의도 차츰 소멸함.
- 1906년 결국 드레퓌스의 무죄가 선고되고 육군에 복직하여 훈장을 받고 진급하였으며 1차대전에도 참가하였으나 이미 SR(첩보국)의 신뢰도는 심각히 손상됨.

04 DB(육군 참모부 제2국)

- DB는 SR의 정보기능을 통합한 조직으로 독일, 이탈리아, 오스트리아 등 주변국에 대한 첩보수집을 효과적으로 실시함.
- 육군 참모부는 보불전쟁 후 프러시아의 편제를 모방하여 설립된 군사조직으로 1국은 인사, 2국은 첩보, 3국은 작전, 4국은 병참을 담당함.
- DB는 군사정보를 수집·분석하여 보고서를 작성·배포하는 기관이며 공군과 해군도 각각 정보부가 있었으나 1938년까지 육군성에 정보기능이 집중됨.

05 기타 정보조직

- 서신검열소(Cabinet Noir)는 독일, 영국, 이탈리아 등의 외교 전문을 검열하는 기구로 1880년 경 외무부에 설치됨.
- 암호공동위원회(Commission Interministeriel de Cryptographie)는 육군성, 해군성, 내무부 등 부처합동으로 1909년 창설한 도청 및 암호해독 기구임.

02 DGSE(해외안보총국, Directorate-General for External Security)

01 DGSE의 역사

(1) BCRA(중앙정보활동국, Central Bureau of Information and Action)

- BCRA는 2차대전 중 독일의 프랑스 점령(1940~1944, 페탱의 비시 정권) 이후 드골(Charles de Gaulle, 1890~1970)의 프랑스 망명정부가 독일에 대항하기 위해 만든 정보조직임.

(2) DGSS(총특무국, General Directorate of Special Services)

- DGSS는 BCRA가 알제리의 지로 장군(General Giraud) 휘하의 DB 산하 SR(첩보국)과 통합된 조직으로 이후 연구조사총국(DGER, Directorate of Studies and Research)으로 바뀜.

(3) SDECE(해외정보 및 방첩국, External Documentation and Counterespionage Service)

- SDECE(해외정보 및 방첩국)는 드골이 임시정부 수반에서 물러난 후 DGER이 해체되면서 총리 직속으로 1947년 창설된 조직임.
- SDECE는 DGER이 광범위하게 하던 전화도청, 서신검열 등 국내정보 활동을 법령으로 금지하고 해외 부문만 전담하게 함.
- SDECE는 프랑스령이던 모로코의 반체제 운동가이며 제3세계 해방운동을 주도하던 메디 벤 바르카(Mehdi Ben Barka, 1920~실종) 납치 · 살해사건에 연루되어 1965년 국방부 소속으로 변경됨.
- SDECE는 미테랑(1916~1996) 대통령 집권 이후 1982년 DGSE(해외안보총국) 으로 명칭을 변경함. (BCRA → DGSS → DGER → SDECE → DGSE)

- 공작부(암살, 파괴, 유괴), 정보수집본부, 방첩본부, 암호해독부, 파일부, 연구부, 기술부, 제7부(외교행낭 및 중요서류 개봉), 총무본부가 있었음.

02 DGSE의 활동

- 해외첩보 수집·분석 및 비밀공작을 담당하며 국가안보를 수호하는 국방부 소속의 국가정보기관으로 반국가사범 및 테러범에 대한 수사권도 가짐.
- 국내간첩의 탐지 및 검거도 법령에 나온 임무로 원래 국내정보 및 수사권은 내부부 산하의 DGSI(국내안보총국)에 있으나 외국공관, 국제공항, 외국인 호텔 등 국외 도피 가능한 범인의 추적은 DGSE의 활동영역으로 인정됨.
- 레인보우 워리어(Rainbow Warrior) 사건은 프랑스의 핵실험에 반대하던 국제 환경단체인 그린피스 소유인 동명의 선박을 1985년 7월 DGSE가 폭파시킨 것으로 결국 DGSE 수장과 국방장관이 사임함.
- DGSE는 냉전종식 이후 미국의 우주항공산업 정보를 몰래 입수하고자 하였고, 이에 CIA는 1993년 파리에어쇼에 참가하는 자국 업체들에게 주의를 기울이라는 경고를 하는 등 문제가 제기되어 DGSE 국장이 사임하게 됨.
- DGSE 요원들은 프랑스 여객기를 도청하여 미국 사업가들의 대화 내용을 녹취하고 미국회사의 유럽지사에 정보원을 심는 등 적극적인 경제정보활동 중임.

03 DGSE의 조직

- 전략국(Directorate of Strategy)은 정보보고서 생산
- 정보국(Directorate of Intelligence)은 산하에 정치정보부와 보안정보부로 구성
- 기술국(Technical Directorate)은 TECHINT 수집
- 공작국(Directorate of Operations)은 비밀공작을 수행

03 DGSI(국내안보총국, General Directorate for Internal Security)

01 DGSI(국내안보총국, General Directorate for Internal Security)의 역사

(1) DST(국토감시청, Directorate of Territorial Security)

- ST(Surveillance du Territoire)는 방첩 및 테러기구로 1937년 설립되어 독일군 점령 후 해체되었다가 독일 퇴각 이후 1944년 DST로 재창설 됨.
- DST는 프랑스 내무부 산하 기구로 대간첩, 비확산, 조직범죄 등 국가안보에 위협이 되는 외부세력의 시도를 조사, 예방, 진압하며 냉전 이후 첨단기술 유출방지를 위한 산업보안과 대테러에 중점을 둠.
- DST는 전통적으로 경찰청장 출신들이 지휘를 맡았고 방첩부, 방호 및 보안부, 테러대책부, 전기통신 경찰부의 부서가 있었음.

더 알아보기

냉전기간 DST의 활동

- KGB의 T국(과학기술정보 수집) 요원인 블라디미르 페트로프(Vladimir Vetrov, 1932~1985, 암호명 Farewell인 이중스파이)를 포섭하여 KGB가 입수했거나 입수 예정인 서구의 과학기술 관련 서류를 확보함.
- 1976년 팔레스타인 테러단인 검은 9월단(Black September)의 지도자인 아부 다우드 (Abu Daoud)를 프랑스에서 검거하였으나 DGSE의 신변보장 약속 때문에 석방함.
- 프랑스의 우주로켓 아리안(Ariane, 프랑스 주도로 개발한 유럽우주국의 발사체로 상업위성 SPOT을 쏘아 올렸음)에 대한 정보를 수집하기 위해 소련이 파견한 간첩단을 색출함.
- 프랑스 국영회사였던 프랑스 텔레콤(현재 민영화된 Orange)의 기술자에게 접근한 CIA 요원을 차단하여 본국으로 돌려보냄.

(2) RG(경찰청 정보국, General Information)

- 주요인사 동향 및 노조 활동을 파악하던 경찰청 정보 조직으로 촘촘한 정보력을 보유했으며 연구실, 사회 문제분석실, 행정지원실, 카지노 및 도박 담당실 등의 부서를 두고 있었음.
- RG는 정통성을 인정받지 못하는 나치 비시 정권(Vichy France)에서 설치된 조직으로 폐지 또는 통합 문제가 계속 제기되다가 결국 DCRI에 합병됨.

(3) DCRI(중앙국내정보청, Central Directorate of Interior Intelligence)

- DCRI는 2008년 7월 사르코지(Nicolas Sarkozy, 1955~)에 의해 DST와 RG가 통합되어 창설된 기구로 2014년 5월 내무부 소속의 DGSI로 확대 개편됨.

02 DGSI(국내안보총국)의 임무와 활동

- 방첩, 경제방첩, 대테러, 사이버범죄 대응뿐 아니라 보안활동, 정보통신 기술을 통한 감시가 임무인 내무부 산하의 정보기구임.
- 방첩은 역사적으로 핵심적인 임무로 간첩 행위, 사보타주 또는 국가전복의 위협을 발견하여 제거하는 것이 목표임.
- 경제방첩은 프랑스의 경제 및 산업부문과의 협력을 통해 경제적, 과학적 및 기술적 보호를 담당하고 대량살상무기 확산 방지를 위한 임무를 수행함.
- 대테러는 고도로 진화하는 테러리스트 및 극단주의 세력의 위협을 탐지하고 모니터링하여 필요한 경우 수사 등 사법경찰로서의 역할도 담당함.
- 사이버범죄 대응은 정보 통신기술을 활용한 위협에 대응하여 국가이익을 위한 전략적 활동에 대한 공격을 조사하여 국가를 보호함.
- 운영 예산은 공식적으로 의회의 승인을 받아 집행되나 특정 비밀공작의 경우 대통령 특별자금이 지원될 수 있고 이는 비밀로 유지됨.
- 정찰기, 정찰위성, 해저 광케이블, 해외 영토나 옛 식민지의 위성안테나를 통해 SIGINT, IMINT를 수집하고 이를 해독하기 위한 정보통신시스템 엔지니어, 암호수학자, 언어학자 등 전문직이 근무 중임. (2012년 미국과 정보협정 체결)

03 조직구성

- 경제보호국
- 대테러국
- 정보기술국
- 대전복국
- 대간첩국
- 국제국

04 금융 및 세관 정보기관

01 TRACFIN(금융정보국)

• TRACFIN은 1990년 5월 관세청(DGDDI) 산하 조직으로 출범했다가 1989년 파리 G7 정상회담에서 불법자금 대응을 위한 국제적 논의 이후 2006년 12월 행정 및 재무부(Ministry of Action and Public Accounts)로 소속이 변경됨.

• 국익과 국가안보를 저해하는 불법금융기관 운영, 자금세탁 방지 및 테러자금 조달 대응을 위한 운영 및 전략분석을 통해 금융거래 범죄를 차단함.

02 DNRED(세관정보조사국)

• 최초의 관세 조사조직은 1932~1937년 파리에서 시작되었고 이후 영역과 기능을 확장한 국가차원의 관세조사국(DNED)이 설립된 후 2007년 정보기능이 추가되어 DNRED(세관정보조사국)으로 확대 개편됨.

• DNRED는 관세청(DGDDI)의 하위기구로 임무는 무기, 마약, 담배 및 위조품의 밀수입과 인신매매를 차단하고 관련 불법조직을 해체시키는 것임.

• DNRED는 세관 영역 내에서 운영되고 상품 및 인력의 흐름, 운영정보 수집 및 특정 전문기법을 통한 정확한 분석을 실시하고 해외의 프랑스 세관원 네트워크의 운영 활동을 조정함.

• 조직은 파리 내 운영 담당부서와 각 지역 및 해외의 세관조사국, 세관정보국 등으로 구성됨.

05 군 정보기관

01 DRM(군사정보부, Directorate of Military Intelligence)

• DRM은 1991년 걸프전쟁 이후 드러난 정보 격차를 줄이고자 1992년 6월 창설된 군 정보기관으로 IC의 개혁 속에서 효율적이고 중앙집권적인 정보조직을 지향함.

- 해군을 제외한 육군과 공군의 군 정보기관이 통합되었으며 냉전종식 이후 불필요한 DGSE의 국방 부문도 DRM에 이전됨.
- 군사정보를 종합적으로 분석하여 국방장관, 합참의장, 군사령관 및 관련 부서에 배포하며 군 정보 관련 국방부 장관을 지원 및 자문함.
- DRM은 위험 및 위협에 대한 전략적 모니터링을 통해 정책결정 지원, 군사옵션 제안, 실제 전장에서 작전을 수행하는 데 필요한 정보를 제공함.
- DRM은 군사기획을 기획, 조정, 주도하고 군사정보(HUMINT, SIGINT, IMINT)를 분석하는 프랑스 IC의 일부로 미국의 DIA와 유사한 독립정보기관임.
- 수집된 정보의 확인, 분석, 검증 및 배포를 담당하는 기관으로 같은 국방부 소속의 DGSE가 담당하는 정치 및 전략정보까지 활동이 확대되는 추세임.

02 DRSD(국방정보보안국, 구. DPSD, Directorate of Intelligence and Defense Security)

- DPSD(Directorate for Defense Protection and Security)는 1981년 설립된 군 보안국(DSM)의 후신으로 군내 방첩, 보안(인원, 시설, 장비), 방산보안 및 정치적 중립성을 감시함.
- DRSD(국방정보보안국)는 DPSD의 기존임무에 대테러 기능을 강화하여 2016년 10월 새로 창설된 조직으로 DGSE 처럼 국방부 장관에게 직접 보고하며 우리나라의 군사안보지원사령부(DSSC)와 유사함.
- 최근 국방 분야의 경제방첩 및 사이버 보안에 중점을 두고 있으며 국내외 프랑스군 주둔 모든 지역(아프리카, 중동 등)에 국방보안검사관(ISD)을 파견하여 활동 중임.

03 BRGE(정보 및 전자전 여단, Intelligence and Electronic Warfare Brigade)

- 다양한 통신 및 레이더 신호를 모니터링 및 SIGINT 수집활동을 하고 국방부와 DRM 등 관련부대에 이를 제공하는 기관으로 1993년 9월 창설됨.
- 알자스에 위치한 육군 54연대(54e R.T)가 대표적인 BRGE의 일부로 군부대의 통신 및 정보기술 보안지원도 제공함.

06 대통령 및 총리 산하 기구

01 CDSN(국방 및 국가안전보장회의)

- CDSN은 시라크(Jacques Chirac, 1932~)가 1986년 설치한 CSI(국가안전보장 이사회)를 대체하는 기구로서 테러리즘 등 변화하는 안보환경에 대응하기 위해 2010년 1월 창설됨.
- CDSN은 군사작전, 방어작전, 위기대응, 경제 및 에너지 안보, 국내 보안 프로그램과 대테러 이슈들의 우선순위를 정함.
- 대통령, 총리, 국방부 장관, 내무부 장관, 경제재정부 장관, 외무부 장관이 참여하고 필요 시 관계 장관을 소집할 수 있으며 대통령은 의제에 따라 원하는 각료를 제한적으로 소집 가능함.
- 산하에 SGDSN, CNR, CNCT, 핵무기협의회 등의 4개 조직으로 구성됨.

02 SGDSN(국방 및 국가안보회의 사무국)

- SGDN(국방사무국)의 후신으로 국무총리가 의장이며 CDSN을 효과적으로 지원하기 위해 2010년 SGDSN으로 개편됨(프랑스는 이원집정부제)
- 다양한 정보를 통합·분석하여 WMD, 테러, 인공위성, 에너지 등의 위협이나 위험을 감시·경고하고 안보 및 정보정책을 조정하는 역할을 담당하며 안보정책의 일관성 및 연속성을 유지하도록 함.
- SGDSN은 대통령과 총리 사이의 연결고리 역할을 하는 기구로 대통령과 총리의 안보정책을 준비(초안 작성)부터 후속 조치까지를 담당함.
- SGDSN은 군사 전략, 테러와 자연재해 등 위기대응 계획, 군축, 유럽우주프로그램, 사이버안보, 과학기술 보호, 경제 및 에너지 분야의 모든 전략적 방위 및 안보 문제를 다룸.
- 산하에 다음 조직으로 구성됨.
  - PSE(국가보호 및 안보이사회)는 WMD나 자연재해 등 위험 예방 및 보호
  - AIST(국제전략기술청)은 비확산, 전쟁물자의 수출통제와 국제위기 모니터링
  - ANSSI(국가정보시스템 보안청)은 국가 정보통신 시스템 및 사이버보안 담당

03 CNR(국가정보위원회, National Intelligence Council. 구. CIR)

- CIR(합동정보위원회, Interdepartmental Department Commission)은 IC 간 업무를 조정하며 위원장인 총리, DGSE국장, 경찰청장, 군 참모총장, 외교단장, 대통령 실장 등이 참여하여 국가정보계획을 수립하는 기구로 1959년 설치됨.
- CNR은 CIR을 대신히여 IC의 효율성을 위한 국가차원의 조정을 목적으로 2010년 대통령 직속의 CDSN(국방 및 국가안전보장회의) 아래 설치되어 대통령, 총리 및 관계 장관 등에게 필요한 정보를 제공함.
- 정보활동의 전략적 방향과 우선순위를 정하고 인적, 기술적 수단에 대한 계획을 작성하여 국가정보전략 및 테러와의 전쟁 계획을 수립함.
- CNR 내 국가정보조정관(National Intelligence Coordinator)은 국가정보전략을 준비하고 정보활동의 일관성과 효율성을 보장하는 IC 출신의 숙련된 전문가임.
- 국가정보전략은 복잡한 국제환경에서 프랑스 시민의 이익과 국가안보를 위한 향후 5년간의 정보정책으로 필요 시 매년 재평가 됨.

04 CNCT(국가대테러센터, National Centre for Counter Terrorism)

- CNCT는 2015년 파리테러 이후 연이은 극단 이슬람세력의 테러로 2017년 6월 설치된 CDSN 산하의 대통령 직속 대테러 기구임.
- 테러 위협에 대한 전반적인 분석을 담당하고 대테러 전략수립 및 우선순위의 조정을 통해 강력하고 지속적인 대테러 효과를 얻고자 함.

05 핵무기 협의회(Nuclear Weapons Council)

- 핵무기 사용의 전략적 방향을 제시하고 핵 억지력 프로그램의 개발을 논의함.

06 ANSSI(국가 정보시스템 보안청, National Cybersecurity Agency of France)

- ANSSI는 네트워크 및 사이버 정보보안을 담당하는 SGDSN 산하의 범정부 전문조직으로 정보시스템에 국방 및 보안전략을 채택하고 정보보안 기능을 강화하고자 2009년 7월 창설됨.
- ANSSI는 국가정보시스템의 방어와 정부, 기관, 민간 등 중요한 국가적 인프라의 사이버 상 보호를 담당하며 컴퓨터, 소프트웨어 등에 대한 보안인증 및 등급도 부여함.

- 사이버 공격에 대한 적극적 대처와 기반 기술개발, 국제적인 사이버 보안연구 및 협력을 강화하며 프랑스의 디지털 기술 및 시스템을 홍보함.
- 군 당국과의 사이버 보안 조직 통합을 통해 공격 및 방어의 효율성을 제고하고 정보보안 시스템을 강화하기 위해 노력함.

07 DGPN(경찰청, National Police Branch) 조직

- 프랑스 국가경찰은 도시지역 치안을 담당하는 국립경찰(Police Nationale)과 농촌지역의 치안을 담당하는 국가헌병대(National Gendarmerie)로 구분되며 상호 협조관계임.
- 대테러협력기구(UCLAT)는 경찰청 직속기구로 1984년 창설되어 테러리즘, 폭력적 급진주의 및 지하디스트에 대응하고자 중앙집중식으로 설치한 기구로 테러위협 평가 및 예비분석 등을 담당함.
- 중앙사법경찰청(DCPJ)는 경찰청 산하의 조직범죄 및 중범죄(마약밀매, 인신매매, 위조지폐, 금융사기), 대테러, 사이버 범죄 및 국제경찰(INTERPOL) 과의 협력을 담당함.
- 테러·조직범죄 또는 인질구출 등을 위한 경찰청 직속의 RAID 부대, 1972년 뮌헨올림픽 테러를 계기로 창설된 대도시 경찰 특수부대인 GIPN, 국가헌병대 진압부대인 GIGN를 운용함.
- 파리경시청(Prefecture of Police)은 프랑스 파리 및 그 주변 지역을 관할하는 경찰조직으로 1800년 창설됨.

15 단원별 퀴즈

Chapter 15

■ 영국의 정보기구 ■

01. (　　　)는 SS(보안부) 산하에 2003년 설치된 국제 테러리즘 전문 분석기관이다

02. 세계 제2차대전 동안 독일의 에니그마(Enigma)를 해독을 위한 울트라 작전(Ultra Project)을 실행한 GC & CS는 (　　　)의 모체이다.

03. (　　　)는 영국 내각부 소속으로 내각에 안보, 국방, 외교문제에 대해 자문 제공 및 정보기구를 총괄하여 조정·통제하는 역할을 담당한다.

04. CPNI는 GCHQ 산하의 사이버 보안 기관으로 CCA, CERT UK, CESG가 통합되어 설립되었다.

05. JIO는 정보기관의 분석 능력 개발 및 정보 평가를 주도하기 위해 블레어 총리가 설립된 기구로 JIC와 NSC의 활동을 지원한다.

06. 영국의 FBI로 조직 범죄, 국경 경비, 경제 범죄 및 아동학대 및 성적 착취 차단, 국가 사이버범죄 조직 대응을 위해 2013년 설립된 기구는 NSS이다.

07. CTC는 반테러지부(Anti-TerroristBranch)와 특수지부를 통합하여 설립된 총리 직속의 정보기구이다.

■ 프랑스의 정보기구 ■

01. (　　　)는 루이 13세 당시 리슐리외 추기경이 설립한 왕권보호 기구로 국가안전 보다는 국내 귀족의 동향을 감시 및 서신검열의 임무를 수행하였다.

02. 국제환경단체인 그린피스 소유의 선박을 폭파시킨 레인보우 워리어(Rainbow Warrior) 사건과 관련 있는 정보기관은 (　　　)이다.

03. 블라디미르 페트로프를 포섭하여 KGB가 입수했거나 입수 예정인 서구의 과학기술 관련 서류를 확보한 (　　　)는 RG와 통합하여 DCRI가 되었고 (　　　)의 모체가 되었다

04. (   )는 정보활동의 전략적 방향과 우선순위를 정하고 인적, 기술적 수단에 대한 계획을 작성하여 국가정보 전략 및 테러와의 전쟁 계획을 수립하기 위해 CDSN 내 설치된 조직이다.

05. DRM는 1981년 설립된 DSM의 후신으로 군내 방첩, 보안(인원, 시설,장비), 방산보안 및 정치적 중립성을 감시하였다.

06. 2015년 파리테러 이후 연이은 극단 이슬람세력의 테러로 2017년 6월 설치된 CDSN 산하의 대통령 직속 대테러 기구는 UCLAT이다.

07. SGDSN 산하의 범정부 전문조직으로 2009년 7월 창설되어 정보시스템에 국방 및 보안전략을 채택하고 정보보안 기능을 강화하는 조직은 BRGE 이다.

15 기출 및 유사문제 ■영국의 정보기구■

01. 영국의 보안부(SS)에 대한 설명으로 틀린 것은?

① 1989년 보안부법(Security Service Act)이 제정되면서 공식 인정되었고 MI5를 거쳐 1931년 정식으로 SS로 명명된 내무부 소속으로 정보기관이다.

② 극우 및 극좌 전복단체들의 위협에 대한 경계를 늦추지 않고, 유럽의 극우파, 국수주의 및 과격단체, 영국 내 지지자들과의 연계 가능성 계속 감시한다.

③ 첩보공작, 테러, 사보타주 위협에 대해 체포권과 수사권을 갖고 국가안보를 보호한다.

④ MI5의 역할은 의회민주주의를 전복 또는 훼손하려는 행동에 따른 위협 등으로부터 국가안보를 보호한다.

02. 영국의 비밀정보부(SIS)에 대한 설명으로 틀린 것은?

① 1992년 영국 하원에 의해 공식적으로 존재가 인정되었고 1994년 제정된 정보부법으로 법률적 기반을 갖고 해외정보활동을 하고 있다.

② 영국의 외교, 국방정책에 관련되는 국가안보, 경제적 이익보호, 중대범죄의 예방 및 조사 등의 고유 임무를 수행하고 있다.

③ 탈냉전기에 들어 우방국들의 변화 특히 유럽연합의 확대로 인한 지역정보와 경제정보 등의 수집으로 활동영역이 확장되었다.

④ 외무부 소속으로 외무부 장관에게 보고하며 수상에게 직접 보고는 하지 않는다.

03. 영국 정보기관 중 국내외 통신 감청을 통한 정치·경제정보 수집과 자국통신의 도청방지 업무를 수행하는 곳은?

① NSA　② SIS　③ SS　④ GCHQ

04. 에셜론 프로젝트와 관련된 영국의 정보기관은?

② NCA　② GCHQ　③ MI5　④ MI6

05. 다음 내용과 관련있는 정보기관은?

- 영국의 FBI로 조직범죄, 국경 경비, 경제 범죄 및 아동학대 및 성적착취 차단, 국가 사이버 범죄조직 대응을 위해 2013년 설립된 기구이다.
- NCIS는 마약밀매, 돈세탁, 조직범죄 등 핵심범죄 집단의 소탕을 위해 1992년 4월 창설된 기구로 국내 5개 지부와 및 해외부서가 있다.
- SOCA는 경찰의 국제범죄반, 국가첨단범죄부대, NCIS, 세관 일부조직과 출입국 관리조직을 흡수한 조직이다.

① NCA　② MPS　③ CTC　④ Scotland Yard

15 실전문제 ■ 영국의 정보기구 ■

06. JIC에 대한 설명으로 적절하지 않은 것은?

① JIC는 대영제국 국방위원회의 분과로 출범해 1차대전시 독일의 전쟁계획 및 군사력 종합분석의 미비점를 보완하기 위해 1939년 개편된 조직이다.

② JIC는 2차대전 간 부문정보기구의 단편적인 정보를 취합하여 적의 모든 정보를 종합·분석하는 국가평가를 통해 전쟁 승리에 큰 기여를 하였다.

③ JIC는 영국 내각부 소속으로 내각에 안보, 국방, 외교문제에 대해 자문 제공 및 정보기구를 총괄하여 조정·통제하는 역할을 담당한다.

④ JIC는 정보부처의 수장들만 참석하여 PNIO에 NIEs를 생산하고 각종 위협을 평가하여 조기경보를 발령한다.

07. 영국의 정보기관에 대한 설명으로 옳지 않은 것은?

① DI는 영국 IC의 구성원으로 국방정책을 지원하며 SIS, SS, GCHQ처럼 독립된 정보기관이 아니라 국방부의 한 부서로서 존재한다.

② JTAC는 SS 산하에 설치된 국제 테러리즘 전문 분석기관으로 다양한 기관에서 파견된 분석관들로 구성되어 테러정보 공유의 구심점 역할을 한다.

③ MPS는 스코틀랜드야드라는 별칭을 갖고 있으며 산하에 CTC(대테러사령부)를 창설하면서 대테러리즘의 주도권을 SS로부터 넘겨받게 되었다.

④ 미국의 국토안보부처럼 영국도 2007년 3월 내무부 산하에 다양한 기관의 파견 인력으로 구성된 보안대테러리즘국(OSCT)을 설치하였다.

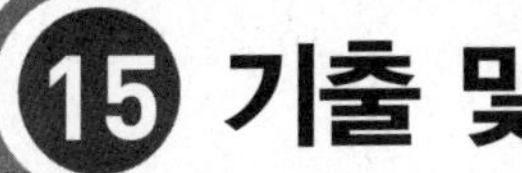

15 기출 및 유사문제 ■프랑스의 정보기구■

01. 프랑스의 국가정보기구인 DGSE에 대한 설명으로 틀린 것은?

① 대통령의 직속기관으로 국가이익을 위한 정보활동을 전개한다.

② 국가안보에 유리한 정보를 추구하고 국토전역에 걸쳐 국가이익에 반대되는 간첩활동을 탐지, 분쇄한다.

③ 외국공관, 국제공항, 외국인 숙박 호텔, 항만 등에 대한 추적권을 갖는다.

④ 2차대전시 영국으로 망명한 프랑스정부가 독일에 대항하기 위해 창설한 특수정보활동기구인 BCRA(중앙정보활동국)가 모체이다.

15 실전문제 ■프랑스의 정보기구■

02. 프랑스의 정보기구에 대한 설명으로 적절하지 않은 것은?

① 샹브루누아는 리슐리외 추기경이 루이 13세때 설립한 왕권보호 기구로 국내 귀족의 동향을 감시하고 서신검열을 하였다.

② 서신검열소(Cabinet Noir)는 독일, 영국, 이탈리아 등의 외교 전문을 검열하는 기구로 1880년 경 외무부에 설치되었다.

③ 암호공동위원회는 육군성, 해군성, 내무부 등 부처합동으로 1909년 창설한 도청 및 암호해독 기구이다.

④ 드레퓌스 사건으로 해체된 정보기구는 DB(육군 참모부 제2국)이다.

03. 프랑스의 정보기구에 대한 설명으로 적절하지 않은 것은?

① DGSE는 해외첩보 수집·분석 및 비밀공작을 담당하며 국가안보를 수호하는 국방부 소속의 국가정보기관으로 반국가사범 및 테러범에 대한 수사권도 있다.

② DCRI는 2008년 7월 사르코지에 의해 DST와 RG가 통합되어 창설된 기구로 2014년 5월 내무부 소속의 DGSI로 확대 개편되었다.

③ DGSI는 방첩, 경제방첩, 대테러, 사이버범죄 대응뿐 아니라 보안활동, 정보통신 기술을 통한 감시가 임무인 내무부 산하의 정보기구이다.

④ DNRED는 불법금융기관 운영, 자금 세탁 방지 및 테러 자금 조달 대응을 위한 운영 및 전략 분석을 통해 금융거래 범죄를 차단한다.

04. 프랑스의 군 정보기관에 대한 설명으로 적절하지 않은 것은?

① DRM(군사정보부)은 걸프전쟁 이후 드러난 정보 격차를 줄이고자 1992년 6월 창설된 군 정보기관으로 효율적이고 중앙집권적인 정보조직을 지향한다.

② DRSD(국방정보보안국, 구 DPSD)은 군 보안국(DSM)의 후신으로 군내 방첩, 보안(인원, 시설, 장비), 방산보안 및 정치적 중립성을 감시한다.

③ 다양한 통신 및 레이더 신호를 모니터링하고 SIGINT 수집활동을 하여 국방부와 DRM 등 관련부대에 이를 제공하는 기관은 DGSI이다.

④ DGSE처럼 국방부 장관에게 직접 보고하며 우리나라의 DSSC(군사안보지원사령부)와 유사한 기관은 DRSD이다.

05. CDSN(국방 및 국가안전보장회의)에 대한 설명으로 적절하지 않은 것은?

① CDSN은 CSI(국가안전보장 이사회)를 대체하는 기구로서 테러리즘 등 변화하는 안보환경에 대응하기 위해 2010년 1월 창설되었다.

② 총리가 주관하며 국방부 장관, 내무부 장관, 경제재정부 장관, 외무부 장관이 참여하고 필요시 관계 장관을 소집할 수 있다

③ CDSN 산하 조직으로 SGDSN, CNR, CNCT, 핵무기 협의회가 있다.

④ CDSN은 군사작전, 방어작전, 위기대응, 경제 및 에너지 안보, 국내 보안 프로그램과 대테러 이슈들의 우선순위를 정한다.

06. CNR(국가정보위원회)에 대한 설명으로 옳지 않은 것은?

① CNR은 CIR의 후신으로 IC의 효율성을 위한 국가차원의 조정을 목적으로 2010년 CDSN 아래 설치되었다.

② 정보활동의 전략적 방향과 우선순위를 정하고 인적, 기술적 수단에 대한 계획을 작성하여 국가정보전략 및 테러와의 전쟁 계획을 수립함.

③ CNR 내의 국가정보조정관은 국가정보전략을 준비하고 정보활동의 일관성과 효과성을 보장하는 IC 출신의 숙련된 전문가이다.

④ 국가정보전략은 복잡한 국제환경에서 프랑스 시민의 이익과 국가안보를 위해 향후 10년간의 정보정책으로 필요 시 매년 재평가 된다.

07. 다음에서 설명하는 정보기구는?

- 2015년 파리테러 이후 연이은 극단 이슬람세력의 테러로 2017년 6월 설치된 CDSN 산하의 대통령 직속 대테러 기구임.
- 테러 위협에 대한 전반적인 분석을 담당하고 대테러 전략수립 및 우선순위의 조정을 통해 강력하고 지속적인 대테러 효과를 얻고자 함.

① ANSSI　　② CNCT

③ DGPN　　④ UCLAT

15 정답 및 해설

단원별 퀴즈 정답 및 해설

■ 영국의 정보기구 ■

01. JTAC(합동테러분석센터), 보안정보부(SS), 비밀정보부(SIS), 국방부, 경찰 등 다양한 기관에서 파견된 분석관들로 구성되어있으며 정보기관 간 장벽을 허물고 테러 정보공유의 구심점 역할을 수행한다.
02. GCHQ(정보통신본부)

03. JIC(합동정보위원회)

04. X, NCSC이다. CPNI(국가기반시설보호센터)는 테러, 간첩활동 등의 위협으로부터 국가기반시설을 보호하는 SS 산하 기관이다

05. O, JIO(합동정보조직)는 국익을 침해하는 직간접적 위협에 대한 조기경보와 정보평가를 감독하고 정보분석 방법과 훈련에 대한 조언 등 분석능력의 전반적 향상을 위해 노력한다.

06. X, NCA(국가범죄국, National Crime Agecny)이다. NCIS-SOCA-NCA순으로 발전하여 왔다. NSS(국가안보사무국) NSC의 사무국이다.

07. X, CTC(대테러사령부)는 MPS(런던경찰국, 일명 MET 또는 Scotland Yard) 산하의 조직이다.

■ 프랑스의 정보기구 ■

01. 샹브루누아(Cabinet Noir)
02. DGSE(해외안보총국, Directorate-General for External Security)

03. DST(국토감시청), DGSI(국내안보총국), DST와 RG가 합쳐진 DCRI (중앙국내정보청)은 DGSI로 확대·개편되었다.

04. CNR(국가정보위원회, CIR의 후신), 대통령 직속의 국방 및 국가안전보장회의 (CDSN) 아래 설치되어 대통령, 총리 및 관계 장관 등에게 필요한 정보를 제공한다.

05. X, 국방정보보안국(DRSD, 구. DPSD)이다.

06. X, CNCT(국가대테러센터)이다. UCLAT는 경찰청 직속의 대테러 조직이다.

07. X, ANSSI(국가 정보시스템 보안청)이다. BRGE(정보 및 전자전 여단)는 SIGINT 활동을 하여 국방부와 DRM 등 관련 부대에 이를 제공한다.

■ 영국의 정보기구 ■

기출 및 유사문제 정답 및 해설

01. 답 3. MI5는 국가안보에 필요한 정보를 수집하고 조사할 수 있으나 체포권과 수사권이 없어 수사가 필요할 경우 경찰과 협조하여 실시한다.

02. 답 4. 형식적으로는 외무성에 소속되어 있으나 실제로는 수상에게 직접 보고할 의무가 있다.

03. 답 4. GCHQ는 1919년 암호해독기관인 정부암호학교(GD&CS)으로 외무부 소속으로 설립되었고 1942년 정부통신본부로 명칭을 바꾸었다.

04. 답 2. 정부통신본부(GCHQ)는 1947년 미, 캐나다, 호주, 뉴질랜드와 에셜론 프로젝트와 관련한 UKUSA협정을 체결하였다.

05. 답 1. NCIS–SOCA–NCA을 거쳐 변화하였다.

실전문제 정답 및 해설

06. 답 4. JIC는 SIS, SS, GCHQ, DI의 수장, 국방정보참모차장, 평가실장, 국방부, 외무부 등 정부 각 부처 대표, 총리의 외교담당보좌관과 CIA의 런던 지부장이 정례 참석하며 영연방국가의 정보기관에서 파견된 영국주재 지부장도 필요시 참석한다.

07. 답 3. 테러 및 조직범죄 대응임무를 주도적으로 수행하나 IRA 대응기능을 1992년 SS산하의 JTAC에 넘겨주고 2006년 CTC에 통합되었다.

■ 프랑스의 정보기구 ■

기출 및 유사문제 정답 및 해설

01. 답 1. 대외안보총국의 전신인 SDECE(해외정보 및 방첩국)은 당초 수상 직속이었으나 메디 벤 바르카 납치·살해 사건에 연루되어 1965년 국방부 소속으로 변경되었다.

실전문제 정답 및 해설

02. 답 4. 드레퓌스 사건으로 해체된 정보기구는 첩보국(SR)이다.

03. 답 4. 보기는 TRACFIN(금융정보국)에 대한 설명이다. DNRED(세관정보조사국)는 관세청의 하위기구로 임무는 무기, 마약, 담배 및 위조상품의 밀수입과 인신매매를 차단하고 관련 조직을 해체하는 것이다.

04. 답 3. 보기는 BRGE(정보 및 전자전 여단)에 대한 설명이다. DGSI는 내무부 소속으로 SIGINT, IMINT 활동을 한다.

05. 답 2. CDSN은 대통령이 참여하여 주관한다. 반면, SGDSN(국방 및 국가안보회의 사무국)은 총리가 의장이다.

06. 답 4. 프랑스의 국가정보전략은 향후 5년간의 정보정책이다.

07. 답 2. ANSSI는 네트워크 및 사이버 정보 보안을 담당하는 SGDSN 산하의 범정부 전문조직이고 DGPN은 프랑스 경찰청이며 UCLAT는 경찰청 직속의 대테러기구이다.

독일, 이스라엘의 정보기구

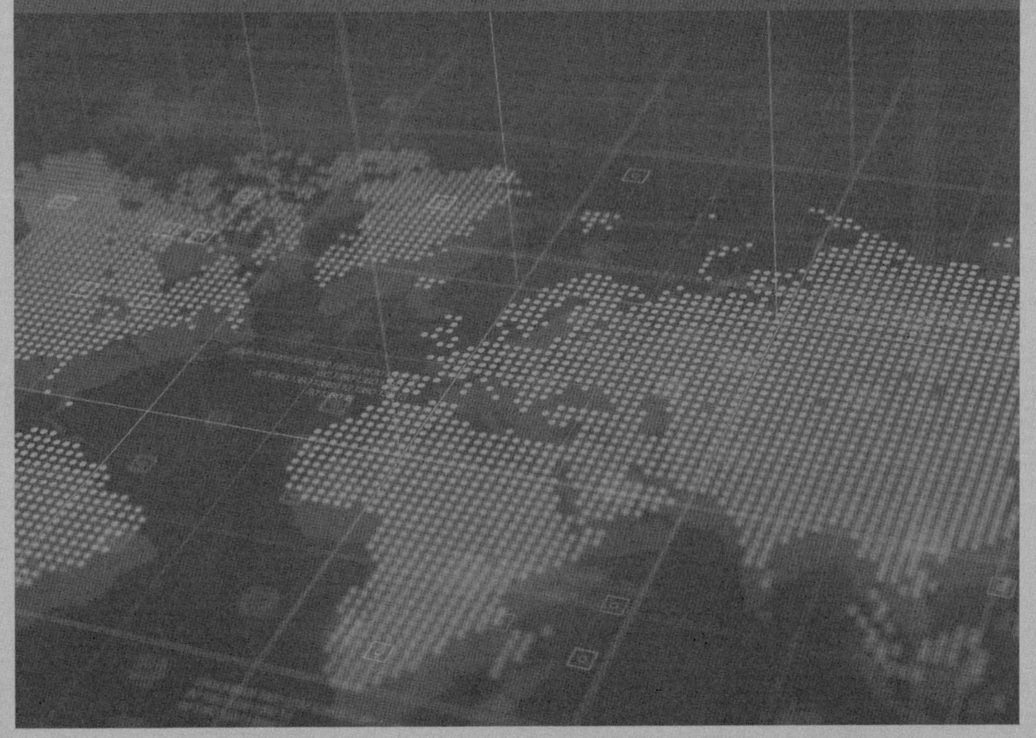

	총리실	국방부	내무부
국내방첩			BfV (연방헌법보호청) · BKA (연방범죄수사청) · BPOL (연방경찰청)
해외정보	BND (연방정보부)		
기술정보	BND (연방정보부)	KSA (전략정보사령부)	
국방정보		BAMAD(구. MAD) (연방 군 보안부)	

〈 독일의 정보기구 개관 〉

■ 독일의 정보기구 ■

01 독일 정보기구의 역사

01 총참모부 산하 정보국(Intelligence Bureau)

- 프러시아(독일어: 프로이센) 참모조직은 적정에 관한 정보를 수집하는 것이 중요한 임무로 정보기구로 발전에 중요한 계기가 됨.
- 프러시아의 총참모부 산하 정보국은 기존의 참모조직을 모체로 1866년 3월 설치되어 독일-오스트리아 전쟁(1866년), 독일-프랑스 전쟁(1870)에서 승리를 거두며 명성을 얻음.
- 제1차대전 시 육군과 해군에 설치된 정보기구들은 SIGINT 수집, 암호해독, 해외공작 및 정보분석 등 다양하게 활동하였으나 전쟁 패배로 군사력 강화 제한과 함께 정보활동도 위축 됨.

02 나치의 정보기관

(1) 나치의 정보기관 개요

- 나치 독일은 1933년 나치당(국가사회주의 독일 노동자당) 당수인 히틀러(Adolf Hitler, 1889～1945)가 총리로 임명되고 대통령을 겸직하며 총통으로서 정권을 획득한 후 2차대전 패전까지의 기간임.
- SA(나치 돌격대, 1920～1945)는 집회 등 정치활동 경비 및 당 간부의 신변 경호를 위해 창설된 나치 최대의 준 군사조직으로 전쟁 중 정규군을 보조함.
- SS(나치 친위대, 1925～1945)은 나치의 호위조직으로 일반친위대와 정규군을 지원하는 무장친위대로 구분됨.
- SD(나치 보안대, 1932～1945)는 일반친위대 산하의 가장 오래된 보안기구로 1932년 설립되어 국내외 정보활동을 담당한 나치의 첩보기구이자 군과 행정 부처에 협력하는 국가정보조직 임.
- 게슈타포(Gestapo, Secret State Police, 1933-1945)는 프러시아 비밀경찰을 모태로 창설된 SS 산하의 비밀국가경찰로 유태인 대학살을 주도함.

(2) RSHA(제국보안본부, 1939～1945)

- RSHA는 SD와 비밀국가경찰인 게슈타포, 비정치적 강력범죄 담당 형사경찰인 크리포를 통합하여 만든 정보 기구이자 정치경찰 조직으로. 게슈타포와 크리포는 내무부 소속의 보안경찰인 지포였으나 SS로 이전됨.
- 임무는 첩보수집, 범죄수사, 외국인 감시, 여론동향 파악, 나치당 이념교육 선전이며 총 7청으로 구성됨.
  - 제3청은 SD
  - 제4청은 게슈타포
  - 제5청은 크리포

(3) Abwehr(해외방첩청, 압베르, 1921～1944)

- 나치의 군 정보 및 방첩기관으로 HUMINT를 통한 군사정보 활동, 방첩, 대사보타지 및 국내정보를 수집하며 SS와 경쟁 및 갈등관계에 있었음.
- 압베르는 육군과 해군정보부를 1928년 통합하며 규모가 확대되었고 1938년 히틀러가 전쟁성을 국방군 최고사령부(OKW)로 대체하고 방첩청을 OKW 산하의 총통 직속 참모부서로 만듦.
- 2차대전 종전 직전 압베르의 수장인 카나리스(Wilhelm Canaris, 1887～1945) 장군이 히틀러에 대한 반역 혐의로 체포된 후 조직이 해산되어 RSHA로 그 기능이 흡수됨.

(4) 동부외래군(FHO, Fremde Heere Ost, 1942~1945)

- FHO는 2차대전 중 육군 최고사령부(OHK)의 군사정보 기관으로 소련과 동유럽 국가들을 중점적으로 분석함.
- 부대장인 겔렌(Reinhard Gehlen, 1902~1979) 중장은 독일의 패망을 예견하고 방대한 소련 정보를 마이크로 필름에 기록하여 미국 CIA에 제공함.

03 겔렌조직(Organization Gehlen)

- 1945년 4월 미군에 투항한 겔렌 중령은 자신이 보관한 자료를 바탕으로 미국에 對 소련 정보기구 설립을 요청하였고 CIA의 지원으로 1946년 7월 서독에 겔렌조직이 설립됨.
- 겔렌조직은 일부 게슈타포 요원도 있었으나 압베르 요원이 대부분으로 자체 정보망을 통해 1950년대 구소련과 동구권 국가들에 대한 다량의 정보를 CIA에 제공함.

04 슈타지(MfS, 국가보안부, Ministry for State Security)

- 슈타지는 동독의 비밀정보·경찰·사법조사기관의 역할을 모두 수행한 기구로 2차대전 종전 후 점령국인 구소련의 통제 하에 1950년 창설되었으며 사실상 KGB와 상하관계에 있었음.
- 반체제 인사 감시 및 탄압, 국경 경비, 해외정보 수집, 해외공작 임무를 하였고 별도의 자체 구금시설, 수사관, 집행관, 판사, 검사 등이 있었음.
- 귄터 기욤(Günter Guillaume, 1927~1995)은 동독을 탈출한 망명자로 신분을 위장하고 사민당에서 활동하다 서독연방 총리인 빌리 브란트의 비서로 기용되나 슈타지의 간첩으로 밝혀져 형을 살다 동독으로 송환됨.

02 BND(연방정보부, Federal Intelligence Service)

01 역사와 활동

- BND는 겔렌조직을 기초로 1956년 4월 서독 내에 창설된 해외정보활동을 담당하는 총리 직속의 국가정보기구로 초대국장은 겔렌 임.

- 1962년 구소련이 쿠바에 미사일을 배치하는 첩보를 입수하여 통보하고 CIA도 몰랐던 구소련의 1968년 체코 침공 사실을 알았을 정도로 정보력이 우수함.
- 1972년 뮌헨올림픽에서 이스라엘 선수들이 팔레스타인 과격단체인 검은 9월단의 테러에 의해 살해되면서 조직 내 대테러 역량을 대폭 강화함.

02 BND의 임무

- BND는 국가안보 및 대외정책 지원을 위한 연방정부의 정보요구에 부응하는 정치, 경제 및 군사정보의 수집 및 통합적 분석과 함께 슈타지 청산을 담당함.
- HUMINT, TECHINT를 수집하고 대테러, 해외 인질구출, 대간첩, 마약거래, 불법이민, 자금세탁, 조직범죄 대응임무를 수행함.
- 설립 초기 냉전 당시 구소련 및 체코, 폴란드, 유고슬라비아 등 동유럽국가를 대상으로 정보를 수집하여 NATO의 바르샤바조약기구에 관한 정보 중 70%를 제공하였고 대 소련 경보체계 확립에 공헌함.
- BND의 수장은 BND법에 근거하여 연방정보기관의 위원장으로서 연방정부의 IC를 조정·통제하고 타 기관과의 협력을 담당할 책임이 있음.

03 BND의 조직 구조

(1) GU(종합상황센터 및 특별지원국, 1국, Situation Centre and Specialized Supporting Services)

- GU는 BND의 정보 허브로 정보생산 프로세스를 중앙에서 조정·관리하고 다양한 보고서를 작성하여 수요 부처에 배포함.
- IMINT(GEOINT 포함), OSINT를 수집하여 지속적으로 관련 부처에 제공하며 자국민의 해외납치 등 상황발생 시 즉각 대응과 IC 정보활동을 조정함.

(2) OL(공작지원 및 연락국, 2국, Operational Support and Liaison)

- OL은 해외공작활동 지원, 외국정보기관 간의 교류를 담당하며 연방정부 및 주 정부, 연방군 등과의 협력을 조정하고 이들의 해외임무 수행을 지원함.

(3) TA(신호정보국, 3국, Signals Intelligence Directorate)

- TA는 연방정부와 군의 요구에 따라 SIGINT를 담당함.

(4) LA(지역 A 담당, 4국) 및 LB국(지역 B 담당, 5국)

- 해외 정치·경제·군사정보의 수집·분석과 위기탐지 및 해외 독일군 지원을 담당함.

(5) TE(국제테러 및 조직범죄국, 6국, International Terrorism and Organized Crime Directorate)

- TE는 주로 극단 이슬람조직 등 국제테러리즘과 마약, 불법이주, 돈 세탁 등 조직범죄를 담당하며 부장은 GTAZ(합동테러센터)에 참석함.
- TE는 BND에서 유일하게 조직단위 내에서 정보의 수집·평가를 수행하는 유일한 부서로 부장은 국내외 다양한 유관 정보기관들과 긴밀한 관계를 유지함.

(6) TW(비확산·군사기술국, 7국, NBC Weapons·Military Technology Directorate)

- 핵(N), 생물학(B), 화학무기(C) 무기의 비확산을 위한 정보수집·평가

03 BfV(연방헌법보호청, Federal Office for Protection of the Constitution)

01 역사와 임무

- BfV는 내무부 산하의 국내 방첩기관으로 영국 MI5를 모델로 하여 1950년 11월 설립되어 간첩행위 및 반국가활동 세력들에 대한 감시 및 차단을 통해 안보 위해요인을 조기에 탐지·예방하고 헌법질서를 수호하는 임무를 수행함.
- BfV법에 따라 방첩활동, 대테러리즘, WMD 확산 방지, 산업스파이 색출, 사이버 보안 및 반 사보타지 활동, 특히 외국인 과격단체의 동향 파악 및 감시(1972년 뮌헨 올림픽 이후 확대됨), 인원·시설 보안을 담당함.
- BfV는 냉전시기 주로 서독 내의 동독 스파이들을 색출·차단하였으나 냉전 종식 이후 독일 내 극좌 또는 극우 급진주의자(공산주의자, 신나치주의 극우파, 이슬람 극단주의자, 테러단체 및 조직범죄)들을 감시하는 것이 중요해 짐.
- BfV는 사법경찰권이 분리되어 수사는 경찰이 담당하고 충분한 증거 수집 시 BKA(범죄수사청)이나 검찰에 이첩하며 해당 첩보는 법정에서 주요 증거로 채택 가능함.

더 알아보기

최근 독일의 테러리즘 동향

- 우익극단주의 단체는 Old School Society(OSS), WWT(White Wolves Terror Crew), Vigilante Group FTL / 360 등이 있으며 BfV는 이러한 단체를 탈퇴하도록 지원하는 프로그램(Dropout Programme for Right-wing Extremists)을 운영 중임.
- 좌익극단주의 단체에는 PKK(쿠르드 노동자당), DHKP-C(터키계 혁명적 인민 해방전선), LTTE(스리랑카계 타밀 엘람 해방군 호랑이) 등이 있음.
- 이슬람 테러단체에는 Hezbollah(헤즈볼라), Islamic Resistance Movement (HAMAS), Muslim Brotherhood(MB, 무슬림 형제들), Islamische Gemeinschaft in Deutschland(IGD, 독일 이슬람 공동체)가 있음.
- Salafism(살라피즘)은 이슬람 신정국가를 목표로 하는 와하비즘(Wahabism)과 유사한 수니파 이슬람 근본주의로 폭력에 대한 이데올로기적 친화력과 배타성 때문에 잠재적 테러리스트 양산에 기여하며 유튜브, 코란 증정, 기부운동 등으로 세 확산을 시도함.

02 GETZ(극단주의 및 대테러 합동 센터, Joint Centre for Countering Extremism and Terrorism)

- GETZ는 GTAZ(합동대테러센터), GAR(우익 극단주의 테러 대응센터)의 기능이 합쳐진 조직으로 2012년 11월 설치된 이후 현재 통합이 계속 진행 중임.
- BfV와 BKA가 주 담당기관으로 독립기관이 아니라 대테러 관계기관의 정보와 지식을 신속하게 집중·통합하여 테러에 대응하는 소통 및 정보공유 플랫폼임.
- GETZ의 기능은 국내 IC와 경찰 간 정보 흐름의 최적화, 대테러 전문성 집중 및 분석능력 강화, 잠재적 위협의 조기 식별, 공작 토의 등임.
- 구체적인 협력은 실무 그룹에서 진행되며 매주 상황 브리핑을 실시하고 사안이나 프로젝트에 따라 매일 WG(Working Group)별로 논의하기도 함.

더 알아보기

GTAZ(합동테러센터, Joint Counter-Terrorism Center)

- GTAZ는 합동작업 강화 및 개선을 통한 국제테러에 대한 대응력을 높이기 위해 2004년 12월 창설된 대테러 유관 기관연합체이자 공동협력 플랫폼으로 수장이 따로 없이 기관들의 대표가 동등한 위치에서 협력함.
- GTAZ 창설 및 권한에 대한 추가권한은 부여되지 않았으나 각 기관은 현행법 내 에서 자체 권한으로 대테러 조치를 취함.

- 대테러 정보조직(NIAS, Intelligence Information and Analysis Unit)과 대테러 경찰 수사조직(PIAS, Intelligence Information and Analysis Unit)이 모두 참여하여 몇 개의 작업그룹(WG)을 형성하며 위협예측 및 중장기적 분석을 제공함.
- GTAZ는 기관 간 다양한 테러 정보 및 전문지식의 체계적인 교환을 보장하고 공동 평가 및 분석의 가능성을 제공하여 관계기관의 협력을 향상시킴.
- 참여기관은 BfV, BND, BAMAD, BKA(연방범죄수사청), BPOL(연방경찰청), GBA(연방검찰청), ZKA(세관조사국), LfV(주 헌법보호청), LKA(주 범죄수사청), BAMF(연방이민국)임.

03 GIZ(합동인터넷 센터, Joint Internet Centre)

- GIZ은 인터넷에 게시된 이슬람과 지하드의 공개 소통, 사상교육 및 선전 내용, 이슬람 테러 관련 포럼 및 웹로그, 이슬람 과격파의 정세인식 및 테러 준비, 콘텐츠 등을 모니터링 및 분석하는 2007년 설립된 대테러 유관기관 간 협력기구임.
- GIZ는 인터넷 상의 극단주의자 및 테러리스트들의 조직구조와 활동양상을 파악하기 위해 각 기관들이 보유한 전문적 역량(언어전문가 등)을 공유·활용하여 효율적으로 대응할 수 있도록 함.
- GTAZ처럼 수장이 없는 연합조직으로 BfV, BND, BAMAD, BKA, GBA 가 참가하며 Bfv가 대표격으로 조직을 관리함.

04 BfV의 조직 구조

- BfV는 정치적 변화와 안보상황에 대응하기 위해 조직이 개편되었는데, 특히 1972년 뮌헨테러 이후 극단이슬람 세력에 대한 대테러 기능이 강화됨.
- 신나치주의 극우테러단체의 폭력행위로 인해 우익 극단주의와 테러리즘을 강화하고 새로운 의사소통 수단인 인터넷에 대한 기술적 전문성 제고를 위해 막대한 투자를 함.
- 1국은 기본 임무
- 2국은 극우주의 및 테러리즘
- 3국은 공작 지원
- 4국은 방첩, 인원·시설 보안, 대 사보타지, 산업보안
- 5국은 외국인 극단주의와 극좌주의
- 6국은 이슬람 테러리즘 대응
- Z국은 조직, 행정, 인사, 재정, 법무

- IT국은 공작정보, 정보기술, 특수기술
- AfV(국내 및 군사정보아카데미, Academy of the German domestic civil and military intelligence services, 1955)는 BfV 와 BAMAD 요원을 위한 단계별 (예비, 기초, 고급) 교육을 제공하며 내무부와 국방부 장관의 통제를 받음.

04 BSI(연방정보보안청, Federal Office for Information Security)

- 연방정부의 컴퓨터 및 통신보안 관리를 담당하는 내무부 산하 기관으로 1991년 BND 내 암호담당부서에서 독립하여 국가와 민간의 컴퓨터 응용프로그램과 국가적 IT 인프라 보안, 인터넷 보안, 암호화, 인증 업무를 담당함.
- 국가사이버대응센터(NCAZ, Germany National Cyber Response Centre)는 독립기구는 아니지만 연방정부 차원에서 IC의 사이버정보 협력기구로 BSI의 감독 하에 운영됨.

05 경찰 정보기관(내무부)

01 BKA(연방범죄수사청, Federal Criminal Police Office)

- BKA는 범죄정보 수집 및 분석, 간첩 수사, 테러, 마약, 위폐, 국제 조직범죄 수사, 국빈 경호 등을 담당하는 BfV와 함께 대테러 임무의 핵심기관임.
- BKA는 범죄정보를 종합·분석하여 해당 LKA(주 범죄수사청)에 보내는 종합정보센터역할을 하며 인터폴(Schengen 협정국)과 유로폴 관련 업무를 담당함.
- BKA는 국가안보 관련 특정분야의 업무만 수행하고 LKA는 일반 범죄수사·자료 존안, 치안 등 기본적인 업무를 담당하며 상호협력을 하면서도 독립적인 관계임.

02 BPOL(연방경찰청, Federal Police)

- BPOL은 연방 최고상급 경찰기관으로 국경수비 및 보안, 연방 철도 경비, 납치 및 사보타주 방지 등 항공안전, 해양사고 조사, 연방정부기관 보호를 담당함.
- GSG 9(Border Guard Group 9)은 1972년 뮌헨올림픽 이스라엘 숙소 테러 이후 테러단체에 효과적으로 대응하기 위해 1973년 4월 연방내무부 산하 국경수비대의 대테러전담 특수부대(특수기동타격대)로 창설됨.
- GSG 9은 3개의 임무부대(육상, 해상, 공중기동대)가 있으며 불법입국자·인신 매매, 마약·조직범죄까지 업무영역이 확대됨.

07 군 정보기구

01 BAMAD(연방 군 보안부, Federal Office for the Military Shielding Service)

- BAMAD(구. MAD)는 연방군 장교인 Franco A. 중위가 시리아 난민을 가장하여 극우테러를 모의한 것을 인지하지 못한 것에 대한 조치로 2017년 8월 참모총장 직속의 MAD(군 보안부)가 국방부 직속으로 전환·확대된 기구임..
- BAMAD는 향후 BND, BfV에 상응하는 위상을 갖고 연방정부의 헌법 보호 기관으로서 군사 보안과 군의 작전 준비 태세의 유지에 기여할 예정임.

02 MAD(군 보안부, Military Shielding Service)

- 연방군 산하 합동지원군(정보 및 군수 담당) 참모총장 직속의 군 정보기관으로 1956년 창설되어 군내 방첩, 군사첩보 수집, 극단주의 세력 차단, 보안감사 및 감찰임무를 수행함.
- MAD는 해외부대 파병 시 위협상황을 평가하고 파견 인원 및 기술에 대한 보안 조치를 실시하며 그 이외의 해외 군사정보 수집 등은 BND가 담당함.
- MAD는 타 국가 및 지방의 정보기구들과 긴밀하게 협력하며 다른 정보기관과 마찬가지로 의회의 통제를 받음.
- 조직은 지원국(인사, 총무, 병참), 1국(법률지원 및 공보), 2국(방첩, 대테러, 사이버테러), 3국(외국군 지원), 4국(인원 및 시설보안)으로 구성됨.

03 KSA(전략정보사령부, Strategic Reconnaissance Command)

- SIGINT, IMINT 활동 및 전자전 임무를 수행하는 군 정보기관으로 2002년 2월 창설되어 2017년 4월 사이버우주사령부(KdoCIR)로 소속이 변경되었으며 BND와 긴밀하게 협력을 유지함.
- 벙커, 선박, 항공기, 장갑차 등에서 작동하는 텔렉스, 팩스 및 전자 메일, 라디오 송신기와 레이더 신호를 추적하고 암호를 해독하며 첨단 정찰위성을 통해 악천후에도 24시간 감시가 가능함.

08 정보기구의 감시 및 통제

01 독일정보 감시의 특징

- 3대 정보기관인 BfV, BND, BAMAD에 대해 연방의회(특별위원회, 상임위원회), 연방총리실(정보의 조정기능 일부 포함), 연방감사원을 통한 통제가 이루어짐.
- 2006년 대통령 직속 국가정보위원회 신설이 논의된 적이 있으나 정보기구를 중앙집권적으로 조정·통제하는 기구는 아직 없음.

02 연방의회에 의한 정보기구 감독

(1) PKGr(의회통제반)

- 정보기구는 법률에 따라 PKGr에게 전반적 활동내용과 중요 사건을 충분히 고지할 의무가 있고 PKGr은 조사, 정보기관 입실, 담당자 인터뷰를 포함하는 광범위한 감독 권한이 있음. (반원의 임기는 5년이고 5년 추가 가능)

(2) 기밀위원회(Confidential Committee)

- 연방의회(국회, Bundestag)의 예산위원회 내 9명으로 구성되며 정보기구의 연간 운영예산을 결정하고 모니터링을 담당하며 위원회의 권한은 PKGr과 동일함.
- 정보기구의 예산은 비밀이 유지되며 연간 회계, 예산 및 업무 절차는 연방 감사원에 의해 검토됨.

(3) G-10 위원회(G10 Commission)

- 기본법(헌법) 제10조에 따른 서신, 문자, 게시물, 우편 등의 사생활이 정보기관에 의해 침해되는지를 의회 정보위원회 내에서 독립적으로 감시하는 역할을 함.
- 모니터링 활동은 정보기구가 수집한 개인 데이터를 수집, 처리 및 활용하는 것 뿐만 아니라, 당사자에게 통보할 지의 여부를 결정하는 것도 포함됨.
- G-10 위원은 PKGr에 의해 임명되고 IC에 대한 정보요구 및 조사와 사무실 입실 권한을 가짐.
- G-10은 위원장을 포함하여 8명으로 구성되며(연방의회 의원일 필요는 없음) 최소한 월 1회 접촉하고 독립적인 직무 수행을 하며 비밀 유지 의무가 있음.

더 알아보기

BKA법에 대한 최근 헌법재판소의 판단

- 독일연방헌법재판소는 2016년 4월 20일 국제테러의 위험을 방지하기 위한 BKA(연방범죄수사청)의 규정들이 기본적으로 헌법에 합치하지만, 명확하지 않고 너무 광범위한 규정은 일부 위헌 결정을 내림.
- 특히, 통신감청에 관한 규정(제201조)은 부분적으로만 헌법에 합치된다고 밝히고 있음. 즉 테러 준비로 추정될 경우에도 통신감청을 허용했으나 앞으로는 구체적 위험범위를 넘어선 범죄예방 목적의 감청이나 전기통신데이터의 수집은 위법임.

■ 이스라엘의 정보기구 ■

	총리실	국방부	외무부	내무부
조정・통제	VARASH (최고정보조정위원회)			
국내방첩	Shin Beth (신베트)			경찰청
해외정보	Mossad (모사드)	Aman (아만)	정치연구센터	
기술정보		Aman (아만) · Unit 8200 (8200부대)		
국방정보		Aman (아만)		

〈 이스라엘의 정보기구 개관 〉

01 이스라엘 정보기구 역사

01 이스라엘 건국 전 정보기구

- 하가나(Hagana)는 영국의 팔레스타인 위임통치 하 형성된 지하군사조직으로 유태인들이 아랍과의 무력충돌에 대비하여 1912년 촌락별로 조직한 지하군사 조직이자 민병대로 이스라엘 군의 모체가 됨.
- 쉐이(ShaiI, 선물, 1929~1948)는 하가나 산하의 정보조직으로 영국, 아랍, 유태인 내부(극우, 극좌 세력), 나치에 대한 정보를 수집하였으며 모사드의 모체임.
- 이민협회 B(Mossad le Aliyah Bet)는 여권위조, 안전가옥을 활용하여 유태인을 유럽에서 팔레스타인으로 이주시킨 기구로 영국이 2차대전 승리를 위해 아랍의 지지를 얻고자 이민협회 A의 활동을 제한하자 이를 타개하기 위해 설치됨.
- 팔마(Palmach)는 하가나에 기반한 최초의 전문 군 집단이고 팔리암(Palyam)은 팔마의 해안분견대로 이스라엘 해군정보부의 모체이며 레크헤쉬(Rekhesh)는 위장사업체를 활용하여 하가나에 무기를 제공함.

더 알아보기

키부츠(Kibbutz)

- 키부츠는 이스라엘의 집단농업공동체로 사회주의와 시오니즘을 결합한 순수한 공동체 생활을 하고 사유재산 없이 토지는 국유로, 생산 및 생활용품은 공동소유로 하며 구성원의 전체수입은 키부츠에 귀속됨.
- 구성원은 60~2000명으로 18세까지 부모와 별개의 집단생활을 하고 자치적으로 결정된 방침에 따라서 집단 교육을 하며 가입과 탈퇴는 자유로움.
- 1909년 시오니즘 운동 중에서 생겨난 후 1970년대 전성기 약 260개가 있었으나 현재는 농업위주의 경제구조로 인해 대부분 파산하고 30여개 정도만 남은 상태임.
- 최근 공동소유가 아닌 개인의 사유재산을 인정하고 개인주택에 거주하며 농업에서 관광산업위주로 재편되는 등 자본주의적 모습에 가까워지고 있음.
- 하쇼메(Hashomet)는 키부츠 방어를 위해 1909년부터 조직한 자체 경비부대 임.

02 이스라엘 건국 직후 정보기구

- 1948년 이스라엘 건국 후 참모본부 산하에 군 정보부(MI), 국내보안 분야는 신베트(샤박크), 해외정보 분야는 정치국(Political Department), 정보조정기구는 영국의 JIC를 모방한 VARASH(최고정보조정위원회)을 설치함.
- MI는 정치국의 정보활동이 군사정보를 소홀히 한다며 활동영역을 확장하려 하였고 1949년 유럽에 독자지부를 설치하면서 군 정보부와 정치국 사이의 갈등과 경쟁이 나타남.
- 초대 총리인 벤구리온(1886~1973)은 실로아흐(Reuven Shiloah, 1909~1959, 모사드 초대 국장)의 건의로 정치국을 해체하고 1951년 모사드를 창설했으며 MI는 1953년 육·해·공군과 같은 독립조직으로 격상되어 아만(Aman)이 됨.

02 Mossad(모사드, 정보 및 특수임무 연구소, Institute for Intelligence and Special Tasks)

01 모사드의 역사와 임무

- 벤구리온 총리는 외교부 정치국을 감독하고 신베트와 군 정보기구들을 조정할 기구로서 1949년 12월 정보조정연구소(Mossad, Institution for Co-ordination) 설립을 지시함.

- 모사드는 1951년 외무부 정치국을 해체하고 해외정보와 비밀공작을 전담하는 독립적이고 중앙집권적 조직으로 재편되어 오늘날의 조직이 됨.
- 모사드는 HUMINT 수집, 비밀공작, 대테러 활동을 하고 있으며 외교부에서 분리되어 총리직속기관이 됨. Mossad는 PNIO에 의한 EEI의 초안을 작성함.
- 모사드는 이스라엘 내 최고정보기관의 위상을 가지며 모사드 수장은 1949년 4월에 설치된 IC의 통합 조정임무를 담당하는 최고정보조정위원회(VARASH)의 의장이기도 함.
- 모사드는 전통적으로 적대국가 내 유태인 난민 구출(모세작전은 에티오피아 유태인을 송환)과 하마스 등 팔레스타인 민족운동 단체에 침투하여 사보타지, 방첩활동을 수행함.
- 아랍국들의 군사력 배치, 적대국가의 비 재래식 무기개발 및 구입저지, 군 지휘체계, 군기·사기 및 국내 정치 동향, 지도자 간 관계, 외교활동 동향을 수집하고 해외 대테러 활동을 함.

02 모사드의 조직 구성

(1) 작전부서

- 수집국(Collection Department)은 A, B, C실에서 해외첩보수집을 담당함.
- 정치활동 연락국(Political Action and Liaison Department)은 해외주재 이스라엘 대사관에 사무실을 두고 타 정보기구와 협력 및 정보교환
- 심리전국(LAP, Lohamah Psichologit)은 심리전, 선전, 기만공작 수행 등의 부서가 있음.
- 정치활동연락국 산하의 챠프리림(Tsafririm)은 전세계 유태인과의 연락을 담당하며 야할로민(Yahalomin)은 특별통신 부서로 이스라엘의 적대국에서 활동하는 첩자들과 통신을 담당함.
- 네비오트(Neviot) 부서는 정해진 목표물에 대한 도청을 전문적으로 담당하는 부서이고 APM(Autahat Paylut Medient) 부서는 내부보안을 담당함.

(2) 지원부서

- 분석국은 일일보고서, 주간동향보고서, 월간보고서 등 제작함.
- 연구국(Research Department)은 비확산 등을 담당함.
- 기술국(Technology Department)은 작전지원을 위한 첨단 기술·장비를 개발함.

- 메차다(Metsada, Special Operation Division)는 모사드의 비밀공작을 담당하는 독립부서로 암살, 사보타지, 준군사공작을 수행하며 카이사레아(Caesarea)의 후신인 키돈(Kidon, tip of the spear, 총검) 또는 바요넷(bayonet)이라 불리는 암살 전문부서를 보유함.
- 알(AL)국은 미국 내에서 히브리어를 사용하여 비밀첩보활동을 담당하는 독립된 특수부서로 3명의 카트사(Katsas, 정보관)를 포함한 현장요원으로 구성됨.
- 사야님(Sayanim)은 자발적인 유대인의 협조망으로 모사드 요원에게 숙소, 자금, 의료서비스, 기타 정보를 제공함.

03 주요 활동

(1) 엘리 코헨(Elie Cohen, 1924-1965)

- 엘리 코헨은 모사드 요원으로 골란고원의 시리아 군 배치도를 비롯하여 소련 고문단의 이스라엘 공격계획, 구소련이 제공한 무기, 시리아의 단수계획을 입수 하여 3차 중동전쟁(6일전쟁) 승리에 결정적 기여를 하였으나 체포되어 참수됨.

(2) 볼프강 로츠(Wolfgang Lotz, 1921~1993)

- 볼프강 로츠는 모사드 요원으로 이집트의 미사일 개발에 참여한 독일 과학자의 명단, 주소, 가족상황, 미사일 전자통제시스템과 시나이 반도에 설치된 미사일 발사대에 대한 정보를 입수함.

(3) 슐라 코헨(Shulamit Cohen-Kishik, Shulamit Cohen-Kishik, Shula Cohen, 1917~2017)

- 슐라 코헨은 모사드 요원으로 중동의 마타하리로 불리며 사교활동을 통해 레바논과 시리아에서 정부 및 정치 관련 문서를 입수하였고 암호명은 진주(Pearl)이며 유태인 난민의 팔레스타인 이송을 담당함.

(4) 예후다 길(Yehuda Gil, 1934~)

- 극우 성향의 모사드 간부로 1997년 2월 허위의 첩보원을 통해 20년 동안 시리아의 위협을 과장한 보고서를 생산하여 전쟁발발 직전의 상황을 초래함.

(5) 마이크 하라리(Michael Harari, 1927~2014)

- 1960년 모사드 요원이 되기 전 하가나와 팔마에서 활동하였고 유럽의 유대인들을 팔레스타인으로 이주시키기도 하였으며 국방부와 신베트에서 근무하기도 하였음. 비밀 암살팀인 카이사레아(키돈의 전신)을 창설한 수장으로 신의 분노 작전과 썬더볼트 작전에 관여하여 성공시킴.

더 알아보기

이스라엘의 주요 해외 공작

1. 아이히만 작전(Operation Eichmann)
   - 모사드는 2차대전 시 유태인 학살에 깊이 관여를 한 나치독일의 친위대(SS) 소속 장교 아돌프 아이히만(Adolf Eichmann, 1906~1962)이 이탈리아를 거쳐 아르헨티나로 도피하자 끝까지 추적, 납치하여 처형함.
2. 신의 분노 작전(Operation Wrath of God)
   - 1972년 뮌헨올림픽에서 이스라엘 선수들을 살해한 검은 9월단에 대한 보복을 위해 골다 메이어(Golda Mabovitz, 1898~1978) 총리는 X위원회(X committee)를 구성하고 20년동안 요원들을 파견하여 테러범들을 모두 암살함.
3. 썬더볼트 작전(Operation Thunderbolt)
   - 1976년 아테네에서 팔레스타인 테러리스트 등에 의해 피랍된 에어프랑스 항공기를 라빈(Yitzhak Rabin, 1922~1995) 총리의 지시로 우간다의 엔테베(Entebbe) 공항에서 샤레트 메트칼을 투입하여 인질을 구출함.

03 Shin Beth(신베트 또는 샤바크 Shabak, General Security Service)

01 신베트의 역사와 임무

- 국내방첩과 보안활동을 담당하는 총리직속의 정보기관으로 외국 정보기관 활동에 대한 방첩, 해외 이스라엘 공관원의 신변보호, 내부 극단주의 세력과 불순세력에 의한 대전복 활동, 대사보타지, 대테러 활동 등을 담당함.
- 신베트는 적대적인 아랍국에 포위된 특수한 상황으로 국내 비밀공작을 엄격히 금지하는 대부분의 민주국가와는 달리 국내 정치공작을 수행함.
- 신베트는 반정부 활동혐의가 있는 자를 체포하고 구금할 수 있으나 80년대 잔혹한 고문과 구금, 거짓증언으로 비난을 받음.
- 신베트는 이스라엘 경찰 소속의 특수보안국(Latam)과 밀접하게 협력관계를 유지하고 있음.

02 신베트의 조직구성

- 아랍국(Arab Affair Department)은 하마스 등 아랍테러단체의 테러, 전복 활동을 감시하고 대응하는데, 이스라엘 주재 외국대사관이나 외국 외교부 조직에 침투하여 이들의 활동을 모니터링하고 구소련 및 동구권 국가에서 이주한 유태인 심문을 담당하기도 함.
- 보안국은 정부청사, 방위사업체, 국책항공사(엘알, El Al) 등의 보안업무를 담당함.
- 헨자(Henza)는 아랍국에 소속된 신베트의 파견대로 아만의 비밀파견대인 미샤르빔(Mista'arvim)과 함께 팔레스타인 봉기 감시 및 대전복활동을 수행함.

03 주요 활동

- 아모스 마너(Amos Manor, 1918~2007)는 루마니아 출신으로 이민협회 B(Mossad le Aliyah Bet)에서 아모스란 가명으로 활동하다가 신베트(ISA, Israeli Security AG)의 수장으로 재임 간 후루시초프의 비밀 연설을 입수함.
- 이스라엘 비어(Israel Beer 또는 Yisrael Bar, 1912~1966)는 오스트리아 태생의 국방 및 전쟁사 전문가로 국방부(IDF) 내에서 이스라엘 독립전쟁사를 연구하는 민간관료로 복무하면서 KGB 스파이로 암약하다 신베트에 적발됨.

04 국방부 정보기구

01 Aman(아만)

(1) 아만의 임무

- 군사정보를 담당하는 국방부 장관 직속의 정보기관으로 야전보안부대, 지역 사령부와 공군, 해군정보부 등 다수의 전술정보부대를 지휘함.
- 국방부 장관의 지휘 하에 군사정보를 처리·작성·배포하며 통신감청을 통해 인접국가의 동향을 면밀히 파악하여 전쟁위협을 판단하는 것이 핵심 임무임.
- HUMINT, SIGINT, IMINT 활동 및 군사지도를 제작하고 NIEs, 일일정보 보고서, 전쟁위험 평가보고서를 생산하여 총리와 내각에 보고하며 모사드 등 민간 정보기구와의 협력을 담당함.

- 군사정보와 민간정보가 구분된 서방 정보기구와 달리 군대 뿐 아니라 일반 정치정보까지 수집하며 정보업무를 수행함.

(2) 아만의 조직구성

- 생산국(Production)은 국가정보판단(NIEs) 작성을 담당하며 매년 전쟁위험을 평가하고 일일정보동향을 작성하며 산하에 지역실, 기능실, 문서기록실이 있음.
- 외교관계국(Foreign Relation)은
  - 외국정보연락실은 외국 정보기관과의 교류 및 협력을 담당하고 비밀연락대인 미샤르빔을 운용하며 외국정보기관과 합동공작을 실시
  - 무관실은 해외 무관파견
- 야전보안 · 검열국은 군내 방첩업무를 담당함.
- 정보단은
  - 본부에 군사정보학교, 기술개발연구과, 수집실, 연구개발실, 교육실, 지원실, 인력실로 구성됨.
  - 수집실에서 아만 소속의 공군정보부(항공정찰, 장거리 정찰대)와 해군정보부 (소규모 함선)를 동원하여 IMINT, SIGINT 활동을 하고 OSINT 수집도 함.

(3) 8200부대(Unit 8200, Yehida Shmoneh-Matayim)

- 아만이 지휘하는 SIGINT 수집부대로 1959년 창설되어 중동, 유럽 전역의 이메일, 전화, 기타통신을 감청하고 사이버 공격을 담당하며 NSA와도 비밀 업무협약을 체결함.(Unit 504는 아만이 지휘하는 HUMINT 담당 조직임.)
- 샤레트매트칼(Sayeret MATKAL, Unit 269)은 아만이 운영하는 특수부대로 적진 종심을 정찰하며 전략정보를 수집, 대테러 및 납치예방, 테러리스트 보복작전 등을 수행함.

(4) 10월전쟁 이후 아만의 변화

- 이스라엘은 1973년 10월 욤키푸르 전쟁(Yom Kippur, 4차 중동전쟁)에서 이집트와 시리아군의 기습공격을 파악하지 못하여 초기 대응에 실패하자 조직을 개편함.
- 아만 산하 연구부서는 과에서 실로 격상되어 위상이 강화되고 전술적 · 전략적 정보평가 및 전쟁 가능성 경고를 총리 및 군사령관에게 보고하는 역할을 담당하게 됨.
- 사이먼 토브 절차(Siman-Tov Procedure)를 통해 하위직 정보관의 직속상관이 자신의 견해를 수용하지 않을 경우 더 높은 지휘관에게 자신의 견해를 제시할 수 있도록 제도화 함.

- 아만 수장 직속으로 통제단을 새로 편성하여 악마의 변론(Devil's Advocate) 역할을 담당하게 하고 언제든 수장에게 직접 보고할 수 있도록 함.
- 아만은 HUMINT 수집을 중시하였으나 욤키푸르 전쟁 이후 TECHINT에 중점을 두게 됨. 미국 NSA와 대등할 정도의 SIGINT 능력과 첩보위성인 오펙(Ofeq 1~11), 무인 정찰기(Scout, Pioneer, Heron)를 통한 IMINT 능력을 보유 중임.

02 LAKAM(라캄, 과학관계국, Leshkat Kesher Madao, LAKEM, Bureau of Scientific Relation)

- 라캄은 이스라엘 독립 후 1957년 창설된 국방부 정보기관으로 이스라엘의 핵개발 및 보안유지를 담당하다 점차 군사부문의 과학기술정보를 수집함.
- 미국과 유럽의 대사관과 영사관에 사무실을 설치하고 과학담당관(Science Attaches)을 임명하거나 위장업체를 설립하여 정보를 수집함.
- 폴라드는 미 해군 정보국 소속으로 워싱턴 소재 이스라엘 대사관에서 활동하던 라캄 공작원에게 파키스탄의 핵개발 프로그램, 시리아 등 아랍에 대한 구소련의 무기지원, 이라크와 시리아의 화학전 능력 등 기밀문서를 전달함.
- 라캄은 핵무기 개발을 위한 고농축 우라늄을 얻기 위해 미국 테네시주 아폴로 시에 소재한 핵 재처리 공장인 뉴멕(NUMEC)사와 제휴를 맺고 200 파운드에 달하는 우라늄을 빼돌림.
- 폴라드의 스파이 행위가 1986년 발각되자 이스라엘 정부는 개인의 일탈이며 사건에 전혀 개입하지 않았다고 주장했으나 결국 라캄이 해체되어 그 기능은 국방부와 과학기술부로 이관됨.

05 외무부 정치연구센터(Center for Political Research)

- 정치국은 1948년 외무부 산하에 설치되었으나 1951년 모사드가 창설되며 해외정보 수집기능이 박탈되고 연구국으로 축소됨.
- 1973년 10월 욤키푸르 전쟁 실패원인을 조사하던 아가나트(Arganat Commission) 위원회는 다양한 정보 제공 통로의 필요성을 제기하여 연구국이 정치연구센터로 확대 개편됨.

- 중동의 정치동향을 수집, 분석, 평가하며 하는 것이 주된 임무이며 중동실, 국제실, 기능실 등 10개의 과로 구성됨.
- 해외 유대인 거주지인 다이스포라(Diaspora communities, 난민이 아닌 항구적인 외국 공동체)와의 관계를 증진하며 해외 이스라엘 국민의 권익을 보호함.

06 경찰 정보 및 사이버 조직

01 이스라엘 경찰(INP) 정보 및 대테러 조직

- Latam(특수보안국)은 신베트와 협력
- MATILAN은 수도인 예루살렘을 보호하는 사이버 조직
- YAMAM은 대테러 및 인질구출
- MAGAV은 국경경찰
- YAMAS(MAGAV)는 산하 무장조직으로 서안지구 소요사태 진압
- Unit 33(Gideonim)은 엘리트 비밀정보조직
- YAGAL은 레바논 국경의 준군사 밀수 단속조직
- YAMAG은 전술적 범죄대응 및 신속투입 대테러 부대

02 국가 사이버기구

- 국가사이버국(NCD, National Cyber Directorate)는 이스라엘 정부가 국가사이버부(NCB, National Cyber Bureau)와 국가사이버보안국(NCSA, National Cyber Security Authority)를 통합한 사이버 보안 조직임.
- NCD는 연구개발부터 정책수립까지 책임지는 내각의 중앙 부처로 2017년 12월 설립되어 현재와 미래의 사이버문제에 직면한 필요한 수단을 개발하고 사이버 공간의 보호와 신속한 복구 및 사이버 지식과 기술을 개발함.
- NCB는 사이버보안 정책을 총괄하며 국가사이버 인프라 보호, 정보기술의 발전, 경제부 등 타 부처와 연계 업무 추진, 산업 및 민간부분과의 협력증진, 보안산업 투자촉진, 국제협력을 담당함.

• NCSA는 공공기관, 정부기관 및 사회기반 시설, 방산분야 및 민간기업과 개인 등에게 보안서비스를 제공함.

• NCD는 National CERT(연중 무휴 24시간 운용)를 운용하여 대규모 사이버 공격을 저지하고 국가기간시설 시스템의 파괴시리아의 단수계획을 입수 하여 3차 중동전쟁(6일전쟁) 승리에 결정적 기여를 하였으나를 예방하며 이에 신속히 대처함.

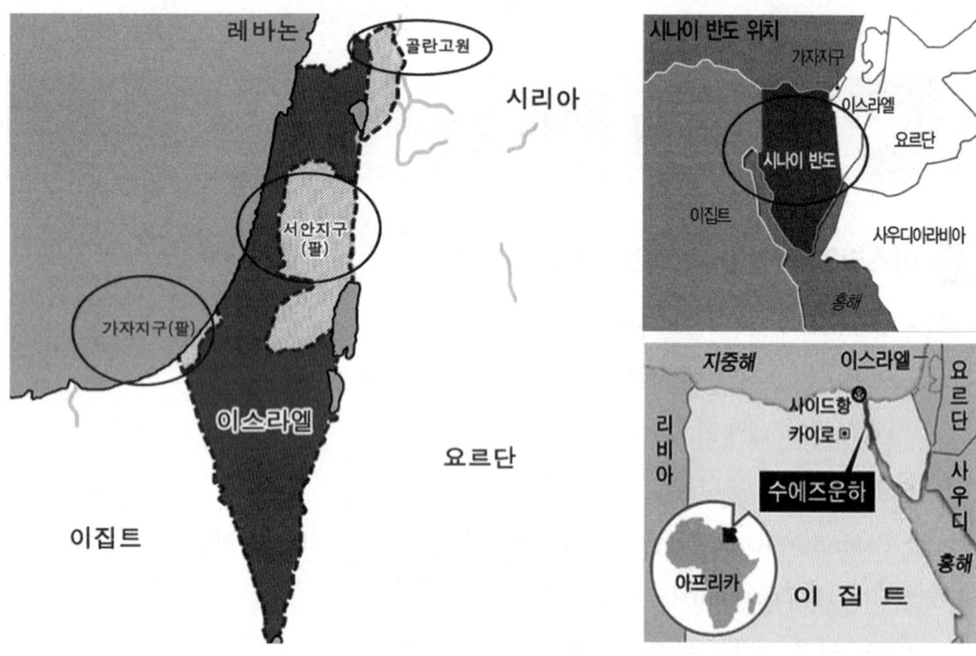

〈 이스라엘과 주변국 상황(중동전쟁) 〉

07 이스라엘 정보활동 사례

01 주요 인물

(1) 엘리 코헨(Elie Cohen, 1924-1965)

• 엘리 코헨은 모사드 요원으로 골란고원의 시리아 군 배치도를 비롯하여 소련 고문단의 이스라엘 공격계획, 구소련이 제공한 무기, 시리아의 단수계획을 입수하여 3차 중동전쟁(6일전쟁) 승리에 결정적 기여를 하였으나 체포되어 참수됨.

(2) 볼프강 로츠(Wolfgang Lotz, 1921~1993)

- 볼프강 로츠는 모사드 요원으로 이집트의 미사일 개발에 참여한 독일 과학자의 명단, 주소, 가족상황, 미사일 전자통제시스템과 시나이 반도에 설치된 미사일 발사대에 대한 정보를 입수함.

(3) 슐라 코헨(Shulamit Cohen-Kishik, Shulamit Cohen-Kishik, Shula Cohen, 1917~2017)

- 슐라 코헨은 모사드 요원으로 중동의 마타하리로 불리며 사교활동을 통해 레바논과 시리아에서 정부 및 정치 관련 문서를 입수하였고 암호명은 진주(Pearl)이며 유태인 난민의 팔레스타인 이송을 담당함.

(4) 예후다 길(Yehuda Gil, 1934~)

- 극우 성향의 모사드 간부로 1997년 2월 허위의 첩보원을 통해 20년 동안 시리아의 위협을 과장한 보고서를 생산하여 전쟁발발 직전의 상황을 초래함.

02 주요 활동

(1) 라캄의 우라늄 입수활동

- 라캄은 핵무기 개발을 위한 고농축 우라늄을 얻기 위해 미국 테네시주 아폴로 시에 소재한 핵 재처리 공장인 뉴멕(NUMEC)사와 제휴를 맺고 200 파운드에 달하는 우라늄을 빼돌림.
- FBI는 위 사실을 알고 있었으나 미 국무부가 이스라엘과의 외교적 분란을 우려하여 조사에 반대하였다고 알려짐.

(2) 아돌프 아이히만(Adolf Eichmann) 납치공작

- 아돌프 아이히만은 2차대전 시 나치독일의 친위대(SS)소속 장교로 유태인 학살에 깊이 관여를 한 인물로 종전 후 신분을 감추고 잠적하였으나 모사드가 추적하여 이스라엘로 납치 후 1962년 5월21일 처형당함.

(3) 신의 분노 작전(Operation Wrath of God)

- 1972년 뮌헨올림픽에서 이스라엘 선수들을 살해한 검은 9월단에 대한 보복을 위해 골다 메이어(Golda Mabovitz, 1898~1978) 총리는 X위원회(X committee)를 구성하고 샤레트 메트칼을 투입하여 테러범들을 암살함.

(4) 엔테베 작전(Operation Entebbe)

- 1976년에 아테네에서 팔레스타인 테러리스트 등에 의해 피랍된 에어프랑스 항공기를 라빈(Yitzhak Rabin, 1922~1995) 총리의 지시로 우간다의 엔테베(Entebbe) 공항에서 샤레트 메트칼을 투입하여 인질을 구출함.

08 이스라엘 정보기구의 개혁과 과제

01 이스라엘 정보기구의 문제점

- 이스라엘 정보기구는 총리를 비롯한 정치지도자가 정보기관의 판단을 불신하거나 반대로 정보기관이 총리 등 정치지도자의 정책에 도전하는 태도를 보임.
- 모사드, 신베트, 아만 등 주요 정보기관 간 과도한 경쟁과 비협조 그리고 이들을 조정·통제하는 기능의 미흡은 정보판단의 실패와 정보활동의 효율성 저하를 가져옴.
- 정보기관의 본연의 업무인 정보수집 및 분석보다 지나친 공작활동 투자는 이스라엘 젊은이들 간 정보요원의 인기를 하락하게 함.
- 이스라엘 형법은 고문을 금지하면서도 첩보 획득을 위한 육체적·정신적 압력은 허용하며 특별법에 의해 신베트 부장은 그 이상이 허용되어 이 때문에 각종 가혹행위가 저질러지고 신문과정에서 용의자가 살해되기도 함.
- 신베트의 인권유린 사례는 국제사면위원회, 국제적십자위원회 등 인권단체들의 많은 비난을 받았고 결국 1999년 9월 이스라엘 대법원이 신베트의 가혹한 고문 방법을 불법으로 판결함.

02 정보활동의 대표적 실패 사례

(1) 라본 사건

- 1954년 영국의 수에즈운하 철수에 반대하는 이스라엘 군부가 아만을 동원하여 이집트 내 미국과 영국시설에 대해 이슬람 과격단체로 위장한 테러를 일으키다 폭탄운반 중 화상을 입어 요원이 체포되고 이스라엘 첩보망이 붕괴됨.

(2) 욤키푸르(Yom Kippur) 전쟁 또는 10월 전쟁

- 중동 3차전쟁(6일전쟁) 이후 획득한 시나이반도 반환에 소극적인 이스라엘을 이집트와 시리아가 1973년 10월 선제공격 함.
- 당시, 아만의 하위 정보관은 사전에 이집트의 전쟁계획과 시리아의 구소련 군사고문단 철수를 정확하게 보고하였으나 묵살됨.
- 배경을 살펴보면, 아만을 비롯하여 골다 메이어(Golda Meir, 1898~1978) 총리와 모세 다얀 (Moshe Dayan, 1915~1981) 국방부 장관은 전쟁 가능성을 낮게 보았으나 모사드와 참모총장인 엘리자르 장군은 전쟁을 경고함.

- 내부의 의견대립으로 결국 초기 대응에 실패하고 이집트와 시리아의 기습을 받아 위기를 겪은 이스라엘은 이후, 총리를 보좌하는 정보고문을 새로 임명하고 모사드의 독립성을 더욱 강화하게 됨.
- 또한, 아만은 안보에 영향을 주는 모든 요소들을 총체적으로 파악하여 분석하는 사고체계이자 분석도구인 체계적 사고(system thinking)를 도입하고 조직을 재편하게 됨.

(3) 릴레함메르(Lillehammer) 오인 암살사건

- 신의 분노 작전을 실행 중인 1973년 7월 21일 릴레함메르의 한 바에서 일하던 모로코인 웨이터 아메드 부키치(Ahmed Bouchiki)라는 민간인을 검은 9월단 간부인 알리 하산(Ali Hassan Salameh)으로 오인하여 살해한 사건임.

(4) 라빈 총리 암살사건

- 1995년 11월 4일 평화집회에 참석하던 라빈 총리가 극우단체 예얄(Eyal) 소속의 법대생의 총격으로 암살되어 신베트의 경호체계에 큰 허점이 드러났고 결국 신베트 부장이 사임함.

(5) 하마스의 테러공격 예방 실패

- 1996년 하마스 조직원이 7월 30일과 9월 4일 두 차례 서예루살렘에 자살폭탄 테러를 저질러 21명이 사망한 이후 서안과 가자지구의 보안활동을 전담하는 신베트가 대테러 전략을 둘러싸고 아만과 공개적인 설전을 벌임.

(6) 암만 암살 미수사건

- 1997년 7월과 9월의 폭탄테러에 대한 복수로 모사드 요원이 요르단의 암만(Amman)에서 활동하던 하마스 간부인 메샬을 독극물을 이용해 암살하려다 미수에 그쳐 체포되고 결국 하마스 창설자인 야신을 석방하며 풀려남.

(7) 스위스 도청 스캔들

- 1998년 모사드 요원이 스위스 베른에서 헤즈볼라 간부들에 대한 도청장치를 설치하다 발각되어 경찰에 체포된 사건으로 스위스와 심각한 외교 문제를 야기한 후 모사드 부장이 사임함.

03 이스라엘 정보기구의 개혁

- 이스라엘은 최소한 48~72시간 이내에 정보기관의 조기경보가 발령되고 예비군이 동원되어 전쟁에 투입되어야 생존할 수 있음.
- 변화하는 안보환경에 대응하기 위해 2003년 이스라엘 정보네트워크 실태조사 위원회를 구성하여 정보기관 개혁을 위한 권고안을 제시함.

- 국가안전보장회의(NSC)를 컨트롤 타워로 모사드, 신베트, 아만 등의 독립된 정보기관을 운용하되 각 기관의 업무 영역을 명확히 구분하도록 함.
- 정보공유와 협력을 위해 정보기관 수장들이 합의문에 서명하고 상황에 따라 정보협력 소위원회(Intelligence subcommittee)를 구성하여 상호업무 중복이나 충돌을 조정할 수 있는 제도적 장치를 마련함.
- 기존의 지나친 비밀주의에서 벗어나 모사드와 신베트 부장의 임면사실을 공표하고 언론에 신입직원 공채광고를 내는 등 변화를 시도함.

더 알아보기

이스라엘의 국가안전보장회의(NSC)

- 이스라엘의 NSC는 1999년 3월 7일 네타냐후(1947~) 정부 하에서 욤키푸르 전쟁 (4차 중동전쟁)의 교훈을 바탕으로 설립된 총리실 산하기관으로 국가안보 문제의 조정·통합·분석 및 모니터링 작업과 외교·안보의 중추적 자문을 담당함.
- NSC는 국가안보 및 대외 문제를 다루는 정부, 장관위원회, 여타 정부기관의 회의를 총괄적으로 관리하며 법적 기반 및 총리의 통제권한이 계속 강화됨.
- NSC는 중장기 국가안보에 대한 계획을 입안하고 작성하며 이스라엘의 국가안보 독트린을 평가하며 국가위기관리센터를 운영함.

04 이스라엘 정보기구의 통제

- 이스라엘 정보기관에 대한 감독은 이스라엘 의회인 크네셋(Knesset) 내 외교·국방위원회 산하의 정보·기밀 소위원회가 수행함.
- 정보 조직이나 활동과 관련한 문제를 조사할 필요가 생기면 책임자를 두고 감사원 특별위원회를 구성하여 조사하며 감사원의 국가감사관은 조사 결과와 의견을 의회에 보고함.
- 감사원은 헌법상 독립기관으로 감사원장은 7년 단임으로 이스라엘 의회에서 의원들의 직접투표를 통해 선출됨.
- 의회 국가감독위원회 내에 외교안보소위원회에서 국가안보 및 외교관련 사항에 대한 감사결과보고서를 의회 및 국민에게 공개할지의 여부를 결정할 수 있음.

더 알아보기

이란의 국가정보기구

- 사바크(SAVAK)는 이란의 무함마드 레자 샤(모사데크 총리 재임 및 축출 당시의 국왕으로 1979년 1월 17일 혁명으로 축출되어 호메이니가 집권함)가 1957년 미국 CIA의 도움으로 창설한 새로운 정보기구이자 비밀경찰조직임.
- 창설 목적은 투데당 등 좌파계열의 반대파를 제거하여 체제를 유지하고 반정부 인사들을 탄압하고 소련의 활동정보를 취합하여 이란을 비롯한 중동에서 소련의 영향력이 확대되는 것을 견제하기 위함임.
- 1984년 이란은 사바크를 베바크(VEVAK, 영어로 MOIS)라는 개명하고 요원들을 전면 교체하면서 모사드에 대항하여 해외암살 및 테러공작을 수행하는 것으로 알려짐.
- 1994년 7월 18일 아르헨티나 수도 부에노스아이레스의 이스라엘-아르헨티나 친선협회(AMIA) 건물에서 발생한 폭탄테러는 베바크의 소행으로 추정되며 중남미 최악의 폭탄테러 사건으로 알려짐.
- 알 쿠드스(Al Quds, 예루살렘)는 이란의 최정예 군사조직인 혁명수비대의 해외공작 전담조직으로 1979년 이슬람혁명 이후 창설되었으며 레바논의 헤즈볼라, 팔레스타인 하마스 등과 밀접한 관계를 맺고 대 이스라엘 테러를 시도함.

16 단원별 퀴즈

■ 독일의 정보기구 ■

01. 미국 CIA의 지원으로 1946년 7월 서독에 설립된 조직으로 BND의 모체가 된 조직은 (   )이다.

02. 동독을 탈출한 망명자로 신분을 속이고 서독 연방 총리 빌리 브란트의 비서로 기용된 스파이 귄터 기욤이 소속된 정보기관은 (   )이다.

03. 독일 연방정보 기관의 위원장으로서 연방 정부의 정보기관과 다른 당국 및 기관과의 협력을 조정할 책임이 있는 정보기구는 (   )이다.

04. 내무부 산하의 국내 방첩기관으로 영국 MI5를 모델로 하여 설립된 정보기구는 (   )이다.

05. BND와 협조하며 군사분야의 SIGINT, IMINT 수집 및 전자전 임무를 수행하는 군 정보기관은 변경된 조직은 (   )이다.

06. GIZ는 GTAZ(합동대테러센터), GAR(우익 극단주의 테러 대응센터)의 기능이 합쳐진 조직으로 대테러리즘 소통 및 정보공유 플랫폼이다.

07. BAMAD는 연방군 산하 합동지원군 참모총장 직속의 군 정보기관으로 군내 방첩, 군사첩보 수집, 보안감사, 해외 군사정보수집을 담당한다.

08. 의회통제반(PKGr)은 헌법에 따른 서신, 문자, 게시물, 우편 등 사생활을 정보기관이 침해하는지 의회 정보위에서 독립적으로 감시한다.

■ 이스라엘의 정보기구 ■

01. (　　)는 하가나 산하의 정보조직으로 영국, 아랍, 유태인 내부(극우, 극좌 세력), 나치에 대한 정보를 수집하였으며 모사드의 모체가 되었다.

02. (　　)는 이스라엘 내 최고정보기관의 위상을 가지며 모사드 수장은 1949년 4월에 설치된 IC의 통합 조정임무를 담당하는 VARASH의 의장이기도 하다.

03. NSA와 대등할 정도의 SIGINT 활동과 첩보위성인 오펙, 무인정찰기 Scout, Pioneer, Heron 등을 개발하여 IMINT를 수집하는 정보기관은 (　　)이다.

04. (　　)은 아만이 운영하는 특수부대로 적진 종심을 정찰하며 전략정보를 수집, 대테러 및 납치예방, 테러리스트 보복작전 등을 수행한다.

05. 1957년 창설된 국방부 정보기관으로 군사부문의 과학기술정보를 수집한 정보기구는 (　　)이다.

06. 이스라엘 사이버 보안의 연구개발부터 정책수립까지 책임지는 내각의 중앙 부처로 NCB와 NCSA를 통합하여 설립한 정보기구는 국가사이버국이다.

07. 엘리코헨, 슐라코헨, 예후다 길, 아돌프 아이히만, 검은 9월단, 엔테베 작전과 관련 있는 정보기구는 신베트이다.

08. 독립부서로 모사드 내 비밀공작과 암살, 사보타지, 준군사공작을 수행하며 산하에 키돈(Kidon)이라는 암살 부서가 있는 조직은 챠프리림이다.

16 기출 및 유사문제 ■독일의 정보기구 ■

01. 다음에서 설명하는 스파이는?

동독을 탈출한 망명자로 신분을 위장하고 사민당에서 활동하다 서독연방 총리의 비서로 기용되나 슈타지의 간첩으로 밝혀져 형을 살다 동독으로 송환됨.

① 권터 기욤 ② 빌리 브란트
③ 레오폴드 트레퍼 ④ 고든 론즈데일

16 실전문제 ■독일의 정보기구 ■

02. 독일의 정보기구에 대한 설명으로 맞는 것은?

① 독일은 제1차 세계대전 패전국으로 베르사유조약 때문에 어떠한 정보기관도 보유할 수 없었다.
② 겔렌(Gehlen)은 미국과 신사협정을 체결하고 정보조직을 창설하여 소련과 동유럽 지역에 대한 첩보수집을 제안하였으나 미국이 거절하였다.
③ 연방정보국(BND)은 1956년 공식 출범하기는 하였으나 국가정보기관으로서 필요한 조직과 인력 등을 갖추지는 못했다.
④ 헌법보호청(BfV)은 극좌, 극우세력, 테러조직 등에 의한 국가안보 위협행위에 대한 첩보수집과 예방을 위한 정보활동을 담당한다.

03. 안보환경 변화에 따른 독일 국가정보기관의 변화로 적절하지 않는 것은?

① 1990년 독일통일 이후 BND의 활동영역이 확장되어 전 세계 70여개국에서 임무를 수행하고 NATO와의 긴밀한 협조체제를 구축하였다.
② 프랑스의 DGSE는 독일의 BND는 유럽 내 각자의 주도권을 상호 인정하고 프랑스-독일 양국간 비공식 정보협약을 체결했다.
③ 냉전종식 이후 구소련의 위협이 사라지면서 정보 분야도 미국의 영향력으로 벗어나고자 하는 경향을 보여주었다.
④ 9.11 테러 이후 독일은 미국주도 일방주의 외교에 불만을 가지면서도 국익을 위해 미국과 긴밀한 협조가 불가피하다는 것을 인식하였다.

04. 독일의 정보기구에 대한 설명으로 적절하지 않은 것은?

① BfV는 독일 내 극좌 또는 극우 급진주의자들을 감시하여 첩보와 충분한 증거를 수집하면 자체 수사로 전환한다.

② GSG 9은 1972년 뮌헨올림픽 이스라엘 숙소 테러 이후 테러단체에 효과적으로 대응하기 위해 창설된 연방 내무부 산하의 대테러전담 특수부대이다.

③ BAMAD는 국방부 직속의 군 정보기관으로 2017년 MAD에서 개편된 군내 방첩, 군사첩보 수집, 극단주의 세력 차단 및 감찰임무를 수행한다.

④ BND는 겔렌조직을 기초로 1956년 4월 서독 내에 창설된 해외정보활동을 담당하는 총리 직속의 국가정보기구로 HUMINT, TECHINT를 수집한다.

05. 다음에서 설명하는 것은 무엇인가?

- 합동작업 강화 및 개선을 통한 국제테러에 대한 대응력을 높이기 위해 2004년 12월 창설된 대테러 유관 기관연합체이자 공동협력 플랫폼으로 수장이 따로 없이 기관들의 대표가 동등한 위치에서 협력함.
- GTAZ는 기관 간 다양한 테러 정보 및 전문지식의 체계적인 교환을 보장하고 공동 평가 및 분석의 가능성을 제공하여 관계기관의 협력을 향상시킴

① GTAZ ② GIZ
③ KSA ④ BfV

06. 독일의 정보통제 기구에 대한 설명으로 적절하지 않은 것은?

① 3대 정보기관인 BfV, BND, BAMAD에 대해 연방의회(특별위원회, 상임위원회), 연방총리실, 연방감사원을 통해 외부 통제가 이루어진다.

② 독일연방헌법재판소는 2016년 4월 BKA의 테러방지 규정들이 기본적으로 헌법에 합치하지만, 광범위한 규정에 대해 일부 위헌결정을 내렸다.

③ PKGr은 조사, 정보기관 입실, 담당자 인터뷰를 포함하는 광범위한 감독 권한과 정보기구의 연간 예산을 결정하고 모니터링 한다.

④ G-10 위원회는 기본법(헌법) 제10조에 따른 서신, 문자, 게시물, 우편 등 정보기관이 사생활을 침해하는지 의회 정보위원회 내에서 감시한다.

07. 다음에서 설명하는 것은 무엇인가?

> • SIGINT, IMINT 활동 및 전자전 임무를 수행하는 군 정보기관으로 2002년 2월 창설되어 2017년 4월 사이버우주사령부(KdoCIR)로 소속이 변경되었으며 BND와 긴밀하게 협력을 유지함.
> • 벙커, 선박, 항공기, 장갑차 등에서 작동하는 텔렉스, 팩스 및 전자 메일, 라디오 송신기와 레이더 신호를 추적하고 암호를 해독하며 첨단 정찰위성을 통해 악천후에도 24시간 감시가 가능함.

① GTAZ　② GIZ　③ KSA　④ BfV

16 기출 및 유사문제 ■ 이스라엘의 정보기구 ■

01. 이스라엘 정보기관의 발전과정으로 적절하지 않은 것은?

① 이스라엘의 정보개념과 체계는 신탁통치 기간 동안 영국과의 정보협력과 갈등을 통해 확립되었다.

② 영국의 이이제이(以夷制夷) 통치방식에 대항하여 하쇼메(Hashomet)라는 지하군사조직을 창설하고 그 휘하에 쉐이(SHAI) 라는 정보조직을 설립했다.

③ 세계 시온주의자 연맹으로부터 재정지원을 받아가면서 영국, 아랍, 나치에 대한 정보활동을 전개했다.

④ 이스라엘은 미국으로부터 정보지원을 받고, 미국은 이스라엘을 중동진출의 교두보로 삼기 위해 1943년부터 양국 정보기관간의 관계수립을 추구했다.

02. 이스라엘의 해외정보수집 및 공작기관인 것은?

① Mossad　② Shin Beth　③ Aman　④ Shai

03. 중동의 마타하리로 불리는 이스라엘의 모사드 소속의 여성첩보원은?

① Shulamit Cohen-Kishik　② Wolfgang Lotz
③ Elie Cohen　④ Yehuda Gill

04. 다음에서 설명하는 인물은?

> • 모사드 요원으로 골란고원의 시리아 군 배치도를 비롯하여 구소련 고문단의 이스라엘 공격계획, 구소련이 제공한 무기 사진, 시리아의 단수계획을 입수하여 3차 중동전쟁 (6일전쟁) 승리의 결정적 기여를 하였으나 체포되어 참수됨.

① Shulamit Cohen-Kishik ② Wolfgang Lotz
③ Elie Cohen ④ Yehuda Gill

05. 모사드에 대한 설명으로 적절하지 않은 것은?

① 벤구리온 총리의 지시로 1951년 외무부 정치국을 해체하고 해외정보와 비밀공작을 전담하는 독립적이고 중앙집권적 조직으로 재편되었다.
② 적대국가 내 유태인 난민 구출, HUMINT 수집, 비밀공작, 대테러 활동을 하는 외교부에서 분리된 총리직속기관이다.
③ 이스라엘 내 최고정보기관의 위상을 가지며 모사드 수장은 IC의 통합 조정임무를 담당하는 최고정보조정위원회(VARASH)의 의장이다.
④ 적대적인 아랍국에 포위된 특수한 상황으로 국내 비밀공작을 엄격히 금지하는 대부분의 민주국가와는 달리 국내 정치공작을 수행한다.

06. 이스라엘의 군 정보기구에 대한 설명으로 옳지 않은 것은?

① MI(군 정보부)는 유럽에 독자지부를 설립하는 등 정치국과 갈등을 일으켰으나 1953년 육·해·공군과 같은 독립조직으로 격상되어 Aman(아만)이 되었다.
② HUMINT, SIGINT, IMINT 활동 및 군사지도를 제작하고 NIEs, 일일정보 보고서, 전쟁위험 평가보고서를 생산하여 총리와 내각에 보고한다.
③ 군사정보를 담당하는 국방부 장관 직속의 정보기관으로 야전보안부대, 지역사령부와 공군, 해군정보부 등 다수의 전술정보부대를 지휘한다.
④ 민주화된 국가답게 서방 정보기구처럼 군내에서만 활동하고 일반 국내 정치정보는 수집하지 않는다.

07. 다음 중 이스라엘의 신베트의 주요 방첩사례로 적절하지 않은 것은?

① 1972년 뮌헨 올림픽 때 검은 9월단의 테러에 대한 보복
② 제1차 중동전쟁 당시 대간첩 대책과 아랍계 이스라엘인들을 감시
③ 1956년 아모스 마너(Amos Manor)에 의한 후루시초프의 비밀 연설 입수
④ 1961년에는 소련의 간첩이었던 이스라엘 비어(Israel Beer)를 검거

16 실전문제 ■ 이스라엘의 정보기구 ■

08. 모사드에 대한 설명으로 적절하지 않은 것은?

① 정치활동 연락국 산하의 챠프리림(Tsafririm)은 전세계 유태인과의 연락을 담당한다.
② 야할로민(Yahalomin)은 특별통신 부서로 이스라엘의 적대국에서 활동하는 첩자들과 통신을 담당한다.
③ 메차다(Metsada)는 모사드의 비밀공작을 담당하는 독립부서로 암살, 사보타지, 준군사공작을 수행하며 산하에 키돈(Kidon)이라는 암살 전문부서를 보유한다.
④ 사야님(Sayanim)은 미국 내에서 비밀첩보활동을 담당하는 독립된 특수부서로 3명의 카트사(Katsas)를 포함한 20여명의 현장요원으로 구성된다.

09. 이스라엘의 정보기구에 대한 설명으로 옳지 않은 것은?

① 신베트는 반정부 활동혐의가 있는 자를 체포하고 구금할 수 있으나 80년대 잔혹한 고문과 구금, 거짓증언으로 비난을 받았다.
② 헨자(Henza)는 아랍국에 소속된 신베트의 파견대로 아만의 비밀파견대인 미챠르빔(Mista'arvim)과 팔레스타인 봉기를 감시하고 대전복활동을 수행한다.
③ Unit 504는 아만이 지휘하는 SIGINT 수집부대로 1959년 창설되어 중동, 유럽 전역의 이메일, 전화, 기타통신을 감청하고 사이버 공격을 담당한다.
④ 샤레트매트칼(Sayeret MATKAL, Unit 269)은 아만이 운영하는 특수부대로 적진 종심을 정찰하며 전략정보를 수집하거나 대테러 임무를 수행한다.

16 정답 및 해설

단원별 퀴즈 정답 및 해설

■ 독일의 정보기구 ■

01. 겔렌조직(Organization Gehlen)

02. 슈타지(MfS, 국가보안부, Ministry for State Security)

03. BND(연방정보부, Federal Intelligence Service)

04. BfV(연방헌법보호청)

05. 전략정보사령부(KSA)

06. X, GTAZ(합동테러센터, Joint Counter-Terrorism Center)이다.

07. X, 해외군사정보는 BND가 담당한다.

08. X, G-10 위원회(G10 Commission)에서 담당한다.

■ 이스라엘의 정보기구 ■

01. 쉐이(Shail)

02. 모사드

03. Aman(아만)

04. 샤레트매트칼(Sayeret MATKAL, Unit 269)

05. LAKAM(라캄, 과학관계국)

06. O, 사이버 정책을 총괄하는 국가사이버부(NCB)와 정부 및 민간에게 보안서비스를 제공하는 국가사이버보안국(NCSA)가 통합된 기구이다.

07. X, 모사드이다.

08. X, 메차다(Metsada, Special Operation Division)이다.

■ 독일의 정보기구 ■

기출 및 유사문제 정답 및 해설

01. 답 1. 레오폴드 트레퍼는 GRU 스파이로 독일에서 활동했으며 레이바 돔이란 유대인 시오니스트로 전향하였다. 고든 론즈데일은 KGB 스파이로 포틀랜드 스파이링 조직의 수장이었다.

실전문제 정답 및 해설

02. 답 4. 패전국 독일은 1차대전 종전 후 1919년 베르사유 조약으로 정보기관을 두지 못했으나 방첩기관은 인정되어 압베르가 창설되었다. 독일이 2차대전에서 패배하자 겔렌은 미군에 투항하여 1947년 신사협정을 체결하여 BND의 전신인 겔렌조직을 창설했다.

03. 답 4. 9.11 테러사건 이후 재편된 국제질서는 EU의 주도국인 독일로 하여금 미국의 일방주의적 외교정책에 대항하여 국익을 보호하기 위해 프랑스와 긴밀한 협조가 필요하다는 것을 인식하였다.

04. 답 1. BfV는 사법경찰권이 분리되어 수사는 경찰이 담당하고 충분한 증거수집 시 BKA(범죄수사청)이나 검찰에 이첩하며 해당 첩보는 법정에서 주요 증거로 채택 가능하다.

05. 답 1.

06. 답 3. 정보기구의 예산은 기밀위원회(Confidential Committee)에서 결정한다.

07. 답 3.

■ 이스라엘의 정보기구 ■

기출 및 유사문제 정답 및 해설

01. 답 2. 영국 以夷制夷 통치방식에 대항하여 하가나(Hagana)라는 지하군사조직을 창설하고 산하에 쉐이(SHAI)라는 정보조직을 설립했다. 하쇼메(Hashomet)는 키부츠를 방어하기 위해 1909년부터 조직한 자체 경비부대 임.

02. 답 1. 주미 이스라엘 공사로 근무한 실로아흐는 CIA와 같은 해외공작기구인 모사드를 1949년 12월 발족시켰다. Shai는 이스라엘이 독립하기 전의 민병대인 Hagana의 정보조직이다.

03. 답 1. 슐라미트 코헨-키사크(Shulamit Cohen-Kishik)은 레바논 베이루트에 사는 7명의 자녀를 둔 유대인 주부로 암호명 '진주'라는 모사드 요원으로 활동한 '중동의 마타하리'이다. 슐라코헨(Shula Cohen)과 동일인물이다.

04. 답 3.

05. 답 4. 보기는 신베트에 대한 내용이다.

06. 답 4. 아만은 군사정보와 민간정보가 구분된 서방 정보기구와 달리 군대 뿐 아니라 일반 정치정보까지 수집하며 정보업무를 수행한다.

07. 답 1. 신의 분노 작전은 모사드의 비밀공작이다.

실전문제 정답 및 해설

08. 답 4. 보기는 알(AL)국에 대한 설명이다. 사야님(Sayanim)은 자발적인 유대인의 협조망으로 모사드 요원에게 숙소, 자금, 의료서비스, 기타 정보를 제공한다.

09. 답 3. 보기는 8200부대(Unit 8200)부대에 대한 설명이다. Unit 504는 아만이 지휘하는 HUMINT 담당 조직이다.

17 북한과 우리나라의 정보기구

■ 북한의 정보기구 ■

	국무위원회 (구. 국방위원회)	조선인민군 (인민무력성)	조선노동당
국내방첩	국가보위성 (구. 국가안전보위부) • 인민보안성 (구. 인민보안부)		
해외정보	국가보위성 (구. 국가안전보위부)	정찰총국	통일전선부 • 문화교류국 (구. 225국)
기술정보		정찰총국	
국방정보		보위국 (구. 보위사령부) • 호위사령부 (구. 호위총국)	

〈 북한의 정보기구 개관 〉

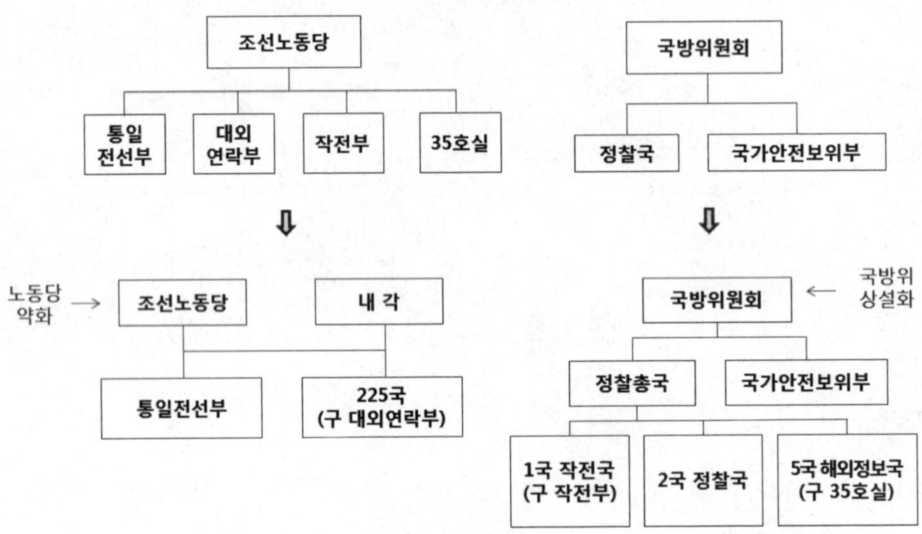

〈 2009년도 정보조직 개편 〉

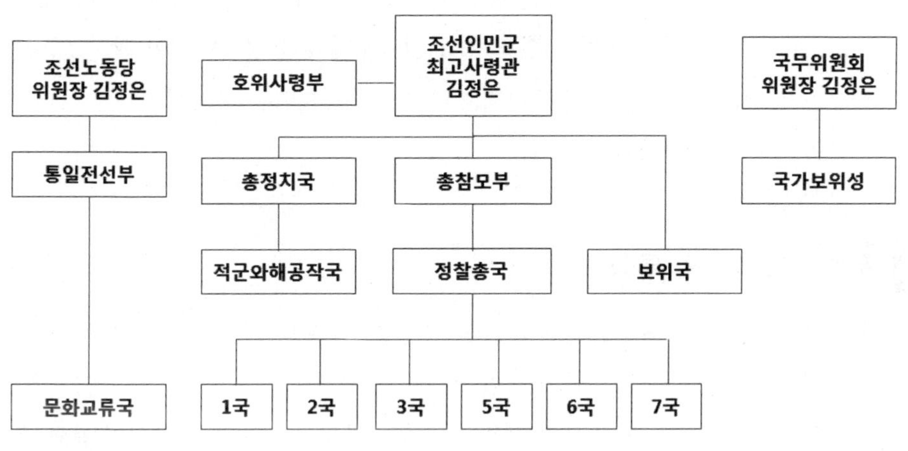

〈 2016년도 정보조직 개편 〉

01 북한의 정보기구의 역사와 특징

01 북한(조선민주주의인민공화국)의 조선노동당 규약 전문

- 조선노동당의의 당면목적은 공화국 북반부에서 사회주의의 완전한 승리를 이룩하며 전국적 범위에서 민족해방과 인민민주주의 혁명의 과업을 완수하는데 있으며 최종목적은 온 사회의 주체사상화와 공산주의 사회 건설에 있음을 명시함.
- 위 규약은 북한의 국가안보가 체제보위를 넘어 남조선혁명과 공산화 통일까지 범위를 확대한 것으로 남북이 군사적으로 첨예하게 대결하고 있는 현 상황의 현실적 반영이라고 볼 수 있음.

02 북한 정보기구의 역사

- 북한의 정보기관은 1945년 8월 해방과 더불어 김일성이 북한에서 공산주의 독재체제를 구축하는 과정에서 시작됨.
- 정치학원(일명 강동학원)은 김일성이 남한에 자신의 세력을 확장시키기 위해 1945년 말 평양근교의 강동에 세운 정치일꾼 양성소로서 6.25전쟁 시까지 약 2천여명의 공작원과 유격요원들을 배출하여 남파시킴.

- 서울정치학원은 1951년 중공군 참전 이후 북한이 서울에 재진입시(미군과 한국군의 1.4 후퇴 시) 설치하여 퇴각 후 노동당 연락부의 금강정치학원이 됨.
- 송도 정치학원은 증설되어 본격적으로 정보공작요원을 남파시켰는데 이러한 조직들이 북한 정보기관의 모체임.

03 북한 정보기구의 특성

- 북한은 김정은이 조선인민군 최고사령관, 조선노동당 위원장, 국무위원회 위원장을 겸직하며 모든 정보기구를 통제함.
- 북한의 정보활동은 남조선 혁명을 수행하는 방도와 밀접히 연관되며 폭력, 특히 전쟁 수단에 가까운 무장 유격투쟁(게릴라전)을 유효한 수단으로 간주함.
- 기본적으로 국무위원회(구. 국방위원회) 산하 국가보위성은 한국 및 해외의 정치정보를 수집하고 군내 정보기관인 정찰총국은 한국군의 무기 및 전쟁 계획 정보를 수집하며 조선 노동당 정보기관인 통일전선부와 문화교류국(구. 225국)은 대남 혁명 업무를 담당함.
- 북한의 정보기구는 임무가 엄격히 구분되지 않고 자주 중복되는데 이는 최고지도자 및 관료들의 성향이 정보기구의 시스템적 운용보다 더 중요했기 때문인 것으로 보임.
- 북한의 정보기구는 삼권분립(당 · 정 · 군)의 형태로 국가보위성이나 군 정찰총국에 국한되지 않고 여타 정보기구가 독립된 형태의 은밀한 공작을 진행함.
- 2009년 이후로 북한의 정보기구는 중앙집권적으로 재편되어 군정보기구와 당 정보기구를 모두 흡수한 정찰총국이라는 새로운 정보기구가 탄생하고 첩보 및 공작을 주도하게 됨.
- 2009년 이후에도 국가보위성은 독립된 정보기구로서 남았으나 2017년 초 국가안전보위부장 김원홍이 퇴진하면서 위상이 약화되었고 이는 정보기구의 중앙 집권화가 정착되는 일련의 과정으로 보여짐.

02 국가보위성(구. 국가안전보위부)

01 국가보위성의 역사

- 보안국이 1947년 북조선인민위원회(1946년 2월 8일 수립)에 설립되고 북한(조선민주주의인민공화국, 1948년 9월 9일 수립) 정부 하에서 내무성 정치보위국(정치범 관리)으로 개편됨.
- 1962년 사회안전성(현. 인민보안성) 산하의 정치보위국으로 조직을 옮겼으며 1973년 정치보위부로 독립하여 김일성-김정일 세습에 반대하는 세력을 축출함.
- 국가보위부(1982년 정무원에서 분리되며 개칭), 국가안전보위부(1993년 개칭. 정권교체기 김정일, 김정은은 보위부장을 직접 맡으면서 유일지도체계 구축에 활용함) 순으로 변화함.
- 김정일에서 김정은 체제로 이행하며 2016년 6월 기존의 국방위원회 대신 국무위원회가 신설되어 김정은을 국무위원장으로 추대하였고 이때 국가안전보위부가 격하된 조직이 국가보위성 임.
- 국가안전보위부는 보위부장 김원홍이 2012년 4월 임명된 후 각종 월권행위와 인민보안부와의 갈등으로 2016년 이전부터 국가보위성으로 격하될 조짐이 있었던 것으로 평가됨. (부-성-청-국)

02 국가보위성의 임무

- 국가보위성은 최고통치권자의 권력을 보호하고 반당·반혁명·반사회주의적 요소를 색출하여 제거하는 국가보안·방첩기능이 주 임무임.
- 정치사찰 전담기구로서 정치사상범에 대한 체포, 구금, 처형을 법적 절차 없이 임의대로 결정할 수 있으며 모든 기관, 기업, 리(里)단위 행정구역까지 보위성 요원을 파견함.
- 반체제 행위자 및 방첩수사, 정치범수용소 관리, 공항·항만 등의 출입국 통제 및 수출입품 검사와 밀수 단속 등을 하고 있음.
- 정찰총국이 있어 해외공작은 제한적이나 동북 3성, 홍콩, 마카오 등 해외에 요원을 파견하여 탈북자를 지원하는 대북 선교·인권단체의 활동을 감시함.
- 북·중 국경에서 탈북자를 추적·심문하여 수용소에 가두며 탈북자가 늘어나자 위장탈북자를 남한에 보내거나 기존 탈북자를 재입북시키는 역용공작을 시도하고 있음.

• 1940년대 후반부터 2009년까지 외교 정보는 사실상 국가보위성에서 수집 및 가공되었으며 남북 대화와 교류협력에도 관여하며 대남정보활동을 일부를 담당하기도 함.

03 조직구성

• 제1국은 특별군사재판소 운영
• 제2국은 해외반탐국으로 1과는 유럽, 2과는 북미, 3과는 해외업무 총괄 4과는 아시아 담당 해외정보 수집
• 제3국은 경호국
• 제4국은 해외공작
• 제5국은 검찰국
• 제6국은 수사국
• 제7국은 교화국으로 정치범수용소 관리
• 제8국은 북송재일교포 관리

더 알아보기

국가보위성 정치대학(보위대학)

• 평양시 용성구역에 있는 5년제 대학이며 보위부원과 공작원 양성기관이자 조선노동당의 정치간부를 양성소 임.
• 교육과목은 정치학,군사학,심리학,인간사회철학,사회주의 경제학을 배우며 군사학으로 군 투지훈련(공수, 도하, 일격필살법, 정찰술, 방화), 심리훈련(미행술), 사격훈련(저격술), 장비훈련(화기, 통신기, 차량) 등이 있음.

03 인민보안성

01 인민보안성의 역사

• 1945년 11월 내무성 산하에 정치보안국을 창설하여 치안 업무를 담당하다 1951년 3월 사회안전성으로 독립하고 이후 사회안전부(1972년 12월 내각 소속으로 바뀜), 사회안전성(1998년 9월), 인민보안성(2000년 4월)으로 개편됨.

- 2010년 4월 국방위원회 직속으로 변경되면서 명칭도 인민보안부로 바뀌었으며, 2016년 6월 신설된 국무위원회 산하에 배속되면서 인민보안성으로 개칭됨.
- 심화조(1997~2000)는 고난의 행군(대기근) 시기에 국민의 불만을 타개하고자 김일성 시대의 고참 간부 등 정적을 제거하기 위한 비밀경찰조직 임.

02 인민보안성의 기능

- 인민보안성은 경찰청과 유사한 국무위원회 직속기관으로 1차적인 국가보안 기능을 수행하고 주민 동향의 감시 및 통제, 사회치안 유지, 국가기관과 주요산업시설의 안전을 담당함.
- 국가기관의 기밀문서 관리 및 운반(문서수발), 자체 외화벌이 사업, 북한 전역의 교화소와 노동 교양소 지도 감독, 소방 · 지진관리, 지하철 운영관리 등 업무를 수행함.
- 핵심임무는 정권유지를 위한 주민 사찰 및 사상 동향 감시로 주민 성분 분류, 주민의 거주이동 통제, 공민증 발급을 담당하며 직장, 학교, 인민반 등 거의 모든 곳에 침투해 있음.

03 인민보안성의 조직구조

- 인민군과 유사하며 다음과 같은 조직으로 구성됨.
  - 중앙에 경비총국(경찰청), 교화국, 외사국 등
  - 지방에 직할시 및 각 도의 보안국(지방경찰청)
  - 시 · 군 · 구 산하의 보안서(경찰서)
  - 최일선 단위조직인 분주소(파출소) 가 있음.
- 인민보안성 산하 조선인민경비대(해상 및 국경 경비)의 명칭은 2010년 4월 조선인민내무군으로 바뀜.

04 정찰총국

01 정찰총국의 역사

- 정찰총국은 기존의 정찰국을 바탕으로 2009년 5월 러시아의 GRU(총참모부 정보총국)를 모델로 하여 신설된 정보기구로 총참모부 정찰국, 노동당 작전부, 노동당 35호실(구. 대외정보조사부)이 통합된 기구임.
- 노동당 작전부는 위조지폐, 마약제조 및 거래, 불법 무기수출 등을 통해 공작금을 조달하였음. 작전부의 정찰총국 이전은 노동당에서 북한 군부로 막대한 경제력이 이동한 것을 뜻함.
- 작전부의 대표적 공작금 조달조직은 청송연합(Green Pine Corporation)으로 미국 및 UN제재로 국가자원개발투자공사 또는 조선자원개발투자공사로 명칭을 바꾸어 활동 중임.

02 정찰총국의 임무

- 정찰총국은 조선인민군 총참모부(합동참모본부와 유사하며 인민무력상이 아닌 국무위원장의 지시를 받음) 산하의 정보기관으로 한국 및 해외공작활동을 총괄함.
- 남한의 군사정보 수집과 정찰활동을 담당하며 공작원의 양성, 침투, 정보수집, 파괴공작, 정부요인 암살, 납치, 테러, 군사기지 및 시설 파괴 등 다양한 임무를 수행함.
- 해외테러를 주도하며 TECHINT 능력이 미흡하여 HUMINT에 의존하는 경향이 있으나 사이버 테러 및 전자전 등을 위한 사이버요원을 양성 중임.
- 7.7. DDOS(2009), 북 어뢰 관련 심리전(2010), GPS 교란작전(2011), 은행 및 언론사 악성코드 공격(2013), 청와대 및 국무조정실 등 기관서버 다운(2013), 소니픽처스 해킹(2014), 한국수력원자력 해킹(2014) 소행의 진원지로 추정됨.

03 정찰총국의 조직구조(제4국은 없음)

(1) 제1국(구. 노동당 작전부)

- 공작원을 훈련·양성 및 잠입을 위한 기술적 지원(주로 잠수함 또는 반잠수함형 함선)을 담당하며 불법 공작금 조달도 함.

- 공작원 침투를 위한 파견기지인 육상연락소(개성, 사리원)과 해상연락소(청진, 원산, 남포, 해주)를 운용하며 남한 침투 시 안내조 역할을 함.

(2) 제2국(정찰국, 군사정보국)

- 주로 한국군과 주한미군의 군사 정보를 수집하는 임무를 맡으며 무장공비 양성 남파, 요인암살, 파괴·납치 등 게릴라 활동, 군사정찰 임무를 수행함.
- 청와대 기습사건(1968년 김신조 습격사건), 울진·삼척무장공비 침투사건(1968), 강릉잠수함침투(1996), 황장엽 암살미수사건(2010)

(3) 제3국(기술국, 통신정보국)

- 감청과 사이버 해킹을 담당하며
  - 제121국(전자정찰국, 사이버전 지도국)은 해킹 및 사이버전 전담부대로 91소, 31소·32소(사회 및 일반 심리전), 자료조사실(정치·경제기관 해킹), 기술정찰조(110호 연구소, 군 및 전략기관 사이버 공격)를 운용함.
  - 총참모부 산하 적군와해공작국(적공국, 군내 심리전)과 지휘자동화국(전자전국, 프로그램 개발)과 협조함.

(4) 제5국(해외정보국, 구. 노동당 대외정보조사부 → 구 노동당 35호실)

- 해외 정치정보, 특히 한국 정보를 수집하며 해외 간첩공작, 국제 대남 테러 및 남한 우회침투를 전담함.
- 최은희 신상옥 납치사건(1978), 미얀마 아웅산테러(1983), KAL기 폭파사건 (1987), 무하마드 깐수 사건(1996)을 일으킴.

(5) 제6국(대적협상국)

- 군사접촉과 군사정책을 담당하며 남북대화 관련업무(남북대화 협상기술 개발, 회의 조정)를 담당함.

05 보위국(구. 보위사령부)

01 보위국의 역사

- 안전기관은 인민군 창건 초기 내무성 특수정보처 요원을 안전군관을 파견하여 정치사찰 및 반탐업무를 수행토록 한 기관으로 6.25전쟁 당시 인민군 내부의 간첩과 반당·반혁명 분자를 색출함.

- 정치안전국(1960년대 말 김일성 반대세력인 김창봉 숙청에 공헌하여 독립), 보위국(1970년대 초에는 보위성 요원이 파견되었으나 70년대 말부터 중단됨), 보위사령부(1990년대 프룬제 군사대학 쿠데타 모의, 6군단 쿠데타 모의사건 적발 후 승격됨)순으로 변화하다 2016년 보위국으로 다시 개편됨.

02 보위국의 임무

- 보위국은 인민군 내 모든 군사범죄 활동(일반 범죄 포함)에 대한 수사, 간첩 및 반당 반체제 활동자 색출·처벌, 최고지도자 군 방문 시 경호, 군대안의 주민 등록 사업이 주 임무임.
- 모든 부대에 보위군관 및 비밀정보원이 활동하고 있으며 군단과 사단 보위부의 경우 군단장과 사단장의 일거수일투족을 파악하며, 특히 반체제 활동을 중점적 으로 내사함.
- 보위국은 각급 단위부대 내 보위기관을 지휘하며 각 군 본부에서 말단부대까지 요원을 파견하고 최고지도자에게 직접 군 핵심인물 동향과 관련정보를 보고함.
- 보위국은 군 안의 독립적인 방첩·반탐기관으로 총정치국과 달리 비공개적이고 비밀스런 방식으로 군을 감시하고 통제함.
- 김일성, 김정일은 인민군 창설 시부터 군의 효과적 통제를 위해 첩보기관을 조직했고 보위국 조직을 강화하며 통치에 적극 활용함.
- 현재 각 대학에도 군 보위국 요원으로 구성된 군사대표단이 상주할 정도로 사회문제에 깊숙이 관여하며 우리나라의 군사안보지원사령부와 유사한 기관임.

06 호위사령부

01 호위사령부(구. 호위총국)의 역사

- 김일성은 1945년 9월 소규모 경호기관인 호위국을 노동당 산하에 창설하였으나, 암살음모가 수차례 발각되자 조직을 확대하고 경호기능을 강화함.
- 호위총국은 호위 개념을 평양이라는 큰 범위로 넓혀 1983년 4월 호위국과 평양 경비사령부(평양시 외곽경비, 호위 1~3국을 외곽에서 지원), 평양방어사령부(호위국과 경비사령부에 대한 무력지원)를 합친 조직임.

• 호위사령부는 1980년대 말 동유럽 붕괴 시 경호기능을 강화하고 기갑, 포병, 공병, 기계화 부대 및 해공군 병력까지 포함시켜 호위총국을 격상한 조직임.

02 호위사령부의 임무

• 호위사령부는 북한 최고지도자에 대한 경호업무와 반체제 쿠데타를 진압하기 위한 부대로 숙소경계와 관리, 전용 물자 관리, 당 고위간부 호위, 평양경비 및 방어 등의 임무를 함께 수행함.

• 군부 내의 반란을 제압하는 비밀임무가 있으며 국가보위성, 인민보안성 등에 군부 엘리트를 파견해 조직의 동태와 업무수행을 감시함.

03 호위사령부의 조직 구조

• 1국은 대통령경호처와 기능이 비슷하며 호위계획 및 호위사업의 총괄지도
  - 1호위부는 김위원장 및 그 가계의 호위를 전담하는 핵심부서
  - 2호위부는 당중앙위원회와 금수산기념궁전 호위
  - 3호위부는 당·정의 요인들에 대한 호위를 담당함.

• 2국은 김정은이 사용하는 물자를 생산·관리하며 일명 아미산대표부로 불림.

• 3국은 행정, 수송, 보급

07 통일전선부

01 통일전선부의 역사와 임무

• 통일전선부는 해외반한 단체와 통일전선을 이뤄 남조선에 반파쇼 연합을 형성하기 위해 김일성의 지시로 1978년 1월 설립된 대남선전선동 기구임.

• 남북회담, 대남 심리전, 국내 좌익운동권 지도 및 해외교포 및 통일전선 공작 등의 업무를 주관하고 대남선전문구를 배포하며 전 세계 한인집단을 관리함.

• 1980년대 국내에 유포된 김일성 주체사상 책자 등 이념서적 대부분이 통일 전선부에서 제작되었고 최근에는 인터넷과 방송, SNS를 통해 유언비어 유포 등 심리전에 치중함.

- 많은 위장 단체가 있으며 해외 교포와 외국인 등을 포섭해 남한에 적대적 세력을 확대하는 것이 주요 목표로 위성정당이나 사회단체, 종교단체를 설립하고 상징적인 인물들을 임명하여 친북세력을 관리함.

02 통일전선부 산하 주요 위장 단체

(1) 조선아시아태평양평화위원회(아·태평화위)

- 미국·일본 등과의 관계개선을 위한 창구역할과 유력 외국인사에 대한 방북 초청 및 해외학술회의 참가 등으로 북한의 폐쇄적이고 호전적 이미지를 불식시키는 활동을 담당함.
- 남북 민간교류 및 경제협력 업무의 집행기관이나 2000년 6월 남북정상회담을 전후하여 대남기구들의 업무조정에 따라 일부기능이 기타기구들로 이관됨.

(2) 민족화해협의회(민화협)

- 통일문제에 대한 국민합의를 이끌어 내기 위해 1998년 9월 3일 정당과 시민단체가 함께 결성한 통일운동 상설협의체로 남측 민간기구의 대변인 역할을 담당하며 마크 리퍼트 주한 미국 대사 피습과 연관됨.

(3) 민족경제협력연합회(민경련)

- 대남 민간경협을 담당하여 2000년대 남북경협 시 창구역할을 했으며 산하에 광명성총회사(피복, 경공업, 농수산물), 삼천리총회사(전자, 지하자원, 화학 분야), 개선무역회사, 금강산국제관광총회사, 고려상업은행 등이 있음.

(4) 조국평화통일위원회(조평통)

- 해외동포를 대상으로 한 통일전선 형성과 남한 내 친북 통일여론 조성을 위한 선전공세를 담당하며 남한의 정세변화와 남한 정부의 대북정책에 대한 북한의 입장을 대변함.
- 2016년 6월 국가기구로 승격하였으나 여전히 통전부의 지휘를 받고 있으며 이적단체인 조국통일범민족연합(범민련, 문익환 목사)과 창립과 연관됨.

(5) 조국통일연구원

- 남한의 정치, 경제, 사회, 군사 등 제반 요소별 대남정책자료를 작성하고 남한 주요인물에 대한 분석과 평가, 미·일 등 한반도 주변국에 대한 정책분석 업무를 수행하며 해외교포를 대상으로 격주간지 남조선문제 연구 등을 발행함.

08 문화교류국(구. 225국)

01 문화교류국의 역사

- 연락부는 문화교류국은 1946년 북로당 산하 서울공작위원회를 모태로 한국의 혁명가 집단, 공작원, 활동가들과 연락을 유지하고자 설립된 특별 부서임.
- 연락부는 사회문화부 → 대외연락부 → 225국을 거쳐 문화교류국으로 개편되었고 당의 관료적 특성과 남조선 노동당 조직 재건, 친북 급진 좌파 지원을 위해 소멸하지 않고 계속 존속함.
- 초기 일정한 위상을 가지고 확대 개편되었으나 지하 당 조직의 파괴, 게릴라 작전의 실패로 사실상 연락책이 끊겨 조직이 축소됨.

02 문화교류국의 임무

- 간첩을 남파시켜 지하당을 구축하고 유사시 무장봉기를 유도하는 혁명역량의 축적이 주 임무로 최근 반 김정은 인사에 대한 테러와 암살 조직을 가동함.
- 공작원에게 남한의 정세와 정보수집 및 포섭공작에 관한 장기교육을 담당하며 초대소(공작원 교육), 연락소(파견과 귀환)를 운영함.
- 문화교류국 공작원은 북한에서 선생이라는 호칭으로 불리며 정치 · 경제 · 국제 · 문화 등 해박한 상식과 철저한 공산주의 이념으로 무장되어 있음.

03 문화교류국의 활동

- 통일혁명당 사건(1968, 김종태), 여간첩 이선실 사건(1992, 중부지역당), 이한영 암살사건(1997, 김정일 처조카), 일심회 사건(2006, 마이클 장), 왕재산 사건(2011년, 인천간첩단)

09 북한 관련 주요 용어

01 통일방안

- 민족공동체통일방안은 우리정부의 공식 통일방안으로 1989년 9월 노태우 정부가 처음 제시하고 1994년 8월 김영삼 정부가 한민족공동체 건설을 위한 3단계 통일방안(민족공동체 통일방안)으로 보완·발전시켜 현재까지 계승됨.
- 통일의 철학은 인간 중심의 자유민주주의, 통일의 원칙은 자주(민족자결의 정신에 따라 남북 당사자 간 해결), 평화(무력이 아닌 대화와 협상), 민주 (민주적 원칙에 따른 절차와 방법)이며 통일의 과정은 3단계로 화해협력 → 남북연합 → 통일국가 임.
- 북한의 통일방안은 남북연방제(60~70년대)와 고려민주연방공화국(80년대)를 거쳐 2000년 6·15 남북공동선언에서 제기한 낮은단계의 연방제(90년대 이후~현재)이고 이는 1 민족, 1 국가, 2 제도, 2 정부의 원칙에 기초하되 정치·외교·군사권은 지역정부에 맡겨 최대한의 독자성을 확보하는 것임.

02 민족해방 인민민주주의혁명전략

- 혁명적 민주기지론이 한 단계 발전된 것으로 1970년 공식 채택되어 남조선 혁명은 남한의 혁명세력이 주체가 되어 수행해야 한다는 일종의 지역혁명론임.
- 우선 1단계로 남한에서 민족해방 인민민주주의혁명을 한 다음 2단계로 사회 주의 혁명을 진행시킨다는 단계적 혁명론임.
- 6.25전쟁 이후 분단이 장기화 되어 남북한의 상반된 정치·사회체제가 고착되고 무력적화통일이 어려울 것이라는 인식에서 출발함.
- 혁명의 주인을 남한인민 자신이라고 선동하는 것은 이러한 인식의 구체적 표현이며 1960년대 후반의 통일혁명당, 1970년대 남조선민족해방전선, 1980년대 한국민족민주전선, 1990년대 조선노동당 중부지역당 등 남한 내 지하당 구축을 지속적으로 시도하고 주한 미군철수 주장을 반복하고 있음.

03 3대 혁명역량 강화

- 1964년 2월 27일 당중앙위원회 제4기 제8차 전원회의에서 채택되어 남조선 혁명을 완성하는 실천요소로 3대혁명역량, 즉 북한제체의 혁명역량, 남조선 혁명역량, 그리고 국제적 혁명역량의 강화를 내세움.

- 북한체제의 혁명역량 강화는 우선 북한 내적으로 남조선혁명을 수행하기 위한 혁명기지로서의 능력과 역할을 높이는 것으로 주체사상에 의한 주민들의 정치사상적 무장강화, 자립적 민족경제 건설을 통한 경제역량 강화, 혁명의 승리를 보장하는 수단으로서의 군사역량 강화 등 세가지 방도를 말함.
- 특히, 군사역량 강화를 위해 자위적 군사노선에 따라 전군의 간부화, 장비의 현대화, 전 인민의 무장화, 전국의 요새화 등 4대 군사노선을 철저히 관철할 것을 규정함.
- 남조선 혁명역량 강화는 대남 차원에서 남한 내부의 모순을 최대한 첨예화 시키고 지하당 조직의 확대, 다양한 통일전선 형성 등으로 사회혼란을 유도하여 남한 내부에서 인민혁명이 일어날 수 있도록 유도해야 한다는 점을 강조함.
- 국제적 혁명역량 강화는 대외적으로는 국제혁명 차원에서 한반도 공산화 통일을 용이하게 할 수 있는 여건을 조성하기 위한 외교적 노력을 병행함.
- 북한의 3대 혁명역량 강화 전략은 1990년대에 들어 구소련을 비롯한 동구 사회주의권의 몰락, 북한의 경제위기 및 국제적 고립 심화, 남한의 국력신장 등으로 실천 환경이 악화된 상태임.

Chapter 17

더 알아보기

북한정보기구에 관해 꼭 최신 자료를 알아야 하는가?

- 외국 정보기구도 그렇지만 북한정보기구도 계속 변화하고 있어 변화된 부분을 공부할 필요가 있음.
- 국가안보전략연구원, 국가정보학회와 같은 학회와 연구소의 자료와 업데이트 시기가 빠른 언론매체 뉴스를 같이 참고하면 좋음.
- 하지만, 실제 시험문제는 변화된 정보기구 뿐 아니라 예전의 이름으로 나오는 경우도 있는데 이는 출제위원들이 과거의 자료를 참고한 것임.
- 따라서, 기존의 정보기구 체계를 기억하고 여기에 새롭게 변화된 내용을 추가 보완해서 공부하는 것이 바람직함.

■ 한국의 정보기구 ■

	대통령	국방부	경찰청	검찰청	외교부	통일부
국내방첩	국가정보원	군사안보 지원사령부	정보국 • 보안국	공안부 • 외사부		
해외정보	국가정보원	국방정보본부			정책기획국	정세분석국
기술정보 • 국방정보		국방정보본부 • 정보사령부 • 777부대 • 국방지형정보단 • 사이버사령부				

〈 한국의 정보기구 개관 〉

01 한국 정보기구의 역사

01 제국익문사(帝國益聞社)

- 제국익문사는 19세기 말~20세기 초 고종의 비밀 어전회의 내용이 친일파 등 에게 계속 유출되자 이를 막고자 1902년 6월 설립된 우리나라 최초의 근대적 비밀정보기관 임.
- 외국과 유착된 고위관리를 찾아 단속하고 외국인들의 국내체류 동향과 출입국 내용을 파악하는 방첩업무를 수행함.
- 정보기관의 활동을 은폐하고자 대외적으로 매일 사보를 발행하여 국민들에게 배포하고 정부서적을 인쇄하는 현대판 통신사 역할을 함.
- 제국익문사 비보장정(秘報章程)은 23개조로 구성된 비밀활동지침 규정집으로 설립목적, 조직과 기능, 활동범위가 자세하게 기록됨.

제국익문사의 조직과 임무(비보장정 내용)

- 국가경영에 필요한 정보를 제때 작성해 황제에게 보고하여 보필하며 수장인 독리(督理)산하에 사무, 사기, 사신의 3명의 임원과 분야별로 상임통신원, 보통통신원, 특별통신원, 외국통신원, 임시통신원을 둠.
- 수집내용은 일본 등 외국의 정치 및 군사 동향, 고위관료들의 외국과 내통여부, 국가를 전복하려는 세력의 움직임, 국내 외국인들의 특이 행동임.
- 중요내용을 보고 시 화학비사법(화학용액이나 과일즙으로 글씨를 쓰는 것으로 열이나 화학용액을 가하면 글씨가 드러남)을 사용하고 성총보좌(聖聰補佐)라는 문양을 새겨 황제만 볼 수 있도록 보안조치를 함.
- 일본의 감시 속에서 을사조약이 무효라는 고종황제의 친서를 각국에 전달하고 세계여론에 호소하는 활동을 지원하였으나 1907년 고종 퇴위로 해체됨.

Chapter 17

02 항일 무장투쟁단체의 준군사 공작

- 의열단은 1919년 11월 김원봉이 결성한 단체로 조선총독부 폭탄투척(1921), 일본 대장 다나카 기이치 암살시도(1922), 동양척식회사 폭탄투척(1926)을 실행.
- 한인애국단은 임시정부 국무령인 김구가 1931년 10월 설립하여 이봉창의 일본천황 폭탄투척(1932), 윤봉길의 상해 홍구공원 폭탄투척(1932) 등을 실행.

03 임시정부 내 정보조직

- 연통제는 도-부-군-면의 비밀행정체계
- 교통국은 국내와의 통신연락
- 특파원은 국내 파견되는 특수 임무요원
- 지방선전부는 국내교민들과 비밀공작을 전개(선전대는 선전부의 행동기구)
  - 총독부 정책 및 관리의 행동 보고
  - 국내 민심 및 국내외 독립운동 상황보고
  - 국내 독립운동단체 결성과 독립시위운동 주도
  - 독립운동 자금 전달
  - 일제통치시설 파괴, 요인 암살
  - 독립신문, 임시정부 공보문 등 선전물을 발간·배포

04 한국광복군

- 임시정부의 군사조직으로 1940년 9월에 창설되어 인도에서 영국군과 공동으로 일본군에 대한 대적방송, 문서 번역, 전단 살포 및 포로 심문을 담당함.
- 미국의 OSS(전략정보국)는 광복군 대원을 훈련시켜 국내로 진입하는 비밀 공작을 전개하여 일본군 후방 공격을 계획하였으나 1945년 8월 일본의 무조건 항복으로 실행되지 못함.

05 광복 이후 미 군정 하 정보기구

- 1945년 8월 15일 해방과 함께 남북이 분단되어 미국과 소련군이 한반도에 진주하고 남한에는 미 24군단이 진입하여 군정이 실시됨.
  - G-2(정보참모부)는 군사정보를 수집하는 참모부
  - CIC(방첩대, Counter Intelligence Corps)는 방첩활동, 군정에 필요한 정보 수집 및 대북공작을 수행하고 산하의 민간정보통신대(Civil Communication Intelligence Group)는 통신감청과 우편물 검열을 담당함.

06 대한민국 육군본부 정보국

- 1948년 8월 15일 대한민국 정부수립 이후 육군본부 정보국이 창설되어 CIC 업무의 대부분을 흡수하고 방첩대(CIC)와 첩보대(HID)를 직접 지휘하였으며 한국의 근대적 정보보안체계의 기원이자 군 정보체계의 토대임.
- 1948년 10월 19일 여순반란사건을 계기로 좌익세력을 제거하여 대한민국 체제 안정화를 유지하는데 기여하고 군사정보 및 민간부분까지 정보활동 함.
- 한국전쟁(1950년) 발발 후의 조직구조는
  - 1과는 전투정보과로 남북한 상황분석 및 예측
  - 2과는 방첩과, 특별조사과, 특무과, 특별조사대, 방첩대로 바뀌었으며 간첩 및 이적분자 수사
  - 3과는 첩보과로 대북공작 및 심리전을 담당하며 육본 직할부대인 1951년 3월 HID로 독립함.

02 중앙정보부

01 중앙정보부의 역사

- 중앙정보부는 냉전시기 구소련을 견제하기 위해 CIA의 요청으로 설립된 국방장관 직속의 중앙정보기구로 CIA와의 정보공유 및 협력창구 역할을 담당함.
- 이승만의 몰락 이후 장면 정권이 들어서고 총리 직속의 중앙정보연구위원회가 1961년 1월 설립되어 주 1회 총리에게 해외정보를 보고하였으나 국회의 견제로 법적 활동 근거가 없었음.
- 중앙정보부는 1961년 5.16군사정변 이후 중앙정보부법에 근거하여 혁명사업을 이행할 전위조직으로 설립되어 박정희 정권 지탱의 중추적인 역할을 담당함.

02 중앙정보부의 임무

- 공산세력의 간접침략과 혁명과업 수행의 장애 제거를 위해 국가재건최고회의에 중앙정보부를 둠(국가재건최고회의법 제18조)으로서 정보업무와 수사기능이 함께 부여됨.
- 정보수사에 관해 타 기관 소속 직원을 지휘·감독하도록 규정(중앙정보부법 제4조)하여 군 정보수사기관 및 검·경 지휘 권한 감독까지 부여되어 국가적 차원의 전략정보를 생산하는 최초의 국가정보기관이 설립된 것으로 간주됨. (정보 및 보안업무의 조정·감독)
- 국내정보의 범위를 대공 및 대전복으로 좁혔으며 범죄수사도 형법 중 내란·외환의 죄, 국가보안법 및 반공법에 규정된 것으로 범위를 구체화 함. (1963년 12월 개정법안)
- 정치활동 금지 조항을 신설하여 중앙정보부의 부장, 차장 및 기획조정관은 정당 가입이나 정치활동에 참여할 수 없다고 규정하여 정치개입 시비를 개선하는 방향으로 직무범위를 명확하게 규정함.

03 국가안전기획부

01 국가안전기획부의 역사

- 박정희 대통령이 김재규 중앙정보부장에게 시해(1979년 10월 26일)되면서 계엄이 선포(10월 27일) 되고 계엄사령부 내 합동수사본부(본부장은 전두환 보안사령관)가 설치되어 중앙정보부, 검찰, 경찰 등 모든 정보수사기관의 조정 통제를 맡게 됨.
- 국가안전기획부는 전두환과 노태우 등 하나회가 중심된 신군부 세력의 쿠테타 집권 후(1979년 12.12.사태) 중앙정보부의 명칭을 바꾼 조직으로 국가안전기획부법이 제정(1980년 12월 31일)되어 활동근거가 마련됨.

02 국가안전기획부의 임무

- 안기부는 기존의 중앙정보부가 갖고 있던 정보수사기관의 감독 업무를 제외하여 정보 및 보안업무의 기획·조정으로 바꾸었으며 1984년부터 보안사의 통제로부터 기능을 회복하게 됨.
- 안기부는 국가정책을 지원하는 수준을 넘어 직접 정책집행에 관여하고 중앙정보부 시절부터 지속된 고문이나 불법 도감청으로 인한 인권침해, 불법 선거개입, 정치사찰로 비판이 있었음.
- 1993년 2월 김영삼 대통령 취임 후 안기부법을 개정(1994년 1월)하고 정무직에 국한된 정치개입 금지를 전 직원으로 확대하고 직권남용 행위를 구체화 하여 위반 시 형사처벌 하게 함.
- 안기부법의 정보조정협의회(중요 국가안보 이슈를 논의하고 대응책 마련) 규정을 삭제하여 안기부가 주요 부처 관계자를 소집할 수 없도록 하고 행정부처에 대한 보안감사를 폐지함.
- 국회에 정보위원회를 설치하여 안기부의 활동을 합법적으로 감시하고 통제할 수 있도록 함.

04 국가정보원

01 국가정보원의 역사

- 중앙정보부(1961.6.10)
- 국가안전기획부(1981.1.1)
- 국가정보원(1999.1.21) 순으로 변화함.

02 국가정보원의 임무

(1) 국가정보원법 상의 임무

- 국외 정보 및 국내 보안정보
  - 대공, 대전복, 방첩, 대테러, 국제범죄조직 관련 정보수집·작성 및 배포
- 국가 기밀에 속하는 문서·자재·시설 및 지역에 대한 보안 업무
  - 각급 기관에 대한 보안감사는 제외
- 형법 중 내란의 죄, 외환의 죄, 군형법 중 반란의 죄, 암호 부정사용의 죄, 군사기밀 보호법에 규정된 죄, 국가보안법에 규정된 죄에 대한 수사
- 국정원 직원의 직무와 관련된 범죄에 대한 수사
- 정보 및 보안 업무의 기획·조정

(2) 임무의 구체화

- 대공수사는 간첩·이적사범 검거 및 사법처리
- 방첩은 국가안보와 국익에 반하는 외국의 정보활동을 찾아내고 그 정보활동을 견제·차단하기 위한 정보의 수집·작성 및 배포 등을 포함한 모든 대응활동 (방첩업무 규정, 2017.7.26)
- 대북정보는 북한의 위협을 조기경보, 북한 정세진단 및 대북정책 수립 지원
- 해외정보는 주요국 정보기관들과 긴밀한 협력체제를 구축하여 WMD 불법 보유 국가 및 불순단체의 대량살상무기 확산 방지 활동임.
- 국가보안은 비밀의 보호와 보안관리 지원
  - 비밀보호 관련 기본정책 수립 및 제도 개선
  - 비밀관리기법 연구·보급·표준화

- 전자적 방법에 의한 비밀보호 기술 개발·보급
- 비밀 소통용 암호자재 제작·공급
- 국가보안시설 및 보호장비의 보안측정
- 보안사고 예방 및 조사
- 공직자 신원조사(3급 이상 공무원 임용예정자 등의 신원조사 실시)

• 북한이탈주민보호

03 국가정보원의 주요 조직

(1) 국가사이버안전센터(< 국가정보원장 산하 국가사이버안전전략회의)

• 2003년 1월 25일 슬래머 웜(Slammer worm)으로 인해 우리나라 전체 인터넷이 마비되어 사이버보안에 대한 국가차원의 대응을 위해 2004년 2월 설치됨.

• 국가사이버안전 정책기획·조율 및 민·관·군 정보공유체계 구축·운영 등 국가사이버안전 정책을 총괄함.

• 각급기관 전산망 보안컨설팅 및 안전측정 및 보안적합성·암호모듈 검증 등 사이버위기 예방활동을 함.

• 24시간 365일 각급기관 보안관제 및 단계별 사이버위기 경보발령 등 사이버공격 탐지활동을 함.

• 해킹사고 발생 시 사고조사 및 원인을 규명하고(위협정보 분석) 국내외 유관기관과 협력체계를 구축하며 사이버위협정보 및 취약점을 분석함.

(2) 테러정보통합센터(< 총리 산하 국가테러대책위원회)

• 테러정보통합센터는 국가정보원 산하에 설치된 대테러조직으로 2005년 3월 설치되었음. (* 테러방지법에 따라 테러대책위원회 운영을 위한 사무처리를 담당하는 국무총리 소속의 대테러센터는 다른 기구임.)

• 국내외 테러 관련 정보의 수집·분석·작성 및 배포

• 국내외 테러 관련 정보 통합관리 및 24시간 상황 처리체제의 유지

• 국내침투 테러분자·조직 및 국제테러조직 색출

• 대테러센터, 군·경·특공대 등 대테러 관계기관 협력·지원 외국정보수사기관과의 정보협력

• 주요 국제행사 대테러·안전대책수립 지원함.

(3) 산업기밀보호센터

- 산업스파이 색출, 산업보안교육 및 보안 컨설팅 등 예방활동을 수행하기 위해 2003년 10월 산업기밀보호센터가 설치됨.
- 첨단기술 해외유출을 차단하고 기업 · 연구소 등을 대상으로 산업보안 교육 및 진단과 보안의식 확산을 지원함.
- 방산기술 · 전략물자 불법 수출을 차단하고 특허 · 상표 · 디자인 · 저작권 등 지식재산권 피해 발생 시 지식재산권 침해 관련에 대응함.
- 투기자본에 의한 경제안보 침해행위와 M&A를 가장한 기술유출 방지 등 외국의 경제질서 교란을 차단하고 산업스파이 신고상담소(111) 운영 등 위법행위에 대한 정보활동을 함.

(4) 국제범죄정보센터(ICIC, International Crime Information Center)

- 초국가적 마약 · 위폐 · 금융사기 등 조직범죄와 정보통신기술을 이용한 첨단 범죄 등 국제범죄에 대응하기 위해 1994년 1월 ICIC를 설치함.
- 국제범죄 정보를 수집 · 분석하여 국내 침투 및 확산을 차단
- 국제범죄 대응실태와 국내위해요소를 분석하여 대응책 수립을 지원
- 국제기구 및 해외 정보 · 수사기관과의 협력
- 민 · 관 등 외부기관의 요청에 따라 마약 · 위폐 등 국제범죄 대응교육을 실시

04 국가정보원 직원 관련 법령

(가) 국가정보원법(제7조, 원장 · 차장 · 기획조정실장)

- 원장은 정무직으로 하며, 국정원의 업무를 총괄하고 소속 직원을 지휘 · 감독하며 차장은 정무직으로 하고 원장을 보좌하며, 원장이 부득이한 사유로 직무를 수행할 수 없을 때에는 그 직무를 대행함.
- 기획조정실장은 별정직으로 하고 원장과 차장을 보좌하며, 위임된 사무를 처리하며 원장 · 차장 및 기획조정실장 외의 직원 인사에 관한 사항은 따로 법률로 정함.

(나) 국가정보원 직원법(제2조, 계급 구분 등)

- 국가정보원직원은 1급부터 9급까지의 특정직 직원과 일반직 직원으로 구분하며 일반직직원은 국가공무원법 제2조 제2항(공무원의 구분)에 따른 일반직 공무원으로 봄.
- 특별한 전문지식과 경험이 필요한 분야에 근무하는 직원(전문관)에 대하여는 계급 구분을 적용하지 아니할 수 있으며 임기제직원은 국가공무원법 제26조의 5 제1항(근무기간을 정하여 임용하는 공무원)에 따른 임기제공무원으로 봄.

더 알아보기

국가공무원법(제2조, 공무원의 구분)

- 일반직공무원은 기술·연구 또는 행정 일반에 대한 업무를 담당하는 공무원이고 특정직공무원은 법관, 검사, 외무공무원, 경찰공무원, 소방공무원, 교육공무원, 군인, 군무원, 헌법재판소 헌법연구관, 국가정보원의 직원과 특수 분야의 업무를 담당하는 공무원으로서 다른 법률에서 특정직공무원으로 지정하는 공무원임.
- 정무직공무원은 선거로 취임하거나 임명할 때 국회의 동의가 필요한 공무원 또는 고도의 정책결정 업무를 담당하거나 이러한 업무를 보조하는 공무원임.
- 별정직공무원은 비서관·비서 등 보좌업무 등을 수행하거나 특정한 업무수행을 위하여 법령에서 별정직으로 지정하는 공무원 임.
- 특수경력직공무원이란 경력직공무원 외의 공무원 임.

05 국가정보원의 개혁

(1) 국가정보원 개혁발전위원회

- 국가정보원 명칭을 안보정보원으로 개칭
- 직무범위 명확·구체화(국내 보안정보 용어 삭제 및 대공·대전복 업무 제외)
- 대공 수사권 이관(경찰청)
- 예산집행의 투명성 제고(집행통제심의위원회를 내부 설치 후 특수사업비 심사)
- 내·외부 통제 강화(정치관여 우려가 있는 부서 설치금지, 불법감청 금지)

(2) 적폐청산 T/F

- 불법 민간인 사찰, 정치와 선거 개입, 간첩 조작, 종북몰이 등 국정원의 직무 범위를 벗어난 불법행위 15개 사안을 선정하여 조사를 진행함.
- 임무는 국정원 관련 의혹사건에 대한 진상조사 및 책임소재 규명, 조사결과의 대국민 공개 및 후속조치 시행, 재발방지를 위한 제도적 안전장치 마련, 제보·신고 접수 및 추가 조사 임.

05 군 정보기관

01 국방정보본부(DIA, Defense Intelligence Agency)

(1) 국방정보본부의 역사

- 국방정보본부는 1981년 10월 12일 합동참모본부(합참)의 제2국(J-2)을 모체로 창설된 국방부장관 소속부대임.

(2) 국방정보본부의 임무(국방정보본부령 2017.9.5.)

- 국방부 장관의 명을 받는 정보본부장은 군사정보 · 전략정보 업무에 관하여 합참의 장을 보좌하고, 합참의 군령 업무 수행을 위한 정보업무를 지원함.
- 국방정보정책 및 기획의 통합 · 조정 업무, 국제정세 판단 및 해외 군사정보의 수집 · 분석 · 생산 · 전파 업무, 군사전략정보의 수집 · 분석 · 생산 · 전파
- 군사외교 및 방위산업에 필요한 정보지원 업무, 재외공관 주재무관의 파견 및 운영 업무, 주한 외국무관과의 협조 및 외국과의 정보교류
- 합동참모본부, 각 군 본부 및 작전사령부급 이하 부대의 특수 군사정보 예산의 편성 및 조정
- 사이버 보안을 포함한 군사보안 및 방위산업 보안정책 수립
- 군사정보전력의 구축 및 군사기술정보에 관한 업무, 군사 관련 GEOINT(지형정보 또는 지리공간정보) 활동

02 국군정보사령부(HID, Headquarters of Intelligence Detachment)

- 국군정보사령부는 군 관련 IMINT, HUMINT · MASINT 활동 및 대정보 업무를 관장하는 정보본부 산하 기관임.
- AIU(육군 정보국, Army Intelligence Unit, 1961) → AIC(육군 정보사, Army Intelligence Command, 1972) → HID(국군 정보사령부) 순으로 확대 · 개편됨.
- 미 8군사령부 및 한미연합전력을 위한 정보 지원을 담당하는 미 육군 501 군사정보여단으로부터 영상정보를 제공받아 777부대 등 유관기관에 제공함.

03 777사령부

- 777사령부는 SIGINT 활동 및 암호해독을 담당하는 정보본부 산하기관으로 북한의 전파를 수집하고 사용된 암호나 음어를 해독하여 대화 내용을 복원함.
- 적의 반잠수정이나 공작선에서 방출되는 전파를 통해 위치를 파악하여 우리 측 해군이나 해병대가 추적·격추할 수 있도록 도움을 줌.

04 국방지형정보단(KDGIA, Korea Defense Geospatial Intelligence Agency)

- KDGIA는 군 관련 GEOINT(지리공간정보, 지형정보)활동과 전구작전 지원 업무를 관장하는 국방정보본부 산하기구임.
- 1949년 창설된 육군지도창이 모체로 2011년 7월 육본직할인 육군지형 정보단으로 바뀐 후 합동성 강화를 위해 해·공군과 해병대 조직이 통합됨.
- GEOINT는 지형과 시설물 및 이와 연계된 활동을 영상과 공간정보에 바탕을 두고 시각적으로 통합하여 쉽게 활용할 수 있도록 지도를 제작하는 것임.
- 단순한 군사지도 제작이 아니라 첨단 입체디지털 지형정보 관리체계를 구축하고 전군을 지원하여 합동성을 강화하며 GEOINT 관련 국내외 협력과 연구개발 담당하는 지리공간정보센터의 역할을 함.
- 북한의 미사일 발사에 선제 대응하고 북. 지휘부 등 핵심 목표물의 정확한 타격을 위해 정보사령부 영상정보단과 국방지형정보단을 통합해 여단급(준장급) 지리공간사령부를 설치할 예정임.

05 사이버사령부(Cyber Command, 사이버사령부령, 2017.9.5)

- 사이버사령부는 국방개혁 2020과 7·7 DDoS 공격을 계기로 2010년 1월 정보 본부 예하에 설립되었다가 2011년 9월 국방개혁 307계획에 따라 국방부 직속으로 바뀌면서 증편됨.
- 국방 사이버전의 기획 및 계획 수립
- 국방 사이버전의 시행
- 국방 사이버전 전문인력의 육성과 기술 개발
- 국방 사이버전을 대비한 부대 훈련
- 국방 사이버전 유관기관 사이의 정보 공유 및 협조체계 구축

더 알아보기

사이버작전사령부

- 국방부는 '국방개혁 2.0'의 일환으로 사이버사령부를 '사이버작전사령부'로 변경하고, 정치적 논란이 일던 사이버심리전 기능을 폐지하고 사이버작전에 전념할 수 있도록 조직을 개편·보강할 예정임.
- 이를 위해 사이버 상황인식 및 관리강화를 위한 '작전센터'를 신설하고, 정보수집 및 작전수행 등 임무별 '작전단'을 편성하며 전문성 향상과 작전지원 강화 위해 체계개발 및 교육훈련 기능을 보강할 예정임.
- 또한, 국방사이버공간에 대한 침해대응을 군사 대응행동인 '사이버작전'으로 엄격히 구분하고, 합참 주도 하에 사이버위협 대응체계를 정립할 예정임.

06 군사안보지원사령부(DSSC, Defense Security Support Command)

(1) 군사안보지원사령부의 역사

- 1948년 5월 조선경비대 정보처 내 설치된 특별조사과를 모체로 1948년 11월 특별조사대로 개칭되었고 1949년 10월 육군본부 정보국 특무부대로 개편되어 간첩 및 부정·부패자 색출을 담당함.
- 1950년 6.25전쟁이 발발 후 육군본부 직할부대로서 육군 특무부대로 개편 (1950년 10월)되고 이후 해군방첩대(1953), 공군특별수사대(1954)가 창설되어 육· 해· 공군이 모두 방첩부대를 보유하게 됨.
- 1968년 1.21사태를 계기로 육군보안사령부, 해·공군 보안부대로 바뀌게 되고 1977년 10월 유기적 협력을 위해 이들을 통합한 국군보안사령부가 설치됨.
- 보안사는 군내보안 뿐 아니라 정치에도 깊숙히 관여하여 10.26사태이후 12.12군사반란에서 전두환 사령관이 대통령이 되기까지 간첩사건은 물론 시국사건까지 수사하는 강력한 권한을 가짐.
- 1987년 6월 항쟁 이후 여론의 압력과 1990년 10월 윤석양 이병의 민간인 사찰 폭로로 1991년 기무사령부로 개칭하며 국내정치에 불개입하기로 하였으며 1993년 김영삼 정권에서 대통령 독대를 없애고 국방부 장관의 통제를 받게 됨.
- 세월호 유가족 사찰, 국정 여론조작, 계엄령 준비 논란으로 국군기무사령부가 해체되고 2018년 9월 1일 군사 정보, 보안, 방첩 기능을 수행하는 군사안보지원사령부가 새롭게 창설됨.

(2) 군사안보지원사령부의 임무(군사안보지원사령부령 2018.9.1.)

- 군사안보지원사령부는 국방부 직할부대로 군사보안, 군 방첩 및 군에 관한 첩보의 수집·처리 등에 관한 업무를 수행하기 위한 부대로 국방부 장관 소속이나 대적군사정보와 군내보안업무는 국방정보본부의 통제를 받음.

(가) 군내 보안 및 방첩업무

- 군 보안대책 및 군 관련 보안대책의 수립·개선 지원
- 국방부장관에게 위탁되는 군사보안에 관련된 인원의 신원조사
- 국방부장관에게 위탁되는 군사보안대상의 보안측정 및 보안사고 조사
- 국방부장관이 정하는 군인·군무원, 시설, 문서 및 정보통신 등에 대한 보안업무

(나) 군 첩보 및 군 관련 첩보의 수집·작성 및 처리

- 국외·국내의 군사 및 방위산업에 관한 첩보
- 테러방지법 및 국방부 대테러활동훈령 등에 의거한 군 관련 테러정보의 수집 작성 처리 및 군 관련 테러 예방 대비 대응 등에 대한 지원활동
- 해외 및 북한 방첩정보 생산
- 방위사업법에 따른 방위산업체 및 전문연구기관, 국방과학연구소법에 따른 국방과학연구소 등 국방부장관의 조정·감독을 받는 기관 및 단체에 관한 첩보
- 군인 및 군무원, 「군인사법」에 따른 장교·부사관 임용예정자 및 「군무원인사법」에 따른 군무원 임용예정자에 관한 불법·비리 정보
- 정보작전 방호태세 및 정보전 지원, 군사법원법에 규정된 범죄의 수사
- 정보통신기반 보호법에 따라 지정된 주요정보통신기반시설 중 국방분야 주요정보통신기반시설의 보호지원
- 방위사업청에 대한 방위사업 관련 군사보안업무 지원
- 군사보안에 관한 연구·지원

(다) 수사(군사법원법 제44조제2호에 규정된 사항)

- 군인 및 군무원은 형법상 내란·외환의 죄, 군형법 상 반란·이적의 죄, 군형법상 군사기밀누설죄 및 암호부정사용죄, 국가보안법위반죄, 군사기밀보호 법위반죄를 적용하고 민간인은 대적군사기밀누설죄, 군사지역 내 간첩죄, 군사기밀보호법 위반죄를 적용함.
- 국가보안법을 위반한 경우에 한해 남북교류협력에 관한 법률(남북교류법) 및 집회 및 시위에 관한 법률(집시법)은 모두 적용 가능함.

(라) 경호 경비

- 대통령경호안전대책위원회 참여(대통령 등의 경호에 관한 법률 제16조)하여 VIP 등 주요요인에 대한 경호안전활동 및 경호관련 첩보 생산 및 처리

07 공군항공정보단(AIW, Air Intelligence Wing)

- 오산 공군기지에 주둔하는 공군작전사령부 산하의 군사정보부대로 2017년 12월 창설되어 향후 RQ-4 글로벌 호크 4기를 도입하고 정보감시정찰을 강화할 예정임.

17 단원별 퀴즈

■ 북한의 정보기구 ■

01. 7.7.DDoS(2009), 북 어뢰 관련 심리전(2010), GPS 교란작전(2011), 은행 및 언론사 악성코드 공격(2013), 청와대 및 국무조정실 등 69개 기관 서버 다운(2013), 소니픽쳐스 해킹(2014), 한국수력원자력 해킹(2014) 소행의 진원지로 추정하는 북한의 정보기구는 (　　)이다.

02. 청와대 기습사건(1968년 김신조 습격사건), 울진·삼척무장공비 침투사건(1968), 강릉잠수함침투(1996) 등의 테러를 자행한 북한의 정보기구는 (　　)이다.

03. 최은희 신상옥 납치사건(1978), KAL기 폭파사건(1987), 무하마드 깐수 사건(1996)을 일으킨 북한의 정보기관은 (　　)이다.

04. 통일혁명당 사건(1968, 김종태), 여간첩 이선실 사건(1992, 중부지역당), 이한영 암살사건(1997,김정일 처조카), 일심회 사건(2006, 마이클 장), 왕재산 사건(2011년, 인천간첩단)과 관계있는 북한 정보기관은 (　　)이다.

05. 정찰총국은 정찰국이 2009년 5월 러시아의 GRU(총참모부 정보총국)을 모델로 하여 새로 설립된 기구로 총참모부 (　　), (　　), (　　)이 통합되어 확대 개편된 조직이다.

06. (　　)은 인민군 내 모든 군사범죄 활동에 대한 수사, 간첩 및 반당 반체제 활동자 색출·처벌을 담당하는 정보기구이다.

07. 조선아시아태평양평화위원회(아·태평화위), 민족화해협의회(민화협), 민족경제 협력연합회(민경련), 조국평화통일위원회(조평통), 조국통일연구원은 모두 (　　) 산하의 주요 위장단체이다.

08. (　　)는 우리나라의 공식 통일방안이고 (　　)은 북한의 공식 통일방안이다.

09. 국제혁명 차원에서 한반도 공산화 통일을 용이하게 할 수 있는 여건 조성을 위한 외교적 노력을 병행하는 것은 남조선혁명역량강화이다.

10. 영화배우 최은희, 신상옥 납치, 버마 아웅산 묘소 폭파, 대한항공 858기 폭파, 귀순자 이한영 피살, 황장엽 암살조 파견은 모두 냉전 시기 북한의 테러이다.

■ 한국의 정보기구 ■

01. (　　)는 19세기 말 20세기 초 고종의 비밀 어전회의 내용이 친일파 등에게 계속 유출되자 이를 막고자 1902년 6월 설립된 우리나라 최초의 근대적 비밀정보기관이다.

02. (　　)은 국외 정보 및 국내 보안정보(대공, 대전복, 방첩, 대테러, 국제범죄조직) 수집·작성 및 배포하는 정보기관이다.

03. (　　)는 2003년 1월 25일, 슬래머 웜으로 인해 인터넷 대란이 발생하여 사이버보안에 대한 국가차원의 종합적인 대응을 이해 2004년 국정원 산하에 설립된 조직이다.

04. (　　)는 국방정보정책 및 기획의 통합·조정 업무, 국제정세 판단 및 해외 군사정보의 수집·분석·생산·전파 업무를 담당하는 한국의 정보기관이다.

05. 군사 관련 GEOINT의 수집·생산·지원·연구개발 및 전구작전 지원 업무를 관장하는 국방정보본부 산하부대는 (　　)이다.

06. 정보사령부는 군사 관련 SIGINT, IMINT, HUMINT, MASINT를 수집·지원 및 연구에 관한 업무를 담당하는 국방정보본부 산하의 부문정보기구이다.

07. 사이버사령부는 국방개혁 2020 계획과 7·7 DDoS 공격을 계기로 군 차원의 사이버 안전대책을 세우기 위해 설치된 국방정보본부 예하의 정보부대이다.

08. 국가보안법을 위반한 군인 및 군무원의 남북교류협력에 관한 법률 및 집회 및 시위에 관한 법률은 적용 가능하다.

09. 한국 정보기관은 중앙정보부, 국가안전기획부, 국가정보원으로 군 정보기관은 육군 특무부대, 보안사령부, 국군기무사령부, 군사안보지원사령부 순으로 변화하였다.

기출 및 유사문제 ■ 북한의 정보기구 ■

01. 북한의 정보기구에 대한 설명으로 옳지 않은 것은?

① 국가보위성은 최고통치권자의 권력을 보호하고 반당·반혁명·반사회주의적 요소를 색출하여 제거하는 국가보안·방첩기능을 담당한다.
② 인민보안성은 1차적인 국가보안 기능을 수행하고 주민 동향의 감시 및 통제, 사회치안 유지, 국가기관과 주요산업시설의 안전을 담당한다.
③ 정찰총국은 조선인민군 총참모부 산하의 정보기관으로 한국 및 해외공작 활동을 총괄한다.
④ 호위사령부는 군내 군사범죄 활동 수사, 간첩 및 반당 반체제 활동자 색출·처벌, 최고지도자 군 방문 시 경호 등을 담당한다.

02. 다음 내용의 테러를 자행한 북한의 정보기구는?

> • 1987년 11월 29일 이라크 바그다드에서 출발해 서울로 향하던 대한항공 858편 여객기가 북한 공작원 김승일과 김현희에 의해 인도양 상공에서 공중 폭파되어 탑승객과 승무원 115명이 전원 희생된 사건임.
> • 여객기 폭파 후 바레인 공항에서 조사를 받던 중 김승일은 독약을 먹고 자살하였고 김현희는 대한민국으로 압송되어 사형을 선고 받았으나 이후 사면됨.

① 정찰총국 1국(구. 노동당 작전부)
② 정찰총국 2국(구. 정찰국)
③ 정찰총국 5국(구. 노동당 35호실)
④ 문화교류국(구 225국)

03. 다음 내용의 테러를 자행한 북한의 정보기구는?

> • 1968년 1월 21일 김신조를 포함한 정찰국 124군부대 소속 31명의 무장공비들이 국군 복장과 수류탄 및 기관단총으로 무장하고 휴전선을 넘어 수도권에 잠입함.
> • 청와대 습격을 시도하였으나 실패하고 이들에 대한 소탕작전이 1월 31일까지 전개 되어 31명 중 28명이 사살되고 김신조는 생포됨.

① 정찰총국 1국(구. 노동당 작전부)
② 정찰총국 2국(구. 정찰국)
③ 정찰총국 5국(구. 노동당 35호실)
④ 문화교류국(구 225국)

04. 다음 내용의 테러를 자행한 것으로 추정되는 북한의 정보기구는?

> • 황장엽 암살조 파견(10.4)
> • 김정남 암살(17.2)

① 정찰총국
② 보위국
③ 문화교류국
④ 국가보위성

05. 북한이 자행한 테러를 시간 순으로 적절히 배열한 것은?

> (가) 청와대 기습사건(1.21사태, 김신조 사건)
> (나) 미군정찰함 푸에블로(USS Pueblo) 납북사건
> (다) 울진삼척지구 무장공비 침투사건
> (라) 판문점 도끼 살인사건
> (마) 아웅산 국립묘지 폭파사건
> (바) 대한항공 폭파사건

① 가-나-다-라-마-바
② 가-다-나-라-마-바
③ 나-가-다-라-마-바
④ 다-가-나-라-마-바

06. 김정은의 직책이 아닌 것은?

① 국무위원회 위원장
② 당 국가안전위원회 위원장
③ 조선노동당 위원장
④ 조선인민군 최고사령관

07. 북한 정보기구의 특징으로 적절하지 않은 것은?

① 북한은 김정은이 조선인민군 최고사령관, 조선노동당 위원장, 국무위원회 위원장을 겸직하며 모든 정보기구를 통제한다.
② 북한의 정보활동은 남조선 혁명을 수행하는 방도와 밀접히 연관되며 폭력, 특히 전쟁 수단에 가까운 무장 게릴라전을 유효한 수단으로 간주한다.
③ 기본적으로 국무위원회(구. 국방위원회) 산하 국가보위성은 대남혁명 업무를 전담하고 정찰총국은 한국군의 무기 및 전쟁 계획 정보를 수집한다.
④ 2009년 이전의 정보기구들의 임무는 엄격히 구분되기 보다는 최고지도자 및 관료들의 성향에 따라 중복되면서 독립적인 형태로 공작을 운용하였다.

17 실전문제 ■북한의 정보기구 ■

08. 다음 내용의 테러를 자행한 것으로 추정되는 북한의 정보기구는?

- 통일혁명당 사건(1968, 김종태), 여간첩 이선실 사건(1992, 중부지역당)
- 이한영 암살사건(1997, 김정일 처조카)
- 일심회 사건(2006, 마이클 장)
- 왕재산 사건(2011년, 인천간첩단)

① 정찰총국
② 보위국
③ 문화교류국
④ 국가보위성

17 기출 및 유사문제 ■한국의 정보기구 ■

01. 국정원법에 규정된 수사권의 범위가 아닌 것은?

① 군형법중 내란의 죄
② 국정원 직원의 직무와 관련된 범죄
③ 형법중 외환의 죄
④ 암호부정 사용죄

02. 제국익문사에 대한 설명으로 옳지 않은 것은?

① 우리나라 최초의 근대적 형태의 정보기관이다.
② 헤이그 밀사사건으로 해체되었다.
③ 제국익문사비보장정에 비밀활동에 대한 규정이 있다.
④ 국내, 항구, 서울에서만 활동하였다.

03. 제국익문사의 임무와 활동에 대한 설명으로 적절하지 않은 것은?

① 고종황제를 보필하며 국권회복을 위해 일본의 침략을 저지하고자 하였다.
② 을사조약 체결에 저항하기 위해 일본 기관에 대한 테러를 감행하였다.
③ 헤이그 밀사사건으로 고종황제가 퇴위하면서 해체되었다.
④ 표면적으로는 현대판 통신사의 기능을 했다.

04. 국가정보원의 기능이 아닌 것은?

① 국정원은 각급 정부기관에 대한 정보 감사기능을 수행한다.
② 국정원장은 NSC에 국가안보관련 국내외 정보를 수집, 평가하여 보고한다.
③ 국정원은 국가기밀에 속하는 문서, 자재, 시설 및 지역에 대한 보안업무를 수행하나 각급 기관에 대한 보안감사는 제외한다.
④ 국정원은 형법 중 내란 및 외환의 죄, 군 형법 중 반란의 죄, 국정원 직원의 직무에 관한 죄를 수사한다.

05. 우리나라의 정보기구에 대한 설명으로 옳지 않은 것은?

① 국가정보원은 통합형 정보기구이다.
② 국방정보본부 산하에는 정보사령부와 777부대, 국방지형정보단이 있다.
③ IMINT 활동기관으로는 정보사령부와 공군항공정보단이 있다.
④ HUMINT는 정보사령부에서 담당하고 MASINT는 777사령부에서 담당한다.

06. 다음 중 군사안보지원사령부에 대한 설명으로 옳지 않은 것은?

① 군사안보지원사령부는 군사보안, 군 방첩 및 군에 관한 첩보의 수집·처리 등에 관한 업무를 수행하는 국방부 직할부대이다.
② 국방부장관에게 위탁되는 신원조사, 보안측정 및 보안사고 조사를 담당한다.
③ 민간인에 대하여 형법 중 내란의 죄, 외환의 죄, 군형법 중 반란의 죄를 수사할 수 있다.
④ 대테러 및 대간첩 작전에 관한 첩보를 수집·작성 및 처리한다.

07. 국가정보원 직원에 대한 설명으로 적절하지 않은 것은?

① 원장과 차장은 정무직으로 하고 기획조정실장은 별정직으로 하여 원장과 차장을 보좌한다.
② 국가정보원직원은 1급부터 9급까지의 특정직 직원과 일반직 직원으로 구분한다.
③ 특별한 전문지식과 경험이 필요한 분야에 근무하는 직원(전문관)에 대하여는 계급 구분을 적용하지 아니할 수 있다.
④ 국가정보원의 일반직직원은 국가공무원법상의 특정직 공무원이다.

08. 우리나라의 정보기구를 적절하게 연결한 것은?

> • (　　)는 군 관련 IMINT, HUMINT · MASINT 활동 및 대정보 업무를 관장함.
> • (　　)는 군사외교 및 방위산업에 필요한 정보지원 업무, 재외공관 주재무관의 파견 및 운영 업무, 주한 외국무관과의 협조 및 외국과의 정보교류를 담당함.
> • (　　)는 조선경비대 정보처 내 설치된 특별조사과를 모체로 특별조사대, 육군본부 정보국 특무부대로 개편되어 간첩 및 부정부패자 색출을 담당함.
> • (　　)는 국가사이버안전센터, 테러정보통합센터, 산업기밀보호센터, 국제범죄정보 센터를 산하에 두고 있음.

① 군사안보지원사령부, 국방정보본부, 정보사령부, 국가정보원
② 정보사령부, 국방정보본부, 군사안보지원사령부, 국가정보원
③ 국방정보본부, 정보사령부, 군사안보지원사령부, 국가정보원
④ 군사안보지원사령부, 정보사령부, 국방정보본부, 국가정보원

09. 일제시대 정보기구에 대한 설명으로 옳지 않은 것은?

① 의열단은 1919년 11월 김원봉이 결성한 단체로 조선총독부 폭탄투척, 일본 대장 다나카 기이치 암살시도, 동양척식회사 폭탄투척을 실행하였다.
② 한인애국단은 임시정부 국무령인 김구가 1931년 10월 설립하여 이봉창의 일본천황 폭탄투척, 윤봉길의 상해 홍구공원 폭탄투척 등을 실행하였다.
③ 임시정부의 지방선전부 조직은 국내교민들과 비밀공작을 전개하였다.
④ 대한독립군은 1940년 9월에 창설되어 인도에서 영국군과 공동으로 일본군에 대한 대적방송, 문서 번역, 전단 살포 및 포로 심문을 담당하였다.

10. 우리나라에서 도입한 이스라엘의 무인정찰기가 아닌 것은?

① 스카우트(SCOUT),
② 헤론(Heron)
③ 서처 II(Searcher Mk II System)
④ 글로벌 호크(RQ-4)

11. 우리나라의 군 정보기구에 대한 설명으로 적절하지 않은 것은?

① 사이버사령부는 7·7 DDoS 공격을 계기로 2010년 1월 정보본부 예하에 설립되었다가 2011년 9월 국방부 직속으로 바뀌면서 증편되었다.

② 국방지형정보단은 군 관련 GEOINT 활동과 전구작전 지원 업무를 관장하며 정보사령부 영상정보단과 통합하여 지리공간사령부로 확대될 예정이다.

③ 정보사령부는 미 육군 501 군사정보여단으로부터 영상정보를 제공받아 777부대 등 유관기관에 제공한다.

④ 공군항공정보단은 공군작전사령부 산하의 군사정보부대로 스카우트(SCOUT) 4기를 도입하여 정보감시정찰을 강화할 예정이다.

12. 국가정보원 개혁발전위원회에 관련된 내용으로 적절하지 않은 것은?

① 대공 수사권을 분리하고 안보정보원으로 개칭한다.

② 국내 보안정보 용어를 삭제하고 대공·대전복 업무를 제외하는 등 직무범위를 명확하고 구체화한다.

③ 국정원의 직무 범위를 벗어난 불법행위 15개 사안을 선정하여 조사한다.

④ 집행통제심의위원회를 내부에 설치하여 특수사업비를 심사한다.

17 정답 및 해설

단원별 퀴즈 정답 및 해설

■ 북한의 정보기구 ■

01. 정찰총국

02. 정찰총국 2국(구 정찰국)

03. 정찰총국(구. 노동당 35호실)

04. 문화교류국(구. 225국–대외연락부)

05. 정찰국, 노동당 작전부, 노동당 35호실

06. 보위국(구. 보위사령부), 김일성, 김정일은 인민군 창설 시부터 군의 효과적 통제를 위해 보위국 조직을 강화하며 통치에 적극 활용하였다.

07. 통일전선부

08. 민족공동체통일방안, 낮은 단계의 연방제

09. X, 국제적 혁명역량 강화, 남조선 혁명역량 강화는 대남 차원에서 남한 내부의 모순을 최대한 첨예화시키고 지하당 조직의 확대, 다양한 형태의 통일전선 형성 등으로 사회혼란을 유도하여 남한 내부에서 인민혁명이 일어날 수 있도록 유도해야 한다는 점을 강조한다.

10. X, 냉전은 2차세계대전 이후부터 구소련이 붕괴 되기까지의 기간으로(1947년 ~ 1991년) 영화배우 최은희, 신상옥 납치(78.1/7), 버마 아웅산 묘소 폭파 (83.10), 대한항공 858기 폭파(87.11),은 냉전 기간의 테러이고 귀순자 이한영 피살(97.2), 황장엽 암살조 파견(10.4)은 냉전 이후의 북한의 테러이다.

■ 한국의 정보기구 ■

01. 제국익문사

02. 국가정보원

03. 국가사이버안전센터

04. 국방정보본부

05. 국방지형정보단, 육군 위주가 아니라 육·해·공 전군 동시 지원으로 합동성 강화에 기여하고 있다.

06. X, SIGINT 수집 및 분석은 정보본부 산하기관인 777사령부가 담당한다.

07. X, 사이버사령부는 처음 2010년 1월 1일 국방정보본부 예하에 설립되었으나 2011년 9월 국방개혁 307계획에 따라 국방부 직속으로 배속전환 및 증편되었다.

08. O, 국가보안법을 위반한 자에 한하여 적용할 수 있다.

09. O

■ 북한의 정보기구 ■

기출 및 유사문제 정답 및 해설

01. 답 4. 보기는 보위국에 대한 내용이다. 호위사령부는 북한 최고지도자에 대한 경호업무와 반체제 쿠데타를 진압하기 위한 부대로 숙소경계와 관리, 전용 물자 관리, 당 고위간부 호위, 평양경비 및 방어 등의 임무를 수행한다.

02. 답 3.

03. 답 2.

04. 답 1.

05. 답 1. 가. 1968년 1월 21일, 나. 1968년 1월 23일, 다. 1968년 10월 30일, 라. 1976년 8월 18일, 마. 1983년 10월 9일, 바. 1987년 11월 29일

06. 답 2. 보기는 중국판 NSC로 위원장은 시진핑이다.

07. 답 3. 기본적으로 국무위원회 산하 국가보위성은 한국 및 해외의 정치정보를 수집하고 조선 노동당 정보기관인 통일전선부와 문화교류국(구. 225국)이 대남 혁명 업무를 담당한다.

실전문제 정답 및 해설

08. 답 3. 문화교류국은 간첩을 남파시켜 지하당을 구축하고 유사시 무장봉기를 유도하는 혁명역량의 축적이 주 임무이다.

■ 한국의 정보기구 ■

기출 및 유사문제 정답 및 해설

01. 답 1. 군형법이 아니라 형법 중 내란의 죄이다.

02. 답 4. 국내 뿐 아니라 국외에서도 활동을 하였다.

03. 답 2. 을사조약 체결에 저항하기 위해 일본 기관과 인사에 대한 테러를 수행하기 보다는 국제사회에 알려 세계여론을 형성하는 일을 전개했다.

04. 답 1. 국정원은 국가정보기관의 지위로서, 조정기관에 대한 정보사업, 예산 및 보안업무의 감사기능을 보유한다. 보기의 내용은 국가안전기획부에 대한 것으로 김영삼 정부 때 행정부처에 대한 보안감사 권한이 폐지되었다.

05. 답 4. MASINT 활동은 정보사령부에서 담당한다.

06. 답 3. 보기는 국가정보원의 수사권에 대한 설명이다. 군사안보지원사령부는 군인 및 군무원인 경우 형법상 내란·외환의 죄, 군형법 상 반란·이적의 죄를 적용한다. 즉 민간인 대상 수사권과의 구분이 필요하다.

07. 답 4. 국가정보원의 일반직직원은 국가공무원법상의 일반직 공무원으로 본다.

08. 답 2.

09. 답 4.. 보기는 한국광복군에 대한 설명이다. 대한독립군(大韓獨立軍)은 1919년 홍범도가 사령관이 되어 의병 출신을 중심으로 중국 지린성에서 만든 항일 독립군 부대이다

10. 답 4. 미국의 글로벌 호크(RQ-4)는 고고도 장거리 비행이 가능하며 SIGINT와 IMINT 모두 수집 가능한 인공위성급 정찰기로 주한미군이 운용 중인 U-2기를 대체할 예정이다.

실전문제 정답 및 해설

11. 답 4. RQ-4 글로벌 호크 4기를 도입할 예정이다.

12. 답 3. 보기는 적폐청산 T/F 내용이다.

18

정보기구의 감독과 통제

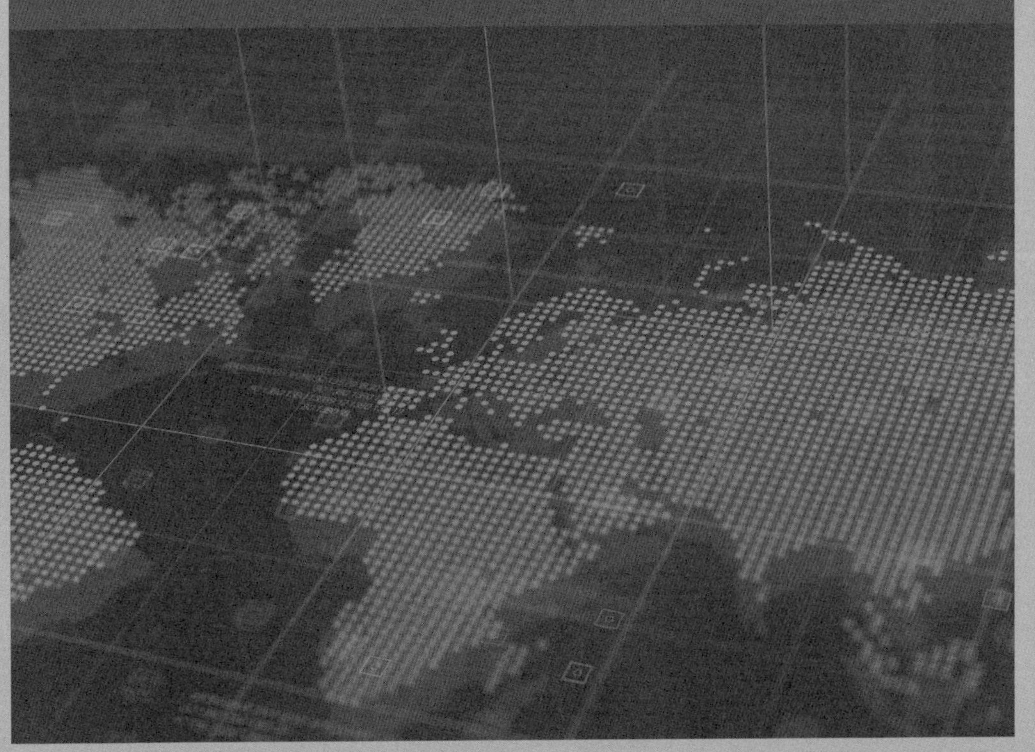

01 정보기구의 감독과 통제

01 정보기구 감독과 통제의 역사

- 세계의 많은 국가들은 정보기관의 권한 남용과 불법행위 혹은 국내 집권세력의 교체나 헌법 개정 등 정치시스템의 변동, 국제규범 강화로 정보기관 견제를 위한 제도적 장치를 강화함.
- 서구 민주국가들은 정보기관에 대한 의회의 민주적 통제가 1990년대 들어 제도적으로 도입됨. (미국 1974년, 캐나다 1984년, 영국·노르웨이 등은 1990년 대 중반, 단 프랑스는 행정부 훈령 및 지침으로내부통제를 하고 있어 조금 다름)
- 우리나라는 정권교체를 통해 진상조사가 이루어져 정보기관의 개혁과 감독을 구체화 하였고 이 과정에서 전직 기관장이 불법 행위로 처벌받는 일도 발생함.
- 우리나라는 국회보다는 신 정권 행정부의 내부통제와 조사로 진행되는 경우가 일반적으로 정보기관에 대한 의회의 민주적 통제가 미흡한 편임.

02 정보기구의 감독(oversight)과 통제(control)의 의미

- 정보기관의 민주적 통제는 선출직 관료나 대표자가 행정부 활동과 정책에 대해 외부 감독과 감시를 하는 것이며 정보기관이 법의 지배를 받는 것임.
- 입법부에 의한 감독은 정보기관의 예산과 프로그램에 대한 특정활동이나 구조적 문제에 대한 조사이고 행정부에 의한 통제는 행정명령(대통령령)과 조직개편 등 정보기관의 관리와 조정·통제임.
- 사법부에 의한 통제는 대테러, 비확산, 마약퇴치와 관련한 국내 정보활동 간 감청이나 인터넷 감시관련 영장심사 및 제기된 소송에 대한 법리적 검토를 담당함.
- 언론에 의한 통제는 정보기관의 활동내용 보도 시 관련 정보를 의회에 제공하여 의제가 되게 하는 것이고 여론에 의한 통제는 국민들이 정보기관 관련 정보가 부족하여 효율성 검증에 어려움이 있으나 판단하기 쉬움.

02 의회의 정보기구 통제방식

01 의회의 정보기관 통제유형(McCubbins and Schwartz)

(1) 경찰조사식(police patrol)

- 의회가 정보기관 감독을 통해 입법목적을 위반하는 사안을 파악하고 교정하는 것으로 관련 문서 확인, 과학적 연구 및 조사 의뢰, 현장 관찰, 청문회를 통한 소환조사 등의 다양한 방법이 동원됨.
- 화재경보식보다 사후적, 중앙집중식, 적극적(centralized), 직접적(direct), 비효율적, 협소한 범위의 조사방식으로 의원들이 정보기관의 비리, 비행, 비효율의 증거를 찾기 위해 적극적으로 움직이는 문제 발생 후의 감독 방식임.

(2) 화재경보식(fire alarm)

- 의회가 법적절차 및 체계를 수립하고 개인이나 이익단체가 조사하여 정보기관의 위법행동이 있는지 비공식적으로 시뮬레이션을 해보고 정보기관, 의회, 법원 스스로 개선책을 찾을 수 있도록 함.
- 실습과정에서 시민과 이익단체에 대해 정보접근을 허용하거나 의회의 정보기관 감독에 대한 의사결정과정을 일부 공개하기도 함.
- 의회의 역할은 정보활동에 대한 위법사항을 찾아내는 것(Sniffing)이 아니라 시민들의 불만을 미리 해소하고 정보활동 감독을 보다 완벽하게 하는 것임.
- 경찰조사식 보다 사전적, 덜 중앙집중식(less centralized), 덜 적극적인(less active) 방식, 덜 직접적(less direct), 광범위하고(extensive), 효율적인(effective)인 방식으로 평상시 의회의 감독 방식임.

02 정보기구에 대한 의회의 통제수단(정보기관에 대한 의회의 영향력의 수준)

- 예산편성권은 단순히 특정한 정책, 활동, 조직에 예산을 배정하는 행위만을 의미하는 것이 아닌 행정부를 견제하는 가장 막강한 권한으로 정보기관에 대한 기밀정보 접근 보장과 독립적인 회계전문가 참여가 필요함.
- 진상조사권은 의회가 정보실패를 청문회를 통해 조사할 수 있는 권한으로 소환장 발부권을 통해 관련자를 의회에 구인하지 못하면 성과가 낮을 수 있음.

- 정보기관장 임명동의권은 대통령이 정보기관의 수장을 임명하되 의회의 임명 동의가 필요한 인준 절차를 의미하며 미국은 의회 거부 시 대통령이 지명철회를 해야 하지만 한국은 의회의 승인없이 대통령의 임명강행이 가능함.
- 입법권은 행정부가 제정한 행정명령에 비해 영속적이고 강력한 법률을 제정하는 권한이 있어 정보기관의 활동을 지속적으로 통제할 수 있음.
- 각 국가별 의회의 부여된 권한에 따라서 탄핵 소추, 정보기관 피해자로부터의 개별 민원 처리, 정보 프로그램 평가(적절성, 효율성, 합법성을 근거로 예산 편성과 연계 가능), 정보기구 내 감찰조직 설치(감찰관실) 등의 방법이 있음.
- 의회의 정보기구 통제는 의원들이 기밀정보에 얼마나 접근할 수 있는가와 전문가 조직(전문위원, 스태프 및 외부 전문가 등) 활용을 잘 할 수 있는지에 따라 성과의 차이가 있음.

03 미국 의회의 정보기구 통제

01 냉전기간 ~ 1970년대 초반

- 미국은 소련 및 동구권과의 경쟁으로 정보기관에 대한 예외주의의 원칙이 적용되어 정보기관의 활동이나 예산에 대한 정보공개를 요구하지 않았고 정보감독 및 통제는 최소 수준이었음.
- 무허가 도청은 부당성과 긴급한 사정이 없으면 영장없는 전자감시는 위법이라는 판결들이 연방지방법원(United States District Court, 미국은 6심제 임)에서 제기되기 시작함.

02 1970년대 중반

(1) 시대적 상황

- 1974년 8월 닉슨(Richard Nixon, 1913~1994) 대통령의 워터게이트 사건이 폭로되고 같은 해 9월 미국 CIA의 칠레 아옌대 대통령 암살공작 개입이 드러나며 정보기관에 대한 통제 여론이 높아짐.
- 뉴욕타임즈는 1974년 10월~12월 간 국내 반전·반정부단체에 대한 CIA의 불법적인 정보수집(카오스 공작)에 대해 의회의 특별조사를 촉구하는 일련의 기사를 내보냄.

(2) 처치 위원회(Church Committee)

(가) 처치위원회의 내용

- 처치위원회는 국가정보기관들의 불법적 활동에 대한 혐의를 조사하고 이에 대한 보완책을 의회에 제시하고자 11인의 상원위원으로 1975년 1월에 설치됨.
- CIA 해외 암살혐의, 휴스턴 계획(Huston Plan), CIA와 FBI의 우편물 불법 검열, NSA에 의한 불법 전신전화 감청 등을 조사함.
- 처치위원회는 청문회 및 면담조사를 통해 언론보도가 사실이며 CIA, FBI, NSA 등 국가정보기관에서 불법적인 정보활동으로 시민의 자유와 인권이 손상되었음을 밝힘.
- FBI의 방첩프로그램인 COINTELPRO(코인텔프로)는 민주사회에서 용인될 수 없는 수준으로 미국시민의 헌법적 권리를 침해했다며 불법성을 지적함.
- 불법 정보활동의 원인으로 의회의 민주적 감시 결여, 과도한 비밀주의, 그리고 법이나 행정부 명령의 모호성과 불명확성 등을 지적하고 의회 내 국가정보위원회 설치를 권고함.

더 알아보기

주요 관련사건

- 휴스턴 계획(Huston Plan)은 1970년 닉슨대통령의 지시로 FBI, CIA, DIA, NSA에 의해 국내 급진좌파와 반전주의자에 대한 불법적 정보활동을 모색한 사건으로 미국 대학생 감시 등 일부가 실행에 옮겨짐.
- 워터게이트 사건(Watergate Affair)은 1972년 6월 닉슨대통령의 재선을 위해 CIA 등을 동원하여 워싱턴의 워터게이트빌딩 내 민주당 전국위원회 본부에 침입하여 도청장치를 설치하려다 발각·체포된 사건임.

(나) 처치위원회의 결과

- 처치위원회 활동을 통해 상원정보위원회(SSCI)와 하원정보위원회(HPSCI)가 특별위원회로 설치되어 정보활동 경계가 명확해지고 민주적 감시가 제도화 됨.

더 알아보기

상원정보위원회(SSCI, Senate Select Committee on Intelligence)

- 상원은 국가 및 연방전체와 관련한 이슈(임명권, 입법, 조약 등)에 집중하고 행정부와 하원에 대한 이중견제장치의 역할을 하며 임기는 6년으로 각 주마다 2명씩 선출함.
- SSCI는 1976년 5월 설치되어 인원은 15명으로 회기마다 양당 합의로 조정되며 임기는 2~8년임.
- 국가안보, 전복행위 등의 용어와 정보활동 원칙, 목적 등을 명확하게 규정한 헌장 마련을 권고.

국가정보 감시역량의 제도적 강화와 미국 시민의 권리보호 등 처치 위원회가 권고한 사항들을 검토하고 입법화 함.

하원정보위원회(HPSCI, House Permanent Select Committee on Intelligence)

- 하원은 지역구를 대표하여 국내정책 이슈에 집중하고 지역 유권자를 위한 권익 옹호활동을 하며 임기는 2년으로 각 주별 인구에 비례하여 선출함. 상원과 동등한 입법권한이 있음.
- HPSCI는 1977년 7월 설치되어 인원은 22명으로 회기마다 양당 합의로 조정되며 임기는 2~8년임.
- 정보활동 및 예산을 감독하는 4개의 소위원회가 해당 담당기관을 감독함.
  - CIA Subcommittee
  - Department of Defense Intelligence and Overhead Architecture Subcommittee는 DIA, NRO, NGA를 담당
  - Emerging Threats Subcommittee는 DNI 내 NCTC, NCSC, NCPC, FBI
  - NSA and Cybersecurity Subcommittee는 NSA와 사이버활동 유관기관

(3) 파이크 위원회(Pike Committee)

- 처치위원회와 같은 목적으로 1975년 2월 10~13인의 하원의원으로 구성되어 처치위원회와 업무를 분장하여 국가정보 비용, 재정회계 절차, 국가정보기관들의 업무성과 내용을 조사함.
- 내부 갈등(Partisanship), 기밀 정보누설로 보고서 자체가 공개가 금지되어 실패한 위원회로 평가됨.

(4) 휴즈-라이언 수정안(Hughes-Ryan Amendment, 또는 휴즈-라이언 법, 1974)

- 휴즈-라이언 수정안은 해외원조법(Foreign Assistance Act, 1961, 효과적이고 미국 해외원조 개발 사업 추진을 위한 법으로 남베트남에 대한 직간접적인 모든 군사적 지원을 중단하는 내용이 포함)의 개정안으로 1974년 12월 제정됨.
- 공식적으로 비밀공작의 실행 여부를 결정하는 권한이 정보기관의 수장에게서 대통령으로 이양하도록 법률로 처음으로 규정하고 대통령이 적절한 시기(reasonable time)에 의회의 관련 위원회(6~8개)에 보고하도록 함.
- 불이행시 처벌규정은 없으나 정보기관에 대한 의회의 통제력을 세계 최초로 법률적으로 공식화하는 시도로서 의미가 있음.
- 대통령의 특권이었던 그럴듯한 부인(plausible deniability)권을 폐지하고 대통령이 비밀공작을 확인하고 서면 승인하는 것을 예산사용의 전제조건으로 규정하여 대통령이 비밀공작의 내용을 모를 수 없도록 하였음.

(5) 국가정보 재조직 및 개정법(National Intelligence Reorganization and Reform Act, 1978)

- 국가정보 재조직 및 개정법은 1978년 3월 미 하원의 민주당 소속 볼랜드(Edward Boland, 이란-콘트라 스캔들의 볼랜드 수정법안 발의자)가 대표 발의한 정보활동 감시에 대한 선구적인 법안이었으나 통과되지 못함.
- NSC 산하의 집행부서인 ODNI(Office of the Director of National Intelligence, 2004년 설치된 ODNI와는 다름)의 지도와 통제하에 국가정보활동을 IC가 수행하도록 규정함.
- FBI, CIA, NSA의 미국인과 외국인에 대한 미국 내 정보활동에 대한 전자감시(즉 통신감청, Electronic surveillance) 관련 엄격한 법적 통제와 CIA 조직 내 감찰관을 두도록 규정함.
- 정보활동 시 종교조직, 학교기관, 평화봉사단, 또는 국제교류를 통한 예술, 인문 문화 업무 관련 정부 프로그램과 관련된 어떤 종류의 가장(cover)을 금지함.
- 의회의 전쟁선언이 없는 한 정보기관이 미국인을 비군사적인 해외 전투원으로 고용하는 것을 금지하고 기타 미국 내 조직이나 시민을 활용한 사보타주, 테러 또는 암살을 금지함.

(6) 해외정보감시법(FISA, Foreign Intelligence Surveillance Act, 1978)

- FISA는 미국에서 활동하는 외국정보요원이나 테러나 간첩활동이 의심되는 미국인에 대한 감청 등 전자 감시 및 물리적 수색활동에 대해 영장심사를 의무화 하고 부적절한 국내정보활동을 금지한 법률로 1978년 제정됨.
- 정보활동이 실제 또는 잠재적으로 중대한 공격, 사보타주 또는 국제 테러로부터 미국을 보호하는 데 필요한 경우에 법무부 장관의 승인 후 대통령의 허가를 받아 1년동안 법원의 명령 없는(영장 없이) 통신감청(전자감시, Electronic surveillance)이 가능함.
- 다른 방법으로 같은 요건이 충족될 시 FISC(외국정보감시법원, Foreign Intelligence Surveillance court)의 허가를 얻어 90일, 120일, 1년의 통신감청이 가능함.
- 영장 발부의 기준이 일반법원은 확실성에 대한 개연성 즉 상당한 이유를 요건으로 하지만 FISC는 가능성에 대한 개연성 즉 합리적인 이유가 기준임.
- 정보기관이 용의자 이메일, 인터넷에 탐지목적으로 은밀하게 접속할 수 있는 권한을 부여함.

- 물리적 수색(Physical searches)은 외국 테러 단체나 기관에 의해 독점적으로 사용되는 시설, 건물, 재산 등의 물리적 검색을 허용하는 것으로 요구 사항과 절차는 전자감시와 유사함.(출입시 사전통지가 필요 없고 언제든지 수색가능하며 수색 대상도 특정하지 않음)
- 해외정보 수집의 경우 펜레지스터 & 펜트랩을 영장 없이 사용 가능하며 감청은 통신의 내용을 지득하는 것을 목적으로 하지만 펜레지스터(송신기록장치) & 펜트랩법(수신기록장치)은 통신 기록에 관한 정보만을 다루는 것이 다름.
- 프리즘(PRISM)은 NSA가 미국 인터넷 회사에서 통신정보를 수집하는 프로그램으로 2008년 FISA 수정조항 제702조에 따라 합법적으로 정보를 수집하게 됨.(스노든이 2013년 유출)
- 감시 장치를 활용한 FISA에 대해선 수사기관이 국가안보를 이유로 광범위한 사생활 침해를 하고 이것이 시민들의 표현의 자유를 위축시킬 수 있다는 비판도 받음.

더 알아보기

FISC(Foreign Intelligence Surveillance court)

- FISA 담당 법원으로 1978년 FISA법에 의해 설립되어 연방대법원장이 임명한 7년 임기의 11명의 재판관이 FBI, NSA 및 연방 법집행 기관의 관련 영장을 담당하며 청구기관은 영장 기각 시 FISCR에 항소 가능.

(7) 해외정보감시법 개정안(FISA Amendment Act, 2008)

- FISA는 2008년 통과되어 NSA의 영장없는 전자감시활동을 영구적으로 합법화하고 정보기관의 전자감시 활동에 협조한 통신사업자에 대한 면책 조항임.
- 영장없는 전자감시 기간을 48시간에서 최장 1주일까지 가능하도록 하여 초국가적 안보위협세력에 대한 국가적 감시를 강화함.

03 1980년대~1990년대

(1) 정보감독법(IOA, Intelligence Oversight Act, 1980)

- 정보감독법은 휴즈-라이언 수정안을 개정하여 정보기관이 비밀공작을 포함한 모든 정보활동을 의회 하원 정보위원회(HPSCI) 와 상원정보위원회(SSCI) 의 주요인사들(상·하원 정보위원장 2명, 상·하원 소수당 출신 간사 2명씩 4명, 하원의장 및 하원의 소수당 대표 2명 등 8인)에게 충분히 제때(fully and currently)에 사전 통보하도록 의무화 함.

- 다른 6~8개의 위원회에는 보고할 필요가 없어졌으며 대신 의회에 은밀한 활동까지 보고하도록 상세한 기본 규칙이 제정됨.
- 정보위원회 소속 위원은 보통 국방위원회, 예산위원회, 외교위원회, 법사위원회에서 선택(Select)되어 타 위원회를 겸직하며 상호 긴밀하게 협력 공조함.
- CIA의 불법적인 부당한 비밀공작을 더욱 철저하게 감시하기 위한 조치로 이 법에서 비밀공작의 개념 규정을 명확하게 하고, 승인 절차를 분명하게 제시하여 사전통보가 어려울 경우 대통령이 선 진행하고 이후 반드시 의회에 구두로 보고하도록 의무화 함.

(2) 정보신원법(IIPA, Intelligence Identities Protection Act, 1982)

- 정보신원법은 1982년 국가안보법(National Security Act, 1947)의 개정안으로 정보기관에서 활동하는 비밀요원의 신원 공개를 금지함.
- 누구든지 기밀정보 열람 권한이 없는 자에게 비밀요원을 노출하거나 노출하려는 시도를 하여 외국정보 활동을 손상시키거나 방해할 것이라고 믿을 만한 경우 벌금을 부과하거나 또는 3년 이하의 징역에 처함.

더 알아보기

이란–콘트라 스캔들(Iran–Contra Scandal)

- 이란–콘트라 스캔들레이건 정부가 적성국가인 이란에 무기를 불법 판매하고 그 수익으로 니카라과의 좌파 산다니스타 정권 전복을 위해 우파 반정부 게릴라인 콘트라 반군을 지원한 1987년에 발생한 정치스캔들임.
- 의회는 니카라과 정부 전복을 반대하여 볼랜드 수정법안(Boland Amendment, 1982년)을 통과시켰기 때문에 콘트라 반군 지원은 불법임.
- 의회는 레이건 행정부의 거짓말에 분노하였고 CIA가 니카라과 항구에 기뢰를 설치하여 외교문제로(국제재판소에 회부되어 패소함) 비화되자 정보기관 통제를 위한 대책을 마련함.

(3) 이노우에-해밀턴 위원회(Inouye-Hamilton Committee)

- 이노우에-해밀턴 위원회는 이란-콘트라 스캔들 조사를 위해 1987년 구성되어 청문회를 진행하였으나 레이건(Ronald Reagan, 1911~ 2004) 대통령은 고령을 이유로 소환하지 않음.
- 청문회에서 부의장인 Henry Hyde 하원의원 은 Oliver North 중령(실무자) 와 John Poindexter제독(책임자)를 변호하였으나 NSC와 CIA직원이 불법적인 정보활동을 했다는 사실을 밝혀냄.
- 의회는 사건을 조사하며 비밀공작 보고 절차와 통제 시스템의 미비점을 파악하고, 이를 보완하고자 정보감독법을 수정하여 비밀공작의 의회 통보 시점을 48시간 이내 정보위원회 소속 의원 전원에게 통보하도록 시도했으나 부시(George H.W. Bush, 1924 ~)대통령이 거부권 행사로 입법화에 실패함.

(4) 감찰관법(Inspector General Act, 1978)

- 감찰관법이 제정되어 감찰관(IG)이 독립적인 역할을 가지고 CIA등 IC의 정보활동을 면밀히 감시하여 부당한 활동을 의회에 통보할 수 있게 됨.
- 국방부(1981년), 법무부(FBI 포함, 1988년), CIA(1989년), 국토안보부(2002년), ODNI의 ICIG(Intelligence community inspector general, 2010년), NSA(2014년), NRO(2014년) 등의 연방정부 부처에 감찰관실이 설치되어 활동함.
- 2014년 7월 버클리(David Buckley) 감찰관은 CIA가 상원 정보위원회의 컴퓨터를 불법 열람하였다는 감사보고서를 제출하여 CIA국장(John Brennan)이 이에 대해 사과함.

(5) 정보수권법(Intelligence Authorization Act, 1991)

- 정보수권법은 냉전 종식 이후 의회가 다른 정보기관들과 관계에서 DCI의 임무와 권한을 세부적으로 재규정하여 처음으로 1991년 법률화 한 것으로 DCI는 상원과 하원의 관련 상임위원회에 정보를 제공하는 책임을 부여받음.
- 정보수권법은 모호하게 진행된 비밀공작의 개념을 구체적으로 규정하고 비밀공작 추진 시 대통령이 구두가 아닌 서면으로 사전보고 하도록 의무화 하여 의도적으로 은밀하게 추진되는 비밀공작 시도를 차단하였으며 긴급한 경우에만 대통령의 보고 유보기간(2일)을 부여함.
- 1999년 개정안에는 일반 직원들이 감찰관을 통하여 의회 정보위원회에 내부의 문제점을 고발하는 절차를 규정하고 내부고발자를 보호할 수 있도록 하는 내용을 제정하여 의회가 IC 내부에 들어가기 위한 현관문(front door)으로 불림.

(6) 아스핀-브라운 위원회(Aspin-Brown Commission)

- 1994년 알드리히 에임스(Aldrich Ames) 사건이 발생하여 로버트 게이츠(Robert Gates, 1943~ . 전 CIA국장, 국방부 장관)의 후임인 CIA 국장 제임스 울시(James Woolsey Jr. 1941~)가 사퇴함.
- 에임스 사건 이후 아스핀-브라운 위원회는 정보기관의 방첩 실패에 대한 의회와 행정부가 공동 조사를 위해 설치하여 냉전 이후 정보기관의 활동과 목표의 재조정, IC의 통합, 또한 DCI 역할 강화와 매년 정보예산의 합계를 공개하도록 권고함.

04 2000년대 이후 ~ 현재

(1) 9.11테러 진상조사위원회(9.11 Commission)

- 9.11테러진상조사위원회(의장은 Henry Kissinger에 이어 Thomas Kean이 임명됨)는 9.11사건에 대한 테러방지 실패 책임 규명을 위해 2002년 설치됨.
- 여야 추천의원 의원 각 5명, 정보기관 부국장, 주 법무장관, 대학교수 등 민간 전문가 80명이 참여하였고 수사권은 없었으나 조사를 위한 소환권은 발동됨.
- 대응실패의 원인규명과 개선방안을 모색하여 정보기관간 수평적 정보공유를 확대하고 정보기관의 통제 및 우선순위를 조정할 수 있도록 DCI(중앙정보장, Director of Central Intelligence)를 DNI(국가정보장, Director of National Intelligence)로 대체할 것을 제안함.

(2) 대량살상무기 조사위원회(Iraq Intelligence Commission, Silberman-Robb Commission)

- 대량살상무기 조사위원회는 2003년 이라크 전쟁의 원인이 된 WMD 개발 및 은닉에 대한 진상조사를 위해 2004년 설치되어 매케인 상원의원, 전 백악관 고문, 전 CIA부국장, 예일대 총장 등 9명이 참여함.
- 위원회는 상원 정보위원회 소속 의원들 간 당파적 태도로 갈등이 있었고 충분한 조사가 어려워 IC 개혁을 추진하기 어렵다는 불신을 받았으나, 결국 IC의 정보판단 및 배포의 실패로 결론짓고 IC의 구조적 개혁을 촉구함.
- 영국 의회의 버틀러 위원회(Butler Committee, 상원의원 3, 외교 및 국방부 담당자 등 5명)도 영국의 이라크 참전 관련 조사를 실시하고 IC와 총리실의 내부 운영방식 개혁을 촉구함.

(3) 정보개혁 및 테러방지법(IRTPA, Intelligence Reform and Terrorism Prevention Act)

- 정보개혁 및 테러방지법은 9.11테러진상조사위원회의 권고로 2004년 12월 제정된 법률로 IC를 통솔하는 장관급의 DNI와 ODNI, NCTC 설치의 근거임. * 국토안보부(DHS)는 국토안보법(Homeland Security Act)에 근거하여 2002년 11월에 설립됨.

(4) 프라이버시법(PA, Privacy Act)

- 프라이버시법은 시민권자에게 본인에 대한 정부보관 문서에 대한 접근권과 불충분하거나 부적절한 내용에 대한 시정요구권, 권한없는 제3자에게 열람하게 하는 등 관리와 통제에 법적 문제가 있을 시의 소송 제기권을 보장함.

05 의회의 민주적인 정보기관 감독

(1) 민주적인 감독의 전제 조건

- 의회 정보위원회 운영이 관행이 아니라 세부 운영규칙이 마련되어 의회 통제에 대한 제도 운영의 안정성이 마련되어야 함.
- 대통령이 정보활동에 대한 전문성을 갖추고 정보기관을 국내정치에 활용하지 않고 정치적 중립성을 지키게 해야 정보위원장을 비롯한 의회와 정보기관이 상호 신뢰할 수 있음.
- 국회 정보위원회는 전문성과 풍부한 경험을 갖춘 의원이 참여하도록 하고 외부 전문가도 포함하는 등 정보위원회 구성에 대한 규정이 필요함.
- 의회가 정보기관의 감시와 통제를 정파 간 정쟁의 수단으로 삼거나 지역구의 문제가 아니라고 무관심하지 말고 종합적 안목에서 초당적으로 국가안보 측면에서 접근해야 함.
- 의회의 정보기관에 대한 민주적 통제는 행정부에 비해 상대적으로 미흡하나 이는 미국을 포함한 거의 모든 나라의 공통적인 현상임.

(2) 민주적 통제의 부작용

- 의회의 정보 접근권 확대로 정보기관의 정보제공이 증가되면 정보유출의 위험도 높아져서 비밀첩보원이나 정보망을 위태롭게 하여 안보에 치명적인 위해가 될 수 있음.
- 정보공개와 투명성 증대로 정보기관이 국가안보가 아닌 여론과 정치적 지지 확보를 위한 방향으로 활동할 수 있음.
- 정보활동의 속성상 불법과 합법의 경계에서 활동하므로 법률 규정과 의회통제는 정보활동을 위축시킬 수 있음.

04 행정부의 정보기구 통제

01 행정부(대통령, 수상)의 정보기구 통제수단

- 정보기관장 인사권은 조직 장악을 위한 가장 중요하고 직접적인 수단으로 보통 측근을 임명하고 불법활동이 드러나거나 안보위기 상황을 초래하면 해임됨.

- 조직의 해체 및 신설 또는 새로운 정보기구의 창설, 대통령이나 수상의 직속 기구로 소속을 변경하여 업무 경쟁력이나 통치권자의 조직 장악력을 높임.
- 행정명령권은 행정수반이 의회의 승인없이 신속하게 정보활동을 추진하거나 억제할 수 있으며 정보자문위원회를 설치하여 자문을 받기도 함.
- 의회가 제정하는 법률보다 강제력이 덜하고 행정부의 성향에 따라 지속적이지 못할 수 있으며 의회의 권한을 약화시킬 수 있는 문제점이 있음.
- 국회가 제정한 법률에 의거하여 감찰관실 등의 감시기구를 IC 내부에 설치하여 간접적으로 통제력을 행사할 수도 있음.

02 JICC(합동정보공동체위원회, Joint Intelligence Community Council)

- 2004년 정보개혁 및 테러방지법(IRTPA)을 근거로 1947년 제정된 국가안보법(National Security Act)을 개정하여 DNI 자문 및 IC관리를 위한 최고위급 기구인 JICC가 설치됨.
- JICC는 1년에 2회 개최되며 DNI를 의장으로 국무부, 국방부, 국토안보부, 법무부, 에너지부, 재무부 장관 및 의장이 지명하는 자가 참석함.
- JICC는 통합된 국가정보의 개발을 위해 DNI를 지원하며 정보소요 판단, 예산 계획, 재정관리, IC활동을 조언하고 DNI에 의해 수립된 정보활동 프로그램과 각종 지침의 적시성 있는 실행을 보장하며 IC활동에 대한 감시 및 평가를 함.
- JICC는 대통령이나 NSC에 국가안보 관련 정보활동에 대한 적절한 조언을 제공하고 JICC 위원 중 DNI와 상반된 의견이 있으면 이를 따로 보고 가능함.
- DNI를 제외하고 대부분의 JICC 위원들은 정보업무에 대한 전문성이 부족하고 장관들은 부처 업무가 따로 있어 IC관리 및 감독에 매진할 시간이 거의 없음.

03 NSC(국가안전보장회의, National Security Council)

- 트루먼 대통령이 창설한 이후 국가안보와 국익을 위한 외국과 국방정보의 통합을 담당하고 대통령에게 관련 정책을 조언함.
- 참석은 의장인 대통령을 비롯하여 부통령, 국무부, 국방부, 에너지부, 법무부, 국토안보부 장관과 DNI, 마약단속국장, 합참의장, 비서실장 및 국가안보보 좌관과 이외에 UN주재미국대표, CIA국장, 재무부 장관 등이 참여 가능함.

- IC간 정책적 조정을 위한 중추적인 역할을 담당하며 일련의 위원회와 위킹그룹(workig group)으로 구성되나 NSC의 구조는 유동적으로 대통령의 통치스타일, 변화하는 정보요구, 인적 관계 등에 의해 계속 변화함.
- NSC의 OIP(Office of Intelligence Program, NSA 내 설치근거 無)는 IC에 대한 감독과 관련 정책을 대통령에게 제공하였으나 JICC에 그 기능을 이관함.

04 대통령 정보자문위원회

(가) PBCFIA(해외정보자문위원회, President's Board of Consultants on Foreign Intelligence Activities)

- PBCFIA는 아이젠하워(Dwight Eisenhower, 1890~1969) 대통령이 1956년 설치한 대통령 정보자문위원회 임.

(나) PFIAB(대통령 해외정보자문위원회, President's Foreign Intelligence Advisory Board)

- PFIAB는 피그만 사건 이후 케네디(John Fitzgerald Kennedy, 1917~1963) 대통령이 1961년 설치하였고 DIA창설을 권고하였음.
- 포드 대통령 때는 구소련의 전략적인 능력과 의도를 분석할 기법으로 A팀 대 B팀의 경쟁분석(레드팀 또는 혼합형 분석기법)을 제안함.
- 카터(Jimmy Carter, 1924~, 포드의 후임) 대통령 때는 운영하지 않았고 레이건(Ronald Reagan, 1911~2004) 대통령 때 PFIAB가 부활함.
- 정보기구 감독에 대한 법적권한은 없고 비공식적으로 정보기관 활동을 조사 평가·감독하나 대통령이 임명하므로 정치적으로 중립성을 유지하기 어려움.

(다) IOB(정보감독위원회, Intelligence Oversight Board)

- 포드(Gerald Ford, 1913~2006, 부통령은 록펠러, 전임은 닉슨) 대통령이 칠레의 아엔데 정권붕괴를 위한 불법 정보활동에 대한 행정부 자체의 록펠러 위원회와 이후 의회의 처치위원회 조사가 이루어진 후 1976년 설치됨.
- 대통령에게 불법적인 정보활동이나 행정명령, 지침에 반하는 사항을 알려주고 법무부 장관(Attorney General, 연방검찰총장을 겸직)에게도 필요한 사항을 전달하여 위법성 여부를 조사 가능하나 자체적인 사건 추적 및 소환권은 없음.
- 1989년 감찰관법 통과 이후 내부 감찰관 감독권 및 정기적으로 보고 받을 권리가 있었으며 클린턴 대통령(Bill Clinton, 1946~)이 1993년 IOB를 PFIAB 내부의 위원회(committee)로 통합시킴.

(라) PIAB(대통령 정보자문위원회, President's Intelligence Advisory Board)

- 부시(George W. Bush, 1946~) 대통령은 2008년 PFIAB를 PIAB로 개칭하고 IOB의 정보기구의 법률고문(General Counsels), 내부감찰관(Inspector general) 감독권 및 정기적으로 보고 받은 권리, 법무부 조사 제안권을 폐지함.
- PIAB는 IC가 국가정보 요구를 충족할 수 있도록 IC의 효율성, IC의 미래계획에 대한 통찰력, 정보수집의 적절성(adequacy)과 수집된 정보의 질(quality), 정보분석 및 판단, 방첩 및 기타 정보활동에 대해 조언함.
- PIAB는 IC로부터 독립적이고 IC 관리나 공작활동의 책임에서 자유로워 국가적 목표 달성을 위한 IC의 바람직한 조직구조 등에 대해 객관적인 의견제시가 가능함.

05 록펠러위원회(Rockefeller Commission)

- 록펠러위원회는 포드 행정부가 뉴욕타임즈의 기사, 워터게이트, CIA의 칠레 아옌데 암살공작, 코인텔프로 등에 대한 조치로 처치위원회 이전에 자체적으로 1975년 록펠러 부통령을 위원장으로 하여 행정부 내 설치됨.
- CIA의 국내반체제 인사에 대한 감시와 편지 개봉(카오스 공작), MKUltra 프로젝트(심문시 자백을 강요하는 마인드 컨트롤 프로그램이자 인간실험) 등 정보기관의 불법적인 국내 정보활동을 조사함.
- 대통령 직속으로 정보감독위원회(IOB)를 두고 CIA의 해외 암살공작을 금지함.

06 타워위원회(Tower commission)

- 타워위원회는 레이건 행정부가 이란-콘트라 스캔들을 조사하기 위해 전 상원의원인 존 타워(John Tower)를 위원장으로 하여 1986년 행정부 자체적으로 구성한 조사위원회임.
- NSC 직원의 국내외 안보정책 수행, 감독, 조정 및 개발을 위한 역할과 절차에 대한 포괄적인 조사를 하였으나 CIA에 대한 직접조사는 없었음.
- 백악관과 국무부. 국방부. CIA 등 유관부처 간 유기적 정책협조 미흡, 비밀공작 제한 규정 제정, 대통령에게 균형된 정보를 제공하는 안보보좌관 역할의 중요성, NSC 활동의 책임소재 명확화 등을 결론으로 제시함.

07 사생활과 시민의 자유 감독위원회(PCLOB, Privacy and Civil Liberties Oversight Board)

- 사생활과 시민의 자유 감독위원회는 2004년 7월 9.11위원회보고서의 권고대로 2004년 정보개혁 및 테러방지법(IRTPA)에 의거 행정부에 설치되어 대통령이 임명한 5명의 위원으로 구성됨.
- 2007년 9.11위원회권고법(Implementing Recommendations of the 9/11 Commission Act)에 의해 독립부서로 재탄생하여 대통령이 임명하고 상원의 승인을 얻은 초당적인 5명의 위원으로 구성됨.
- 기본적인 임무는 사생활과 시민의 자유 감독위원회의 임무는 연방정부의 테러 대응 노력이 사생활 보호 및 개인의 자유와 균형을 이루도록 하는 것임.
- 대테러 정책개발 및 집행에 대한 자문, 제안된 입법이나 규정, 정책을 검토하여 대통령과 관련부처에 조언하고 행정부처 및 관련기관의 테러정보 공유 관행을 감시하여 사생활과 시민의 자유를 보호하기 위한 법령을 준수하는 지 감독함.

08 행정부의 정보기구 통제의 장점과 한계

- 행정부는 정보활동에 대한 정책을 입안하고 PNIO(정보활동목표우선순위)를 설정하며 비밀공작 등 주요사안에 대해 IC 보고를 받음.
- 국회의 예산승인 및 회계감사 과정에도 참여하며 행정부 수반과 정보기관은 상호권한과 책임의 교환(비밀공작 실패의 궁극적 책임은 정보기관장을 넘어 대통령)을 통해 IC를 통제함.
- 의회에 비해 정보기관 통제를 위한 경험, 전문성은 있으나 정보기관과 행정부가 너무 밀착하면 정보의 정치화가 발생할 수 있고 너무 느슨하면 대통령이 비밀정보활동의 세세한 부분이나 IC의 사적 일탈행위를 모를 수 있음.
- 카터 대통령 당시 CIA국장인 터너가 비밀공작 통제를 위해 노련한 공작관 다수를 해임하여 HUMINT망이 와해되었고 주 이란 미국대사관 인질사건(Operation Eagleclaw, 델타포스의 독수리발톱작전) 해결의 실패로 이어짐.
- 비밀공작 등 정보활동 내용을 의무적으로 모두 문서화 하거나 PIAB(대통령 정보자문위원회)와 같은 행정부 외부기구의 역할을 독립적으로 부여하여 정보기구를 통제할 수 있도록 해야 함.
- 효과적인 의회감독은 행정부가 정보기관을 어떻게 통제하고 장악하는지에 따라 달

려 있으며 상호 충돌이 아닌 보완적이 되어야 함.

05 사법부에 의한 통제

01 정보기구 통제의 역사

- 1960년대 말~1970년대 초까지 연방법원은 외교정책처럼 구체적인 사례나 증거가 없는 추상적 사안이나 정보활동과 관련하여 민감한 정치적 문제의 개입은 심리를 기피하고 의회 내에서 여야가 타협하여 해결하도록 함.
- 1974년 워터게이트 사건을 시작으로 CIA의 아옌대 암살공작, 뉴욕타임즈의 기사 등으로 여론이 악화되자 의회는 진상을 조사하고 휴즈-라이언법, 해외정보감시법(FISA), 정보감독법(IOA), 정보신원법(IIPA) 등을 제정함.
- 정보기구 통제 관련 법령에 근거하여 개인의 기본권 침해 등 여러 소송이 발생하였고 이를 심의하는 과정에서 사법부의 법률적 판단과정이 증가함.
- 정부의 비밀보호와 신속한 행정조치의 필요성으로 개인의 기본권이 침해되는 경우 정보활동에 대한 사법적인 해석이나 검토가 요구됨.

02 특징 및 한계

- 법원의 판사는 국가안보를 위한 정부의 비밀보호와 정보활동으로 인한 개인의 인권이 상충 될 때 중재자의 역할을 하며 대체로 정부가 지나치게 많은 비밀을 갖지 못하도록 견제함.
- 과도한 보안은 책임회피 수단으로 악용될 수 있고 고소인이 공정하게 재판을 받을 권리, 부당하게 체포 및 구금되지 않을 권리, 사생활 보호권, 언론 및 출판의 자유 등을 훼손할 수 있기 때문임.
- 사법부의 정보감독은 의회의 포괄적 정보감독 기능에 비해 헌법과 법률 적용으로 제한되나 법령에 의해 정보활동은 사법부 판단의 영역에 속하게 됨.
- 사법부의 정보감독은 개인의 인권침해에 대응하는 효과적인 수단이지만 재판이 비공개로 진행되어도 판사, 변호사, 법원 사무원 등에게 은밀한 정보가 노출 되어 국가안보에 치명적 손실을 야기할 수 있음.

06 언론에 의한 통제

01 특성

- 행정부, 사법부, 입법부에 이은 제4의 권력이라고 할 정도로 막강한 권한이 있으며 국민들의 여론 형성이나 의회 내 정보위원회의 의제 선정에 기여함.
- 1974년 12월 뉴욕타임즈 기사로 행정부 내 록펠러 위원회가 구성되고 처치위원회와 파이크 위원회가 설치되었으며 이후 상·하원에 정보위원회 설치의 토대가 마련됨.
- 의회는 언론에 은밀하게 획득한 자료를 제공하고 보도하도록 유도하고 또는 언론이 수집한 자료를 정보기관에 제공하기도 함.
- 언론과 정보기관은 상호갈등 및 협력하는 모순적 관계이며 서로의 정보활동을 탐색·견제하기도 하고 상이한 정보출처를 활용하기도 함.

02 한계

- 언론은 정보기관 통제를 위한 공식적인 수단이 없어 행정부나 의회에 비해 정보기구 통제가 제한적이고 비공식적이며 간접적인 방식임.
- 언론사는 이윤추구가 목적인 사기업으로 행정부나 정보기관이 정보실패에 대한 보도를 자제하도록 압력을 가하면 감시활동 지속이 어려울 수 있음.
- 언론사가 정보실패를 지속 보도하여도 다수당 및 정보위원장의 성향, 의회 내 정파 다툼이나 의원 개인의 의사에 따라 정보감독이 약화될 수 있음.
- 언론 보도가 주로 사전 예방보다 사후의 정보실패를 지적하는 역할을 하고 있고 정보의 종류에 따라 비밀로 분류되어 허가 없는 배포가 제한됨.
- 국가안보를 위한 정보활동의 비밀유지와 국민의 기본권 침해(민주주의의 기본 가치 훼손) 및 정보활동의 효율성 제고(정보실패 개선)를 위한 언론 공개 간 적절한 균형 유지가 필요함.

The New York Times | https://nyti.ms/1ilW3Nb

ARCHIVES | 1974

HUGE C.I.A. OPERATION REPORTED IN U.S. AGAINST ANTIWAR FORCES, OTHER DISSIDENTS IN NIXON YEARS

By SEYMOUR M. HERSH DEC. 22, 1974

WASHINGTON, Dec. 21—The Central Intelligence Agency, directly violating its charter, conducted a massive, illegal domestic intelligence operation during the Nixon Administration against the antiwar movement and other dissident groups in the United States, according to well-placed Government sources.

An extensive investigation by The New York Times has established that intelligence files on at least 10,000 American citizens were maintained by a special unit of the C.I.A. that was reporting directly to Richard Helms, then the Director of Central Intelligence and now the Ambassador to Iran.

In addition, the sources said, a check of the C.I.A.'s domestic files ordered last year by Mr. Helms's successor, James R. Schlesinger, produced evidence of dozens of other illegal activities by members of the C.I.A. inside the United States, beginning in the nineteen-fifties, including break-ins, wiretapping and the

〈 뉴욕타임즈의 1974년 12월 22일 기사 〉

07 한국의 정보기구 통제

01 입법부의 정보기관 통제

(1) 국정원 예산의 종류

- 특수활동비(안보비)는 인건비 · 기관운영비 등 경상비도 포함하나 상세내역은 비공개로 기재부나 정보위위원회 소속의원도 모르며 법무부, 국방부 등 타기관도 특수활동비가 있으나 국정원은 예산전체가 특수활동비 임.

  ㉔ 샘물교회 인질석방(2007.7)

- 국정원이 편성한 각 부처의 특수활동비는 II급비밀로 70% 가량을 국정원이 사용하고 나머지는 해당기관(국방부, 경찰청)이 집행하지만 국정원이 관여함.

  ㉔ 대북정보수집에 필요한 장비 구입

- 예비비는 국가안전보장 업무의 효율적 업무수행을 위한 예산회계에 관한 특례법(2008.2.29.)에 따른 예산임.

  - 국가의 안전보장을 위한 활동에 소요되는 예비비의 사용과 결산은 국가 재정법의 규정에도 불구하고 총액으로 하며 기획재정부 소관으로 함.

(2) 국가정보원의 예산회계(국정원법 제12조)

- 국정원은 국가재정법 제40조(독립기관의 예산) 따라 독립기관이므로 정부는 예산 편성에 있어 국정원장의 의견을 최대한 존중하고 감액 시 원장의 의견을 국회에 제출함.
- 국정원은 세입, 세출예산 요구 시 국가재정법 제21조(세입세출예산의 구분)에 따라 총액으로 기획재정부 장관에게 제출하고 같은 법 제34조(예산안의 첨부서류)에 따른 예산안의 첨부서류는 제출하지 아니할 수 있음.
- 국정원의 예산 중 미리 기획하거나 예견할 수 없는 비밀활동비는 총액으로 타 기관의 예산에 계상할 수 있으며 그 예산은 소관 상임위원회가 아닌 국회 정보위원회에서 심사함.
- 국정원은 그럼에도 불구하고 국회 정보위원회에 국정원의 모든 예산(제3항에 따라 다른 기관에 계상된 예산을 포함)에 관하여 실질심사에 필요한 세부 자료를 제출하여야 함.
- 국회 정보위원회는 국정원의 예산심의를 비공개로 하며, 국회 정보위원회의 위원은 국정원의 예산내역을 공개하거나 누설하여서는 안됨.

(3) 국회 정보위원회(국회법 제37조 상임위원회와 그 소관)

- 정보위원회는 1994년 6월 28일 신설된 상임위원회로 국가정보원 소관에 속하는 사항을 다루며 국가정보원법 제3조 제1항 따른 정보 및 보안업무의 기획·조정 대상 부처의 정보예산안과 결산 심사에 관한 사항을 소관으로 함.
- 정보위원회는 12명의 위원으로 구성되고 임기는 2년이며 소관법률은 국가 정보원법, 국가정보원직원법, 국민보호와 공공안전을 위한 테러방지법, 보안업무규정 임.
- 정보위원회 소속 의원만 국가정보원 관련 법안을 발의할 수 있는 것은 아니며 다른 위원회 소속 의원도 가능함.

더 알아보기

예산 편성과 집행과정

- 예산은 정부의 예산안 편성, 국회의 예산안 심의·확정, 정부의 예산집행으로 구성되고, 결산은 정부의 결산보고서 작성, 감사원의 결산 검사확인, 국회의 결산심사로 구성됨. Y년도는 y–1년도 결산, y년도 예산의 집행, y+1 년도 예산안 편성·심의함.
- 국방부 등 타 부처는 예산결산위원회(상설특별위원회로 50인으로 구성되며 임기는 1년임)의 심사를 거쳐 예산이 확정됨.

(4) 기밀보호 조항

- 회의 비공개, 위원 및 소속공무원의 직무상 알게 된 국가기밀에 속하는 사항을 공개하거나 타인에게 누설금지(국회법 제54조, 정보위원회에 대한 특례)
- 위원회 소속 직원에 대하여는 국가정보원장에게 신원조사를 의뢰(국회법 제54조), 국가정보원의 예산심의는 비공개로 하며, 위원은 국가정보원의 예산내역을 공개하거나 누설금지(국가정보원법 제12조, 예산회계)
- 국가정보원장은 국회예산결산심사 및 안건심사에 있어 국가의 안전보장에 중대한 영향을 미치는 국가기밀사항에 한하여 그 사유를 소명하고 자료의 제출 또는 답변을 거부할 수 있음.
- 국가정보원장은 국가기밀에 속하는 사항에 관한 자료와 증언 또는 답변에 대하여 이를 공개하지 않을 것을 요청할 수 있음.(국가정보원법 제13조, 국회에서의 증언)

(5) 특수활동비(치안비·정보활동비·정보비·특수활동비)

- 특수활동비는 기밀유지가 요구되는 정보 및 사건수사, 기타 이에 준하는 국정수행활동에 직접 소요되는 경비로 국가정보원, 국방부, 경찰청, 국회, 대법원 등 거의 모든 부처가 보유함.
- 특수활동비 편성지침은 기획재정부의 예산편성 세부지침에 기밀유지가 요구 되는 정보 및 사건수사, 이에 준하는 국정수행활동에 직접 소요되는 경비임.
- 감사원의 특수활동비에 대한 계산증명지침(제15조)에는 특수활동비를 현금으로 미리 지급한 경우 사용처가 밝혀지면 경비집행의 목적달성에 현저히 지장을 받을 우려가 있을 때 집행내용확인서를 생략할 수 있다고 규정함. (예외조항)
- 수령자가 서명하면 사용처를 보고하지 않아도 영수증 없이 현금사용이 가능 하고 감사원 결산검사와 국회 자료제출 대상에서도 제외 됨.
- 2018년부터 집행범위, 내부 승인절차 등 자체 지침을 마련하여 감사원에 제출하고 이에 대해 감사할 예정이나 국정원은 제외임.
- 국정원이 타 부처에 편성한 특수활동비는 부처 자체 및 국회 소관 상임위원회 (국방위, 행정안전위 등) 예산통제가 어려워 집행 투명성이 저하될 우려가 있음.

(6) 최근 입법 동향(국회 계류 중인 정보원법 전부 또는 일부 개정법률안)

- 국가정보원의 명칭을 안보정보원으로 변경하고 종전의 국가정보원이 보유한 수사권을 삭제함.(국정원이 자체 마련한 개정안을 국회에 전달)
- 3년의 임기가 보장된 독립적인 정보감찰관(현존 감찰실과는 다름)이 직무감찰, 회계검사, 준법활동계획 등을 수립·집행하고 이를 국회(또는 대통령)에 보고함.

• 국정원장의 임기는 4년(또는 6년)을 보장하고 직무 집행 중 헌법이나 법률을 위배한 경우 국회에서 탄핵소추를 의결할 수 있도록 함.

• 국회는 본회의 의결로 국정원에 대한 감사원의 비공개 회계검사를 요구할 수 있고, 원장은 감사원 감사에 대해 자료제출 및 답변을 거부할 수 없으며, 감사원은 감사결과를 3개월 내에 대통령과 국회 정보위원회에 보고함.(특수활동비에 대한 결산 강화 의미)

• 국정원 예산을 총액으로 요구할 수 없도록 하고 예산안의 첨부서류를 제출하도록 하는 등 국가정보원 법의 일부 및 전부 개정을 위한 활동이 국회 내에서 진행 중임.(국회 자체 발의 법안)

< 국가정보원 소관 >

일반회계

장(분야)	010	일반지방행정	493,084,000,000 원
관(부문)	016	일반행정	493,084,000,000
항(프로그램)	1100	국가정보지원	493,084,000,000

〈 국가정보원 예산 편성 내역 〉

기관명: 국방부(1개 사업)					
군사정보 활동	*사업목적 - 군사정보의 수집, 분석, 판단 및 생산 *법령상 근거 및 추진경위 <국가정보원법> 제3조, 및 <보안업무기획·조정 규정> 3조에 따른 군 정보사업 추진	180,835	147,670	▼18.3	군사정보비 - 군사정보의 수집, 분석, 판단 및 생산 활동에 필요한 경비

〈 국정원이 국방부에 편성한 특수활동비 〉

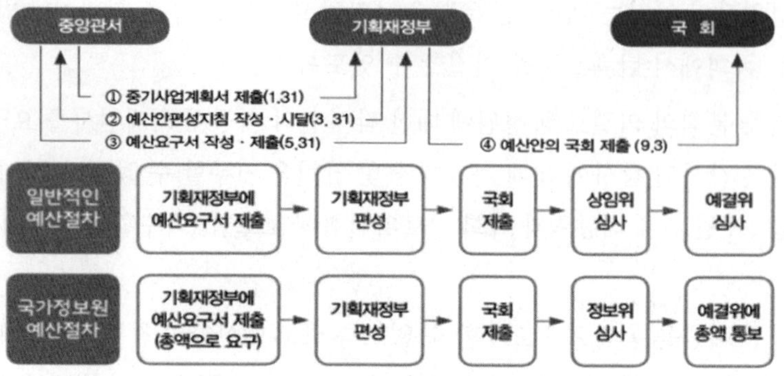

〈 국가정보원 예산편성 과정 〉

18 단원별 퀴즈

01. 1974년 8월 (사건)이 폭로되고 같은 해 9월 미국 CIA의 칠레 아옌대 대통령 암살공작 개입이 드러나며 정보기관 통제 여론이 높아졌다.

02. ( )활동을 통해 상원정보위원회(SSCI)와 하원정보위원회(HPSCI)가 특별위원회로 설치되어 민주적 감시가 제도화 되었다.

03. ( )은 불이행시 처벌규정은 없으나 정보기관에 대한 의회의 통제력을 세계 최초로 법률적으로 공식화한 법이다.

04. ( )은 휴즈-라이언 수정안을 개정하여 정보기관이 비밀공작을 포함한 모든 정보활동을 하원정보위원회와 상원정보위원회의 주요인사들 8인에게 사전 통보하도록 의무화 하였다.

05. ( )은 모호하게 진행된 비밀공작의 개념을 구체적으로 규정하고 비밀공작 추진 시 대통령이 구두가 아닌 서면으로 사전보고 하도록 의무화 하였음.

06. 이노우에-해밀턴 위원회는 (스캔들)조사를 위해 1987년 구성되어 청문회를 진행하여 NSC와 CIA직원이 불법적인 정보활동을 했다는 사실을 밝혀냈다.

07. 2004년 ( )을 근거로 1947년 제정된 국가안보법을 개정하여 DNI 자문 및 IC관리를 위한 최고위급 기구인 ( )가 설치되었다.

08. 우리나라는 행정부보다는 의회의 법률을 통한 정보기관의 통제가 더 확고하고 강력한 편으로 의회의 민주적 통제가 강력한 편이다.

09. 의회는 정보기관 통제 시 평시에는 경찰조사식(police patrol), 정보실패 상황 발생시는 화재경보식(fire alarm)을 사용한다.

10. 정보위원회는 국정원의 예결산 심의과정을 공개해야하고 이는 예결위원회에서 세부적으로 실질적으로 2차 검토된다.

11. 국회정보위원회 예산심의의 최종의결권은 국회의장에게 있다.

12. 국정원은 세입, 세출예산 요구 시 구체적 항목과 함께 총액으로 기획재정부 장관에게 제출하고 예산안의 첨부서류는 제출하지 아니할 수 있다.

13. 특수활동비는 기밀유지가 요구되는 정보 및 사건수사, 기타 이에 준하는 국정 수행활동에 직접 소요되는 경비로 국가정보원와 국방부 등 일부 부처만 갖고 있다.

18 기출 및 유사문제

01. 정보환경 변화가 국가정보에 미치는 영향으로 적절하지 않은 것은?

① 국가정보체계에 영향을 미칠 수 있는 변수는 세계화, 정보화, 민주화가 있다.
② 세계화의 진전으로 위협의 대상과 범위가 전통적인 군사영역에서 비군사적 영역으로 완전히 이전되었다.
③ 세계화의 진전으로 초국가적 안보위협은 비국가행위자나 사이버 행위자 등 다양한 주체들에 의해 주도되고 있다.
④ 정보의 비밀성을 최대한 유지하면서 국회와 여론의 참여기능을 유지하고 대국민 정보서비스를 확대한다.

02. 정보통제 요구가 확산된 배경으로 적절하지 않은 것은?

① 냉전 종식 후 반공주의에 기댄 정보기구의 비공개 원칙이 완화되었다.
② 냉전 종식 후 과도한 비밀주의에 대한 회의론과 함께 정보화 사회 진전에 맞추어 국민들의 알 권리에 대한 욕구가 증대되었다.
③ 정보기구 통제에 대한 압력은 1980년대 이란-콘트라 사건이 계기가 되었다.
④ 국민이 정보기관의 탈정치와 탈권력을 적극적으로 요구했기 때문이다.

03. 정보기구에 대한 통제수단이 아닌 것은?

① 최고통치권자에 의한 인사권, 조직개편권, 행정명령권
② 의회 내 상임위원회 설치, 예결산 심의
③ 정보학회 또는 세미나
④ 민간기구(NGO)의 감시

04. 국회 정보위원회의 정보통제에 대한 설명으로 옳지 않은 것은?

① 국회정보위원회는 국정원장으로부터 회계 및 직무수행결과를 보고받을 권리가 있다.
② 정보위는 정보부처의 예결산을 심의하고 국정원장으로부터 직원의 감찰 결과를 보고받을 수 있는 권한을 갖는다.
③ 정보위원회는 국정원의 예결산 심의과정을 공개해야 한다.
④ 국가기밀 누설을 예방하기 위해 특례 조항을 둔다.

05. 국가정보원의 통제에 대한 설명으로 옳지 않은 것은?

① 국회는 정보기관장에 대한 인준권으로 국가정보원을 통제한다.
② 언론의 감시기능으로 국가정보원을 통제한다.
③ 사법부는 통신제한조치, 압수 및 수색영장 등의 발부 여부로 통제한다.
④ 국회는 예산심의, 공청회, 청문회 등의 권한으로 통제한다.

06. 정보통제에 관한 설명 중 틀린 것은?

① 정보통제란 다양한 통제수단과 자원을 동원하여 정보기구를 평가, 시정, 조치해 나가는 활동이다.
② 정보통제의 주체는 정보기구 내부가 아니라 최고통치권자와 정보기구 외부의 기관으로서 언론, 국회, 시민단체 등이 있다.
③ 정보활동이 조직목표에서 일탈하는 것을 막기 위해 특정 통제기준을 설정한다.
④ 정보통제는 정보기관 내에서 자율적으로 이루어지므로 정보통제의 실패는 최고 정책결정권자에게 책임이 있다.

07. 1994년 1월 우리나라 여야 합의로 국가정보기관의 정치참여와 직권남용을 엄격히 규제하는 정보통제를 위해 개정한 법은?

① 개인정보보호법　　② 정보공개법
③ 국가안전기획부법　　④ 국가정보원법

08. 국정원의 예산통제로 적절하지 않은 것은?

① 국정원 예산은 자체 특수활동비, 국정원이 편성한 각 부터의 특수활동비, 예비비로 구성된다.
② 국정원은 세입, 세출예산 요구 시 총액으로 기획재정부 장관에게 제출하고 예산안의 첨부서류는 제출하지 아니할 수 있다.
③ 국정원이 타 기관의 예산에 계상한 금액은 해당 부처의 소관 상임위원회에서 심사한다.
④ 타부처는 국회 예산결산위원회(예결위)의 심사를 거쳐 예산이 확정되는 반면 국정원은 예산 총액을 정보위원회에서 심사하여 예결위에 총액을 통보한다..

09. 우리나라의 정보기구의 통제에 대한 설명으로 적절하지 않은 것은?

① 국회정보위원회 예산심의의 최종의결권은 정보위원장에게 있다.
② 대통령은 정보기관의 기관장을 임명하고 이후의 자체 인사는 불개입한다.
③ 언론에 의한 통제는 정보기관의 활동내용 보도 시 관련 정보를 의회에 제공하여 의제가 되게 하는 것이다.
④ 행정부의 내부통제와 조사보다 국회에 의한 통제가 일반적이다.

10. 휴즈-라이언 수정안에 대한 설명으로 적절하지 않은 것은?

① 불이행시 처벌규정은 없으나 정보기관에 대한 의회의 통제력을 세계 최초로 법률적으로 공식화 하는 시도로서 의미가 있다.
② 공식적으로 비밀공작의 실행 여부를 결정하는 권한이 정보기관의 수장에게서 대통령으로 이양하도록 법률로 처음으로 규정하였다.
③ 대통령이 적절한 시기에 상하원의 주요인사 8인에게 보고하도록 규정하였다.
④ 대통령의 특권이었던 그럴듯한 부인권을 폐지하고 대통령이 비밀공작을 확인하여 서면 승인하는 것을 예산사용의 전제조건으로 규정하였다.

11. 다음 내용에서 설명하는 것은?

> • (   )은 냉전 종식 이후 의회가 다른 정보기관들과 관계에서 DCI의 임무와 권한을 세부적으로 재규정하여 처음으로 1991년 법률화 하였고 DCI는 상원과 하원의 관련 상임위원회에 정보를 제공하는 책임을 부여받음.
> • (   )은 모호하게 진행된 비밀공작의 개념을 구체적으로 규정하고 비밀공작 추진 시 대통령이 구두가 아닌 서면으로 사전보고 하도록 의무화 함.
> • (   )은 비밀공작이 의도적으로 은밀하게 추진되는 시도를 차단하고 긴급한 경우에만 대통령의 보고 유보기간 2일을 부여함.

① 휴즈-라이언 수정안
② 정보감독법
③ 정보수권법
④ 정보개혁 및 테러방지법

18 실전문제

12. 미국 정보기구의 통제에 관한 설명으로 옳지 않은 것은?

① 처치위원회는 CIA 해외 암살혐의, 휴스턴 계획(Huston Plan), CIA와 FBI의 우편물 불법 검열, NSA에 의한 불법 전신전화 감청 등을 조사하였다.
② 처치위원회 활동을 통해 상원정보위원회(SSCI)와 하원정보위원회(HPSCI)가 특별위원회로 설치되어 민주적 감시가 제도화 되었다.
③ 이노우에-해밀턴 위원회는 이란-콘트라 스캔들 조사를 위해 1987년 구성되어 청문회를 진행하여 NSC와 CIA직원의 불법정보활동을 밝혀냈다.
④ 타워위원회는 에임스 사건 이후 정보기관의 방첩실패에 대해 의회와 행정부가 공동 조사를 위해 설치한 것이다.

13. 정보의 통제에 대한 설명으로 적절하지 않은 것은?

① 우리나라 국회의 정보위원회는 1994년 국회법 개정으로 신설되었다.
② 의회의 통제수단으로 입법권, 정보위원회, 인사청문회, 국정감사 등이 있다.
③ 미국은 1970년대 CIA의 워터게이트 사건 개입이후 의회의 정보기구 통제가 본격화 되었다.
④ 우리나라 국회의 정보위원회 회의는 공개적으로 하나 예산심의는 비공개로 해야 한다.

18 정답 및 해설

단원별 퀴즈 정답 및 해설

01. 워터게이트사건, 닉슨 대통령의 워터게이트사건은 정보기구의 본격적인 통제를 불러온 사건이다.

02. 처치위원회, 처치위원회는 의회 내 국가정보위원회 설치를 권고하였다.

03. 휴즈-라이언 수정안, 대통령이 비밀공작을 확인하고 서면 승인하는 것을 예산사용의 전제조건으로 규정하여 대통령이 비밀공작의 내용을 모를 수 없도록 하였다.

04. 정보감독법, 다른 6~8개의 위원회에는 보고할 필요가 없어졌으며 대신 의회에 은밀한 활동까지 보고하도록 상세한 기본 규칙이 제정되었다.

05. 정보수권법

06. 이란-콘트라 스캔들, 1987년 구성되어 청문회를 진행하였다.

07. 정보개혁 및 테러방지법(IRTPA), JICC

08. X, 우리나라는 국회보다는 새로운 정권 행정부의 내부통제와 조사로 진행되는 경우가 일반적으로 정보기관에 대한 의회의 민주적 통제가 미흡한 편임.

09. X, 의회는 정보기관 통제 시 평시에는 화재경보식(fire alarm)을, 정보실패 상황 발생시는 경찰조사식(police patrol)을 사용한다.

10. X, 국정원의 예결산 심의과정은 비공개이며 실질적으로 정보위원회 예산심사에서 종결되고 예결위원회는 형식적이다.

11. X, 정보위원장에게 있다.

12. X, 구체적인 항목은 기재하지 않는다.

13. X, 경찰청, 국회, 대법원 등 거의 모든 부처가 보유하고 있다.

Chapter 18

기출 및 유사문제 정답 및 해설

01. 답 2. 전통적인 군사영역에서 비군사적 영역으로 확대되었다.

02. 답 3. 1970년대 초반 워터게이트 사건을 시작으로 CIA의 아옌대 암살공작, 뉴욕타임즈의 기사 등으로 여론이 악화되자 의회는 진상을 조사하기 시작하였다.

03. 답 3. 정보통제의 수단에는 최고통치권자, 의회, 언론에 의해 통제를 하는 경우가 대부분이며 최근에는 민간기구인 NGO에 의한 통제도 이루어지고 있다.

04. 답 3. 국가정보원의 예산심의는 비공개로 하며, 위원은 국가정보원의 예산내역을 공개하거나 누설을 금지한다. (국가정보원법 제12조, 예산회계)

05. 답 1. 미국은 정보기관장에 대한 인준권이 있으나 우리나라는 국회의 동의 없이도 임명이 가능하다. 단 대법원장, 헌법재판소장, 국무총리, 감사원장, 대법관 은 국회의 임명 동의가 꼭 필요하다.

06. 답 4. 자율적으로 정보를 통제하는 것은 지식으로서의 정보인 경우이다. 셔먼 켄트(Sherman Kent)는 정보는 지식(knowledge)이며 조직(organization)이며 활동(activity)이다.

07. 답 3. 1994년 1월 안기부법을 개정하고 정무직에 국한된 정치개입 금지를 전 직원으로 확대하고 직권남용 행위를 구체화 하여 위반 시 형사처벌을 하게 하였다.

08. 답 3. 국정원이 타 기관의 예산에 계상한 금액은 국회 정보위원회에서 심사함.

09. 답 4. 우리나라는 국회보다는 신 정권 행정부의 내부통제와 조사로 진행되는 경우가 일반적으로 정보기관에 대한 의회의 민주적 통제가 미흡한 편이다.

10. 답 3. 보기는 정보감독법에 대한 내용이다. 휴즈-라이언 수정안은 의회의 관련 위원회(6~8개)에 보고하도록 규정하였다.

11. 답 3.

실전문제 정답 및 해설

12. 답 4. 보기는 아스핀-브라운 위원회에 대한 설명이다. 타워위원회는 레이건 헹정부가 이란-콘트라 스캔들을 조사하기 위해 1986년 행정부 자체적으로 구성한 조사위원회이다.

13. 답 4. 국회법 제54조 제1항에서 정보위원회 회의는 공개하지 아니하나 공청회나 인사청문회의 경우 위원회의 의결로 공개할 수 있다.

19

실전모의고사

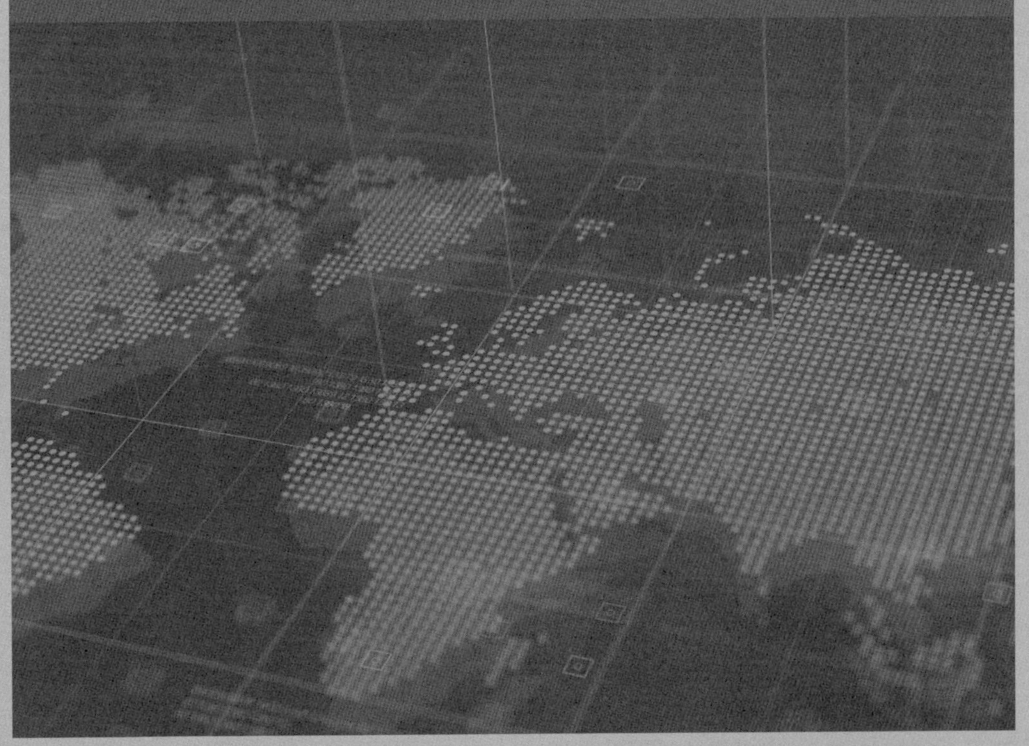

제1회 | 실전모의고사

01. 정보실패의 내부요인이 아닌 것은?

① 정보분석 능력부족
② 분석관의 오류와 자질부족
③ 첩보의 신뢰도 부족
④ 정보기관과 관료주의의 갈등

02. 우리나라 정보기관에 대한 통제 방법이 아닌 것은?

① 대통령의 인사권
② 국회의 임명권과 탄핵소추권
③ 여론의 보도
④ 국회의 예산심의

03. 의회의 정보기관 통제의 두가지 유형에 대한 설명으로 틀린 것은?

① 경찰조사식(police patrol) 감독은 사후적이고 집중적이다.
② 경찰조사식 감독은 조사 범위가 협소하다.
③ 화재경보식(fire alarm) 감독은 사전적이고 광범위하다.
④ 화재경보식 감독은 청문회를 사용한다.

04. 다음 내용에 해당하는 법률은?

- 공식적으로 비밀공작의 실행 여부를 결정하는 권한이 정보 기관의 수장에게서 대통령으로 이양하도록 법률로 처음으로 규정함.
- 대통령이 적절한 시기(reasonable time)에 의회의 관련위원회(6~8개)에 보고하도록 규정함.
- 불이행시 처벌규정은 없으나 정보기관에 대한 의회의 통제력을 세계 최초로 법률적으로 공식화 하는 시도로서 의미가 있음.

① 휴즈-라이언 수정안(Hughes-Ryan Amendment)
② 애국법(Patriot Act)
③ 감찰관법(Inspector General Act)
④ 정보개혁 및 테러방지법(IRTPA)

05. 북한 정보기구의 특성이 아닌 것은?

① 김정은이 조선인민군 최고사령관, 조선노동당 위원장, 국무위원회 위원장을 겸직하며 모든 정보기구를 통제하고 있다.
② 북한의 정보활동은 남조선 혁명을 수행하는 방도와 밀접히 연관되어 있으며 게릴라전을 유효한 수단으로 간주한다.
③ 조선 노동당 정보기관인 통일전선부와 문화교류국이 대남 혁명 업무를 담당한다.
④ 실제로는 이들의 임무는 엄격히 구분되고 최고 지도자 및 관료들의 성향보다는 정보기구의 시스템으로 운용된다.

06. 다음 중 호위사령부에 대한 설명이 아닌 것은?

① 북한 최고지도자에 대해서만 경호업무를 담당한다.
② 반체제 쿠데타 및 폭동진압 부대가 있다.
③ 아미산 대표부라는 최고지도자의 전용 물자 관리소가 있다.
④ 국가보위성, 인민보안성 등에 간부를 파견해 감시한다.

07. 다음 중 임시정부 정보조직에 대한 설명이 아닌 것은?

① 지방선전부는 임시정부 비밀정보활동을 총괄하는 정보기구이다.
② 선전대는 지방선전부의 행동기구이다.
③ 한국광복군은 임시정부의 군사조직이다.
④ 의열단과 애국단이라는 직속 준군사 공작조직이 있었다.

08. 국가정보원이 보유하고 있는 조직이 아닌 것은?

① 북한자료센터
② 국제범죄정보센터
③ 북한이탈주민보호센터
④ 국가사이버안전센터

09. 군사안보지원사령부에서 다룰 수 있는 수사권의 범위가 아닌 것은?

① 군사기밀보호법위반죄
② 남북교류협력에 관한 법률 위반죄
③ 산업기밀보호법위반죄
④ 군형법 상 반란·이적의 죄

10. 정보기구에 대한 설명으로 적절하지 않은 것은?

① 정보기관은 정부부처와 달리 주로 적을 대상으로 한다.
② 정보기관은 정책부서를 지원한다.
③ 정보기관은 불법활동을 담당한다.
④ 정보기관은 정부기관 안에 포함된다.

11. 국가정보기관이 아닌 것은?

① NGA ② SIS ③ BfV ④ DRSD

12. 방첩정보와 수사기능이 분리되어 있는 정보기구가 아닌 것은?

① SS ② BfV ③ PSIA ④ DGSI

13. 다음 내용에서 나타난 정보분석 기법은 무엇인가?

> 미국은 북핵문제 해결을 위해 남북협상에 긍정적으로 반응하고 있으나 정보기관 내부에서는 브레인스토밍을 거쳐 북한의 비핵화에 영향을 미칠 수 있는 다양한 변수를 도출하고 상식적인 판단이나 일반 가정에 기초하여 향후 전개방향을 예측해 보고 있다. 또한 중국에서도 북한과 미국이 어떤 선택을 할지 예상되는 다양한 경우의 수를 고려하여 중국 패싱을 최소화할 방책에 대해서 생각해 보고 있다.

① 핵심전제조건 점검
② 레드팀
③ 시나리오 전개기법
④ 악마의 대변인

14. JICC에 대한 설명으로 틀린 것은?

① DNI와 상반된 의견이 있을 경우 이를 따로 보고할 수 있다.
② JICC는 1년에 2회 개최되며 DNI가 의장이다.
③ IC의 정보 소요 판단을 조언한다.
④ ODNI의 내부조직으로 IC활동에 대한 감시 및 평가를 도와준다.

15. 인포콘에 대한 설명으로 틀린 것은?

① 사이버테러 등 정보전을 시도할 가능성에 대비하기 위함이다.
② 2013년 3월 방송사와 은행 전산망 마비 시 3단계로 격상했다.
③ 관심, 주의, 경계, 심각단계로 나뉘며 국방부장관이 발령한다.
④ 우리 군의 컴퓨터망과 네트워크 체계에 대한 공격 징후를 사전에 포착하여 피해를 최소화하기 위함이다.

16. 다음 빈칸에 들어갈 내용으로 맞는 것은?

특정한 사건이 발생하기 전의 일반적인 정보요구는 정보수준의 ( )와 첩보수준의 ( )가 있고 사건 발생 후에는 정보수준의 ( )와 첩보수준의 ( )가 있다.

① PNIO, SRI, EEI, OIR
② PNIO, OIR, EEI, SRI
③ PNIO, EEI, OIR, SRI
④ PNIO, OIR, SRI, EEI

17. 다음 내용에 해당하는 기관은?

국방력 강화와 자주국방의 실현에 기여하기 위해 첨단 무기 체계 개발 및 국방 과학 기술을 조사, 분석, 연구, 개발을 담당하는 국방부 산하의 기타공공기관 이다.

① 한국인터넷진흥원(KISA)
② 한국전자통신연구원(ETRI)
③ 국가보안기술연구소(NSRI)
④ 국방과학연구소(ADD)

18. 다음 내용에 해당하는 바이러스는?

> 러시아 내무부 PC 1000대, 중국 국영석유회사 주유소 2만여 개와 영국 48개 의료법인시스템을 마비시키는 등 150여 개 나라에 피해를 입혔으며 감염된 컴퓨터로는 20개의 언어로 비트코인을 지급하면 풀어주겠다는 메시지를 띄웠음.

① 워너크라이(WannaCrypt) 공격
② DoS(서비스 거부공격)
③ 트로이목마(Trojan Horse
④ 스턱스넷(Stuxnet)

19. 우리나라의 대테러조직에 대한 설명으로 틀린 것은?

① 테러대책위원회 내 대테러 인권보호관 1명을 둔다.
② 테러대책 실무위원회 위원장은 국가정보원장이다.
③ 테러대책위원회 위원장은 국무총리이다.
④ 테러정보통합센터장은 국가정보원장이다.

20. 다음 괄호에 들어갈 숫자를 작은 순서대로 배열한 것은?

> 가. 군사기밀을 적법한 절차에 의하지 아니한 방법으로 탐지하거나 수집한자는 ( )년 이하의 징역에 처한다.
> 나. 산업기술을 외국에서 사용하거나 사용하기 위한 목적의 산업기술의 유출 및 침해행위는 ( )년 이하의 징역 또는 15억원 이하의 벌금에 처함.
> 다. 반국가단체를 구성하거나 이에 가입한 자중 간부 기타 지도적 임무에 종사하는 자는 ( )년 이상의 징역에 처한다.
> 라. 적국을 위하여 간첩하거나 적국의 간첩을 방조한 자는 ( )년 이상의 징역에 처한다.

① 라-다-나-가 ② 다-라-나-가 ③ 다-라-가-나 ④ 라-다-가-나

21. 다음 내용에 해당하는 테러 조직은?

> 레바논에 기반을 둔 시아파 이슬람 무장조직으로 레바논 정치에서 중요한 역할을 하고 있으며, 정규 군대보다 더 강력한 무력을 가지고 있음.

① 헤즈볼라 ② 콜롬비아 무장혁명군
③ 리얼(REAL) IRA ④ 무자헤딘

22. 2000년대 이후의 북한도발에 해당하는 것은?

① 버마 아웅산 묘지 폭파
② 황장엽 암살조 파견
③ 대한항공 858기 폭파사건
④ 귀순자 이한영 피살

23. 다음 설명에 해당하는 공작은?

> • 삐에르 샬르 빠테는(Pierre-Charles Pathe) 프랑스의 언론인으로 나토와 프랑스 간에 결속을 약화시키고 구소련과의 우호관계를 증진시키려는 공작을 전개함.
> • 1976년 KGB로부터 자금지원을 받고 프랑스 공산주의나 민족주의 성향을 가진 언론인을 채용하여 뉴스레터(Synthesis)를 발행하면서 정치인들의 정책판단 호도를 위한 여론공작을 시도 함

① 경제공작
② 준군사공작
③ 정치공작
④ 전복공작

24. 의회에서 정보실패를 조사했던 위원회가 아닌 것은?

① 이노우에-해밀턴 위원회
② 록펠러위원회(Rocketfeller Commission)
③ 파이크위원회(Pike Committee)
④ 처치위원회(Church Committee)

25. 다음 분석기법은 무엇인가?

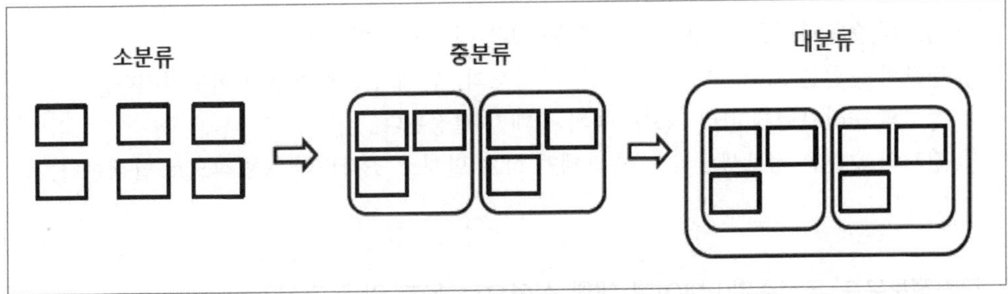

① 분기분석기법
② KJ분석법
③ 레드셀
④ 계층분석기법

제2회 | 실전모의고사

01. Intelligence와 Information의 구분으로 옳지 않은 것은?

① Intelligence 는 정책적 목적을 가지고 가공된 지식으로 비밀성을 갖는다.
② 정보기관과 국가정보학에서 사용하는 정보는 Intelligence로 국가정책이나 국가안보에 관한 지식을 의미한다.
③ Intelligence는 목적을 가지고 수집, 평가, 해석한 특수한 지식으로 정책을 지원한다.
④ Information과 Intelligence는 지식으로서 자료적 가치를 갖는 점에서 동일하다.

02. 현대정보의 흐름과 관련된 설명으로 적절하지 않은 것은?

① 1, 2차 대전을 치르면서 정보의 과학화가 추진되고 정보조직은 효율성을 위해 더 작은 기구로 변모하였다.
② 새로운 정보환경은 통신 및 기술문명의 발달로 현실과 허구, 즉 가상공간(Cyber space)과의 구분이 모호해지고 있다.
③ 제1차 세계대전 후 전쟁 수행을 위한 국가적 차원의 정보분석 활동 필요의 인식이 발생했다.
④ 테러 대응 등 공동의 목적을 위한 정보의 국제적 협력이 점점 증대되고 있다.

03. 정보순환에 대한 설명으로 옳지 않은 것은?

① 정보의 순환과정을 단계별로 분류하는 것은 정보학자 마다 다르다.
② 정보의 순환은 요구, 수집, 처리, 분석, 배포의 5단계가 순환하면서 이루어진다.
③ 정보의 순환과정에 따라 정보활동의 성패가 결정된다.
④ 정보의 순환은 정보생산의 여러 단계가 상호 별개로 조직되어 독립적으로 발생한다.

04. 국가정보목표 우선순위(PNIO)에 대한 설명으로 옳지 않은 것은?

① 영국은 합동정보위원회(JIC)에서 결정하고 각 정보기관에 임무를 부여한다.
② 미국은 국가정보장(DNI)에게 PNIO결정권을 부여한다.
③ 국가정책추진의 우선순위를 반영하는 동시에 각급 정보기관의 활동우선순위를 규정한다.
④ 우리나라는 PNIO의 결정권을 국가안전보장회의(NSC) 내 국가안보실장이 부여한다.

05. 각국의 정보기관이다. 이중 영상정보기관이 아닌 것은?

① NRO ② AMAN ③ DGSI ④ BND

06. 다음 분석기법 중 성격이 다른 것은?

① 경쟁가설기법 ② 베이지안 기법
③ 의사결정나무 기법 ④ Policon & Factions

07. 정보분석 과정에서 첩보를 평가하는 기준이 아닌 것은?

① 신뢰성 ② 정확성 ③ 적시성 ④ 적합성

08. 미국 레이건 행정부가 SDI를 과장하여 발표한 비밀공작은?

① 선전공작 ② 정치공작 ③ 경제공작 ④ 준군사공작

09. 다음 비밀공작에 대한 설명 가운데 가장 적절한 것은?

① 비밀공작은 정보기구의 가장 기본적이고 중요한 업무이다.
② 비밀공작은 비용이 많이 소요되는 단점이 있다.
③ 첩보수집공작 여건을 비밀공작으로 활용하는 것은 가능하다.
④ 미국은 비밀공작을 수행하기에 앞서 그럴듯한 부인 가능성(plausible deniability)을 가장 먼저 검토해야 한다.

10. 다음 중 JICC에 대한 설명으로 옳지 않은 것은?

① 2004년 정보개혁 및 테러방지법(IRTPA) 근거로 설치되었다.
② DNI 자문 및 IC 관리를 위한 최고위 기구이다.
③ NIEs를 생산하고 PNIO를 위한 우선순위를 제시한다
④ JICC는 1년에 2회 개최되며 DNI가 의장이다.

11. 인원보안의 수단이 아닌 것은?

① 신원파악 ② 보안교육 ③ 보안조치 ④ 보안관리

12. 방첩정보의 유용성이 아닌 것은?

① 상대국 정보기구의 위협은 아측의 방첩정보에 의해 평가된다.
② 상대국 방어체제의 견고성을 극복할 있는 정보를 제공한다.
③ 상대국 정보기관의 자국 침투에 대한 특별한 정보를 제공하여 보안을 강화하는데 도움을 준다.
④ 상대국의 방첩정보는 상대국 공격을 위한 필요한 방법을 제공한다.

13. 테러대응 전략을 올바르게 설명한 것이 아닌 것은?

① 각국 정보기관과 긴밀한 정보협력을 한다.
② 테러사건을 예방하지 못했을 경우 피해를 최소화 한다.
③ 테러조직의 폭력 수단과 방법에 대한 정보를 수집한다.
④ 대국민 감시프로그램을 강화하기 위한 법적 근거를 마련한다.

14. 정보협력과 관련된 설명으로 적절하지 않은 것은?

① 선취권 잠식(Priority Creep)의 문제와 관련이 있다.
② 중복된 분야는 수집활동을 통합하여 효율성을 높인다.
③ 기관별 전문성을 고려하여 감시활동을 분담한다.
④ 상호 신뢰에 기반한 수평적 소통을 확대한다.

15. 각국 정보기구의 유형을 올바르게 분류하지 않은 것은?

① 행정부처 소속 정보기구 - 러시아 SVR
② 행정수반 직속 정보기구 - 이스라엘 모사드
③ 부문정보기구 - 한국 정보사령부
④ 분리형 정보기구 - 미국 NSA

16. 미국의 국토안보부(DHS)에 대한 설명으로 옳지 않는 것은?

① 2002.11 의회에서 통과된 국토안보법에 의해 창설했다.
② 국경경비, 재난대비, 화생방 공격대비, 이민업무, 사이버보안 등 광범위한 업무를 관장한다.
③ CIA, FBI 등 대테러 관련 정보공동체의 노력을 전체적으로 통합하고 조정하며 분석하는 컨트롤 타워이다.
④ 재무부의 비밀경호국(Secret Service)을 통합하였다.

17. 국군정보사령부에 대한 설명으로 옳지 않는 것은?

① 군 관련 IMINT, HUMINT, MASINT 및 대정보활동을 관장한다.
② 국방정보본부 산하의 정보기관 중 하나이다.
③ 한미연합전력을 위한 IMINT 지원임무를 수행한다.
④ 영상정보단과 공군항공정보단을 통합하여 지리공간사령부를 창설할 예정이다.

18. 북한의 정보기구에 대한 설명으로 적절하지 않은 것은?

① 김정은이 조선인민군 최고사령관, 조선노동당 위원장, 국무위원회 위원장을 겸직하며 모든 정보기구를 통제한다.
② 북한의 정보활동은 전쟁수단에 가까운 무장 게릴라전을 대남공격의 유효한 수단으로 간주한다.
③ 조선인민군 소속 정보기관으로 정찰총국, 적공국, 보위국 등이 있다.
④ 북한 정보기관은 각각 배타적으로 소속되어 독자적인 사업을 전개한다.

19. 정보와 정책의 관계를 설명한 것으로 적절하지 않은 것은?

① 전통주의는 정보생산자와 사용자간의 직접적인 상호작용을 추구해서는 안된다고 주장한다.
② 전통주의는 정보가 정책결정과 격리되어야 한다고 주장한다.
③ 정보는 정책결정 과정에 고려되는 잠재적인 요소들과 별도로 고려해야 한다.
④ 행동주의는 정보와 정책이 공생관계에 있기 때문에 상호간 밀접히 연결되어야 한다고 주장한다.

20. 역사적으로 경고 실패의 사례가 아닌 것은?

① 일본의 진주만 기습사건
② 알카에다의 9.11 테러사건
③ 미소 냉전시대의 미사일 갭
④ 욤키푸르 전쟁

21. 다음의 분석기법은 무엇인가?

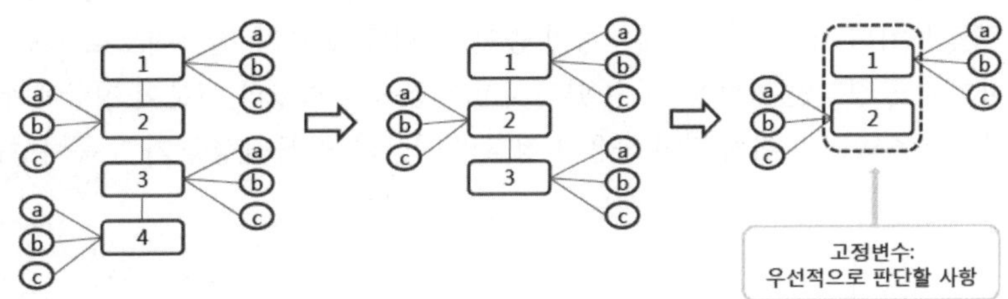

① 의사결정나무기법　　② 핵심판단기법
③ 경쟁가설 분석　　④ 계층분석 기법

22. 다음 중 의회의 정보기구 통제와 관련 없는 것은?

① 처치 위원회(Church Committee)
② 파이크 위원회(Pike Committee)
③ 이노우에-해밀턴 위원회(Inouye-Hamilton Committee)는
④ 록펠러위원회(Rocketfeller Commission)

23. 다음에서 설명하는 정보분석의 오류는?

> • 포함되어 있는 어떤 정보의 불확실성을 감안하지 않고 다른 정보분석 시 해당 정보를 판단의 기준으로 분석하는 현상으로 불충분하게 수집된 첩보를 바탕으로 분석된 것이라면 더욱 위험함.
> • 분석관 간 의견이 다를 때 타협하여 모호한 용어로 작성된 보고서로 복지부동, 무사안일을 나타낼 때도 사용함.

① 레이어링, 최소공통분모
② 각주전쟁, 상부상조
③ 인질담보, 상부상조
④ 최소공통부모, 레이어링

24. 분석관이 보고서에 밝혀야 할 요건으로 적절하지 않은 것은?

① 정보보고서는 입수 가능한 첩보의 질과 양이 어느 정도인지 밝혀야 한다.
② 정보보고서는 문제점에 대해서 무엇을 알고 또 무엇을 모르고 있는지 밝혀야 한다.
③ 정보보고서는 제시한 증거와 판단에 대해서 어느 정도의 신뢰성이 있는지 밝혀야 한다.
④ 정보보고서는 정보의 미비점을 연결하여 모든 질문에 대하여 해답을 가질 수 있도록 해야 한다.

25. 제임스 베리의 비밀공작 정당화의 조건이 아닌 것은?

① 적국에 대한 응징인지, 정부를 바꾸려고 하는 것인지, 당면한 위협의 격퇴인지 정당해야 한다.
② 관련 행정부처의 사전 심의와 대통령의 승인, 의회에 보고 등 절차적으로 정당해야 한다.
③ 국제사회에 긍정적인 영향을 줄 수 있는지 비밀공작의 의도와 명분이 정당해야 한다.
④ 성공가능성을 높이기 위해 적이 사용한 정도의 이상의 합목적성을 가진 폭력성을 갖고 있어야 한다.

제3회 | 실전모의고사

01. 다음 중 괄호에 들어갈 내용으로 옳은 것은?

- 업무상 군사기밀을 취급하였던 사람이 그 취급 인가가 해제된 이후에도 군사기밀을 점유하고 있는 경우에는 ( ) 년 이하의 징역 또는 ( ) 천만원 이하의 벌금에 처함.
- 군사기밀을 탐지 또는 수집한 자가 이를 타인에게 누설한 때에는 ( ) 년 이상의 유기징역에 처함.
- 우연히 군사기밀을 알게 되거나 점유한 자가 군사기밀임을 알면서도 이를 타인에게 누설한 때에는 ( ) 년 이하의 징역 또는 ( )천만원 이하의 벌금에 처함.

① 3, 2, 2, 2, 5
② 3, 3, 1, 5, 5
③ 2, 2, 2, 2, 5
④ 2, 2, 1, 5, 5

02. SRI에 대한 설명으로 잘못된 것은?

① 정세 급변에 따라 정책 수정이 필요할 경우 작성한다.
② OIR에 입각해서 하달될 수 있다.
③ 하달시 정보수요 발생 배경을 알려주어야 한다.
④ EEI를 지침으로 하여 작성되는 것은 아니다.

03. Sherman Kent의 국가정보 개념 설명으로 틀린 것은?

① 국가정보는 국가 존립에 절대 필요한 지식이다.
② 국가정보는 군사안보를 지키는 전술정보의 개념이다.
③ 국가정보는 국가안보 달성을 위한 수단들 중 하나이다
④ 국가정보는 지식과 정보활동 수행을 위한 국가적 조직이다.

04. 정보요구의 3가지 경로가 아닌 것은?

① 정보 생산자
② 정보 소비자
③ 타 정보기관
④ 학계 및 민간 전문가

05. 정보의 요건에서 적시성의 기준이 되는 시점은?

① 정보 사용자의 요구시점
② 정보 생산자의 배포시점
③ 첩보 수집자의 수집시점
④ 정보 사용자의 사용시점

06. 국가정보학의 4가지 활동영역이 아닌 것은?

① 정보수집
② 정보분석
③ 비밀공작
④ 테러대응

07. 다음 중 설명 중 틀린 것은?

① 정보는 지식이며 조직이며 활동이다.(Sherman Kent)
② 모든 첩보가 반드시 정보는 아니다.(Mark M. Lowenthal)
③ 정보는 지식의 수집, 처리, 종합, 분석, 평가 및 해석으로 얻어진 결과이다.(Jeffery T. Richelson)
④ 정보는 정책 결정자를 위해 수집되고 조직화되고 분석된 지식이다.(Abram N. Shulsky)

08. 다음 첩보 수집 수단의 성격이 다른 하나는?

① 글로벌호크
② U-2
③ 스카우트
④ FSW

09. 다음 중 정보수집 출처가 다른 하나는?

> 가. 독일 외무상 짐머만에 대한 정보를 영국이 입수하여 미국에 건네 미국이 제1차 대전에 참가하였다.
> 나. 핵폭발로 인한 동위원소 물질의 징후를 포착하여 분석하며 대량살상무기의 확산을 감시하기 위해 사용되고 있다.,
> 다. 과거 미국은 구소련의 대륙간 탄도미사일(ICBM)에 관한 정보를 취득하여 미사일 성능을 파악하였다.
> 라. 지상의 해군기지와 잠수함간의 특정한 정보 전송량이 증가할 경우 잠수함 위치 추적 가능하다.

① 가 ② 나 ③ 다 ④ 라

10. 다음 중 간첩행위의 적국이 다른 하나는?

① 마타 하리(Mata Hari)
② 로버트 한센(Robert Hanssen)
③ 줄리어스 로젠버그(Julius Rosenberg)
④ 알드리치 에임스(Aldrich Ames)

11. 신원조사의 대상이 아닌 자는?

① 공무원 임용 예정자
② 퇴직예정자
③ 입국하는 교포
④ 비밀취급 인가 예정자

12. 다음 고대 암호체계에 대한 설명 중 틀린 것은?

① BC.5세기경 스파르타가 고안한 암호통신은 Skytale이다.
② BC.1세기경 줄리어스 시저는 알파벳과 아라비아 숫자를 번갈아 쓰는 방식으로 암호화 하였다.
③ 중세시대 아랍에서는 언어구조의 특성을 이용한 암호를 심층적으로 연구했다.
④ 독일은 에니그마를 완성하여 전쟁에 활용했다.

13. 첩보의 처리과정에 포함되지 않는 것은?

① 수집한 자료를 기반으로 통계자료를 만든다.
② 수집된 첩보를 분석에 이용할 수 있는 형태로 전환한다.
③ 인공위성이나 항공기로 촬영한 영상을 판독한다.
④ 수집한 메시지에 대한 암호해독을 한다.

14. 정보순환에 대한 설명으로 틀린 것은?

① 정보순환의 단계별 분류는 정보학자 마다 다르다
② 정보순환은 요구, 수집, 처리, 분석, 배포의 5단계이다.
③ 정보순환에 따라 정보활동의 성패가 결정 된다.
④ 정보순환은 단계별로 독립적인 단선형이다.

15. 정보 분석단계의 과정에 대한 설명 중 틀린 것은?

① 정보분석은 가설을 세우고 이를 검증하고 결론을 도출한다.
② 정보분석은 평가, 분석, 종합, 판단의 과정을 거친다.
③ 정보분석은 정보보고서 작성이 포함되지 않는다.
④ 정보분석은 수집한 첩보를 확인하고 지식으로 변화시킨다.

16. CIA의 정보순환 과정에 포함되지 않는 것은?

① 기획 및 지시(planning and direction)
② 환류(feedback)
③ 처리(processing)
④ 분석 및 생산(analysis and production)

17. 정보분석 과정에 대한 설명 중 틀린 것은?

① 출처의 신뢰성과 자료 가치를 점검한다.
② 엄밀하고 객관적인 분석기법을 사용한다.
③ 가치지향적인 판단을 수반한다.
④ 국가정책을 평가한다.

18. 정보분석 기법을 설명한 것 중 잘못된 것은?

① 양적분석기법과 질적분석 기법으로 구분된다.
② 양적분석기법은 반복적 사회현상이나 사회의 구조 분석에 적합하다.
③ 질적분석 기법은 개별 문화적 사회현상 및 행위자의 의도 분석에 적합하다
④ 양적분석 기법과 질적분석 기법 중 최적의 분석기법 하나를 선택하여 사용해야 한다.

19. 게임이론과 합리적 선택이론을 이용하여 국가정책을 예측하고 향후 정치의 전개방향을 전망하는 기법은?

① 정세전망기법
② 회귀분석
③ 델파이기법
④ 베이지안기법

20. 다음 중 양적분석기법은 무엇인가?

① 브레인스토밍(Brain Storming)
② 핵심판단기법(Key Judgement)
③ 베이지안기법(Bayesian Method)
④ 경쟁가설기법(Competing Hypotheses)

21. 경제공작에 대한 설명이 아닌 것은?

① 대상국 경제기반을 붕괴시켜 자국의 정책에 유리하게 변경시키는 공작이다.
② 레이건 행정부가 전략방위구상(스타워즈)을 과장 발표한 것도 경제공작의 일종이다.
③ 경제공작을 추진 시 흑색선전을 병행하면 효과적이다.
④ 냉전종식 이후 경제공작은 산업보안활동으로 변화했다

22. 경제간첩 활동과 산업간첩 활동에 대한 설명으로 틀린 것은?

① 경제간첩 활동은 정보기구가 국가안보 목적으로 수행한다.
② 산업간첩 활동은 민간과 정보기구가 상업적 목적으로 수행한다.
③ 경제간첩 활동을 통해 민간기업이 이득을 볼 수 없다.
④ 산업간첩 활동을 통해 산업경쟁력 제고에 기여할 수 있다.

23. 다음 중 성격이 다른 하나는?

① Rahab ② Line X ③ S국 ④ Lakam

24. 다음의 해킹 공격은 무엇인가?

- 다양한 지능적인 방법을 동원하여 특정 조직 및 기업에 대해 지속적으로 해킹을 시도하여 원하는 목적을 달성하는 해킹 공격
- 사회공학(스피어피싱), 제로데이 취약점(백신 나오기 전까지 취약기), 업데이트 파일 변조를이용한 지능적이고 목적달성 시까지 장기간 공격 진행 및 관리하는 지속성의 특징을 가짐.

① Logic bomb ② Back Door
③ APT ④ Spear Phishing

25. 다음 정보기관 중 소속이 나머지와 다른 하나는?

① CIA ② FSB ③ SVR ④ SIS

제4회 | 실전모의고사

01. 국가정보학의 연구 대상에 대한 설명으로 적절하지 못한 것은?

① 정보가 정책결정과정에 기여하는 다양한 기능에 대해 연구한다.
② 국가차원의 정보활동으로 정보순환, 정보수집, 정보분석, 비밀공작, 방첩 등에 대해 연구한다.
③ 세계 각국 정보기구의 설립과 변천과정, 조직구조, 중요활동 등에 대해 연구한다.
④ 정보활동이 정치에 미친 영향을 역사적 사례를 통해 연구한다.

02. 정보의 역사에서 각 시대와 그 특징의 연결이 잘못된 것은?

① 고대에는 초자연적인 정보원에 의탁하는 한편 정보활동의 기본적인 활동을 전개했다.
② 중세에는 국가정보기구가 체계화되고 재외공관에 의한 정보활동을 시작했다.
③ 근대에는 국제정치 발전과 더불어 국제정치 분야에 최초로 정보기구가 설립됐다.
④ 현대에는 무선통신 암호화와 해독활동이 발전하고 부문정보 기능을 통합 조정하기 위해 중앙정보활동이 강화되고 있다.

03. 첩보의 평가, 분석, 종합, 판단을 거치는 단계는?

① 정보요구 ② 첩보수집
③ 정보분석 ④ 정보처리

04. 첩보수집에 대한 설명으로 잘못된 것은?

① 첩보획득의 원천이 되는 것을 출처라 한다.
② 공작원은 비밀출처라고 한다.
③ 이중공작원은 사간에 해당한다.
④ 상대국의 전략상 비밀은 비공개 수집방법에 의해 입수해야 한다.

05. 기술정보 활동에 대한 설명으로 적절한 것은?

① 영상정보(IMINT)는 판독이 쉽지만 모형이나 위장시설 등의 기만에 취약하다.
② 통신정보(COMINT) 활동은 전자정보 수집, 징후계측정보 수집 등이 포함된다.
③ COMINT 수집은 지상기지를 제외한 인공위성, 항공기, 선박이 이용된다.
④ 전자정보(ELINT) 수집은 상대방의 하드웨어 시스템에서 발생한 신호, 전자파, 무선 제어신호와 유무선 통신내용이 포함된다.

06. 손자병법의 간자를 활용하는 지혜로 옳지 않은 것은?

① 간자에게 줄 벼슬과 상금을 아껴서 적정을 제대로 파악치 못하는 자는 군주로서 자격이 없다.
② 섬세하고 교묘하지 않으면 간자의 실효를 다룰 수 없고 군신의 일중에서 간자와의 관계보다 더 친밀할 수 없으나 비밀스러워야 한다.
③ 사람을 알아보는 지혜가 뛰어나지 않으면 간자를 쓸 수 없고, 어질고 의롭지 않으면 간자를 부릴 수 없다.
④ 간자의 비밀이 유출되어 미리 알려지면 간자는 죽임을 당하고, 그 정보를 제공받은 자는 비밀을 은폐해야 한다.

07. 정보보고서에 대한 설명으로 적합하지 않는 것은?

① 국익과 관련된 사항을 종합, 판단하여 국가정책결정자에게 전달하는 문서이다.
② 정치사항에 관한 정보를 보고하는 것이 정책정보이다.
③ 정보사용자의 입장에서 간결성, 명확성, 평이성이 중요하다.
④ 특정문제를 분석·평가하여 미래를 예측하는 정보는 판단정보이다.

08. 분석관 자신의 고정관념에서 벗어나고 무의식과 잠재의식을 발동시켜 창조적 사고를 유출하는 분석기법은?

① 델파이기법 ② 경쟁가설기법
③ 브레인스토밍 기법 ④ 역할연기법

09. 비밀공작에 대한 설명으로 올바른 것은?

① 다른 방법에 비해 비용이 많이 든다.
② 대외정책 목표를 달성하기 위한 정치적 수단이다.
③ 자국의 개입사실이 알려지는 것보다 공작보안이 우선이다.
④ 이스라엘은 Metsada(메차다, 특별임무)라고 정의한다.

10. 비밀공작계획 수립 시 고려할 사항으로 거리가 먼 것은?

① 정당성 검토 ② 인적자원 및 물적자원 확보
③ 성공 및 실패사례의 검토 ④ 실행과정에서의 적법성

11. 시설보안에 대한 설명으로 적절한 것은?

① 해당시설의 기능과는 별개의 철저한 보안방벽을 선택해야 한다.
② 해당시설의 중요도에 비례하는 정도의 보안대책을 강구해야 한다.
③ 해당시설의 보안환경이 최선의 상태를 기준으로 보안방벽을 구축해야 한다.
④ 해당 시설이 완성된 후 시설보안대책을 강구한다.

12. 비밀파기에 대한 설명으로 옳지 않은 것은?

① 비밀파기란 비밀을 소각, 용해 또는 기타의 방법으로 원형을 완전히 소멸 시키는 것이다.
② 비밀관리 기록부의 파기 확인란에는 비밀파기 참여자가 파기를 확인해야 한다.
③ 긴급 부득이한 경우는 예고문과 관계없이 소속 비밀취급 인가권자의 사전 승인 없이 파기할 수 있다.
④ 비밀파기는 보관책임자 또는 그가 지정하는 비밀취급 인가자의 참여하에 업무처리 담당자가 실시한다.

13. 정보협력에 대한 설명으로 옳지 않은 것은?

① 미국과 영국은 1947년 UK-USA 협정을 체결하여 통신정보 수집을 위한 정보협력을 전개하고 있다.
② 프랑스와 독일은 냉전 후 정보활동에서 협력체제를 강화하고 있다.
③ 9.11테러 사건 이후 각국은 대테러 대응을 위해 정보협력을 강화하고 있다.
④ 정보협력은 협력국 정보기관 간의 보안활동을 약화시킨다.

14. 다음 중 보안과 방첩활동을 전담하는 정보기구가 아닌 것은?

① 영국의 SS
② 독일의 헌법보호청(BfV)
③ 러시아의 FSB
④ 프랑스의 DGSE

15. 공개정보, 신호정보, 영상정보를 자체 수집, 분석하는 일본의 정보기관은?

① 내각정보조사실(CIRO)
② 외무성 국제정보통괄관실(INAS)
③ 방위성 정보본부(DIH)
④ 공안조사청(PSIA)

16. 정보기구의 업무 부문이 다른 하나는?

① NRO
② Unit 8200
③ BRGE
④ KSA

17. 각국의 해외와 국내분야의 정보조직을 연결한 것으로 적절하지 못한 것은?

① 미국의 CIA와 FBI
② 영국의 SIS와 SS
③ 러시아의 SVR과 FSB
④ 프랑스의 BND과 BfV

18. 국가정보원과 부문정보기관과의 관계에 대한 설명으로 잘못된 것은?

① 중앙정보부 창설 이래 국가정보기관이 부문정보기관을 조정 감독하거나 기획 조정하는 방식으로 정보기구를 운용하고 있다.
② 국가정보원은 국가정보원법의 정보 및 보안업무의 기획, 조정 기능에 의해 부문정보기관을 기획, 조정한다.
③ 국가정보원은 정보 및 보안업무의 기획, 조정 기능의 조항에 따라 관계 국가기관장에게 협조와 지원을 요청할 수 있다.
④ 국가안전기획부 시기에서는 부문정보기관에 대해 정보 및 보안업무의 조정과 감독 기능을 가지고 있었다.

19. 정보통제수단에 대한 설명으로 적합하지 않은 것은?

① 냉전의 종식으로 정보기관에 대한 통제 요구가 확산되었다.
② 의회의 정보기관 통제 수단은 예산배정과 청문회가 있다.
③ 냉전 종식 후 시민참여가 증대되어 정보통제 요구의 새로운 변수가 되었다.
④ 대통령과 총리 등 최고통수권자의 정보기구 통제는 의회나 사법부에 비해 상대적으로 제한적이다.

20. 국가정보의 국가안보에 대한 역할을 설명한 것으로 적당하지 않은 것은?

① 국가정보는 국가안보 최고정책결정자에게 올바른 정보자료를 제공함으로써 국가안보에 핵심적인 기능을 한다.
② 국가정보는 사용자를 위한 사전지식으로 국가정책의 담당자에게 정책의 입안, 계획, 집행, 실행 결과에 대한 예측을 지원한다.
③ 국가정보는 국가안보에 영향을 미치는 외부 상황에 대한 정확한 분석과 평가를 내리게 한다.
④ 국가정보는 국가안보보다 정권안보에 더욱 큰 기여를 한다.

21. 코인텔프로에 대한 설명으로 잘못된 것은?

① FBI의 불법적인 방첩프로그램이다.
② 위장침입, 협조자 활용, 불법수색 등의 활동이 포함된다.
③ 반체제단체의 붕괴를 목적으로 전개한 정보활동이다.
④ 이노우에-해밀턴 위원회에서 불법성을 지적받았다.

22. 정보기구가 임무를 계속해서 넓혀 법적 근거가 없는 활동까지 하려고 하는 현상은 무엇인가?

① 미션 익스팬션(mission expansion)
② 미션 크립(mission creep)
③ 선취권 잠식(Priority Creep)
④ 미션 패키지(mission package)

23. 다음과 관련된 국제범죄 조직은 무엇인가?

- 1970년대 만들어진 국제 핵무기밀거래 조직이며 CIA에 의해 2003년 리비아로 향하는 독일국적의 BBC China 호에서 핵관련 부품을 압수하여 전모를 밝혀냈다.
- 리비아는 엄격한 제한을 받는 품목인 원심분리기와 미사일 탄두 설계도를 턴키 방식으로 얻었으며 이란은 설계도를 지원받아 농축우라늄 공장을 불법 건설함.
- 부품 판매는 물론 파키스탄 이슬라마바드 외곽의 핵시설에서 고객들에게 안내책자를 배포하고 24시간 기술을 지원한 것으로 알려짐.

① 하마스
② 헤즈볼라
③ 칸네트워크
④ 마피아

24. 다음 사례의 정보분석관이 간과할 수 있는 오류는?

10년 동안 북한정보를 담당하는 홍길동 분석관은 자신이 운용 중인 대북공작원의 정보가 언론에 공개된 자료를 각색하여 마치 보위부 고위직의 정보인 것처럼 꾸민 사실을 확인하였다.

① layering　② mirror image
③ clientism　④ paper mill

25. 다음 제시된 내용에 맞는 단체는?

- 2001년 결성된 나이지리아의 극단주의 이슬람 무장단체로 나이지리아 북부의 완전한 독립과 샤리아(이슬람 율법) 도입을 목표로 반정부 무장 테러를 전개하고 있음.
- 나이지리아의 탈레반이라는 별명을 가지고 있으며 IS에 충성을 맹세하여 이슬람 국가 서아프리카 지부(ISWAP)라고 하며 이슬람 국가로서 서수단국이라고 참칭하기도 함

① 헤즈볼라　② 보코하람
③ 알 샤바브　④ 약속의 날 여단

제5회 | 실전모의고사

01. 정보에 대한 설명으로 틀린 것은?

① 활동으로서의 정보에는 방첩활동이 있다.
② 활동으로서의 정보에는 정보분석도 포함된다.
③ 최초 수집된 비공개 자료를 생자료라고 한다.
④ 지식으로서의 정보는 정책결정자를 위해 수집, 분석된 지식이다.

02. 정보의 요건에서 정확성의 판단시점으로 적당한 것은?

① 정보사용자의 요구시점
② 정보생산자의 생산시점
③ 첩보수집자의 수집시점
④ 정보사용자의 사용시점

03. 정보생산의 우선순위에 대해 설명한 것 중 올바른 것은?

① 국가정보기구가 부문정보기관에 대해 연간 정보활동 목표를 지정해 주는 것은 PNIO(국가정보목표 우선순위)이다.
② 급격한 정보환경 변화에 따라 정책을 수정하거나 새로운 정보수요가 발생할 경우 PNIO에 우선하여 작성해야할 정보목표는 OIR(특별정보요청)이다.
③ 국가정보기관의 연간 첩보수집에 관한 일반지침을 EEI(첩보기본요소)라 한다.
④ 급격한 정보환경변화 또는 SRI에 입각하여 수집부서에 PNIO에 없던 첩보를 특별히 요청하는 것을 OIR이라 한다.

04. 최근 정보를 종합 분석한 '정제된 신문'이라고 할 수 있는 보고서는?

① 국가정보보고서
② 현용정보보고서
③ 경고정보보고서
④ 판단정보보고서

05. 첩보원 포섭동기로 적당하지 않은 것은?

① 금전적 동기로 지나친 사치, 도박 등으로 금전적 어려움으로 외국 정보기관이 풍족하게 제공하는 비밀자금에 매료되어 매수되는 것
② 이념적 동기로 개인적인 이념이나 사상, 종교 등에 심취하여 그 이념을 관철하기 위해 노력하는 국가나 조직의 정보활동에 협력하는 것
③ 협박과 약점 조성으로 미인계 등으로 수집목표에 접근토록 하는 것
④ 안전적 동기로 본인과 가족의 안전 등 위협으로부터의 보호를 위한 동기

06. 기술정보수집의 단점이 아닌 것은?

① 미국 등 선진국을 제외하고는 기술이나 예산 부족으로 수집수단을 충분히 확보할 수 없다.
② 수집한 정보의 의미 해석과 판독이 어렵다.
③ 계획 수립에서 첩보수집에 이르기까지 많은 시일이 소요된다.
④ 수집한 첩보를 즉각적으로 평가할 수 있다.

07. 정보보고서 생산을 위한 정보분석의 조건으로 적절하지 않은 것은?

① 적시성
② 신뢰성
③ 객관성
④ 명료성

08. 정보분석의 개념을 설명한 것 중 올바르지 않은 것은?

① 정보분석 시에는 대부분 기본적인 fact나 data를 전반적으로 검토하는 양적기법이 주로 사용된다.
② 국내외 환경에 대한 첩보를 획득하여 확인된 사실관계를 기초로 향후 파급 영향을 판단하고 국가가 처한 불확실성을 줄일 수 있도록 도와준다.
③ 정보분석은 국가안보와 국가이익에 중요한 내용을 추출하고 판단하는 과정이므로 기술적인 동시에 가치지향적인 업무이다.
④ 정보와 정책이 만나는 지점으로 첩보의 체계적 검증을 통해 정책결정권자가 정책에 활용할 수 있는 국가정보를 생산하는 일련의 활동이다.

09. 예방적 선제타격에 대한 설명 중 틀린 것은?

① 적이 공격을 결정하거나 공격징후가 명확한 상황 또는 전시에 공격받기 전 감행하는 제한된 목표나 비교적 작은 규모의 공격이다.
② 히브리어 속담인 "당신을 죽이러 오는 자가 있으니 일어나서 그를 먼저 죽여라"와 상통한다.
③ 2003년 이라크전쟁의 정당성을 강조한 부시독트린(Bush Doctrine)의 이론적 근거가 되었다.
④ 상대국에 비해 힘의 균형이 시간이 지날수록 불리하다고 판단할 때 유리한 시간에 의도적으로 상대국을 공격하는 것이다.

10. 미국의 비밀공작 승인에 대한 설명으로 적절하지 않은 것은?

① 대통령은 정보기관의 공작계획을 면밀히 검토한 후 승인한다.
② 대통령의 승인은 서면으로 해야 하며 승인서는 공작기관에 전달되어야 한다.
③ 비상시에는 서면승인이 예외이나 48시간 내 승인서가 만들어져야 한다.
④ 예산지원 이외에도 대통령과 의회의 승인이 있어야 비밀공작이 실행된다.

11. 비밀공작의 일환으로 '집행공작', '극단적인 편견의 종식', 또는 '무력화' 등과 같이 표현되는 공작은?

① 쿠데타공작　　② 경제공작
③ 심리전공작　　④ 암살공작

12. 다음 중 의미의 범주가 다른 하나는?

① 외국 또는 적대세력의 정보수집 기도를 차단 또는 제한하기 위해 문서, 인원, 자재, 시설, 통신 등에 대해 취해지는 제반 조치 및 예방대책이다.
② 국가안보와 국익에 반하는 외국의 정보활동을 찾아내고 그 정보활동을 견제·차단하기 위하여 하는 모든 대응활동이다.
③ 국가정보기구의 4대 임무 중 하나로서 다른 활동들과 밀접하게 연관되어 수행되며 정보활동을 효과적으로 수행하는 데 핵심적인 요소이다.
④ 외국정보기관의 정보수집, 공작활동에 대응하여 자국의 안전과 이익을 확보하기 위한 것이다.

13. 중국의 정보기관이 아닌 것은?

① 통일전선공작부　　② 공공안전부(MPS)
③ 국가안전부(MSS)　　④ 국제정보통괄관조직(INAS)

14. 다음 보안대책으로 맞지 않는 것은?

① 전산망을 통해 중요한 정보가 무단을 유출되는 행위를 막기 위해 방화벽, 침입 탐지시스템, 바이러스 프로그램을 설치하거나 및 암호인증제도를 실시한다.
② 컴퓨터 기기 자체 하드웨어의 파괴나 소프트웨어 유출, 저장매체에 저장된 자료의 유출을 방지하기 위해 보호구역을 설정하고 생체정보를 활용한다.
③ 전자파 보안을 위해 전자장비에 차단막을 설치하거나 전자파의 방출을 억제 하거나 전자파 수집을 방해·교란하는 전자파를 발사하는 방법 등을 사용한다.
④ 아날로그에서 디지털 방식으로 바뀌면서 음성메세지 암호화 방법이 노출되기 쉬워 도청이 용이해졌다.

15. 미국의 정보기관 발전에 관한 설명으로 틀린 것은?

① 루즈벨트 대통령은 종합적인 국가정보생산을 목표로 종합정보국을 신설했다.
② 정보조정국은 진주만 기습으로 전략정보국으로 개편되었다.
③ 전략정보국은 2차대전이 종식되고 해체되었다.
④ 트루먼 대통령은 중앙정보단을 창설하여 국무성, 전쟁성, 해군성 등의 정보업무를 조정통제하도록 했다.

16. 이스라엘의 정보기구에 대해 잘못 설명한 것은?

① 이스라엘 정보체계는 영국과의 정보협력과 갈등을 통해 성장했다.
② 하가나(Hagana)는 영국의 팔레스타인 위임통치 하 형성된 지하군사조직으로 유태인들이 지하군사 조직이자 민병대로 이스라엘 군의 모체가 되었다.
③ 하쇼메는 하가나 산하의 정보조직으로 영국, 아랍, 유태인 내부(극우, 극좌 세력), 나치에 대한 정보를 수집하였으며 모사드의 모체이다.
④ 레크헤쉬(Rekhesh)라는 위장사업체를 활용하여 하가나에 무기를 제공하였다.

17. 국가정보원의 사이버안전에 대한 설명으로 적절하지 않은 것은?

① 국가사이버안전에 관한 중요사항을 심의하기 위하여 국가정보원장 소속하에 국가사이버안전전략회의를 둔다.
② 사이버공격에 대한 국가차원의 종합적이고 체계적인 대응을 위하여 국가정보원장 소속하에 국가사이버안전센터를 둔다.
③ 국가정보원장은 사이버공격에 대한 체계적인 대응 및 대비를 위하여 사이버공격의 파급영향, 피해규모를 고려하여 관심·주의·경계·심각 등 수준별 경보를 발령할 수 있다.
④ 국가정보원장은 사이버안전과 관련한 전문인력의 양성, 교육 및 홍보를 위하여 중앙행정기관의 장에게 필요한 기구 설치를 요청할 수 있다.

18. 정보의 기능에 관한 설명 중 가장 적절한 것은?

① 국가정보는 국가안보를 유일한 목적으로 하여 생산된다.
② 정책결정과정에 영향을 미치는 요소로서 정보의 영향력은 절대적이다.
③ 정보기관이 생산한 정보에 대해 정책결정자들이 진지하게 고려하지 않는 경우도 있다.
④ 정보에는 정책수립·조정기능은 있으나 국내외 정책 환경을 진단하거나 정책집행·평가기능은 없다.

19. 정보생산자에 대한 설명으로 옳지 않은 것은?

① 정보생산을 담당하고 있는 정보기구를 의미한다.
② 정보생산과정에 참여하는 모든 정보관을 지칭한다.
③ 정책의 모든 과정에서 정보사용자들과 연결한다.
④ 정보분석 부서의 모든 정보관을 의미한다.

20. 미국의 9.11사태 이후 결과보고서에서 지적된 내용이 아닌 것은?

① 정부부처 관료들의 상상력 부재가 9.11테러사건을 막지 못한 첫 번째 요인이다.
② 정부 부처 간의 경쟁, 부처 이기주의, 관료들의 타성이나 경직된 사고 등 관료정치가 원인이었다.
③ 미 정보체계의 조직 구조나 절차상의 결점으로 테러경보에 대한 정보 공유가 이루어지지 않았다.
④ ODNI 내 대테러센터에서 극단주의 이슬람세력의 테러전술 분석을 했으나 정보기관 간 협력을 시도하지 않았다고 지적했다.

21. 다음의 해킹 공격은 무엇인가?

이미 형성된 신뢰관계를 기반으로 유인한 뒤 시스템 기법(DNS 캐시중독, 도메인 하이제킹 등)을 이용해 사용자가 합법적인 진짜 사이트 주소를 입력해도 가짜 사이트에 접속되도록 하여 개인정보를 훔치는 수법임.

① 피싱(phishing) ② 파밍(Pharming)
③ 스푸핑(spoofing) ④ DDoS(분산서비스거부공격)

22. 손자의 인간정보 분류에서 다음의 내용에 해당하는 것은?

어릴 적 미국에 입양된 A는 CIA 한국지부 정보관에 고용된 스파이로 있다가 우연한 기회에 생모를 만나게 되었고 이후 본국으로 귀환하여 민감한 대북정보를 한국에 보내기 시작하였다. 이후 FBI의 감찰 결과 한국 정보기관이 개입하여 생모 상봉을 주선하였고 비밀리 포섭공작을 전개한 것으로 밝혀졌다.

① 향간(鄕間) ② 내간(內間) ③ 반간(反間) ④ 사간(死間)

23. 다음 괄호에 들어갈 숫자를 큰 순서대로 배열한 것은?

가. 군사기밀을 적법한 절차에 의하지 아니한 방법으로 탐지하거나 수집한자는 ( )년 이하의 징역에 처한다.
나. 산업기술을 외국에서 사용하거나 사용하기 위한 목적의 산업기술의 유출 및 침해 행위는 ( )년 이하의 징역 또는 15억원 이하의 벌금에 처함.
다. 반국가단체를 구성하거나 이에 가입한 자 중 간부 기타 지도적 임무에 종사하는 자는 ( )년 이상의 징역에 처한다.
라. 적국을 위하여 간첩하거나 적국의 간첩을 방조한 자는 ( )년 이상의 징역에 처한다.

① 가-나-다-라 ② 가-다-나-라 ③ 나-가-다-라 ④ 나-가-라-다

24. 다음의 정보분석기법은 무엇인가?

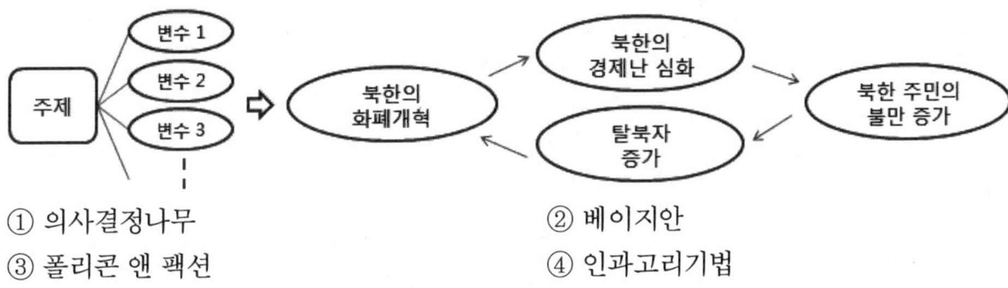

① 의사결정나무 ② 베이지안
③ 폴리콘 앤 팩션 ④ 인과고리기법

25. 다음 중 영국과 미국의 최고정보판단기구에 대한 설명으로 틀린 것은?

① 영국은 부문정보기관 간 협력을 용이하게 하는 반면 미국은 중앙집권적 기구를 창설하였다.
② 영국은 정보판단과정에서 정보기관 뿐 아니라 관계부처의 정책결정권자까지 참여하나 미국은 정보기관들만 참석한다.
③ 영국은 부문정보기관 간 의견불일치를 허용하지 않으나 미국은 주석을 통해 다른 견해를 표명할 수 있다.
④ 영국은 정보와 정책의 관계가 밀접하나 미국은 상호 독립적이다.

제6회 | 실전모의고사

01. 정보에 대한 설명으로 틀린 것은?

① intelligence는 정보와 지식이 모두 포함된다.
② information은 타당성이 검증된 지식이다.
③ 켄트는 intelligence를 국가존립을 위한 전략정보가 되어야 한다고 정의했다.
④ 켄트는 intelligence를 지식, 활동, 조직을 포괄하는 개념이라고 정의했다.

02. 정보분석의 마지막 단계에 대한 설명으로 적절하지 않은 것은?

① 첩보종합의 결과 파악된 사실관계가 국가안보 등 중요한 국가이익에 어떤 의미를 갖는지 해석한다.
② 실질적인 분석의 단계로 첩보를 바탕으로 여러가지 분석기법을 활용하여 가설을 검증하여 최대한 객관적으로 가설을 평가한다.
③ 사실관계가 향후에 미칠 파급영향을 평가하나 정책적 대안이나 해결방안을 모색하지는 않는다.
④ 최선의 가설이 아니더라도 차선을 선택하고, 과거 성공과 실패 사례를 활용하여 기존 입장에서 크게 변하지 않는 대안적 가설을 채택한다.

03. 정보배포의 고려사항과 원칙이 아닌 것은?

① 어떤 정책결정자에게 보고할 것인가를 검토한다.
② 어떤 정보를 보고할 것인가 신뢰성을 검토한다.
③ 정보의 시간 효용성을 높이는 적시성을 검토한다.
④ 관련내용을 추가 입수 시 계속 배포하는 계속성을 검토한다.

04. 최고 정책결정자에게 주로 보고하는 정보는?

① 전술정보와 작전정보
② 기본정보와 현용정보
③ 기만정보와 역정보
④ 전략정보와 판단정보

05. 적대국의 핵무기 보유량과 대량살상무기의 감시에 활용되는 것은?

① IMINT ② MASINT ③ OSINT ④ HUMINT

06. 다음은 인간정보의 비밀연락에 대한 설명으로 적당하지 않은 것은?

① 수수자는 정보관계자들이 물자를 주고받을 때 이미 포섭한 제3자를 중간에 둔다. 이때 제3자가 수수자이다.
② 편의주소(관리인)는 비밀연락을 위한 우편물을 전달하는 사람 또는 시스템이다.
③ 풋토스는 달리는 자동차에서 계획된 지점에 전달물을 던지면 이를 회수해가는 방법이다.
④ 브러시패스는 전달자와 수령자가 스쳐 지나가면서 전달물을 주고받는 방법이다.

07. 가장(cover)에 대한 설명으로 틀린 진술은?

① 정보관이 수집대상 국가에서 비밀리 활동하는 데 필요한 구실이다.
② 그 나라에서 체류할 수 있는 대의명분을 확보하는 구실이다.
③ 정보관을 외교관으로 파견하는 것을 공직가장이라고 한다.
④ 비공직가장은 활동비용이 많이 소요되지 않는다.

08. 정보분석과 학문적 분석을 설명한 것 중 틀린 것은?

① 정보분석은 현상에 대한 설명과 예측을 목적으로 하므로 사회과학적 방법과 동일한 방식으로 분석하지 않는다.
③ 정보분석은 상황을 결정짓는 요인과 요소들을 정밀하게 검토하고 자국에 유리하게 조작 및 변화가 가능한 요소들을 분석하는데 중점을 둔다.
③ 학문적 분석은 자유스럽게 분석대상에 접근할 수 있고 자료들이 공개되어 있으며 연구결과를 무제한적으로 이용할 수 있다.
④ 학문적 분석은 현상과 상황의 본질적인 규명에 관심을 두는 과학적 진리를 탐구하고 이를 검증하기 위한 것이다.

09. 판단정보의 분석대상으로 거리가 먼 것은?

① 안보취약점　　② 전술적 능력
③ 전략적 능력　　④ 전쟁잠재력

10. 정치공작의 사례가 아닌 것은?

① 1970년대 구소련의 KGB에게 협조한 혐의로 처벌을 받은 프랑스 언론인 삐에르 샬르 빠테(Pierre-Charles Pathe) 사건
② 1980년대 미국이 폴란드의 자유노조(Solidarity)에 대한 비밀지원공작을 실시하여 재정지원과 비밀통신장비를 제공한 사건
③ 미국 레이건행정부가 전략방위구상(SDI)을 과장 발표하여 소련의 대미군사 경쟁을 유도한 공작
④ 1964년 칠레 대통령 선거에서 마르크스주의자인 아옌데 후보를 낙선시키기 위해 경쟁 후보인 기독교민주당의 후보를 지원한 사건

11. 비밀공작에 대한 설명으로 적절하지 않은 것은?

① 정치공작은 상대국의 정치에 비밀리에 개입하여 자국에 유리한 방향으로 만들기 위한 공작으로 영향공작과 지원공작이 있다.
② 지원 공작은 자국에 유리한 상황을 조성하고 적대적이지 않은 선호 후보를 당선시키기 위해 자금이나 신변경호, 특정정보를 지원하는 형태이다.
③ 대상국의 경제기반을 붕괴시켜 자국의 정책에 유리하게 변경시키는 것은 경제공작이다.
④ 대상국의 정부를 전복할 목적으로 배후를 은폐하지 않고 정규 군사력을 전면적으로 사용하는 것은 군사공작이다.

12. 한국의 테러대응 체계에 대한 설명으로 옳지 않은 것은?

① 대테러활동에 관한 정책의 중요사항을 심의·의결하기 위해 국가테러대책 위원회를 두며 위원장은 국무총리이다.
② 테러대책 위원회 소속으로 대대테러 임기 2년의 인권보호관 1명을 두며 국무총리가 위촉한다.
③ 대테러센터는 국가 대테러활동 관련 임무분담 및 협조사항 실무 조정 및 테러경보를 발령하며 센터장은 국가정보원장이다.
④ 군사시설테러사건대책본부는 국방부장관이 설치하나 대책본부장은 합동참모의장이다.

Chapter 19

13. 비인가자의 접근을 방지하기 위해 출입에 안내가 요구되는 구역은?

① 제한지역 ② 제한구역
③ 통제지역 ④ 통제구역

14. 정보협력에 대한 설명으로 적절하지 않은 것은?

① 정보협력은 감시활동이나 수집활동을 분담하는 형태가 있다.
② 테러조직은 정보기관 못지않게 철저한 보안과 비밀을 유지하며 활동하므로 대내외적 정보협력을 통한 정보공유가 필요하다.
③ 실시간 정보협력을 위한 제도나 시스템 마련이 필수적이다.
④ 일반적으로 정보기구 내 담당조직을 통한 정보협력 보다 담당자의 다양한 개인적 네트워크를 활용하는 것이 더 효율적이다.

15. 사이버테러 대응에 대한 설명으로서 가장 부합되지 않는 것은?

① 사이버테러는 기업 및 산업기밀 유출, 금융시스템 교란, 개인 프라이버시 침해 등 주로 민간 분야에 집중되고 있다.
② 안전한 지식정보화 사회의 구현을 위해 사이버테러에 대한 국제협력 및 관련 기술개발이 시급한 과제이다.
③ 악성코드 공격은 컴퓨터 바이러스, 트로이 목마, 백도어 등으로 전산시스템을 파괴하거나 은밀히 자료를 유출시키는 것을 말한다.
④ 비인가 접근공격은 통상 해킹(hacking)이라고 불리는 크래킹(cracking)을 통해 전산시스템 등에 불법으로 접근하는 행위이다.

16. 다음 중 한국과 북한의 정보기관을 연결한 것으로 적절하지 않은 것은?

① 경찰청 – 인민보안성
② 국가정보원 - 국가보위성
③ 국방정보본부 - 정찰총국
④ 군사안보지원사령부 - 호위사령부

17. 국무부 정보조사국에 대한 설명으로 적절하지 않은 것은?

① 국무부가 수행하는 대외정책 수립, 집행 및 선임 행정기관으로서의 역할 수행에 필요한 정보를 수집, 분석한다.
② 1946년 OSS가 해체되면서 OSS의 조사, 분석 기능이 이관 되면서 창설되었다.
③ 타 정보기관과 공동작업의 생산물인 국가정보판단서의 작성에 참여한다.
④ 국무부는 독립적인 해외공작 및 분석부서를 운용하고 있다.

18. 러시아의 해외정보부(SVR)에 대한 설명으로 적절하지 않은 것은?

① 구 독립국가연합(CIS)에 우선적으로 관심을 기울이고 있다.
② SVR은 전세계에서 신분을 위장하여 정보활동을 수행하며 CIA처럼 해외 비밀공작 수행을 위한 의회의 승인이 필요하다.
③ 냉전시절 보다 더 적극적으로 미국 내 정보활동을 수행하고 1992년 중국과 정보협력 협정을 체결하여 정보 교류를 하고 있다.
④ KGB의 T국과 마찬가지로 SVR의 X국(Line X)은 첨단과학기술 정보수집을 담당한다.

19. 정책과정에서 정보의 기능이 아닌 것은?

① 문제확인 및 정책환경 진단 기능
② 정책수립 및 조정 기능
③ 정책선택 및 정책 집행 후 평가
④ 중앙행정부처간 정책협의 및 감사 기능

20. 의회의 정보기관 감독제도에 대한 설명으로 틀린 것은?

① 냉전이 종식되면서 정보기관의 통제가 요구되기 시작했다.
② 1961년 미국의 쿠바 피그만 공작 실패로 의회의 정보기관 감독이 제기되었다.
③ 정보기관의 비밀성을 어느 정도 보장하면서 대중의 정보기관에 대한 여론을 반영하기 위한 제도이다.
④ 정보기관의 불법적인 활동을 방지 할 수 있는 최선의 대안이다.

21. 다음의 정보분석기법은 무엇인가?

사전정보를 반영하여 선행확률을 가정하고 (복수)가설을 세운 후 새로 발생한 사건이나 추가정보 입수에 따라 정해진 공식에 대입하고 확률을 재산정하여 각 가설의 확률변화 추이를 통계학적 방법으로 추론하는 방법임.

P(A|B) = [P(B|A) * P(A)] / P(B)

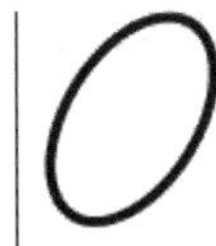

① 의사결정나무　　② 베이지안
③ 폴리콘 앤 팩션　　④ 게임이론

22. 다음 사례의 정보원 포섭 방법은?

2차대전부터 1950년대 초까지 소련에 기밀정보를 유출한 영국의 케임브리지 대학 출신의 스파이들인 킴필비, 가이 버지스, 안소니블런트, 도널드매클린 등은 반미 세계혁명을 위한 사명감으로 기꺼이 소련의 스파이가 되고자 했으며 KGB는 이들에게 전세계 공산주의화의 선봉장이 될 것이라고 약속했다.

① M　② I　③ C　④ E

23. 다음 변칙인도(irregular rendition)에 대한 보기의 설명 중 틀린 것은?

① 세계 도처에서 체포된 테러용의자를 헌법상 고문 등이 금지된 미국으로 바로 이송하지 않고, 고문이 허용되는 국가로 인도하는 것이다.
② 고문을 통해 테러에 대한 정보를 획득하기 위한 것이 주된 목적이다.
③ 고문의 외주 발주 즉 아웃소싱(outsourcing of torture)이다.
④ Arar v. Ashcroft 사건이 대표적이며 미션크립(mission creep)이라고도 한다.

24. 국제문제조사연구소를 모태로 2007년 새롭게 출범한 안보, 테러, 경제정책, 대북정책 등을 연구하는 기관은?

① 세종연구소
② 외교안보연구원
③ 국방연구원
④ 국가안보전략연구원

25. 다음 중 들어갈 것으로 적당한 것은?

- 반국가단체를 구성하거나 이에 가입한 자 중 간부 기타 지도적 임무에 종사한 자는 사형·무기 또는 ( )년 이상의 징역에 처한다. 그 이외의 자는 ( )년 이상의 유기징역에 처한다.
- 군사상 기밀 또는 국가기밀을 적국 또는 반국가단체에 누설·전달하거나 중개한 경우 사형 또는 무기징역에 처한다. 이외의 군사상 기밀 또는 국가기밀의 경우에는 사형·무기 또는 ( )년 이상의 징역에 처한다.

① 5, 2, 7
② 2, 5, 7
③ 7, 5, 2
④ 7, 2, 5

제7회 | 실전모의고사

01. 정보수요자를 기준으로 한 보고서가 아닌 것은?

① 대통령보고서
② 예측보고서
③ 국가안보회의보고서
④ 각 부처보고서

02. 미국의 국가정보장이 작성하여 정보공동체에 배포하는 국가안전보장이나 정책 관련 가장 중요한 지침은?

① 첩보수집기본요소
② 국가정보판단서
③ 세계정보보고서
④ 국가정보목표우선순위

03. 세계화, 정보화 사회에서 중요성이 커지는 정보는?

① TECHINT
② MASINT
③ OSINT
④ HUMINT

04. 첩보수집 활동에서 고려할 사항이 아닌 것은?

① 접근대상의 노출정도
② 수집요원의 수집능력
③ 가용예산 및 시너지효과
④ 정보분석 우선순위 결정

05. 다음 중 비밀공작의 목적으로 적합하지 않은 것은?

① 대외정책 목표 달성
② 선제적이고 예비적인 정책집행 수단 마련
③ 대상국 정치체제에 영향력 행사
④ 대상국의 정책결정에 영향력 행사

06. 정보생산 시 고려사항 중 적시성의 기준 시점은?

① 첩보수집관의 수집시점
② 정보사용자의 평가시점
③ 정보사용자의 활용시점
④ 정보분석관의 생산시점

07. 정보분석의 양적분석이 기초하고 있는 패러다임은?

① 구조주의　　② 후기실증주의
③ 경험주의　　④ 해석주의

08. 자료형 분석기법에 대해 설명한 것으로 틀린 것은?

① 전통적인 정보분석 기법이다.
② 현안문제에 대해 가능한 모든 첩보를 수집하여 첩보를 바탕으로 모자이크를 하듯이 큰 그림을 그려 내는 것이다.
③ 완벽한 첩보를 수집하기 위해 모든 역량을 투입해야 하는 문제가 발생한다.
④ 부분적인 첩보를 가지고도 전체 그림을 그릴 수 있는 기법으로 유용한 분석기법이다.

09. 공직가장의 특징이 아닌 것은?

① 외교관으로서의 특권이 부여되어 국제법의 보호를 받는다.
② 통신, 급여 및 활동비의 수령 등 행정적으로 편리하다.
③ 주재국 방첩기관에 노출될 가능성이 높다.
④ 외교관계가 단절되어도 첩보수집체계는 계속 유지한다.

10. 비밀공작에 대한 설명으로 적절하지 않은 것은?

① 자국의 대외정책 지원을 위해 다른 나라에 영향을 미칠 목적으로 수행하는 활동이다.
② 비교적 신속하면서도 조용한 가운데 외교목표를 달성하기 위한 것이다.
③ 경제공작은 대상국 경제의 혼란과 사회불안을 야기한다.
④ 흑색선전은 출처를 감추지도 않고 밝히지도 않는다.

11. 방첩활동에 관해서 잘못 서술한 것은?

① 공격적 방첩의 수단 중 하나는 기만공작이다.
② 공격적 방첩의 수단 중 하나는 영향공작이다.
③ 아측에 대한 적대적 정보활동을 무력화시키는 것이다.
④ 아측에 대한 위협세력의 활동에 대응하는 것이다.

12. 다음 중 인원보안의 수단이 아닌 것은?

① 보안조치　　② 동향파악
③ 보안교육　　④ 비밀취급인가

13. 뉴테러리즘(new terrorism)에 대하여 틀리게 설명한 것은?

① 사이버테러리즘과 극단적 자살테러 등 새로운 형태의 테러수단이 동원된다.
② 민족주의자나 분리주의자처럼 혁명적이고 이상적인 야망 등 뚜렷한 목적을 내세운다.
③ 대량살상무기를 사용한 전쟁수준의 무차별·동시다발 공격으로 피해가 막대하다.
④ 9.11테러 사건은 기독교 문화권과 이슬람 문화권의 갈등 구조를 심화시켰다.

14. 외국 통신을 감청하고 암호를 해독하여 정보를 생산하는 기관이 아닌 것은?

① HID ② GCHQ
③ GRU ④ NSA

15. 볼세비키 혁명이후 소련이 설립한 비밀정보기관은?

① 연방보안부(FSB) ② 오흐라나(Okhrana)
③ 비상위원회(Cheka) ④ 해외정보부(SVR)

16. 국가정보원의 사이버안전 임무가 아닌 것은?

① 사이버 공격으로 인한 피해 심각 시 관계 중앙행정기관의 장과 협의하여 사이버위기 대책본부를 운영할 수 있다.
② 국가정보원장은 파급영향, 피해규모를 고려하여 민간분야와 국방분야에 경보를 발령할 수 있다.
③ 사이버공격에 대한 국가차원의 체계적인 대응을 위하여 국가정보원장 소속 하에 국가사이버안전센터를 둔다.
④ 국가정보원장이 사이버 공격 피해 및 대응상황을 국가안보실장에게 통보하면 안보실장은 이를 대통령에게 보고한다.

17. 정보환경 변화에 대한 설명으로 가장 적합하지 않은 것은?

① 정보소비자 태도가 적극적으로 변화하여 단순 수용이 아닌 정보의 신뢰성과 타당성을 비판하는 경향이 강해졌다.
② 국제범죄, 마약, 테러리즘 등 초국가적 안보위협의 경우 안보딜레마가 발생하기 쉽다.
③ 국가안보의 다원화로 군사안보는 물론 경제, 자원, 환경 등으로 정보수집·분석 목표가 확대되고 있다.
④ 정보화와 정보공유 기술의 발달로 비밀자료 수집활동의 비중이 점차 감소하고 있다.

18. 정보통제에 대한 설명으로 적합하지 않은 것은?

① 정보기관의 활동은 비밀활동이므로 합법 활동인지를 검증하는 것은 적절하지 않다는 인식이 있어왔다.
② 영국의 '설명하지 말라, 불평하지 말라, 사과하지 말라'는 격언은 정보기관에 대한 통제의 어려움을 나타낸다.
③ 최고통치권자인 대통령의 기관장 인사권은 가장 강력한 정보기구의 통제수단 중 하나이다.
④ 의회의 정보기구 통제수단으로는 상임위원회 설치, 법률 제정, 예산심의, 청문회, 국정감사 등의 방법이 있다.

19. 정보실패의 내적 요인이 아닌 것은?

① 미러이미지와 같은 분석관의 인지적 오류
② 정보분석의 정치화와 관료주의의 경직성
③ 출처의 신뢰성 검토 미흡으로 인한 첩보수집의 오류
④ 정보분석 능력 부족

20. 21세기 한국의 국가정보체계의 발전방향을 설명한 것으로 틀린 것은?

① 정보기구 간은 물론 민간학계와 정보기구간의 연구 및 정보교류가 활발히 이루어져야 한다.
② 효율적인 정보자산의 배분을 통해 긴급한 국가안보 이슈에 정보력을 집중할 수 있도록 PNIO를 재조정해야 한다.
③ 정보의 비밀성을 최대한 보장하며 정보기구에 대한 의회와 여론의 감시와 견제기능을 유지해야 한다.
④ 적극적인 홍보와 계도를 통해 국민들의 알권리와 정보요구를 충족시키는 방향으로 국가정보체계를 개선해야 한다.

21. 다음 내용에서 나타난 정보분석의 오류는?

> 북핵 협상 초반에 미국의 관료 및 학자들은 북한의 정치시스템과 협상전술을 한동안 이해하지 못해 여론에 기반한 절차식 민주주의 시스템이 북한 내에서도 그대로 작동하리라고 착각했고 심지어 그들이 미국의 의사결정시스템을 같은 방식으로 이해하고 존중해 주기를 바랐던 적이 있다.

① layering ② clientism ③ mirror image ④ group think

22. 다음 인물들과 연관된 대표적 사건에 해당하는 정보는?

> • 아서 짐머만(Arthur Zimmermann) • 개리 파워스(Gary Powers)
> • 권터기욤(Günter Guillaume)

① SIGINT, HUMINT, IMINT ② SIGINT, IMINT, HUMINT
③ SIGINT, HUMINT, MASINT ④ SIGINT, HUMINT, IMINT

23. 다음에 해당하는 정보분석 기법은?

> 복잡한 의사결정의 전 과정을 단계별로 분석하여 최종적인 의사결정에 이르는 방법으로 문제 상황에 대한 근본적 발생 원인을 추적하고 단계별 세부추론에 의해 정책 문제를 구조화하고 이에 따른 해결방법을 강구하는 기법임.

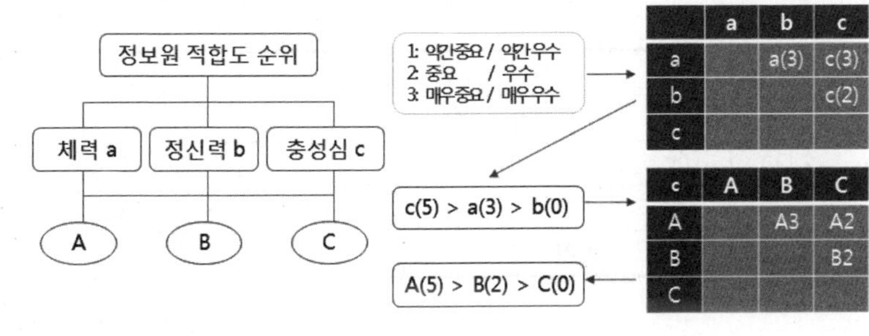

① 계층분석 기법(AHP, Analytic Hierarchy Process)
② 핵심판단 기법(Key Judgement)
③ 베이지안 기법(Bayesian Method)
④ 경쟁가설 기법(Competing Hypotheses)

24. 행정수반 직속 국가정보기구와 행정부처 소속 해외정보기구로 맞는 것은?

① 대통령직속 - 이스라엘의 모사드, 국방부 소속 - 독일의 해외안보총국
② 대통령 직속 - 러시아의 해외정보부, 외무부 소속 - 영국의 비밀정보부
③ 수상직속 - 일본의 내각정보조사실, 국방부 소속 - 러시아의 해외정보부
④ 대통령 직속 - 한국의 국가정보원, 외무부 소속 - 독일의 연방정보부

25. 다음 역할을 하는 기구가 속해 있는 조직과 유사한 성격을 가지는 각국의 정보조직이 아닌 것은?

> 1979년 IC의 싱크탱크로 정보와 정책공동체 간 교량역할을 하는 ODNI 내 조직으로 모든 정보를 동원하여 장기적 전략정보 분석을 수행하는 정보이슈 들에 대한 실질적인 전문 지식을 제공하며 IC 간 협업을 촉진함.

① 미국의 합동정보공동체위원회(JICC))
② 영국의 합동정보위원회(JIC)
③ 프랑스의 국가 정보위원회(CNR, 구 CIR)
④ 이스라엘의 정보기관장위원회(VARASH)

19 실전모의고사 정답 및 해설

제1회 정답 및 해설

1	④	2	②	3	④	4	①	5	④
6	①	7	④	8	①	9	③	10	③
11	④	12	④	13	③	14	④	15	③
16	③	17	④	18	①	19	②	20	③
21	①	22	②	23	③	24	②	25	②

01. 정보기관과 관료주의의 갈등은 외부요인이다.

02. 우리나라에서 국회의 임명권과 탄핵소추권은 정보기관 통제수단이 아니다.

03. 경찰조사식 감독이 청문회를 사용한다.

04. 휴즈-라이언 수정안(Hughes-Ryan Amendment)이다.

05. 정보조직 시스템보다는 최고지도자 및 관료들의 성향에 따라 운용된다.

06. 호위국은 당 중앙간부와 금수산 기념궁전에 대한 호위도 담당한다.

07. 의열단과 애국단은 임시정부 직속 조직은 아니다.

08. 통일부에서 북한자료센터를 운영한다.

09. 산업기밀보호법 위반죄는 국가정보원이나 경찰청에서 다룬다.

10. 정보기관이 불법 활동만 하는 것은 아니다. 보안조사, 보안감사 등 합법활동도 있다.

11. DRSD(구. DPSD)는 프랑스 국방부산하의 부문정보기구이다.

12. DGSI는 방첩과 수사가 통합되어 있다.

13. 시나리오 전개기법(Scenario Development)은 장차 발생할 수 있는 다양한 시나리오를 구상해 보는 방법으로서 정보적 차원에서 다양한 의문점을 도출해 보는데 유용하게 활용된다.

14. JICC는 ODNI의 내부조직이 아닌 외부조직이다.

15. 3번은 합참의 정보작전방호태세인 인포콘이 아니라 사이버 공격에 대비한 수준별 경보발령에 대한 내용이다.

16. 아래 그림 참조.

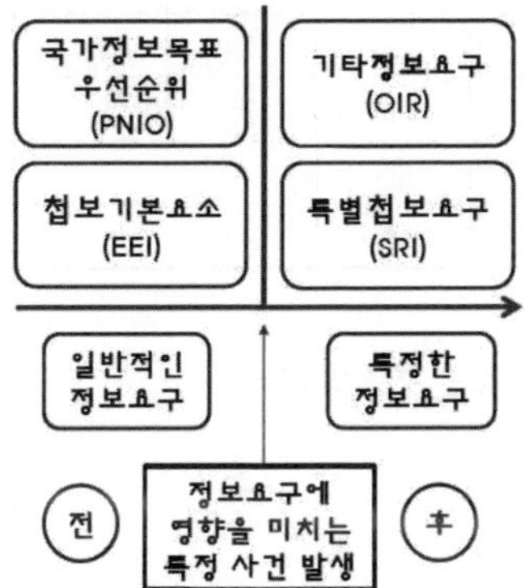

17. 국방과학연구소(ADD)이다.

18. 워너크라이(WannaCrypt)또는 컨피커 웜은 2017년 5월 12일부터 등장한 랜섬웨어 멀웨어 툴로서 이메일, 파일 공유를 통해 유포되는 일반적인 랜섬웨어와 달리 운영체제(OS) 윈도우의 취약점을 악용해 네트워크에 연결된 PC들을 무작위로 자동 감염시키는 웜(Worm) 형태이다.

19. 테러대책 실무위원회 위원장은 대테러센터장이다.

20. 가. 군사기밀을 적법한 절차에 의하지 아니한 방법으로 탐지하거나 수집한자는 10년 이하의 징역에 처한다. (군사기밀보호법 제4조)

나. 산업기술을 외국에서 사용하거나 사용하기 위한 목적의 산업기술의 유출 및 침해행위는 15년 이하의 징역 또는 15억원 이하의 벌금에 처한다(산업기술보호법 제36조)

다. 반국가단체를 구성하거나 이에 가입한 자중 간부 기타 지도적 임무에 종사하는 자는 5년 이상의 징역에 처한다.(국가보안법 제3조)

라. 적국을 위하여 간첩하거나 적국의 간첩을 방조한 자는 7년 이상의 징역에 처한다.(형법 제98조).

21. 작은 민병대로 출범한 헤즈볼라는 레바논 정부에 진출하였고 라디오와 위성 텔레비전 방송국을 갖추며 정당으로 성장하였다.

22. 황장엽 암살조 파견(2010.4.8)

23. 정치공작이다. 상대국의 정치에 비밀리에 개입하여 자국에 유리한 방향으로 만들기 위한 공작으로 주로 우호적인 세력에게 비밀리에 재정지원을 하는 방법을 사용하며 영향공작과 지원공작이 있다.

24. 록펠러위원회(Rocketfeller Commission)는 행정부에 설치되었다.

25. 친화도법(KJ분석법)이다. 자료수집 후 상호관계가 있는 것을 그룹화하고 이를 소그룹에서 대그룹으로 정리해 가면 된다. 이때 특이한 것은 그대로 둔다.

제2회 정답 및 해설

1	④	2	①	3	④	4	④	5	③
6	①	7	③	8	③	9	③	10	③
11	④	12	②	13	④	14	①	15	①
16	③	17	④	18	④	19	③	20	③
21	②	22	④	23	①	24	④	25	④

01. 정보성첩보도 물론 있지만 information이 항상 지식으로서 자료적 가치를 갖는 것은 아니다.

02. 정보조직은 양차대전을 치루면서 과학화 되었으나 더욱 비대해졌다.

03. 정보의 순환은 각 단계가 순환적으로 처리되는 과정을 말하지만, 전 단계가 연속적으로 이루어지고, 동시에 발생할 수도 있다.

04. 국가정보원장이 PNIO 결정권을 갖고 있다.

05. DGSE에서 담당한다.

06. ①은 질적분석기법이다.

07. 정보분석 시 문제제기 요건에는 적시성이 포함된다.

08. 미국 레이건 정부의 전략방위구상(SDI, Strategic Defense Initiative, 일명 Star Wars)은 대표적인 경제공작으로 기만공작과의 병행사례이다.

09. 정보요구에 맞게 정보보고서 작성 배포가 가장 기본업무이고 상대적으로 저렴하며 비밀공작 수행 전 정당성을 가장 먼저 검토해야 한다.

10. NIC에 대한 설명이다.

11. 신원조사는 신원파악으로, 보안조치는 보안서약으로 부르기도 한다.

12. 상대국 공격체계의 견고성을 극복할 수 있는 정보를 제공한다.

13. 정보감시가 목적이 아니라 테러대응이 목표가 되어야 하며 지나친 감시는 오히려 대테러활동을 위축시킬 수 있다.

14. 부서이기주의, 조직 내 소통 부족, 정보전달 체계이상을 의미하는 정보의 사일로현상(Silo Effect)과 관계가 있다. 선취권 잠식은 정보활동의 우선순위에 관한 것으로 영향력 있는 정책담당자나 정보분석관에 의해 우선권이 교란되는 현상이다.

15. SVR은 대통령 직속 정보기구이다.

16. DNI산하의 NCTC에 대한 설명이다.

17. 정보사령부 영상정보단과 국방지형정보단을 통합해 준장을 사령관으로 하는 여단급 부대인 지리공간사령부를 정보본부 산하에 설치할 계획이다. 공군항공정보단(Air Intelligence Wing)은 글로벌호크를 활용할 공군정보부대이다.

18. 2009년 이후는 북한의 정보기구는 중앙집권적으로 재편되어 정찰총국이라는 새로운 정보기구가 군사 정보기구와 당 정보기구를 모두 흡수하고 첩보 및 공작을 주도하게 되었다.

19. 정보는 잠재적 위협이나 정보판단에 도움이 되는 잠재적 요소를 함께 고려해야 한다.

20. 미사일갭은 군비삭감방지와 소련 기만을 목적으로 미국이 소련보다 전력상 우위였음에도 의도적으로 소련에 비해 핵미사일 전력이 뒤쳐진다고 주장한 것으로 60년대초 미국의 핵전력이 우위에 있음이 드러나며 종결되었다.

21. 핵심판단 기법(Key judgment, Linchpin Analysis)은 분석대상에 대한 다수의 가설 설정 후 각 가설을 뒷받침 해주는 증거를 수집 평가하여 소수가설 압축하고 선택된 가설을 중심으로 비교 분석하여 핵심적인 판단을 찾아내는 방법이다.

22. 록펠러위원회는 포드 행정부가 처치위원회 이전에 정보감시를 위해 자체적으로 록펠러 부통령을 위원장으로 하여 1975년 행정부 내 설치한 기구이다.

23. 해당정보와 다른 정보가 모두 언급되었으므로 레이어링, 분석관(기구)간 타협이나 복지부동은 최소공통분모이다. 담합은 상부상조이다.

24. 정보보고서는 어떤 가정을 가지고 정보의 미비점을 연결했는지 또 적절한 질문에 대하여 해답을 가지고 있는지 밝혀야 한다.

25. 적이 사용한 정도의 이상의 과도한 폭력성이 아닌 합목적성을 가진 정도의 폭력적 수단일 때 정당하다. (비례성)

제3회 정답 및 해설

1	④	2	①	3	②	4	④	5	④
6	④	7	④	8	④	9	②	10	①
11	②	12	②	13	①	14	④	15	③
16	②	17	④	18	④	19	①	20	③
21	④	22	③	23	③	24	③	25	④

01. 군사기밀보호법 제11, 12, 13조 참조.

02. 정세 급변에 따라 정책 수정이 필요할 경우 작성하는 것은 기타정보요구(OIR, Other Intelligence Request)이다.

03. Sherman Kent는 국가정보는 전략정보가 되어야한다고 강조하면서 작전 또는 전술정보와 구분되어야 한다고 하였음.

04. 학계나 민간전문가들이 정보 순환과정에서 지원, 조언할 수는 있으나 정보요구를 하지는 않음.

05. 정보의 적시성이란 정보사용자가 가장 필요한 시점에 사용할 수 있도록 하는 것임.

06. 국가정보학에 포함되는 4가지 분야는 정보수집, 정보분석, 비밀공작, 방첩활동이다.

07. Jennifer Sims는 정보는 정책결정자를 위해 수집되고 조직화 되고 분석된 지식으로, Abram N. Shulsky는 정보는 잠재적 위협으로 부터 국가안보 이익에 대한 위협에 대처하는 정부정책과 관련된 지식으로 설명함.

08. 1~3번은 정찰기, FSW는 중국의 정찰위성이다. 중국은 1970년대 초 위성을 개발하기 시작하여 1975 년 11월 26일 중국 최초로 FSW 위성을 발사했다.

09. 가, 다, 라는 SIGINT이며 나 는 MASINT 임.

10. 마타하리는 네덜란드 출인의 무용가로 프랑스에서 활동한 독일간첩이다. 나머지는 러시아를 위한 간첩행위임.

11. 퇴직예정자에게는 보안교육과 보안서약을 실시함.

12. 카이사르 암호(Caesar cipher) 또는 시저 암호는 간단한 치환암호의 일종으로 예를 들면 알파벳 배열 순서를 2글자 건너 3번째에 위치한 문자로 바꾸는 방식으로 암호화 하였다.

13. 수집한 자료를 기반으로 통계자료를 만드는 것은 분석작업이다

14. 정보순환과정은 단선형으로만 이루어진 것이 아니고 이전의 단계로 되돌아갈 수 있음.

15. 정보분석은 정보보고서 작성이 포함된다.

16. CIA의 정보순환 과정은 5단계로 기획 및 지시–수집–처리 및 탐색–분석 및 생산–배포의 단계로 구성되며 환류는 없다.

17. 국가정책을 지원하고 국가차원의 대응책을 모색하는 것이지 국가정책의 평가는 아니다.

18. 정보분석 시 하나의 분석기법만 사용하는 것보다는 양적분석 기법과 질적분석 기법을 상호보완적으로 활용한다.

19. 정세전망기법(Policon & Factions)이다.

20. 양적분석에는 베이지안기법, Policon & Factions, 의사결정나무기법 등이 있다.

21. 냉전종식 이후 경제공작은 산업정보 활동으로 변화했다.

22. 경제간첩 활동을 통해 민간기업이 이득을 볼 수 있다.

23. KGB의 T국이 과학기술 수집을 담당하였고 S국은 비밀공작을 전담하는 비합법 활동국이다. 나머지는 과학 및 산업기술 수집부서임.

24. 지능적 지속위협공격(APT, Advanced Persistent Threat)이다.

25. SIS는 영국 외무성 소속, 나머지는 대통령 직속 정보기구임.

제4회 정답 및 해설

1	④	2	③	3	③	4	③	5	①
6	④	7	②	8	③	9	④	10	④
11	②	12	③	13	④	14	④	15	③
16	①	17	④	18	④	19	④	20	④
21	④	22	②	23	③	24	④	25	②

01. 답 4.

02. 답 3. 국제정치 분야의 최초의 정보기구는 현대에 설립되었다.

03. 답 3.

04. 답 3. 이중공작원은 반간에 해당한다.

05. 답 1. 통신정보는 유무선 통신내용이지 전자정보가 아니다.

06. 답 4. 간자의 비밀이 유출되어 미리 알려지면 간자는 물론 그 정보를 제공받은 자는 모두 죽임을 당한다.

07. 답 2. 정책은 공공정책(公共政策, Public Policy)으로 정부 또는 공공기관이 문제를 해결하거나 목표를 달성하기 위하여 결정한 행동 방침 또는 지침으로 정책정보는 이러한 정책을 지원하는 정보이다.

08. 답 3.

09. 답 4. 영국은 special political action(특별정치활동, SPA), 러시아는 active measure(적극조치), dry affairs(냉정한 일들)라고 정의한다.

10. 답 4.

11. 답 2.

12. 답 3. 예고문과 관계없이 파기할 수 있는 경우는 긴급 부득이한 사정으로 비밀을 계속 보관하거나 안전하게 지출할 수 없을 때, 국정원장의 요청이 있을 때, 보안유지를 위하여 예고문의 파기시기까지 계속 보관할 필요가 없을 때이며 당해 소속 비밀취급 인가권자의 사전 승인을 얻어야 한다.

13. 답 4.

14. 답 4. DGSI가 담당한다.

15. 답 3.

16. 답 1. NRO는 IMINT 활동기관이다. 나머지는 SIGINT를 담당한다. 8200부대는 아만이 지휘하는 SIGINT 수집부대. BRGE는 프랑스의 SIGINT 수집부대, KSA(전략정보사령부)는 독일의 SIGINT, IMINT 활동 및 전자전담당부대이다.

17. 답 4. 독일의 정보기관이다.

18. 답 4. 정보기구의 감독은 중앙정보부에 있었다. 국가안전기획부는 기존의 중앙정보부가 갖고 있던 정보수사기관의 감독 업무를 제외하여 정보 및 보안 업무의 기획·조정으로 바꾸었다. 안기부는 정보조정 협의회(중요 국가안보 이슈를 논의하고 대응책 마련)를 통해 주요 부처 관계자를 소집하고 행정부처에 대한 보안감사를 실시하였다.

19. 답 4. 가장 강력하나 정보의 정치화로 흐를 위험이 있다.

20. 답 4.

21. 답 4. 처치 위원회(Church Committee)에서 불법성을 지적받았다. 이노우에-해밀턴 위원회(Inouye-Hamilton Committee)는 이란-콘트라 스캔들 조사를 위해 구성되었다.

22. 답 2. 선취권 잠식(Priority Creep)은 정보활동의 우선권이 영향력 있는 정책 담당자나 정보분석관에 의해 우선권을 박탈당하고 다른 부분이 우선권을 확보하게 되는 현상이다.

23. 답 3.

24. 답 4. 첩보원들이 금전적 이익을 추구하기 위해 첩보를 꾸며내거나 공개적으로 이용 가능한 자료를 각색하고 다시 포장하여 마치 내부 고위 정보원에서 나온 것처럼 꾸미는 행위이다.

25. 답 2.

제5회 정답 및 해설

1	③	2	②	3	②	4	②	5	④
6	④	7	②	8	①	9	④	10	④
11	④	12	①	13	④	14	④	15	①
16	③	17	④	18	③	19	④	20	④
21	②	22	③	23	④	24	④	25	④

01. 답 3. 최초 수집된 공개자료를 생자료(raw data)라고 한다. 비공개자료는 첩보에 가깝고 이것을 가공하면 정보가 된다.

02. 답 2. 적시성의 기준이 되는 시점은 정보사용자의 사용시점이다.

03. 답 2. ① EEI, ③ PNIO, ④ OIR에 입각하여 SRI를 작성함.

04. 답 2.

05. 답 4. MICE에서 E는 EGO 즉 감정적 동기로 복수심, 증오심, 자존심 등 개인의 심적 동기에서 오는 동기

06. 답 4. 처리 및 탐색과정이 필요하며 이에 많은 시간과 비용이 소모된다.

07. 답 2. 신뢰성, 정확성, 적합성은 정보분석시 자료 평가기준이다. 추가로 정보분석시 문제제기 요건은 정확성, 적합성, 적시성이다.

08. 답 1. 정보분석 시에는 대부분 양적기법과 질적기법을 함께 사용한다. 양적기법을 사용한 이후 문제의 복잡한 특성을 고려하여 가치판단이 개입되는 질적분석 방법을 주로 사용한다.

09. 답 4. 예방공격(preventive attack)이다.

10. 답 4. 의회는 예산 지원 거부 외에 특별한 법률이나 행정명령(즉 반군지원, 암살 금지) 등에 저촉되지 않는 한 공작을 승인하거나 승인하지 않을 권한은 없다.

11. 답 4.

12. 답 1. ①은 보안의 범주이다.

13. 답 4. 일본 외무성의 정보기구이다.

14. 답 4. 유선통신은 암호화 송신을 위해 아날로그에서 디지털 방식으로 바뀌면서 음성메세지를 암호화 방법이 더욱 복잡해져 도청이 거의 불가능해졌다.

15. 답 1. 루즈벨트는 1941년 2차대전 중 국무부와 전쟁부의 정보를 통합·조정하기 위해 COI(정보조정국, Office of the Coordinator of Information)을 설치하였다.

16. 답 3. 쉐이(Shail)에 대한 설명이다. 하쇼메(Hashomet)는 키부츠 방어를 위해 1909년부터 조직한 자체 경비부대이다.

17. 답 4. 국가정보원장은 관계 중앙행정기관의 장과 협의하여 국가사이버 안전매뉴얼 및 관련 지침을 작성 배포할 수 있고 지방자치단체 및 공공기관의 정보 통신망에 대한 안전성 확인을 할 수 있으며 시정 등 필요한 조치를 권고할 수 있으나 필요한 기구 설치를 요청할 수는 없다.

18. 답 3.

19. 답 4.

20. 답 4. 9.11사태이후의 대책으로 ODNI가 설립되었다.

21. 답 2. 스푸핑은 다른 사람의 컴퓨터 시스템에 접근할 목적으로 네트워크 통신과 관련된 MAC 주소, IP주소, 포트 등을 왜곡하여 속이는 기술을 총칭한다.

22. 답 3. 반간은 대상국의 스파이를 생포, 설득하여 이중스파이로 활용하며 가장 중요하며 다른 간자 활용의 토대가 된다.

23. 답 4.

24. 답 4.

25. 답 4. 미국은 정보공동체와 정책공동체가 공생관계까지는 아니지만 상호 절연된 독립관계는 아니라는 입장이며 시스템 상으로 정책 결정권자가 정보판단 과정에 참석하지 않으나 ODNI 내 NIC와 같은 기구를 통해 극복하고 있다.

제6회 정답 및 해설

1	②	2	③	3	②	4	④	5	②
6	③	7	④	8	①	9	②	10	③
11	④	12	③	13	②	14	④	15	③
16	④	17	④	18	②	19	④	20	②
21	②	22	②	23	④	24	④	25	①

01. 답 2. intelligence 또는 knowledge 에 대한 설명이다.

02. 답 3. 가설검증과 모니터링이 정보분석의 마지막 단계로 정책적 대안이나 해결방안을 모색한다.

03. 답 2. 정보 보고서 배포원칙은 적시성, 적합성, 비밀성, 계속성 이다. 신뢰성은 이미 전 단계를 통해 검토되었다고 전제한다.

04. 답 4.

05. 답 2. MASINT는 핵무기 등 대량살상무기의 확산을 감시할 수 있고, 화학무기의 생산공장에서 배출되는 가스와 폐기물을 확인할 수 있다.

06. 답 3. 보기는 카토스이다. 풋토스는 전달자가 걸어가면서 특정 장소에 전달물을 던지면서 회수자가 이를 찾아가는 방법이다.

07. 답 4. 공직가장보다 비용이 많이 소요된다.

08. 답 1. 정보분석과 학문적 분석 모두 현상에 대한 설명과 예측을 목적으로 하며 사회과학적 방법과 동일한 방식으로 분석한다.

09. 답 2. 판단정보는 전략적인 능력을 분석하는 정보에 가깝다.

10. 답 3. 전략방위구상(Strategic Defense Initiative, 일명 Star Wars)은 경제공작과 기만공작과의 병행사례이다. Star Wars가 이미 실험이 끝난 것처럼 과장해서 발표하여 소련이 전략무기 감축협상에 응하도록 만들었고 이후 막대한 예산을 낭비하게 하여 소련의 붕괴를 5년 정도 앞당겼다고 함.

11. 답 4. 보기는 특수작전(special operation 또는 direct action)이다. 군사공작이 아니라 준군사공작은 배후를 은폐하고 정규군의 군사력을 외형적으로 사용하지 않는다.

12. 답 3. 대테러센터는 국무총리(국무조정실) 소속의 대테러센터장이 따로 있으며 고위공무원단에 속하는 일반직공무원이다.

13. 답 2. 통제구역은 비인가자의 출입이 금지되며 출입인가자의 한계를 미리 설정 하고 사전 관리책임자의 허가를 받아야 하며 출입자 명부에 기재한 다음 안내를 받아야 하는 장소이다.

14. 답 4. 각국 정보기구들은 정보협력기구나 조직을 따로 두고 운용하고 있다.

15. 답 3. 백도어는 시스템 내부를 설계할 때부터 개발자만 알 수 있도록 프로그램에 설치한 침입로이고 정상적인 인증 절차를 거치지 않고, 컴퓨터와 암호 시스템 등에 접근할 수 있도록 하는 방법이므로 악성코드 공격과 관계가 멀다. 바이러스, 웜, 트로이 목마가 악성코드의 3대유형이다.

16. 답 4. 군사안보지원사령부는 보위국과 유사하다. 국방정보본부는 산하에 정보사령부, 777부대, 국방지형정보단을 산하에 두고 있다.

17. 답 4. 해외공작은 CIA 주도로 DIA와 분담하고 있다.

18. 답 2. SVR은 의회승인이 불필요하다.

19. 답 4. 정책과정에서의 정보지원은 문제확인(정책환경 진단) – 정책계획 (정책의 수립 및 조정) – 정책결정(최적의 정책 선택) – 집행과 평가(정책 집행시기와 집행 후 평가)로 이루어진다.

Chapter 19

20. 답 2. 1974년 8월 닉슨의 워터게이트 사건이 계기가 되었다.

21. 답 2.

22. 답 2.

23. 답 4. 비상인도(extraordinary rendition)라고도 한다.

24. 답 4. 국가정보원의 관리 하에 있다.

25. 답 1. 국가보안법 제3조 반국가단체의 구성 1항 2호, 2항 그리고 제4조 목적수행 1항 2호 나목을 참조

제7회 정답 및 해설

1	②	2	④	3	③	4	④	5	②
6	③	7	③	8	④	9	④	10	④
11	②	12	④	13	②	14	①	15	③
16	②	17	②	18	②	19	②	20	④
21	③	22	②	23	①	24	②	25	①

01. 예측(판단)보고서는 시계열 기준이다.

02. NIEs(National Intelligence Estimates)이다.

04. 국가정보목표우선순위 즉 정보수집의 우선순위를 고려해야 한다.

05. 비밀공작은 최후의 예외적인 방책이다.

07. 나머지는 질적분석의 패러다임이다.

08. 개념형 분석기법에 대한 설명으로 분석관이 먼저 하나의 큰 그림을 그리고 세부 첩보수집과 분석을 하는 방식으로 자료형 분석기법의 대안으로 등장하였다.

09. 비공직가장의 특징이다.

10. 회색선전에 대한 내용이다.

11. 기만, 침투, 역용공작이 방첩활동에 포함될 수 있다.영향공작은 지원공작과 함께 정치공작의 하나이다.

12. 보안조치는 보안서약이다. 비밀취급인가가 아니라 신원조사이다.

13. 보기는 전통적 테러리즘의 특징이다. 뉴테러리즘은 테러목적이나 요구조건이 추상적이고 공격주체가 불분명하여 추적이 불가능한 경우가 대부분 이다.

14. 정보사(HID)는 HUMINT, IMINT와 MASINT를 담당한다. 777부대에서 SIGINT를 담당한다.

15. 오흐라나는 1917년 러시아혁명으로 해산된 러시아제국의 마지막 비밀경찰조직이다. 비상위원회는 KGB의 원조격으로 레닌과 트로츠키에 의한 러시아혁명 이후 1917년 12월 설립되었다.

16. 민간분야는 미래창조과학부장관(현, 과학기술정보통신부)이, 국방분야는 국방부장관이 경보를 발령하며 효율적인 경보업무 수행을 위해 발령 전 경보 관련 정보를 상호 교환하여야 한다.

17. 안보 딜레마란 군비증강 등 더 많은 힘의 추구를 통해 안보를 얻으려고 하는 노력이 오히려 상대방을 더 불안하게 만들어 더욱 강력한 무장을 갖추게 함으로서 더 큰 안보위협을 가져오는 것이다. 보기와 같은 초국가적 쟁점들은 행위자들간 문제해결을 위한 이해의 공감대가 쉽게 형성될 수 있어 반드시 안보 딜레마(Security Dilemma) 상황을 초래하지는 않는다.

18. 보기는 정보기구는 업적을 홍보하기 보다는 비밀을 유지하는 것을 최고의 미덕으로 존중한다는 뜻이다. 미 CIA의 익명에의 정열도 마찬가지 의미이다.

19. 보기는 외적 요인이다.

21. 분석관 자신이 처한 현실을 분석 대상국에게도 그대로 적용하는 자기반사적 오류는 미러 이미지이다

22. 미국의 1차대전 참전의 원인이 되었던 짐머만 사건은 SIGINT와 연관, 소련영공에서 격추된 U-2기의 조종사는 게리파워스로 IMINT와 연관, 빌리브란트 총리의 비서였던 권터기욤은 동독의 스파이로 HUMINT와 연관된다.

23. 의사결정의 목표 또는 평가기준이 다수이며 복합적인 경우 이를 계층화 하여 주요 요인과 그 주요 요인을 이루는 세부 인들로 분해하고 이러한 요인들을 쌍비교(Pairwise Comparison)를 통해 가중치로서 중요도를 산출하는 분석 방법이다.

24. 해외안보총국은 프랑스의 해외정보기관, 국내안보총국은 내무부 소속의 방첩기관, 러시아의 해외정보부는 대통령 직속, 독일의 연방정보부는 수상 직속이다.

25. 지문은 NIC에 대한 설명이고 속한 조직은 ODNI로 IC활동의 조정·통제를 담당한다. JICC는 ODNI의 외부 자문을 담당하며 유관부처의 장관이 1년에 2회 참석한다.

* 참고문헌

1. 국내단행본 및 논문

〈 단행본 〉

- 경찰공제회, 2018, 경찰실무
- 김윤덕. 2001. 국가정보학. 서울: 박영사.
- 문정인 편. 2002. 국가정보론: 이론과 실제. 박영사.
- 윤정석. 2014. 국가정보학의 이해: 정보와 국가안보. 오름.
- 전웅. 2015. 현대국가정보학. 박영사.
- 정찬영. 2011. 객관식국가정보학. 종로국가정보학원.
- 정찬영 편. 2011. 국가정보학. 종로국가정보학원.
- 한희원. 2014. 국가정보학 요해 요약 & 문제. 법률출판사.
- 황교안, 2011, 국가보안법 해설

〈 논문 〉

- 강정호, et al. 2016. 국외 주요국과 북한의 사이버전 수행전략 및 기술 비교분석을 통한 대응방향." 보안공학연구논문지 13.4.
- 국가안보전략연구소. 사이버공간과 국가안보. 2014. 학술회의자료집.
- 국가인권위원회 조사국. 2012. 국가기관의 불법사찰 실태 및 개선방안에 관한 정책토론회. 국가인권위원회.
- 국가정보원. 국가방첩전략 2018 심의 · 의결. 2017. 12. 18 보도자료.
- 국가정보원. '대공수사권 이관' · '예산 투명성'등 국정원법 개정 연내 추진. 2017. 11. 29 보도자료.
- 권오국 · 김윤영. 2017. 국제사회의 테러리즘 동향과 국내 테러대응 체계 및 시사점 분석. 통일문제연구 29.1.
- 김강무. 2016. 한국의 전략정보생산체제 문제점과 개선 방향 고찰, 한국국가정보 학회, 국가정보연구 제9권 제2호.

- 김광린. 2009. 러시아의 테러리즘 방지 대책 : 테러리즘과의 전쟁에 관한 연방법을 중심으로. 국가정보연구 제1권 2호.
- 김동환. 2014. 국방지리공간정보 거버넌스에 대한 연구-미 (美) 정보공동체와 육군 랜드워넷을 중심으로. 한국공간정보학회지. 22.1: 19-26.
- 김왕식. 2011. 영국 보안부와 비밀정보부의 조직과 활동양상. 국가정보연구 제4권 1호.
- 김왕식. 2012. 정보환경의 변화와 방첩제도의 개선방안. 국가정보연구 제5권 1호.
- 김애경. 2014. 중국의 대외정책 결정과정에서 공산당의 변화된 역할. EAI 프로젝트 리포트.
- 김영호. 2004. 부시독트린의 의미와 한계. 한국정치외교사논총 26.1.
- 김택환 · 강만석 · 송종길 · 최은경. 2012. 중국의 언론제도 및 산업 현황 연구. 한국언론진흥 재단 지정.
- 김철우. 2008. 한국 정보기구의 통합운영 방안. 국가정보연구 제1권 1호.
- 김호정. 2015. 정보수사기관의 방첩활동 수행근거 법령 및 직무집행 권한에 관한 연구. 국가정보연구 제8권 1호.
- 노대래. 2015. 일본 해상보안청의 정보활동과 시사점. 한국경찰학회보 55권.
- 민경식 · 지순정. 2013. 미국의 사이버보안 정책과 R&D 전략에 관한 분석: 오바마 정부 1기의 성과와 정책적 시사점을 중심으로. 한국인터넷진흥원 Internet & Security Focus 1월호.
- 박상기. 2007. 諜罪에 관한 小考. 형사정책연구 제8권.
- 박진희. 2012. 뉴테러리즘 시대의 테러 의미정립과 테러 유형분석. 국립방재 연구원.
- 서동구. 2015. 미국의 정보정치화 사례연구. 국가전략. Vol.21 No.4(2015).
- 손승우. 2016. 미국의 경제안보 관련 법률 연구: 외국인대리인등록법과 외국인투자 및 국가안보법을 중심으로. 단국대학교.
- 송은지. 2014. 미국 정부의 주요기반시설 사이버보안 강화 정책. 정보통신기술 진흥센터. 주간기술동향 통권 1671호.
- 쉬린 마자리. 2003. 동북아 안보와 파키스탄 그리고 북한. 주간국방논단. 제940호(03-17).
- 신계균. 2015. 자유법 입법과정을 통해서 본 미국 의회의 역할. 의정연구 제21권 제3호
- 신영웅. 2018. 국가안보에 대한 사이버 위협과 새로운 국제 사이버안전규범의 제안. 국가정보연구 제10권 2호.
- 신창훈. 2015. 북한의 사이버공격과 위협에 대한 우리의 대응. 아산정책연구원. Issue Brief. 2015.4.6.
- 신충근 · 이상진. 2013. 북한의 대남 사이버테러 전략 분석 및 대응 방안에 관한 고찰. 경찰학연구 13.4.

- 양철호. 2017. 테러동향 변화에 따른 군·경 테러 대응체계 개선방향. 치안정책 연구소.
- 연혁식. 2008. 일본의 정보기구 개혁 동향과 그 의미. 국가정보연구 제1권 1호.
- 염돈재. 2008. 한국에서의 국가정보 연구: 어제, 오늘, 그리고 내일. 국가정보연구 제1권 1호.
- 염돈재. 2014. 국가정보 개혁을 위한 분석틀의 모색. 국가정보연구 제6권 2호.
- 우정. 2008. 9.11 사태 이후 정보패러다임 변화 고찰. 국가정보연구 제1권 1호.
- 유동원. 2016. 중국 군사체제 개혁과 한국의 대응. 한국민족문화 61.
- 윤민우. 2010. 새로운 안보환경을 둘러싼 사이버테러의 위협과 대응방안. 한국 경호 경비학회지.
- 윤지영. 2013. 미국 수사기관의 온라인 감시에 대한 비판적 연구. 형사법의 신동향 39.
- 윤태영. 2103. 국경안보체계와 국가정보의 역할. 국가정보연구 제6권 1호.
- 윤태영. 2015. 주요국 정보기관의 국내정보활동: 영국, 미국, 이스라엘 사례와 한국에 대한 함의. 한국치안행정논집. 12.3
- 윤해성. 2011. 대테러 활동에 관한 수사시스템 정비방안. 형사정책연구원 연구총서.
- 윤해성·윤민우·김일수. 2012. 사이버 테러의 동향과 대응 방안에 관한 연구. 형사정책연구원 연구총서. 12-B-03.
- 은용수. 2014. 외교정책 설명과 방법론-패러다임 전환 및 확장을 위한 제언. 세계정치 20.
- 이경렬. 2014. 사이버 이적활동에 대한 안보형법적인 대책 검토. 국가정보연구 제7권 1호.
- 이교덕·이기현·전병곤·신상진. 2012. 중국의 對한국 통일 공공외교 실태. 경제·인문사회연구회 협동연구총서 12-12-04.
- 이계수·오동석·오병두. 2006. 테러대응 법령과 기구에 대한 비교 연구. 치안논총 22.
- 이대성. 2014. 현행 국가대테러활동지침에 대한 비판적 검토. 한국테러학회보 제7권 제1호.
- 이상현. 2012. 미국의 사이버보안 법제: 입법부, 사법부, 행정부의 대응을 중심으로. Internet and Information Security 제3권 제1호.
- 이상현. 2016. 21세기 일본의 대외정보기구 창설 관련 논의동향과 그 함의. 국가안보전략연구원. 국가안보와 전략 제6권 3호 통권3호.
- 이성대·이경렬·김일환. 2017. 통신비밀자료의 제공과 관련한 주요국의 법제비교와 시사. 嘉泉法學 제10권 제3호.
- 이연수, et al. 2008. 주요국의 사이버 안전관련법 조직체계 비교 및 발전방안 연구. 국가정보연구 제1권 2호.
- 이용석·권헌영·황석중. 2017. 독일 연방 사이버군 창설 계획과 한국군 적용방향. 국방정책연구 115.
- 이준복. 2014. 산업스파이 및 M&A 에 따른 산업기술유출 대응방안에 관한 법적 연구.

경찰학연구 14.3.

- 이지수. 2009. 냉전 후 러시아 정치에 정보기관의 역할과 전망. 국가정보연구 제1권 2호.
- 이한영·강하연·여혁종. 2006. 미국 엑슨 플로리오법의 특징 및 시사점. 규제연구 15.2.
- 이호수·설진배. 2017. 영국의 테러리즘 대응 입법동향과 특징 분석. 국가정보연구 제9권 2호.
- 이호철. 2009. 중국의 정보조직과 정보활동: 國家安全部중심으로. 국가정보연구 제1권 2호.
- 이호형, 2013, 신호정보위성의 역사 및 현황, 한국항공우주연구원, 항공우주산업 기술동향 11권2호.
- 임준태. 2006. 한국 정보기관의 발전방향에 관한 연구. 한국공안행정학회보 22.
- 임종인. 2016. 국가사이버보안 정책과 Think Tank의 역할. SECUINSIDE.
- 장노순. 2010. 9/11이후 미국의 방첩전략과 조직에 관한 연구: ONNI와 국방부를 중심으로. 국가정보연구 제2권 2호.
- 전권천. 2014. 일본의 국가안전보장회의(NSC) 강화와 한국에 대한 시사점. 국방연구 제57권 제2호.
- 전봉근. 2015. 21세기 한국 국제안보 연구: 개념과 실제. 정책연구과제. 외교부.
- 전웅. 2009. 외교정책수단으로서 비밀공작(Covert Action)의 효용성 : 미국의 사례. 국제정치논총.
- 전웅. 2010. 방첩 개념의 재조명: 목적, 범위, 활동 유형을 중심으로. 국가정보연구 제2권 2호.
- 전웅, 2011. 초국가안보위협과 정보활동의 방향: 미국의 사례를 중심으로. 국가 정보연구 제3권 2호.
- 전웅. 2017. 빅데이터와 정보활동: 미국 정보공동체 사례를 중심으로. 국가정보연구 제10권 1호.
- 정기석. 2012. 최근의 사이버테러에 대한 대응방안. 정보보안논문지 12.1.
- 정상화. 2009. 일본의 테러리즘 대응책: 정보기구와 관련법규의 분석. 국가정보 연구 제1권 2호.
- 정성장. 2011. 중국과 북한의 당 중앙군사위원회 비교연구 위상·역할·후계 문제를 중심으로. 세종정책연구 19.
- 정성장. 2015. 김정은 시대 북한노동당 중앙위원회 정치국의 역할. 정세와 정책 4월호.
- 정웅. 2010. 산업보안범죄의 제도적 대응방안, 치안정책연구소.
- 정웅. 2013. 해외 주요 국가들의 경제방첩 정책과 우리의 정책과제. 국가정보연구 제5권 2호.

- 정지운. 2010. 미국 국토안보법의 체계에 관한 연구. 치안정책연구소.
- 정준현. 2015. 북한의 사이버 공격에 대한 우리의 대응전략과 법적 과제. 국가정보 연구 제8권 1호.
- 제성호. 2017. 독일의 테러방지법과 테러대응기구. 법학논문집 제41집 제1호.
- 제성호. 2017. 최근 북한의 대남공작 양상과 전망. 국가정보연구 제10권 1호.
- 조성택 · 임유석. 2013. 미국의 대테러활동을 위한 정보공동체(IC)의 역할과 함의. 한국치안행정논집 10.3.
- 조호대 · 박동균,조현빈. 사이버침해사고 예방 및 대응을 위한 법 · 제도적 개선방향. 2010. 국회입법조사처.
- 주대준. 2011, 국가 사이버보안 대응체계 혁신에 관한 연구. 교육과학기술부.
- 진선미. 2011. 일본의 정보기관: 연혁, 조직, 활동. 국가정보연구 제4권 1호.
- 최진혁. 2010. 산업보안의 제도적 발전방안 연구: 미국 사례를 중심으로. 한국경호경비학회지 22.
- 통일연구원. 2012. 중국의 한반도 관련 정책연구 기관 및 전문가 현황분석. KINU 연구총서 12-09
- 한희원. 2011. 국가정보의 새로운 이해에 대한 연구: 정보 신이론과 현대적 중요성. 국가정보연구 제3권 2호.
- 한희원. 2012. 초국가적안보위협세력에의 법규범적 대응 법제연구. 중앙법학 14.2.
- 한희원. 2015. 변모하는 안보환경에 따른 국가안보체계 혁신에 대한 법규범적 연구. 형사법의 신동향.
- 홍성혁 · 서유정. 2016. 효율적인 Sniffing 공격 대응방안 연구. 융합정보논문지(구 중소기업융합학회논문지) 6.2.

2. 해외단행본 및 논문

- BARRY, James A. Covert action can be just. Orbis, 1993, 37.3: 375-390.
- Dover, Robert, Michael S. Goodman, and Claudia Hillebrand, eds. Routledge companion to intelligence studies. Routledge, 2013.
- George, Alexander L., and Andrew Bennett. Case studies and theory development in the social sciences. mit Press, 2005.
- GILL, Peter; PHYTHIAN, Mark. Intelligence Studies: some thoughts on the state of the

art. Annals of the University of Bucharest/Political science series, 2012, 14.1: 5-17.
- God son, Roy, and James J. Wirtz, eds. Strategic denial and deception: The Twenty-first Century challenge. Transaction Publishers, 2011.
- Heuer, Richards J. Psychology of Intelligence Analysis. Washington, D.C.: Center for the Study of Intelligence, Central Intelligence Agency, 1999. Print.
- Obama, Barack. National security strategy of the United States 2010.
- Office of Inspector General. A Review of the FBI's Use of Pen Register and Trap and Trace Devices Under the Foreign Intelligence Surveillance Act in 2007 through 2009, U.S. Department of Justice, 2015.
- Office of the Inspector General, Threat and Local Observation Notice (TALON) Report Program. United States. Department of Defense, 2007.
- ODNI. National Intelligence Comsumer Guide, 2009.
- ODNI. US.National Intelligence Overview, 2011.
- PRICE, Monroe. Iran and the Soft war. International Journal of Communication, 2012, 6: 19.
- Shulsky, Abram N., and Gary James Schmitt. Silent warfare: understanding the world of intelligence. Potomac Books, Inc., 2002.
- U.S. Government. Richard L. Bernard. Electronic Intelligence (ELINT) at NSA. General Books LLC, 2011.

3. 인터넷 자료

- 국가안보전략연구원 · 이스라엘국제대테러연구소공동국제학술회의. 2016. 새로운 테러 위협과 국가안보. www.inss.re.kr/contents/ academic_in_view.htm ?boardId =405324 (검색일: 2018년 3월 13일).
- 미국 사이버보안 종합계획 2010. 교육과학기술부 KISTEP 정책기획실. http://www.now.go.kr/ur/poliIsue/viewUrPoliIsue.do?poliIsueId=ISUE_000000000000516&pageType=OVER¤tHeadMenu=2¤tMenu=21 (검색일: 2018년 3월 6일).
- 안진영. 우주를 둘러싼 프랑스의 국가 현황. https://www.kari.re.kr/cmm/fms/FileDown.do? (검색일: 2018년 4월 12일).

- 유학영·유동영. 사이버공격 대응 기본 매트릭스 http://www.kisa.or.kr/uploadfile/201407/2014 07141312054330.pdf (검색일: 2018년 3월 5일).
- 이스라엘 개황. 외교부 2015.11. http://www.mofa.go.kr/www/ brd/m_4099/view.do?seq=359412&srchFr=&srchTo=&srchWord=&srchTp=&multi_itm_seq=0&itm_seq_1=0&itm_seq_2=0&company_cd=&company_nm= (검색일: 2018년 4월 18일).
- 인권과 이용자 중심의 사이버 보안 전략이 필요하다: 국내 사이버보안 정책의 재구성 모색. http://idr.jinbo.net/wordpress/wp-content/uploads/2016/12 (검색일: 2018년 3월 9일).
- 조선일보, 2018.08.09 12:39 http://news.chosun.com/site/data/html_dir/2018/08/09/2018080901440.html(검색일 2018.12.24.)
- 중국개황 2017. http://www.mofa.go.kr/www /brd/m_4099/view.do?seq=367503&srchFr=&srchTo=&srchWord=&srchTp=&multi_itm_seq=0&itm_seq_1=0&itm_seq_2=0&company_cd=&company_nm=&page=1
- 중국의 사이버스파이부대공개. http://www.gingkos.co.kr /mail/newsletter_1407/images/Mandiant_APT1_FINAL_PRINT_READY_WITH_CROPS.pdf
- 집중탐구 이스라엘 정보기관 모사드 http://monthly.chosun.com/client /news/viw.asp?nNewsNumb=200902100034 (검색일: 2018년 4월 18일).
- 치안정책연구소. 러시아정보기관의 변천과 활동실태. http://www.psi.go.kr/pds/ (검색일: 2018년 3월 13일).
- 황재호. 2014년 중국의 국방: 군 개혁의 심화와 군사력의 양익화(兩翼化). www.prism.go.kr/ (검색일: 2018년 3월 30일).
- A COMMUNICATIVE-VIEWING PROPOSAL FOR REFORM OF THE JAPANESE INTELLIGENCE SERVICES. https://revistas.ucm.es/index .php/RUNI/article/viewFile/52673/48427 (검색일: 2018년 3월 23일).
- Arar v. Ashcroft. Havard Business Review. 123 Harv. L. Rev. 1787. https://harvardlawreview.org/2010/05/second-circuit-holds-that-alleged-victim-of-extraordinary-rendition-did-not-state-a-bivens-claim-ae-arar-v-ashcroft-585-f-3d-559-2d-cir-2009-en-banc/ (검색일: 2018년 5월 26일).
- A Secure and Prosperous United Kingdom. https://www.gov.uk/government/publications/national-security-strategy-and-strategic-defence-and-security-review-2015 (검색일: 2018년 4월 9일).
- Brief summary 2016 Report on the Protection of the Constitution: Facts and Trends,

https://www.verfassungsschutz.de/embed/annual-report-2016 -summary.pdf f (검색일: 2018년 4월 14일).

- Breen, John G. "The Ethics of Espionage and Covert Action." http://thesimonscenter.org/wp-content/uploads/2016/08/IAJ-7-2-Summer2016-71-80.pdf
- (검색일: 2018년 3월 23일).
- CIA Library. Studies in Intelligence. https://www.cia.gov/library/ center-for-the-study-of-intelligence/csi-publications/csi-studies/index.html (검색일: 2018년 2월 2일).
- C. Collins, D. Frantz, Fallout from the AQ Khan Network and the Clash of National Interests, https://www.iaea.org/safeguards/symposium/2010/ Documents/PapersRepository/2012749789382198030766.pdf (검색일: 2018년 5월 24일).
- COORDONNATEUR NATIONAL DU RENSEIGNEMENT ET DE LA LUTTE CONTRE LE TERRORISME CENTRE NATIONAL DE CONTRE-TERRORISME (CNCT) https://www.cf2r.org/ wp-content/uploads/2017/05/CNCT.pdf (검색일: 2018년 4월 11일).
- Das Gemeinsame Internetzentrum Zur Bekämpfung des islamistischen Terrorismus im Internet, www.imagi.de/SharedDocs/Downloads/.../Terrorismus/giz.pdf (검색일: 2018년 4월 19일).
- Das Gemeinsame Terrorismus-abwehrzentrum, https://www.verfassungsschutz.de/de/arbeitsfelder/af-islamismus-und-islamistischer-terrorismus/gemeinsames-terrorismusabwehrzentrum-gtaz (검색일: 2018년 4월 19일).
- DRSD 2018 Fiche d'dentité. Direction du Renseignement et de la Sécurité de la Défense. (검색일: 2018년 4월 13일).
- FRENCH national digital security strategy. https://www.enisa.europa.eu/topics/national-cyber-security-strategies/ncss-map/France_Cyber_Security_Strategy.pdf (검색일: 2018년 4월 10일).
- Ihre Karriere im Kommando Strategische Aufklarung, http://cir.bundeswehr.de/portal/a/cir/start/dienststellen/ksa/ksa/downloads. (검색일: 2018년 4월 14일).
- International Journal of Intelligence and Counter Intelligence, Volume 13, Number 4, pp. 424-437, 2000. http://hdl.handle.net/10945/43266 (검색일: 2018년 4월 9일).
- NGA. STRATEGY. https://www.nga.mil/About/ NGAStrategy/Pages/ default.aspx. (검색일: 2018년 3월 20일).
- Japan's Signals Intelligence (SIGINT) Ground Stations: A Visual Guide https://nautilus.org/napsnet/napsnet-special-reports/japans-signals-intelligence-si

gint-ground-stations-a-visual-guide/ (검색일: 2018년 3월 27일).

- National Security Branch U.S. Department of Justice. Federal Bureau of Investigation. https://www.fbi.gov/about/leadership-and-structure/national-security-branch (검색일: 2018년 3월 21일).
- ODNI Fact Sheet - Office of the Director of National Intelligence. https:// www.dni.gov/files/documents/FACTSHEET_ODNI_History_and_Background_2_24-17.pdf (검색일: 2018년 3월 19일).
- ODNI NATIONAL COUNTERINTELLIGENCE EXECUTIVE. https://www. dni.gov/index.php/ncsc-home (검색일: 2018년 3월 19일).
- Outline of Duties 2014 : Cabinet Office. http://www.cao.go.jp/en/ pmf_index-e.html 검색일: 2018년 3월 27일).
- Police of Japan. ORGANIZATION & RESOURCES 2017. https://www.npa.
- go.jp/english/POJcontents.html (검색일: 2018년 3월 23일).
- Richard A. Best, Jr. 2004. The National Intelligence Director and Intelligence Analysis. Foreign Affairs, Defense, and Trade Division. Congressional Research Service. https://fas.org/irp/crs/RS21948.pdf (검색일: 2018년 2월 2일).
- Robert L. Benson, THE VENONA STORY, National Security Agency. http://www.nsa.gov/about/cryptologic-heritage/historical-figures-publications/publications/coldwar/assets/files/venona_story.pdf (검색일: 2018년 5월 18일).
- Strategic review of cyber defence February 2018. http://www.sgdsn.gouv.fr/uploads/2018/03/revue-cyber-resume-in-english.pdf
- THE CRITICAL INFRASTRUCTURE PROTECTION IN FRANCE
  www. sgdsn.gouv.fr/uploads/2017/03/plaquette-saiv-anglais.pdf
  (검색일: 2018년 4월 10일).
- Tracfin, Cellule de lutte contre le blanchiment de capitaux et le financement du terrorisme. https://www.economie.gouv.fr/tracfin/accueil-tracfin (검색일: 2018년 4월 13일).

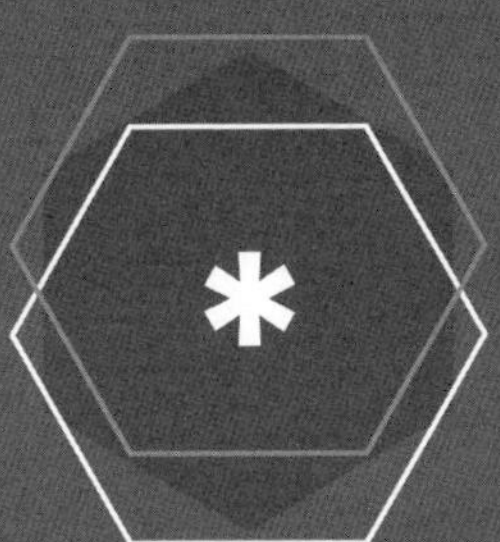

부 록

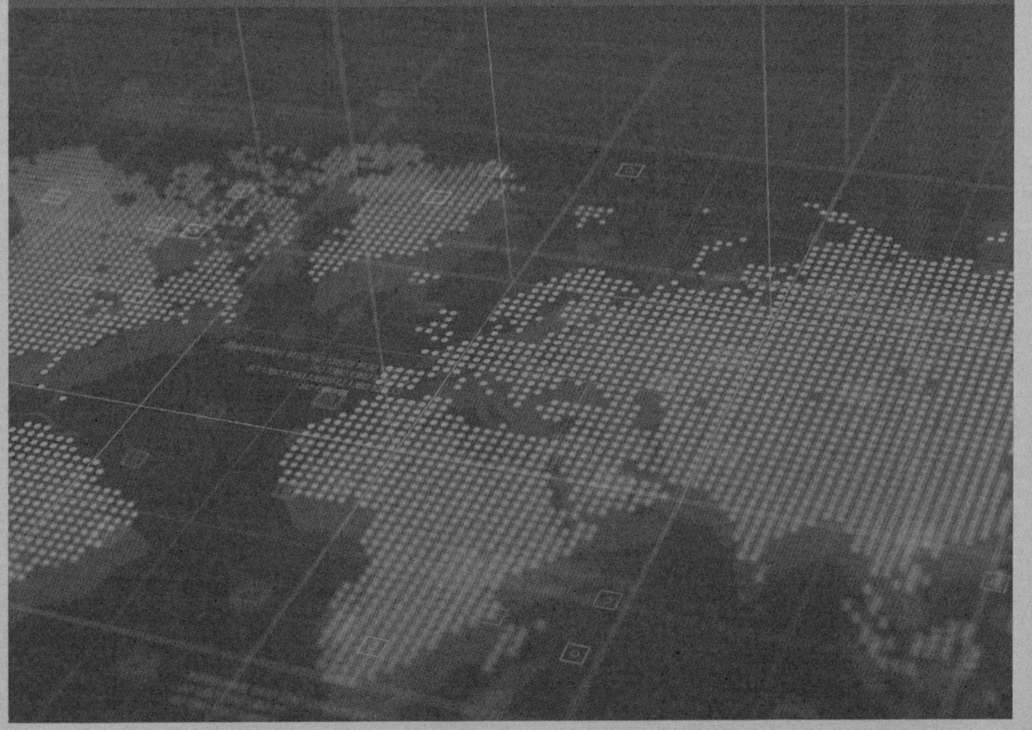

부록 1 | 대한민국 헌법

부록 1. 대한민국 헌법

[시행 1988. 2. 25.] [헌법 제10호, 1987. 10. 29., 전부개정]

유구한 역사와 전통에 빛나는 우리 대한국민은 3·1운동으로 건립된 대한민국임시정부의 법통과 불의에 항거한 4·19민주이념을 계승하고, 조국의 민주개혁과 평화적 통일의 사명에 입각하여 정의·인도와 동포애로써 민족의 단결을 공고히 하고, 모든 사회적 폐습과 불의를 타파하며, 자율과 조화를 바탕으로 자유민주적 기본질서를 더욱 확고히 하여 정치·경제·사회·문화의 모든 영역에 있어서 각인의 기회를 균등히 하고, 능력을 최고도로 발휘하게 하며, 자유와 권리에 따르는 책임과 의무를 완수하게 하여, 안으로는 국민생활의 균등한 향상을 기하고 밖으로는 항구적인 세계평화와 인류공영에 이바지함으로써 우리들과 우리들의 자손의 안전과 자유와 행복을 영원히 확보할 것을 다짐하면서 1948년 7월 12일에 제정되고 8차에 걸쳐 개정된 헌법을 이제 국회의 의결을 거쳐 국민투표에 의하여 개정한다.

제1장 총강

제1조

① 대한민국은 민주공화국이다.

② 대한민국의 주권은 국민에게 있고, 모든 권력은 국민으로부터 나온다.

제2조

① 대한민국의 국민이 되는 요건은 법률로 정한다.

② 국가는 법률이 정하는 바에 의하여 재외국민을 보호할 의무를 진다.

제3조

대한민국의 영토는 한반도와 그 부속도서로 한다.

제4조

대한민국은 통일을 지향하며, 자유민주적 기본질서에 입각한 평화적 통일 정책을 수립하고 이를 추진한다.

제5조

① 대한민국은 국제평화의 유지에 노력하고 침략적 전쟁을 부인한다.

② 국군은 국가의 안전보장과 국토방위의 신성한 의무를 수행함을 사명으로 하며, 그 정치적 중립성은 준수된다.

제6조

① 헌법에 의하여 체결·공포된 조약과 일반적으로 승인된 국제법규는 국내법과 같은 효력을 가진다.

② 외국인은 국제법과 조약이 정하는 바에 의하여 그 지위가 보장된다.

제7조

① 공무원은 국민전체에 대한 봉사자이며, 국민에 대하여 책임을 진다.

② 공무원의 신분과 정치적 중립성은 법률이 정하는 바에 의하여 보장된다.

제8조

① 정당의 설립은 자유이며, 복수정당제는 보장된다.

② 정당은 그 목적·조직과 활동이 민주적이어야 하며, 국민의 정치적 의사형성에 참여하는데 필요한 조직을 가져야 한다.

③ 정당은 법률이 정하는 바에 의하여 국가의 보호를 받으며, 국가는 법률이 정하는 바에 의하여 정당운영에 필요한 자금을 보조할 수 있다.

④ 정당의 목적이나 활동이 민주적 기본질서에 위배될 때에는 정부는 헌법재판소에 그 해산을 제소할 수 있고, 정당은 헌법재판소의 심판에 의하여 해산된다.

제9조

국가는 전통문화의 계승·발전과 민족문화의 창달에 노력하여야 한다.

제2장 국민의 권리와 의무

제10조

모든 국민은 인간으로서의 존엄과 가치를 가지며, 행복을 추구할 권리를 가진다. 국가는 개인이 가지는 불가침의 기본적 인권을 확인하고 이를 보장할 의무를 진다.

제11조

① 모든 국민은 법 앞에 평등하다. 누구든지 성별·종교 또는 사회적 신분에 의하여 정치적·경제적·사회적·문화적 생활의 모든 영역에 있어서 차별을 받지 아니한다.

② 사회적 특수계급의 제도는 인정되지 아니하며, 어떠한 형태로도 이를 창설할 수 없다.

③ 훈장등의 영전은 이를 받은 자에게만 효력이 있고, 어떠한 특권도 이에 따르지 아니한다.

제12조

① 모든 국민은 신체의 자유를 가진다. 누구든지 법률에 의하지 아니하고는 체포·구속·압수·수색 또는 심문을 받지 아니하며, 법률과 적법한 절차에 의하지 아니하고는 처벌·보안처분 또는 강제노역을 받지 아니한다

② 모든 국민은 고문을 받지 아니하며, 형사상 자기에게 불리한 진술을 강요당하지 아니한다.

③ 체포·구속·압수 또는 수색을 할 때에는 적법한 절차에 따라 검사의 신청에 의하여 법관이 발부한 영장을 제시하여야 한다. 다만, 현행범인인 경우와 장기 3년 이상의 형에 해당하는 죄를 범하고 도피 또는 증거인멸의 염려가 있을 때에는 사후에 영장을 청구할 수 있다.

④ 누구든지 체포 또는 구속을 당한 때에는 즉시 변호인의 조력을 받을 권리를 가진다. 다만, 형사피고인이 스스로 변호인을 구할 수 없을 때에는 법률이 정하는 바에 의하여 국가가 변호인을 붙인다.

⑤ 누구든지 체포 또는 구속의 이유와 변호인의 조력을 받을 권리가 있음을 고지받지 아니하고는 체포 또는 구속을 당하지 아니한다. 체포 또는 구속을 당한 자의 가족 등 법률이 정하는 자에게는 그 이유와 일시·장소가 지체없이 통지되어야 한다.

⑥ 누구든지 체포 또는 구속을 당한 때에는 적부의 심사를 법원에 청구할 권리를 가진다.

⑦ 피고인의 자백이 고문·폭행·협박·구속의 부당한 장기화 또는 기망 기타의 방법에 의하여 자의로 진술된 것이 아니라고 인정될 때 또는 정식재판에 있어서 피고인의 자백이 그에게 불리한 유일한 증거일 때에는 이를 유죄의 증거로 삼거나 이를 이유로 처벌할 수 없다.

제13조

① 모든 국민은 행위시의 법률에 의하여 범죄를 구성하지 아니하는 행위로 소추되지 아니하며, 동일한 범죄에 대하여 거듭 처벌받지 아니한다.

② 모든 국민은 소급입법에 의하여 참정권의 제한을 받거나 재산권을 박탈당하지 아니한다.

③ 모든 국민은 자기의 행위가 아닌 친족의 행위로 인하여 불이익한 처우를 받지 아니한다.

제14조

모든 국민은 거주·이전의 자유를 가진다.

제15조

모든 국민은 직업선택의 자유를 가진다.

제16조

모든 국민은 주거의 자유를 침해받지 아니한다. 주거에 대한 압수나 수색을 할 때에는 검사의 신청에 의하여 법관이 발부한 영장을 제시하여야 한다.

제17조

모든 국민은 사생활의 비밀과 자유를 침해받지 아니한다.

제18조

모든 국민은 통신의 비밀을 침해받지 아니한다.

제19조

모든 국민은 양심의 자유를 가진다.

제20조

① 모든 국민은 종교의 자유를 가진다.

② 국교는 인정되지 아니하며, 종교와 정치는 분리된다.

제21조

① 모든 국민은 언론·출판의 자유와 집회·결사의 자유를 가진다.

② 언론·출판에 대한 허가나 검열과 집회·결사에 대한 허가는 인정되지 아니한다.

③ 통신·방송의 시설기준과 신문의 기능을 보장하기 위하여 필요한 사항은 법률로 정한다.

④ 언론·출판은 타인의 명예나 권리 또는 공중도덕이나 사회윤리를 침해하여서는 아니된다. 언론·출판이 타인의 명예나 권리를 침해한 때에는 피해자는 이에 대한 피해의 배상을 청구할 수 있다.

제22조

① 모든 국민은 학문과 예술의 자유를 가진다.

② 저작자·발명가·과학기술자와 예술가의 권리는 법률로써 보호한다.

제23조

① 모든 국민의 재산권은 보장된다. 그 내용과 한계는 법률로 정한다.

② 재산권의 행사는 공공복리에 적합하도록 하여야 한다.

③ 공공필요에 의한 재산권의 수용·사용 또는 제한 및 그에 대한 보상은 법률로써 하되, 정당한 보상을 지급하여야 한다.

제24조

모든 국민은 법률이 정하는 바에 의하여 선거권을 가진다.

제25조

모든 국민은 법률이 정하는 바에 의하여 공무담임권을 가진다.

제26조

① 모든 국민은 법률이 정하는 바에 의하여 국가기관에 문서로 청원할 권리를 가진다.

② 국가는 청원에 대하여 심사할 의무를 진다.

제27조

① 모든 국민은 헌법과 법률이 정한 법관에 의하여 법률에 의한 재판을 받을 권리를 가진다.

② 군인 또는 군무원이 아닌 국민은 대한민국의 영역안에서는 중대한 군사상 기밀·초병·초소·유독음식물공급·포로·군용물에 관한 죄중 법률이 정한 경우와 비상계엄이 선포된 경우를 제외하고는 군사법원의 재판을 받지 아니한다.

③ 모든 국민은 신속한 재판을 받을 권리를 가진다. 형사피고인은 상당한 이유가 없는 한 지체없이 공개재판을 받을 권리를 가진다.

④ 형사피고인은 유죄의 판결이 확정될 때까지는 무죄로 추정된다.

⑤ 형사피해자는 법률이 정하는 바에 의하여 당해 사건의 재판절차에서 진술할 수 있다.

제28조

형사피의자 또는 형사피고인으로서 구금되었던 자가 법률이 정하는 불기소처분을 받거나 무죄판결을 받은 때에는 법률이 정하는 바에 의하여 국가에 정당한 보상을 청구할 수 있다.

제29조

① 공무원의 직무상 불법행위로 손해를 받은 국민은 법률이 정하는 바에 의하여 국가 또는 공공단체에 정당한 배상을 청구할 수 있다. 이 경우 공무원 자신의 책임은 면제되지 아니한다.

② 군인·군무원·경찰공무원 기타 법률이 정하는 자가 전투·훈련 등 직무집행과 관련하여 받은 손해에 대하여는 법률이 정하는 보상 외에 국가 또는 공공단체에 공무원의 직무상 불법행위로 인한 배상은 청구할 수 없다.

제30조

타인의 범죄행위로 인하여 생명·신체에 대한 피해를 받은 국민은 법률이 정하는 바에 의하여 국가로부터 구조를 받을 수 있다.

제31조

① 모든 국민은 능력에 따라 균등하게 교육을 받을 권리를 가진다.

② 모든 국민은 그 보호하는 자녀에게 적어도 초등교육과 법률이 정하는 교육을 받게 할 의무를 진다.

③ 의무교육은 무상으로 한다.

④ 교육의 자주성·전문성·정치적 중립성 및 대학의 자율성은 법률이 정하는 바에 의하여 보장된다.

⑤ 국가는 평생교육을 진흥하여야 한다.

⑥ 학교교육 및 평생교육을 포함한 교육제도와 그 운영, 교육재정 및 교원의 지위에 관한 기본적인 사항은 법률로 정한다.

제32조

① 모든 국민은 근로의 권리를 가진다. 국가는 사회적·경제적 방법으로 근로자의 고용의 증진과 적정임금의 보장에 노력하여야 하며, 법률이 정하는 바에 의하여 최저임금제를 시행하여야 한다.

② 모든 국민은 근로의 의무를 진다. 국가는 근로의 의무의 내용과 조건을 민주주의원칙에 따라 법률로 정한다.

③ 근로조건의 기준은 인간의 존엄성을 보장하도록 법률로 정한다.

④ 여자의 근로는 특별한 보호를 받으며, 고용·임금 및 근로조건에 있어서 부당한 차별을 받지 아니한다.

⑤ 연소자의 근로는 특별한 보호를 받는다.

⑥ 국가유공자·상이군경 및 전몰군경의 유가족은 법률이 정하는 바에 의하여 우선적으로 근로의 기회를 부여받는다.

제33조

① 근로자는 근로조건의 향상을 위하여 자주적인 단결권·단체교섭권 및 단체행동권을 가진다.

② 공무원인 근로자는 법률이 정하는 자에 한하여 단결권·단체교섭권 및 단체행동권을 가진다.

③ 법률이 정하는 주요방위산업체에 종사하는 근로자의 단체행동권은 법률이 정하는 바에 의하여 이를 제한하거나 인정하지 아니할 수 있다.

제34조

① 모든 국민은 인간다운 생활을 할 권리를 가진다.

② 국가는 사회보장·사회복지의 증진에 노력할 의무를 진다.

③ 국가는 여자의 복지와 권익의 향상을 위하여 노력하여야 한다.

④ 국가는 노인과 청소년의 복지향상을 위한 정책을 실시할 의무를 진다.

⑤ 신체장애자 및 질병·노령 기타의 사유로 생활능력이 없는 국민은 법률이 정하는 바에 의하여 국가의 보호를 받는다.

⑥ 국가는 재해를 예방하고 그 위험으로부터 국민을 보호하기 위하여 노력하여야 한다.

제35조

① 모든 국민은 건강하고 쾌적한 환경에서 생활할 권리를 가지며, 국가와 국민은 환경보전을 위하여 노력하여야 한다.

② 환경권의 내용과 행사에 관하여는 법률로 정한다.

③ 국가는 주택개발정책등을 통하여 모든 국민이 쾌적한 주거생활을 할 수 있도록 노력하여야 한다.

제36조

① 혼인과 가족생활은 개인의 존엄과 양성의 평등을 기초로 성립되고 유지되어야 하며, 국가는 이를 보장한다.

② 국가는 모성의 보호를 위하여 노력하여야 한다.

③ 모든 국민은 보건에 관하여 국가의 보호를 받는다.

제37조

① 국민의 자유와 권리는 헌법에 열거되지 아니한 이유로 경시되지 아니한다.

② 국민의 모든 자유와 권리는 국가안전보장·질서유지 또는 공공복리를 위하여 필요한 경우에 한하여 법률로써 제한할 수 있으며, 제한하는 경우에도 자유와 권리의 본질적인 내용을 침해할 수 없다.

제38조

모든 국민은 법률이 정하는 바에 의하여 납세의 의무를 진다.

제39조

① 모든 국민은 법률이 정하는 바에 의하여 국방의 의무를 진다.

② 누구든지 병역의무의 이행으로 인하여 불이익한 처우를 받지 아니한다.

제3장 국회

제40조

입법권은 국회에 속한다.

제41조

① 국회는 국민의 보통·평등·직접·비밀선거에 의하여 선출된 국회의원으로 구성한다.

② 국회의원의 수는 법률로 정하되, 200인 이상으로 한다.

③ 국회의원의 선거구와 비례대표제 기타 선거에 관한 사항은 법률로 정한다.

제42조

국회의원의 임기는 4년으로 한다.

제43조

국회의원은 법률이 정하는 직을 겸할 수 없다.

제44조

① 국회의원은 현행범인인 경우를 제외하고는 회기중 국회의 동의없이 체포 또는 구금되지 아니한다.

② 국회의원이 회기전에 체포 또는 구금된 때에는 현행범인이 아닌 한 국회의 요구가 있으면 회기중 석방된다.

제45조

국회의원은 국회에서 직무상 행한 발언과 표결에 관하여 국회외에서 책임을 지지 아니한다.

제46조

① 국회의원은 청렴의 의무가 있다.

② 국회의원은 국가이익을 우선하여 양심에 따라 직무를 행한다.

③ 국회의원은 그 지위를 남용하여 국가·공공단체 또는 기업체와의 계약이나 그 처분에 의하여 재산상의 권리·이익 또는 직위를 취득하거나 타인을 위하여 그 취득을 알선할 수 없다.

제47조

① 국회의 정기회는 법률이 정하는 바에 의하여 매년 1회 집회되며, 국회의 임시회는 대통령 또는 국회재적의원 4분의 1 이상의 요구에 의하여 집회된다.

② 정기회의 회기는 100일을, 임시회의 회기는 30일을 초과할 수 없다.

③ 대통령이 임시회의 집회를 요구할 때에는 기간과 집회요구의 이유를 명시하여야 한다.

제48조

국회는 의장 1인과 부의장 2인을 선출한다.

제49조

국회는 헌법 또는 법률에 특별한 규정이 없는 한 재적의원 과반수의 출석과 출석의원 과반수의 찬성으로 의결한다. 가부동수인 때에는 부결된 것으로 본다.

제50조

① 국회의 회의는 공개한다. 다만, 출석의원 과반수의 찬성이 있거나 의장이 국가의 안전보장을 위하여 필요하다고 인정할 때에는 공개하지 아니할 수 있다.

② 공개하지 아니한 회의내용의 공표에 관하여는 법률이 정하는 바에 의한다.

제51조

국회에 제출된 법률안 기타의 의안은 회기중에 의결되지 못한 이유로 폐기되지 아니한다. 다만, 국회의원의 임기가 만료된 때에는 그러하지 아니하다.

제52조

국회의원과 정부는 법률안을 제출할 수 있다.

제53조

① 국회에서 의결된 법률안은 정부에 이송되어 15일 이내에 대통령이 공포한다.

② 법률안에 이의가 있을 때에는 대통령은 제1항의 기간내에 이의서를 붙여 국회로 환부하고, 그 재의를 요구할 수 있다. 국회의 폐회중에도 또한 같다.

③ 대통령은 법률안의 일부에 대하여 또는 법률안을 수정하여 재의를 요구할 수 없다.

④ 재의의 요구가 있을 때에는 국회는 재의에 붙이고, 재적의원과반수의 출석과 출석의원 3분의 2 이상의 찬성으로 전과 같은 의결을 하면 그 법률안은 법률로서 확정된다.

⑤ 대통령이 제1항의 기간내에 공포나 재의의 요구를 하지 아니한 때에도 그 법률안은 법률로서 확정된다.

⑥ 대통령은 제4항과 제5항의 규정에 의하여 확정된 법률을 지체없이 공포하여야 한다. 제5항에 의하여 법률이 확정된 후 또는 제4항에 의한 확정법률이 정부에 이송된 후 5일 이내에 대통령이 공포하지 아니할 때에는 국회의장이 이를 공포한다.

⑦ 법률은 특별한 규정이 없는 한 공포한 날로부터 20일을 경과함으로써 효력을 발생한다.

제54조

① 국회는 국가의 예산안을 심의·확정한다.

② 정부는 회계연도마다 예산안을 편성하여 회계연도 개시 90일전까지 국회에 제출하고, 국회는 회계연도 개시 30일전까지 이를 의결하여야 한다.

③ 새로운 회계연도가 개시될 때까지 예산안이 의결되지 못한 때에는 정부는 국회에서 예산안이 의결될 때까지 다음의 목적을 위한 경비는 전년도 예산에 준하여 집행할 수 있다.

1. 헌법이나 법률에 의하여 설치된 기관 또는 시설의 유지·운영
2. 법률상 지출의무의 이행
3. 이미 예산으로 승인된 사업의 계속

제55조

① 한 회계연도를 넘어 계속하여 지출할 필요가 있을 때에는 정부는 연한을 정하여 계속비로서 국회의 의결을 얻어야 한다.

② 예비비는 총액으로 국회의 의결을 얻어야 한다. 예비비의 지출은 차기국회의 승인을 얻어야 한다.

제56조

정부는 예산에 변경을 가할 필요가 있을 때에는 추가경정예산안을 편성하여 국회에 제출할 수 있다.

제57조

국회는 정부의 동의없이 정부가 제출한 지출예산 각항의 금액을 증가하거나 새 비목을 설치할 수 없다.

제58조

국채를 모집하거나 예산외에 국가의 부담이 될 계약을 체결하려 할 때에는 정부는 미리 국회의 의결을 얻어야 한다.

제59조

조세의 종목과 세율은 법률로 정한다.

제60조

① 국회는 상호원조 또는 안전보장에 관한 조약, 중요한 국제조직에 관한 조약, 우호통상항해조약, 주권의 제약에 관한 조약, 강화조약, 국가나 국민에게 중대한 재정적 부담을 지우는 조약 또는 입법사항에 관한 조약의 체결·비준에 대한 동의권을 가진다.

② 국회는 선전포고, 국군의 외국에의 파견 또는 외국군대의 대한민국 영역안에서의 주류에 대한 동의권을 가진다.

제61조

① 국회는 국정을 감사하거나 특정한 국정사안에 대하여 조사할 수 있으며, 이에 필요한 서류의 제출 또는 증인의 출석과 증언이나 의견의 진술을 요구할 수 있다.
② 국정감사 및 조사에 관한 절차 기타 필요한 사항은 법률로 정한다.

제62조

① 국무총리·국무위원 또는 정부위원은 국회나 그 위원회에 출석하여 국정처리상황을 보고하거나 의견을 진술하고 질문에 응답할 수 있다.
② 국회나 그 위원회의 요구가 있을 때에는 국무총리·국무위원 또는 정부위원은 출석·답변하여야 하며, 국무총리 또는 국무위원이 출석요구를 받은 때에는 국무위원 또는 정부위원으로 하여금 출석·답변하게 할 수 있다.

제63조

① 국회는 국무총리 또는 국무위원의 해임을 대통령에게 건의할 수 있다.
② 제1항의 해임건의는 국회재적의원 3분의 1 이상의 발의에 의하여 국회재적의원 과반수의 찬성이 있어야 한다.

제64조

① 국회는 법률에 저촉되지 아니하는 범위안에서 의사와 내부규율에 관한 규칙을 제정할 수 있다.
② 국회는 의원의 자격을 심사하며, 의원을 징계할 수 있다.
③ 의원을 제명하려면 국회재적의원 3분의 2 이상의 찬성이 있어야 한다.
④ 제2항과 제3항의 처분에 대하여는 법원에 제소할 수 없다.

제65조

① 대통령·국무총리·국무위원·행정각부의 장·헌법재판소 재판관·법관·중앙선거관리위원회 위원·감사원장·감사위원 기타 법률이 정한 공무원이 그 직무집행에 있어서 헌법이나 법률을 위배한 때에는 국회는 탄핵의 소추를 의결할 수 있다.
② 제1항의 탄핵소추는 국회재적의원 3분의 1 이상의 발의가 있어야 하며, 그 의결은 국회재적의원 과반수의 찬성이 있어야 한다. 다만, 대통령에 대한 탄핵소추는 국회재적의원 과반수의 발의와 국회재적의원 3분의 2 이상의 찬성이 있어야 한다.
③ 탄핵소추의 의결을 받은 자는 탄핵심판이 있을 때까지 그 권한행사가 정지된다.
④ 탄핵결정은 공직으로부터 파면함에 그친다. 그러나, 이에 의하여 민사상이나 형사상의 책임이 면제되지는 아니한다.

제4장 정부

제1절 대통령

제66조

① 대통령은 국가의 원수이며, 외국에 대하여 국가를 대표한다.

② 대통령은 국가의 독립·영토의 보전·국가의 계속성과 헌법을 수호할 책무를 진다.

③ 대통령은 조국의 평화적 통일을 위한 성실한 의무를 진다.

④ 행정권은 대통령을 수반으로 하는 정부에 속한다.

제67조

① 대통령은 국민의 보통·평등·직접·비밀선거에 의하여 선출한다.

② 제1항의 선거에 있어서 최고득표자가 2인 이상인 때에는 국회의 재적의원 과반수가 출석한 공개회의에서 다수표를 얻은 자를 당선자로 한다.

③ 대통령후보자가 1인일 때에는 그 득표수가 선거권자 총수의 3분의 1 이상이 아니면 대통령으로 당선될 수 없다.

④ 대통령으로 선거될 수 있는 자는 국회의원의 피선거권이 있고 선거일 현재 40세에 달하여야 한다.

⑤ 대통령의 선거에 관한 사항은 법률로 정한다.

제68조

① 대통령의 임기가 만료되는 때에는 임기만료 70일 내지 40일전에 후임자를 선거한다.

② 대통령이 궐위된 때 또는 대통령 당선자가 사망하거나 판결 기타의 사유로 그 자격을 상실한 때에는 60일 이내에 후임자를 선거한다.

제69조

대통령은 취임에 즈음하여 다음의 선서를 한다.

"나는 헌법을 준수하고 국가를 보위하며 조국의 평화적 통일과 국민의 자유와 복리의 증진 및 민족문화의 창달에 노력하여 대통령으로서의 직책을 성실히 수행할 것을 국민 앞에 엄숙히 선서합니다."

제70조

대통령의 임기는 5년으로 하며, 중임할 수 없다.

제71조

대통령이 궐위되거나 사고로 인하여 직무를 수행할 수 없을 때에는 국무총리, 법률이 정한 국무위원의 순서로 그 권한을 대행한다.

제72조

대통령은 필요하다고 인정할 때에는 외교·국방·통일 기타 국가안위에 관한 중요정책을 국민투표에 붙일 수 있다.

제73조

대통령은 조약을 체결·비준하고, 외교사절을 신임·접수 또는 파견하며, 선전포고와 강화를 한다.

제74조

① 대통령은 헌법과 법률이 정하는 바에 의하여 국군을 통수한다.
② 국군의 조직과 편성은 법률로 정한다.

제75조

대통령은 법률에서 구체적으로 범위를 정하여 위임받은 사항과 법률을 집행하기 위하여 필요한 사항에 관하여 대통령령을 발할 수 있다.

제76조

① 대통령은 내우·외환·천재·지변 또는 중대한 재정·경제상의 위기에 있어서 국가의 안전보장 또는 공공의 안녕질서를 유지하기 위하여 긴급한 조치가 필요하고 국회의 집회를 기다릴 여유가 없을 때에 한하여 최소한으로 필요한 재정·경제상의 처분을 하거나 이에 관하여 법률의 효력을 가지는 명령을 발할 수 있다.
② 대통령은 국가의 안위에 관계되는 중대한 교전상태에 있어서 국가를 보위하기 위하여 긴급한 조치가 필요하고 국회의 집회가 불가능한 때에 한하여 법률의 효력을 가지는 명령을 발할 수 있다.
③ 대통령은 제1항과 제2항의 처분 또는 명령을 한 때에는 지체없이 국회에 보고하여 그 승인을 얻어야 한다.
④ 제3항의 승인을 얻지 못한 때에는 그 처분 또는 명령은 그때부터 효력을 상실한다. 이 경우 그 명령에 의하여 개정 또는 폐지되었던 법률은 그 명령이 승인을 얻지 못한 때부터 당연히 효력을 회복한다.
⑤ 대통령은 제3항과 제4항의 사유를 지체없이 공포하여야 한다.

제77조

① 대통령은 전시·사변 또는 이에 준하는 국가비상사태에 있어서 병력으로써 군사상의 필요에 응하거나 공공의 안녕질서를 유지할 필요가 있을 때에는 법률이 정하는 바에 의하여 계엄을 선포할 수 있다.

② 계엄은 비상계엄과 경비계엄으로 한다.

③ 비상계엄이 선포된 때에는 법률이 정하는 바에 의하여 영장제도, 언론·출판·집회·결사의 자유, 정부나 법원의 권한에 관하여 특별한 조치를 할 수 있다.

④ 계엄을 선포한 때에는 대통령은 지체없이 국회에 통고하여야 한다.

⑤ 국회가 재적의원 과반수의 찬성으로 계엄의 해제를 요구한 때에는 대통령은 이를 해제하여야 한다.

제78조

대통령은 헌법과 법률이 정하는 바에 의하여 공무원을 임면한다.

제79조

① 대통령은 법률이 정하는 바에 의하여 사면·감형 또는 복권을 명할 수 있다.

② 일반사면을 명하려면 국회의 동의를 얻어야 한다.

③ 사면·감형 및 복권에 관한 사항은 법률로 정한다.

제80조

대통령은 법률이 정하는 바에 의하여 훈장 기타의 영전을 수여한다.

제81조

대통령은 국회에 출석하여 발언하거나 서한으로 의견을 표시할 수 있다.

제82조

대통령의 국법상 행위는 문서로써 하며, 이 문서에는 국무총리와 관계 국무위원이 부서한다. 군사에 관한 것도 또한 같다.

제83조

대통령은 국무총리·국무위원·행정각부의 장 기타 법률이 정하는 공사의 직을 겸할 수 없다.

제84조

대통령은 내란 또는 외환의 죄를 범한 경우를 제외하고는 재직중 형사상의 소추를 받지 아니한다.

제85조

전직대통령의 신분과 예우에 관하여는 법률로 정한다.

제2절 행정부

제1관 국무총리와 국무위원

제86조

① 국무총리는 국회의 동의를 얻어 대통령이 임명한다.

② 국무총리는 대통령을 보좌하며, 행정에 관하여 대통령의 명을 받아 행정각부를 통할한다.

③ 군인은 현역을 면한 후가 아니면 국무총리로 임명될 수 없다.

제87조

① 국무위원은 국무총리의 제청으로 대통령이 임명한다.

② 국무위원은 국정에 관하여 대통령을 보좌하며, 국무회의의 구성원으로서 국정을 심의한다.

③ 국무총리는 국무위원의 해임을 대통령에게 건의할 수 있다.

④ 군인은 현역을 면한 후가 아니면 국무위원으로 임명될 수 없다.

제2관 국무회의

제88조

① 국무회의는 정부의 권한에 속하는 중요한 정책을 심의한다.

② 국무회의는 대통령·국무총리와 15인 이상 30인 이하의 국무위원으로 구성한다.

③ 대통령은 국무회의의 의장이 되고, 국무총리는 부의장이 된다.

제89조

다음 사항은 국무회의의 심의를 거쳐야 한다.

1. 국정의 기본계획과 정부의 일반정책
2. 선전·강화 기타 중요한 대외정책
3. 헌법개정안·국민투표안·조약안·법률안 및 대통령령안
4. 예산안·결산·국유재산처분의 기본계획·국가의 부담이 될 계약 기타 재정에 관한 중요사항
5. 대통령의 긴급명령·긴급재정경제처분 및 명령 또는 계엄과 그 해제
6. 군사에 관한 중요사항
7. 국회의 임시회 집회의 요구
8. 영전수여
9. 사면·감형과 복권

10. 행정각부간의 권한의 획정
11. 정부안의 권한의 위임 또는 배정에 관한 기본계획
12. 국정처리상황의 평가·분석
13. 행정각부의 중요한 정책의 수립과 조정
14. 정당해산의 제소
15. 정부에 제출 또는 회부된 정부의 정책에 관계되는 청원의 심사
16. 검찰총장·합동참모의장·각군참모총장·국립대학교총장·대사 기타 법률이 정한 공무원과 국영기업체관리자의 임명
17. 기타 대통령·국무총리 또는 국무위원이 제출한 사항

제90조

① 국정의 중요한 사항에 관한 대통령의 자문에 응하기 위하여 국가원로로 구성되는 국가원로자문회의를 둘 수 있다.

② 국가원로자문회의의 의장은 직전대통령이 된다. 다만, 직전대통령이 없을 때에는 대통령이 지명한다.

③ 국가원로자문회의의 조직·직무범위 기타 필요한 사항은 법률로 정한다.

제91조

① 국가안전보장에 관련되는 대외정책·군사정책과 국내정책의 수립에 관하여 국무회의의 심의에 앞서 대통령의 자문에 응하기 위하여 국가안전보장회의를 둔다.

② 국가안전보장회의는 대통령이 주재한다.

③ 국가안전보장회의의 조직·직무범위 기타 필요한 사항은 법률로 정한다.

제92조

① 평화통일정책의 수립에 관한 대통령의 자문에 응하기 위하여 민주평화통일자문회의를 둘 수 있다.

② 민주평화통일자문회의의 조직·직무범위 기타 필요한 사항은 법률로 정한다.

제93조

① 국민경제의 발전을 위한 중요정책의 수립에 관하여 대통령의 자문에 응하기 위하여 국민경제자문회의를 둘 수 있다.

② 국민경제자문회의의 조직·직무범위 기타 필요한 사항은 법률로 정한다.

제3관 행정각부

제94조

행정각부의 장은 국무위원 중에서 국무총리의 제청으로 대통령이 임명한다.

제95조

국무총리 또는 행정각부의 장은 소관사무에 관하여 법률이나 대통령령의 위임 또는 직권으로 총리령 또는 부령을 발할 수 있다.

제96조

행정각부의 설치·조직과 직무범위는 법률로 정한다.

제4관 감사원

제97조

국가의 세입·세출의 결산, 국가 및 법률이 정한 단체의 회계검사와 행정기관 및 공무원의 직무에 관한 감찰을 하기 위하여 대통령 소속하에 감사원을 둔다.

제98조

① 감사원은 원장을 포함한 5인 이상 11인 이하의 감사위원으로 구성한다.
② 원장은 국회의 동의를 얻어 대통령이 임명하고, 그 임기는 4년으로 하며, 1차에 한하여 중임할 수 있다.
③ 감사위원은 원장의 제청으로 대통령이 임명하고, 그 임기는 4년으로 하며, 1차에 한하여 중임할 수 있다.

제99조

감사원은 세입·세출의 결산을 매년 검사하여 대통령과 차년도국회에 그 결과를 보고하여야 한다.

제100조

감사원의 조직·직무범위·감사위원의 자격·감사대상공무원의 범위 기타 필요한 사항은 법률로 정한다.

제5장 법원

제101조

① 사법권은 법관으로 구성된 법원에 속한다.

② 법원은 최고법원인 대법원과 각급법원으로 조직된다.

③ 법관의 자격은 법률로 정한다.

제102조

① 대법원에 부를 둘 수 있다.

② 대법원에 대법관을 둔다. 다만, 법률이 정하는 바에 의하여 대법관이 아닌 법관을 둘 수 있다.

③ 대법원과 각급법원의 조직은 법률로 정한다.

제103조

법관은 헌법과 법률에 의하여 그 양심에 따라 독립하여 심판한다.

제104조

① 대법원장은 국회의 동의를 얻어 대통령이 임명한다.

② 대법관은 대법원장의 제청으로 국회의 동의를 얻어 대통령이 임명한다.

③ 대법원장과 대법관이 아닌 법관은 대법관회의의 동의를 얻어 대법원장이 임명한다.

제105조

① 대법원장의 임기는 6년으로 하며, 중임할 수 없다.

② 대법관의 임기는 6년으로 하며, 법률이 정하는 바에 의하여 연임할 수 있다.

③ 대법원장과 대법관이 아닌 법관의 임기는 10년으로 하며, 법률이 정하는 바에 의하여 연임할 수 있다.

④ 법관의 정년은 법률로 정한다.

제106조

① 법관은 탄핵 또는 금고 이상의 형의 선고에 의하지 아니하고는 파면되지 아니하며, 징계처분에 의하지 아니하고는 정직·감봉 기타 불리한 처분을 받지 아니한다.

② 법관이 중대한 심신상의 장해로 직무를 수행할 수 없을 때에는 법률이 정하는 바에 의하여 퇴직하게 할 수 있다.

제107조

① 법률이 헌법에 위반되는 여부가 재판의 전제가 된 경우에는 법원은 헌법재판소에 제청하여 그 심판에 의하여 재판한다.

② 명령·규칙 또는 처분이 헌법이나 법률에 위반되는 여부가 재판의 전제가 된 경우에는 대법원은 이를 최종적으로 심사할 권한을 가진다.

③ 재판의 전심절차로서 행정심판을 할 수 있다. 행정심판의 절차는 법률로 정하되, 사법절차가 준용되어야 한다.

제108조

대법원은 법률에 저촉되지 아니하는 범위안에서 소송에 관한 절차, 법원의 내부규율과 사무처리에 관한 규칙을 제정할 수 있다.

제109조

재판의 심리와 판결은 공개한다. 다만, 심리는 국가의 안전보장 또는 안녕질서를 방해하거나 선량한 풍속을 해할 염려가 있을 때에는 법원의 결정으로 공개하지 아니할 수 있다.

제110조

① 군사재판을 관할하기 위하여 특별법원으로서 군사법원을 둘 수 있다.

② 군사법원의 상고심은 대법원에서 관할한다.

③ 군사법원의 조직·권한 및 재판관의 자격은 법률로 정한다.

④ 비상계엄하의 군사재판은 군인·군무원의 범죄나 군사에 관한 간첩죄의 경우와 초병·초소·유독음식물공급·포로에 관한 죄중 법률이 정한 경우에 한하여 단심으로 할 수 있다. 다만, 사형을 선고한 경우에는 그러하지 아니하다.

제6장 헌법재판소

제111조

① 헌법재판소는 다음 사항을 관장한다.

1. 법원의 제청에 의한 법률의 위헌여부 심판
2. 탄핵의 심판
3. 정당의 해산 심판
4. 국가기관 상호간, 국가기관과 지방자치단체간 및 지방자치단체 상호간의 권한쟁의에 관한 심판
5. 법률이 정하는 헌법소원에 관한 심판

② 헌법재판소는 법관의 자격을 가진 9인의 재판관으로 구성하며, 재판관은 대통령이 임명한다.

③ 제2항의 재판관중 3인은 국회에서 선출하는 자를, 3인은 대법원장이 지명하는 자를 임명한다.

④ 헌법재판소의 장은 국회의 동의를 얻어 재판관중에서 대통령이 임명한다.

제112조

① 헌법재판소 재판관의 임기는 6년으로 하며, 법률이 정하는 바에 의하여 연임할 수 있다.

② 헌법재판소 재판관은 정당에 가입하거나 정치에 관여할 수 없다.

③ 헌법재판소 재판관은 탄핵 또는 금고 이상의 형의 선고에 의하지 아니하고는 파면되지 아니한다.

제113조

① 헌법재판소에서 법률의 위헌결정, 탄핵의 결정, 정당해산의 결정 또는 헌법소원에 관한 인용결정을 할 때에는 재판관 6인 이상의 찬성이 있어야 한다.

② 헌법재판소는 법률에 저촉되지 아니하는 범위안에서 심판에 관한 절차, 내부규율과 사무처리에 관한 규칙을 제정할 수 있다.

③ 헌법재판소의 조직과 운영 기타 필요한 사항은 법률로 정한다.

제7장 선거관리

제114조

① 선거와 국민투표의 공정한 관리 및 정당에 관한 사무를 처리하기 위하여 선거관리위원회를 둔다.

② 중앙선거관리위원회는 대통령이 임명하는 3인, 국회에서 선출하는 3인과 대법원장이 지명하는 3인의 위원으로 구성한다. 위원장은 위원중에서 호선한다.

③ 위원의 임기는 6년으로 한다.

④ 위원은 정당에 가입하거나 정치에 관여할 수 없다.

⑤ 위원은 탄핵 또는 금고 이상의 형의 선고에 의하지 아니하고는 파면되지 아니한다.

⑥ 중앙선거관리위원회는 법령의 범위안에서 선거관리·국민투표관리 또는 정당사무에 관한 규칙을 제정할 수 있으며, 법률에 저촉되지 아니하는 범위안에서 내부규율에 관한 규칙을 제정할 수 있다.

⑦ 각급 선거관리위원회의 조직·직무범위 기타 필요한 사항은 법률로 정한다.

제115조

① 급 선거관리위원회는 선거인명부의 작성등 선거사무와 국민투표사무에 관하여 관계 행정기관에 필요한 지시를 할 수 있다.

② 1항의 지시를 받은 당해 행정기관은 이에 응하여야 한다.

제116조

① 선거운동은 각급 선거관리위원회의 관리하에 법률이 정하는 범위안에서 하되, 균등한 기회가 보장되어야 한다.

② 선거에 관한 경비는 법률이 정하는 경우를 제외하고는 정당 또는 후보자에게 부담시킬 수 없다.

제8장 지방자치

제117조

① 지방자치단체는 주민의 복리에 관한 사무를 처리하고 재산을 관리하며, 법령의 범위안에서 자치에 관한 규정을 제정할 수 있다.

② 지방자치단체의 종류는 법률로 정한다.

제118조

① 지방자치단체에 의회를 둔다.

② 지방의회의 조직·권한·의원선거와 지방자치단체의 장의 선임방법 기타 지방자치단체의 조직과 운영에 관한 사항은 법률로 정한다.

제9장 경제

제119조

① 대한민국의 경제질서는 개인과 기업의 경제상의 자유와 창의를 존중함을 기본으로 한다.

② 국가는 균형있는 국민경제의 성장 및 안정과 적정한 소득의 분배를 유지하고, 시장의 지배와 경제력의 남용을 방지하며, 경제주체간의 조화를 통한 경제의 민주화를 위하여 경제에 관한 규제와 조정을 할 수 있다.

제120조

① 광물 기타 중요한 지하자원·수산자원·수력과 경제상 이용할 수 있는 자연력은 법률이 정하는 바에 의하여 일정한 기간 그 채취·개발 또는 이용을 특허할 수 있다.

② 국토와 자원은 국가의 보호를 받으며, 국가는 그 균형있는 개발과 이용을 위하여 필요한 계획을 수립한다.

제121조

① 국가는 농지에 관하여 경자유전의 원칙이 달성될 수 있도록 노력하여야 하며, 농지의 소작제도는 금지된다.

② 농업생산성의 제고와 농지의 합리적인 이용을 위하거나 불가피한 사정으로 발생하는 농지의 임대차와 위탁경영은 법률이 정하는 바에 의하여 인정된다.

제122조

국가는 국민 모두의 생산 및 생활의 기반이 되는 국토의 효율적이고 균형있는 이용·개발과 보전을 위하여 법률이 정하는 바에 의하여 그에 관한 필요한 제한과 의무를 과할 수 있다.

제123조

① 국가는 농업 및 어업을 보호·육성하기 위하여 농·어촌종합개발과 그 지원등 필요한 계획을 수립·시행하여야 한다.
② 국가는 지역간의 균형있는 발전을 위하여 지역경제를 육성할 의무를 진다.
③ 국가는 중소기업을 보호·육성하여야 한다.
④ 국가는 농수산물의 수급균형과 유통구조의 개선에 노력하여 가격안정을 도모함으로써 농·어민의 이익을 보호한다.
⑤ 국가는 농·어민과 중소기업의 자조조직을 육성하여야 하며, 그 자율적 활동과 발전을 보장한다.

제124조

국가는 건전한 소비행위를 계도하고 생산품의 품질향상을 촉구하기 위한 소비자보호운동을 법률이 정하는 바에 의하여 보장한다.

제125조

국가는 대외무역을 육성하며, 이를 규제·조정할 수 있다.

제126조

국방상 또는 국민경제상 긴절한 필요로 인하여 법률이 정하는 경우를 제외하고는, 사영기업을 국유 또는 공유로 이전하거나 그 경영을 통제 또는 관리할 수 없다.

제127조

① 국가는 과학기술의 혁신과 정보 및 인력의 개발을 통하여 국민경제의 발전에 노력하여야 한다.
② 국가는 국가표준제도를 확립한다.
③ 대통령은 제1항의 목적을 달성하기 위하여 필요한 자문기구를 둘 수 있다.

제10장 헌법개정

제128조

① 헌법개정은 국회재적의원 과반수 또는 대통령의 발의로 제안된다.

② 대통령의 임기연장 또는 중임변경을 위한 헌법개정은 그 헌법개정 제안 당시의 대통령에 대하여는 효력이 없다.

제129조

제안된 헌법개정안은 대통령이 20일 이상의 기간 이를 공고하여야 한다.

제130조

① 국회는 헌법개정안이 공고된 날로부터 60일 이내에 의결하여야 하며, 국회의 의결은 재적의원 3분의 2 이상의 찬성을 얻어야 한다.

② 헌법개정안은 국회가 의결한 후 30일 이내에 국민투표에 붙여 국회의원선거권자 과반수의 투표와 투표자 과반수의 찬성을 얻어야 한다.

③ 헌법개정안이 제2항의 찬성을 얻은 때에는 헌법개정은 확정되며, 대통령은 즉시 이를 공포하여야 한다.

부록 2 | 국가보안법

[시행 2017. 7. 7.] [법률 제13722호, 2016. 1. 6., 타법개정]

제1장 총칙

제1조(목적 등)

① 이 법은 국가의 안전을 위태롭게 하는 반국가활동을 규제함으로써 국가의 안전과 국민의 생존 및 자유를 확보함을 목적으로 한다.

② 이 법을 해석적용함에 있어서는 제1항의 목적달성을 위하여 필요한 최소한도에 그쳐야 하며, 이를 확대해석하거나 헌법상 보장된 국민의 기본적 인권을 부당하게 제한하는 일이 있어서는 아니된다. 〈신설 1991·5·31〉

제2조(정의)

① 이 법에서 "반국가단체"라 함은 정부를 참칭하거나 국가를 변란할 것을 목적으로 하는 국내외의 결사 또는 집단으로서 지휘통솔체제를 갖춘 단체를 말한다. 〈개정 1991·5·31〉

② 삭제 〈1991·5·31〉

제2장 죄와 형

제3조(반국가단체의 구성등)

① 반국가단체를 구성하거나 이에 가입한 자는 다음의 구별에 따라 처벌한다.

1. 수괴의 임무에 종사한 자는 사형 또는 무기징역에 처한다.
2. 간부 기타 지도적 임무에 종사한 자는 사형·무기 또는 5년 이상의 징역에 처한다.
3. 그 이외의 자는 2년 이상의 유기징역에 처한다.

② 타인에게 반국가단체에 가입할 것을 권유한 자는 2년 이상의 유기징역에 처한다.

③ 제1항 및 제2항의 미수범은 처벌한다.

④ 제1항제1호 및 제2호의 죄를 범할 목적으로 예비 또는 음모한 자는 2년 이상의 유기징역에 처한다.

⑤ 제1항제3호의 죄를 범할 목적으로 예비 또는 음모한 자는 10년 이하의 징역에 처한다. 〈개정 1991·5·31〉

제4조(목적수행)

① 반국가단체의 구성원 또는 그 지령을 받은 자가 그 목적수행을 위한 행위를 한 때에는 다음의 구별에 따라 처벌한다. 〈개정 1991·5·31〉

1. 형법 제92조 내지 제97조·제99조·제250조제2항·제338조 또는 제340조제3항에 규정된 행위를 한 때에는 그 각조에 정한 형에 처한다.
2. 형법 제98조에 규정된 행위를 하거나 국가기밀을 탐지·수집·누설·전달하거나 중개한 때에는 다음의 구별에 따라 처벌한다.
   가. 군사상 기밀 또는 국가기밀이 국가안전에 대한 중대한 불이익을 회피하기 위하여 한정된 사람에게만 지득이 허용되고 적국 또는 반국가단체에 비밀로 하여야 할 사실, 물건 또는 지식인 경우에는 사형 또는 무기징역에 처한다.
   나. 가목외의 군사상 기밀 또는 국가기밀의 경우에는 사형·무기 또는 7년 이상의 징역에 처한다.
3. 형법 제115조·제119조제1항·제147조·제148조·제164조 내지 제169조·제177조 내지 제180조·제192조 내지 제195조·제207조·제208조·제210조·제250조제1항·제252조·제253조·제333조 내지 제337조·제339조 또는 제340조제1항 및 제2항에 규정된 행위를 한 때에는 사형·무기 또는 10년 이상의 징역에 처한다.
4. 교통·통신, 국가 또는 공공단체가 사용하는 건조물 기타 중요시설을 파괴하거나 사람을 약취·유인하거나 함선·항공기·자동차·무기 기타 물건을 이동·취거한 때에는 사형·무기 또는 5년 이상의 징역에 처한다.
5. 형법 제214조 내지 제217조·제257조 내지 제259조 또는 제262조에 규정된 행위를 하거나 국가기밀에 속하는 서류 또는 물품을 손괴·은닉·위조·변조한 때에는 3년 이상의 유기징역에 처한다.
6. 제1호 내지 제5호의 행위를 선동·선전하거나 사회질서의 혼란을 조성할 우려가 있는 사항에 관하여 허위사실을 날조하거나 유포한 때에는 2년 이상의 유기징역에 처한다.

② 제1항의 미수범은 처벌한다.

③ 제1항제1호 내지 제4호의 죄를 범할 목적으로 예비 또는 음모한 자는 2년 이상의 유기징역에 처한다.

④ 제1항제5호 및 제6호의 죄를 범할 목적으로 예비 또는 음모한 자는 10년 이하의 징역에 처한다.

제5조(자진지원 · 금품수수)

① 반국가단체나 그 구성원 또는 그 지령을 받은 자를 지원할 목적으로 자진하여 제4조제1항 각호에 규정된 행위를 한 자는 제4조제1항의 예에 의하여 처벌한다.

② 국가의 존립 · 안전이나 자유민주적 기본질서를 위태롭게 한다는 정을 알면서 반국가단체의 구성원 또는 그 지령을 받은 자로부터 금품을 수수한 자는 7년 이하의 징역에 처한다. 〈개정 1991 · 5 · 31〉

③ 제1항 및 제2항의 미수범은 처벌한다.

④ 제1항의 죄를 범할 목적으로 예비 또는 음모한 자는 10년 이하의 징역에 처한다.

⑤ 삭제 〈1991 · 5 · 31〉

제6조(잠입 · 탈출)

① 국가의 존립 · 안전이나 자유민주적 기본질서를 위태롭게 한다는 정을 알면서 반국가단체의 지배하에 있는 지역으로부터 잠입하거나 그 지역으로 탈출한 자는 10년 이하의 징역에 처한다. 〈개정 1991 · 5 · 31〉

② 반국가단체나 그 구성원의 지령을 받거나 받기 위하여 또는 그 목적수행을 협의하거나 협의하기 위하여 잠입하거나 탈출한 자는 사형 · 무기 또는 5년 이상의 징역에 처한다.

③ 삭제 〈1991 · 5 · 31〉

④ 제1항 및 제2항의 미수범은 처벌한다. 〈개정 1991 · 5 · 31〉

⑤ 제1항의 죄를 범할 목적으로 예비 또는 음모한 자는 7년 이하의 징역에 처한다.

⑥ 제2항의 죄를 범할 목적으로 예비 또는 음모한 자는 2년 이상의 유기징역에 처한다. 〈개정 1991 · 5 · 31〉

제7조(찬양 · 고무 등)

① 국가의 존립 · 안전이나 자유민주적 기본질서를 위태롭게 한다는 정을 알면서 반국가단체나 그 구성원 또는 그 지령을 받은 자의 활동을 찬양 · 고무 · 선전 또는 이에 동조하거나 국가변란을 선전 · 선동한 자는 7년 이하의 징역에 처한다. 〈개정 1991 · 5 · 31〉

② 삭제 〈1991 · 5 · 31〉

③ 제1항의 행위를 목적으로 하는 단체를 구성하거나 이에 가입한 자는 1년 이상의 유기징역에 처한다. 〈개정 1991 · 5 · 31〉

④ 제3항에 규정된 단체의 구성원으로서 사회질서의 혼란을 조성할 우려가 있는 사항에 관하여 허위사실을 날조하거나 유포한 자는 2년 이상의 유기징역에 처한다. 〈개정 1991 · 5 · 31〉

⑤ 제1항·제3항 또는 제4항의 행위를 할 목적으로 문서·도화 기타의 표현물을 제작·수입·복사·소지·운반·반포·판매 또는 취득한 자는 그 각항에 정한 형에 처한다. 〈개정 1991·5·31〉

⑥ 제1항 또는 제3항 내지 제5항의 미수범은 처벌한다. 〈개정 1991·5·31〉

⑦ 제3항의 죄를 범할 목적으로 예비 또는 음모한 자는 5년 이하의 징역에 처한다. 〈개정 1991·5·31〉

제8조(회합·통신 등)

① 국가의 존립·안전이나 자유민주적 기본질서를 위태롭게 한다는 정을 알면서 반국가단체의 구성원 또는 그 지령을 받은 자와 회합·통신 기타의 방법으로 연락을 한 자는 10년 이하의 징역에 처한다. 〈개정 1991·5·31〉

② 삭제 〈1991·5·31〉

③ 제1항의 미수범은 처벌한다. 〈개정 1991·5·31〉

④ 삭제 〈1991·5·31〉

제9조(편의제공)

① 이 법 제3조 내지 제8조의 죄를 범하거나 범하려는 자라는 정을 알면서 총포·탄약·화약 기타 무기를 제공한 자는 5년 이상의 유기징역에 처한다. 〈개정 1991·5·31〉

② 이 법 제3조 내지 제8조의 죄를 범하거나 범하려는 자라는 정을 알면서 금품 기타 재산상의 이익을 제공하거나 잠복·회합·통신·연락을 위한 장소를 제공하거나 기타의 방법으로 편의를 제공한 자는 10년 이하의 징역에 처한다. 다만, 본범과 친족관계가 있는 때에는 그 형을 감경 또는 면제할 수 있다. 〈개정 1991·5·31〉

③ 제1항 및 제2항의 미수범은 처벌한다.

④ 제1항의 죄를 범할 목적으로 예비 또는 음모한 자는 1년 이상의 유기징역에 처한다.

⑤ 삭제 〈1991·5·31〉

제10조(불고지)

제3조, 제4조, 제5조제1항·제3항(第1項의 未遂犯에 한한다)·제4항의 죄를 범한 자라는 정을 알면서 수사기관 또는 정보기관에 고지하지 아니한 자는 5년 이하의 징역 또는 200만원 이하의 벌금에 처한다. 다만, 본범과 친족관계가 있는 때에는 그 형을 감경 또는 면제한다.

[전문개정 1991·5·31]

제11조(특수직무유기)

범죄수사 또는 정보의 직무에 종사하는 공무원이 이 법의 죄를 범한 자라는 정을 알면서 그 직무를 유기한 때에는 10년 이하의 징역에 처한다. 다만, 본범과 친족관계가 있는 때에는 그 형을 감경 또는 면제할 수 있다.

제12조(무고, 날조)

① 타인으로 하여금 형사처분을 받게 할 목적으로 이 법의 죄에 대하여 무고 또는 위증을 하거나 증거를 날조·인멸·은닉한 자는 그 각조에 정한 형에 처한다.

② 범죄수사 또는 정보의 직무에 종사하는 공무원이나 이를 보조하는 자 또는 이를 지휘하는 자가 직권을 남용하여 제1항의 행위를 한 때에도 제1항의 형과 같다. 다만, 그 법정형의 최저가 2년미만일 때에는 이를 2년으로 한다.

제13조(특수가중)

이 법, 군형법 제13조·제15조 또는 형법 제2편제1장 내란의 죄·제2장 외환의 죄를 범하여 금고 이상의 형의 선고를 받고 그 형의 집행을 종료하지 아니한 자 또는 그 집행을 종료하거나 집행을 받지 아니하기로 확정된 후 5년이 경과하지 아니한 자가 제3조제1항제3호 및 제2항 내지 제5항, 제4조제1항제1호중 형법 제94조제2항·제97조 및 제99조, 동항제5호 및 제6호, 제2항 내지 제4항, 제5조, 제6조제1항 및 제4항 내지 제6항, 제7조 내지 제9조의 죄를 범한 때에는 그 죄에 대한 법정형의 최고를 사형으로 한다.

[단순위헌, 2002헌가5, 2002. 11. 28. 국가보안법(1980. 12. 31. 법률 제3318호로 전문개정된 것) 제13조 중 "이 법, 군형법 제13조·제15조 또는 형법 제2편 제1장 내란의 죄·제2장 외환의 죄를 범하여 금고 이상의 형의 선고를 받고 그 형의 집행을 종료하지 아니한 자 또는 그 집행을 종료하거나 집행을 받지 아니하기로 확정된 후 5년이 경과하지 아니한 자가 …… 제7조 제5항, 제1항의 죄를 범한 때에는 그 죄에 대한 법정형의 최고를 사형으로 한다." 부분은 헌법에 위반된다.]

제14조(자격정지의 병과)

이 법의 죄에 관하여 유기징역형을 선고할 때에는 그 형의 장기 이하의 자격정지를 병과할 수 있다. 〈개정 1991·5·31〉

제15조(몰수·추징)

① 이 법의 죄를 범하고 그 보수를 받은 때에는 이를 몰수한다. 다만, 이를 몰수할 수 없을 때에는 그 가액을 추징한다.

② 검사는 이 법의 죄를 범한 자에 대하여 소추를 하지 아니할 때에는 압수물의 폐기 또는 국고귀속을 명할 수 있다.

제16조(형의 감면)

다음 각호의 1에 해당한 때에는 그 형을 감경 또는 면제한다.

1. 이 법의 죄를 범한 후 자수한 때
2. 이 법의 죄를 범한 자가 이 법의 죄를 범한 타인을 고발하거나 타인이 이 법의 죄를 범하는 것을 방해한 때
3. 삭제 〈1991·5·31〉

제17조(타법적용의 배제)

이 법의 죄를 범한 자에 대하여는 노동조합및노동관계조정법 제39조의 규정을 적용하지 아니한다. 〈개정 1997·12·13〉

제3장 특별형사소송규정

제18조(참고인의 구인·유치)

① 검사 또는 사법경찰관으로부터 이 법에 정한 죄의 참고인으로 출석을 요구받은 자가 정당한 이유없이 2회 이상 출석요구에 불응한 때에는 관할법원판사의 구속영장을 발부받아 구인할 수 있다.

② 구속영장에 의하여 참고인을 구인하는 경우에 필요한 때에는 근접한 경찰서 기타 적당한 장소에 임시로 유치할 수 있다.

제19조(구속기간의 연장)

① 지방법원판사는 제3조 내지 제10조의 죄로서 사법경찰관이 검사에게 신청하여 검사의 청구가 있는 경우에 수사를 계속함에 상당한 이유가 있다고 인정한 때에는 형사소송법 제202조의 구속기간의 연장을 1차에 한하여 허가할 수 있다.

② 지방법원판사는 제1항의 죄로서 검사의 청구에 의하여 수사를 계속함에 상당한 이유가 있다고 인정한 때에는 형사소송법 제203조의 구속기간의 연장을 2차에 한하여 허가할 수 있다.

③ 제1항 및 제2항의 기간의 연장은 각 10일 이내로 한다.

[단순위헌, 90헌마82, 1992. 4. 14. 국가보안법(1980. 12. 31. 법률제3318호, 개정 1991. 5. 31. 법률제4373호) 제19조중 제7조 및 제10조의 죄에 관한 구속기간 연장부분은 헌법에 위반된다.]

제20조(공소보류)

① 검사는 이 법의 죄를 범한 자에 대하여 형법 제51조의 사항을 참작하여 공소제기를 보류할 수 있다.

② 제1항에 의하여 공소보류를 받은 자가 공소의 제기없이 2년을 경과한 때에는 소추할 수 없다.

③ 공소보류를 받은 자가 법무부장관이 정한 감시·보도에 관한 규칙에 위반한 때에는 공소보류를 취소할 수 있다.

④ 제3항에 의하여 공소보류가 취소된 경우에는 형사소송법 제208조의 규정에 불구하고 동일한 범죄사실로 재구속할 수 있다.

제4장 보상과 원호

제21조(상금)

① 이 법의 죄를 범한 자를 수사기관 또는 정보기관에 통보하거나 체포한 자에게는 대통령령이 정하는 바에 따라 상금을 지급한다.

② 이 법의 죄를 범한 자를 인지하여 체포한 수사기관 또는 정보기관에 종사하는 자에 대하여도 제1항과 같다.

③ 이 법의 죄를 범한 자를 체포할 때 반항 또는 교전상태하에서 부득이한 사유로 살해하거나 자살하게 한 경우에는 제1항에 준하여 상금을 지급할 수 있다.

제22조(보로금)

① 제21조의 경우에 압수물이 있는 때에는 상금을 지급하는 경우에 한하여 그 압수물 가액의 2분의 1에 상당하는 범위안에서 보로금을 지급할 수 있다.

② 반국가단체나 그 구성원 또는 그 지령을 받은 자로부터 금품을 취득하여 수사기관 또는 정보기관에 제공한 자에게는 그 가액의 2분의 1에 상당하는 범위안에서 보로금을 지급할 수 있다. 반국가단체의 구성원 또는 그 지령을 받은 자가 제공한 때에도 또한 같다.

③ 보로금의 청구 및 지급에 관하여 필요한 사항은 대통령령으로 정한다.

제23조(보상)

이 법의 죄를 범한 자를 신고 또는 체포하거나 이에 관련하여 상이를 입은 자와 사망한 자의 유족은 대통령령이 정하는 바에 따라 「국가유공자 등 예우 및 지원에 관한 법률」에 따른 공상군경 또는 순직군경의 유족이나 「보훈보상대상자 지원에 관한 법률」에 따른 재해부상군경 또는 재해사망군경의 유족으로 보아 보상할 수 있다. 〈개정 1997·1·13, 2011. 9. 15.〉

[전문개정 1991·5·31]

제24조(국가보안유공자 심사위원회)

① 이 법에 의한 상금과 보로금의 지급 및 제23조에 의한 보상대상자를 심의·결정하기 위하여 법무부장관소속하에 국가보안유공자 심사위원회(이하 "委員會"라 한다)를 둔다. 〈개정 1991·5·31〉

② 위원회는 심의상 필요한 때에는 관계자의 출석을 요구하거나 조사할 수 있으며, 국가기관 기타 공·사단체에 조회하여 필요한 사항의 보고를 요구할 수 있다.

③ 위원회의 조직과 운영에 관하여 필요한 사항은 대통령령으로 정한다.

제25조(군법 피적용자에 대한 준용규정)

이 법의 죄를 범한 자가 군사법원법 제2조제1항 각호의 1에 해당하는 자인 때에는 이 법의 규정중 판사는 군사법원군판사로, 검사는 군검찰부 군검사로, 사법경찰관은 군사법경찰관으로 본다. 〈개정 1987·12·4, 1994·1·5, 2016. 1. 6.〉

부록 3 | 국가보안법 해설 및 문제

제1편 총 론

1. 국가보안법의 성격

- 국가보안법은 반국가적 행위를 규율하는 법률로서 국가가 그 구성원인 국민에 대하여 특정한 행위의 금지를 요구하는 등 국가의 안전보장을 위한 의무와 책임을 규정함.
- 국가보안법은 국가의 안전보장과 그 존립기초의 보호를 목적으로 하는 국가적 법익을 보호하는 법임.
- 국가보안법은 국가안보에 대한 침해의 예방차원에서 위험성 있는 행위에 대한 범죄의 성립 범위를 확대하고 침해되는 법익의 중대성에 비추어 유사한 일반사범보다 중형을 과하고 있음.
- 국가안보에 구체적으로 침해가 발생한 경우 그 회복이 불가능 하거나 심히 곤란한 특성을 가지고 있어 그 법익의 보호를 위해 침해의 사후 회복보다 사전 예방이 더욱 중대한 의의를 갖고 있음.
- 처리절차에 있어서도 국가의 안전보장에 위해를 가할 우려가 있는 행위에 대해 신속하고 효율적으로 하고 범인의 개선과 사회복귀를 도모하는 제도적 장치를 마련하고 있음.

2. 국가보안법 해석적용의 한계

- 국가보안법이 타당하고 필수 불가결하나 국가보안법이 규제하고 있는 행위들은 대부분 형법상 국민의 기본적 권리 및 자유와 밀접한 관계를 갖고 있어 그 적용의 한계가 문제됨.
- 국가보안법은 국가의 안전보장이라는 목적을 달성하기 위하여 국민의 기본권을 제한하고 일반 형법상으로는 예비·음모단계에 불과한 행위도 처벌하는 등 범죄성립 범위를 확대하고 있으며 대부분 그 법정형을 무겁게 규정하고 있음.
- 국가보안법을 과잉 적용할 시 오히려 국가존립의 궁극적 목적인 국민의 생존권과 자유의 보장을 저해할 수 있으므로 이 점을 고려하여 매우 신중하게 해석·적용되어야 함.
- 제1조 2항에 이 법을 해석 적용하는데 있어 제1항의 목적달성을 위하여 필요한 최소한도에 그쳐야 하며 이를 확대해석하거나 헌법상 보장된 국민의 기본적 인권을 부당하게 제한하는 일이 있어서는 안됨.

3. 국가보안법의 위헌론 문제(대법원 판례 2004 .8.30. 2004도3212호)

- 북한이 우리의 자유민주주의 체제를 전복시키려는 시도를 할 가능성이 없다거나 혹은 형법상의 내란죄나 간첩죄 등의 규정만으로도 국가안보를 지킬 수 있다고 하여 국가보안법의 규범력을 소멸시키거나 북한을 반국가단체에서 제외하는 등의 주장이 제기됨.
- 북한은 50여 년 전 적화통일을 위한 무력남침을 하였고 이후 다양한 도발을 지속해 오고 있어 직접 또는 간접적인 방법으로 대한민국의 체제를 전복시키고자 시도할 가능성이 있음.
- 국가체제는 한번 무너지면 다시 회복할 수 없는 것으로 국가안보는 조금의 허술함이나 안이한 판단을 허용할 수 없어 국가보안법 그 자체가 위헌이라고 할 수는 없음.

4. 국가보안법 연혁

- 최초의 국가보안법은 1948년 12월 1일 제정된 법률 제10호로 해방직후 남로당 및 그 지하조직의 각종 파괴활동과 태업 등에 대처하기 위해 형법보다 먼저 제정됨.
- 국가보안법은 이후 1960년 6월 10일까지 4차례에 걸쳐 개정되며 국가의 안전을 효율적으로 보장하기 위하여 수정·보완되어 왔으나 5.16 군사정변 이후 반공체제를 강화하기 위하여 1961년 7월 3일 반공법이 추가로 제정됨.
- 1970년대 이후 냉전에서 화해로 국제정세가 급격하게 변화하고 남북관계가 개선됨에 따라 반공법이 폐지되고 중복 또는 유사 조항이 조정되어 국가보안법으로 전면 통합 개정됨.

5. 국가보안법의 특성

1) 미수·예비·음모죄의 확장

- 국가보안법은 불고지죄(제10조), 특수직무유기죄(제11조)와 같이 미수 및 예비·음모행위가 예상되지 않거나 무고 등의 죄(제12조)와 같이 침해 법익이 국가의 안전보장과 직접 밀접한 관련이 있다고 보기 어려운 경우를 제외하고 모든 반국가적 범죄에 대하여 원칙적으로 미수는 물론 예비·음모행위도 처벌함.

2) 편의 제공죄의 인정

- 국가보안법은 반국가사범의 중대성에 비추어 본법의 죄를 범하려는 자 뿐만 아니라 본법의 죄를 범한 자 즉 그 범행을 종료한 자에게 무기나 재산상 이익제공 등으로 편의를 제공한 자도 별개의 독립된 편의제공죄로 처벌함. (제9조)

3) 선동·선전 및 권유죄

- 국가보안법은 반국가적 행위의 다양화 및 조직화·집단화에 효율적으로 대처하기 위하여 반국가단체에의 가입 권유행위와 국가보안법 제4조 목적수행 및 동법 제7조 국가변란 선동·선전행위를 별도의 범죄로 처벌함.(제3조 제2항, 제4조 제1항, 제7조 제1항)

4) 불고지죄

- 국가보안법의 보호법익은 국가의 안전보장이라는 매우 중대한 사항이므로 모든 국민에 대하여 고지의무를 부과하고 있으며 이를 위반할 경우 처벌함.(제10조)

5) 재범자의 특수가중

- 국가보안법에 규정된 모든 범죄 및 군형법상의 간첩죄, 형법상의 내란죄, 외환죄 등 반국가적 범죄를 범하여 금고 이상의 형을 선고받고 그 형의 집행을 종료하지 아니한 자 또는 그 집행을 종료하거나 집행을 받지 않기로 확정된 후 5년이 경과하지 아니한 자가 국가보안법 상 범죄를 저지를 때 그 죄에 대한 법정 최고형을 사형으로 규정함.(제13조)

6) 몰수·추징 및 압수물의 처분

- 국가보안법에 규정된 범죄를 범하고 받은 보수에 대해서 필요적으로 몰수·추징하고 범인을 불기소 처분할 때도 검사는 압수물을 폐기 또는 국고귀속을 명할 수 있도록 규정함.

7) 참고인의 구인·유치

- 국가보안법은 참고인이 정당한 이유없이 2회이상 출석요구에 불응할 시 법원으로부터 구속영장을 발부받아 참고인을 구인·유치할 수 있도록 규정함.

8) 구속기간의 연장

- 국가보안법 위반 범죄는 일반적으로 증거수집이 곤란하고 수사내용이 방대하므로 단기간에 그 진상을 정확히 파악하기 어려우므로 검사와 사법경찰관에게 각각 형사범의 구속기간보다 1회씩 더 연장할 수 있도록 규정함.(제19조) 단, 제7조(찬양·고무), 제10조(불고지), 제11조(특수직무유기죄), 제12조(무고날조죄)는 제외함.

9) 형의 감면범위 확대

- 국가보안법은 국가안보를 침해하는 행위를 사전예방하거나 결과를 최소화하는 것이 오히려 효과적일 수 있어 형의 감면사유를 일반 형법보다 확대하거나 필요적으로 감면케 하여 범인의 자수를 이끌어 내거나 고발을 촉진하여 범인을 조속히 유도함.(제16조)

- 국가보안법을 위반 후 자수하거나 국가보안법을 위반한 자가 타인이 본법의 죄를 위반하는 것을 방해했을 때 그 형을 반드시 감경 또는 면제하도록 규정함.
- 국가보안법은 검사가 국가보안법을 위반한 모든 자에 대하여 형법을 참작하여 공소제기를 보류할 수 있으며(제20조) 해당범죄의 공소시효기간과 관계없이 일률적으로 공소제기 없이 2년을 경과하면 소추할 수 없음.

6. 국가보안법의 적용범위

- 국가보안법의 적용범위는 그 규정은 없으나 형법 총칙의 적용범위에 관한 법률 제8조의 일반규정이 국가보안법 위반죄에 대해서도 그대로 적용됨.
- 국가보안법의 장소적 효력범위는 속지주의의 원칙에 따라 대한민국의 영역 내(영토·영해·영공은 물론 그 영역 외에 있는 대한민국의 선박·항공기 포함)에서 죄를 범한 내국인과 외국인에게 적용됨. (형법 제4조)
- 속인주의의 원칙에 따라 대한민국의 영역 외에서 죄를 범한 내국인에게도 적용되고 북한지역이나 외국에서 죄를 범한 북한 주민에게도 적용되나 외국인이 국외에서 죄를 저지를 경우 본법을 적용되지 않음.

  * 외국인의 국외범 처벌은 내란의 죄, 외환의 죄, 국기에 관한 죄, 통화에 관한 죄, 유가증권, 우표와 인지에 관한 죄 등에 한함.(형법 제5조)

- 국내법상 특별규정에 의해 형법의 적용이 배재되는 경우 본법의 적용 역시 되지 않음. 예) 내란 또는 외환의 죄를 범한 재직 중의 대통령, 국회의 본회의나 위원회에서 직무상의 발언 및 표결에 대한 위반행위를 저지른 국회의원, 우리나라를 방문한 외국의 원수, 신임 외교관 및 그 가족 등

제2편 각론

1. 반국가 단체의 성립요건

1) 정부참칭

- 정부참칭은 합법적 절차에 의하지 않고 임의로 정부를 조직하여 진정한 정부인 것처럼 사칭하는 것으로 한반도에서 유일한 합법정부는 대한민국 정부뿐으로 함부로 단체를 조직하여 정부를 사칭하는 것은 정부참칭에 해당함.
- 정부참칭 형태의 반국가단체의 전형적인 예는 북한이며 북한의 반국가단체성은 공지의 사실로 그 인정에 증거를 요하지 않음. (대법원 93.9.29. 93도 1730호)

2) 국가변란

- 국가변란이란 정부를 전복하여 새로운 정부를 구성하는 것을 의미하며 여기에서 정부란 행정부 · 입법부 · 사법부를 모두 포함하는 넓은 의미의 정부로서 제도로서의 영속적 조직 그 자체를 의미하며 개개의 구체적 정부를 뜻하는 것이 아님.
- 전복은 대통령이나 국무총리, 국회의장, 대법원장 등의 사임이나 교체만으로는 부족하고 대한민국의 정치적 기본질서 즉 정부조직이나 제도 그 자체를 파괴 또는 변혁하는 것을 의미함.

3) 목적

- 정부참칭과 국가변란의 목적은 반드시 직접적 · 1차적이어야 하며 간접적 · 2차적인 경우는 이적단체가 될 뿐 반국가단체로 보기 어려움.
- 정부참칭 또는 국가변란의 목적은 추상적이어서는 곤란하고 구체성이 있어야 하고 엄격한 증명을 요하며 추정되어서는 안됨.

4) 결사 또는 집단

- 결사는 일정한 공동목적 즉 정부참칭 또는 국가변란을 수행하기 위하여 조직된 특정다수인의 계속적인 결합체를 말하고 구성원이 반드시 2인 이상이고 특정되어야 하며 계속성이 있어야 함.
- 집단은 결사와 같이 일정한 공동목적을 수행하기 위하여 조직된 특정다수인의 집합체로 결사가 계속적인 집합체임에 반하여 집단은 일시적인 집합체라는 점에서 차이가 있으나 현행법상 양자를 동일하게 처벌함.

2. 반국가단체 구성 · 가입 · 가입권유죄

1) 행위적 요건

- 구성은 2인 이상의 사람이 의사합치에 의하여 단체를 창설하는 것이고 2인 이상의 사람들 사이에 결사 또는 집단의 요건을 갖춘 결합체를 창설하는 것에 관하여 의사가 합치되는 것으로 성립되며 회칙이나 결성식, 명칭이나 대표자 선출 등 별도의 형식이나 절차가 반드시 필요한 것은 아님.
- 가입은 기존의 반국가단체의 새로운 구성원이 되는 것을 말하고 가입으로 인해 새로운 단체가 구성될 때에는 가입이 아닌 단체구성이 되어 반국가단체 구성죄가 성립함.
- 반국가단체 가입죄는 가입할 당시 그가 가입하려는 단체가 정부참칭이나 국가변란을 목적으로 하는 반국가단체라는 정을 알았다면 족한 것이고 그러한 목적을 수행할 목적이나 의사는 필요하지 않다고 봄.

- 가입권유는 타인에게 반국가단체에 가입할 것을 권유하는 것으로 타인으로 하여금 반국가단체에 가입할 것을 새롭게 결의하게 하거나 이미 가지고 있던 가입의사를 더욱 확고하게 하는 것임.

2) 주관적 요건

- 반국가단체·구성·가입권유죄가 성립하기 위해서는 먼저 행위 시 그 단체가 정부참칭 또는 국가변란을 목적으로 하는 반국가단체라는 점에 대한 인식(미필적 인식도 가능함)이 있어야 하고 과실로 인해 반국가단체임을 인식하지 못한 경우 범죄가 성립하지 않음.
- 반국가단체를 구성·가입하거나 반국가단체의 가입을 권유하는 점에 대한 고의가 있어야 하고 소위 자의에 의한 것이 아닌 강요된 행위(재북 또는 납북된 경우)를 벌할 수 없음.

3) 처벌

- 수괴는 국가단체의 구성이나 그이후의 목적수행을 위한 일체의 행위에 대하여 이를 총지휘·통솔하는 최고책임자의 지위에 있는 자로서 반국가단체의 구성상의 지위를 지칭함.
- 최초발의자, 주모자 뿐 아니라 나중에 최고책임자가 되는 경우 모두 포함되며 1인 뿐 아니라 다수도 가능하고 표면상 최고책임자는 물론 배후에서 사실상 단체를 조종하는 자도 수괴가 가능함.
- 수괴의 임무에 종사한자는 단순히 수괴로서의 취임을 약속하는 것만으로는 부족하고 수괴로서의 임무수행에 착수하여야 하며 수괴의 권한을 행사하거나 임무에 그 업무를 집행할 수 있는 상태에 이르면 족함.
- 간부란 반국가단체 내에서 구성상의 일정한 지위·직책을 가지고 수괴를 보좌하여 단체의 목적을 수행하기 위한 활동의 전부 또는 일부를 지휘하는 자로 이러한 지위 없이 실제의 활동내용만으로 인정되지 않음.
- 지도적 임무에 종사한 자는 반국가단체에서의 지위여하를 막론하고 실제에 있어서 그 단체를 위하여 중요한 역할 또는 지도적 활동을 한 자이며 반드시 부하나 하부조직이 있어야 하는 것은 아님.

3. 목적수행죄

- 목적수행죄는 정부참칭이나 국가변란을 목적으로 조직된 결사·집단의 구성원 즉 반국가단체의 구성원 또는 그 지령을 받은 자가 그 결사·집단의 목적수행을 위하여 자행하는 간첩·인명살상·시설파괴 등의 범죄임.

• 반국가단체의 구성원이나 그 지령을 받은 자가 목적수행의 인식을 가지고 본 조에 규정된 범행을 했다면 형법에 의해서 처벌받는 것이 아니라 특별법인 국가보안법을 적용함.

• 간첩이란 대한민국의 군사상 기밀사항을 탐지·수집하는 것으로 적국이란 반국가단체인 북한이고 기밀이란 판례상 대한민국의 국방정책상 반국가단체에 대하여 알리지 않거나 확인되지 아니함이 대한민국의 이익이 되는 모든 사실·물건·또는 지식을 의미함(대법원 판례).

• 국내에서의 적법한 절차를 거쳐 이미 일반인에게 알려진 공지의 사실·문건·지식이나 국가에서 오히려 홍보하는 사항, 순수한 학술적 사항, 피고인 자신의 단순한 활동사항, 가족·친지의 소식 및 동정은 기밀이 아님.

• 범행주체가 범행 당시 간첩행위에 대한 사실의 인식이외에 목적수행을 위한 행위라는 인식(미필적 인식도 가능)이 있어야 범죄가 성립되며 간첩의 지령을 받아도 이를 실천할 의사가 없었다면 성립하지 않음.

• 국가보안법상 간첩죄가 인정되려면 반국가단체로부터 군사상기밀의 탐지·수집·등의 지령을 받는 것이 전제이고 그러한 지령을 받지 아니한 자는 간첩죄의 주체가 될 수 없음.

• 국가기밀의 탐지는 무형적 기밀사항을 적극적으로 찾아서 지득하는 것이고 수집은 유형적 자료 즉 문서·도화·물건 등을 적극적으로 찾아서 지득하는 것이며 누설은 지득한 국가기밀을 특정인 또는 특정 다수인이 인식할 수 있는 상태에 두기 위해 통보하거나 고지하는 일체의 행위임.

• 국가기밀의 전달은 특정인으로 하여금 국가기밀을 인식할 수 있는 상대에 도달케 하는 일체의 행위로 자신이 직접 지득한 국가기밀이 아니라는 점에서 누설과 구별되며, 중개는 특정인을 위하여 국가기밀의 탐지·수집·누설이나 전달을 알선·소개하는 일체의 매개행위임.

• 선동은 타인에게 자극을 주어 일정한 범행을 실행할 결의를 발생케 하거나 이미 발생된 결의를 조장하게 하는 것으로 주로 상대방의 감정에 자극을 주어 격정을 야기하는 것임.

• 선전은 불특정다수인에게 특정사항에 관한 취지를 이해시켜 동의를 구하는 행위로 상대방을 이해·납득시키는 것을 본질로 함.

• 날조는 전혀 있지도 않은 허위의 사실을 마치 진실인 것처럼 조작하는 것을 말하며 다수인에게 퍼뜨리지 않아도 성립하며 유포는 허위의 사실을 불특정 또는 다수인에게 퍼뜨리는 것으로 실제 그 내용이 퍼지는 것을 요하지 않고 불특정 또는 다수인이 지득할 수 있는 상태에 이르면 됨.

4. 각종 이적행위

1) 이적동조

- 국가보안법상 이적행위는 반국가단체의 활동 등의 찬양·고무·선전·동조 행위, 국가변란 선전·선동 활동 등 두가지로 나눌 수 있음.
- 활동은 행동과 달리 현실적으로 행동함을 요하지 않고 행동할 수 있는 상태로서 반국가단체 또는 그 구성원이나 지령을 받은 자의 이념, 주의·주장이나 전략·전술 및 상투적인 선전·선동 내용을 포괄함.
- 찬양이란 특정인 또는 불특정인에게 반국가단체나 그 구성원 또는 그 지령을 받은 자의 활동에 관하여 동경하거나 추앙, 숭배 또는 칭찬의 뜻을 표명하는 것임.
- 고무란 특정인 또는 불특정인에게 반국가단체나 그 구성원 또는 그 지령을 받은 자의 활동에 관하여 격려의 언동을 함으로서 반국가단체나 그 구성원, 그 지령을 받은 자의 사기를 북돋우는 것으로 찬양보다 좀 더 적극적인 표명행위임.
- 선전이란 불특정다수인에 대하여 반국가단체나 그 구성원 또는 그 지령을 받은 자의 활동내용이나 활동의 취지를 주지시켜 이해를 촉구하거나 공명을 구하는 일체의 행위임.
- 선동이란 문서·도화 또는 언동에 의하여 타인으로 하여금 국가변란행위를 실행할 결의가 생기게 하거나 이미 발생한 결의를 조장케 할 힘이 있는 자극을 주는 것으로 교사나 방조보다 앞선 단계의 행위라고 할 수 있음.
- 동조란 반국가단체나 그 구성원 또는 그 지령을 받은 자의 선전·선동 및 그 활동과 동일한 내용의 주장을 하거나 이에 합치되는 행위를 함으로서 그들의 활동에 호응, 가세하는 것을 말함.
- 제7조 1항의 이적행위는 행위의 내용이 국가의 존립·안전이나 자유민주적 기본질서를 위태롭게 할 위험성이 있는 경우에만 성립함. (헌법재판소 '97. 1.16. 92헌바6호)
- 제7조 1항의 이적행위는 북한의 주장과 동일한 내용이어야 하는 것은 아니며 국가의 존립·안전 또는 자유민주적 기본질서를 위태롭게 할 위험성이 있다면 북한의 주장과 차이가 있어도 결과적으로 국가의 존립·안전 등을 해하는 것이라면 성립함.
- 제7조 1항의 이적행위는 특정인 또는 특정·불특정 다수인이 인식(지득)할 수 있는 상태 하에서의 행위이어야 하며 범행의 방법과 수단은 구두, 문서, 도화, 전자매체, 행동 등의 직접적 또는 간접적 방법이든 불문하나 형법 제12조의 요건에 해당하는 강요된 행위가 아니어야 함.

2) 이적단체 구성·가입

- 단체는 2인 이상의 특정다수인이 일정한 공동목적을 수행하기 위하여 임의적으로 조직한 계속적 결합체인 결사나 일시적 결합체인 집단으로 그 단체를 주도하는 최소한의 지휘통솔체제를 갖추어야 함.
- 이적단체의 성립은 단체성과 이적행위의 목적(제7조 제1항)이 필요하며 정부참칭이나 국가변란을 직접적인 목적으로 하지 않는다는 점에서 반국가단체와 구별됨.
- 제7조 제3항의 이적단체 구성·가입죄가 성립하기 위해서는 이적동조·국가변란의 선전 등 행위를 목적으로 하는 단체를 구성하거나 그러한 단체에 가입하는데 대한 인식이 있어야 함. 즉 단체의 목적성에 대한 인식과 그 단체의 구성 또는 가입행위에 대한 인식 등 이중적 인식이 필요함.
- 구성·가입행위는 제7조 제1항의 이적행위를 목적으로 한다는 인식만 있으면 족하고 그 목적의 달성여부는 묻지 않으며 구체적으로 그 조직의 체계나 구성원에 대하여 알고 있어야 하는 것도 아님.

연습문제

01. 다음 중 국가보안법의 성격으로 옳지 않은 것은?

① 국가보안법은 반국가적 행위를 규율하는 법률로서 국가가 그 구성원인 국민에 대하여 특정한 행위의 금지를 요구하는 등 국가의 안전보장을 위한 의무와 책임을 규정한다.
② 국가보안법은 국가의 안전보장과 그 존립기초의 보호를 목적으로 하는 국가적 법익을 보호하는 법이다.
③ 국가보안법은 국가안보에 대한 침해의 예방차원에서 위험성 있는 행위에 대한 범죄의 성립범위를 확대하고 침해되는 법익의 중대성에 비추어 유사한 일반사범보다 중형을 과하고 있다.
④ 국가안보에 구체적으로 침해가 발생한 경우 그 회복이 불가능 하거나 심히 곤란한 특성을 가지고 있어 그 법익의 보호를 위해 침해의 사전 예방보다 사후 회복이 더욱 중대한 의의를 갖고 있다.

02. 국가보안법 해석 적용의 한계로 적절하지 못한 것은?

① 국가보안법이 규제하고 있는 행위들은 대부분 형법상 국민의 기본적 권리 및 자유와 밀접한 관계를 갖고 있어 그 적용의 한계가 문제된다.
② 국가보안법은 국가의 안전보장이라는 목적을 달성하기 위하여 예비•음모단계에 불과한 행위도 처벌하는 등 범죄성립 범위를 확대하고 그 법정형을 무겁게 규정하고 있다.
③ 국가보안법은 과잉 적용 시 오히려 국가존립의 궁극적 목적인 국민의 생존권과 자유의 보장을 저해할 수 있어 매우 신중하게 접근하여야 한다.
④ 국가보안법은 국민의 생존권과 자유의 보장이 다소 저해되더라도 필요한 최대한으로 적용해야 한다.

03. 다음 중 국가보안법의 위헌론에 대한 설명으로 적절한 것은?

① 실정법 해석상 국가보안법 그 자체는 위헌이다.
② 형법상의 내란죄나 간첩죄 등의 규정으로 충분히 국가안보를 지킬 수 있으므로 국가보안법은 폐지되는 것이 바람직하다.
③ 북한이 우리의 체제를 전복시키고자 시도할 가능성은 거의 없으므로 북한을 반국가단체에서 제외시키는 것이 맞다.
④ 국가의 안보는 조금의 허술함이나 안이한 판단을 허용할 수 없어 국가보안법 그 자체가 위헌이라고 할 수는 없다.

04. 다음 중 국가보안법의 특성으로 옳지 않은 것은?

① 원칙적으로 미수는 물론 예비·음모행위도 처벌하고 있다.
② 반국가사범의 중대성에 비추어 편의제공죄를 인정한다.
③ 국가보안법은 반국가적 행위의 다양화 및 조직화·집단화에 효율적으로 대처하기 위하여 국가변란 선동·선전행위를 별도의 범죄로 처벌한다.
④ 검사와 사법경찰관에게 형사범의 구속기간보다 2회씩 더 연장할 수 있도록 규정하고 있다.

05. 국가보안법의 적용범위에 대한 설명으로 옳지 않은 것은?

① 국가보안법 위반죄는 형법 총칙의 적용범위에 관한 법률 제8조의 일반규정이 그대로 적용된다.
② 국가보안법의 장소적 효력범위는 속지주의의 원칙에 따라 대한민국의 영역 내에서 죄를 범한 내국인과 외국인에게 적용된다.
③ 속인주의의 원칙에 따라 대한민국의 영역 외에서 죄를 범한 내국인, 북한 주민, 외국인에게 적용된다.
④ 국내법상 특별규정에 의해 형법의 적용이 배재되는 경우 본법의 적용 역시 되지 않는다.

06. 다음 중 반국가단체의 성립요건에 대한 설명으로 옳지 않은 것은?

① 정부참칭은 합법적 절차에 의하지 않고 임의로 정부를 조직하여 진정한 정부인 것처럼 사칭하는 것이다.
② 한반도서 유일한 합법정부는 대한민국 정부로 함부로 단체를 조직하여 정부를 사칭하는 것은 정부참칭에 해당한다.
③ 국가변란이란 정부를 전복하여 새로운 정부를 구성하는 것을 의미한다.
④ 정부참칭과 국가변란의 목적은 반드시 직접적이고 1차적일 필요는 없고 간접적이고 2차적인 경우에도 해당된다.

07. 다음 중 반국가단체 구성·가입·가입권유죄의 성립요건과 관계없는 것은?

① 반국가단체의 구성은 2인 이상의 사람들 사이에 결사 또는 집단의 요건을 갖춘 결합체를 창설하는 것에 관하여 의사가 합치되는 것으로 성립되고 회칙이나 결성식, 명칭이나 대표자 선출 등 별도의 형식이나 절차가 반드시 필요한 것은 아니다.
② 반국가단체 가입죄는 가입할 당시 그가 가입하려는 단체가 정부참칭이나 국가변란을 목적으로 하는 반국가단체라는 정을 알았다면 족하고 그러한 목적을 수행할 목적이나 의사는 필요하지 않다고 본다.
③ 반국가단체를 구성·가입하거나 반국가단체의 가입을 권유하는 점에 대한 고의가 있어야 하고 자의가 아닌 강요된 행위는 벌할 수 없다.
④ 반국가단체라는 점에 대한 인식이 있어야 하나 미필적 인식이나 과실로 인해 반국가단체임을 인식하지 못한 경우 범죄가 성립하지 아니한다.

08. 다음 중 목적수행죄에 대한 설명으로 옳지 않은 것은?

① 반국가단체의 구성원 또는 그 지령을 받은 자가 그 결사·집단의 목적수행을 위하여 자행하는 간첩·인명살상·시설파괴 등의 범죄이다.

② 간첩이란 대한민국의 군사상 기밀사항을 탐지·수집하는 것을 말하며 적국이란 반국가단체인 북한을 말한다.

③ 미필적 인식도 범죄성립이 가능하여 간첩의 지령을 받아 이를 실천할 의사가 없었어도 본죄는 성립한다.

④ 반국가단체로부터 군사상기밀의 탐지·수집 등의 지령을 받을 것이 전제되어야 하고 지령을 받지 아니한 자는 간첩죄의 주체가 될 수 없다.

09. 목적수행죄의 기밀과 관련하여 옳지 않은 것은?

① 한정된 사람이 지득할 수 있고 적국 또는 반국가단체에 비밀로 하여야 할 사실·물건 또는 지식이다.

② 군사기밀보호법의 각급 군사기밀, 누설 시 대한민국과 외교관계가 단절되거나 전쟁을 유발할 정도의 중요한 외교기밀, 방위계획, 정보활동 및 국가방위 상 필수불가결한 기밀, 공항·철도·통신·가스 등 국가기간시설 관련 중요기밀이다.

③ 다중의 사람들이 얻을 수 있는 정보사항인 군사상 기밀이다.

④ ②의 경우는 위반시 사형, 무기 또는 7년 이상의 징역에 처하고 ③의 경우는 위반시 사형 또는 무기징역에 처한다.

10. 각종 이적행위에 대한 설명으로 옳지 않은 것은?

① 국가보안법상 이적행위는 반국가단체의 활동 등의 찬양·고무·선전·동조 행위, 국가변란 선전·선동 활동 등 두가지로 나눌 수 있다.

② 찬양이란 특정인 또는 불특정인에게 반국가단체나 그 구성원 또는 그 지령을 받은 자의 활동에 관하여 동경하거나 추앙, 숭배 또는 칭찬의 뜻을 표명하는 것이다.

③ 고무란 특정인 또는 불특정인에게 반국가단체나 그 구성원 또는 그 지령을 받은 자의 활동에 관하여 격려의 언동을 하는 것이다.

④ 선전이란 문서·도화 또는 언동에 의하여 타인으로 하여금 국가변란행위를 실행할 결의가 생기도록 조장하는 것이다.

정답 및 해설

01. 답 4. 사후 회복보다 침해의 사전 예방이 더욱 중요함.

02. 답 4. 국가보안법은 그 목적을 달성하기 위해 최소한도로 적용되어야 하며 이를 확대 해석하거나 헌법상 보장된 국민의 기본적 인권을 부당하게 제한하는 일이 있어서는 안됨.

03. 답 4. 대법원 판례 2004 .8.30. 2004도3212호.

04. 답 4. 검사와 사법경찰관에게 형사범의 구속기간보다 1회씩 더 연장할 수 있도록 규정하고 있다.

05. 답 3. 외국인이 국외에서 죄를 저지를 경우 내란의 죄, 외환의 죄, 국기에 관한 죄, 통화에 관한 죄, 유가증권, 우표와 인지에 관한 죄 등에 한하므로 본법은 적용되지 않음.(형법 제5조)

06. 답 4. 정부참칭과 국가변란의 목적은 반드시 직접적·1차적이어야 하며 간접적·2차적인 경우에는 이적단체가 될 뿐 반국가단체로 보기 어려움.

07. 답 4. 미필적 인식도 가능하여 범죄가 성립함.

08. 답 3. 간첩의 지령을 받아도 이를 실천할 의사가 없었다면 목적수행죄는 성립하지 않음.

09. 답 4. ②의 경우는 위반시 사형 또는 무기징역에 처하고 ③의 경우는 위반시 사형, 무기 또는 7년 이상의 징역에 처함.

10. 답 4. ④은 선동임. 선전은 불특정다수인에 대하여 반국가단체나 그 구성원 또는 그 지령을 받은 자의 활동내용이나 활동의 취지를 주지시켜 이해를 촉구하거나 공명을 구하는 일체의 행위임.

〈저자 약력〉

前, 국방부 군사정보직 근무

前, 국방보안연구소 근무

現, 국가정보학회 회원

국가정보학

초판 발행 | 2019년 4월 10일

저　　자 | 김덕원
발 행 처 | 공시마
인　　쇄 | 길훈인쇄

등록일자 | 2009년 12월 24일
등록번호 | 제 300-2009-168호

주　　소 | 서울시 종로구 우정국로2길 37 청문미디어빌딩 5층
전　　화 | 070-4123-5716
팩　　스 | 031-902-5716

정　　가 | 38,000원
I S B N | 979-11-966579-0-1 13350